高等学校交通运输与工程类专业教材建设委员会规划教材

Road Safety and Environment

道路安全与环境

郭忠印　主编

人民交通出版社

北　京

前言

本书在《道路安全工程》(人民交通出版社,2002)的基础上,结合[illegible]道路环境的内容,按照土建高校[illegible]"道路安全与环境"[illegible]教材规划编写而成。本书可作为高等学校交通[illegible]、土木工程(道路)[illegible]专业"道路安全与环境"课程的教材和相关工程技术人员的参考书。

近年来,随着科学技术和经济社会的发展,国内外在道路交通安全与环境方面新研究成果和新技术不断出现,道路安全设计与评价[illegible]道路交通应急救援、道路环境保护设计、道路环境评价[illegible]理论与技术有了很大提升;国家和有关行业部委颁布了许多新的[illegible],[illegible]道路安全与环境[illegible]。为了将道路安全与环境[illegible]成果[illegible]和工程实践经验纳入"道路安全与环境"课程教学中,以[illegible]为契机,编写本书。

本书充分借鉴[illegible]最新研究成果[illegible]和工程实践经验,[illegible]道路安全与环境的基本理论[illegible];在[illegible]理念下,将道路安全与道路环境保护[illegible]整合在一起。

全书共12章,[illegible]第1~8章[illegible]第9章由[illegible]编写,第11章由[illegible]编写,第10章[illegible]。在编写过程中,张[illegible]做了大量资料[illegible]处理工作。

由于编者水平有限,书中[illegible]在所难免,恳请读者批评指正。

编者
2023年5月

目录

第1章
绪论

道路安全涉及公共安全和交通出行个体的出行安全,因此道路安全问题可从以下两个方面或两个层次加以认识:

(1)道路交通事故的社会性后果,公共安全。

(2)个体的出行与交通安全,道路用户生命与财产损失。

"环境"一词指物体存在的空间及该空间内所有的物体,任何物体(有生命体或无生命体)都有其特定的存在环境。对于人类,广义上讲,人类生存环境指生物圈,包括海洋、陆地和底层大气等。生物圈内的任何个体都不是孤立存在的,任何个体的变化都会影响到其他个体。作为生物圈不可或缺的部分,人类的日常活动等均会影响环境。通常,把人类生存的空间及其中可以直接或间接影响人类生活和发展的各种自然因素称为环境。《中华人民共和国环境保护法》中规定的环境指"大气、水、海洋、土地、矿藏、森林、草原、湿地、野生生物、自然遗迹、人文遗迹、自然保护区、风景名胜、城市和乡村等"。

环境由具有独立性、异质性而又相互依存、相互制约、相互作用,服从总体演化规律的基本物质组成,可称其为环境要素,包括自然环境要素和社会环境要素。

1.1 道 路 安 全

1.1.1 道路安全问题

道路安全问题的实质是影响大众健康和经济发展的公共安全问题。公路与城市道路(以下称为道路)是交通运输基础设施系统不可或缺的组成部分,在国民经济发展中起着重要的作用。众所周知,道路交通基础设施的建设及交通运输业和汽车工业的发展极大地推动了国民经济的发展,但同时也造成了汽车保有量和道路运输周转量的增加,这无疑带来了一些不良的影响,其中对环境的冲击和对道路交通安全的影响尤为直接和显著。

道路交通由于其特有的优势,是人们出行时选择的主要交通方式。道路交通事故所致的道路用户生命与财产损失数据和道路交通安全的现状,表明了道路交通出行是具有一定风险的交通行为。从道路交通行为的表象上看,众多道路用户共用道路空间,对道路时空的占有不免具有相互冲突性。道路交通用户的每一次出行都有潜在风险,但其发生交通事故,造成生命和财产损失的可能性或概率微乎其微。以我国交通量比较大的高速公路为例,如广(州)深(圳)、沪(上海)宁(南京)、(北)京(天)津塘(沽)等,日均交通量高达十几万以上,即使每天发生十几起伤亡事故,也只有万分之一的概率,属小概率事件。相对于庞大的出行数量,每一出行个体一次出行发生道路交通事故的概率显得非常小。因此用事故概率等概念难以引起大众和政府对道路安全问题的重视。若对以下几个方面的事实做些解释或说明,有助于对道路交通问题有更为清楚的认知。图 1-1 为中国 1998 年以来的交通事故情况,可以看出死亡人数和万车死亡率处于波动状态。

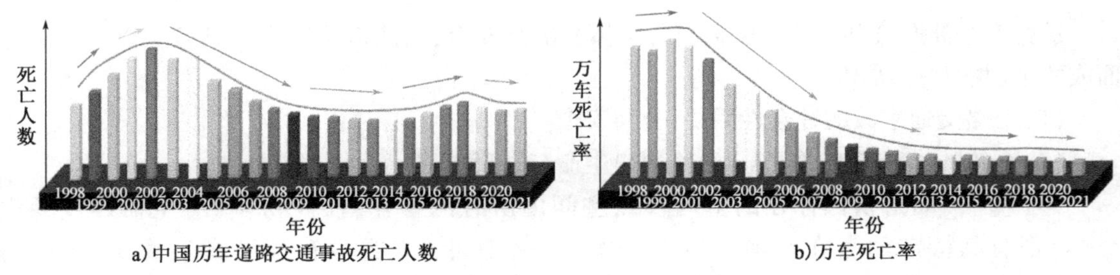

a)中国历年道路交通事故死亡人数　　b)万车死亡率

图 1-1　1998 年以来中国交通事故统计情况

据有关部门的统计数据,我国 2019 年因交通事故死亡约 5.2 万人,受伤约 27.5 万人,万车死亡率约为 1.8。若按 14 亿人口粗略计算,2019 年每万人中约 0.37 人因道路交通事故死亡,每万人中约 1.96 人因道路交通事故受伤。因此,每个人每年都有约万分之 2.33 的概率因道路交通事故而伤亡,一生的风险是非常大的。

通常,出行率高的人群为年轻人,因而他们是道路交通事故的主要受害者。据有关参考资料,道路交通事故是 15 ~45 岁人群的主要死亡原因之一。显然,15 ~45 岁的人群因交通事故伤亡带来的损失是多方面的,会影响到家庭、工作单位甚至整个社会等。

累计的伤亡数是多少?将影响到多少个家庭?带来多少社会问题?可做个简单的计算。

如果取 2014—2019 年 6 年间因道路交通事故死亡人数的平均值,约为每年 5.98 万人,受伤人数的平均值约为每年23万人。可得$\frac{(5.98+23)\times 10^4}{365\times 24\times 60}=0.55$(人/min)因道路交通事故伤亡。如果每个人影响到的人数平均为3人,每年将会影响到$(5.98+23)\times 3=86.94$(万人)。

2014—2019年间累计死亡约35万人,受伤138万人,道路交通事故对家庭和社会造成的影响是巨大的。

按照公安部公布的事故数据,我国2001—2010年的道路交通事故伤亡数字及其影响程度如表1-1所示。可知十年里,约有500万人或死亡或受伤;因缺少数据,导致的财产损失难以计量。当然这个数据也表明中国道路交通安全状况有明显好转。

我国2001—2010年交通事故伤亡情况 表1-1

年份	死亡人数	受伤人数	每分钟伤亡人数	受影响人数
2001	105900	548800	1.24	1964100
2002	109000	562000	1.27	2013000
2003	103394	487940	1.12	1774002
2004	107076	480865	1.12	1763823
2005	98801	469911	1.08	1706136
2006	89455	431139	0.99	1561782
2007	81649	380442	0.88	1386273
2008	73484	304919	0.72	1135209
2009	67759	275125	0.65	1028652
2010	65225	254075	0.61	957900
合计	901743	4195216	9.70	15290877

2001—2010年,我国道路交通事故伤亡人数、万车死亡率有非常显著的下降,但2010年后伤亡人数、万车死亡率处于波动趋势,如图1-1所示。

因此,必须把道路安全问题认定为影响公共健康和安全的当代社会问题,从社会问题角度,从以人为本的高度,认识和解决道路安全问题。充分认识到一个出行个体的交通安全不是孤立的,交通出行风险导致的道路交通安全问题已经演变成了影响大众健康的社会问题和公共安全问题。

1.1.2 道路安全的释义

1.1.1节从道路安全的实质上,认定道路安全属于公共安全,这有助于实现在政策层面制定解决问题的对策。从道路交通安全的技术层面上,解决道路交通安全问题会涉及出行需求与道路交通安全的矛盾。从社会层面上,如果道路交通安全问题得不到很好的解决,可能带来严重的社会问题;但对个体来讲,如1.1.1节所述,无论事故率多高、道路多危险,个体一次出行发生事故的概率是非常低的。何况道路交通工程技术水平逐步提高,道路交通设施不断完善以及新技术的应用,道路交通具备越来越安全的运行环境。这一现象突显道路交通安全问题作为社会问题的严重性与个人交通安全低风险的矛盾,影响到道路安全对策和保障措施的制定。

为了降低交通运行风险,保障安全,道路交通工程师经常可能采取一些措施,如:限速、出入口控制、用户控制、特殊气象环境条件下的交通管制等。这些措施就可能加大安全与个体出行需求的矛盾。因此,在研究与提升道路安全水平时,既要通过提高道路交通运行环境的安全性,采取交通管控与诱导等措施防范交通运行风险;又要注意个体出行需求与安全的矛盾,避免所采取的措施激化这一矛盾,反而不利于安全。以下一些措施在缓解个体出行需求与安全的矛盾方面有些效果。

(1)车辆安装安全气囊,强制使用安全带,降低驾乘人员事故损失但不影响其出行。

(2)改善车辆安全性,降低交通出行风险;但取决于经济发展和个人经济状况、汽车工业技术水平等。

(3)更加安全的道路交通设施,如提高道路交通运行环境的容错能力,提升道路交通设施的本质安全性,可降低交通运行风险;但依赖于经济发展水平。

(4)制定可行的应急救援对策等。

个体出行需求不仅仅指从出发地移动到目的地,而是更广义的概念。个体出行总是按照自己的期望实施交通行为,如需要的时间、出行舒适性等。所有出行者共用运行时空,受限于交通运行环境客观条件(如通行能力等),个体之间必然相互影响并受到交通法规、交通管控措施和交通运行环境条件的制约。此外,个体出行风险还取决于其自身的特点,如感知能力、性格特征等。当然,出行需求是否能实现还取决于车辆性能,车辆故障必然阻止了出行目的的实现。由此产生的矛盾可诱发个体交通行为风险,个体交通行为风险彼此叠加演变生成交通运行风险。交通运行风险退化可避免交通事故,交通运行风险激化可诱发交通事故。

关于道路安全方面的技术术语有些交叉和互补,主要涉及的术语包括道路交通安全、交通事故率、交通事故概率、交通事故后果、交通运行风险、道路交通设施安全性等。通常会有以下释义:

交通事故率和交通事故后果是反映道路交通安全的指标,交通事故率越高、交通事故后果越严重,道路交通安全水平越差;在评价一个特征路段的安全性或风险时,有不少用“交通事故概率∧交通事故后果”表示路段风险严重程度,交通事故率越高、交通事故后果越严重,路段的风险严重程度越高;当论证特定运行环境下(如高速公路出口段)的交通运行风险时,可能会用交通冲突参数 TTC 等技术指标表达交通流的交通运行风险,则有交通运行风险越高、交通事故概率越高,交通事故后果会越严重。

因此,可定义:道路交通运行环境安全性≡交通事故概率∧交通事故后果≡交通运行风险。因为研究或解决道路安全问题的出发点不同,以上三者可互为自变量和应变量。这些会在以后章节中交叉出现,概念上会有些“混淆”。

1.2　道路安全问题对策

道路交通安全属公共安全范畴,需要全社会共同关心,政府关注,社会各界和相关部门共同努力,从人、车、路和环境等各方面采取对策主动应对道路交通安全问题。在科学技术层面上,设计更安全的道路交通设施,制造更安全的车辆,采取更科学和人性化的交通管理对策等。

道路安全问题有其社会问题属性和工程技术问题属性,因此,解决道路安全问题需从多方面采取措施和工程技术对策。如常说的“4E”等。

1.2.1　切断事件链

解决道路交通安全问题,提升道路安全水平,应该对道路安全问题的实质有科学合理的认知和客观的分析,而不是主观上的“审判”。

无论是从政策层面上应对道路安全问题还是在科学与工程技术层面上制定科学技术对策,均需要采取正确的思路;任何一起道路交通事故都是事件链的结果。事故肇因分析的目的不是简单地寻找事故责任方,简单地认定“正确方”和“错误方”道路用户。简单认为是“错误方”的交通行为造成事故的思考模式对解决安全问题是不利的,应认识到道路用户需要一定的信息实施特定的交通行为,需要时间采集信息、认知信息,然后形成行为决策,进而实施交通行为。道路用户有可能由于信息未及时获得、理解不正确等做出错误的交通行为决策。多数情况是,一起道路交通事故是事件链的结果,而不是某单一肇因所致。事故的动态过程可用图 1-2 示意,一起事故的发生及其后果有“事故前”的人、车、路等各方面的肇因,也有“事故中”和“事故后”的人、车、路等各方面的肇因。以图 1-3 为例,简单的情况如下:事故时间是 2011 年 7 月 31 日,事故地点是某国道线 1196km + 200m 处;事故造成 4 人死亡,30 人受伤,其中 8 人重伤;事故地点是一个近 90°的下坡急转弯道,弯道内侧路基外是一个长 34.7m 的斜坡;事故客车核载 19 人,实载 34 人。据有关报道,超载及道路线形差是造成此次事故的重要原因。

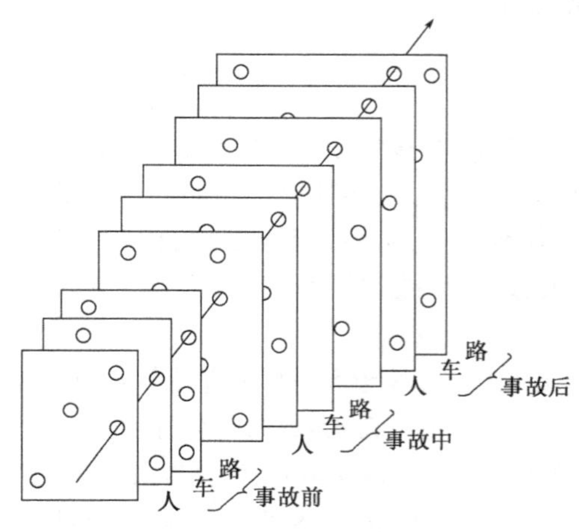

图 1-2　道路交通事故的动态过程

图 1-3　某事故情况

事故前。该国道线可能是我国早期建造的公路,线形技术指标等符合建造时的规范要求;从图片上看,路面状况较好,且安装了导向柱(也可以称为示警柱)等,应该是后期养护维修时安装的。该类公路改造时,受投资等限制,一般优先改造路面,线形和交通安全设施维持原状。该急弯陡坡路段前应该有“急弯陡坡”预告标志。“良好”的路面状况提供了较好的行车条件,“急弯陡坡”隐藏了行车风险;如果该“急弯陡坡”段前后线形较好,与驾驶期望不一致,驾驶人可能忽视“急弯陡坡”预告标志,按自己的主观判断行车。车辆严重超载,给车辆在急弯陡坡路段的行驶稳定性埋下隐患,驾驶人认识不到超载车辆在山区公路上行驶的高风险,安全意识不强。

事故中。至急弯陡坡路段,车辆行驶失去稳定性,危险行驶未得到控制,车辆驶出路外;驾乘人员可能都没有系安全带。

事故后。路侧风险高,“容错”能力低,车辆超载,无条件控制驶出路外的失控车辆,车辆翻滚下道路,事故后果严重;在这样一段山区公路,救援能力可能也是很低的。

虽然从事故处理和事故后的经验教训总结改善道路安全的措施可以解决一些安全问题,但更应做好道路交通安全规划,从交通运行风险防控的角度,应事前防范道路安全问题;应该从道路交通安全设施的规划阶段入手,审视道路交通基础设施所提供的道路交通运行环境的安全性;从当前道路交通运行状况和交通行为的状态入手,制定道路交通运行安全管理对策和风险防控方案、安全教育方案,确定如何加强和完善交通安全执法等。

如果能切断事件链,即可防止交通事故的发生或降低事故损失。在规划、设计、建设与养护道路交通基础设施方面,保证道路交通基础设施所提供的道路交通运行环境具有很好的安全性,"事前"消除风险隐患和诱发交通运行风险的因素。运营管理阶段,有效控制道路交通系统运行过程中的事件,防范交通运行风险。建立应急响应系统,制定完善可行的应急预案,风险不可避免时,尽可能降低事故中的严重性,及时开展事故后的救援与处理工作,减少事故损失。出行是道路交通事故的先决条件,没有道路交通出行,就没有道路交通事故。因此,科学合理地管理交通出行是保障道路交通安全重要的,也是最经济有效的对策。

加强全民安全教育,倡导文明交通。不文明的交通行为是诱发交通事故的重要因素;很多交通拥堵和交通事故是不文明的交通行为所致。除了倡导和教育,还必须严格执法。交通执法本身是严肃的,交警处理交通事故依据有关法律和技术规范,但还应随着科学的进步而制定更为合理和具有前瞻性的交通法律法规以保障道路安全。

1.2.2 关联因素控制

可定义关联因素为道路交通系统内部或系统外直接或间接影响交通安全的因素,例如车辆保有量及运输周转量、车辆行驶里程、区域人口及其分布状况、驾驶里程与时间、车辆行驶时间、出行次数、交通流(交通量、饱和度)等。这些因素不会直接导致交通事故,但与交通安全的关系是显而易见的。车辆越多,车辆行驶时间越长,产生事故的概率越高;出行的人数越多,人身伤亡事故越多。

【例 1-1】 图 1-4 为某市一城市干线道路平面交叉口,信号控制,设置有监控设施,标志、标线完整。四图截取了一个信号周期内的四个信号时段。左上图为被交路直行,可以看到主路排队车辆的情况;右上图为主路左转绿灯信号起始时间点,可以看到尚有主路未驶离交叉口的直行机动车、已经左转的机动车和助动车存在交织的可能性;左下图为主路左转助动车、机动车和主路右转的机动车交织冲突;右下图表示主路左转绿灯信号结束了,被交路已有行人(助动车)和机动车起动,这时主路左转机动车、助动车和右转机动车等仍未结束交织与冲突。宽畅的马路有利于沿路商业的发展和人口居住,商业的发展吸引了大量交通,但这样的交织与冲突隐含着交通运行风险。

关联因素控制措施包括出行(次数)控制与诱导、汽车保有量的控制、人口布局的调整等。也可以是一些特别措施,如:

(1)选择相对安全的交通方式(铁路、公共汽车、航空等)。

(2)车型限制措施,如限制大排量摩托车、城市高架快速路限制货车等。

(3)道路使用限制措施,如禁止货车进入居民区道路、禁止自行车进入汽车专用道路、客货分离行驶等。

(4)驾驶人限制措施,如申领驾驶执照的年龄限制,对初学者夜间行车的限制等。

所有这些措施都具有双重性,在改善交通安全状况的同时,其他一些社会行为也受到限制,如:生活、工作地点的选择自由,出行方式的选择自由,城市的规划布局等。因此,制定这些关联因素控制措施需在整个社会、经济发展规划中进行。

图 1-4　某市一城市干线道路平面交叉口

1.2.3　事故防治与风险防控

事故防治一直是各国在交通安全领域内的工作重点。广义上，事故防治范围与内容如表 1-2 所示。从道路交通基础设施方面，事故防治措施如道路安全设计与评价、交叉口规划与设计、交通控制与管理、标志与标线布设、照明布设、路侧环境管理、设计车速与运行车速选择与控制、交通弱势群体（行人和骑车人）的安全保障、道路施工与养护等与道路安全有关。

事故防治范围与内容　　表 1-2

分类	内容	分类	内容
事故预防	及时、准确地处理事故及其相关数据，分析人、车、路等方面的事故肇因，制定事故前、事故中、事故后的防治措施	交通管控	明确的交通管理意义、良好的可视性、有效的监控等
整治措施	选择技术经济性合理的措施，制定针对重特大事故或减轻伤亡的措施，规划长效的措施	交通设施	考虑所有道路用户的交通安全，选择最合适的设施，减少冲突和相对速度
评价	基于全面的历史数据，针对评价对象，选择合理的统计方法等，评价道路交通运行环境的安全性	运输与交通规划	人车分离或改变道路环境，公交优先，道路功能分级与土地开发利用相适应等；“两客一危”等营运车辆的在途安全监控与危险驾驶行为预警
路侧安全	提高道路交通运行环境的容错能力，如清除视距范围内障碍物，设置固定防护设施，采用易折杆（柱）等	标志、标线	设置必要的标志、标线，给所有的道路用户明确的信息，保证标志自身不产生安全问题。适宜的视认性，标志、标线不存在歧义，高标准的养护等
道路设计	良好的视线诱导、均衡的几何线形、安全的路面表面和视距等。减少、分离或消除冲突点，防止眩光和驾驶人分心、缓解运行环境单调性等	预警	监测事件，研判事件的演变，实施动态交通组织与诱导，及时准确预警等
		施工区	引导道路用户安全地绕行或通过施工作业区，提前给出警告和指示。特别注意设置临时标志、标线

道路交通基础设施方面的措施，可针对事故后的道路，发现并改造已有道路的安全缺陷部分或适当调整管理措施，但更应注重从规划设计到运营整个过程的道路安全水平提升。

运用风险防控的理念，利用历史事故资料和交通运行数据，鉴别高风险路段，预测安全状态演化趋势，主动采取措施遏制事故的发生。运用现代科学技术，对道路交通运行实施实时风险监测和防控，规避运行风险，防止风险蜕化。

1.2.4　道路用户行为规范

绝大多数的道路交通事故与人有直接关系。道路用户来自不同的地区和社会环境、阶层，具有不同的性格与行为特征。特性复杂的用户群体共用道路交通基础设施，占有路域时空，必须采取措施（包括强制性和教育措施等）约束和指导道路用户在使用道路时的行为，如：

（1）制定科学、合理的交通法规。交通法规除具有一般法规的性质外，还应与道路交通基础设施状况、用户背景等相适应。

（2）完善交通设施，为执行交通法规提供系统的硬件设施。

（3）强制性执法与教育相结合等。

道路用户或交通参与者遵守交通法规是保障自身与他人出行安全的基础，这是尊重生命的底线。由于交通运行环境具有时态性，为充分发挥路域时空的使用效率，需要道路用户自觉遵守交通法规并规范交通行为。

道路交通运行中，入口段或故障车辆占据一个车道时，合流是长发性交通流状态，出现连续交通流时，道路用户应自觉交替通行；否则，就需要采取较长路段禁止变道并强制性执法，浪费道路资源。在高速公路或城市快速路段，出口交通流密度大或拥堵时，道路用户也应自觉排队驶出；否则，也需要采取长路段禁止变道并强制性执法，浪费道路资源。

如上海市中环线外侧，南北高架至沪嘉高速段，施画了长距离实线，禁止变道，分割为双车道 + 双车道；当中环线上驶去沪嘉高速的流量小时，会造成很大的道路时空资源浪费。目前，上海市高架道路入口合流段，大部分设置了“交替通行”的标志和监控设施，反映了不文明交通行为的存在。

当道路交通运行环境存在安全性问题时，也不应长期采取强制性执法保障安全。如果在某段点，大量道路用户非故意违章（包括发生经常性不得不违章的行为），则应对该段点的运行环境安全性进行诊断并予以改善。

1.2.5　伤亡控制与紧急救援

伤亡控制与紧急救援对策虽然不能降低事故率，但可有成效地降低事故损失。伤亡控制与紧急救援系统要求道路沿线有满足要求的通信设施和医疗设施、适宜的应急物资储备。

城市道路沿线医疗设施相对密集且车速较慢，出入口较多，可选择的路径较多，救援一般比较及时；公路则不同，沿途较少有医疗设施机构，且出入口少，难以及时施展救援。

我国高速公路网密度已经很高，为了保障道路用户的生命财产安全，政府和高速公路运营管理单位应健全紧急救援系统，发挥医疗、军队、武警等机构的优势，实施联动机制。

1.2.6　其他对策

关于车辆安全、安全教育等方面的对策，请参考有关教材或专著。

1.3 路域环境影响与保护

1.3.1 路域环境的释义

路域环境主要指道路沿线两侧，离道路中心线几百米到几千米甚至几十千米范围内的自然环境，包括道路本体。受道路交通的侵入，沿整条道路的路域环境，即在原本连续的自然环境中形成了一定宽度的环境特征变化地带，这一环境特征变化地带的地理空间为路域环境系统，其边界可能是灰色模糊的；该地带改变了自然环境原来的连续性和整体性，打破了自然环境的动态平衡。道路一般都会延绵几十到几百千米，对环境的影响是巨大的。如果对道路交通造成的环境影响不予以重视，道路交通的迅速发展最终会干扰人类的日常生活。

研究道路与环境的关系，其根本目的是使得路域环境系统和自然环境尽可能地和谐融合，减少两者之间的差异，使道路融合于自然环境之中，研究成果可以指导道路的规划、设计、施工、营运和维护等。路域环境系统总体上由道路沿线五个方面的环境组成，分别是路域交通运行环境、路域生态环境、路域大气环境、路域声光热环境以及路域景观环境（图1-5），这种归类有助于路域环境影响评价体系的建立和运用，可以根据需要再做更细的划分，尽可能包括道路对环境影响的所有要素和内涵。路域交通运行环境则是由交通运行影响要素构成的，这些要素主要用于研究其与道路安全和运营效率的关系。

图1-5 路域环境

道路交通基础设施建设、运维和道路交通运行历程中，若未能对受影响的环境内在功能采取保护措施，会破坏环境平衡，数代人不得不应对脆弱的环境，导致社会经济损失。道路交通发展历程表明，道路建设、运维和道路交通运行对环境已经产生严重冲击。

道路交通基础设施的建设、运维和道路交通运行产生的环境影响，可从以下两个方面讨论：

（1）生存环境影响，包括对土、水、空气、动（植）物群等的影响；

（2）社会经济环境影响，包括对社区生活与经济活动、征地拆迁、本土或传统文化、文化遗产、景观、噪声、人类健康与安全等的影响。

与环境保护有关的标准有环境质量标准、地面水环境质量标准和噪声标准等。环境质量标准是基于环境基准,结合社会经济、技术能力制定的控制环境中各类污染物质浓度水平的限值。中国的《环境空气质量标准》(GB 3095—2012)分为二级,一般以二级标准评价环境质量,即年平均二氧化硫每立方米空气中不超过60μg,氮氧化物24h平均不超过100μg,总悬浮颗粒物(TSP)24h平均不超过300μg。《地表水环境质量标准》(GB 3838—2002)分为五类:Ⅰ类,主要适用于源头水和国家自然保护区;Ⅱ类,适用于集中式生活饮用水地表水源地以及一级保护区、珍贵鱼类保护区、鱼虾产卵场等;Ⅲ类,适用于集中式生活饮用水水源地二级保护区、一般鱼类保护区及游泳区;Ⅳ类,适用于一般工业保护区及人体非直接接触的娱乐用水区;Ⅴ类,适用于农业用水区及一般景观要求水域;超过Ⅴ类水质标准的水体基本上已无使用功能。通常以Ⅲ类水质标准评价地面水环境质量。

噪声标准将城市区域分为五类功能区,昼间标准值分别为:0类(需特别安静区),50dB;1类(居住、文教区),55dB;2类(居住、商业、工业混杂区),60dB;3类(工业区),65dB;4类(交通干线两侧),70dB 。此外还有现行的《海水水质标准》(GB 3097)、《地下水质量标准》(GB/T 14848)、《城市区域环境振动标准》(GB 10070)等环境质量标准及多种污染物排放标准。排放标准是水污染物的排放管理,建设项目的环境影响评价,建设项目环境保护设施设计、竣工验收及其投产后的排放管理的主要依据之一。

1.3.2 道路建造与运维的环境影响

随着国民经济的蓬勃发展,汽车保有量持续增加,公路总里程快速增长。道路作为面广、量大的重要带状交通基础设施,在满足交通出行需求的同时显著改变了路域生态环境的物质循环过程。传统的道路基础设施建设与运维模式对路域环境、人体健康、生态系统都产生了一定负面影响。

道路建设过程易导致周边生态破坏、大气污染、噪声污染、水体污染等环境问题。道路施工期间的路基路面填挖土石方、料场的取土(石)及采石场、备料场的土地占用会使沿线的植被遭到破坏,耕地被侵占,地表裸露,使沿线区域的生态结构发生变化;取土、弃土后裸露的地表面被雨水冲刷会造成水土流失,影响生态系统及其稳定性,严重影响路域生态环境。混凝土拌和、材料运输及堆放、土石方开挖和回填等过程,在风力的作用下,易产生总悬浮颗粒物(TSP)等污染物,显著破坏周围大气环境;同时,沥青高温易产生碳氢化合物、TSP等有害物质,对施工现场造成严重污染,影响环境空气质量。打桩机、钻孔机、推土机等机械施工运行噪声大,在距声源5~15m时噪声值可达76~95dB(A),突发性非稳态噪声源会对周围产生严重噪声污染,危害周边居民身体健康。此外,挖方弃土及桥梁施工作业时会产生一定的泥沙、悬浮物等污染物,会污染水体;施工机械和运输车辆维修保养不当产生的含油废水也会对水体造成污染;施工生活排放的生活污水,如不经处理直接排放,也会污染水体。

道路在运维期内对路域的水、土、光、热等近地表环境会产生持续、难以恢复的影响。例如,在车路交互作用过程中,轮胎、机械部件的磨损等产生的Cu、Cr等重金属极易累积并富集在路域周围,然后迁移至土壤、水体等环境介质中,导致土壤腐蚀、水体污染等,当浓度累积至一定程度时将进一步导致土壤退化、植被死亡与鱼类发育畸变,一旦经过食物链进入人体将损伤肝脏、消化系统等，甚至诱发癌症。在道路的施工、运维过程中，沥青路面产生的挥发性有机物 VOCs、多环芳烃 PAHs，机动车排放的硫氧化物、氮氧化物等在路域扩散，加剧空气污染，浓度超标时会导致人体呼吸道感染。此外，道路生命周期内建设、运营、养护维修等各项活动均会产生相当数量的温室气体。道路工程建设阶段工序繁多，消耗大量建筑材料、能源，产生大量废弃污染物和二氧化碳等；运营阶段的车辆运行和养护阶段的维修工作等也会给气候环境带来长期影响。全球变暖下的极端高温将更频繁地达到农业和健康的耐受阈值，也会导致极端天气频发，威胁人类生命与财产安全。另外，沥青路面是我国公路路面的主要形式，其反射率低（5% ~10%）、吸热多，夏季温度可达 60 ~ 70℃。高温易导致车辙等病害与老化损伤，并加剧城市热岛效应，显著降低人体热舒适性。为降低沥青路面温度，减少路面高温带来的不利影响，反射降温型沥青路面应运而生。但其过高的反射率及镜面反射的增多，易导致驾驶人的视觉亮度过高，造成眩光安全问题，反射光带来的光污染也降低了环境宜居性。

1.3.3 交通运行的环境影响

交通运行对环境的影响主要包括交通排放、交通噪声等。交通排放包括各类机动车排放的二氧化碳和四类污染物，即一氧化碳、碳氢化合物、氮氧化物、颗粒物等。

二氧化碳是造成温室效应的主要原因，道路交通是造成气候变化的碳排放的主要来源之一。全球每年与能源相关的二氧化碳排放中，近 25% 是由交通行业产生的，其中 75% 来自道路交通。2015 年，中国交通运输行业产生了 8.439 亿吨二氧化碳，占全国二氧化碳总排放量的 9.3%，其中 6.983 亿吨来自道路交通（IEA，2017），并且这些排放量每年都在增加。当前，我国交通运输行业碳排放形势十分严峻，《2020 年中国碳中和综合报告》显示，2005—2019 年，货运周转量和客运周转量分别增长了 172% 和 310%，从能源活动角度来看，交通运输业碳排放量约占碳排放总量的 9%。

交通运行引起的四类污染物排放均对人类健康和生态环境影响显著。一氧化碳会破坏人体血红蛋白，造成听力损害等，吸入过量的一氧化碳会使人气急、嘴唇发紫、呼吸困难甚至死亡。碳氢化合物能够引起光化学污染。氮氧化合物是形成酸雨的主要因素之一，它具有强氧化性和酸性。而颗粒物则会导致城市雾霾，从而引起各类呼吸疾病。随着汽车数量不断上升，尾气排放对世界环境的负面影响也越来越大，使城市环境转向恶化。有关专家统计，汽车排放的尾气占大气污染的 30% ~60%。随着机动车的增加，尾气污染有愈演愈烈之势，由局部性转变成连续性和累积性。据生态环境部统计，2017 年，全国机动车四项污染物排放总量初步核算为 4359.6 万吨。其中，一氧化碳 3327.3 万吨，碳氢化合物 407.1 万吨，氮氧化物 574.3 万吨，颗粒物 50.9 万吨。

此外，交通噪声也是交通运行造成环境影响中不可忽略的部分。由于城市化、人口和交通机动化的增加，环境噪声正在成为健康压力的主要因素。噪声会导致多种健康问题，例如烦恼、睡眠障碍、心血管疾病、认知障碍和耳鸣。《2022 年中国噪声污染防治报告》显示，噪声投诉举报量持续居高。社会生活噪声投诉举报占 57.9%，建筑施工噪声投诉举报占 33.4%，工业噪声投诉举报占 4.5%，交通运输噪声投诉举报占 4.2%。《“十四五”噪声污染防治行动计划》中指出，要加大交通运输噪声污染防治力度，推动各领域分步治理。

1.3.4 道路环境保护对策

可持续发展是指导我国中长期发展的战略措施。环境保护是可持续发展的重要内容,是我国的一项基本国策。公路建设项目的设计和施工应十分重视对自然环境的保护工作。为减轻和消除公路建设对环境的负面影响,公路工程建设项目必须从设计阶段开始重视环境保护工作,促进公路交通环境的可持续发展。

"安全、环保、舒适、和谐"是道路交通基础设施设计与建造的基本理念。树立和落实全面、协调、可持续的科学发展观,努力实现人与自然的和谐相处。生态环境脆弱地区,一旦破坏将难以恢复,因此,道路环境保护应首先考虑保护和预防,以保护优先、预防为主、不破坏就是最大的保护等为环保观念。新建、改(扩)建项目和技术改造项目以及区域性开发建设项目的污染治理设施必须遵循与主体工程同时设计、同时施工、同时投产的制度(即"三同时"制度)。《中华人民共和国环境保护法》对"三同时"制度从法律上加以确认;随后,为确保"三同时"制度的有效执行,国家又制定了一系列的行政法令和规章。道路工程线长面广,对环境的影响自然不可忽视,应妥善处理好主体工程与环保措施间的关系,尽可能从路线方案、指标的运用上合理取舍,而不过多地依赖环境保护设施来弥补。

道路环境保护包括对道路施工期、运维期产生的资源消耗、大气污染、水土污染、光热污染、噪声污染等进行防治。随着道路建设规模的日益增加,环境影响与污染现象日益突出,近几十年来我国相继发布了一系列道路环境保护与污染治理的法律法规、技术标准等,强调了环境保护与治理的关键要点。欧洲、美国、日本等发达国家或地区对道路生态景观和生态防护工程的研究和应用进展快、规模大,基本实现了道路建造与运维低影响、绿色公路、绿色再生、减少水土流失和美化环境的目的。

道路建造与运维的环境保护与污染防治应采用"主动式"的治理措施,综合考虑道路线位,绕避环境敏感点,从道路生命周期初期解决环境影响问题。我国自 2003 年交通部发布的《交通建设项目环境保护管理办法》实施以来,全面将环境保护的理念融入公路规划和设计、建设、运营全过程。德国也采取同样措施,对环境敏感点的生态环境问题采取尽量避让的原则,在无法避让时采用异地补偿措施。

高速公路、一级公路路线平、纵面指标较高,容易对自然环境产生某种程度的干扰或造成社会环境、自然环境的改变;二级公路是我国的干线公路之一,在我国公路网中占有较大的比重。因此,从保护环境和可持续发展的角度出发,高速公路、一级公路和二级公路必须在主体工程设计的同时进行环境保护设计。从风景名胜区、自然保护区等区域内经过的公路,对自然景观与生态环境保护等有特殊要求,应根据所经地带的特征和要求采取合适的环境保护对策。

针对道路建设与运维过程产生的大气污染,国内外主要采用路线绕避的方法,保持道路与空气环境敏感点在规定距离以上;严格控制尾气超标车辆上路行驶;施工现场设置防扬尘设施等。针对水土污染,路线经过饮用水源地或养殖水体附近时应设置边沟、排水沟或净化设施等;道路施工废水及沿线设施的生活污水应经过处理达标后排放;饮用水源地保护区等水体敏感区域不应设置材料拌和站,不堆放或倾倒有害物质材料或废弃物等。针对施工与交通噪声污染,首先是调整道路线位,满足与声环境敏感点的距离规定;当无法调整道路线位时，可通过建立声屏障、建设建筑物隔声设施、栽植绿化林带等隔声措施削减噪声传播途径，或通过降噪路面、降噪轮胎等降低声源噪声；也可通过调整临噪声源一侧建筑物的使用功能来解决噪声污染问题。

1.4 课程意义

“安全、环保、舒适、和谐”是道路交通基础设施建造与运维、交通运行管理的理念。显然安全与环保是根本。

道路安全工程以“人-车-路”系统为研究对象，以事故信息为基础数据，应用道路与交通工程的原理、数理统计等数学方法、风险管理等交叉学科的理论与方法，结合驾驶行为心理学的分析，通过研究道路交通运行环境等与道路安全性或交通运行风险的内在关系，对道路交通运行环境安全性进行系统的分析，为制定道路交通基础设施建造、交通控制与管理、交通运行风险防控等方面的道路安全保障对策和工程技术措施，降低事故率，改善道路安全状况提供科学依据。

对于道路交通基础设施的规划、设计、修建与运维，道路安全工程的应用可分为以下四个不同的层次：

(1)新建或改(扩)建道路(网)的安全规划。

(2)基于“人-车-路”系统运转内在机理的道路安全设计与评价。

(3)运营期道路(网)安全管理与安全水平提升。

(4)道路(网)交通运行风险防控与高风险路段改善。

应用道路安全工程具有以下几方面的意义：

(1)系统综合地研究道路交通运行环境安全性。

(2)更为全面客观地分析与评价道路交通事故。

(3)强化事故预防与交通运行风险主动防控。

简言之，道路安全工程从道路交通基础设施入手，以减少事故和事故损失为目的，整治与预防相结合，切断事件链，为制定技术经济有效的道路交通安全保障对策和措施提供科学与技术支撑。

道路环境以道路交通基础设施与自然人文环境和谐性、道路环境影响等为研究对象，探讨道路交通基础设施与自然人文环境和谐性的设计方法、道路环境影响、低碳生态道路建造技术等。学习的目的包括：

(1)系统地理解道路的规划、设计、施工与运维的全寿命周期内的环境影响。

(2)重视道路环境和谐性问题，理解道路环境和谐性对交通运行环境、自然与人文环境的影响。

(3)树立道路建造应以人为本，体现安全、环保、舒适、和谐的设计理念，环境保护工程必须与主体工程的建设、运维全过程相协调。

【复习思考题】

1-1　检索国内外道路安全与环境问题有关数据,谈谈道路安全与环境问题的重要性。

1-2　以近年来的重特大交通事故为例,分析道路交通事故的致因。

1-3　解决道路交通安全问题和降低道路环境影响有哪些宏观对策?

1-4　解释事故防治与风险防控的区别。

1-5　分析道路建造与运维全寿命周期内的环境影响。

第2章
“人-车-路”系统

道路交通安全高效运行需要“人-车-路”系统中人、车、路三要素有机配合与协调，道路交通运行风险及其后果交通事故，则是“人-车-路”系统要素未能正常工作或要素之间不能和谐工作的表现。本章从人、车、路三要素，事件，管理等方面概述“人-车-路”系统、系统运行安全性和道路交通运行风险的概念。

2.1 系统构成

道路交通安全研究的对象是由“人、车、路”构成的道路交通运行系统，可称为“人-车-路”系统，该系统在自然、人文等环境下运行。

道路为用户提供了可出行的道路交通基础设施，道路用户运用各类交通工具（载运工具）通过道路出行，呈现出不同的行为；交通工程与沿线设施等为道路用户提供交通信息，对交通行为实施一定的指引、约束和限制。道路交通基础设施为“人-车-路”系统提供了硬件运行环境，可称为道路交通运行环境；由于道路交通基础设施处于自然、人文等环境之中，其提供的道路交通运行环境的表象受气候、地理、人文等环境因素的影响而动态变化。把道路交通基础设施提供的道路交通运行环境用“路”代表，道路用户用“人”代表，各类交通工具用“车”代表，人、车和路构成一个系统。如果该系统能稳定正常运转,则运行是安全的;相反,如果系统紊乱,则系统具有一定的运行风险,甚至失效,诱发交通事故。

道路用户是“人-车-路”系统里具有主观能动性的主体,其交通行为是影响系统运行稳定性的关键因素。“人-车-路”系统内部实质上是不稳定的,所谓稳定是在人(机动车驾驶人、行人、非机动车驾驶人等)的干预下处于瞬间动态平衡。人的交通行为除和个体的年龄、性格、教育背景、文化背景等有关外,还与车、路有关,是人根据对道路交通运行环境的认知、对实时交通状态的判定和对交通工具性能的熟悉程度与操控能力等综合后采取的行为。

道路交通工程师应该对道路用户的交通行为有所了解,并据此设计或设置道路交通基础设施。道路交通基础设施的技术条件应能帮助道路用户采取正确的交通行为,如道路交通工程师经常使用标志、标线、信号等帮助道路用户安全行驶。车辆工程师通过设计安全的车辆,提供符合驾驶人行为机理的人机界面或辅助驾驶系统等,使车辆行驶服从驾驶行为。

道路用户的个性千差万别,可能由于各种原因做出错误的决策或根本来不及做出决策,这两种情况表现出来的交通行为差异很大。如下几方面的情况可导致危险驾驶行为。

(1)某些用户在判断速度、距离等方面有困难或需要的时间较一般人长。

(2)注意力分散,关注附近的场景,行驶过程中错过了一些重要交通信息。

(3)对危险状况的发生反应迟钝。

(4)长时间观看某场景。

(5)整合信息的能力低。

(6)低估事故风险。

(7)决策不够果断。

同样,交通工具的类型繁多,性能差异也很大。但道路交通基础设施的建造无法满足每一个个体或任意一辆交通工具安全出行的特殊需求,需要人、车、路三要素彼此配合协调工作,保障系统有序安全运行,规避运行风险。

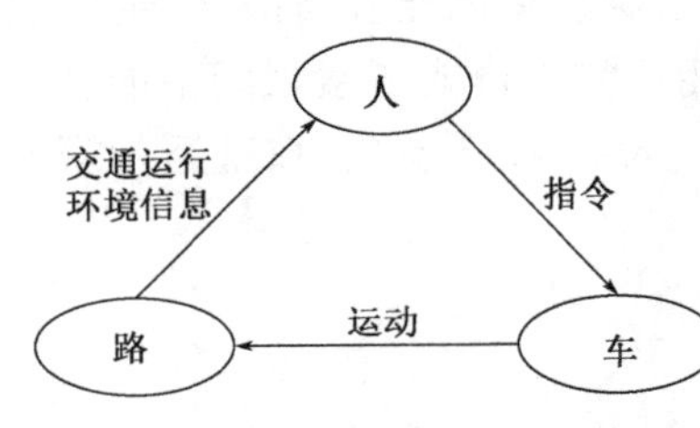

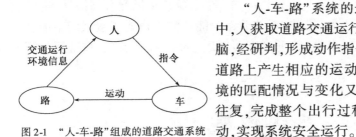

图 2-1 “人-车-路”组成的道路交通系统

“人-车-路”系统的运行可简单地用图 2-1 表示。系统中,人获取道路交通运行环境信息,这种信息综合到人的大脑,经研判,形成动作指令,指令通过人的操作行为,使车在道路上产生相应的运动,车的运行状态和道路交通运行环境的匹配情况与变化又作为新的信息反馈给人,如此循环往复,完成整个出行过程。人、车、路三要素必须协调地运动,实现系统安全运行。

系统功能应满足用户出行安全、快速、经济、舒适的要求,安全是基础,只有保证了安全才能实现快速、经济和舒适。然而作为一个动态系统,绝对的安全是难以实现的。如果将交通事故看作系统“运行风险”的后果,应对“人-车-路”系统做好系统设计与日常“维护”,尽可能消除“运行风险”或降低“运行风险”严重程度和风险后果的严重性。为此在系统运行过程中,应对其运行安全性、可靠性做出系统的分析与评价,预设防范措施,主动防控系统运行风险。

表观上,事故是系统运行过程中一连串动态事件的后果,这些事件可以是“事前”“事中”“事后”的事件,是一个短时连续动态演变的结果。为此,在道路安全系统分析中,威廉·哈顿(William)将人、车、路在交通事故中的相关关系用矩阵形式表示,称为哈顿矩阵,如表 2-1 所示。内在实质是,事故是系统运行风险蜕变的后果;系统运行动态平衡,风险总是存在的,风险未得到控制而逐渐积聚或恶化，事故发生的概率随之增加。

哈顿矩阵　　表 2-1

要素	事故前	事故中	事故后
人	培训、安全教育、行车态度、行人和骑车人的着装	车内位置、坐姿	紧急救援
车	主动安全(制动、车辆性能、车速、视野)，相关因素(交通量、行人等)	被动安全(车辆防撞结构、安全带等)	抢救
路	道路标志、标线，几何线形，路表性能，视距，安全评价等	路侧安全(易折柱)、安全护栏	道路交通设施的修复

哈顿矩阵的 9 个单元中的每一个因素都会对事故或伤亡有直接或间接的影响，甚至成为主要或次要原因。反之，其中的任何一个或几个环节的改善也可以切断事件链，从而减少事故或降低事故严重程度。人、车、路三者对事故的影响程度，特里特(Treat)和塞比(Sabey)经过对大量事故的深入研究得出表 2-2 的结论。关于人、车、路在事故肇因中所占的比例，很多事故统计研究所得出的比较一致的结论见图 2-2。

各要素对事故的影响程度　　表 2-2

原因	路	人	车	路和人	人和车	路和车	人车路共同
Sabey(%)	2	65	2	24	4	1	1
Treat(%)	3	57	2	37	6	1	3

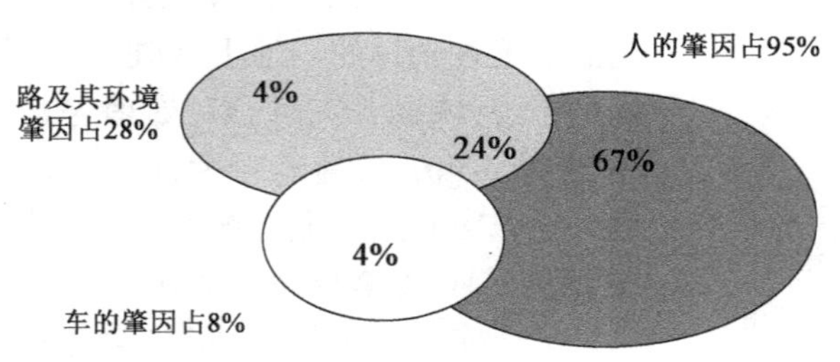

图 2-2　人、车、路在事故肇因中的比例

从图 2-2 中可以看出，与道路有关的原因是 28% ~34%，与人有关的原因是 93% ~94%，与车有关的原因是 8% ~12%，这表明人是事故的关键致因。由于事故统计数据一般均来自执法机构，该结论存在以下两个方面的不足：

(1)大量的轻微事故没有统计在内。如车辆轻微故障、单车碰撞护栏等；而研究交通运行风险，轻微事故又是非常有效的数据。

(2)执法机构在处理交通事故时，总是要尽量合理地找出事故主要责任方(人)，必然导致人是主要肇因。

关于人、车、路三要素，有一些共性的认识，具体如下。

在三要素中，人是环境的感知理解者、指令的发出者和操作者，是系统的核心。要素路和车必须通过人才能起作用，人、车、路构成的系统时刻在变化，是不稳定的，三者靠人的干预达到平衡，无疑，人是该系统最为关键的要素。

人在三个要素中是最难改变的，人对所处环境的认知和反应在很大程度上取决于人固有的生理和心理条件；车辆和路域环境会对人的行为产生作用；道路交通运行环境特征和车辆性能是影响交通安全的关键要素，力学上的作用机理至关重要，但更重要的是道路交通运行环境对交通行为的指引和约束。

事故的原因并不一定能直接引导我们提出整治措施。英国运输部在《事故调查手册》(1986年)等中指出“当我们考虑实施整治措施以减少事故时，必须认识到，最有效的措施不一定针对事故直接原因，要考虑潜在因素”。

随着道路交通和车辆工程科学技术的发展，计算机与信息科学技术在交通领域的运用，可对“人-车-路”系统的运行风险实施实时监测和主动防控。为此，需要研究“人-车-路”系统运行风险与三要素及其所在环境因素之间的内在关系、运行风险监测与主动防控技术。

2.2 人

由于人在道路交通运行系统中起主导作用，对于人及其交通行为的理解和认知有助于在道路交通设施设计与交通运行管理等中考虑人的行为特征和缺陷，从而降低道路用户在使用道路交通设施时产生错误行为的可能性。如应用生理学、心理学和运动机能学等考察人在不同路域环境和交通流中的交通行为等。

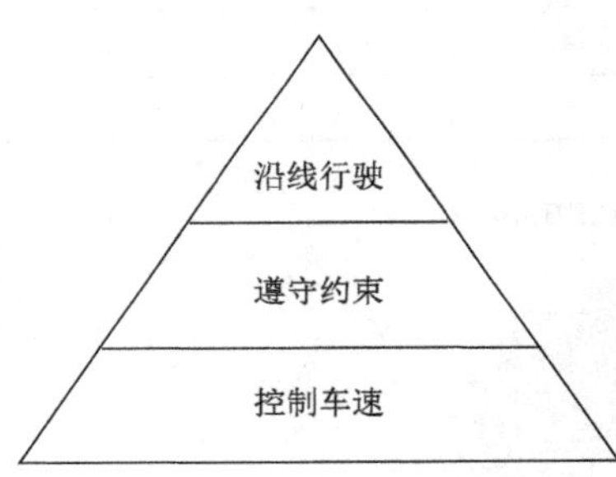

图2-3　驾驶任务分解示意图[美国国家公路和运输官员协会(AASHTO)《公路安全手册》]

道路用户的驾驶任务(包括非机动车使用者)可用图2-3表示，即将驾驶任务分解为：(1)控制驾驶的车辆以一定的速度在选择的车道上行驶；(2)保持安全车距和遵守交通标志、标线、信号等约束，处理与其他车辆的关系，实施跟驰、超车、合流、分流等行为；(3)获取指路信息，在出发点和目的地(OD)之间预定路线行驶。获取指路信息是驾驶关键，而控制是安全行驶的基础。

人要实现安全驾驶，需准确完成上述任务；但道路用户的期望，以及个人对安全驾驶的认识等的复杂性导致交通行为的异质性和难以描述性，诱发交通冲突和运行风险。

2.2.1 期望

人期望出行安全、符合自己的时间计划等。期望可以是出行时间预期、经验和个性、前方道路交通运行环境预判等三个方面。

(1)出行时间预期

出行者根据自己的出发点和目的地(OD)，预选行驶路线；根据自己对所选路线的预判制订出行时间计划。由于路域环境的动态变化，其预计时间不一定能得到保证。当其预选的高速公路或城市快速路出入口因交通事件拥堵时，出行时间预期被打破。

(2)经验和个性

对于机动车驾驶人，驾驶经验和在某条路上的行驶经验都有助于其减少信息采集处理和行为决策的时间，这是对安全有利的一面。但是有经验的驾驶人按照自己的经验和能力为每次出行确定了期望值，一旦期望不能实现，就有可能发生错误决策，导致“人-车-路”系统紊乱。极端情况是驾驶人不按照道路交通基础设施提供的信息决策驾驶行为，而是依据自己的经验和个性。如果路域内出现不符合道路用户期望的状况，其交通行为可能会诱发交通运行风险。如道路养护作业临时关闭道路或变更管控措施等。

(3)前方道路交通运行环境预判

道路用户根据所处和可视范围内的路域环境，对行驶前方路域环境做出预判，期望路域环境具有连续性，保持目前的行驶状态。如平顺的路段接小半径大纵坡路段或团雾高发路段等，可打破驾驶人对路域环境连续性的期望。

对于道路交通基础设施设计或运维，应认识到道路用户的交通行为很大程度上还取决于其习惯、经验和期望。从这一点考虑应尽量少用不可预测的、不常见的和非标准的设计，尽量避免设施的多重含义和信息的不确定性；采用具有高度一致性的设施，保证路内单元之间的连续性，避免运行环境突变。对于不可避免的路域环境突变，应采取适当的交通管控措施，预防突变诱发的交通运行风险。

2.2.2 安全驾驶

按照图2-3的任务分解，道路用户的交通出行可大体分为三步：

(1)确定出行计划，选择出行路线；

(2)根据对道路交通运行环境与交通状况的自我认知和对驾驶车辆的掌控，驾驶车辆安全行驶；

(3)动态决策选择速度，控制行驶。

保证以上行为的准确实施是行车安全的先决条件。道路用户行程中适时获取适量信息才能做出正确的交通行为决策，因此也是“人-车-路”系统稳定运行的必要条件。路域内的信息可用可视性、可读性、可知性、可信性等评价。

出行过程中，道路用户获取信息、处理信息之后实施交通行为，选择安全的行驶速度等需要驾驶人具有一定的获取与处理信息的能力。信息的可视、可读、可知与可信与人的信息认知能力有关。

2.2.2.1 信息获取与处理

信息获取、处理的速度与准确度关系到后续的交通行为决策。出行者获取极端或偶然事件信息的能力、获取与处理信息的时间、驾驶疲劳状态、精神状态、经验等和道路交通基础设施提供的信息密集度等都会影响出行者获取与处理信息的速度与准确度。

道路用户具有一定的道路交通运行环境信息获取与处理能力，与路域内的信息要匹配。若道路交通运行环境信息量过大、过于复杂，机动车行驶动态过程中，驾驶人受时间和能力的限制，导致信息过载，诱发错误驾驶，如表2-3所列的情况。此外，在驾驶过程中，驾驶人并不是把所有注意力都集中在驾驶所需的信息获取与处理上，他还可能思考其他问题，可能与同行人谈话；对路线特别熟悉时，则有可能完全按照自己在该路线上的经验行驶。社会压力、工作不顺等都有可能分散驾驶人的注意力。

驾驶人信息获取与处理超负荷情况　　表 2-3

情况分类	示例
多源信息需求	枢纽立交匝道汇入交通量大、高速的自由流
快速决策信息需求	在接近停车线时，停止或者继续通过黄色信号灯；高速公路出口变道受阻时
过量信息快速筛选	行驶在陌生的地方（如环城高速与城市快速路的枢纽立交）时，出现多信息面板的标志

人具有主观能动性和积累经验的能力，驾驶人很多时候会按照自己的经验和知识判断前方道路交通运行环境，如果其主观判断与实际道路交通运行环境不符，则诱发运行风险。因此，路域环境信息除需做到可视、可读、可知与可信外，宜保持道路交通运行环境信息提供方式的一致性和信息的连续性，信息主次分明。如我国高速公路为右出左进，平面交叉口左转车道在左、右转车道在右，这些都为驾驶人所熟知和习惯。如城市高架快速路出口路段与地面道路交叉，高架下的地面道路左转车道和驶出快速路的左转车道间设直行车道；有些道路交通基础设施特征与驾驶人的主观判断不一致，如长直线端头的小半径曲线，高速公路与城市道路的过渡段、公路与城市道路照明过渡等具有突变的道路环境。道路交通运行环境的客观性和道路用户的主观判断一致，有利于道路用户对信息的获取、处理和实施适当的驾驶行为。否则，应为道路用户提供合适的信息帮助其采取安全的交通行为，或对其行为实施一定约束。

2.2.2.2　反应时间

信息的获取、处理和行为决策需要一定的时间。对于交通行为，反应时间指道路用户感知到路域内一些信息、进行处理并采取决策的时间段。反应时间由感知时间、识别时间、决策时间和行动时间四部分组成（以感知标志信息为例），有研究表明，感知时间约为 600ms；识别时间取决于标志信息量；决策时间一般为 2.0 ~ 2.5s；行动时间取决于具体操作行为，如图 2-4 所示。

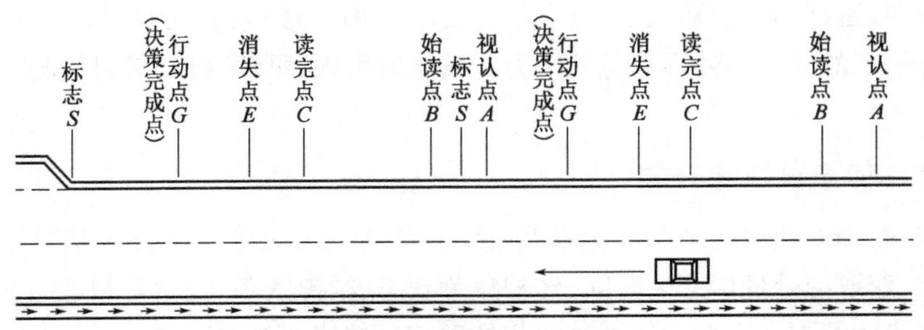

图 2-4　驾驶人反应时间示意图

在雾环境下，驾驶人从感知到前车减速，到调整本车速度至稳定速度（本车减速）的时间为一个完成过程，包含事件发生到驾驶人观察到事件、观察到事件至调整行驶速度，直至达到期望速度的时间。根据速度-时间曲线，当前车减速时，取后车的速度反弯点与前车减速点的时间差作为反应时间（图 2-5）。有研究通过驾驶模拟试验得到表 2-4 所示不同能见度条件下的反应时间。

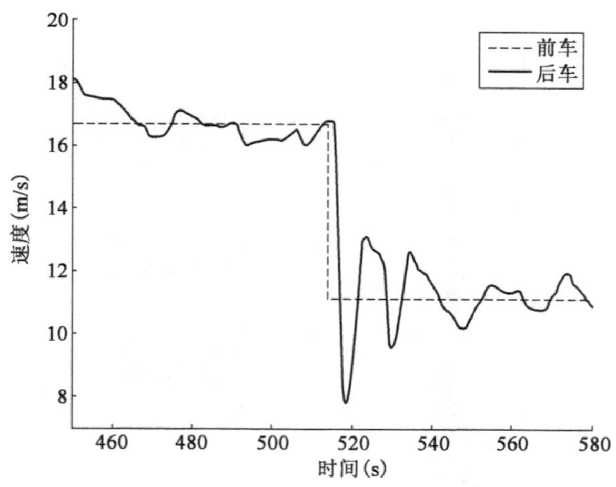

图 2-5　反应时间示意

不同能见度条件下的反应时间　　表 2-4

能见度(m)	20	50	100	150	>150
最大值(s)	3.35	3.45	4.35	4.45	4.40
最小值(s)	0.95	0.90	0.85	0.95	1.00
平均值(s)	1.63	1.47	1.93	1.95	2.49

有研究归纳了驾驶人对于不同类型报警信号的反应时间,如表 2-5 所示。

不同类型报警信号下的驾驶人反应时间　　表 2-5

报警信号类型	反应时间(s)			
	均值	75%	85%	90%
视觉报警	1.13	1.38	1.62	1.80
听觉报警	0.99	1.20	1.40	1.55
声光报警	0.90	1.08	1.23	1.35

2.2.2.3　视觉

由于受车厢封闭性和噪声的影响,90% 以上的道路交通运行环境信息是由视觉感知的,听觉为辅,可知视觉对驾驶安全的重要性。视觉感知能力分为视力、对比敏感度、周边视觉(余光)、动视力、视觉搜索等五个方面。

视力和对比敏感度决定了驾驶人能否在一定距离觉察到目标物体。路域内目标物体繁多,物体大小、亮度有时差别较小,特别是在背景亮度(如直射的阳光)很高的情况下,实际环境里觉察物体的能力和对比敏感度与在室内测定的标准视力和对比敏感度有很大差别。

在行驶过程中,驾驶人的动态视域范围和静态视域范围不同。至于视觉范围,更要考虑驾驶人是在车辆行驶状态下观察前方目标物体或搜索目标物体。静止状态下,人的周边视觉约为上下 125°(上 55°、下 70°)、左右 180°(左 90°、右 90°),但在行车过程中实际的清晰视觉范围很小,如图 2-6 所示。

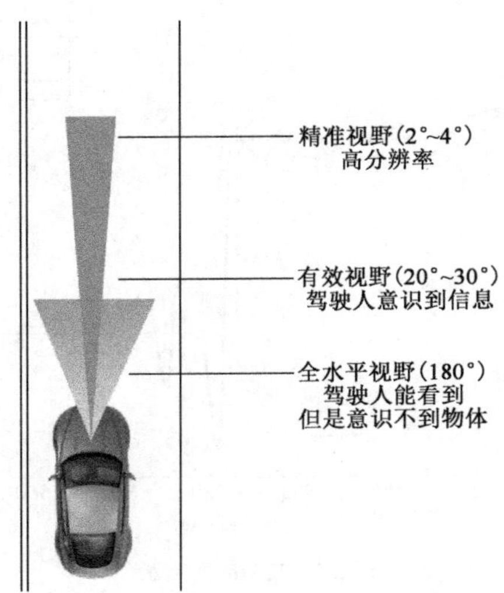

图 2-6　驾驶人视野示意图(AASHTO《公路安全手册》)

2.2.2.4　感知能力

生理上的视觉能力是驾驶人感知能力的基础,感知时间不是固定的,取决于人的视力、警觉状态、期望和信息处理反应能力。

正常情况下,人可能仅需几分之一秒就能觉察目标,但夜间或对比度低时,可能需要几秒的时间。目标物体偏离视线、与背景对比度低、尺寸小、眩光、移动等都影响人对目标的觉察和识别时间。行驶过程中觉察到前方目标或障碍物后,人会做出相应的决策并实施决策的交通行为。行为决策和实施行为的时间不仅与人的驾驶能力和经验有关,还取决于特定的交通状态和环境条件。当人处于复杂交通状态中,信息量过大或含义含糊时,则需要更多的时间进行行为决策。

(1)速度-视域

视域随行驶速度增加而变窄,如图 2-7 所示。如果静态时视域是 180°,速度 30km/h 时可减小到 100°,100km/h 时减小到 40°。

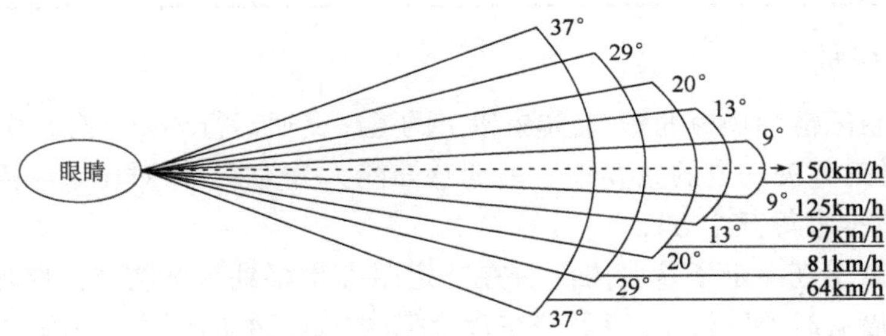

图 2-7　速度与视野范围的关系

视域中场景实时变化,随着车辆行驶,新的场景不断替换旧场景。如果应感知的场景不在视域范围内,人需扭动头部。道路交通基础设施的可视性设计必须考虑以上视域特点。为此,不少研究人员通过测试驾驶人的眼动参数和头部扭动规律,以优化道路交通基础设施的可视性。

视觉感知还取决于物体的亮度。尽管人能看到很大亮度范围的物体，但行驶过程中，路域内亮度的动态变化影响人对物体的视觉感知能力。1972 年，有测试表明从暗到亮小学生适应瞳孔收缩速率为 3mm/s；从亮到黑为 0.5mm/s。

(2)距离-大小

对特定对象大小的感知，是一种空间知觉，是在视觉、触觉和肌肉运动共同参与下实现的。感知一个对象的大小，一方面取决于这个对象投射在视网膜上视像的大小，大的对象在视网膜上得到较大的视像，小的对象在视网膜上得到较小的视像；另一方面取决于对象的距离，对象远则视像变小，对象近则视像变大。视像的大小与对象的距离成反比。根据视角变化原理，一个近距离的小物体有时比一个远距离的大物体在视网膜上的视像还要大，如图 2-8 所示。

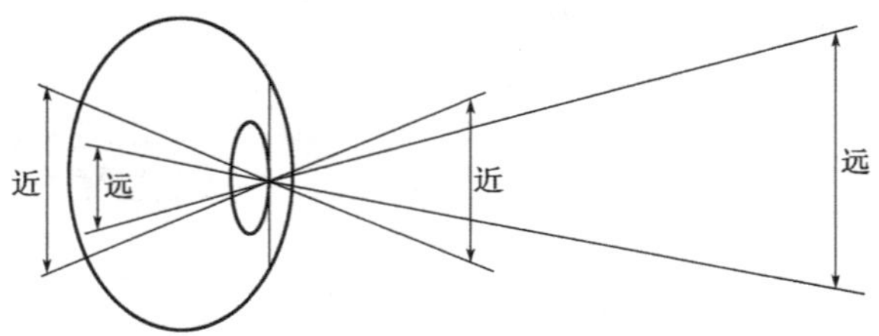

图 2-8 物体距离与视网膜视像大小的关系

这时只根据视像是无法知觉它们的实际大小的。然而，在通常情况下，人们仍能较正确地感知不同距离的对象的实际大小，即把近距离小的对象知觉为小的，而把远距离大的对象知觉为大的。在 10m 远处看一个人与在 50m 远处看同一个人，也不会感觉到他的实际大小有什么变化，虽然在前一种情况下对象投射在视网膜上的视像要比后一种情况下大 4 倍。

道路交通基础设施设计应考虑道路用户的这一视觉特征，车辆在运动状态下，人感知前方目标物体与其视域和至目标物体的距离有关，如图 2-9 所示。这一点特别影响速度差别较大时的车辆行驶安全性，包括会车和超车的安全性。

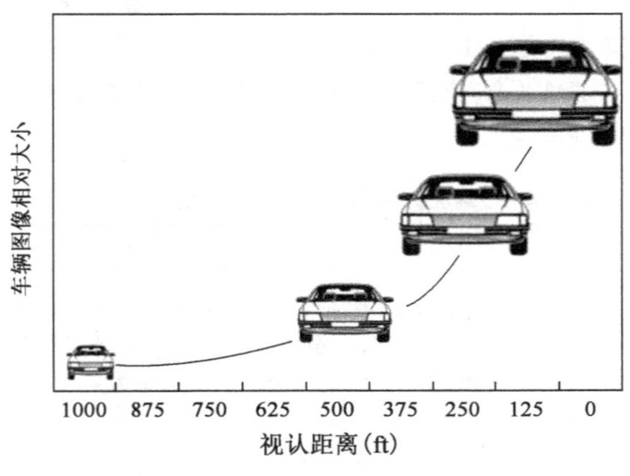

图 2-9 视距与图像大小的关系

1ft = 0.3048m

2.2.2.5 速度选择

驾驶任务的核心是根据实际的交通状况和运行环境条件选择合适的行驶速度。行驶速度决策取决于感知到的信息或指示,特别是视觉范围内的交通流状态。声音也是影响速度决策的重要因素,试验表明,当人戴上耳罩时,选择的速度会比正常情况下快6~10km/h;人对行驶速度连续性的惯性期望也是影响速度决策的重要因素之一,当车辆从高速公路转入干线公路或从干线公路进入城市道路时,往往需要一定时间或行驶距离适应较低的限速。

行驶过程中,人获取信息或指示,根据自身对道路交通运行环境的认知确定行驶速度。道路几何线形、标志、标线、地形地貌、景观等均为选择行驶速度的影响因素。AASHTO通过研究给出了图2-10所示的行驶风险、速度和几何线形的关系。

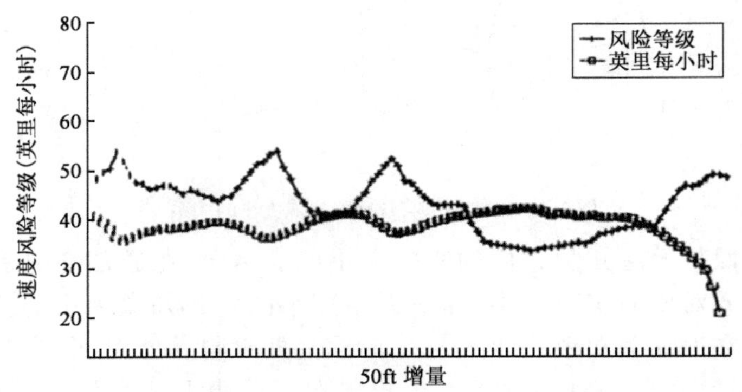

图2-10 行驶风险、速度和几何线形的关系(AASHTO《公路安全手册》)

对于遵守交通法规的具有良好交通行为的人来讲,一般性指路和提示标志(如急弯标志等)对行驶速度的影响小于道路交通运行环境本身(如几何线形),但禁令标志(如限速标志)对行驶速度的影响可能会大于道路几何线形。

道路交通运行环境应能有利于人准确、快速地获取和处理信息,如在最合适的位置提供信息、信息逐步适量提供、提供合适的信息代码(字体、颜色、背景、形状等)以及必要时用不同方式提供信息等。道路交通基础设施特征有时会让人产生一定的错觉,影响速度决策。表2-6列出了一些速度选择的影响因素。

驾驶人速度决策的影响因素 表2-6

路段类别	因素
交叉口和接入点	前车紧急停止制动、感知受限、视觉障碍、左转冲突、不充分的视觉搜索、未及时发现信号灯以及停止标志、过分依赖信号灯给予的通行权而未注意转向交通、虽感知到行人或其他道路用户闯入但无足够时间停止制动等
互通立交	匝道入口/汇入长度、相邻匝道交织段距离、反应视距和引导标志、出口匝道特征、外侧车道上的货车遮挡、标志数量多且信息量大等

续上表

路段类别	因素
分离行驶并控制出入口的长直线主线	注意力缺失和困倦感、前方低速或者停止车辆、路边动物、两侧单调的自然环境等
双向无分离设施的道路	无意驶入对向车道、前方低速或者停止的车辆、交通弱势者或者动物的低可见性、夜间行车车灯
隧道	照明过度或不足、侧墙反光、进出口光栅、进出口亮度与路面抗滑性能过渡等的适应、特长隧道单调环境下的疲劳、特长隧道内交通行为心理

2.3 车

“人-车-路”系统中,车作为操纵行为的载体,是交通安全的重要影响因素之一,体现在车辆类型、车辆大小、加减速特性、制动性能、辅助驾驶系统等方面。道路上的车辆可以分为机动车、非机动车、畜力车等。助动车目前规定使用非机动车道。

2.3.1 车辆类别

路上行驶的车辆实际有多种类型。高速公路和城市高架快速路对可通行的车辆类别有所限制,城市道路对货车通行时段有所规定。

根据《机动车运行安全技术条件》(GB 7258—2017)关于各类车辆的术语定义,将汽车、挂车、汽车列车、摩托车的类别汇总于表2-7。除表2-7所列之外,还有危险货物运输车辆、轮式专用机械车、特型机动车等。

汽车、挂车、汽车列车、摩托车的类别 表2-7

车辆类别			
汽车	挂车	汽车列车	摩托车
载客汽车:乘用车、旅居车、客车、校车	牵引杆挂车	乘用车列车	普通摩托车:两轮普通摩托车、边三轮摩托车、正三轮摩托车
载货汽车:半挂牵引车、低速汽车	中置轴挂车	货车列车	
专项作业车	半挂车	铰接列车:中置轴挂车列车、牵引杆挂车列车、全挂拖斗车、全挂汽车列车	轻便摩托车:两轮轻便摩托车、正三轮轻便摩托车
气体燃料车	旅居挂车		
两用燃料车			
双燃料汽车			
纯电动汽车			
插电式混合动力车			
教练车			
残疾人专用车			

2.3.2 机动车

机动车的性能表现在其自身的机械性能和对交通信息的接收与管理性能上。机动车的性能描述变量可分为以下两类。

(1)在一定交通和道路条件下车辆的动态响应性能,如油门踏板、制动性能、离合器、方向盘转向、刮水器、车灯等。

(2)车辆的信息接收和管理性能,如车载电话、雷达系统、广播、车载电视、导航系统、辅助驾驶系统等。

汽车安全功能在于实现汽车与道路交通系统间有序结构的最佳匹配品质,影响这种匹配品质的主要因素有汽车制动性、操纵稳定性、驾驶员视野等。本节只简单介绍,具体内容详见有关专业书籍。

2.3.2.1 汽车制动性

汽车制动性是指汽车强制停车和降低车速的能力。汽车制动性是汽车行驶安全的重要保障。

(1)制动过程

利用行车制动器进行制动的过程如图2-11所示。由图2-11可知,驾驶人从意识到危险情况至踏下制动踏板后,经过时间 t_2,汽车上的制动传动机构将制动蹄压向制动鼓,使制动器产生摩擦力,即制动器制动力,形成对车轮转动的阻力矩,并通过轮胎,在路面上产生对整个汽车运动的摩擦阻力,也就是地面制动力,使汽车减速直至停车或达到安全速度。

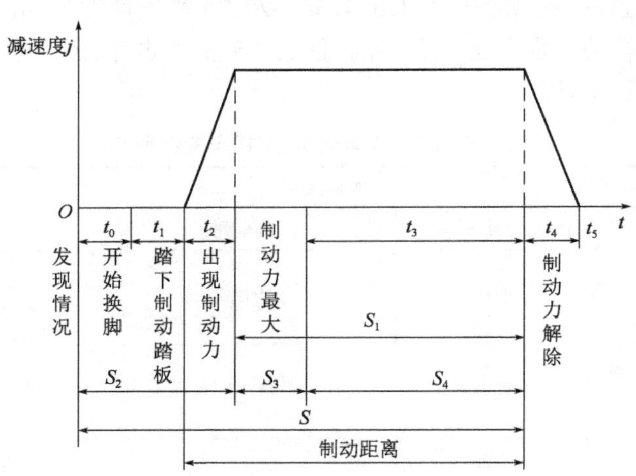

图2-11 汽车的制动过程

(2)制动距离

从驾驶人发现危险情况至汽车最终减速停车的全过程分为两个阶段。第一阶段为从驾驶人发现危险情况起,至汽车制动器开始出现制动力,由于在这一阶段内汽车上没有受到制动力的作用,所以汽车仍以原有车速向前行驶,称为空驶阶段。在空驶阶段内,汽车驶过的距离为空驶距离。第二阶段,汽车在制动力作用下,迅速减速直至最后停车,在这一阶段内汽车驶过的距离称为制动距离。汽车的空驶距离和制动距离都与汽车的安全行驶有直接关系。

(3)地面制动力

制动时,汽车的制动距离与汽车受到的地面制动力大小有关。当制动踏板力较小,且未达到某一极限时,制动器内的摩擦力矩不大,地面与轮胎间的摩擦力,即地面制动力足以克服制动器摩擦力矩而迫使车轮滚动。车轮滚动时的地面制动力就等于制动器制动力,且随制动踏板力的增长而成比例地增加。地面制动力随制动踏板力增加而增加,但不超过制动时的地面附着力。

(4)制动摩擦力矩与制动效能恒定性

对于一定的制动器来说,摩擦力矩取决于制动蹄对制动鼓的压力和蹄鼓之间的摩擦系数。由于蹄与鼓之间的摩擦系数受某些外界条件的影响可能发生变化,因而制动器的制动摩擦力矩也随之变化,使汽车制动效能的恒定性受到影响。对摩擦系数影响最大的是制动器的温度。当汽车在繁重的条件下制动和高速制动时,制动器温度会上升,从而使制动器摩擦力矩显著下降,称为制动器的热衰退现象。制动器的效能恒定性主要是指抗热衰退的性能,取决于制动器摩擦副材料以及制动器的结构。

(5)汽车制动时的方向稳定性

汽车制动时的方向稳定性是指制动时汽车保持按给定轨迹行驶的能力。汽车各车轮上的制动力不均匀,比例不当是导致制动跑偏、侧滑并使汽车失去控制而离开原行驶方向的基本原因。随着汽车平均行驶速度的不断增加,制动时的方向稳定性对道路交通运行安全的影响越来越大。

《机动车运行安全技术条件》(GB 7258—2017)定义的制动稳定性要求,指制动过程中机动车的任何部位不超出规定宽度的试验通道的边缘线,规定的稳定性要求见表2-8。用充分发出的平均减速度(MFDD)检验行车制动性能时,汽车、汽车列车在规定的初速度下急踩制动踏板时充分发出的平均减速度及制动稳定性要求应符合表2-9的规定,且制动协调时间对液压制动的汽车应小于或等于0.35s,对气压制动的汽车应小于或等于0.60s,对汽车列车、铰接客车和铰接式无轨电车应小于或等于0.80s。对空载检验的充分发出的平均减速度有质疑时,可用表2-9规定的满载检验充分发出的平均减速度进行。

MFDD按式(2-1)计算。

$$\mathrm{MFDD}=\frac{v_b^2-v_0^2}{25.92(S_0-S_b)} \tag{2-1}$$

式中:MFDD——充分发出的平均减速度,m/s^2;

v_0——试验车制动初速度,km/h;

v_b——试验车速,km/h,$v_b=0.8v_0$;

v_c——试验车速,km/h,$v_c=0.1v_0$;

S_b——试验车速从v_0到v_b车辆行驶的距离,m;

S_0——试验车速从v_0到v_c车辆行驶的距离,m。

制动距离和制动稳定性要求 表 2-8

机动车类型	制动初速度(km/h)	空载检验制动距离要求(m)	满载检验制动距离要求(m)	试验通道宽度(m)
三轮汽车	20	≤5.0		2.5
乘用车	50	≤19.0	≤20.0	2.5
总质量小于或等于 3500kg 的低速货车	30	≤8.0	≤9.0	2.5
其他总质量小于或等于 3500kg 的汽车	50	≤21.0	≤22.0	2.5
铰接客车、铰接式无轨电车、汽车列车(乘用车列车除外)	30	≤9.5	≤10.5	3.0[a]
其他汽车、乘用车列车	30	≤9.0	≤10.0	3.0[a]
两轮普通摩托车	30	≤7.0		—
边三轮摩托车	30	≤8.0		2.5
正三轮摩托车	30	≤7.5		2.3
轻便摩托车	20	≤4.0		—
轮式拖拉机运输机组	20	≤6.0	≤6.5	3.0
手扶变型运输机	20	≤6.5		2.3

注:a 对车宽大于 2.55m 的汽车和汽车列车,其试验通道宽度(单位:m)为"车宽(m) +0.5"。

制动协调时间,指在急踩制动时,从脚接触制动踏板(或手触动制动手柄)时起至机动车减速度(或制动力)达到表 2-9 规定的机动车充分发出的平均减速度或表 2-10 所规定的制动力的 75% 时所需的时间。

制动减速度和制动稳定性要求 表 2-9

机动车类型	制动初速度(km/h)	空载检验充分发出的平均减速度(m/s^2)	满载检验充分发出的平均减速度(m/s^2)	试验通道宽度(m)
三轮汽车	20	≥3.8		2.5
乘用车	50	≥6.2	≥5.9	2.5
总质量小于或等于 3500kg 的低速货车	30	≥5.6	≥5.2	2.5
其他总质量小于或等于 3500kg 的汽车	50	≥5.8	≥5.4	2.5
铰接客车、铰接式无轨电车、汽车列车(乘用车列车除外)	30	≥5.0	≥4.5	3.0[a]
其他汽车、乘用车列车	30	≥5.4	≥5.0	3.0[a]

注:a 对车宽大于 2.55m 的汽车和汽车列车,其试验通道宽度(单位:m)为"车宽(m) +0.5"。

台试检验制动力要求 表 2-10

机动车类型	制动力总和与整车质量的百分比(%)		轴制动力与轴荷[a]的百分比(%)	
	空载	满载	前轴[b]	后轴[b]
三轮汽车	—		—	≥60[c]
乘用车、其他总质量小于或等于 3500kg 的汽车	≥60	≥50	≥60[c]	≥20[c]

续上表

机动车类型	制动力总和与整车质量的百分比(%)		轴制动力与轴荷[a]的百分比(%)	
	空载	满载	前轴[b]	后轴[b]
铰接客车、铰接式无轨电车、汽车列车	≥55	≥45	—	—
其他汽车	≥60[d]	≥50	≥60[e]	≥50[e]
挂车	—	—	—	≥55[f]
普通摩托车	—	—	≥60	≥55
轻便摩托车	—	—	≥60	≥50

注:a 用平板制动检验台检验乘用车、其他总质量小于或等于3500kg的汽车时应按左右轮制动力最大时刻分别对应的左右轮荷之和计算。

b 机动车(单车)纵向中心线中心位置以前的轴为前轴,其他轴为后轴;挂车的所有车轴均按后轴计算;用平板制动试验台测试并装轴制动力时,并装轴可视为一轴。

c 空载和满载状态下测试均应满足此要求。

d 对总质量小于或等于整备质量的1.2倍的专项作业车应大于或等于50%。

e 满载测试时后轴制动力百分比不做要求;空载用平板制动检验台检验时应大于或等于35%;总质量大于3500kg的客车,空载用反力滚筒式制动试验台测试时应大于或等于40%,用平板制动检验台检验时应大于或等于30%。

f 满载状态下测试时应大于或等于45%。

需说明,《机动车运行安全技术条件》(GB 7258—2017)规定的制动性能技术要求是在标准试验场条件下的要求。实际的道路交通基础设施条件是复杂多变的,汽车的各类性能也随着车龄增加而衰减。

2.3.2.2 操纵稳定性

汽车在行驶过程中必须能正确地遵循驾驶人通过操纵系统所给定的方向,抵抗力图改变汽车行驶方向的外界干扰并保持稳定行驶;同时在满足上述要求的基础上,不能过分地降低汽车行驶的速度或造成驾驶人过度紧张和疲劳。汽车的这种能力总称为操纵稳定性。汽车操纵稳定性与道路交通运行安全有直接关系。操纵稳定性不好的汽车,驾驶人难以控制,汽车不按驾驶人指令行驶,严重时还可能发生翻倾和侧滑。

在通常行驶状态下,汽车的操纵稳定性常用汽车在等速圆周行驶时表现出来的不同响应,即稳态转向特性评价。

汽车行驶稳定性的极限是指汽车保持稳定行驶的能力是有一定限度的。如果驾驶人对汽车的操纵动作,使汽车的运动状态超过了稳定性界限,汽车的运动就会失去稳定,发生侧滑或翻倾,危及行车安全。

当汽车转向行驶,在离心力的作用下,汽车车轮的侧向反作用力达到附着极限时,汽车将沿离心力作用的方向发生侧向滑移。与此同时,离心力还将引起内外两侧车轮法向反作用力的改变。如果内侧车轮上的法向反作用力减小为零,汽车将发生翻倾。

紧急状态是指驾驶人在行车中突然遇到意想不到的危险,必须在极短时间内做出判断,并采取回避措施时所处的状态。在紧急状态下,由于驾驶人心理上的动摇,极易发生失误,尽管汽车的运动状态并未超过稳定性界限,但却会诱发事故。因此,驾驶人-汽车系统在紧急状态下应具有一定的操纵稳定性。

《机动车运行安全技术条件》(GB 7258—2017)规定,机动车在平坦、硬实、干燥和清洁的水泥或沥青道路上行驶不应跑偏,其转向盘不应有摆振等异常现象;机动车以 10km/h 的速度在5s 之内沿螺旋线从直线行驶过渡到外圆直径为25m 的车辆通道圆行驶,施加于方向盘外缘的最大切向力应小于或等于 245N。

2.3.2.3 驾驶人视野

由 2.2 节对人的分析可知,汽车在行驶过程中,驾驶人必须不断了解外界情况,其中有80%的信息是依靠驾驶人的视觉获得的,因此驾驶人视野对道路交通安全具有显著影响。前方视区是通过车前风窗玻璃看到的部分,与汽车行驶安全关系最为密切。侧方视区是通过两侧门窗玻璃看到的部分,对保证汽车转弯、起步、停止和低速行驶时的安全有重要作用。后方视区是通过后视镜间接看到的后方区域,与汽车超车、制动、转弯、倒车有一定关系。

通常,车内、车外环境视野是用两单眼视野来测量的。在测量车内环境视野时,驾驶人观察仪表板的视线被转向盘的轮缘、轮毂及轮辐所遮挡。转向盘构成的视野盲区如图 2-12 所示。

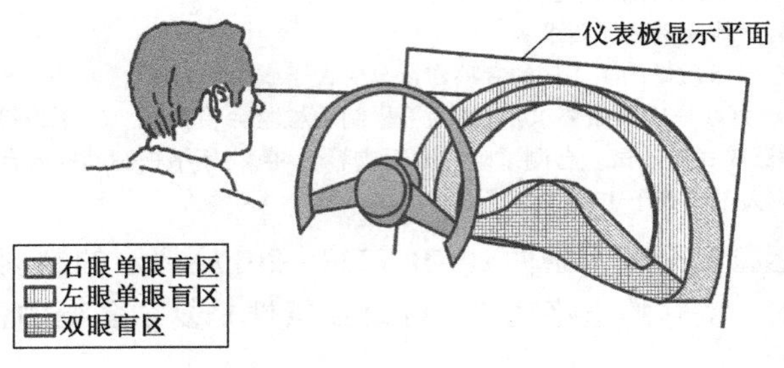

图 2-12　转向盘构成的视野盲区

驾驶人眼椭圆在汽车车身设计中十分重要。驾驶人眼椭圆是指不同身材的驾驶人按自己的意愿将座椅调整到合适的位置,并以正常的驾驶姿势入座后,其眼睛位置在车内坐标系中的统计分布图形。由于该图形呈椭圆状,因此被称为驾驶人眼椭圆。驾驶人眼椭圆是确定汽车视野性能的视野原点基础。

行车风险预警系统所安装的传感器可弥补视野不足,为消除视野盲区提供可行的技术。

2.3.2.4 汽车故障

产品在规定的条件下、在规定的时间内,不能完成规定功能的现象,称为故障。故障的表现形式称为故障的模式。汽车的故障会给用户带来许多损失,由汽车安全部件故障造成的车毁人亡的恶性事故屡见不鲜。

汽车故障的发生不但与运行工况和汽车本身的原因有关,同时也与使用者能否正确地驾驶汽车有关。从汽车故障发生的原因或后果来描述,可分为一次故障和二次故障,最初发生的故障称为一次故障,由此导致发生的相关部分或上一级系统的故障称为二次故障。描述故障模式时,原则上说的是一次故障,而将二次故障作为一次故障的后果。但当二次故障或更高次故障不可避免时,可以用二次故障或更高次的故障来描述故障模式,而将一次故障视为故障的原因。

汽车故障可根据丧失工作能力的范围和程度等,从不同的角度进行分类。

1)按汽车丧失工作能力的范围分类

按汽车丧失工作能力的范围,汽车故障分为完全故障与局部故障两类。

(1)完全故障

完全故障是指汽车完全丧失工作能力而不能行驶的故障。此类故障是汽车或其零件、部件在正常工作状态下突然丧失功能造成的。例如,点火系统的分火头击穿、中心高压线掉线、转向节臂折断、制动管路爆裂等零部件故障,均导致整车或子系统突然丧失功能,形成完全故障。

(2)局部故障

局部故障是指汽车部分丧失工作能力,即降低使用性能的故障。汽车或其子系统的工作性能随着时间的延长而逐渐降低,当达不到规定的功能时即形成故障。例如,摩擦副的磨损、弹性件的硬化、油料的变质等都会使汽车性能或部分性能下降。

2)按汽车丧失工作能力的程度分类

按汽车丧失工作能力的程度,汽车故障分为致命性故障、严重故障、一般故障和轻微故障四类(表2-11)。

故障分类表 表2-11

故障级别	故障类别	划分原则
Ⅰ	致命性故障	危及汽车行驶安全、导致人身伤亡,引起主要总成报废,造成重大经济损失,或对周围环境造成严重危害
Ⅱ	严重故障	可能导致主要零部件、总成严重损坏,或影响行车安全,且不能用备件和随车工具在较短时间(30min)内排除
Ⅲ	一般故障	使汽车停驶或性能下降,但一般不会导致主要零部件、总成严重损坏,并可通过更换易损件和用随车工具在较短时间(20min)内排除
Ⅳ	轻微故障	一般不会导致汽车停驶或性能下降,不需要更换零件,用随车工具能轻易(5min)排除

(1)致命性故障

致命性故障是指导致汽车、总成重大损坏的故障。此类故障危及汽车行驶安全,导致人身伤亡,引起汽车主要总成报废,对周围环境有严重破坏,造成重大经济损失。例如:发动机报废、转向节臂断裂、制动管路破裂、操纵失灵等均属于致命性故障。

(2)严重故障

严重故障是指汽车运行中无法排除的完全故障。此类故障可能导致主要零部件、总成严重损坏或影响行车安全,且不能用备件和随车工具在较短时间内排除。例如:发动机缸筒拉缸、后桥壳裂纹、操纵轮摆振、曲轴断裂、制动跑偏等均属于严重故障。

(3)一般故障

一般故障是指汽车运行中能及时排除的故障,或不能排除的局部故障。此类故障使汽车停驶或性能下降,但一般不会导致主要零部件或总成严重损坏,并可通过更换易损件和用随车工具在较短时间内排除。例如:汽油泵膜片损坏、风扇皮带断裂、刮水器损坏等均属于一般故障。

(4)轻微故障

轻微故障是指一般不会导致汽车停驶或性能下降,不需要更换零件,用随车工具能轻易排除的故障。例如：点火系高压线掉线、气门芯渗气、车轮个别螺母松动、离合器因调整原因分离不彻底、变速器侧盖渗油等均属于轻微故障。

3)按故障发展过程分类

(1)突发性故障

故障的发生是突然的，在发生故障之前没有任何迹象表明要发生故障。

(2)渐发性故障

汽车或机构由正常使用状况转化为故障状况是逐渐进行的。在转化为故障状况之前，表征汽车或机构技术状况的参数是逐渐变化的。

2.3.3 非机动车

非机动车交通事故中形成的人体损伤为非机动车交通事故损伤，常见的非机动车主要是自行车和三轮车，部分地区也有畜力车。与机动车相比，非机动车的车速慢，重量小，其冲撞力也相应较小，造成的损伤相应较轻。

我国使用非机动车的道路用户数量庞大，无论是公路还是城市道路，尽管非机动车自身不会给其他道路用户带来致命危险，但其与机动车的冲突依然是造成我国道路交通伤亡事故的突出因素。

助动车以电力或燃油为动力，目前我国规定助动车行驶在非机动车道上；但其速度与非机动车的速度相差很大，行驶灵活机动，在平面交叉口和道路接入口等路段，助动车与机动车、非机动车及行人的冲突已构成严重交通运行风险致因。

2.4 路

道路交通基础设施是路域环境的物理主体和交通的承载体，简称“路”。道路交通基础设施首先要为交通提供满足交通功能的硬件环境，如桥梁结构承载力、边坡稳定性、道路基本通行能力等。在满足基本交通功能的前提下，应具备安全性。安全性又对特定条件下的通行能力有重大影响。一起重大交通事故不仅影响事故点所在路段的通行，而且会波及上下游路段和路网。

路的技术条件是影响其客观安全性的主要因素，其可认知性是影响道路用户主观安全性的重要因素。路由路段、桥梁、隧道、平面交叉口、立体交叉、路基路面等结构物或物理体设施组成，在其上安装交通安全与沿线设施，包括标志、标线、护栏等。结构设施为交通提供结构承载体，交通安全与沿线设施为交通运行提供指导、解释、限制与防护等功能。

每一类设施又由大量的元素组成。道路交通运行环境给道路用户的安全感主要受道路几何线形、路面状况、交通信息、交通安全设施等因素的影响。

2.4.1 道路几何线形

道路几何线形由平面、纵断面和横断面等几何要素组成，可从以下几个方面考察线形安全性，见表2-12。

道路线形指标 表 2-12

路段线形	影响因素
平面线形	直线长度、平曲线半径、平曲线超高、曲率变化率、曲线转角、缓曲线长度等
纵断面线形	纵坡坡度、坡长、竖曲线半径等
横断面线形	车道宽度、车道数、路肩宽度、横坡等

2.4.1.1 平面线形

道路平面线形包括直线、圆曲线和缓和曲线等，平面构成要素对行车安全性有直接的影响。

（1）直线。具有方向明确、视野宽阔、能以最短距离连接两地的特点。长直线大多难与地形相协调，若长度运用不当，不仅会破坏线形的连续性，也难达到线形的协调。过长的直线易使驾驶人感到单调、疲倦，难以目测车间距离，产生想尽快驶出直线的急躁情绪，容易产生超速现象。

（2）圆曲线半径。通常情况下，交通运行风险随曲线半径的增加而降低，具有相同或相近曲线半径的路段安全性高于曲线半径差异大的路段。圆曲线路段的道路转角与行车安全有很大关系。转角过小，曲线长度看上去比实际的小，产生急转弯的错觉，可能造成不必要的减速。

（3）平曲线超高。平曲线（圆曲线与缓和曲线）超高可平衡车辆在平曲线上行驶时的离心力。超高过大，车辆会向内倾斜，影响行车的舒适性并使方向操纵困难，在弯道停车时易发生向内溜滑。所以，平曲线超高既要保证车辆不向外侧翻，又要保证车辆不向内侧溜滑。由于货车和小客车的运行速度差较大，超高的设置不仅应考虑快速通行的小客车，还应考虑货车的行驶安全性。从横向力系数、超高和平曲线半径三者之间的关系可知，汽车在弯道上行驶时，随着横向力系数f的变化，乘客的感觉也会发生变化，f值的大小直接影响到行车的安全性、经济性和舒适性。

（4）缓和曲线。缓和曲线主要起曲率过渡变化的作用，在线形中设置缓和曲线，会使车辆在正常转弯行驶时增强行驶安全性。研究表明，当曲线半径小于600m时，在直线与圆曲线之间添加缓和曲线有利于行车安全性；而对于曲线半径大于600m的路段，设置缓和曲线对行车安全的改善效果并不显著。

对道路平面线形的描述，除了上述共性之外，立交、桥梁及隧道等不同路段的平面线形还具有以下特性：

（1）枢纽立交主线及匝道线形应有助于增强立交的易识别性，具有足够的行车视距。因此，立交及匝道起终点应尽可能布置在通视良好的直线或大半径的曲线路段上，创造良好的视线诱导条件，保证立交及匝道上行驶的车辆连续、稳定。

（2）桥梁的平面线形要保持桥梁接线、桥头引道与桥上线形的平顺，使车辆平稳、安全地过渡。

（3）隧道平面线形应与路段线形相协调。当设为曲线时，不宜采用设超高的平曲线，并不应采用设加宽的平曲线。特殊条件限制，隧道平面线形为设超高的曲线时，其超高值不宜大于4.0%，技术指标应符合《公路路线设计规范》（JTG D20—2017）的有关规定。良好的隧道平曲线应有利于光线的过渡，有效调节驾驶人的心理，降低出口“白洞”影响，有助于控制洞内车速，提高驾驶人的注意力。

2.4.1.2 纵断面线形

(1)纵坡。道路纵坡是克服路线高差的必要条件,最小纵坡应满足排水的要求。相关研究成果表明"纵坡坡度在0~2%之间最为合适;低于6%的坡度对交通事故率影响不显著;当坡度大于6%时,事故率会显著增加,这种变化在下坡路段尤其明显"。长大纵坡是山区公路的典型高风险路段,长大下坡可导致货车制动失效,长大上坡导致客货车行驶速度的较大差异。

(2)竖曲线。竖曲线分为凸曲线和凹曲线两种。通常凸曲线的行车风险要比水平路段大;小半径凸曲线的行车风险较高;陡坡(坡度大于6%)路段上的凸曲线发生交通事故的可能性更高;竖曲线的频繁变换影响行车视距,降低运行安全性;视距不足的凹曲线路段,在夜晚没有照明的情况下,道路运行风险较大。

对道路纵断面线形的描述,除了上述共性之外,立交、桥梁及隧道不同路段的纵断面线形还具有以下特性:

(1)立交出入口匝道与主线或被交线的纵坡衔接,要保证主线与匝道分叉处顺适连接,匝道各段纵坡大小应与交叉处桥跨、通道净空需要协调配合,满足各控制高程的要求。

(2)桥梁纵断面线形安全性受两方面影响。一方面是桥头引桥与桥上纵坡的衔接,桥头引道线形与桥上线形应协调,保持桥梁线形与接线线形连续、流畅,良好地诱导视线,才能保证车辆行驶的顺利过渡;另一方面是桥上的线形,合理地设置桥梁纵坡,满足桥面排水的需要。

(3)隧道纵断面线形应考虑行车安全性、通风和排水要求。按《公路隧道设计规范　第一册　土建工程》(JTG 3370.1—2018)的规定,公路隧道的纵坡坡度不小于0.3%且不大于3%;受地形等条件限制时,高速公路、一级公路的中、短隧道可适当加大,短于100m的隧道纵坡可与隧道外路线指标相同。隧道纵坡对行车安全的影响非常大,主要受通风条件及行车舒适性等因素控制。对于长大隧道,隧道的通风量一般与隧道纵坡的平方级数成正比。

2.4.1.3 横断面线形

横断面组成要素较多,主要包括行车道、路肩、中间带、超高、加宽和建筑限界等部分。高速公路、一级公路的路基标准横断面如图2-13所示。

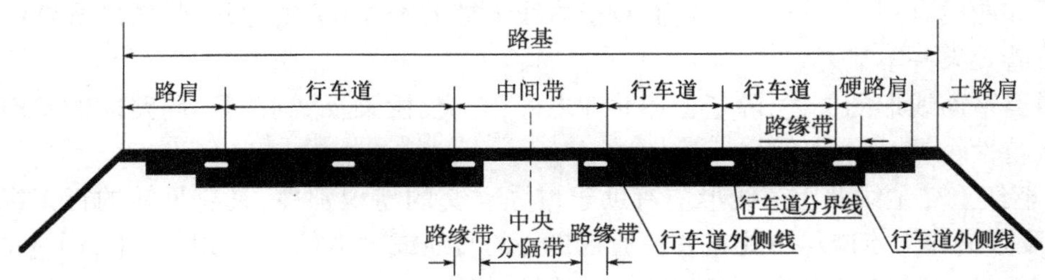

图2-13　高速公路、一级公路路基标准横断面

(1)车道宽度。足够的车道宽度有利于道路交通安全。有研究表明,双车道的路面宽度如大于6m,其事故率比5.5m的路面低。较宽路面上,驾驶人心理紧张程度低。尤其是在会车的时候,如路面较窄,汽车的运行速度将减小很多,不利于安全。但过宽车道可能会诱使驾驶人超车或超速。

(2)车道数。车道数的增加,总体上有利于提高交通安全性。但国内外的研究发现3车道公路对行车安全最不利,在道路设计中应尽量避免。对于4车道及以上公路,设立中央分隔带将减少对向行车冲突,有利于交通运行安全。多车道高速公路和城市快速路单向车道越多,出入口车辆行驶轨迹交织越复杂。

(3)路肩宽度。一定宽度的路肩可以减小驾驶人的心理紧张程度,增加行车时驾驶人的安全感,对运行速度大小也有一定的影响。

综上所述,描述道路几何线形安全性的指标很多,有平曲线半径、曲线长度、纵坡坡度及车道宽度等,这些指标与道路交通运行风险的关系复杂,对道路交通运行安全是否有利,还与“人”“车”及实时环境因素有关,耦合效应显著。

2.4.2 路面状况

路面应具备满足交通运行安全的表面特性或功能。路面状况可从平整度、渗排水、抗滑性能及车辙深度等方面考察。

(1)平整度

平整度是路面行驶质量的直接反映,平整度对行车安全的影响不容忽视。路面的不平整性导致车速频繁变化;车辆避让路面坑槽而引起撞车、撞隔离带或防护栏;使车辆本身的振幅增加,增加行车危险性;产生的颠簸也会引起驾驶人心理和生理上的不适;等等。

(2)渗排水

渗排水是和路面抗滑性能有关的因素。如果路段的排水设施位置、尺寸不当,导致雨后局部路段积水,造成路面附着系数过小,则会对交通运行安全产生不利影响。平曲线半径较小时,需设置超高,因此出现排水在纵向和横向均汇至一处的情况;即使排水设施通畅,在竖曲线底部也存在积水问题。若出现排水设施堵塞,交通运行风险会显著增大;特别是下穿道路,暴雨积水可导致严重的交通运行风险。

桥面上除设置纵横坡排水外,常常设置一定数量的泄水管。当桥面纵坡≥2%而桥长大于50m时,每隔12~15m设置一个泄水管;当桥面纵坡<2%时,一般顺桥长方向每隔6~8m设置一个泄水管。

隧道纵向排水坡应与隧道纵坡相一致,路面应设不小于1.5%的横向排水坡度。

降雨时,一方面路面靠路表径流将水排出路外,另一方面可以使用多空隙材料,水渗入路面,通过内部排水系统排出路外或直接渗到一定的深度。路表水膜不仅会降低路面抗滑性能,甚至会产生水漂(滑移现象),在车轮作用下,形成水雾,降低能见度,如图2-14所示。

(3)抗滑性能

抗滑性能不足会诱发较高交通运行风险,特别是在不良气象环境下。路面附着系数越小,车辆产生溜滑的可能性越大,安全性能越差。当路面表面抗滑能力(横向力系数、摩阻系数或路面附着系数)低于最小允许值时,车辆紧急制动时可能产生侧滑等而失控。路面附着系数主要取决于路面石料表面的纹理结构;路表类型相同时,路面附着系数随行车速度的增加而逐渐减小;路面附着系数随环境因素的变化而改变。总体上,路面抗滑性能受降水、结冰等气象因素影响而多变,造成的交通运行风险监测与预警难度大。

大跨度桥梁一般处于沟壑山谷、大江大河等局部自然环境中,相对湿度较大,路面的抗滑性能更加多变。隧道进出口路面在使用过程中,由于制动摩擦、烟尘积聚、晴雨天路面摩阻系数以及洞内外环境不同,抗滑性能差异较大,对隧道路段行车安全产生不利影响,可导致隧道进出口成为交通运行高风险段。

图 2-14　路表水形成的水雾及对标志视认性的影响

(4)车辙深度

路面车辙产生的“沟槽效应”直接影响着车辆与路面间的相互作用,包括车辆的制动效能和制动时车辆的方向稳定性。

车辆操纵稳定性取决于车辆本身的性能和路面的性状。路面车辙产生的“沟槽效应”以及雨雪天车辙内积水结冰,导致车辆转向失控,可严重影响车辆的操纵稳定性。

2.4.3　交通信息

道路用户出行需要的信息包括道路交通基础设施特征、交通流状态、气象条件、交通管控措施、路域内外的景观等,是广义的。本节的交通信息仅指由标志、标线等交通安全与沿线设施提供给道路用户的信息。交通标志、标线所提供的信息是静态交通信息和动态交通信息的统称,是向道路用户传递特定信息和规范交通管理的重要交通工程设施,反映路段及路网的信息化程度。

(1)交通标志,是设置在道路、桥梁、隧道等路段上,以图形符号、颜色和文字等形式向交通参与者传递特定交通信息,用于交通组织管理、控制与诱导等的设施。交通标志应为道路使用者提供明确、及时和足够的交通信息,引导和组织交通流,保障交通安全、顺畅、有序地运行。交通标志设置位置及标志信息内容的合理性直接关系到交通运行安全。

(2)交通标线,是以规定的线条、箭头、文字、立面标志、突起路标或其他导向装置,划设于路面或其他道路设施上,用以管制和引导交通的设施。交通标线可以给驾驶人提供视线诱导信息及驾驶行为管制信息。正确设置交通标线能合理利用道路有效面积,减少冲突点,优化路权。

随着交通智能技术的发展,标志、标线数字化信息可以由导航系统发布和辅助驾驶系统使用。导航系统发布的信息应与物理标志、标线提供的信息一致,特别是禁令类信息。自动驾驶汽车和自然人驾驶汽车共用道路交通运行时空时,自动驾驶汽车应以感知到的物理标志、标线信息为其行驶决策的必要条件。

影响枢纽立交、桥梁设施运行安全的交通信息主要为指示立交、桥梁的方位、长度、出入口距离等的指路标志信息,以及提示立交、桥梁交通运行状态和设施运行环境状态的动态交通标志信息。枢纽或复杂立交区域的正确合理的诱导与控制信息是该区域交通运行安全的重要保障。

除了应有一般路段的标志、标线外，隧道交通信息还应该包括隧道标志、限高(限宽)标志、紧急电话标志、消防设备指示标志、行人横洞指示标志、行车横洞指示标志、紧急停车带标志、疏散指示标志等。隧道交通标志、标线一方面可以用于提示驾驶人加强隧道内安全行车的意识，另一方面用于隧道事故(火灾)时对驾驶人予以合理及时的提示，利于自救或逃生，减少事故损失。

动态交通信息包括道路(网)交通运行状态、气象环境、路面积水结冰状况、路网关键节点的实时交通诱导与风险管控对策信息等。静态交通信息反映了道路交通运行环境的本质安全性，动态交通信息则更多地反映道路(网)实时的交通运行风险。

2.4.4 交通安全设施

交通安全设施是根据交通工程学的原理和方法为使道路通行能力最大、经济效益最高、交通运行风险最低、公害程度低而设置的系统或设施、给人或车配备的装备等。交通安全设施对减轻事故的严重度，排除各种纵、横向干扰，提高道路交通基础设施服务水平，提供视线诱导，改善道路景观以缓解路域环境的单调性等起着重要作用。

(1)防护及隔离设施

安全护栏是设置在中央分隔带或路侧，阻止车辆穿越中央分隔带闯入对向车道或越出路外的交通安全设施，同时安全护栏还具有使失控车辆恢复正常行驶、吸收碰撞能量以减少对乘客的损伤、诱导视线等功能。

防撞桶是设置在道路上车辆易与路域固定设施或物体发生碰撞部位的交通安全设施，在道路的转弯处，路中岗亭、收费站、高架路、桥梁及隧道的进出口等处设置，起到隔离作用。当汽车与防撞桶碰撞时，能有效地减小冲击力。此外，对驾驶人也有明显的警示作用。

隔离设施是对路域进行隔离封闭的人工构造物的统称。其目的是防止无关人员及动物闯入、穿越道路设施，消除行车干扰，从而可以形成稳定、快速的车流，提高交通运行安全性和效率。

(2)防眩设施

道路上行驶的车辆在夜间会车时，其前照灯的强光会引起驾驶人眩目，致使驾驶人获得视觉信息的质量显著降低，造成视觉机能的伤害和心理不适，使驾驶人产生紧张和疲劳感。防眩设施即为设置在中央分隔带等上，防止夜间行车受对向车辆前照灯眩目的人工构造物或植物，可改善夜间行车条件，减弱相向行驶车辆的前照灯光对驾驶人视觉感知的影响。

(3)视线诱导设施

视线诱导设施是指设置在车道两侧，用以指示道路方向、行车道边界及危险路面位置的设施，包括轮廓标、分合流标、线形诱导标等，导流标线也具有一定的视线诱导功效。小半径平曲线段、匝道等路段需要设置视线诱导设施。天气良好的白天，路面标线或护栏等具有一定的视线诱导功能；夜间、雨雪天及其他低能见度天气等不良环境下，标志、标线等设施的视线诱导功能显著下降，需设置必要视线诱导设施，如雾灯可在低能见度条件下有效示出道路边缘。

(4)照明设施

道路照明是夜间车辆安全行驶的通行条件，隧道必须具备一定的照明条件。桥、隧路段采用人工照明灯具进行视线补偿，改善道路照明条件。道路照明质量应达到辨认可靠和视觉舒适的基本要求，亮度、均匀度、色温、眩光和光栅等是影响照明质量的因素。

(5)紧急救援设施

紧急救援设施是用于道路交通事故紧急救援的各类技术装备和安保设施,包括紧急医疗救助设备、应急消防设备、道路清障设备、车辆维修设备以及用于紧急救援时期的特殊道路交通标志等。先进完备的紧急救援设施可以有效保障人员和财产安全,提高事故人员的救助率和生存概率,减小事故对道路交通的次生影响。

(6)管理设施

《公路工程技术标准》(JTG B01—2014)将监控、收费、通信、供配电、照明和管理养护等设施统一归类为管理设施。

以隧道为例,在隧道运营期间,为了有效地排出隧道内的有害气体及烟尘,保证驾乘人员及洞内工作人员的身体健康,提高行车的安全性和舒适性,通常需要按一定的方式不断地向隧道内送入新鲜空气,需通风设施。如果单从交通安全及舒适角度考虑,全横向式通风最为理想,这样沿纵向几乎没有风流动,有利于行车安全和防火。但考虑到经济性,现在的高速公路隧道多采用纵向通风,因此应使其风速小于规范值,否则应当改变通风方式或进行分段式通风。

公路隧道照明有助于把必要的视觉信息传递给驾驶人,防止因视觉信息不足而诱发交通运行风险。洞内路段照明和洞外路段照明对隧道交通安全都具有重要意义。在满足规范要求的情况下,尽量使洞口外路段保持低亮度,以与洞口的低亮度相协调。这样不仅可以节约照明费用,还能使驾驶人尽快适应明暗过渡。

隧道监控设施能够对隧道内的交通状况、通风状况、照明状况、火灾状况等进行实时的监测,及时准确地处理隧道内火灾发生时的通风、照明,以及安排交通事故发生时的有效疏通,并给予正确的事故处理和交通诱导方案,是隧道运行风险防控的关键组成部分。隧道监控设施按照外部监控设施的具体功能进行划分,主要包括 4 个部分:隧道交通监控子系统、隧道通风监控子系统、隧道照明监控子系统、隧道火灾监控子系统。

隧道交通监控子系统主要包括交通监测设施、交通控制及诱导设施等。隧道通风监控子系统主要是对隧道的通风状况和风机的运行状态进行检测,具备数据采集处理功能,风机控制功能、运转状态反馈功能及全部信息的记录功能。隧道照明监控子系统主要对隧道的照明状况和照明回路状态进行检测,同时对隧道照明回路的开关状态进行控制,根据当前天气情况给出相应的控制方案。隧道火灾监控子系统能够接收火灾报警输出,区别手动报警和火灾探测自动报警,自动记录、存储、打印报警记录,并可进行查询。

2.5 自然(人文)环境与事件

雾、雨、冰、雪、沙尘等气象条件,交通拥堵与交通事故,地质灾害等事件对交通运行安全有不同程度的影响。人的感知能力、车的性能及道路交通基础设施技术状况不可能保证各种气候环境条件下和各类事件下的交通运行安全,不良气候环境条件和事件状态下的交通运行安全一般通过交通运行风险防控和安全管理予以保障。可按灾害性事件、计划事件、交通事件、紧急事件等分类,按事件特征及其诱发的交通运行风险严重程度划分事件等级,如表 2-13 和表 2-14 所示,该分类较适用于高速公路(网),城市快速路亦可参考。

灾变事件特征和等级划分 表 2-13

事件等级	事件类型		事件对道路交通运行环境的影响	交通流运行特征
一级	灾害性事件	雾雨冰雪沙尘等恶劣天气、地质灾害、洪水等	导致交通流完全中断,局部关闭道路或其关联重大基础设施;诱发关联道路及所在路网交通运行风险	中断交通流;车道密度为 $K>110$;车流速度 $V=0$
	紧急事件	地震、恐怖袭击、火灾等		
	交通事件	改变道路交通运行环境的交通事故等事件		
	计划事件	设施的维修、施工作业、游行庆祝活动等		
二级	灾害性事件	雾雨冰雪等恶劣天气、地质灾害、洪水等	重大基础设施或关键节点的通行能力受重大影响,风险高,严格限速行驶	高密度堵塞交通流;车道密度 $28 < K < 110$;车流速度 $V=0 \sim 40$km/h
	紧急事件	地震		
	交通事件	剩余一个车道通行的交通事件		
	计划事件	剩余一个车道通行的路面养护或维修作业等		
三级	灾害性事件	雾雨冰雪等恶劣天气、地质灾害、洪水等	重大基础设施或关键节点的通行能力受较大影响,风险较高,限速行驶	通行能力流;车道密度 $22 < K < 28$;车流速度 $V=40 \sim 50$km/h
	紧急事件	地震		
	交通事件	剩余两个车道通行的交通事件		
	计划事件	剩余两个车道通行的路面养护或维修作业等		
四级	灾害性事件	雾雨冰雪等恶劣天气、地质灾害、洪水等	重大基础设施和关键节点的通行能力略受影响,有风险,可考虑限速行驶	扰动交通流;车道密度 $15 < K < 22$;车流速度 $V=50 \sim 70$km/h
	紧急事件	地震		
	交通事件	剩余三个车道通行的交通事件		
	计划事件	剩余三个车道通行的路面养护或维修作业等		
五级	无事件	无事件	正常运行状态	正常运营状态

注:1. 灾变事件分级的主要依据:①通行能力;②交通运行风险。

2. 对于单向双车道的道路,路肩事件归入四级交通事件;对于单向 3 车道及以上的道路,剩余 3 车道及以上的事件一律归入四级事件。

3. 火灾事故和恐怖袭击一律归入一级紧急事件。

4. 为了方便管理及逻辑划分的完备性,无事件的正常运营状态也列入本表,作为五级事件管理,即正常运行管理。

5. K 的单位为“标准车/(km · 车道)”。

灾变事件等级及分级标准 表 2-14

灾害类型	灾害性事件										紧急事件				交通事件	计划事件
灾害名称	雾	(雷)雨		雪		冰		风	地质灾害	洪水	地震	恐怖袭击	洞内火灾	CO中毒	交通事故、车辆抛锚、车上落物等	路面养护或维修施工等
分级指标	能见度SD(m)	能见度SD(m)	水膜厚度SM(cm)	能见度SD(m)	雪厚XH(cm)	能见度SD(m)	结冰率IR(%)	风速WS(m/s)	剩余车道数(条)	剩余车道数(条)	剩余车道数(条)	危害性	剩余车道数(条)	对人体危害	剩余车道数(条)	剩余车道数(条)
一级事件	≤50	≤50	>10	≤150	≥15	≤150	≥60	≥30	设施中断	设施中断	设施中断	设施被控制	交通中断	死亡	关闭设施(特大事故)	关闭设施
二级事件	50~200	50~200	5~10	150~250	10~15	150~250	30~60	24~30	1	1	1	—	—	视力受损	1(重大事故)	1
三级事件	200~500	200~500	2.5~5	250~375	5~10	250~375	15~30	19~24	2	2	2	—	—	心脏功能减弱	2(一般事故)	2
四级事件	500~1000	500~1000	<2.5	375~500	<5	375~500	<15	15~19	3	3	3	—	—	影响较小	3(轻微事故)	3

注:1. 表中符号"—"表示无此项目。

2. 对于双指标的灾害事件,分级主要以能见度为主,另一指标为辅;冰雹灾害采用能见度和结冰率双指标进行等级划分,以能见度为主;仅低温路面结冰灾害则只以结冰率单指标进行等级划分。
3. 对于交通事件的分级,以剩余车道数为标准,与括号中常用分级方法是一般对应关系,不一定完全能对应。
4. 当车辆燃烧事件导致全部交通中断时,将事件划入火灾类一级事件,否则按剩余车道数进行分级;隧道内车辆燃烧事件一律归入火灾一级事件。
5. 地震属重大自然灾害,由于后果一般极其严重,一律按一级紧急事件应急响应;此处将其按剩余车道数作分级只是为了制定管理对策的便利。
6. 组合事件按其构成的单项事件分别进行分级,此处不对组合事件作专门分级;但管理对策考虑了组合事件,其管理对策按后果最严重的单项灾变事件的管理对策执行,当对于最严重单项灾变事件不必要的管理对策对于次级灾变事件管理是必要的时,按次级灾变事件的管理要求执行。

2.5.1 气象

(1)雾

通常采用能见度表征雾环境的等级强度。雾环境下能见度大幅度降低,导致标志、标线等设施视认性降低,隧道线形和出入口的辨认难度增大,环视车辆行驶状态判断困难,对道路用户心理也有很大影响。

(2)雨

降水对视野造成了干扰,除影响驾驶人的心理和生理反应外,路表水膜的润滑作用还可造成“水膜溜滑现象”,且车速越快,润滑作用越明显,路面抗滑性能越差,汽车制动距离越长,汽车操纵稳定性越低。约翰·安德森(John Anderson)对公路路面降雨水深进行了试验研究,总结出了降雨形成水膜厚度的经验公式如式(2-2)所示。

$$d=0.15\cdot(L\cdot I)^{0.5}\cdot N^{0.5} \tag{2-2}$$

式中:d——水膜厚度,mm;

L——排水长度,m;

I——降雨强度,cm/h;

N——路表坡度的倒数。

降雨及行车造成的路表水雾亦降低能见度,路表水膜影响标线的视认性。

(3)雪

雪影响驾驶人视线,积雪对阳光的强烈反射作用可造成雪盲,路面积雪使行车变得困难,积雪覆盖的道路交通基础设施的安全性被弱化等。积雪厚度与降雪量可按照15∶1的比例换算,如15cm厚的积雪约为10mm降雪量。

(4)冰

路面结冰难以精准监测,是影响行车安全的关键因素,特别是“黑冰”。结冰面积率为结冰面积占路面面积的百分比。

(5)风

风速、风向是风环境的参数,对于诸如桥梁、桥隧或隧隧衔接段等,横向风是影响车辆操纵稳定性的关键因素。

(6)其他

气温、气压和阳光等也对道路用户心理有较大影响;高海拔地区的低压稀氧更易导致驾驶疲劳;沙尘也是影响能见度和驾驶心理的气象条件。交通运行风险防控更要考虑气象因素的耦合效应,如雨雾、雪雾、台风暴雨、沙尘大风等。

2.5.2 交通事件

交通事件包括交通事故和交通拥堵等,由于道路养护作业临时占用路域时空,也可归为交通事件。

公安部将交通事故类别按事故形态分为侧面相撞、正面相撞、尾随相撞、对向刮擦、同向刮擦、撞固定物、翻车、碾压、坠车、失火和其他11种。按事故严重程度分为特大事故、重大事故、一般事故和轻微事故4类。

(1)轻微事故。1次造成轻伤1~2人,或财产损失机动车不足1000元,非机动车不足200元的事故。

(2)一般事故。1次造成重伤1~2人或轻伤3人以上或财产损失不足3万元的事故。

(3)重大事故。1次造成1~2人死亡或重伤3人以上10人以下或财产损失3万元以上6万元以下的事故。

(4)特大事故。1次造成3人以上死亡或重伤11人以上或者死亡1人同时重伤8人以上或者死亡2人同时重伤5人以上或者财产损失6万元以上的事故。

对于交通运行风险防控,交通事件可用事件起始时间、消散时长、路域空间占有率等参数表达。

2.5.3 其他事件

政治活动、各类庆祝活动、公安等部门批准的游行等交通运行是具有一定影响的计划事件。道路养护维修作业亦可归类为计划事件。

2.6 管理因素

管理因素作为道路交通系统的外部人为环境因素,对"人-车-路"系统的可靠性起作用,这种作用可认为是间接的。随着智能交通管理系统建设的不断完善,管理因素对交通运行安全的影响将越来越大。

2.6.1 信息提供

道路交通运行过程中,经常发生灾害性天气、交通事故、车辆抛锚、货物散落、偶发性交通拥挤、常发性交通拥挤等事件,这些事件对交通运行产生不同程度的干扰。借助于路网沿线布设的信息采集与发布设施、导航系统、交通控制设施等,实时将事件信息及其对交通的影响告知道路用户,对道路用户进行交通行为干预,避免危险驾驶行为等;同时将事件信息及时告知有关部门,减少事件的反应时间,缩短事件的持续时间并减轻影响程度;有效阻止事件诱发的交通运行风险在路网内的传播,降低二次事故的发生率。

交通管理部门提供的交通管理信息可分为事件信息、行车控制信息、路径分流诱导信息等。交通信息的实时性、有效性、可接受性等对于道路交通运行风险主动防控是关键,其有助于"人-车-路"系统运行的可靠性。

2.6.2 管理执法

管理执法主要是指交警、路政等交通管理部门为维护交通秩序、保障道路交通安全与畅通而依法对驾驶人、行驶车辆等实施的管控作为,以规范驾驶行为、杜绝各种非法改造及超重超载超限等非法车辆上路等。

实践经验表明,管理执法严格,能有效降低交通事故率,而管理执法不严,则各种违规违法交通行为横行。严格的管理执法措施对所在路段的道路用户有很强的震慑力,从而可有效防止不法或不文明的交通行为。

交通管理执法的人性化、科学合理性等是执法对于道路用户而言可接受与认可的关键。交通基础设施、交通管控措施等对于提高交通运行效率和风险防控的作用往往要经过一段时间运行后得到验证,如标志、标线、交叉口的交通组织、限速等的效用。因此,当某些路段点存在大量交通违章行为时,应通过执法及时发现问题,并予以纠正。

2.6.3 安全教育

人是具有主观能动性的系统要素，只有人的交通行为文明守法，才能保障“人-车-路”系统的稳定运行。安全教育是增强交通参与者安全意识的重要措施。

【复习思考题】

2-1 道路交通安全系统“人-车-路”由哪几方面构成？

2-2 视觉感知能力分为哪几个方面？分析视觉感知能力对实施驾驶任务的影响。

2-3 近大远小是根据视角变化原理，一个近距离的小物体有时比一个远距离的大物体在视网膜上的视像还要大。近大远小原理会对交通安全造成什么样的影响？请举例说明。

2-4 生活中还有哪些视觉原理可以应用在道路标志、标线等交通设施的设计上？请举例说明。

2-5 道路交通基础设施设计如何满足驾驶人的期望？

2-6 道路交通基础设施都包括哪几部分？请详述各部分对道路安全的影响。

第3章

道路交通基础设施

道路交通运行环境是“路”的空间表现形式，是道路用户需要感知的最主要交通运行环境要素之一。道路线形改造涉及面广，投资大，当道路交通基础设施建造完成并开放交通后，不良道路几何线形生成的几何空间安全性问题也是最难解决的。道路几何线形勾勒出了几何空间，该空间内的道路交通基础设施提供并限定了道路交通运行环境特征，其安全性能是保障“人-车-路”系统安全运行的基础。

3.1 道路几何线形

3.1.1 道路几何线形基准元素与组合

道路几何线形在设计图纸上表现为平面线、纵断面线和横断面线，如图 3-1 所示，分别称为平面线形、纵断面线形和横断面线形；平面、纵断面和横断面几何线形构成了道路交通运行的几何空间，在该空间内，车辆行驶在空间曲面(路面)上。

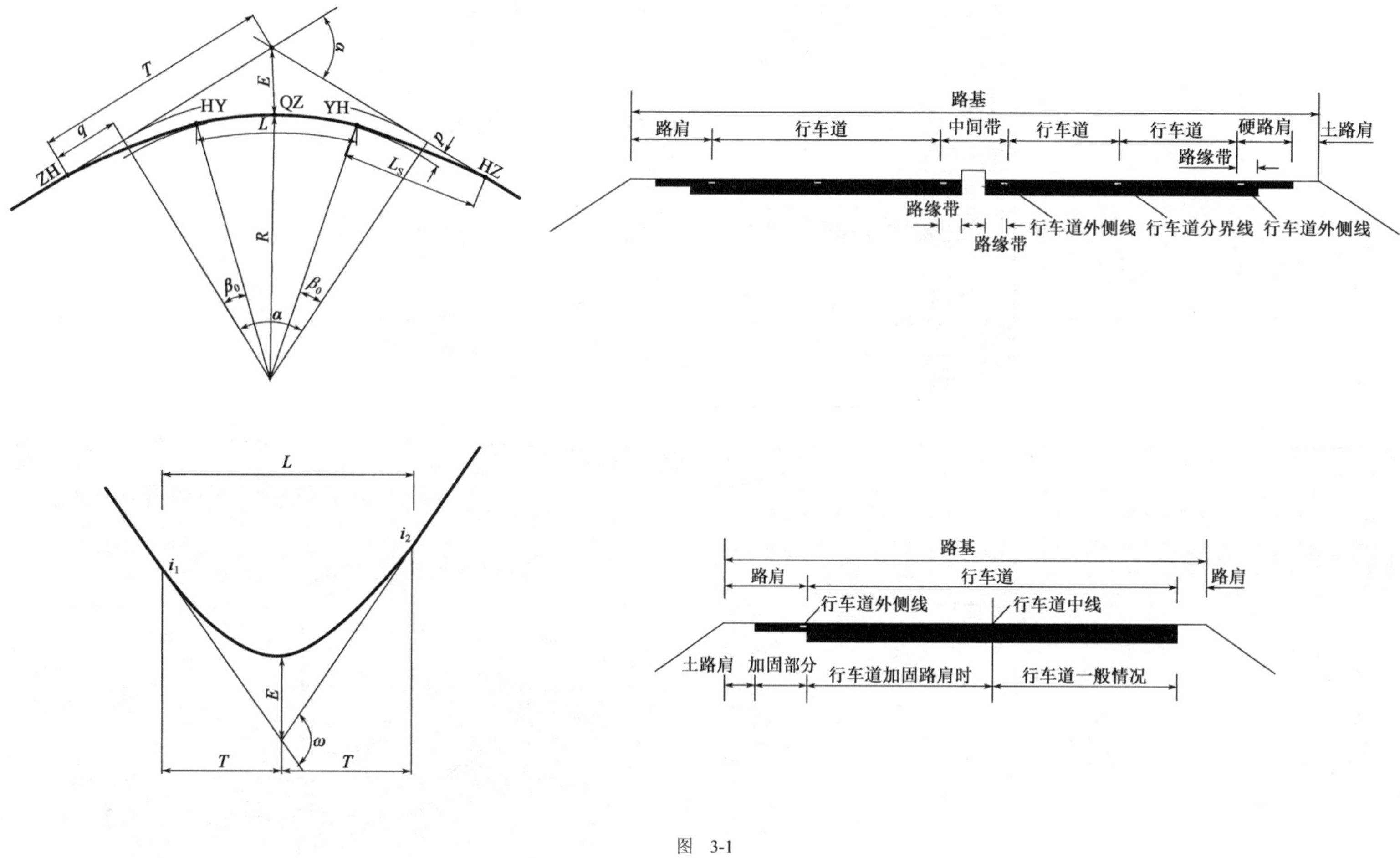
T
E
α
q
HY
QZ
YH
L
p
ZH
HZ
Ls
R
β0
α
路基
路肩
行车道
中间带
行车道
行车道
硬路肩
土路肩
路缘带
路缘带
路缘带
行车道外侧线
行车道分界线
行车道外侧线
L
i1
i2
E
ω
T
T
路基
路肩
行车道
路肩
行车道外侧线
行车道中线
土路肩
加固部分
行车道加固路肩时
行车道一般情况

图 3-1

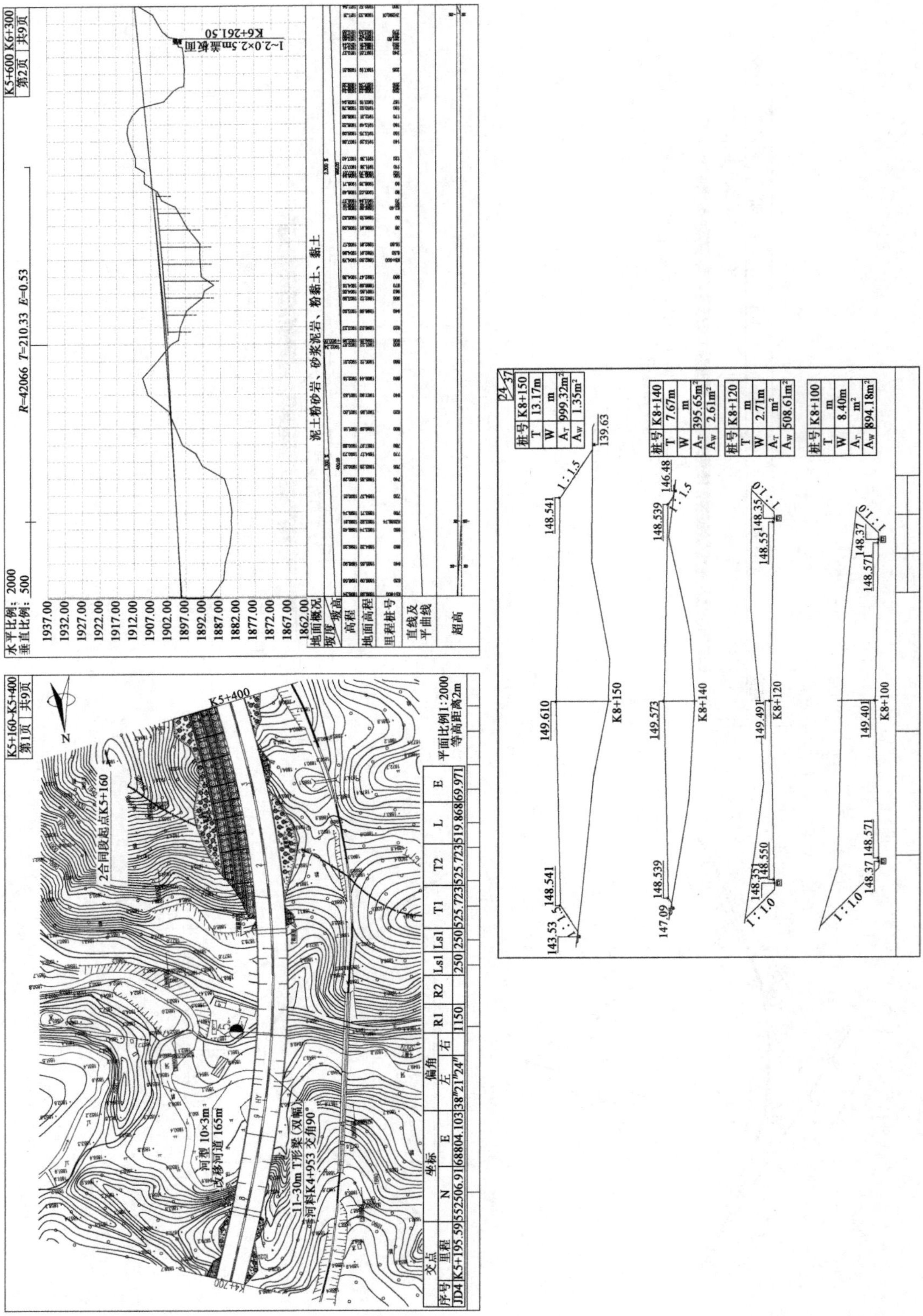

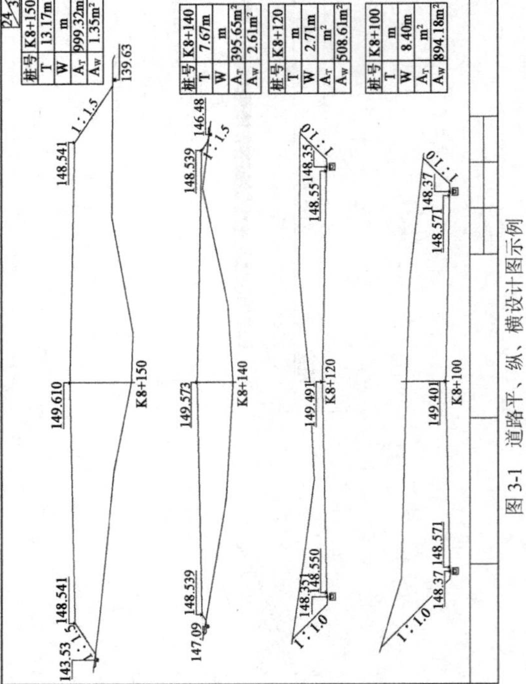

图 3-1 道路平、纵、横设计图示例

3.1.1.1 基准元素

平面线形由不同曲率线形特征的平面元素组成,包括(平)直线、圆曲线、缓和曲线等。纵断面线形由不同坡度和曲率特征的纵断面元素组成,包括零纵坡直线、纵坡直线、竖曲线等。横断面则在道路规划红线宽度范围内,由不同宽度和坡度的横断面元素组成,主要包括行车道、路缘带、路肩、中央分隔带等。相关技术标准或规范均考虑车辆行驶安全给予了基准元素取值规定与技术指标要求。

《公路工程技术标准》(JTG B01—2014)定义设计速度是确定公路几何线形技术指标并使其相互协调的基本要素,一经选定,公路的所有相关要素如平曲线半径、视距、超高、纵坡、竖曲线半径、车道宽度等技术指标均与其配合以获得均衡设计。

以上元素在道路几何线形设计标准规范和教科书中均有明确定义,对圆曲线、缓和曲线、竖曲线、纵坡、超高、加宽过渡、车道宽度、横坡等的计算均给出了计算式或推荐值,关于这方面的知识可参考相关标准规范和道路规划与几何设计方面的教材。表 3-1 给出了部分相关设计技术标准的示例;图 3-2 为美国道路几何线形设计技术标准示例。

道路几何线形设计技术标准示例 表 3-1

设计速度(km/h)		120	100	80	60	40	30	20
平面								
圆曲线最小半径(m)		1000	700	400	200	100	65	30
回旋线最小长度(m)		100	85	70	50	35	25	20
平曲线最小长度(m)		600	500	400	300	200	150	100
纵断面								
最大纵坡(%)		3	4	5	6	7	8	9
最小坡长(m)		300	250	200	150	120	100	60
最大坡长(m);对应坡度(%)	3	900	1000	1100	1200			
	4	700	800	900	1000	1100	1100	1200
	5		600	700	800	900	900	1000
	6			500	600	700	700	800
	7					500	500	600
	8					300	300	400
	9						200	300
	10							200
最大合成坡度(%)		10	10	10.5	10.5	10	10	10
凸竖曲线最小半径(m)		17000	10000	4500	2000	700	400	200
凹竖曲线最小半径(m)		6000	4500	3000	1500	700	400	200
竖曲线长度最小值(m)		250	210	170	120	90	60	50
横断面								
路基宽度(m);对应车道数	8	42(40)	41(38.5)					
	6	34.5	33.5	32				
	4	28(25)	26(23.5)	24.5(21.5)	23(20)			
	2			12(10)	10(8.5)	8.5	7.5	6.5
车道宽度(m)		3.75	3.75	3.75	3.5	3.5	3.25	3
右侧硬路肩宽度(m)		3.5(3)	3(2.5)	2.5(1.5)	2.5(1.5)			
土路肩宽度(m)		0.75	0.75	0.75	0.5	0.75	0.5	0.25

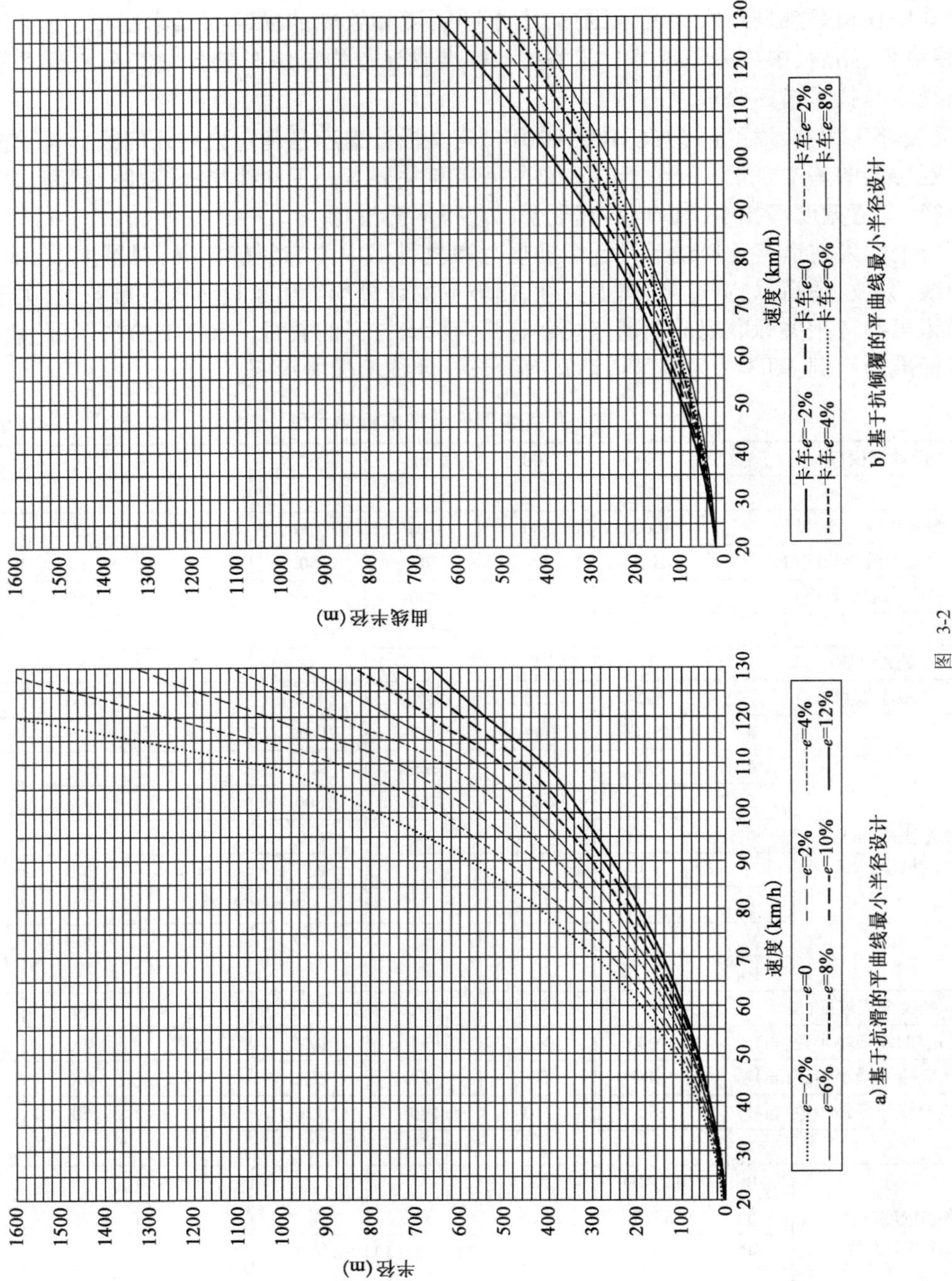

a) 基于抗滑的平曲线最小半径设计

b) 基于抗倾覆的平曲线最小半径设计

图 3-2

a(%)	度量																							
	V_d=20km/h		V_d=30km/h		V_d=40km/h		V_d=50km/h		V_d=60km/h		V_d=70km/h		V_d=80km/h		V_d=90km/h		V_d=100km/h		V_d=110km/h		V_d=120km/h		V_d=130km/h	
	旋转车道数																							
	1	2	1	2	1	2	1	2	1	2	1	2	1	2	1	2	1	2	1	2	1	2	1	2
	L_1(m)	L_1(m)	L_1(m)	L_1(m)	L_1(m)	L_1(m)	L_1(m)	L_1(m)	L_1(m)	L_1(m)	L_1(m)	L_1(m)	L_1(m)	L_1(m)	L_1(m)	L_1(m)	L_1(m)	L_1(m)	L_1(m)	L_1(m)	L_1(m)	L_1(m)	L_1(m)	L_1(m)
1.5	7	10	7	11	8	12	8	13	9	14	10	15	11	16	12	17	12	18	13	20	14	21	15	23
2.0	9	14	10	14	10	15	11	17	12	10	13	20	14	22	15	23	16	25	18	26	19	28	1	31
2.2	10	15	11	16	11	17	12	18	13	20	14	22	16	24	17	25	18	27	19	29	21	31	22	34
2.4	11	16	12	17	12	19	13	20	14	22	16	24	17	26	16	26	20	29	21	32	23	34	25	37
2.6	12	18	12	19	13	20	14	22	16	23	17	26	19	28	20	30	21	32	23	34	25	37	27	40
2.8	13	19	13	20	14	22	16	23	17	25	18	27	20	30	21	32	23	34	25	37	27	40	29	43
3.0	14	20	14	22	15	23	17	25	18	27	20	29	22	32	23	34	25	37	26	40	28	43	31	46
3.2	14	22	15	23	16	25	18	27	19	29	21	31	23	35	25	37	26	39	28	42	30	45	33	49
3.4	15	23	16	24	17	26	19	26	20	31	22	33	24	37	26	39	28	42	30	45	32	48	35	52
3.6	16	24	17	26	19	28	20	30	22	32	24	35	26	39	28	41	29	44	32	47	34	51	37	56
3.8	17	26	18	27	20	29	21	32	23	34	26	37	27	41	29	44	31	47	33	50	36	54	39	59
4.0	18	27	19	29	21	31	22	33	24	36	26	39	29	43	31	46	33	49	35	53	38	57	41	62
4.2	19	28	20	30	22	32	23	35	25	38	27	41	30	45	32	48	34	52	37	55	40	60	43	65
4.4	20	30	21	32	23	34	24	37	26	40	29	43	32	48	34	51	36	54	39	58	42	63	45	68
4.6	21	31	22	33	24	35	25	38	28	41	30	45	33	50	35	53	38	56	40	61	44	65	47	71
4.8	22	32	23	35	25	37	27	40	29	43	31	47	35	52	37	55	39	59	42	63	45	68	49	74
5.0	23	34	24	36	26	39	28	42	30	45	33	49	36	54	38	57	41	61	44	66	47	71	51	77
5.2	23	35	25	37	27	40	29	43	31	47	34	51	37	56	40	60	43	64	46	68	49	74	53	80
5.4	24	36	26	39	28	42	30	45	32	49	35	53	39	58	41	62	44	66	47	71	51	77	56	83
5.6	25	38	27	40	29	43	31	47	34	50	37	55	40	60	43	64	46	69	49	74	53	80	58	86
5.8	26	39	28	42	30	45	32	48	35	52	38	57	42	53	44	67	47	71	51	76	55	82	60	89
6.0	27	41	29	43	31	46	33	50	36	54	39	59	43	65	46	69	49	74	53	79	57	85	62	93
6.2	28	42	30	45	32	48	34	52	37	56	41	61	45	67	47	71	51	76	54	82	59	88	64	96
6.4	29	43	31	46	33	49	35	53	38	58	42	63	46	69	49	74	52	79	56	84	61	91	66	99
6.6	30	45	32	48	34	51	37	55	40	59	43	65	48	71	51	76	54	81	58	87	63	94	68	102
6.8	31	46	33	49	35	52	38	56	41	61	45	67	49	73	52	78	56	83	60	90	64	97	70	105

c)

图 3-2

a(%)	V_d=20km/h		V_d=30km/h		V_d=40km/h		V_d=50km/h		V_d=60km/h		V_d=70km/h		V_d=80km/h		V_d=90km/h		V_d=100km/h		V_d=110km/h		V_d=120km/h		V_d=130km/h	
	度量																							
	旋转车道数																							
	1	2	1	2	1	2	1	2	1	2	1	2	1	2	1	2	1	2	1	2	1	2	1	2
	L_1(m)	L_1(m)	L_1(m)	L_1(m)	L_1(m)	L_1(m)	L_1(m)	L_1(m)	L_1(m)	L_1(m)	L_1(m)	L_1(m)	L_1(m)	L_1(m)	L_1(m)	L_1(m)	L_1(m)	L_1(m)	L_1(m)	L_1(m)	L_1(m)	L_1(m)	L_1(m)	L_1(m)
7.0	31	47	34	50	36	54	39	58	42	63	46	69	50	76	54	80	57	86	61	92	66	99	72	108
7.2	32	49	35	52	37	56	40	60	43	65	47	71	52	78	55	83	59	88	63	95	68	102	74	111
7.4	33	50	6	53	38	57	41	61	44	67	48	73	53	80	57	85	61	91	65	97	70	105	76	114
7.6	34	51	36	55	39	59	42	63	46	68	50	75	55	82	58	87	62	93	67	100	72	108	78	117
7.8	35	53	37	56	40	60	43	65	47	70	51	77	56	84	60	90	64	96	68	103	74	111	80	120
8.0	36	54	38	58	41	62	44	66	48	72	52	79	58	86	61	92	65	98	70	105	76	114	82	123
8.2	37	55	39	59	42	63	45	68	49	74	54	81	59	89	63	94	67	101	72	108	78	117	84	127
8.4	38	57	40	60	43	65	47	70	50	76	5	82	60	91	64	97	69	103	74	111	80	119	86	130
8.6	39	58	41	62	44	66	48	71	52	77	56	84	62	93	66	99	70	106	76	113	81	122	88	133
8.8	40	59	42	63	45	68	49	73	53	79	58	86	63	95	67	101	72	108	77	116	83	125	91	136
9.0	40	61	43	65	46	69	50	75	54	81	59	88	65	97	69	103	74	110	79	119	85	128	93	1339
9.2	41	62	44	66	47	71	51	76	55	83	60	90	66	99	70	106	75	113	81	121	87	131	95	142
9.4	42	63	45	68	48	73	52	78	56	85	62	92	68	102	72	108	77	115	83	124	89	134	97	145
9.6	43	65	46	69	49	74	53	80	58	86	63	94	69	104	74	110	79	118	84	126	91	136	99	148
9.8	44	66	47	71	50	76	54	81	59	88	64	96	71	106	75	113	80	120	86	129	93	139	101	151
10.0	45	68	48	72	51	77	55	83	60	90	65	98	72	108	77	115	82	123	88	132	95	142	103	154
10.2	46	69	49	73	52	79	56	85	61	92	67	100	73	110	78	117	83	125	90	134	97	145	105	157
10.4	47	70	50	75	53	80	58	86	62	94	68	102	75	112	80	119	85	128	91	137	99	148	107	160
10.6	48	72	51	76	55	82	59	88	64	95	69	104	76	114	81	122	87	130	93	140	100	151	109	164
10.8	49	73	52	78	56	83	60	90	65	97	71	106	78	117	83	124	88	133	95	142	102	153	111	167
11.0	50	74	53	79	57	85	61	91	66	99	72	108	79	119	84	126	90	135	97	145	104	156	113	170
11.2	50	76	54	81	58	86	62	93	67	101	73	110	81	121	86	129	92	137	98	148	106	159	115	173
11.4	51	77	55	82	59	88	63	95	68	103	75	112	82	123	87	131	93	140	100	150	108	162	17	176
11.6	52	78	56	84	60	89	64	96	70	104	76	114	84	125	89	133	95	142	102	153	110	165	119	179
11.8	53	80	57	85	61	91	65	98	71	106	77	116	85	127	90	136	97	145	104	155	112	168	121	182
12.0	54	81	58	86	62	93	66	100	72	108	79	118	86	130	92	138	98	147	105	158	114	171	123	185

c)基于平曲线及车速的超高设计

图 3-2　美国道路几何线形设计技术标准示例

3.1.1.2 基准元素的组合

道路路面为行车提供的空间曲面由平面元素、纵断面元素和横断面元素组成，称为平纵横组合；平面元素、纵断面元素和横断面元素组合形成具有不同空间曲面特征的路段。横断面一般在一定长度上不会发生变化，除设置超高的路段外，但路段的平、纵组合状况差异较大。

平、纵曲线元素组合是影响交通运行环境安全性的重要因素，研究表明，其组合情况对行车安全的影响明显比单个平、纵曲线元素的影响要大。研究指出，几种典型不利因素的组合路段比一般路段的事故率高出6倍以上，如有研究认为在设计中应尽量避免半径小于450m和坡度大于4%的情况，尤其避免它们的组合出现。再如某些道路将平曲线恰好设置在一个凸形竖曲线内，这类道路容易形成高风险路段。美国交通研究委员会公路协作项目NCHRP SYNTHESIS 299总结平、纵组合的经验时，认为："单个曲线的技术指标与安全的关系……不能解释产生事故危险段点的道路环境方面实质性的原因，这些危险段点可能是一个大交通量的交叉口、长直线后急弯、多个连续圆曲线中存在大小半径比等问题，这些曲线组合超出了驾驶人对前方道路环境的预期，导致事故。这一情况已被公认为主要的事故原因。"

《公路路线设计规范》(JTG D20—2017)指出，计算行车速度大于60km/h的公路，必须注重平、纵的合理组合，并给出了一些具体的组合要求。线形组合应符合以下原则。

(1)线形组合中，各技术指标除应分别符合平面、纵断面规定值外，还应考虑横断面对线形组合与行驶安全的影响。应避免平面、纵断面、横断面最不利值的相互组合。

(2)保证平面、纵断面各相对独立技术指标的相对均衡、连续和相邻路段的各技术指标值的均衡、连续。

(3)除应保持各要素间的相对均衡与变化节奏的协调外，还应注意同公路外部沿线自然景观的适应和地质条件等的和谐。

(4)路线线形应能自然地诱导驾驶者的视线，并保持视线的连续性。

除以上原则外，该设计规范也给出了一些具体规定。如：设计速度大于或等于60km/h时，同向圆曲线间最小直线长度(以m计)以不小于设计速度(以km/h计)的6倍为宜；反向圆曲线间的最小直线长度(以m计)以不小于设计速度(以km/h计)的2倍为宜。

道路几何线形平、纵组合不应出现以下对道路交通运行环境安全性有不利影响的组合。

(1)平、纵线形组合未按规定对应。当平、竖曲线半径均较小时，其对应程度应较严格；随着平、竖曲线半径的同时增大，其对应程度可适当放宽；当平、竖曲线半径均较大时，可不严格对应。

(2)长直线与坡陡或半径小的短竖曲线组合。

(3)长平曲线内包含多个短竖曲线，短的平曲线与短的竖曲线组合。

(4)半径小的圆曲线起、讫点接近或设在凸形竖曲线的顶部或凹形竖曲线的底部。

(5)长的竖曲线内设置半径小的平曲线。

(6)凸形竖曲线的顶部或凹形竖曲线的底部同反向平曲线的拐点重合。

(7)复曲线、S形曲线中的左转圆曲线不设超高时，应运用运行速度校验其安全性。

(8)长下坡路段、长直线路段或大半径圆曲线路段的末端接小半径圆曲线。

(9)桥头引导与桥梁几何线形之间、隧道洞口连接线与隧道线形之间等均应相互协调。

从规范的条文及建议可以看出，基准元素及其组合对于道路交通运行环境安全性的重要性。规范仅能针对相关基准元素组合给出一些定量或定性的要求和建议，但规范不可能穷极所有不良组合，需要采用道路安全设计或评价技术分析基准元素及其组合对道路交通运行环境安全性的影响。如路段与路段之间几何特征过渡安全性，可采用道路几何线形的连续性或突变性分析与描述路段之间差异性。

3.1.1.3 几何线形连续性

道路几何线形元素技术指标的标准或规范在一定程度上保证了道路交通运行环境的安全性和舒适性。具有不同技术指标的元素组合而成的几何空间能否为机动车行驶提供安全的环境，可从以下三个方面分析：

(1)设计速度要素控制下，基准元素技术指标选用的合理性；

(2)路段内平、纵、横线形元素组合形成的几何线形安全性；

(3)相邻路段间的几何线形连续性。

从几何设计原理上，设计为道路用户提供了满足一定行车安全要求的几何线形，即道路几何线形应对于车辆行驶具有一定的客观安全性。根据主观安全性的定义，几何线形的主观安全性可定义为道路用户通过对道路几何空间的认知与安全性判断，所给予的安全性判定值。显然，道路用户的认知与判断能力具有个性差异，对于相同的道路交通运行环境，道路用户会给出各自不同的安全性判定值。

几何线形的均衡性和连续性是指道路几何线形与驾驶人的驾驶期望相适应的特性，道路沿线各设计要素的变化应该与驾驶行为相匹配。当实际出现的道路特征与驾驶人期望特征有偏差时，驾驶人采取措施调整车辆，使车辆行驶轨迹满足道路线形的约束，直至再次发生冲突；若驾驶人未感知判断出该偏差就可能犯驾驶错误，如图 3-3 所示。均衡性和连续性是度量整条道路或路段几何线形空间整体协调性的技术指标，是评价道路客观安全性与道路用户主观安全性是否一致的重要技术指标。

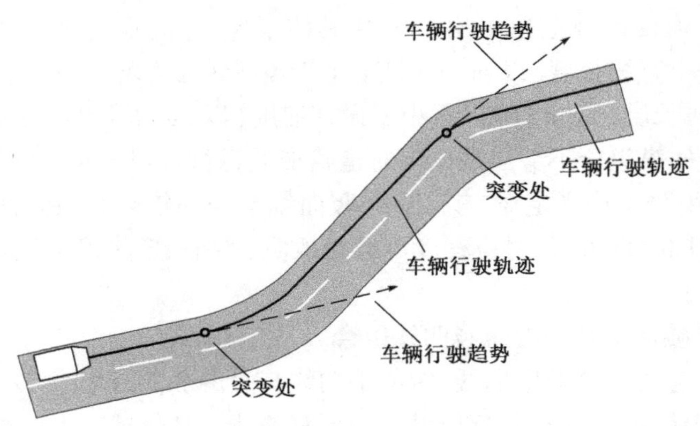

图 3-3 车辆行驶轨迹示意图

对于平曲线、竖曲线等基准元素，其技术指标阈值的确定考虑了安全性，技术指标阈值均与速度有关。由于驾驶人个性和机动车性能的差异，技术指标的确定无法考虑每一个道路用户和每一辆车对几何线形安全性的要求。在制定设计标准时，采用了标准车辆和计算行车速度。标准车辆，也称设计车辆，《公路工程技术标准》(JTG B01—2014)和《汽车、挂车及汽车列车外廓尺寸、轴荷及质量限值》(GB 1589—2016)设计车辆的参数见表 3-2。

设计车辆外廓尺寸

表 3-2

车辆类型	总长(m)	总宽(m)	总高(m)	前悬(m)	轴距(m)	后悬(m)
小客车	6	1.8	2	0.8	3.8	1.4
大型客车	13.7	2.55	4	2.6	6.5 +1.5	3.1
铰接客车	18	2.5	4	1.7	5.8 +6.7	3.8
载重汽车	12	2.5	4	1.5	6.5	4
铰接列车	18.1	2.55	4	1.5	3.3 +11	2.3

注:铰接列车的轴距(3.3 +11)m,3.3m 为第一轴至铰接点的距离,11m 为铰接点至最后轴的距离。

道路上实际行驶的车辆与规范中的设计车辆(标准车辆)有很大差异,如桑塔纳 2000、东风天龙、福田欧曼等常见车型参数与标准车辆有一定差异,如表 3-3 所示。

常见车辆参数

表 3-3

车辆类型	总长(m)	总宽(m)	总高(m)	轴距(m)	最高速度(km/h)
桑塔纳 2000	4.68	1.71	1.427	2.656	>165
东风天龙	9.96	2.5	3.03	5.65	>90
福田欧曼	18.335	2.5	3.1	4.5 +9.2	>90

计算行车速度,亦称设计速度,定义为在气候正常、交通密度小、汽车行驶只受到道路本身几何要素、路面、附属设施等条件影响时,具有中等驾驶技术的驾驶人能保持安全行驶的最大行驶速度。《公路工程技术标准》(JTG B01—2014)规定的设计速度见表 3-4。

设 计 速 度

表 3-4

公路类型	设计速度(km/h)	应用类型
高速公路	120/100	国省重要干线公路;交通量大的国省干线公路;地形、地质良好的平原、丘陵
	80	受地形、地质等自然条件制约
	60	特殊困难地段,长度不大于 15km 或限于两个立交之间
一级公路	100	干线一级公路
	80	集散的一级公路,受地形、地质等自然条件制约的干线公路
	60	特殊困难路段
二级公路	80	国家及省干线公路或城市间的干线公路
	60	集散的二级公路,受地形、地质等自然条件制约的干线二级公路
	40	受地形、地质等自然条件制约的集散二级公路
三级公路	40	支线公路
	30	地形、地质等自然条件复杂
四级公路	30	—
	20	地形、地质等自然条件复杂的山区;交通量很小

在计算行车速度约定下,对于一条具体的道路,受地形、地质、环保、投资等限制的某些路段,设计可能会采用接近或等于规范中技术指标极限值;地形、地质等限制条件多的项目,采用的几何线形技术指标相对较低。针对这些技术指标接近或等于规范值的路段,需考虑与安全

有关的问题,如:

(1)基准元素满足技术指标标准的规定,组合元素是否满足安全性的要求?

(2)一定里程的道路由具有不同几何线形技术参数的基准元素、组合元素构成沿线变化的几何空间体,沿线几何参数的变化是否影响运行安全性?

(3)以计算行车速度和标准车辆确定的道路几何线形是否能满足实际行驶的机动车行车安全?

例如从平曲线半径技术标准的确定公式可知,平曲线半径和行车速度、横向力系数有关;纵坡技术标准的确定主要考虑了汽车的爬坡性能。如果把半径为600m的平曲线和4%的纵坡组合在一起,从计算公式不能判断是否满足安全性。又如长直线与小半径曲线的组合,直线段与曲线段设计均满足相对应的设计规范规定,但大量的实践经验表明,这一类的组合往往存在一定的行车风险。

针对上述问题,可从"人-车-路"系统运行的角度寻找安全性的表征参数或技术指标。如第2章所述,在特定的环境下,特定的驾驶者和机动车,其交通行为是"人-车-路"系统运行的外在表现。在自由流状态下,个体交通行为不受其他车辆的干扰,只受道路交通运行环境的影响。其交通行为反映了"人-车-路"系统在自由流状态下的运行状况,能够表达该交通行为最直接的参数是其行驶速度。

设计速度对一特定道路而言是一固定值,但实际的行驶速度总是随道路线形、车辆动力性能、天气状况及驾驶人个性等各种运行环境条件的时变而变化,只要条件允许,驾驶人总是倾向于采用期望的车速行驶。从道路用户的安全角度考虑,需要以动态的观点考虑实际运行速度,以提高道路的安全性。设计速度实质是一个极限指标,用在路线设计中以保证车辆最低的安全行驶需求。

为此,《公路工程技术标准》(JTG B01—2014)提出用运行速度验核公路几何线形的均衡性和连续性,以保证路线所有相关要素如视距、超高、纵坡、竖曲线半径等指标与设计速度的合理搭配,可以获得连续、一致的均衡道路几何线形,使道路几何空间符合公路上绝大多数驾驶人的交通驾驶行为期望。

车辆的行驶速度各不相同,实际为一随机变量。根据断面车速分布特征,通常采用第85个百分位上的行驶速度的统计值作为断面运行速度的特征值,记为v_{85},如图3-4所示。很多情况下,把运行速度理解为v_{85}。如现行《公路工程技术标准》(JTG B01)要求在几何线形技术指标变化大的路段、爬坡车道、超高受限制路段、桥梁隧道与路段的连接等用运行速度验核几何线形的均衡性和连续性,而通常采用的运行速度及其特征值有不同断面间的v_{85}车速差、设计速度与运行速度差$|v_{85}-v_d|$等。大量的研究成果表明,若这两个差值大于20km/h,则路段或相邻路段的几何线形均衡性或连续性不良,运行风险高,安全性差;若差值小于10km/h,则路段或相邻路段安全性较好。

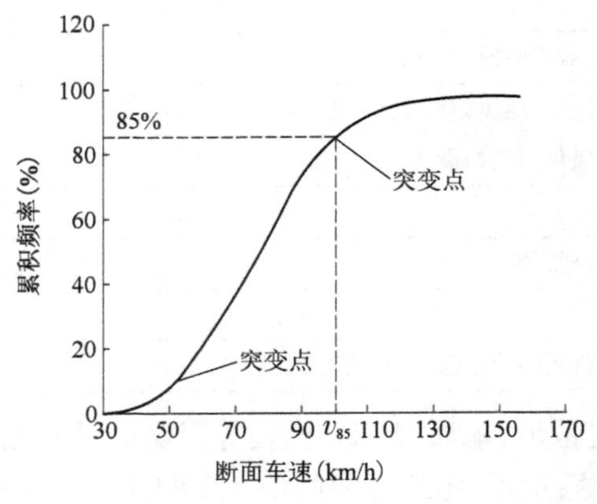

图3-4 断面车速-累积频率曲线

表 3-5 和表 3-6 给出了以 v_{85} 为运行速度特征指标的道路几何线形协调性(连续性)的标准[《公路项目安全性评价规范》(JTG B05—2015)和 AASHTO HSTM]。关于运行速度及其预测模型的建立与应用,详见第 5 章。

断面几何线形的评价指标 表 3-5

Δ = 运行速度 v_{85} − 设计速度 v_d	协调性	等级
$0 \leq \Delta < 10$km/h	好	1
10km/h $\leq \Delta < 20$km/h	较好	2
$\Delta \geq 20$km/h	不良	3

相邻路段几何线形连续性评价指标 表 3-6

相邻路段运行速度差	连续性	改善建议
$\Delta v_{85} < 10$km/h	好	—
10km/h $\leq \Delta v_{85} < 20$km/h	较好	条件允许时宜适当调整相邻路段技术指标
$\Delta v_{85} \geq 20$km/h	不良	相邻路段需重新调整平、纵、横线形设计

3.1.2 几何空间

平曲线、坡度、直线、竖曲线、车道等元素及其组合成的沿线道路行车环境存在差异。虽然用平曲线、坡度、直线、竖曲线、车道等元素的技术参数可以描述道路几何空间,但因参数繁多,组合多样,用基准元素的技术参数很难形象地描述几何空间,特别是量化描述。这导致在道路安全设计与评价,运行风险分析中只能将几何空间按基准元素技术参数分类分级。因此,有必要探讨道路几何空间的量化描述参数及其与交通运行风险的关系。

3.1.2.1 几何线形综合技术参数

以道路几何线形基准元素技术参数为基础,综合考虑线形平、纵、横三个方面的空间几何特性,能够表征不同设计指标对线形连续性和行车安全性的影响,运用数学模型描述的较为客观的几何线形综合技术参数,用符号 f 表示。与几何线形综合技术参数相关的基准元素技术参数主要有曲率、曲率变化率、曲线转角、纵坡度、车道宽度、车道数、左右路肩宽度等。

几何线形综合技术参数,是定义在道路的某一个断面上的,反映了驾驶人感知该断面道路信息量的大小,是按照对驾驶人感知信息的影响构建的一个线形综合特征参数。道路上每一个断面对应着一个 f 值,其值域以道路线形对行车安全性的影响为判断依据,道路线形越好,驾驶人安全行车所需获得的信息量越少,f 值越小;反之亦然。

根据曲率、曲率变化率、曲线转角、纵坡度、车道宽度、车道数、左右路肩宽度等平、纵、横三个方向的参数分别构建平面线形描述模型、纵断面线形描述模型和横断面线形描述模型。将这三个模型组合到一起构建几何线形综合技术参数,用以量化描述几何线形。具体指标构成如图 3-5所示。

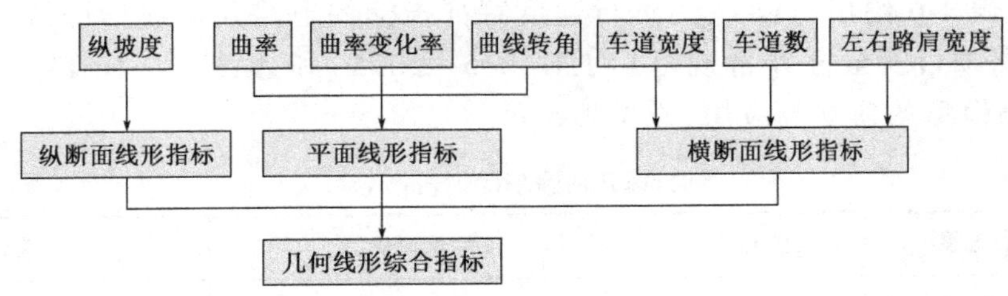

图 3-5　几何线形综合技术参数构建

建模可以采用经验建模、理论建模和数字化建模等方法。经验法是根据平、纵、横三个方向的线形技术参数对运行风险的作用机理，选取影响显著的技术参数，先分别构建平面线形描述模型、纵断面线形描述模型和横断面线形描述模型；再根据线形空间几何特点，将这三个模型组合到一起构建线形综合描述模型，提取综合技术参数并进行标定和敏感性分析，用以描述几何线形空间客观安全性。理论法主要从道路运行环境本身的特征出发，利用数学、物理及工程学等理论方法构建几何线形综合技术参数，如真三维的道路几何空间模型。

3.1.2.2　经验模型

经验模型构建按如下步骤进行。

步骤 1：平面线形描述模型

平面线形指标主要包括曲率、曲率变化率和曲线转角三个要素。离心力与曲率成正比关系，离心力越大，行车越不安全，驾驶人感觉越不舒适，因此曲率是一项能够表征曲线部分安全性的要素。

缓和曲线段上，曲率逐渐变化，轮胎与车辆之间的角度随之变化，驾驶负荷比在直线段上大，转向盘转动角度越大，对驾驶影响越大，风险越高。因此，曲率变化率可表示驾驶转向盘转动幅度。

在平曲线上，车辆始终沿着切线方向行驶，但车辆前方视野却偏离车辆的正前方，所以驾驶人需要转动眼睛或头部，以获取前方道路交通信息，可用曲线转角 I 表示视野转动偏角。

根据以上定性分析，构建经验平面线形描述模型数学关系式如式(3-1)所示。

$$f_{平} = mR^{n} \cdot \exp\left[k \cdot \left(\frac{1}{R}\right)' + l \cdot I\right] \tag{3-1}$$

式中：$\frac{1}{R}$——曲率；

$\left(\frac{1}{R}\right)'$——曲率变化率；

I——曲线转角；

m、n、k、l——参数。

步骤 2：纵断面线形描述模型

与行车安全直接相关的纵断面线形指标以纵坡度为主要素，以纵坡度为主构造数学模型来表示纵断面线形指标对行车安全性的影响。通过对多条高速公路的事故情况的调查，可得事故率与纵坡度的关系如图 3-6 所示。

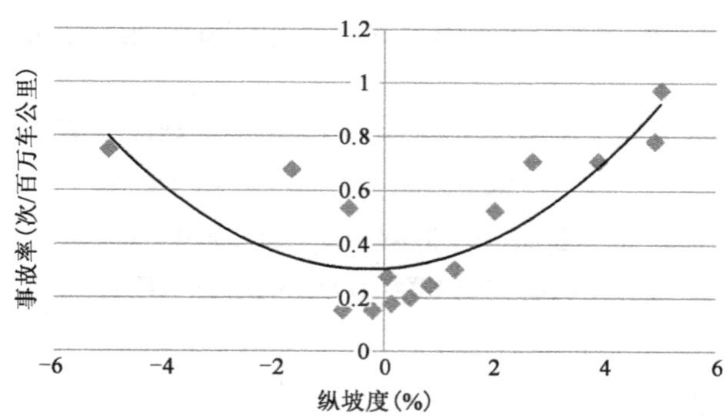

图 3-6 事故率与纵坡度的关系

上坡路段坡度越大,对车辆的动力性能要求越高,导致车速变异性大,运行风险高。下坡路段坡度越大,对车辆制动性能要求越高,行车安全性越低。由于正负坡度对应的线形综合技术参数 f 值域不同,可对应建立类似图 3-7 形式的纵断面线形描述模型。

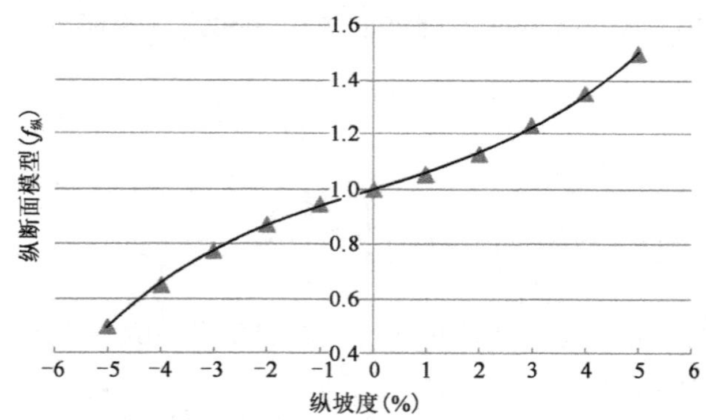

图 3-7 纵断面线形描述模型

根据上述分析构建类似抛物线式的经验纵断面线形描述模型数学关系式(3-2)。

$$f_{纵}=a\cdot i\cdot |i|+b\cdot i+c \tag{3-2}$$

式中:i——坡度;

a、b、c——参数。

步骤 3:横断面线形描述模型

横断面线形指标主要包括车道宽度、车道数、左右路肩宽度等指标,构造经验横断面线形描述模型数学关系式(3-3)。

$$f_{横}=\beta\cdot\ln(a\cdot B^2+b\cdot B+c)+\xi \tag{3-3}$$

式中:β、a、b、c——参数;

ξ——桥隧修正系数;

B——行车道单幅横断面总宽度,$B=n\cdot L+w_1+w_2$;

L——单车道宽度;

n——车道数;

w_1、w_2——左、右路肩宽度。

步骤4:综合

综合平面、纵断面及横断面线形描述模型,构建经验几何线形综合描述模型,见式(3-4)~式(3-7)。

$$f(l)=\{430\cdot R^{-0.757}\cdot \exp[3000\cdot(1/R)'+0.0005\cdot I]\}\cdot f_{纵}+f_{横} \tag{3-4}$$

$$f_{纵}=0.012\cdot i\cdot |i|+0.04\cdot i+1.0 \tag{3-5}$$

$$f_{横A}=-28.57\cdot \ln(-0.00189\cdot B^2+0.0719\cdot B+0.318)+\xi \tag{3-6}$$

$$f_{横D}=-20.57\cdot \ln(0.0078\cdot B+0.847)+\xi \tag{3-7}$$

字母含义同前。

3.1.2.3 空间曲率

空间曲率模型可按以下步骤建模。

步骤1:平曲线

基于道路几何线形的形状特点,道路平纵线形可假定为一条三维曲线,利用三维曲线的参数表征道路几何线形。曲率是一个表示曲线弯曲程度的参数,通过微分计算空间曲线上某点的切线方向角对弧长的转动率,表明曲线偏离直线的程度,如图3-8所示。

对于三维曲线,基于曲线参数方程的曲率计算公式如式(3-8)所示。

$$\kappa(t)=\frac{|r'(t)\times r''(t)|}{\left|r'(t)\right|^3} \tag{3-8}$$

式中:$r(t)=\begin{pmatrix}x(t)\\y(t)\\z(t)\end{pmatrix}$;$r'(t)=\begin{pmatrix}x'(t)\\y'(t)\\z'(t)\end{pmatrix}$;$r''(t)=\begin{pmatrix}x''(t)\\y''(t)\\z''(t)\end{pmatrix}$。

任何一个平曲线单元都可由该曲线单元起点的曲率半径 R_o、终点半径 R_e 及曲线单元长度 S 确定该曲线单元的几何形状和大小。

直线段,以直线的起点 O' 为原点,以直线的延伸方向为 X' 轴,建立临时坐标系 $X'O'Y'$(图3-9)。

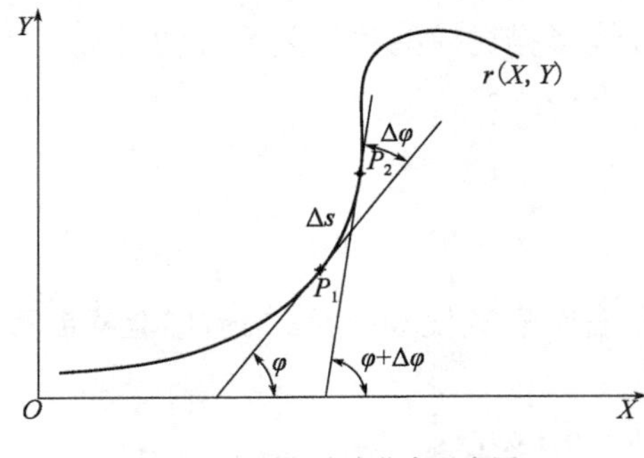

图3-8 平面曲线曲率示意图

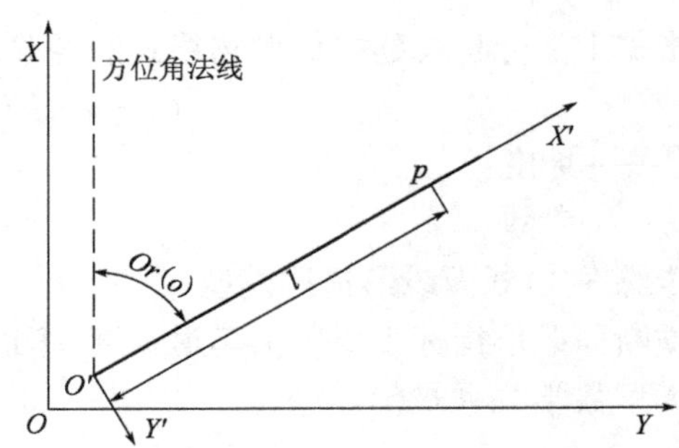

图3-9 直线段计算示意图

当点 p 的计算曲线长为 l 时,该点在临时坐标系内的坐标可用式(3-9)表示。

$$\begin{cases}x=l\\y=0\end{cases} \tag{3-9}$$

圆曲线段,以圆曲线单元的起点 O' 为坐标原点,以点 O' 处切线为 X' 轴,其法线方向为 Y' 轴,建立临时坐标系 $X'O'Y'$(图3-10)。

当点 p 的计算曲线长为 l 时，该点在临时坐标系内的坐标可用式(3-10)表示。

$$\begin{cases} x = R\sin(l/R) \\ y = R[1 - \cos(l/R)] \end{cases} \tag{3-10}$$

缓和曲线段，缓和曲线采用的是回旋曲线，它是由半径 R_o 变化到半径 $R_e(R_o \neq R_e)$ 的过渡曲线单元。假定缓和曲线的曲率为线性变化，其任意一点的曲率 $k_i = 1/R_i = k_o + l(k_e - k_o)/S$。以缓和曲线单元的起点 O' 为坐标原点，以点 O' 处切线为 X' 轴，其法线方向为 Y' 轴，可建立临时坐标系 $X'O'Y'$，如图 3-11 所示。

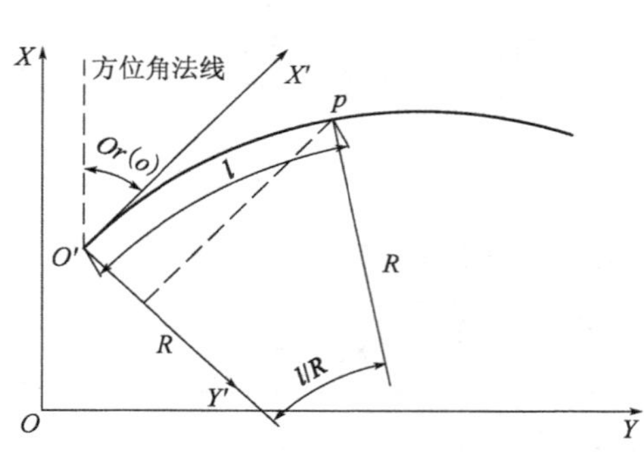

图 3-10 圆曲线段计算示意图

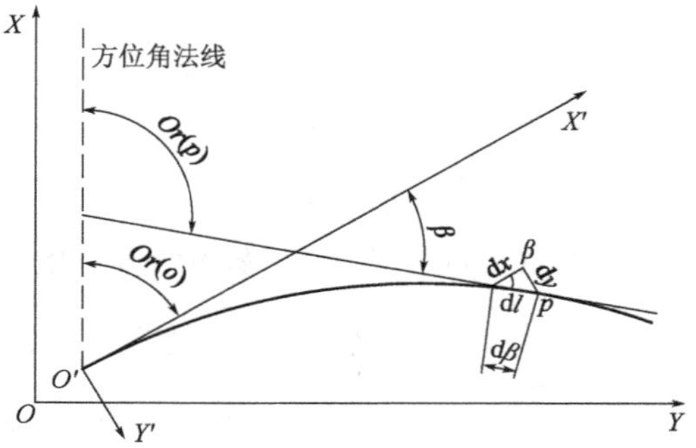

图 3-11 缓和曲线段计算示意图

取微元 $\mathrm{d}l = R_i\mathrm{d}\beta \Rightarrow \mathrm{d}\beta = k_i\mathrm{d}l$，可以推得式(3-11)。

$$\beta = \int_0^l k_i\mathrm{d}l = k_o l + \frac{k_e - k_o}{2S}l^2 \tag{3-11}$$

根据临时坐标系内的坐标计算式(3-12)：

$$\begin{cases} x = \int_0^l \cos\beta\mathrm{d}l \\ y = \int_0^l \sin\beta\mathrm{d}l \end{cases} \tag{3-12}$$

得出当点 p 的计算曲线长为 l 时，该点在临时坐标系内的坐标用式(3-13)表示。

$$\begin{cases} x = \int_0^l \cos\beta\mathrm{d}l \\ y = \int_0^l \sin\beta\mathrm{d}l \end{cases} \tag{3-13}$$

步骤 2：竖曲线线形

竖曲线是由直线段、曲线段组合形成的。定义曲线长变量 $l = l_i - l_o$，起点高程 z_o，坡差 $\omega = i_2 - i_1$，曲线段长 $S = l_e - l_o$；对于二次抛物线型的竖曲线，直线段连接着二次抛物线两端构成整个变坡，根据图 3-12 进行计算。

在竖曲线上，曲线函数为二次抛物线，$y = ax^2 + bx$，$i = \frac{\mathrm{d}y}{\mathrm{d}x} = 2ax + b$。

当 $x = 0$，$i = b = i_1$；当 $x = S$，$i = 2aS + b$，

$$\Rightarrow \begin{cases} a = \dfrac{i_2 - i_1}{2S} = \dfrac{\omega}{2S} \\ b = i_1 \end{cases}$$

得到式(3-14)。

$$z = z_o + \frac{\omega}{2S} l^2 + i_1 l \tag{3-14}$$

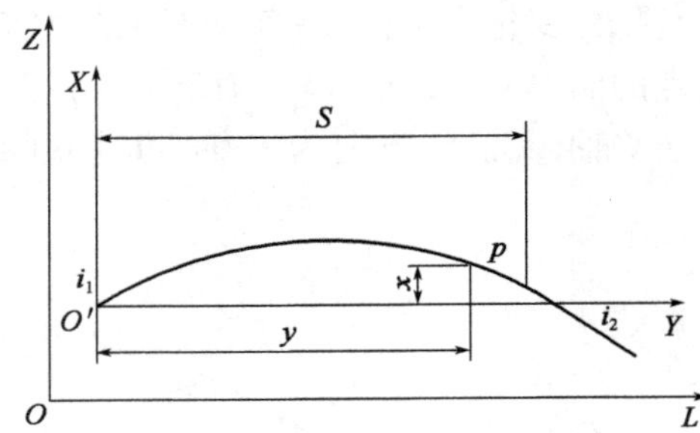

图 3-12　竖曲线计算示意图

三维线形的数学模型采用 XOY 平面的投影曲线长 t 作为唯一的参数，其曲线参数方程可以表示为式(3-15)。

$$\begin{cases} x = \int_0^t \cos\left(k_o t + \dfrac{k_e - k_o}{2S} t^2\right) dt \\ y = \int_0^t \sin\left(k_o t + \dfrac{k_e - k_o}{2S} t^2\right) dt \\ z = z_o + \dfrac{i_e - i_o}{2S} t^2 + i_o t \end{cases} \tag{3-15}$$

采用式(3-8)进行空间曲率的计算并化简，得到曲率的表达式(3-16)。

$$f(t) = \frac{\sqrt{\left(\frac{i_e - i_o}{S}\right)^2 + \left(\frac{i_e - i_o}{S} t + i_o\right)^2 \left(k_o + \frac{k_e - k_o}{S} t\right)^2 + \left(k_o + \frac{k_e - k_o}{S} t\right)^2}}{\left[1 + \left(\frac{i_e - i_o}{S} t + i_o\right)^2\right]^{\frac{3}{2}}} \tag{3-16}$$

步骤 3：空间曲率

虽然 z 方向上计算的 $i[z'(t)]$ 对车速的影响相当明显，但其数量级相对于平面方向要小很多，而且影响方式也不同于平面曲线曲率。曲率对车速的影响是由于线形对车辆控制的影响而产生的，而坡度的影响则是重力在 z 方向上的分量引起的。

采用曲率 $f(t)$ 作为指标参考值，结合实测数据，得到基于空间曲率的综合技术参数，见式(3-17)(小客车)和式(3-18)(大货车)。

$$\kappa'_l = \frac{\sqrt{di_t^2 - 134.041 i_t |i_t| k_t^2 + k_t^2}}{(1 - 134.041 i_t |i_t|)^{\frac{3}{2}}} \tag{3-17}$$

$$\kappa'_l = \frac{\sqrt{di_t^2 - 250.772 i_t |i_t| k_t^2 + k_t^2}}{(1 - 250.772 i_t |i_t|)^{\frac{3}{2}}} \tag{3-18}$$

$i_t = \dfrac{i_e - i_o}{S} t + i_o$，是点在其线形单元内的竖曲线斜率 i 的线性插值，由于设计采用的竖曲线为二次抛物线，所以该线性插值在数值上等于该点处的坡度。

$k_t = k_o + \dfrac{k_e - k_o}{S} t$，是点在其线形单元内的平曲线曲率 k 的线性插值，根据直线、缓和曲线和圆曲线的设计方法，该线性插值在数值上等于该点处的曲率。

$di_t = \dfrac{i_e - i_o}{S}$，是点所在的线形单元的竖曲线斜率 i 的线性变化率。

随着对道路几何线形技术指标及其组合与安全性研究的深入，也可以提出其他组合模型。

显然空间曲率是对道路几何线形构成的空间的简化参数表达，随着计算机技术和激光扫描等技术的发展，也可以建立道路几何空间的真三维空间模型和数字化模型。

3.1.2.4 几何线形综合技术参数的有效性

通过对几何线形综合技术参数和山区高速公路事故率数据的比较分析发现，事故率随着几何线形综合技术参数累计值的增大而增大，并且其增长速度随着几何线形综合技术参数的增大而加快，见图3-13。通过参数检验确定式(3-19)的关系。

$$I = e^{(0.0012f-2.1821)} \tag{3-19}$$

式中：I——事故率，次/百万车公里；

f——几何线形综合技术参数。

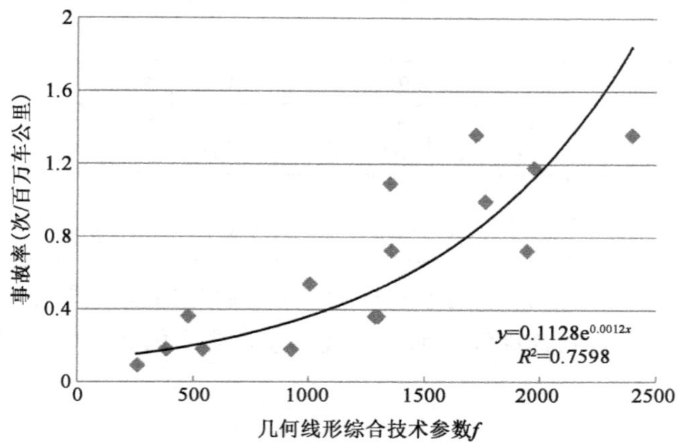

图3-13 几何线形综合技术参数与事故率相关性

构建基于空间曲率的线形参数与事故率的关系模型时，首先对单位长度1km内的空间曲率值进行叠加，取叠加步长为10m，分车型进行空间曲率线形参数的计算。根据客货比进行加权计算，然后统计1km范围内的事故率。由对两者回归分析可见空间曲率线形参数与事故率呈较好的相关关系，见式(3-20)，如图3-14所示。

$$I = 6.6827\kappa_l^2 - 0.2144\kappa_l + 0.1503 \tag{3-20}$$

式中：I——事故率，次/百万车公里；

κ_l——累积空间曲率，m^{-1}。

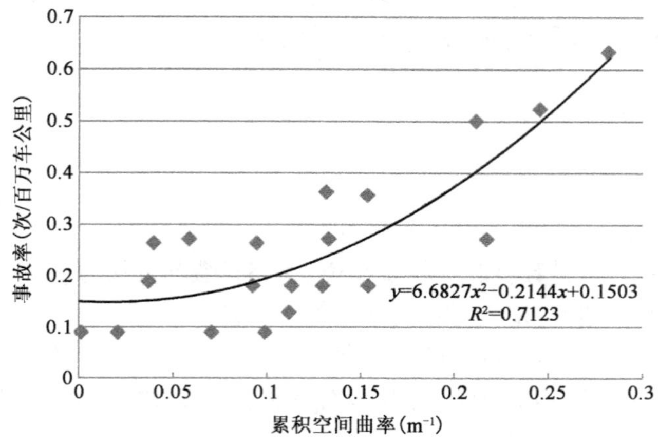

图3-14 空间曲率与事故率相关性模型

从以上调研数据和统计分析可知，几何线形综合技术参数和空间曲率在表达线形安全性方面具有一定的有效性。基于上述模型，如果以百万车公里事故率为交通运行风险评价指标，定义风险严重程度如下：

$I \leq 0.65$，低风险路段，安全性好；

$0.65 < I \leq 0.80$，高风险路段，安全性一般；

$I > 0.80$，危险路段，安全性差。

以0.65和0.80为阈值，可得到几何线形连续性的标准，见表3-7和表3-8。

基于几何线形综合技术参数的连续性标准 表3-7

安全等级	好	一般	差
几何线形综合技术参数 f	$f \leq 1460$	$1460 < f \leq 1650$	$f > 1650$

基于空间曲率指标的连续性标准 表3-8

安全等级	好	一般	差
空间曲率 κ'_l	$\kappa'_l \leq 7.288$	$7.288 < \kappa'_l \leq 8.9703$	$\kappa'_l > 8.9703$

通过建立几何线形综合技术参数或基于空间曲率的几何线形参数与运行速度的关系模型，可根据建立的事故率、运行速度和几何线形技术参数之间的相关关系式反算几何线形技术指标值。

3.2 平面交叉口

对于行驶连续的交通流，平面交叉口某种意义上是交通持续稳定流动的“障碍物”；从道路交通运行环境连续性方面来说，平面交叉口是道路交通运行环境纵向连续性的突变点。感知到交叉口，驾驶人需认知交叉口特征、交通渠化形式、信号等，根据感知所获取的信息，实施减速、选择车道、处理交通冲突、避让行人、加速等许多驾驶行为。广义上，自由流状态下的车辆符合运行速度理念，但交叉口所在路段影响因素更多，建立运行速度模型难度更大。可从平面交叉口位置、几何空间特征、交通组织与渠化模式、标志与标线可认知性和交通冲突等方面分析平面交叉口的安全性和所在路段的交通运行风险。

3.2.1 物理属性

3.2.1.1 基本类型

平面交叉口类型划分主要考虑以下三类因素：

(1)相交道路条数与车道数：双车道、多车道、道路条数与等级等。

(2)平面交叉口所处地区：市区、近郊、郊区等。

(3)交叉口区域所处地形：山区、丘陵、平原等。

显然，车道、所在地区和所在地区的地形对平面交叉口总体运行环境空间具有决定性作用。

《公路路线设计规范》(JTG D20—2017)对平面交叉口的选用做了明确规定，见表3-9。平面交叉口可按几何形状分为T形、Y形、十字形和环形交叉等基本类型。随着路网密度的加大和城市快速路的建设,这些基本类型的组合已经出现。

平面交叉的设置要求 表3-9

被交叉公路	公路主线				
	一级公路(干线)	一级公路(集散)	二级公路(干线)	二级公路(集散)	三级、四级公路
一级公路(干线)	严格限制	—	—	—	—
一级公路(集散)	严格限制	限制	—	—	—
二级公路(干线)	严格限制	限制	限制	—	—
二级公路(集散)	严格限制	限制	限制	允许	—
三级、四级公路	严格限制	限制	限制	允许	允许

平面交叉角度是影响平面交叉口视认性及交通组织的重要因素,宜为直角。斜交时其锐角应不小于70°,受限时,应大于45°。当交叉角度不满足要求时,可对相交道路改线,如图3-15所示。

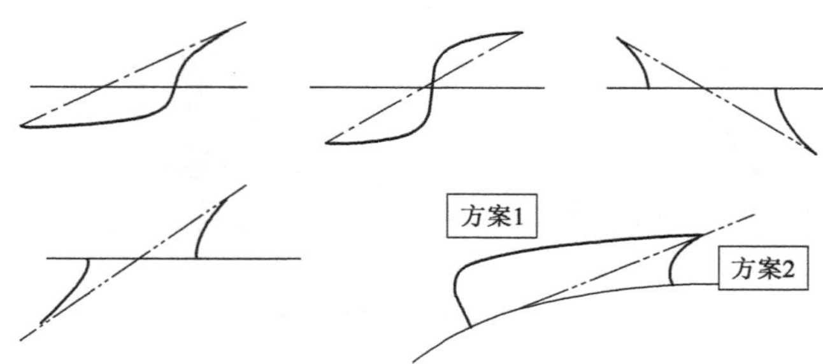

图3-15 平面交叉道路线形调整

公路平面交叉口的基本类型及其适用性如下。

(1)加铺转角式和分道转弯式交叉,一般适用于交通量小,车速不高的三级、四级公路,如图3-16和图3-17所示。

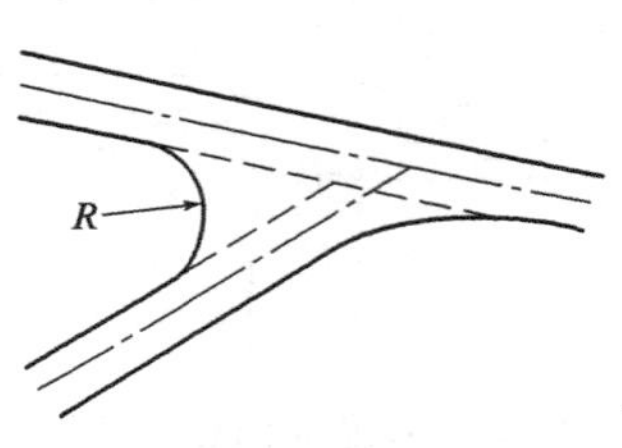

图3-16 加铺转角式交叉

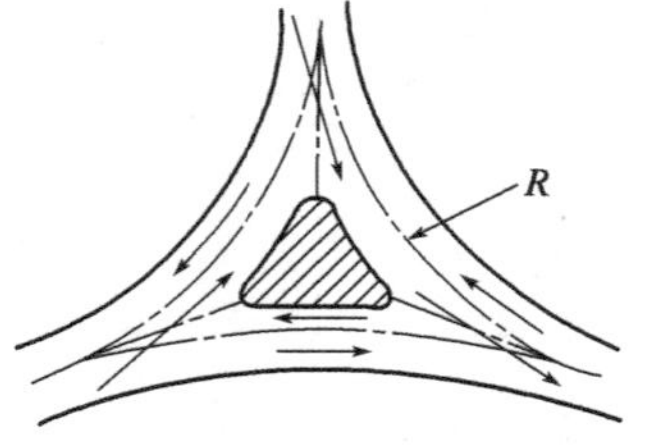

图3-17 分道转弯式交叉

(2)加宽路口式交叉,适用于交通量大,速度高的二级公路。按照不同转弯方向交通量的大小,有3种不同的加宽方式,如图3-18、图3-19、图3-20所示。根据使用效果及我国驾驶人的行为情况,设置渠化并在导流岛上设置相应交通标志的加宽路口式交叉更有利于约束驾驶行为,如图3-21所示。

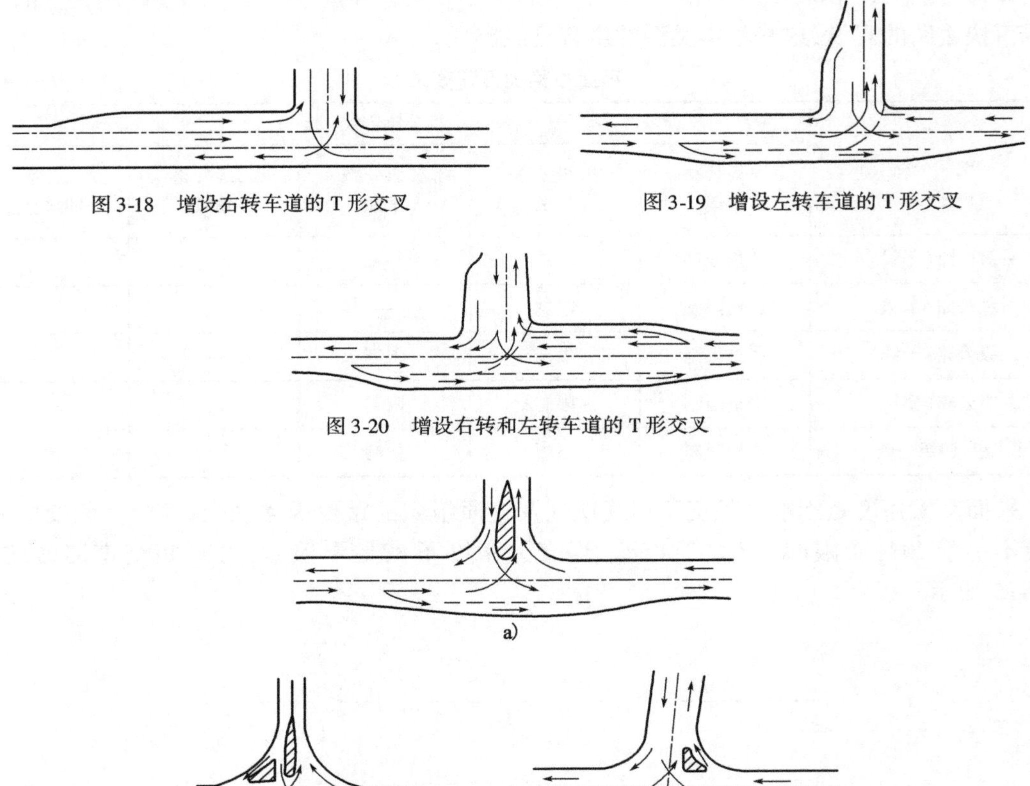

图 3-18　增设右转车道的 T 形交叉

图 3-19　增设左转车道的 T 形交叉

图 3-20　增设右转和左转车道的 T 形交叉

图 3-21　渠化的 T 形交叉

(3)简易十字交叉,适用于三级、四级公路和交角不大于 30°且转弯交通量较小的二级公路同次要公路的交叉,如图 3-22 所示。设附加车道的十字形交叉适用于二级公路,如图 3-23 所示。

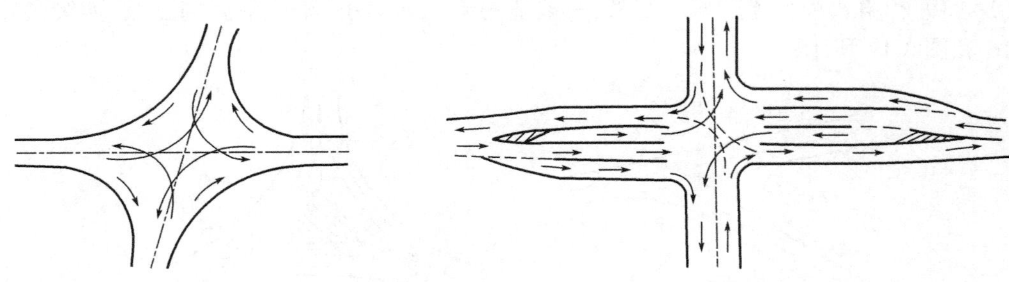

图 3-22　简易十字交叉

图 3-23　设附加车道的十字形交叉

(4)渠化十字形交叉,适用范围较宽,可针对任何等级的道路设置。主要有图 3-24 所示 4 种形式。渠化交通虽然不能减少冲突点的个数,却能够较严格地限制车辆行驶的空间,控制行车速度。

(5)环形平面交叉,适用于多条道路交叉,其适用的交通量为 500 ~ 3000 辆/h,如图 3-25 所示,且适用于左右转弯车辆较多的情况。

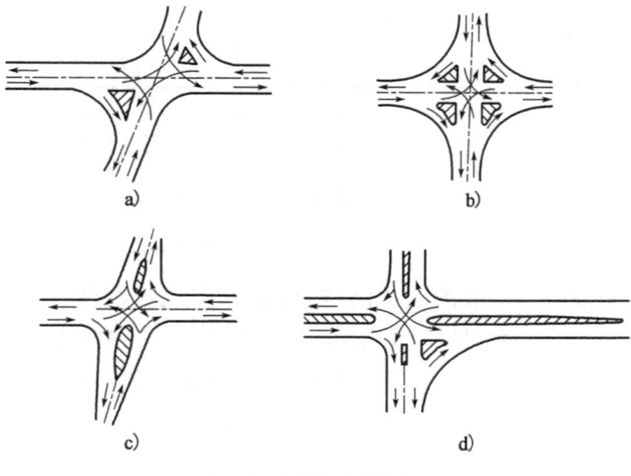

图 3-24　渠化十字形交叉

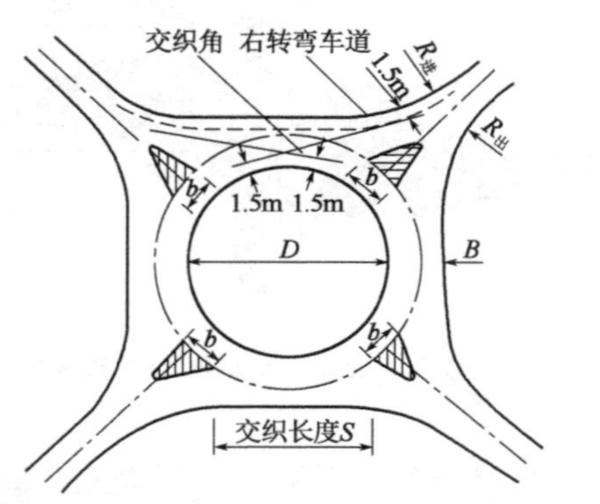

图 3-25　环行平面交叉

随着城镇地区的发展,不少近郊和远郊的公路平面交叉口采用了信号控制。上述平面交叉口物理实体特征应与信号控制的信号类型及其相位配时等相协调。详见有关交叉口设计技术规范或教材。

平面交叉口类型对应的运行环境安全性分析应综合考虑相交公路功能、技术等级、交通量、交通管理方式、用地条件和工程造价等因素。保障主要交通流畅通,消减冲突点数和冲突区空间等可提高平面交叉口的安全性。平面交叉口区域的交通运行风险与路段的过渡、几何空间、交通管控方式、视距、标志、标线、信号、交通流、冲突点和冲突区等有关。

3.2.1.2　功能区

以公路平面交叉口为例,基于公路功能分类,陆键等将平面交叉口分为"接入口"和"交叉口"两种类型。两种类型的平面交叉口可以组合出以下三类间距模式。图 3-26 以集散公路为例,对三类间距进行了示意说明。间距是影响平面交叉口及其所在路段安全性的重要因素。

(1)交叉口间距(A 类):交叉口与交叉口之间的距离。

(2)接入间距(B 类):接入口与接入口之间的距离。

(3)交叉口角净距(C 类):交叉口与接入口之间的距离。

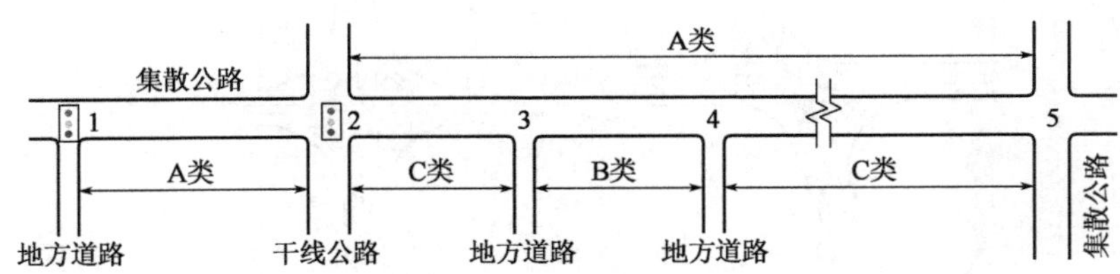

图 3-26　集散公路平面交叉口间距示意图

以各进口道停车线为边界组成的交叉区域，可称为交叉口物理区。交叉口功能区由交叉口物理区及相交道路的上、下游延伸段组成，如图 3-27 所示。AASHTO 绿皮书 2018 中上游功能区由 3 部分组成，如图 3-28 所示。长度由相应的 3 部分组成，如式(3-21)所示。下游功能区的范围根据左(右)加速车道的长度和停车视距确定。

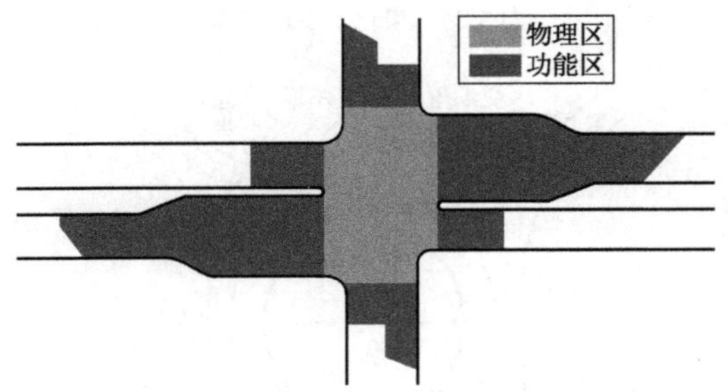

图 3-27　交叉口物理区与功能区的比较示意图

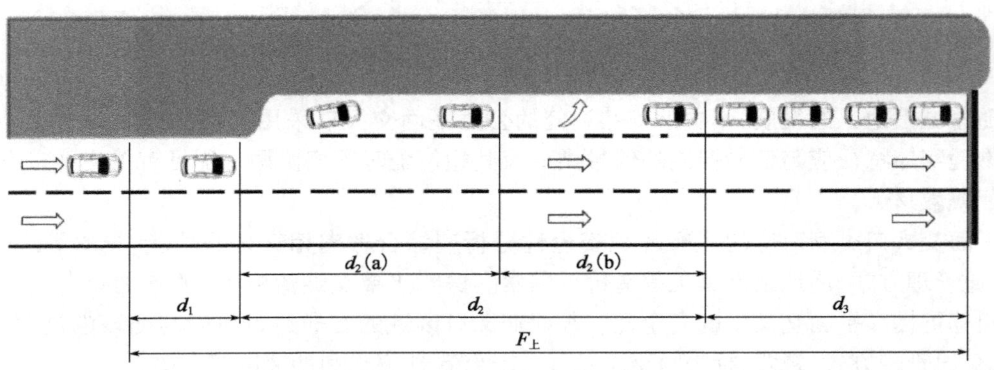

图 3-28　平面交叉口上游功能区(含减速车道示意)(AASHTO 绿皮书 2018)

$$F_{上} = d_1 + d_2 + d_3 \tag{3-21}$$

式中：d_1——驾驶人发现交叉口的“感知-反应”时间内行驶的距离，m；

d_2——车辆变道和减速行驶的距离，m，其推荐值见表 3-10；

d_3——车辆排队长度/等待进入交叉口的长度，m。

变道与减速行驶距离(AASHTO 绿皮书 2018)　　表 3-10

速度(km/h)	30	50	55	65	70	80	90	95	105	110
变道与减速行驶距离(m)	25	50	65	85	105	130	155	185	215	250

3.2.2 间距

3.2.2.1 交叉口间距

交叉口是交通流的“中断”处，交叉口间距必须满足驾驶人识别交叉口的距离要求，如图 3-29 所示。

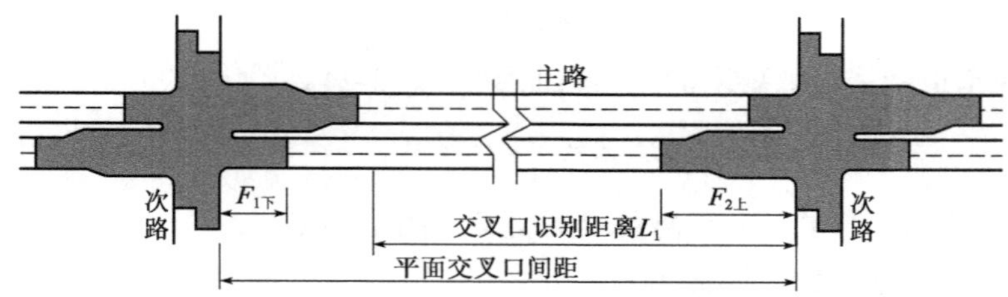

图 3-29 交叉口识别距离要求间距

满足交叉口识别距离要求的交叉口间距见式(3-22)。

$$L_s^j \geqslant F_{1下} + L_j \tag{3-22}$$

式中：L_s^j——满足交叉口识别距离要求的交叉口间距，m；

$F_{1下}$——交叉口下游功能区长度，m；

L_j——交叉口识别距离，m。

在保证交叉口功能区完整性的基础上，交叉口间距应满足交通标志的识别距离和前置距离要求，如图 3-30 所示。

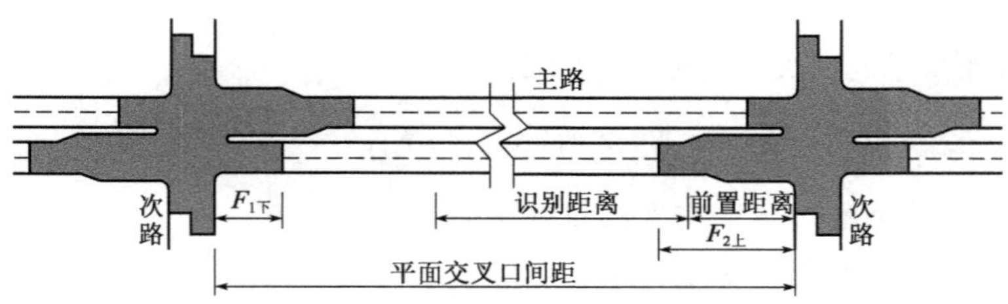

图 3-30 交通标志设置有效性要求的距离

满足交通标志设置有效性要求的交叉口间距见式(3-23)。

$$L_s^b \geqslant F_{1下} + L_s + L_q \tag{3-23}$$

式中：L_s^b——满足交通标志设置有效性要求的交叉口间距，m；

$F_{1下}$——交叉口下游功能区长度，m；

L_q——交通标志前置距离，m；

L_s——交通标志识别距离，m。

交叉口间距除必须满足交叉口功能区的完整性要求外，还必须满足车辆换车道所需的宽松距离要求，如图 3-31 所示。

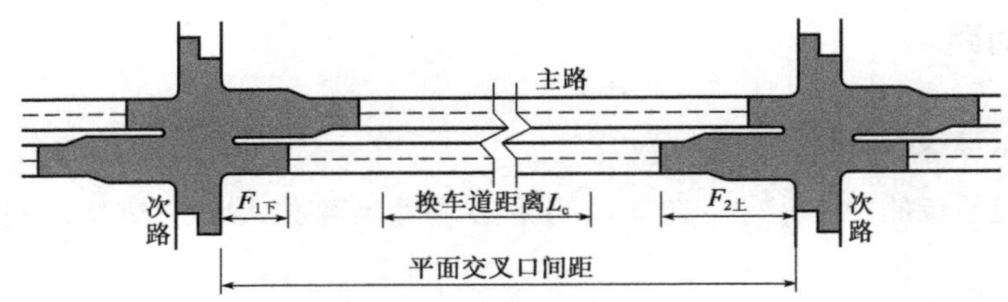

图 3-31 车辆换车道要求的距离

满足车辆换车道所需距离要求的交叉口间距见式(3-24)。

$$L_s^c \geqslant F_{1下} + L_c + F_{2上} \tag{3-24}$$

式中：L_s^c——满足车辆换车道所需距离要求的交叉口间距，m；

$F_{1下}$——交叉口下游功能区长度，m；

L_c——车辆换车道所需距离，m；

$F_{2上}$——交叉口上游功能区长度，m。

设置具有超车视距的路段时必须维护交叉口功能区的完整性，如图 3-32 所示。

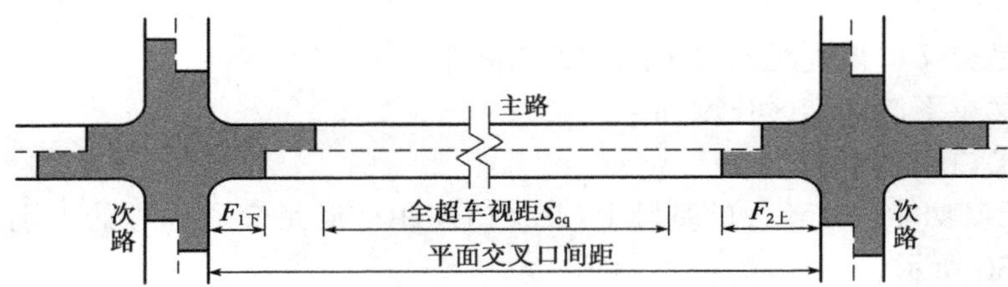

图 3-32 考虑超车视距的交叉口间距

满足超车视距要求的交叉口间距见式(3-25)。

$$L_s^{eq} \geqslant F_{1下} + S_{eq} + F_{2上} \tag{3-25}$$

式中：L_s^{eq}——满足超车视距要求的交叉口间距，m；

$F_{1下}$——交叉口下游功能区长度，m；

$F_{2上}$——交叉口上游功能区长度，m；

S_{eq}——路段全超车视距，m。

考虑车辆行车轨迹要求，如图 3-33 所示，满足车辆行车轨迹要求的交叉口间距见式(3-26)。

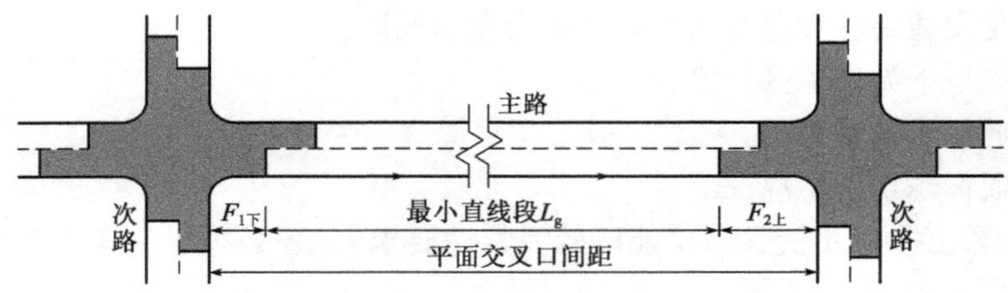

图 3-33 考虑车辆行车轨迹的交叉口最小间距

$$L_s^g \geqslant F_{1下} + L_g + F_{2上} \tag{3-26}$$

式中：L_s^g——考虑车辆行车轨迹要求的交叉口间距，m；

$F_{1下}$——交叉口下游功能区长度，m；

$F_{2上}$——交叉口上游功能区长度，m；

L_g——最小直线段，m。

以上关于交叉口间距的详细论述见《公路平面交叉口交通安全设计理论与方法》。

3.2.2.2 接入间距

接入间距是指与各接入类别公路相交的接入道路之间的最小距离。公路接入间距标准的制定以设计速度为基本参数，必要时以运行速度进行验算。

停车视距是由驾驶人的“感知-反应”时间决定的。《公路工程技术标准》（JTG B01—2014）及《公路路线设计规范》（JTG D20—2017）对停车视距有明确规定。《公路路线设计规范》（JTG D20—2017）规定，每条岔路和转弯车道上都应提供与行驶速度相适应的引道视距，如图3-34所示。《公路路线设计规范》（JTG D20—2017）规定，受条件限制而不能保证两岔路间由停车视距所构成的通视三角区时，应保证在主要公路的安全交叉停车视距和次要公路至主要公路边车道中心线5～7m所组成的三角区内保持通视，如图3-35所示。

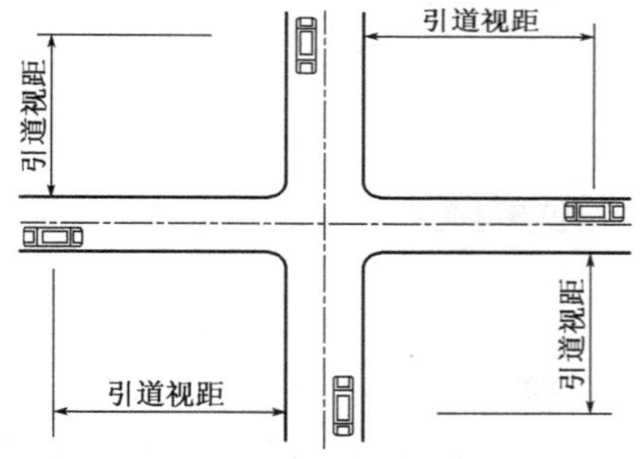

图3-34 引道视距

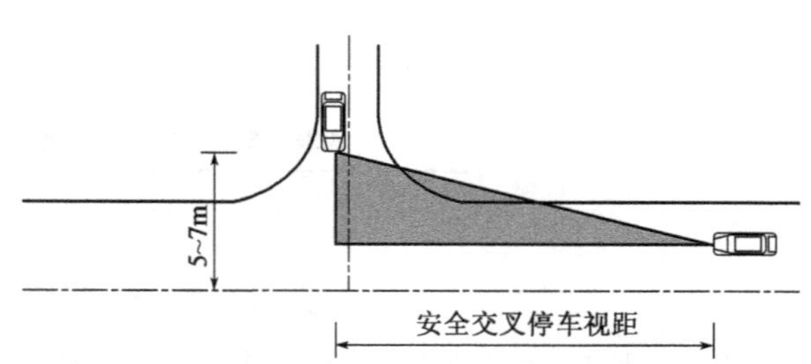

图3-35 安全交叉停车视距通视三角区

接入间距应不小于标志的前置距离与驾驶人反应时间内行驶距离之和。关于标志、标线视认性见第4章。当接入道路间距不足或者过密时，主路上行驶的驾驶人可能会同时受到两个或更多的接入道路的影响，即所谓的冲突重叠区，如图3-36所示。无信号接入道路间距要足够大，避免出现冲突重叠区。

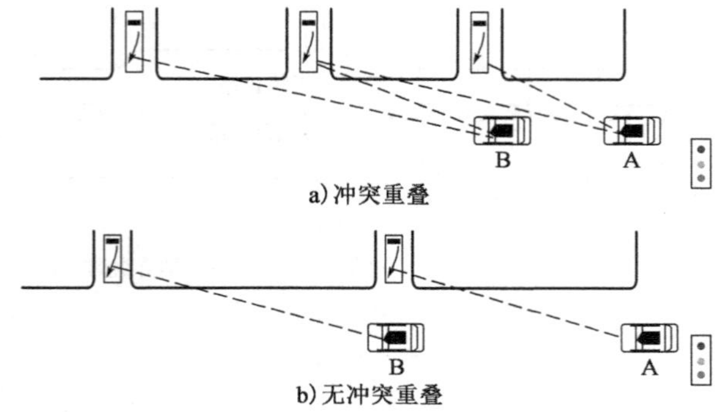

图3-36 冲突重叠区示意图（美国交通研究委员会《接入管理手册》）

当接入道路间距不足时,接入道路的出口通行能力会受到影响,如图3-37所示。

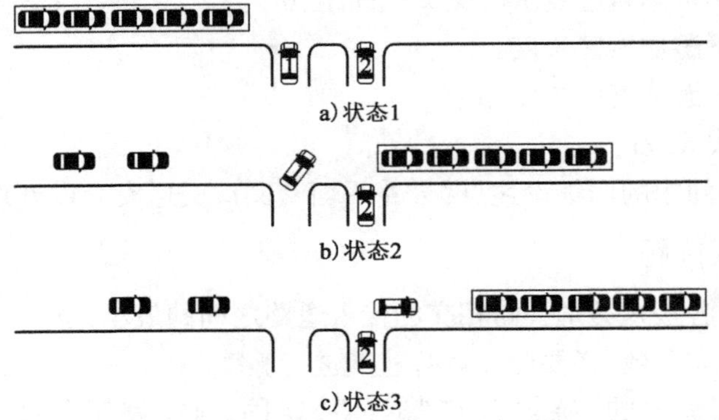

图3-37　接入间距不足时车流受阻示意图

如果将两相邻接入道路进行合并,则车队驶离交叉口后,车辆1、2都能进入车队末尾和下游车辆之间的空隙,如图3-38所示。接入间距要尽可能地使上、下游的接入口不影响彼此间的通行能力;尽可能减少接入道路交通流对主路交通流的影响。

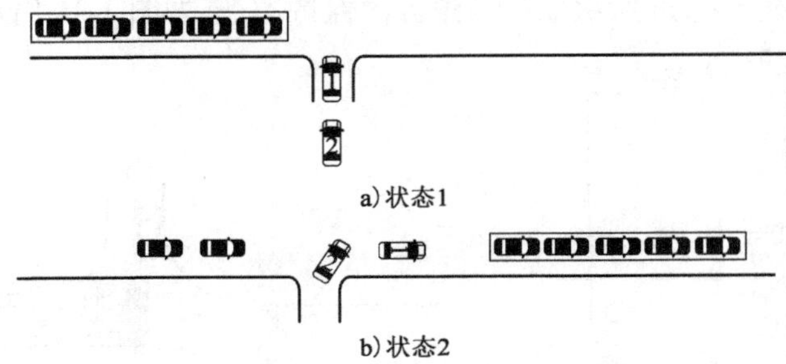

图3-38　接入间距足够大时车流运行示意图

接入间距应满足停车视距、引道视距、安全交叉停车视距、交叉口角净距、接入口识别距离、标志视认、左转分离行驶等的安全要求。

各接入类别公路的接入间距应满足接入口识别距离的要求。识别距离与接入口位置、道路几何线形等有关。

交叉口角净距是指交叉口与无信号控制接入口之间的距离,如图3-39所示。

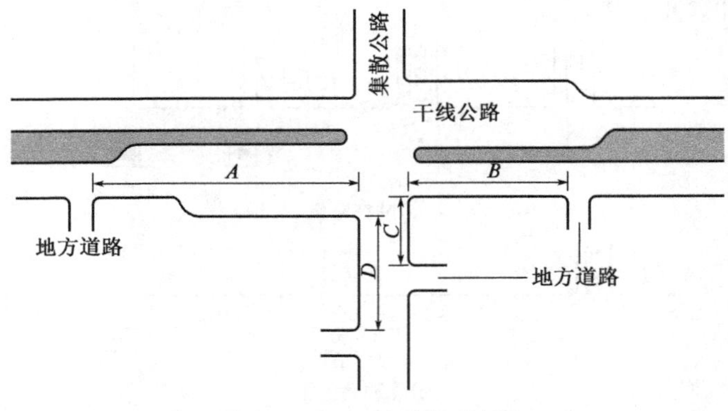

图3-39　交叉口角净距示意图

交叉口净距取决于视距、接入口识别距离、接入道路出口道通行能力、右转冲突重叠区域、标志的设置距离和交叉口功能区等设置的技术要求。

关于平面交叉间距,《公路路线设计规范》(JTG D20—2017)对一级、二级公路的平面交叉最小间距的规定见表 3-11。

平面交叉最小间距 表 3-11

公路技术等级	一级公路			二级公路	
公路功能	干线公路		集散公路	干线公路	集散公路
	一般值	最小值			
间距(m)	2000	1000	500	500	300

3.2.2.3 视距

视距是表征平面交叉口区域可认知性的重要参数,是影响交通运行风险的重要因素。良好的视距条件能够让所有车辆彼此准确感知并做出相应的反应,应核查交叉口各方向交通是否受视距影响,视距是否足够。

无信号控制交叉口安全视距值取决于车辆到达交叉口时的速度。可在交叉口附近的进口道和进口道停车线观测进入交叉口车辆的初速度和末速度,寻找两者之间是否存在比例关系,以此计算安全视距。每条岔路上应提供与行驶速度相适应的引道视距,如图 3-40 所示;相交公路间,由各自停车视距所组成的通视三角区内不得存在任何有碍通视的物体,如图 3-41 所示。当条件受限不能保证由停车视距所组成的通视三角区无任何有碍通视的物体时,则应保证主要公路的安全交叉停车视距和次要公路至主要公路边车道中心线 5 ~ 7m 所组成的通视三角区无任何有碍通视的物体,如图 3-42 所示。

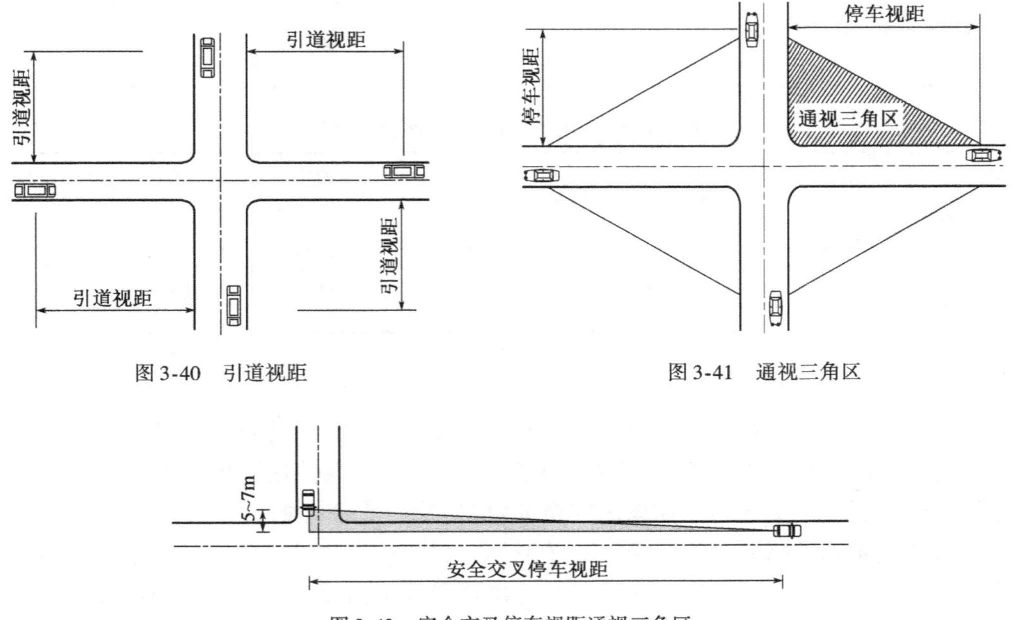

图 3-40 引道视距

图 3-41 通视三角区

图 3-42 安全交叉停车视距通视三角区

左转车辆要等待对向直行车流合适的间隙,以便穿越完成左转。基于临界间隙接受理论,以主路车辆临界间隙为计算标准,以主路设计车速和临界间隙时间的乘积为视距沿主路的长度(图3-43)。

临界间隙接受理论是次路停让控制交叉口视距计算的理论基础。不同的车辆对可接受间隙的选取存在差异,如图3-44所示。左转车辆应特别考虑中型车辆。

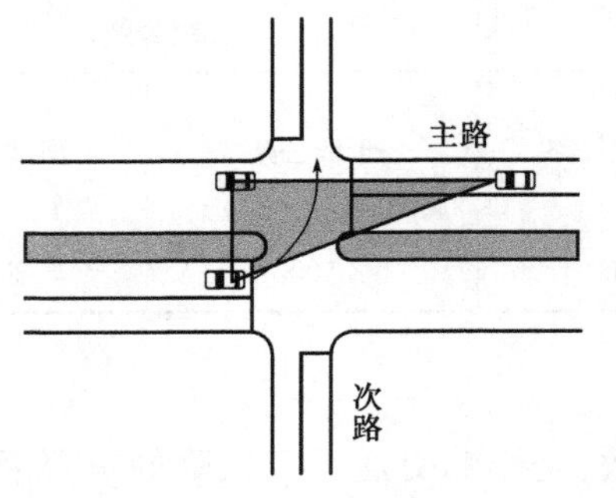

图3-43　主路左转视距要求

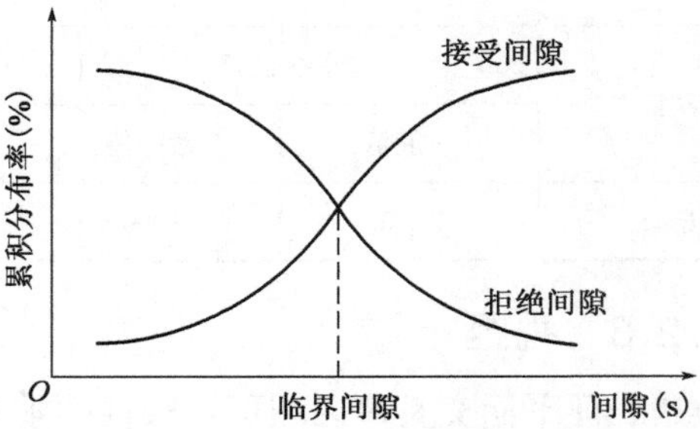

图3-44　接受间隙与拒绝间隙累积分布率曲线

临界间隙的计算有很多方法,如Raff法、Ashworth法、Siegloch法、Harders法、最大似然估计法、Hewitt法和Logit模型法。

《公路路线设计规范》(JTG D20—2017)规定引道视距在数值上等于停车视距,但量取标准为视点高1.2m,物高0m;安全交叉停车视距规定见表3-12;各种设计速度所对应的引道视距及凸形竖曲线的最小半径应符合表3-13的规定。

安全交叉停车视距　　表3-12

设计速度(km/h)	100	80	60	40	30	20
停车视距(m)	160	110	75	40	30	20
安全交叉停车视距(m)	250	175	115	70	55	35

引道视距及相应的凸形竖曲线最小半径　　表3-13

设计速度(km/h)	100	80	60	40	30	20
引道视距(m)	160	110	75	40	30	20
引道凸形竖曲线最小半径(m)	10700	5100	2400	700	400	200

3.2.2.4　接入管理

按照美国交通研究委员会《接入管理手册》的定义,接入管理是对接入道路的选位、设计、管理的一种系统的管理控制。接入管理是为了在土地开发和利用过程中,为机动车提供方便接入的同时也保证整个交通运输体系的安全和效率,维护道路功能。

接入管理应明确道路的功能及交叉口的分类,保持交叉口功能区的完整性,限制主要道路上直接接入的数目,尽量减少冲突点数,尽量分离路段及平面交叉口处的冲突区和减少转弯车流对直行车流的影响。常见的接入道路分类见表3-14。

接入道路分类 表 3-14

接入道路类型	具体类型
小型接入道路	民宅开口、商业开口
大型接入道路	集市开口、学校开口、工厂开口、大型居民区开口

交叉口类型确定后，其冲突点数是确定的，实施接入管理技术后，应能减少冲突点数。冲突点数的减少量可以作为接入管理的评价指标。考虑不同类型的冲突点造成的事故严重程度不同，可给每种类型冲突点（分流冲突点、合流冲突点、交叉冲突点）赋予不同权重。对减少的冲突点数进行加权求和，得到式(3-27)所示的安全性评价指标 CI，称为冲突指数。CI 越大说明交叉口减少的冲突越大，接入管理技术的安全效果越好。

$$\mathrm{CI} = \sum_{i=1}^{n} k_i \cdot \mathrm{NCP}_i \tag{3-27}$$

式中：CI——冲突指数；

k_i——事故严重程度相对权重；

NCP_i——减少的冲突点数。

可通过事故数据分析确定冲突点严重程度，如表 3-15 所示的三种类型冲突点的相对严重程度。

不同类型冲突点的恶性程度分值 表 3-15

严重程度数据来源	严重程度(k_i)		
	分流冲突点	合流冲突点	交叉冲突点
美国艾奥瓦州 1999 年、2000 年事故统计	1	1.33	4.33
美国威斯康星州 2001—2003 年事故统计	1	1.61	2.94
我国 2002 年、2003 年事故统计	1	1.21	1.96
建议严重程度比值	1	1.5	2.5

3.2.3 几何线形

平面交叉口是各种机动车、非机动车、行人等穿行交会的地方，交通运行环境复杂、交通状态多样。几何线形是影响平面交叉口运行环境安全性的重要特征。

3.2.3.1 平面、纵断面、横断面线形

按《公路路线设计规范》(JTG D20—2017)的规定，平面交叉口范围内两相交公路应正交或接近正交，平面线形宜为直线或大半径圆曲线，不宜采用需设超高的圆曲线。对于停让控制交叉口的次要道路来说，车辆在进入交叉口范围内时速度只有路段速度的 2/3，根据圆曲线半径极限值的计算公式(3-28)可计算出相应的值，见表 3-16。

$$R = \frac{v^2}{127(\mu + i)} \tag{3-28}$$

式中：v——速度，km/h；

μ——横向力系数；

i——超高。

交叉口内圆曲线半径　　表3-16

设计速度(km/h)	100	80	60	40	30	20
停让控制交叉口主路和信号控制交叉口(m)	400	250	125	60	30	15
停让控制交叉口次要道路(m)	—	—	60	30	15	15

平面交叉口范围内,两相交公路纵断面宜平缓。纵断面线形应满足停车视距的要求;主要公路在交叉口范围的纵坡应在0.15%～0.3%;次要公路紧接交叉口的引道部分应以0.5%～2.0%的上坡通往交叉口;主要公路在交叉口范围内的圆曲线设置超高时,次要公路的纵坡应服从主要公路的横坡。

《公路平面交叉口交通安全设计理论与方法》认为即使在条件不允许的情况下,缓坡段长度也要满足表3-17的要求。

缓坡段长度的极限值　　表3-17

道路等级	缓坡段长度极限值(m)	道路等级	缓坡段长度极限值(m)
一级公路	40	三级公路	15
二级公路	35	四级公路	10

车道宽度取决于设计速度,见表3-18。原则上交叉口出口道的车道数量必须大于或等于进口道的直行车道数,达到车道数的平衡;出口道的车道应设置在进口道的直行车道的延长线上,如图3-45所示。当交叉口呈小角度交叉且右转交通量较大,右转车辆车速非常快时,需设置一条专用右转车道。

车道宽度　　表3-18

车速(km/h)	100	80	60	40	30	20
路段车道宽度(m)	3.75	3.75	3.50	3.50	3.25	3.00

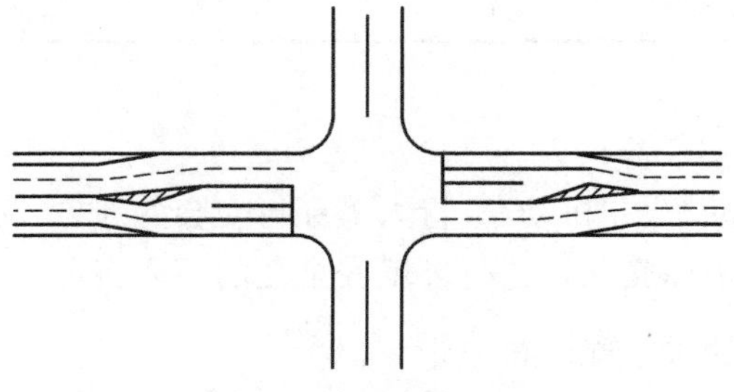

图3-45　直行车道偏移设置

3.2.3.2　渐变段

当在直行车道左侧设置左转车道时,左转车道由渐变段、减速段和等候段组成,见图3-46。按照*A Policy on Geometric Design of Highways and Streets*(AASHTO-2018)的规定,在车速较高的公路上,渐变段的比例为8∶1～15∶1(纵向∶横向或L∶W)。当车辆从直行车道驶入左转车道时,渐变段须与车辆行驶轨迹相似。渐变段太长易诱使直行车辆驶入辅助车道,同时也限制了期望进入辅助车道车辆的横向移动。在城镇化地区,渐变段越短,驾驶人越易把握目标,越易辨认辅助车道。在城市交叉口,由于高峰小时车速较慢,减速车道往往采用较短的过渡段。

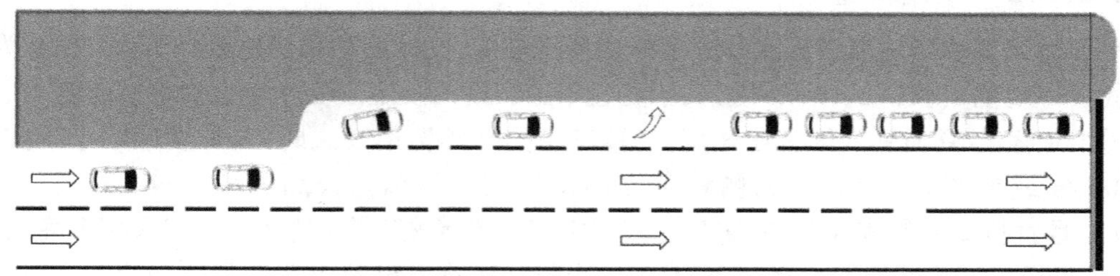

图 3-46 左转车道设置方式

如图 3-47a)所示,直线型的渐变段较常用。在城市中期望将渐变段的末端做成一条短的曲线,如图 3-47b)所示。在两侧有路缘石的城市道路上常采用对称反向曲线的渐变段,如图 3-47c)所示。图 3-47d)显示了另一种更受欢迎的反向曲线。

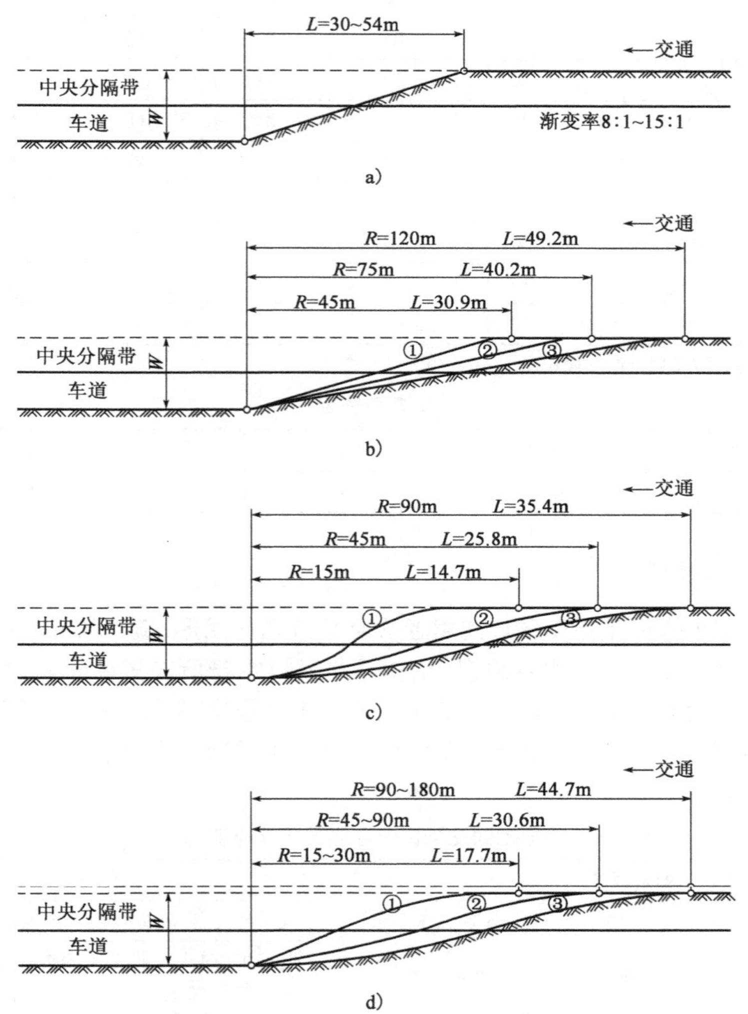

图 3-47 渐变段的形式(AASHTO 绿皮书 2018)

3.2.3.3 变速车道

平面交叉口的变速车道长度取决于相交公路类别、设计速度和变速条件等，表 3-19 为《公路路线设计规范》(JTG D20—2017)关于变速车道长度的规定。变速车道为等宽车道时，其长度应另增加表 3-20 所列的渐变段长度；变速车道为非等宽渐变式时，其长度应不小于按减速时 1.0m/s 或加速时 0.6m/s 的侧移率变换车道的计算值。公路的设计速度大于或等于 80km/h，且直行交通量较大时，右转弯变速车道应采用等宽车道；其他情况宜采用渐变式变速车道；当直行车道的通行能力有富余，或条件受限制而难以设置应有长度的加速车道时，可采用较短的渐变式加速车道。

变速车道长度 表 3-19

公路类别	设计速度(km/h)	减速车道长度(m)			加速车道长度(m)		
		末速(km/h)			始速(km/h)		
		0	20	40	0	20	40
主要公路	100	100	95	70	250	230	190
	80	60	50	32	140	120	80
	60	40	30	20	100	80	40
	40	20	10	—	40	20	—
次要公路	80	45	40	25	90	80	50
	60	30	20	10	65	55	25
	40	15	10	—	25	15	—
	30	10	—	—	10	—	—

注：表列变速车道长度不包括渐变段长度。

渐变段长度 表 3-20

设计速度(km/h)	100	80	60	40
渐变段长度(m)	60	50	40	30

3.2.4 安全服务水平

交叉口安全服务水平是指交叉口使用者从交叉口几何线形、道路状况、交通环境、交通控制等方面可能得到的交通安全服务质量，也就是交叉口本身所能提供的交通安全服务程度。其可用于表征平面交叉口的安全性。本节仅以公路无信号控制平面交叉口为例。

影响无信号控制交叉口安全服务水平的因素分为主要影响因素、次要影响因素和交通流量三类，见表 3-21。

无信号控制交叉口安全服务水平影响因素 表 3-21

影响因素		子影响因素
主要影响因素	机动车与机动车冲突点	交叉冲突点、合流冲突点、分流冲突点
	机动车与非机动车冲突点	直行机动车与非机动车冲突点、左转机动车与非机动车冲突点、右转机动车与非机动车冲突点
	机动车与行人冲突点	直行机动车与行人冲突点、左转机动车与行人冲突点、右转机动车与行人冲突点

续上表

影响因素		子影响因素
次要影响因素	几何特征	纵坡度、交叉角度、视距、车道设置、物理渠化
	标线	标线设置与可视性
	标志	标志设置与可视性、标志信息量
	路面	平整性、抗滑性
	照明	路灯设置与完整性
交通流量		机动车与非机动车交通量、车流运行状况及行人流运行状况

无信号控制交叉口安全服务水平可用式(3-29)计算评价。

$$EI_u = RI_u \cdot AF \tag{3-29}$$

式中：EI_u——无信号控制交叉口危险度；

RI_u——无信号控制交叉口潜在危险度；

AF——无信号控制交叉口次要影响因素修正系数。

对于无信号控制交叉口，直行、右转、左转的机动车交通流可导致交叉口存在很多机动车冲突点，如图3-48所示。交叉口冲突点在本质上决定了交叉口是否安全，交通量增加可增加冲突点的潜在危险度。适当考虑交通量的影响，机动车与机动车冲突点的潜在危险度可按式(3-30)计算评价。

$$RI_{um} = K_{m\text{-}m} \cdot \sum_i MCP_i \cdot SMCP_i \tag{3-30}$$

式中：RI_{um}——无信号控制交叉口机动车与机动车冲突点的潜在危险度；

i——机动车与机动车冲突中冲突点的种类，1表示分流冲突点，2表示合流冲突点，3表示交叉冲突点；

MCP_i——第i种冲突点的个数；

$SMCP_i$——第i种冲突点的恶性程度；

$K_{m\text{-}m}$——机动车交通流量影响系数，按式(3-31)计算。

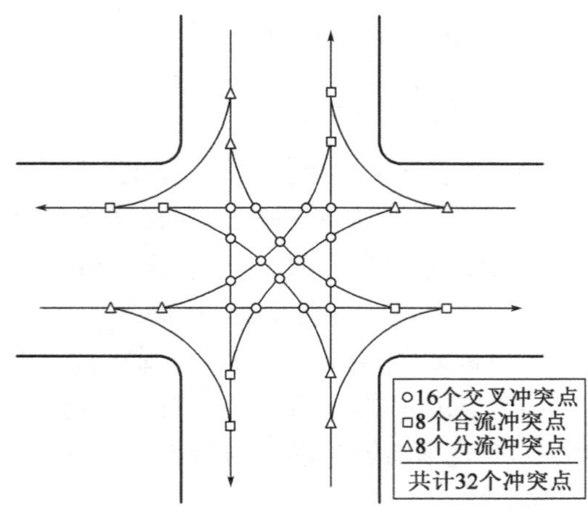

图3-48 十字形交叉口机动车冲突点分布

$$K_{\text{m-m}} = 1 + \frac{V}{C} \tag{3-31}$$

式中：V——交叉口入口机动车交通量，pcu/h；

C——交叉口机动车理论通行能力，pcu/h。

在无信号控制交叉口内，机动车与非机动车也存在大量的冲突点，如图 3-49 所示。

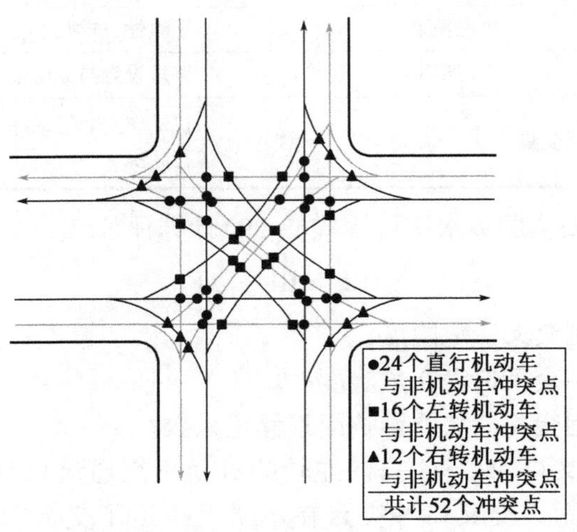

图 3-49　双向 2 车道十字形交叉口机动车与非机动车冲突点

对于公路平面交叉口，非机动车流量往往不大，机动车与非机动车冲突点的潜在危险度可按式(3-32)计算。

$$\text{RI}_{\text{un}} = K_{\text{m-n}} \cdot \sum_j \text{NCP}_j \cdot \text{SNCP}_j \tag{3-32}$$

式中：RI_{un}——无信号控制交叉口机动车与非机动车冲突点的潜在危险度；

j——机动车与非机动车冲突点的种类，1 表示直行机动车与非机动车冲突点，2 表示左转机动车与非机动车冲突点，3 表示右转机动车与非机动车冲突点；

NCP_j——第 j 种冲突点的个数；

SNCP_j——第 j 种冲突点的恶性程度；

$K_{\text{m-n}}$——机动车与非机动车交通流量影响系数，其值由交通工程师对交叉口机动车与非机动车车流运行状况打分计算得到，见式(3-33)。

$$K_{\text{m-n}} = 1 + \frac{100 - \text{SCOR}_{\text{m-n}}}{100} \tag{3-33}$$

式中：$\text{SCOR}_{\text{m-n}}$——机动车与非机动车车流运行状况的打分值。

在交叉口冲突中，行人为交通弱势群体，也存在许多机动车与行人的冲突点，如图 3-50 所示。对于公路平面交叉口，行人流量小，可按式(3-34)计算分析。

$$\text{RI}_{\text{up}} = K_{\text{m-p}} \cdot \sum_l \text{PCP}_l \cdot \text{SPCP}_l \tag{3-34}$$

式中：RI_{up}——无信号控制交叉口机动车与行人冲突点的潜在危险度；

l——机动车与行人冲突点的种类，1 表示直行机动车与行人冲突点，2 表示左转机动车与行人冲突点，3 表示右转机动车与行人冲突点；

PCP_l——第 l 种冲突点的个数；

SPCP_l——第 l 种冲突点的恶性程度；

K_{m-p}——机动车与行人交通流量影响系数,其值由交通工程师对交叉口机动车与行人流运行状况打分计算得到,见式(3-35)。

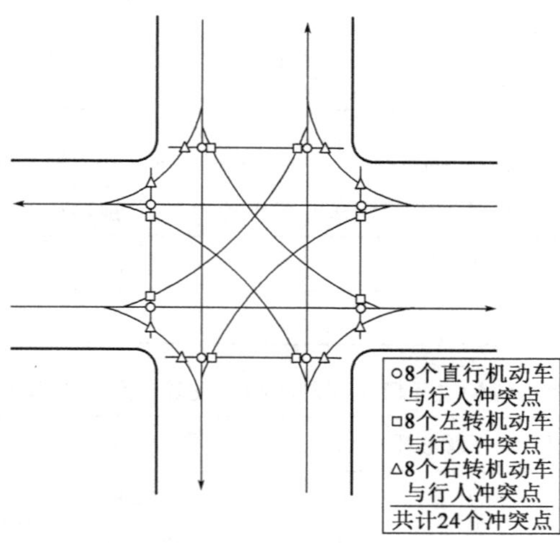

图 3-50　双向 2 车道十字形交叉口机动车与行人冲突点

$$K_{m-p}=1+\frac{100-\mathrm{SCOR}_{m-p}}{100} \tag{3-35}$$

式中:SCOR_{m-p}——机动车与行人流运行状况的打分值。

综合考虑各类冲突点的潜在危险度,无信号控制交叉口安全服务水平模型由三部分组成,见式(3-36)。

$$\mathrm{RI_u}=\sum W_i\cdot \mathrm{RI}_i \tag{3-36}$$

式中:$\mathrm{RI_u}$——无信号控制交叉口潜在危险度;

i——交通冲突点类型,um 表示机动车与机动车冲突点,un 表示机动车与非机动车冲突点,up 表示机动车与行人冲突点;

W_i——RI_i的权重。

交叉口的几何特征、标志、标线、路面、照明对交叉口的交通安全影响很大。交叉口安全服务水平评价应考虑这些因素。如定义冲突点为主要影响因素,则可采用次要影响因素修正模型,见式(3-37)。

$$\mathrm{AF}=\sum_i\alpha_i\mathrm{AF}_i \tag{3-37}$$

式中:AF——无信号控制交叉口次要影响因素修正系数;

i——次要影响因素,分别为几何特征、标志、标线、路面、照明;

α_i——各个次要影响因素的权重;

AF_i——各个次要影响因素修正系数,可按式(3-38)计算。

$$\mathrm{AF}_i=1+\frac{100-\sum_k w_{ik}R_{ik}}{100} \tag{3-38}$$

式中:w_{ik}——次要影响因素 i 中子因素 k 的权重;

R_{ik}——次要影响因素 i 中子因素 k 的打分值。

不同交通行为实体之间的冲突点对交叉口安全服务水平的影响权重见表 3-22 和表 3-23。通过专家调查法,得到无信号控制交叉口各次要影响因素及其子影响因素权重,见表 3-24。

机动车、非机动车、行人冲突点权重 表3-22

冲突点类型	权重
机动车与机动车冲突点	0.25
机动车与非机动车冲突点	0.33
机动车与行人冲突点	0.42

机动车与机动车冲突点的相对恶性程度 表3-23

冲突点类型	交叉冲突点	合流冲突点	分流冲突点
恶性程度	3.32	1.45	1

无信号控制交叉口次要影响因素及其子影响因素权重 表3-24

次要影响因素	次要影响因素权重	子影响因素	子影响因素权重
几何特征	0.25	纵坡度	0.12
		交叉角度	0.20
		视距	0.30
		车道设置	0.20
		物理渠化	0.18
标志	0.22	标志的可视性	0.45
		标志的设置	0.33
		标志的信息量	0.22
标线	0.24	标线的可视性	0.58
		标线的设置	0.42
路面	0.15	路面平整性	0.43
		路面抗滑性	0.57
照明	0.14	路灯的设置	0.60
		路灯完整性	0.40

根据交叉口安全服务水平的计算值——交叉口危险度，可对交叉口安全服务水平进行等级划分，危险度越小，交叉口安全服务水平越高。表3-25将交叉口安全服务水平分为A～F六级，分别对应很安全、安全、较安全、不安全、较危险、危险。

对于信号控制、标志、标线等交通管控措施禁行或分时行驶的车道和交通流向，冲突点相应减少，可参照该方法评价平面交叉口的安全性。

无信号控制交叉口安全服务水平等级 表3-25

安全服务水平	交叉口危险度	安全服务水平	交叉口危险度
A	≤60	D	≤240
B	≤120	E	≤300
C	≤180	F	>300

3.2.5 冲突点计算方法

3.2.5.1 虚拟车道与交叉口象限

交叉口进口处虚拟车道是在停车线后分化出来的,以实现交通流直行或左转或右转的流向车道,这些流向车道在交叉口内部可能并没有施划出,也不同于停车线前的实际车道。1 条真实车道最多分化出 1 条直行虚拟车道、1 条左转虚拟车道、1 条右转虚拟车道。

对于机动车,在无禁左转或禁右转等标志、标线的情况下,某进口的某种转向的虚拟车道数如下。

(1)直行的虚拟车道数 = 直行的专用车道数 + 直左车道数 + 直右车道数 + 直左右车道数;

(2)左转的虚拟车道数 = 左转的专用车道数 + 直左车道数 + 直左右车道数 + 左右车道数;

(3)右转的虚拟车道数 = 右转的专用车道数 + 直右车道数 + 直左右车道数 + 左右车道数。

对于非机动车而言,只有一个"车道",但是十字形和 T 形交叉口的虚拟车道并非一致。

对于十字形交叉口,某进口某转向的虚拟车道数如下。

(1)直行的虚拟车道数 = 1。

(2)左转的虚拟车道数 = 1。

(3)右转的虚拟车道数 = 1。

对于 T 形交叉口,某些进口的直行或左转或右转的虚拟车道数为 0。

交叉口物理区可分成几个象限处理,以形成容易辨识的区域。根据十字形和 T 形交叉口相交道路条数,定义十字形交叉口为 8 个象限,以 2 条道路中心线的交点为象限原点,延长线交叉形成 4 个大象限,每个大象限包括 2 个小象限,分别为进口象限和出口象限。十字形交叉口包括 4 个进口象限与 4 个出口象限,如图 3-51 所示。对于 T 形交叉口,3 路相交,只有 6 个象限,但为便于同十字形交叉口比较,其中 2 个不存在的象限默认是存在的,如图 3-52 所示。

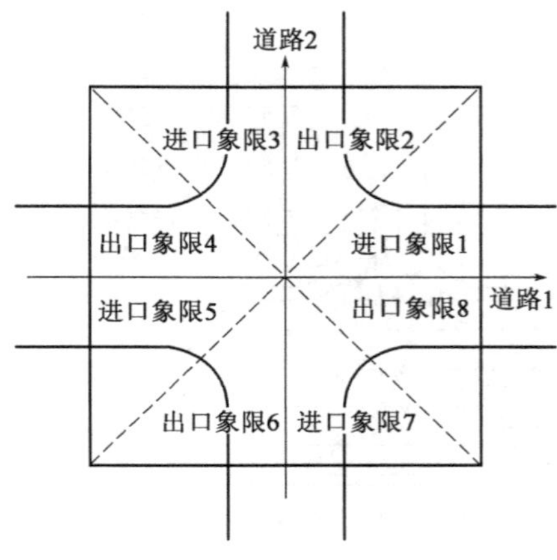

图 3-51 十字形交叉口的象限示意图

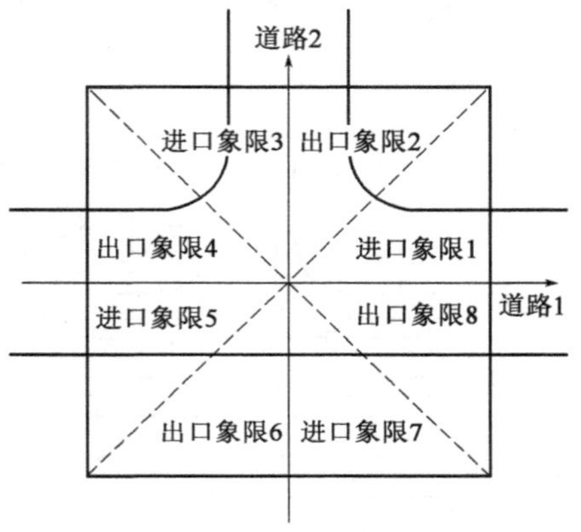

图 3-52 T 形交叉口的象限示意图

3.2.5.2 无信号控制 T 形交叉口冲突点计算方法

1)机动车与机动车冲突点计算

(1)交叉冲突点

交叉冲突点数 = 进口象限 1 的直行虚拟车道数 ×(进口象限 3 的左转虚拟车道数 + 进口象限 5 的左转虚拟车道数) + 进口象限 3 的左转虚拟车道数 × 进口象限 5 的左转虚拟车道数。

(2)合流冲突点

合流冲突点都发生在出口象限中。因此,计算每个出口象限中的合流冲突点即可。

(3)分流冲突点

分流冲突点 = 进口象限 1 的混合车道数 + 进口象限 5 的混合车道数 + 进口象限 3 的混合车道数。

2)机动车与非机动车冲突点计算

(1)直行机动车与非机动车冲突点数 = 道路 1 直行机动车虚拟车道数 ×2。

(2)左转机动车与非机动车冲突点数 =(道路 1 左转机动车虚拟车道数 + 道路 2 左转机动车虚拟车道数) ×2。

(3)右转机动车与非机动车冲突点数 =(道路 1 右转机动车虚拟车道数 + 道路 2 右转机动车虚拟车道数) ×2。

3)机动车与行人冲突点计算

(1)直行机动车与行人冲突点数 = 道路 1 直行机动车虚拟车道数 ×2。

(2)左转机动车与行人冲突点数 =(道路 1 左转机动车虚拟车道数 + 道路 2 左转机动车虚拟车道数) ×2。

(3)右转机动车与行人冲突点数 =(道路 1 右转机动车虚拟车道数 + 道路 2 右转机动车虚拟车道数) ×2。

【例 3-1】 图 3-53 所示为一个无信号控制 T 形交叉口。主路为双向 4 车道,支路为双向 2 车道。利用上面的计算方法,可得以下计算结果:

(1)机动车与机动车冲突点共计 11 个,如图 3-53a)所示。

(2)机动车与非机动车冲突点共计 16 个,如图 3-53b)所示。

(3)机动车与行人冲突点共计 16 个,如图 3-53c)所示。

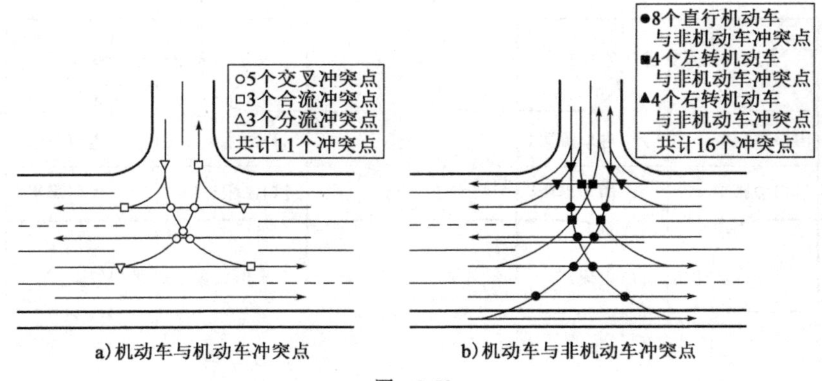

a)机动车与机动车冲突点　　b)机动车与非机动车冲突点

图 3-53

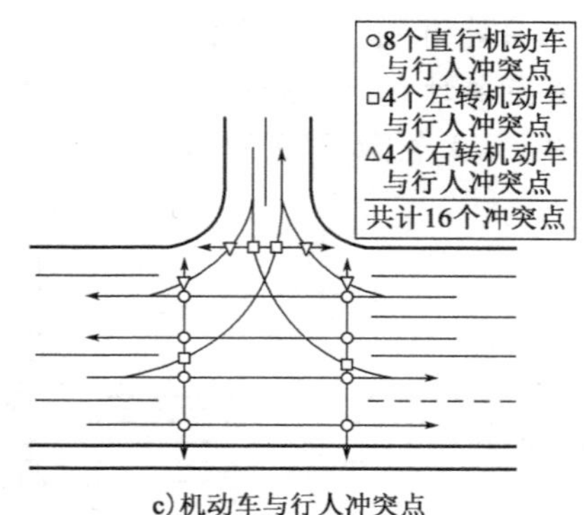

c)机动车与行人冲突点

图3-53 无信号控制T形交叉口冲突点示例

3.2.5.3 无信号控制十字形交叉口冲突点计算方法

1)机动车与机动车冲突点计算

(1)交叉冲突点

交叉冲突点数＝进口象限5的进口直行虚拟车道数×(进口象限3的进口直行虚拟车道数＋进口象限7的进口直行虚拟车道数)＋进口象限1的左转虚拟车道数×(进口象限3的左转虚拟车道数＋进口象限5的直行虚拟车道数＋进口象限7的直行与左转虚拟车道数之和)＋进口象限3的左转虚拟车道数×(进口象限5的左转虚拟车道数＋进口象限7的直行虚拟车道数＋进口象限1的直行车道数)＋进口象限5的左转虚拟车道数×(进口象限7的左转虚拟车道数＋进口象限1的直行虚拟车道数＋进口象限3的直行车道数)＋进口象限7的左转虚拟车道数×(进口象限3的直行虚拟车道数＋进口象限5的直行车道数)。

(2)合流冲突点

合流冲突点都出现在出口象限中。因此,计算每个出口象限中的合流冲突点即可。

(3)分流冲突点

分流冲突点＝进口象限1的直左右混合车道数×2＋进口象限1的直左混合车道数＋进口象限1的直右混合车道数＋进口象限5的直左右混合车道数×2＋进口象限5的直左混合车道数＋进口象限5的直右混合车道数＋进口象限3的直左右混合车道数×2＋进口象限3的直左混合车道数＋进口象限3的直右混合车道数＋进口象限7的直左右混合车道数×2＋进口象限7的直左混合车道数＋进口象限7的直右混合车道数。

2)机动车与非机动车冲突点计算

(1)直行机动车与非机动车冲突点数＝(主路＋支路)直行机动车虚拟车道数×6。

(2)左转机动车与非机动车冲突点数＝左转机动车虚拟车道数×4。

(3)右转机动车与非机动车冲突点数＝(主路＋支路)右转机动车虚拟车道数×3。

3)机动车与行人冲突点计算

(1)直行机动车与行人冲突点数＝(主路＋支路)直行机动车虚拟车道数×2。

(2)左转机动车与行人冲突点数＝(主路＋支路)左转机动车虚拟车道数×2。

(3)右转机动车与行人冲突点数＝(主路＋支路)右转机动车虚拟车道数×2。

【例3-2】 图3-54所示为一个无信号控制十字形交叉口。主路为双向4车道,支路为双向2车道。利用上面的计算方法,可得如下结果:

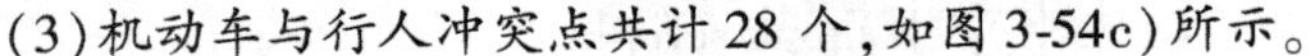

(1)机动车与机动车冲突点共计40个,如图3-54a)所示。

(2)机动车与非机动车冲突点共计64个,如图3-54b)所示。

(3)机动车与行人冲突点共计28个,如图3-54c)所示。

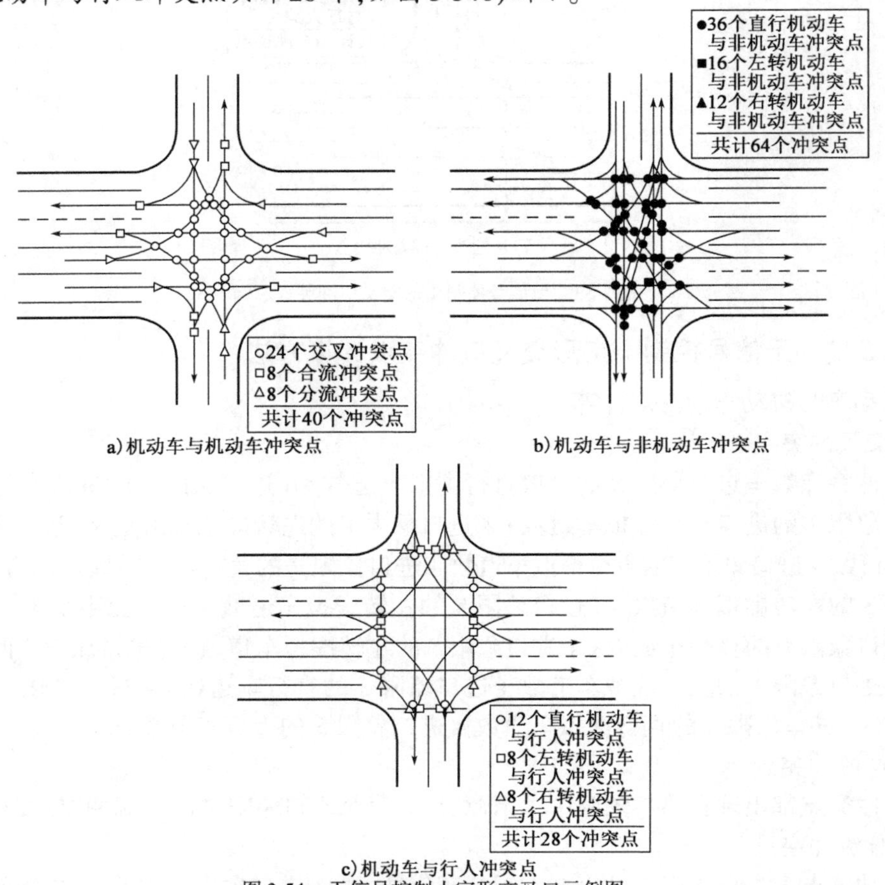

a)机动车与机动车冲突点　b)机动车与非机动车冲突点

c)机动车与行人冲突点

图3-54　无信号控制十字形交叉口示例图

3.3 立体交叉

随着高速公路和城市快速道路的发展,立体交叉间距逐渐减小、形式更趋复杂。立交在高(快)速路系统中起着整合、分离及控制车流的作用,处于十分重要的地位。立交区域的交通运行安全性影响因素很多,立交类型与布局、交通控制和立交间距、标志与标线视认性等均是构成立交区域运行环境的重要特征要素。立交类型和布局对车流的整合与分离有关键作用;立交区域的交通指示标志、分离设施、引导标志与标线、警告和禁令标志等约定了路权,引导车流,可提高立交区域交通运行环境的可认知性。

3.3.1 立交形式与间距

互通式立体交叉为重要的交通基础设施,立交区域的交通运行环境具有特殊性,如可选路径多,标志、标线等设施信息量大,车道数、车道宽度等设施参数过渡变化,交通流分合及交织,视距受限等。互通式立体交叉类型、复杂程度与立交间距是决定立交区域总体运行环境的重要因素。

所有相交道路驶向立交的第 1 块预告标志和立交入口加速车道末端点等构成的运行区域,称为立交区域,以设置定向匝道的三岔立交为例,如图 3-55 所示。立交间距受限时,则形成复合立交。

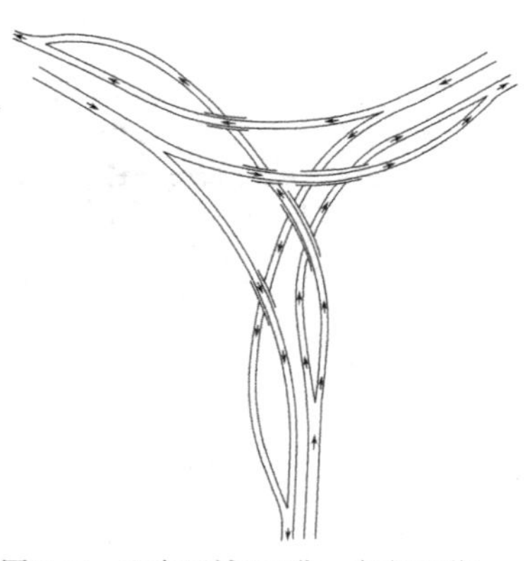
图 3-55 立交区域(三岔 + 定向匝道)

3.3.1.1 立交形式

互通式立体交叉形式影响相交道路的功能、通行能力及路网结构等,其交通运行环境与地形、地物、用地条件、自然环境、社会环境及其上下游的基础设施有关。总体上,相交道路、匝道基本路段和各连接部应满足通行能力的需求,各路段和各部位的服务水平与交叉公路的服务水平应协调。

随着城市建设以及新兴城区的开发等,城市高架快速路系统逐渐与高速公路直接连接,早期建设的环城高速公路和过境高速公路逐渐演变为市区高速公路或城市快速路,这导致立交不仅平面形式复杂,竖向层数也多。对这类立交区域,驾驶人已无法依据对立交形式的认知判断选择行驶路线,几乎全赖于标志、标线;不少导航系统目前也难以区分各层道路。这类立交往往为城市交通枢纽,虽然选错路径绕行距离不长,但绕行时间很长。

所谓立交形式,实际上是以主线和匝道在平面上的投影形状命名。驾驶人无须看懂立交形式,实际上也不可能看懂立交形式。但立交形式及其复杂性影响到标志、标线等信息量及其视认性,匝道与加减速车道的几何线形、视距等,形式复杂的立交标志、出入口等的视认距离可能受限;复杂立交的匝道几何线形指标往往偏低,运行速度协调性需要特别重视。

两条道路相交,形成四个象限,在四个象限内设置匝道,常称为苜蓿叶形互通式立体交叉,如图 3-56 所示。喇叭形互通式立体交叉是比较简单的形式,如图 3-57 所示。用地受限时,一般选用菱形互通式立体交叉,如图 3-58 所示。当匝道之间或匝道与被交道路之间采用交织交叉形式满足通行能力要求时,四岔或多岔交叉立交呈环形,如图 3-59 所示。

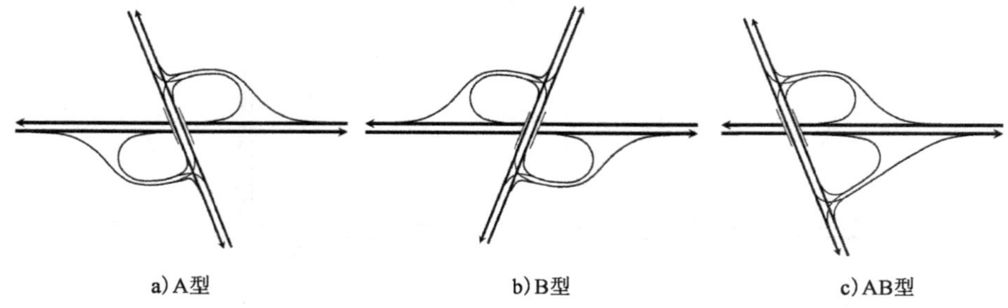
a)A型　　b)B型　　c)AB型

图 3-56 部分苜蓿叶形互通式立体交叉

《公路立体交叉设计细则》(JTG/T D21—2014)尽管给出了图 3-56 ~ 图 3-59 所示的互通式立体交叉可选形式,但无法详细规定立交形式的选用,多数立交是上述简单形式的组合,这取决于各方向交通流量和用地条件等。特别是枢纽立交,形式更加复杂。两条高速公路成三岔交叉式的,常见主要形式如图 3-60 和图 3-61 所示。

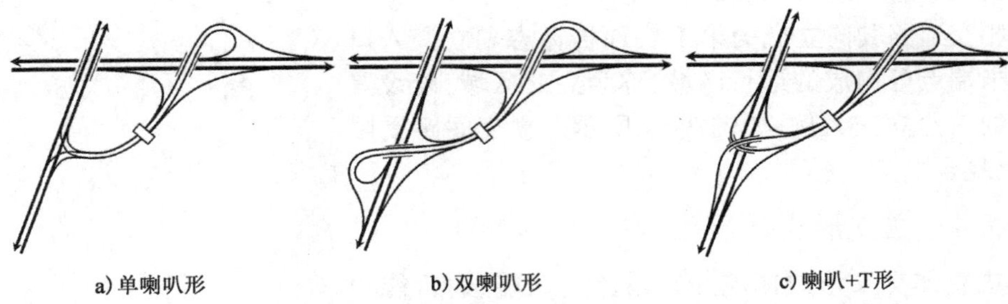

图 3-57　四岔喇叭形互通式立体交叉

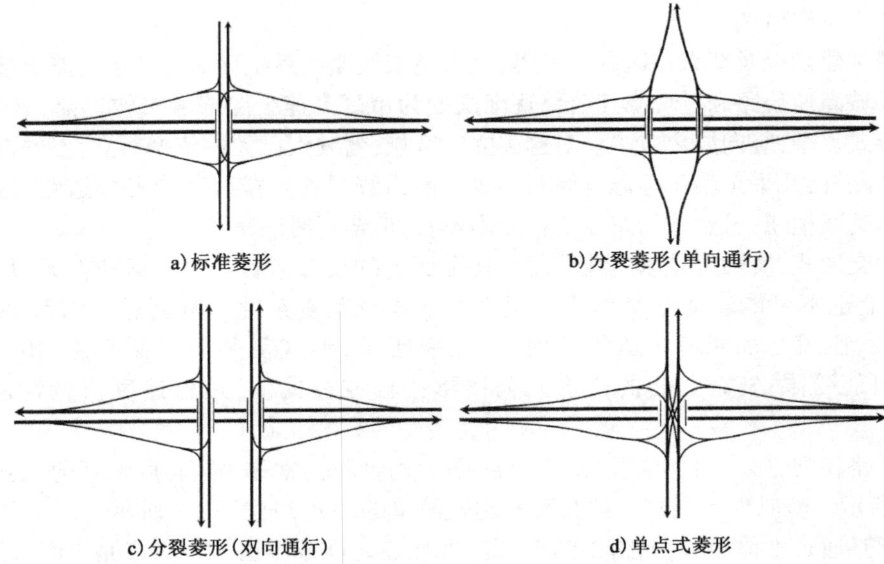

图 3-58　菱形互通式立体交叉

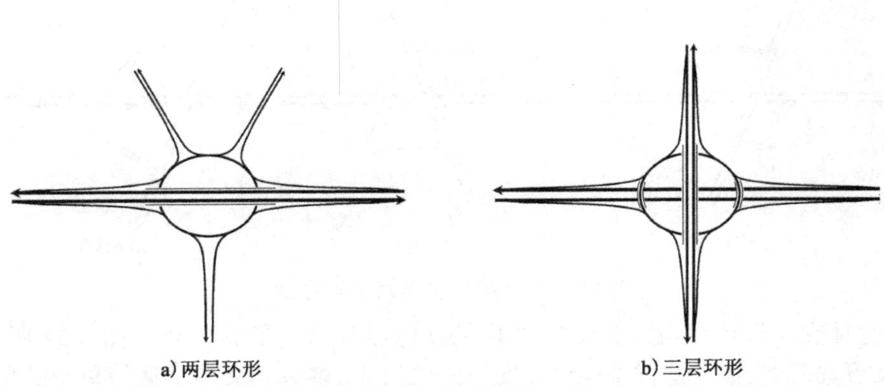

图 3-59　环形互通式立体交叉

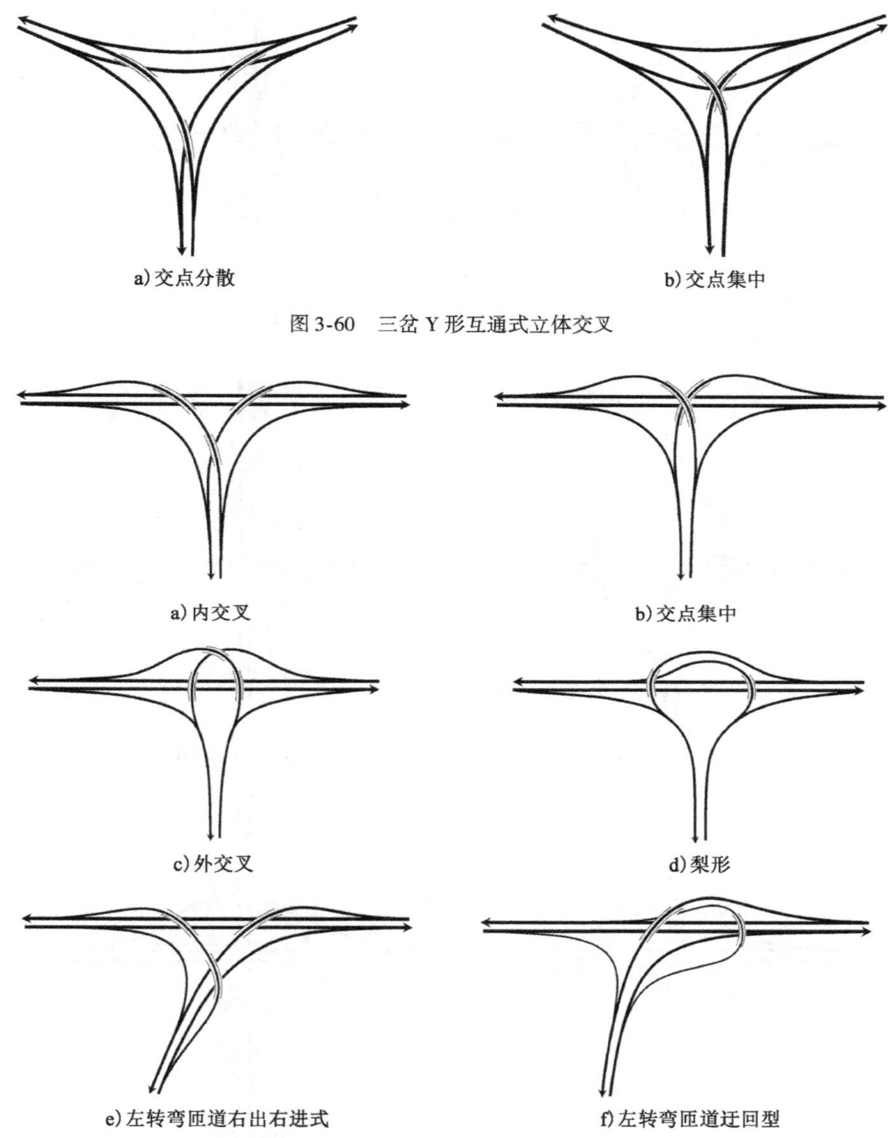

a)交点分散　b)交点集中

图3-60　三岔Y形互通式立体交叉

a)内交叉　b)交点集中　c)外交叉　d)梨形　e)左转弯匝道右出右进式　f)左转弯匝道迂回型

图3-61　三岔T形互通式立体交叉

两条高速公路四岔相交的,立交形式要适应各流向交通,特别是转弯交通量相差较大时,立交形式需要平衡,如图3-62所示的匝道形式构成的变形苜蓿叶互通式立体交叉。

《公路立体交叉设计细则》(JTG/T D21—2014)和AASHTO绿皮书对以上各种立交形式的适用性做了规定,但很难量化各形式的适用性。

当两座立交间距受限时,可将两座立交构成复合互通式立体交叉,按同一节点组织交通,布置交通流线和配置标志、标线等。图3-63为采用辅助车道的方式构成的复合互通式立体交叉;图3-64为间距不足以设置辅助车道时,采用集散道的形式构成的复合互通式立体交叉。

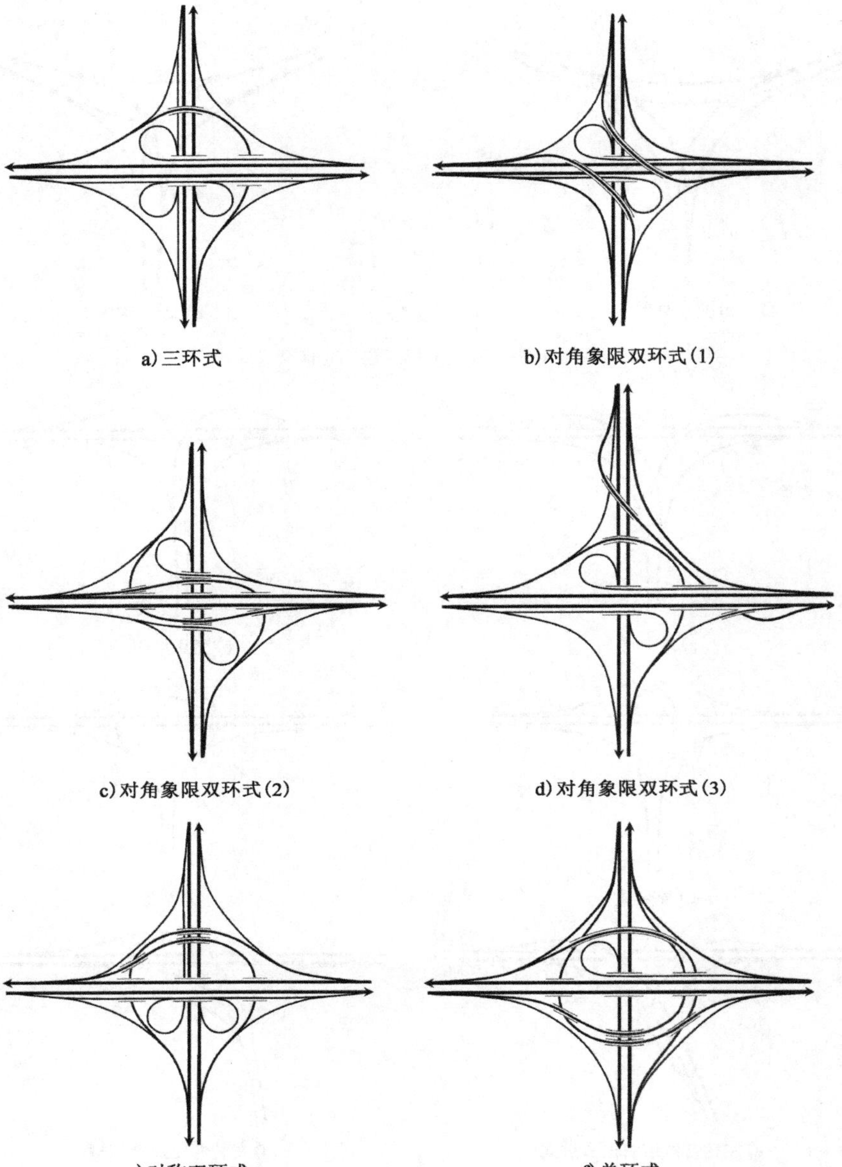

a) 三环式

b) 对角象限双环式(1)

c) 对角象限双环式(2)

d) 对角象限双环式(3)

e) 对称双环式

f) 单环式

图 3-62　变形苜蓿叶互通式立体交叉

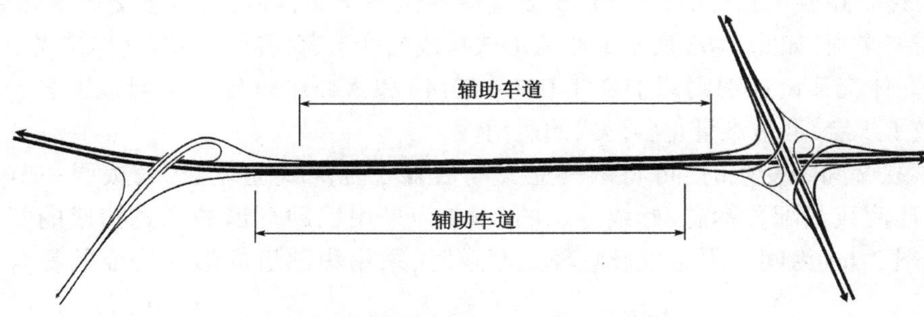

图 3-63　辅助车道相连的复合互通式立体交叉示例

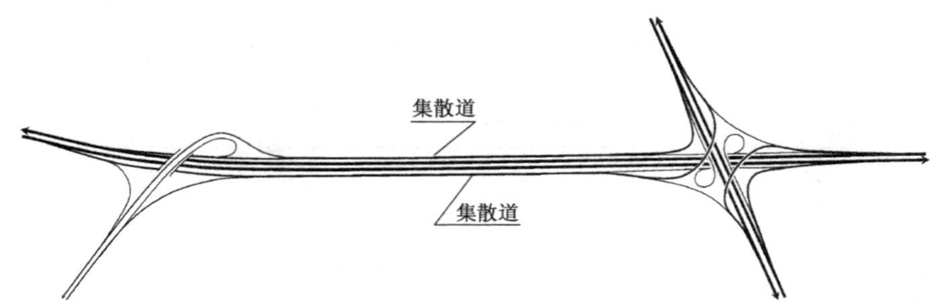

图 3-64 集散道相连的复合互通式立体交叉示例

3.3.1.2 间距

无论对于主线交通流还是转向交通流，立交区域的运行环境与基本路段、桥梁及隧道段等的运行环境都存在较大差异，异类道路交通运行环境间的过渡需要一定时空量。立交的最小间距应满足驾驶人对环境过渡感知的需求。

《道路通行能力手册》(AASHTO HCM 2000)对高速公路系统、基本路段以及交织区匝道与匝道的连接点都做了详细研究。美国公路合作研究组织(National Cooperative Highway Research Program，NCHRP)2001 年对互通式立交周边交叉口路径管理的研究表明，互通式立交的最小间距随互通式立交的形式、匝道形式和是否有集散车道而不同；互通式立交的间距对高速公路直行车流有较大影响，且与当地发展有直接关系。

互通式立体交叉的间距、自隧道驶出到下一出口间及主线入口与前方隧道之间的距离应满足标志、标线设置和出口确认、加减速与变道等行驶的时空需求，运行环境需具有一定的过渡长度。《公路立体交叉设计细则》(JTG/T D21—2014)关于互通式立体交叉之间、隧道与前方主线出口之间及主线入口与前方隧道间的最小净距规定值见表 3-26，该净距的定义见图 3-65 和图 3-66。随着我国山区高速公路和城市地下快速通道的建设，该间距时常因地形、地质和用地空间限制无法得到满足，这时应对隧道立交组成的路段运行环境统一组织交通，布设标志、标线和采取速度管理等交通管控措施，必要时应采取智能控制技术。

互通式立体交叉、出入口及其他设施的最小净距 表 3-26

主线设计速度(km/h)		120	100	80	60
互通式立体交叉之间	主线单向双车道	800	700	650	600
	主线单向 3 车道	1000	900	800	700
	主线单向 4 车道	1200	1100	1000	900
互通式立体交叉与服务区、停车区之间	主线单向双车道	700	650	600	600
	主线单向 3 车道	900	850	800	700
	主线单向 4 车道	1100	1000	900	800
隧道与前方主线出口之间	主线单向双车道	500	400	300	250
	主线单向 3 车道	700	600	450	350
	主线单向 4 车道	1000	800	600	500
主线入口与前方隧道之间		125	100	80	60

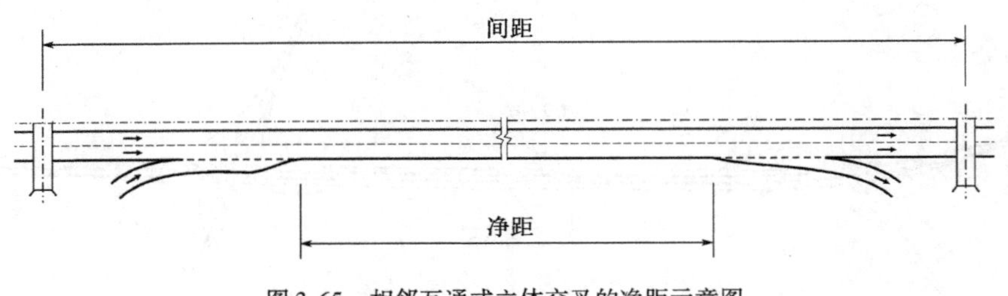

图 3-65　相邻互通式立体交叉的净距示意图

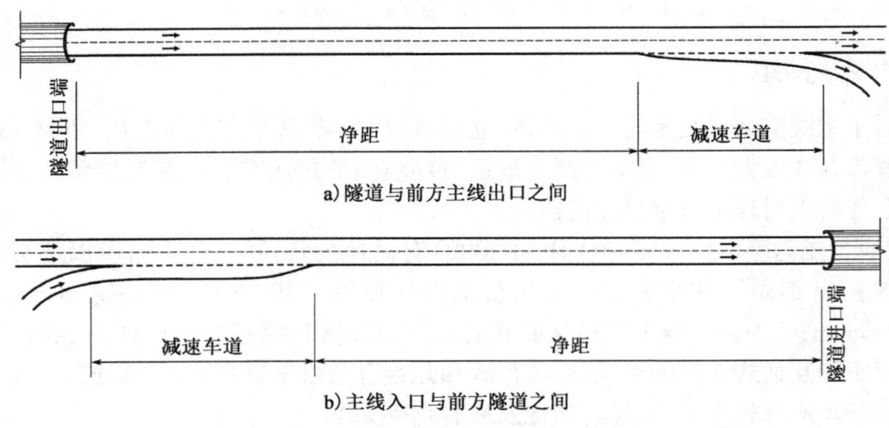

图 3-66　主线出、入口与隧道之间的净距示意图

3.3.2　主线与匝道几何线形

3.3.2.1　主线

互通式立体交叉区域内,运行环境复杂且变化频繁,应保障加减速车道和主线交通流的行驶稳定性、标志与标线等设施视认性等安全运行需求。《公路立体交叉设计细则》(JTG/T D21—2014)关于主线圆曲线、加减速车道坡度和主线竖曲线等的技术要求见表 3-27、表 3-28 和表 3-29,主线竖曲线半径控制范围见图 3-67。

变速车道路段的主线圆曲线最小半径　　表 3-27

主线设计速度(km/h)		120	100	80	60
圆曲线最小半径(m)	一般值	2000	1500	1100	500
	极限值	1500	1000	700	350

减速车道下坡路段和加速车道上坡路段的主线最大纵坡　　表 3-28

主线设计速度(km/h)		120	100	80	60
最大纵坡(%)	一般值	2.0	2.0	3.0	4.5(4.0)
	最大值	2.0	3.0	4.0(3.5)	5.0(4.5)

注:当互通式立体交叉位于主线连续长大下坡路段底部时,减速车道下坡路段取表中括号内的值。

互通式立体交叉范围内主线竖曲线最小半径 表 3-29

主线设计速度(km/h)			120	100	80	60
竖曲线最小半径(m)	凸形	一般值	45000	25000	12000	6000
		极限值	23000 (29000)	15000 (17000)	6000 (8000)	3000 (4000)
	凹形	一般值	16000	12000	8000	4000
		极限值	12000	8000	4000	2000

注:在分流鼻端前识别视距控制路段,主线凸形竖曲线最小半径取表中括号内的值。

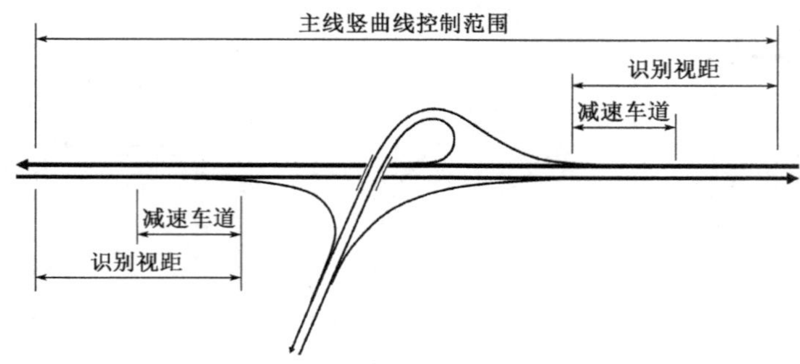

图 3-67 主线竖曲线半径控制范围示意图

3.3.2.2 匝道

匝道是转向交通流的行驶路径,其基本形式有直连式、半直连式和环形等。根据匝道两端的连接方式,半直连式可分为右出左进、左出右进和右出右进等形式;按照车辆行驶轨迹,半直连式可分为内转弯半直连式、外转弯半直连式和迂回型半直连式。当连续有两条或两条以上的匝道与主线连接时,连续分、合流连接方式如表 3-30 所示。《公路立体交叉设计细则》(JTG/T D21—2014)给出了图 3-68 所示的各类形式匝道示意图。

连续分、合流连接方式示意 表 3-30

连接方式	连续分流	连续合流	合分流	分合流
宜采用的方式				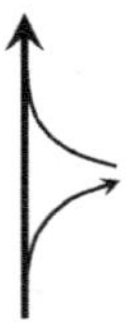
条件受限时可采用的方式			—	—

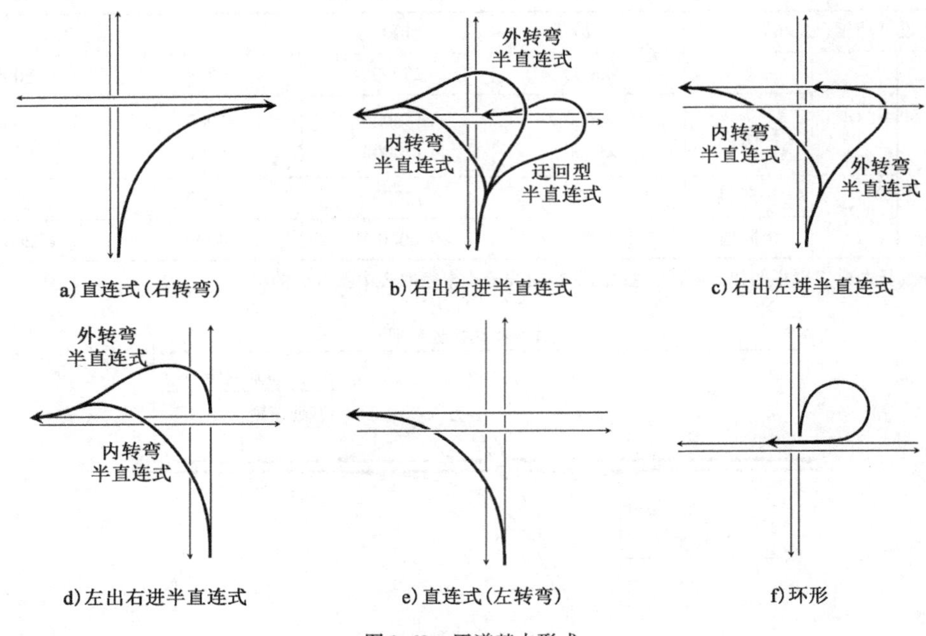

a)直连式(右转弯)　b)右出右进半直连式　c)右出左进半直连式

d)左出右进半直连式　e)直连式(左转弯)　f)环形

图3-68　匝道基本形式

匝道基本路段设计速度应根据互通式立体交叉类型和匝道形式等取值,《公路立体交叉设计细则》(JTG/T D21—2014)关于匝道基本路段设计速度的取值范围规定见表3-31。匝道连接部等特殊路段的设计速度应与结合部相邻路段的运行条件协调,出口匝道在分流鼻端附近的设计速度可参照表3-32所列分流鼻端通过速度取值,但不应小于匝道基本路段的设计速度,入口匝道在合流鼻端附近的设计速度可采用匝道基本路段的设计速度。

在设计速度标准控制下,匝道几何线形实际上就是一段路的几何线形,匝道自身平纵线形应视觉连续、走向清晰、基本几何元素相互协调,横断面满足车辆运行、管理、养护及应急救援等需求,匝道车道数及横断面类型满足交通运行安全性及服务水平要求;匝道几何线形还应使得全路段及相邻路段具有良好的运行速度协调性。

匝道基本路段设计速度　　表3-31

匝道类型		直连式		半直连式		环形匝道	
		标准型	变化型	内转弯式	外转弯式	标准型	变化型
一般互通式立体交叉	设计速度(km/h)	40~60	30~40	—	40~60	30~40	30~40
	匝道形式	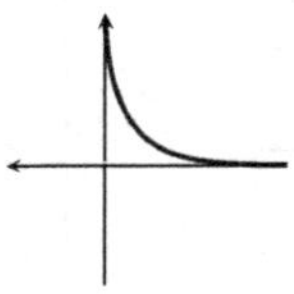	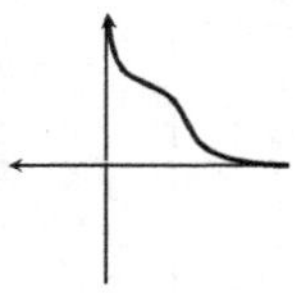	—	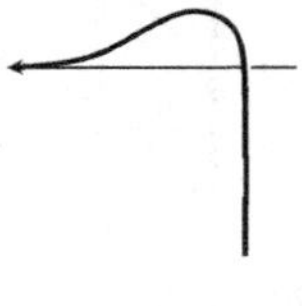	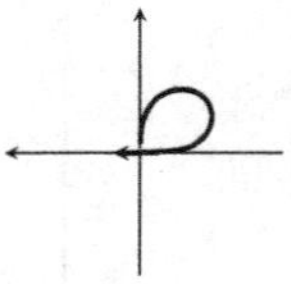	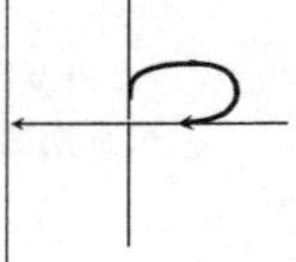

续上表

匝道类型		直连式		半直连式		环形匝道	
		标准型	变化型	内转弯式	外转弯式	标准型	变化型
枢纽互通式立体交叉	设计速度（km/h）	60～80	50～60	60～80	40～60	40	40
	匝道形式	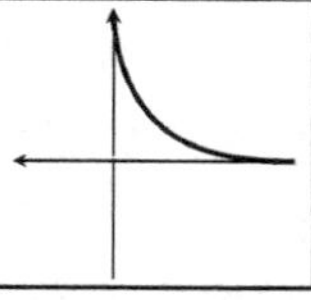	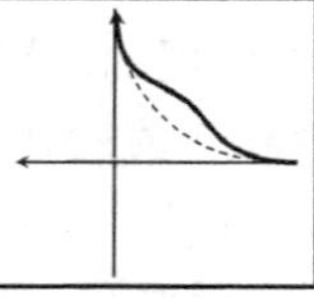	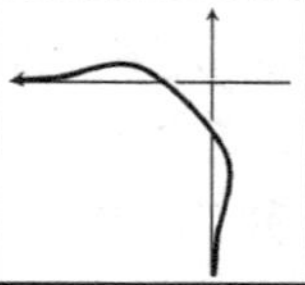	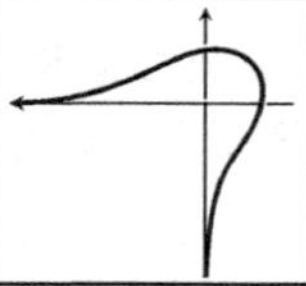	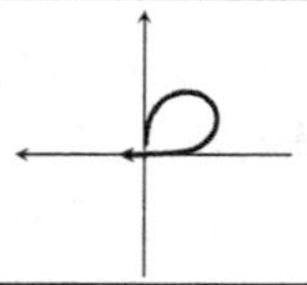	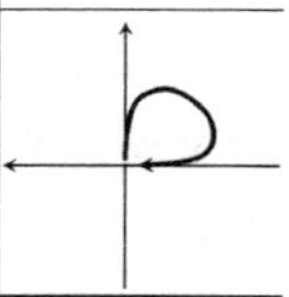

出口匝道分流鼻端设计速度 表3-32

主线设计速度(km/h)		120	100	80	60
分流鼻端通过速度(km/h)	一般值	70	65	60	55
	最大值	65	60	55	45

出口匝道从减速车道起点到分流鼻端，再至控制曲线起点的运行速度过渡应具良好的协调性，《公路立体交叉设计细则》（JTG/T D21—2014）规定从分流鼻端至匝道控制曲线起点路段为运行速度过渡段，该过渡段（图3-69）上任意一点的平曲线曲率半径不宜小于由图3-70查取的曲率半径值，当线形设置困难时，可按低一级主线设计速度取值。

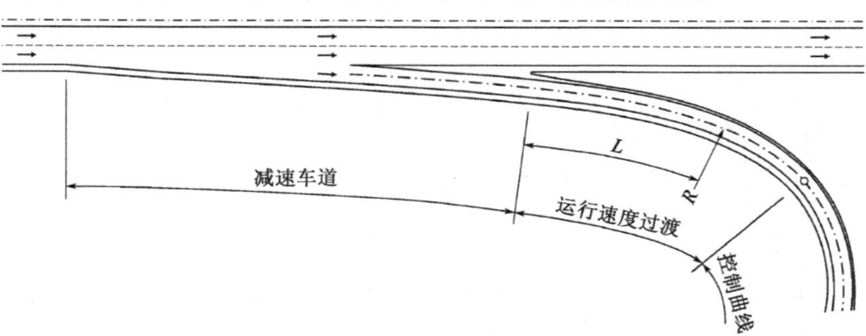

图3-69 运行速度过渡段示意图

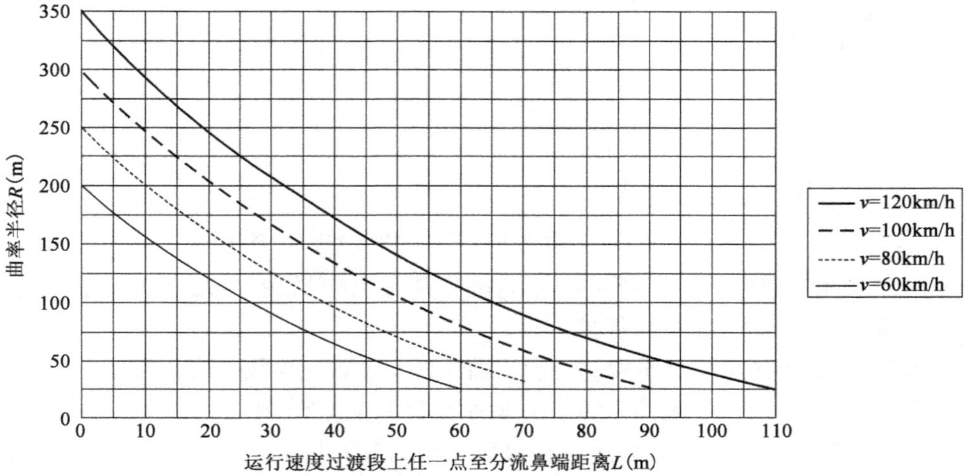

图3-70 运行速度过渡段上任一点的平曲线最小曲率半径

3.3.3 均衡性和一致性

互通式立交区域运行环境多变，标志、标线等信息量大，交通流分合与交织，维持立交区域运行环境均衡性和一致性，实现运行环境条件过渡满足驾驶人期望显得尤为重要。

3.3.3.1 流线连续性与车道平衡

高速公路立交的设计均衡性能使驾驶人预计即将出现的问题。对于靠右行驶的道路和左舵驾驶的车辆，绝大多数驾驶人都预期并希望从右侧驶入或驶出公路。如果左手出口匝道靠近右手入口匝道，交通流不可避免地需横穿所有车道去使用下一个出口而导致交通管理问题。运行环境一致性不良的例子常有，如左手驶入后紧接右手驶出、有或没有集散车道的组合立交和部分互通式立交。改扩建后的新路段采用更长的加速车道时保留了原来短的加速车道也可造成不均衡性。

互通式立交区应保持主交通流方向的基本车道连续，应保持主交通流方向的运行环境与主线高速公路一致。当主交通流在交叉象限内转弯，交通流线为同一高速公路的延续时，设施设置不当容易导致驾驶人感知错误，即把主线误认为匝道，把匝道误认为主线。高密度高速公路网内，两条高速公路共用路段的运行环境越来越多，形成错位交叉，如图3-71所示。该种工况下的立交区，应特别注意直行车道的连续性，立交的出口实际上是一条高速公路的主线，保持流线一致性有利于运行安全性。

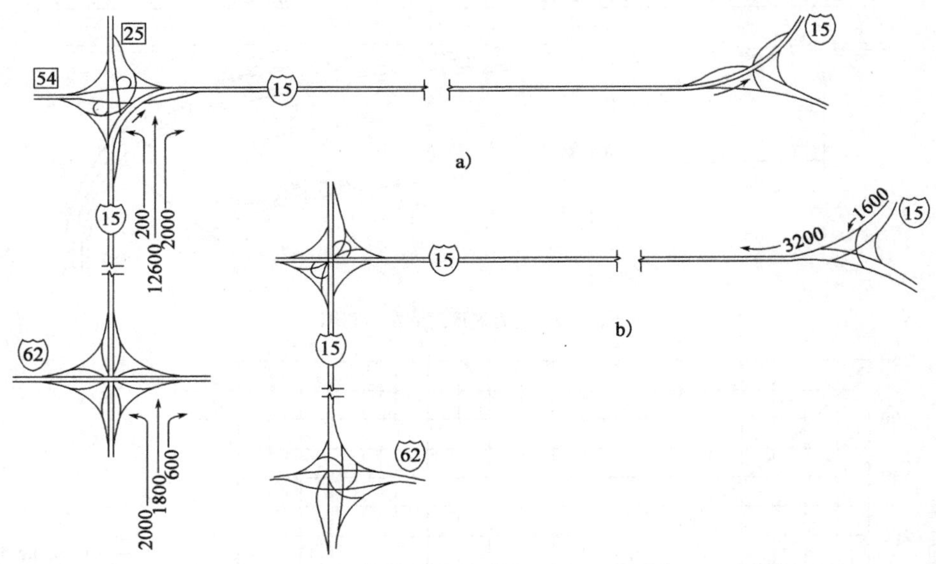

图3-71 保持主线连续性的互通式立交形式(AASHTO绿皮书)

立交区域主线车道保持平衡对运行环境过渡是有利的，如图3-72所示。在一定的范围内，如A—B段或C—D段，车道应保持一致。

分、合流连接部车道应保持平衡，分、合流前后的车道数应连续或变化最小，主线每次增减的车道数不应超过一条。合流连接部，合流后与合流前车道数之间的关系见式(3-39)或式(3-40)；分流连接部，分流前和分流后车道数之间的关系见式(3-39)或式(3-40)；分、合流前后车道关系见图3-73和图3-74。

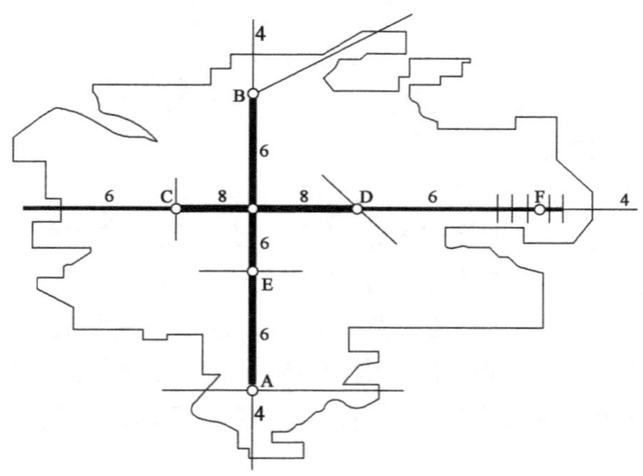

图 3-72　基本车道数一致性(AASHTO 绿皮书)

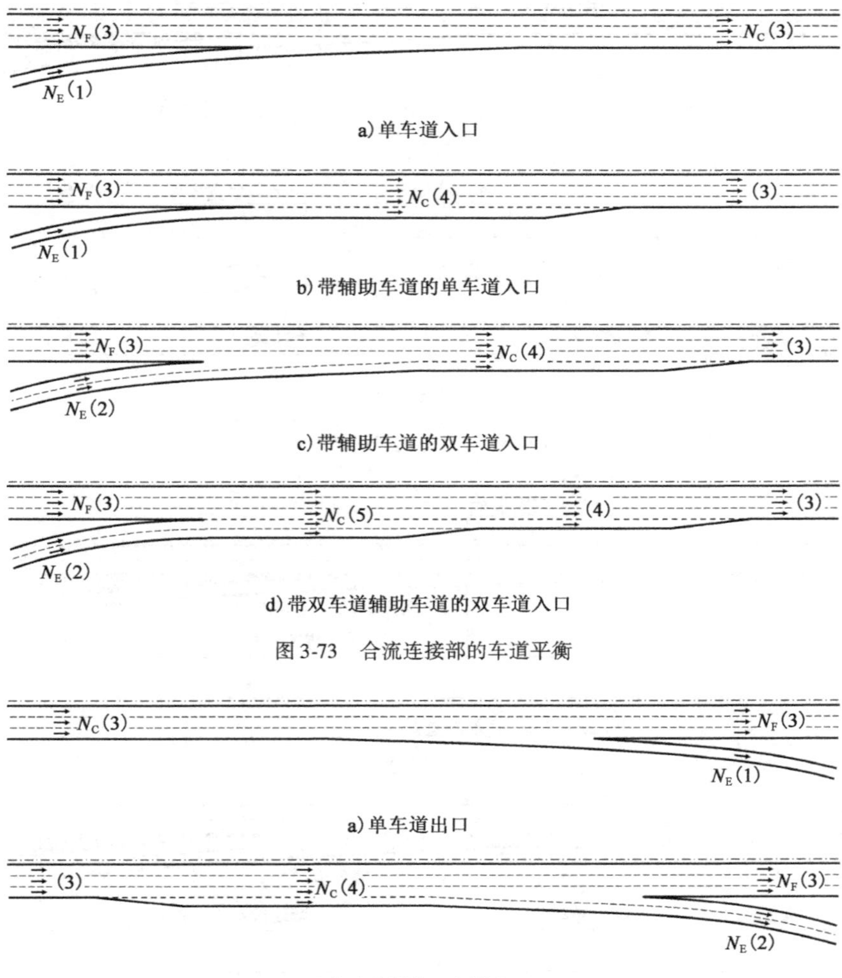

a) 单车道入口

b) 带辅助车道的单车道入口

c) 带辅助车道的双车道入口

d) 带双车道辅助车道的双车道入口

图 3-73　合流连接部的车道平衡

a) 单车道出口

b) 带辅助车道的双车道出口

图 3-74　分流连接部的车道平衡

$$N_C = N_F + N_E \tag{3-39}$$

$$N_C = N_F + N_E - 1 \tag{3-40}$$

式中：N_C——分流或合流前的主线车道数；

N_F——分流或合流后的主线车道数；

N_E——匝道车道数。

互通式立体交叉的连接部应满足交通分、合流和交织运行的需要，保持车道连续性和车道平衡等一致性方面的技术要求。连接道路性质，交通流线连接方式，车道分布及分、合流交通量等均对互通式立体交叉连接部运行安全性有影响。匝道与主线之间的连接通过变速车道实现，变速车道包括渐变段、变速段和鼻端，如图3-75所示。高速公路出口与匝道之间的连接通过减速车道实现，常见的形式如图3-76所示；高速公路入口通过加速车道合入主线，常见加速车道形式见图3-77。

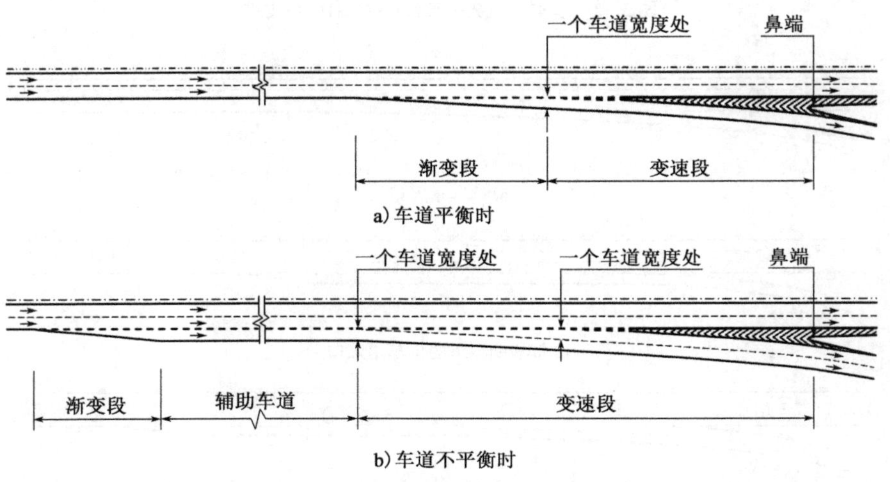

图3-75　变速车道组成示意图

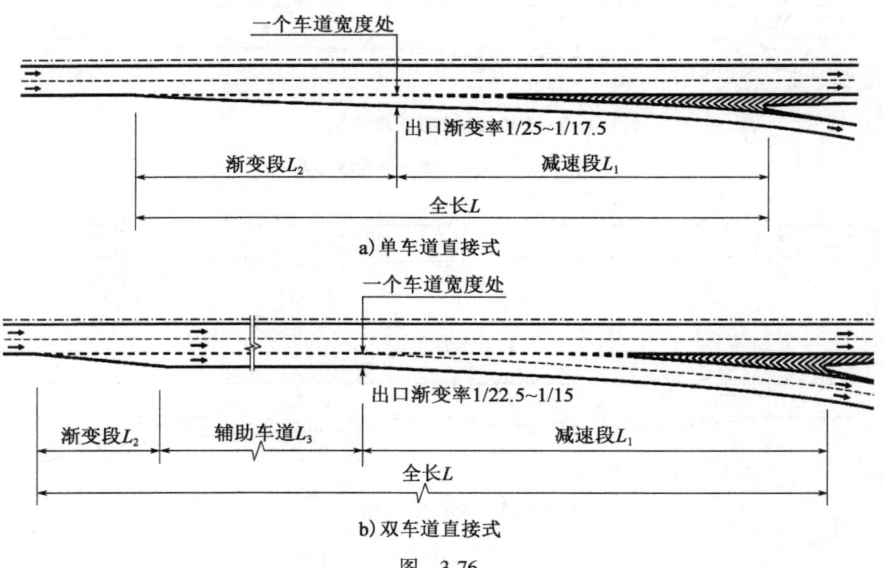

图　3-76

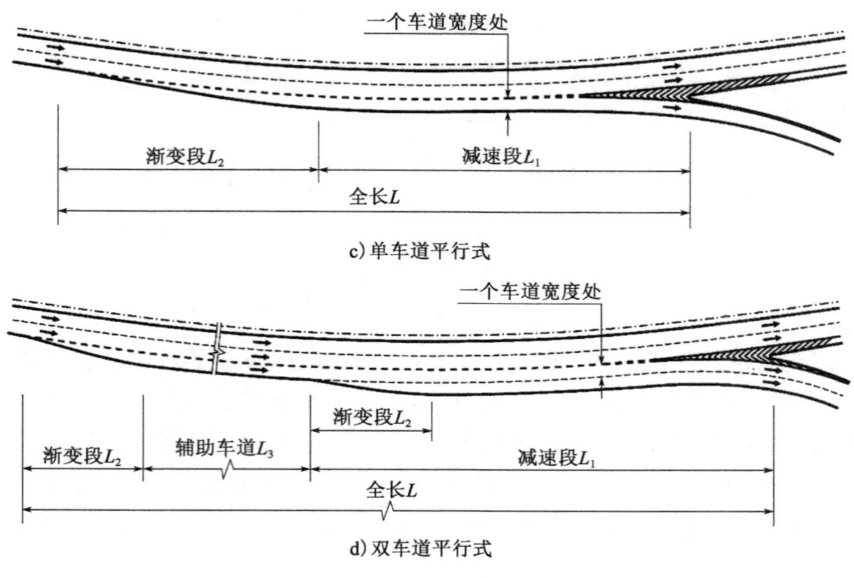

c) 单车道平行式

d) 双车道平行式

图 3-76　减速车道形式

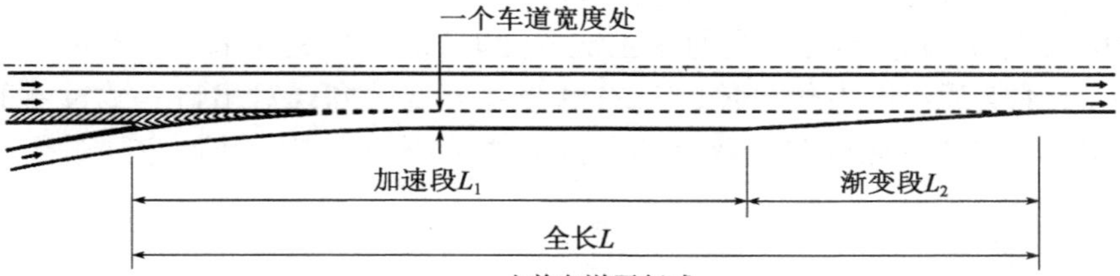

一个车道宽度处

加速段L_1　渐变段L_2

全长L

a) 单车道平行式

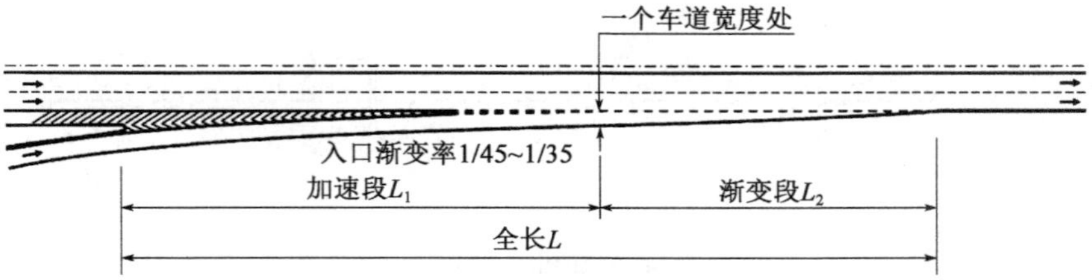

一个车道宽度处

入口渐变率1/45~1/35

加速段L_1　渐变段L_2

全长L

b) 单车道直接式

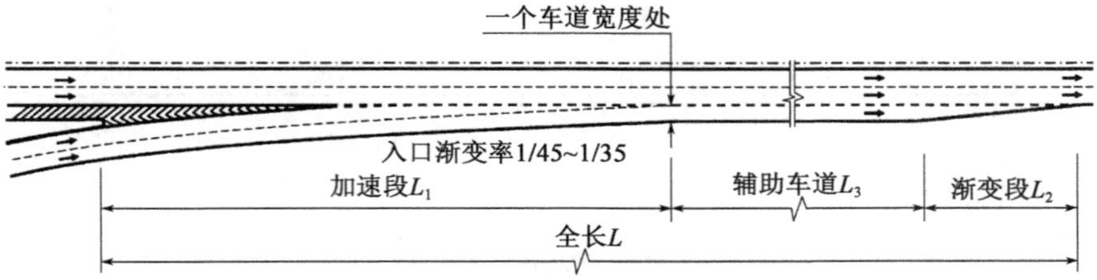

一个车道宽度处

入口渐变率1/45~1/35

加速段L_1　辅助车道L_3　渐变段L_2

全长L

c) 双车道直接式

图　3-77

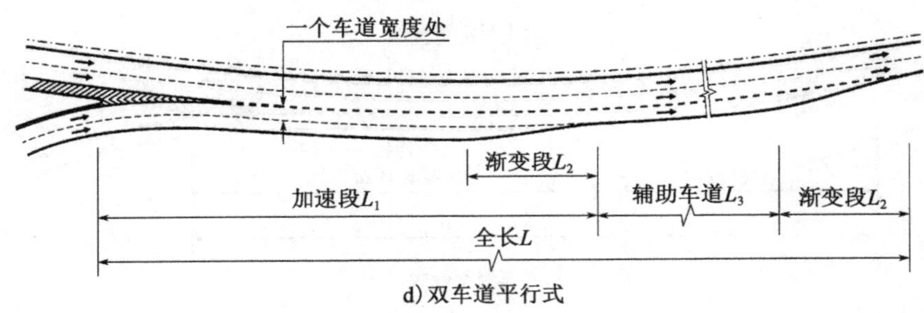

d)双车道平行式

图3-77　加速车道形式

《公路立体交叉设计细则》(JTG/T D21—2014)对加减速车道的设计速度及其变速车道长度、渐变段长度、出入口渐变率、辅助车道长度、连续分合流鼻端最小间距及鼻端构造等相关参数做了比较细致的规定。但从运行环境的角度来看,应从出入口预告标志起,将主线、变速车道和匝道作为一个连续的车辆行驶线路考察其运行环境安全性,统一考虑标志、标线等设施。可采用驾驶模拟试验、自然驾驶试验、交通仿真等试验手段综合验证该运行环境的安全性。

3.3.3.2　出入口一致性

高速公路宜采用相对一致的出口形式。有条件时,分流端部宜统一设置于交叉点之前,并宜采用单一的出口方式,《公路立体交叉设计细则》(JTG/T D21—2014)给出了出口形式一致性示意图,如图3-78所示。当分流交通量主次分明时,次交通流应采用一致的分流方向。次交通流宜统一于主交通流的右侧分流,左、右侧交替分流的方式对出口一致性不利。图3-79为AASHTO绿皮书中不一致性和一致性的分流方式示例。出口一致性宜通过驾驶模拟试验等评价。

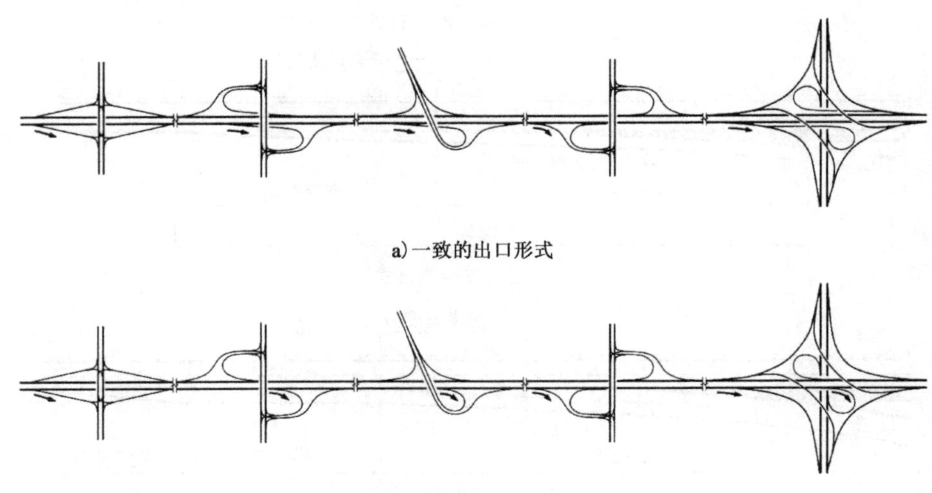

a)一致的出口形式

b)不一致的出口形式

图3-78　出口形式一致性示意图(JTG/T D21—2014)

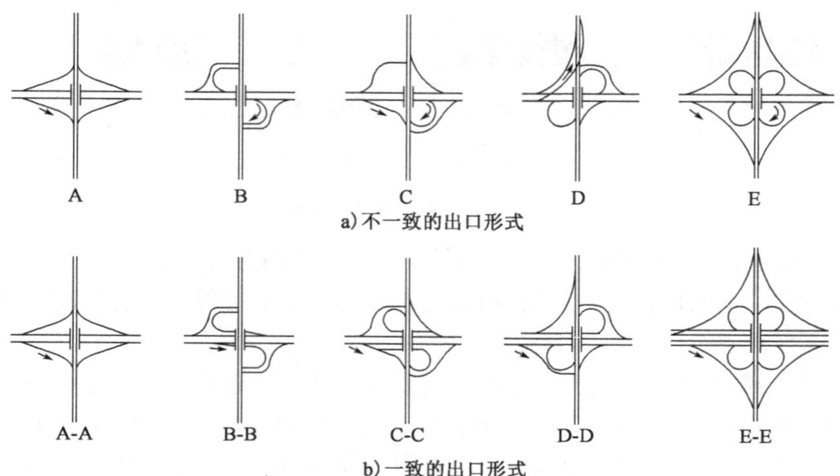

图 3-79　出口形式一致性示意图(AASHTO 绿皮书)

3.4　隧道(群)、大跨度桥梁

隧道具有改善路线线形、缩短行车里程、提高运行效率及保护环境的重要作用,是道路穿越山岭重丘区以及江河的可选工程方案。隧道是公路交通的咽喉,因为隧道行车环境具有封闭性,所以一旦发生事故,对营救和交通组织都极为不利,易引发重大事故和二次事故。隧隧、隧桥及隧路间突变的运行环境是影响运行安全性的重要因素。

大跨度桥梁跨越大江大河、海湾、沟壑山谷、湿地等,大大缩短了公路里程,也是重要的交通通道,在现代道路交通中发挥着重要的作用。大跨度桥梁所处的气象环境、沿线景观、照明条件等与连接线运行环境往往有较大差异。

3.4.1　隧道(群)、大跨度桥梁运行环境

3.4.1.1　隧道(群)运行环境

隧道是一种地下工程结构物,通常是指修筑在地下或山体内部,两端有出入口,供车辆、行人、水流及管线通过的通道,如图 3-80 所示。隧道间距小于或等于一定的设计车速行程长度时,可将其划分为隧道群路段,如图 3-81 所示。

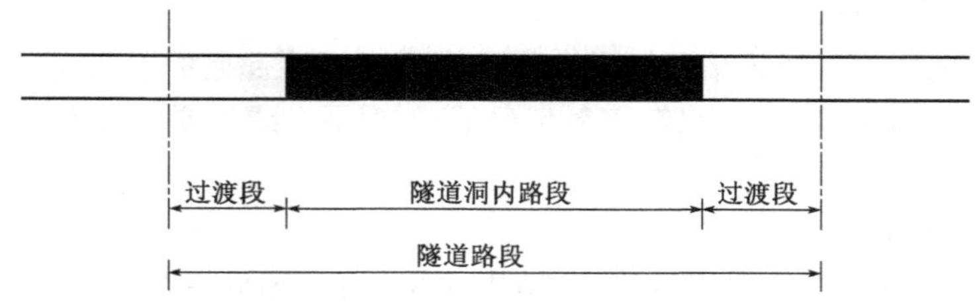

图 3-80　隧道路段示意图

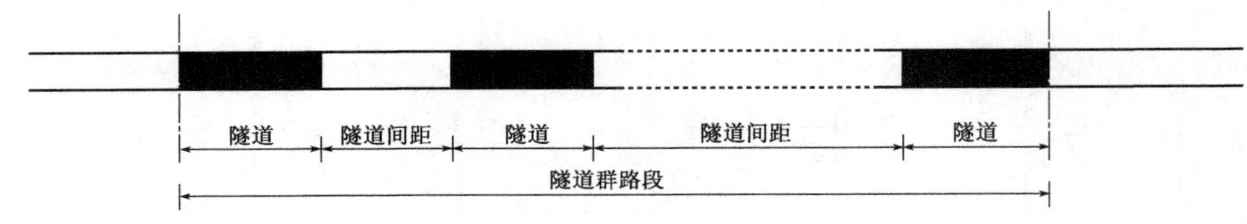

图 3-81　隧道群路段示意图

隧道(群)和路段运行环境的差异是显而易见的,包括亮度、路面抗滑性、横断面、烟雾、噪声等。隧道群中,隧道间以桥梁跨越山谷时,则形成隧道桥梁群段,桥隧过渡具有特殊的运行环境。

隧道路段包括洞内路段及隧道过渡段。隧道洞内路段为隧道出入口之间的路段部分。

特长隧道和隧道(群)一般位于山岭重丘区等特殊地理区段上,具有线形复杂、视距不良、气象环境多变等特点。隧道内交通运行环境封闭单调,驾驶人在隧道路段行驶时,对其运行环境的安全感受与普通路段相比有较大差异,这给驾驶人造成一定的心理压力。

不少统计资料显示,隧道的交通运行风险要比一般路段的交通运行风险低,对于较长隧道尤其如此。原因主要有:①隧道空间封闭,不受雾、雨、冰雪、风等恶劣天气条件的影响且具有连续的照明;②驾驶人在隧道中一般心情紧张,注意力高度集中,发生错误驾驶行为的概率较小。但隧道进出口作为两种不同行车环境的过渡路段,在线形设计、路面抗滑性能、照明以及气候环境等方面存在过渡和差异,因此存在较高的运行风险。驾驶人在隧道(群)行驶过程中须经历多次的线形过渡、路面抗滑性能过渡、照明过渡和气候环境变换等,因此隧道群的间隙路段也存在较高的运行风险。

隧道(群)路段运行环境具有以下特性。

1)线形过渡

一般来说,隧道线形设计要点主要包括满足路线衔接的需要,避开不良路段,减少地质灾害的影响。以往我国公路隧道多设计成直线隧道,因直线隧道在排水、衬砌结构及隧道的路面处理上均较为简单,同时直线隧道对隧道的通风也相对有利。目前,我国公路隧道和城市隧道均有采用平面线形为曲线的大量案例。北欧国家的绝大多数公路隧道都做成曲线形,这有利于光线的过渡,而且能有效地调节驾驶心理,让驾驶人不至于受出口"白洞"影响加速出洞,同时通过曲线隧道避开不良路段。

《公路路线设计规范》(JTG D20—2017)规定,隧道洞口外连接线应与隧道洞口内线形相协调,隧道洞口内外侧各 3s 设计速度行程长度范围的平、纵面线形应一致。隧道内外路基宽度不一致时,应在隧道进口外设置不小于 3s 设计速度行程长度的过渡段,且过渡段的最小长度不应小于 50m,以保持横断面过渡的顺适。

多因素平衡考虑,当隧道内平面线形为曲线时,宜为不设超高的平曲线,受限时,超高不应大于 4% 。因此对于山区重丘区公路,多数情况下,隧道平纵线形要较隧道外路段平纵线形更为平顺。

2)路面抗滑性能过渡

隧道进出口的路面抗滑性能存在突变,造成这种突变的原因主要有:

(1)洞内外路面类别的不同,以往我国隧道内路面多为水泥混凝土路面,隧道外多为沥青混凝土路面；

(2)使用过程中由于隧道进出口行车加减速产生的摩擦、烟尘积聚，造成洞口处路面抗滑性能差；

(3)纵坡路段货车制动产生的水滞留在隧道进出口，不易风干，导致路面抗滑性能下降；

(4)洞外雾、雨、雪等气候环境造成洞口附近路面抗滑性能存在差异。

3)光环境过渡

隧道照明除需为隧道内行车提供适当的光环境外，也应可消除或减弱驾驶人进出洞口时的"黑洞"效应和"白洞"效应。在隧道照明设计方面，美国 AASHTO、欧洲部分国家以及我国都采用分段照明设计法，考虑隧道洞口环境亮度、设计速度、交通量三要素，将隧道按照明设计分为入口段、过渡段、中间段和出口段，如图 3-82 所示。

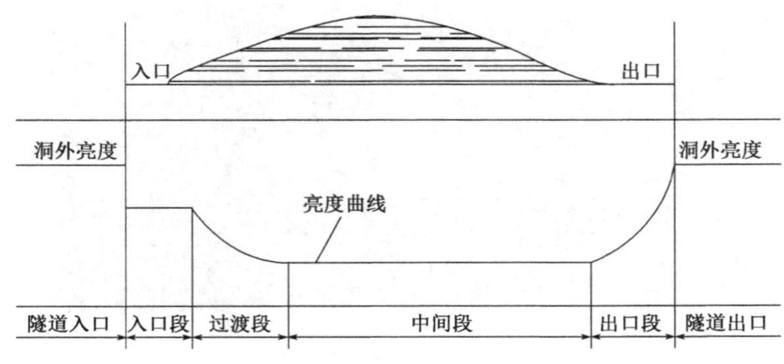

图 3-82 隧道照明分段示意图

3.4.1.2 大跨度桥梁运行环境

桥梁路段由桥梁主体、桥梁过渡段及桥梁接线路段组成，如图 3-83 所示。对于有桥台的桥梁，桥梁主体长度为两岸桥台侧墙或八字墙尾端间的距离；对于无桥台的桥梁，桥梁主体长度为桥面系行车道长度。桥梁的过渡段即桥头引道，应划入桥梁路段，桥梁两端引道的直线长度，一般不小于表 3-33 的规定。桥梁接线路段指大型桥梁主线与桥跨两岸路网相衔接的路段部分，路段长度视衔接路网距离的远近而不同，通常为桥梁引道至主线衔接立交或出入口之间的距离。

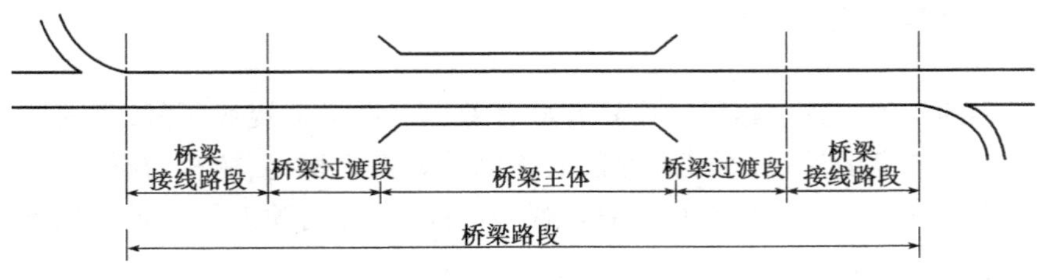

图 3-83 桥梁路段示意图

桥梁引道长度 表 3-33

计算行车速度(km/h)	120	100	80	60	40	20～30
桥头引道直线长度(m)	100	80	60	40	20	10

考虑到桥梁对行车安全的影响，将特大桥和大桥等大跨度桥梁列为重点路段，需着重考虑。大跨度桥梁的技术参数如表 3-34 所示。我国已有多座跨江、河、湖和海湾的特大桥，这些

特大桥的线形、沿线景观、照明、气象环境等都与其连接线运行环境有显著差异，图 3-84 所示为我国杭州湾跨海大桥。

桥梁分类表　　　　表 3-34

桥梁分类	多孔跨径总长 L(m)	单孔跨径 L_0(m)
特大桥	$L \geqslant 1000$	$L_0 \geqslant 150$
大桥	$100 \leqslant L < 1000$	$40 \leqslant L_0 < 150$

图 3-84　杭州湾跨海大桥

大跨度桥梁跨越江、河、湖泊、海湾、沟壑山谷等，具有沿线景观及照明条件变化大、气象环境特殊等特点，与其连接线运行环境有显著差异，给驾驶人的生理及心理带来较大影响，如大跨度桥梁沿线风景可能过度吸引驾驶人的注意力等。

1）线形

大跨度桥梁跨径大，线形指标较高。在山区公路或低等级公路中，大跨度桥梁本身的线形一般采用较高的技术指标，而接线路段的线形指标相对较低，会导致大跨度桥梁与其接线路段线形不连续，甚至急剧变化，这种线形不连续会给行车安全造成较大影响。保持桥梁与接线路段线形协调一致有利于运行安全。

2）景观与照明

大跨度桥梁的景观与其余路段相比具有显著差异。桥梁上视线开阔，进入驾驶人视线的是开阔的江河湖海或高山深谷，而其余路段的路侧景观多为草地、树林、村镇、边坡等，两者形成较大反差。大跨度桥梁景观与沿线公路景观的不同，会对驾驶人的视觉产生不同作用。不少大跨度桥梁也为旅游景点。

特大桥及大部分大桥都设置照明设施，若与其衔接的路段未设照明设施，则照明条件的改变也会对驾驶人的视觉产生一定的影响。

3）气象环境

大跨度桥梁往往处于局域特殊自然环境中，其运行环境更容易受到气象环境的影响。如相比其他路段而言，大跨度桥梁更容易受到横风、雾的影响。横风对大跨度桥梁的影响要远高于其他路段，对行车安全的影响也极为明显。大跨度桥梁跨越江河湖海或高山深谷，这些区域空气湿度大,极易形成挥之不散的浓雾,这种环境条件下也易形成团雾,使能见度急剧降低。另外,桥面气温偏低,跨越山谷的桥梁雾气浓,易造成凝冰。

3.4.2 运行环境过渡性

3.4.2.1 环境过渡特性指标

针对隧道、大跨度桥梁与路段运行环境的差异性,可利用三层次的隧道、大跨度桥梁运行环境特征构建安全评价指标体系,如表3-35所示。第一层为目标层,即隧道、大跨度桥梁运行环境安全性。第二层为对象层,包括7个因素,分别为线形安全性,视距安全性,路面状况安全性,环境风险,标志、标线设施认知性,附属安全设施有效性,监控设施有效性。

设该7因素集如式(3-41)所示:

$$U = \{U_1, U_2, U_3, U_4, U_5, U_6, U_7\} \tag{3-41}$$

第三层为指标层,包括n个元素,如式(3-42)所示:

$$U_i = \{U_{i1}, U_{i2}, U_{i3}, \cdots, U_{in}\} \qquad (i = 1, 2, \cdots, 7) \tag{3-42}$$

式中:U_i——第二层的第i个子要素集。

隧道、大跨度桥梁运行环境安全评价指标体系 表3-35

目标层	对象层		指标层
隧道、大跨度桥梁运行环境安全性	线形安全性 U_1		线形连续性 U_{11}
	视距安全性 U_2		行车视距 U_{21}
			隧道空间通视性 U_{22}
	路面状况安全性 U_3		路面状况指数 U_{31}
			路面抗滑安全性 U_{32}
			路面排水性能 U_{33}
	环境风险 U_4	隧道	CO浓度 U_{41}
			烟雾浓度 U_{42}
			亮度过渡 U_{43}
			等效连续声级 U_{44}
		桥梁	横风强度 U_{45}
			雾天能见度 U_{46}
			降雨量 U_{47}
			降雪量 U_{48}
	标志、标线设施认知性 U_5		信息量 U_{51}
			信息连续性 U_{52}
			标志、标线设置合理性 U_{53}
	附属安全设施有效性 U_6		隧道洞口型式及景观 U_{61}
			隧道过渡段护栏 U_{62}
			隧道过渡段隔离栅 U_{63}
			防撞桶 U_{64}
			桥梁栏杆及护栏 U_{65}

续上表

目标层	对象层	指标层
隧道、大跨度桥梁运行环境安全性	监控设施有效性 U_7	交通监控设施有效性 U_{71}
		照明控制设施有效性 U_{72}
		供配电设施有效性 U_{73}
		隧道通风控制设施有效性 U_{74}
		隧道火灾报警及消防设施有效性 U_{75}
		隧道紧急处置设施有效性 U_{76}
		隧道中央控制系统有效性 U_{77}

第一因素集线形安全性，U_1。描述道路线形安全性的指标有平曲线半径、曲线长度、纵坡坡度及车道宽度等。

第二因素集视距安全性，U_2。驾驶人在隧道、大跨度桥梁路段通过接收视觉信息进而决定驾驶操作，可采用行车视距和隧道的空间通视性指标。

第三因素集路面状况安全性，U_3。隧道、大跨度桥梁路段的抗滑性能是影响隧道行车安全的重要因素，可选取路面状况指数、路面抗滑安全性、路面排水性能等作为路面状况安全性评价指标。

第四因素集环境风险，U_4。隧道区别于路段运行环境的一个重要特征为隧道洞内是圬工所围裹管状环境，可选取CO浓度、烟雾浓度、亮度过渡和等效连续声级作为隧道洞内环境风险评价指标；对于大跨度桥梁，可选取横风强度、雾天能见度、降雨量、降雪量等作为其环境风险评价指标。

第五因素集标志、标线设施认知性，U_5。标志、标线设施包括静态诱导设施和动态诱导设施。静态诱导设施包括标志、标线、紧急停车带标志等。动态诱导设施包括可变(限速)信息板和交通广播。这些交通基础设施诱导驾驶人顺利通过隧道或桥梁，在发生事故时帮助隧道内人员进行自救或逃生。

第六因素集附属安全设施有效性，U_6。隧道附属安全设施包括隧道洞口型式及景观、隧道过渡段护栏、隧道过渡段隔离栅、防撞桶、桥梁栏杆及护栏等。

第七因素集监控设施有效性，U_7。监控设施的作用：①监测隧道、桥梁交通运行风险和事件；②预警或警告，并对车流实施控制；③采取相应的安全对策等。基于隧道、桥梁运行环境特性，可选取的监控设施有效性评价指标有交通监控设施有效性、照明监控设施有效性、供配电设施有效性、隧道通风控制设施有效性、隧道火灾报警及消防设施有效性、隧道紧急处置设施有效性、隧道中央控制系统有效性等。

3.4.2.2 几何线形过渡

如3.1节所述，桥梁或隧道与路段间的线形协调性是影响运行安全的重要因素。线形连续性是评价线形安全性的主要指标。采用3.1节的综合线形指标概念，通过对隧道(群)和大跨度桥梁平纵线形设计要素与行车安全性的分析，可构建综合线形技术指标，该指标能够反映线形的过渡特性，如式(3-43)所示。

$$f = \left\{\xi + \lambda \cdot \left[\exp\left(m \cdot v \cdot \sqrt[4]{\int_a^b \left(\frac{1}{R} - \frac{1}{R_0}\right)^2 \mathrm{d}l / L} + n \cdot v \cdot \sqrt{\frac{1}{R_0}}\right) - 1\right]\right\} \cdot g(i) \tag{3-43}$$

式中：　　R_0——计算点的曲线半径，m；

R——计算范围内各点的曲线半径，m；

v——设计车速，km/h；

L——计算范围长度，m；

i——计算范围内的平均坡度；

$g(i)$——纵坡修正系数；

a、b、ξ、λ、m、n——参数。

各参数值初步确定为 $\xi = 0.1$，$\lambda = 0.28$，$m = 0.67$，$n = 0.25$。ξ 表示即使是良好的线形条件，也总是存在事故。

线形过渡技术指标采用线形过渡点前后5s 行程的线形技术指标差值来表示，即 $\Delta f = f_{5s}^{(2)} - f_{5s}^{(1)}$，反映了相邻路段线形的连续性。从运行安全的角度分析，相邻路段的线形特征应尽量保持一致，即 Δf 的绝对值应尽量小。

基于 Δf 的线形连续性评价标准需要经过大量的调查研究，通过构建 Δf 与运行车速差的关系模型，提出了基于 Δf 的隧道入口线形连续性评价标准和基于 Δf 的隧道出口线形连续性评价标准如表 3-36、表 3-37 所示。大跨度桥梁，特别是跨越深沟、山谷的桥梁也可参照这一标准进行评价。

基于 Δf 的隧道入口线形连续性评价标准　　表 3-36

v_1(km/h)	AC			
	优	良	中	差
60	$\Delta f \leq 6.4$	$6.4 < \Delta f \leq 12$	$12 < \Delta f \leq 18$	$\Delta f > 18$
70	$\Delta f \leq 5.5$	$5.5 < \Delta f \leq 11$	$11 < \Delta f \leq 17$	$\Delta f > 17$
80	$\Delta f \leq 4.5$	$4.5 < \Delta f \leq 10$	$10 < \Delta f \leq 16$	$\Delta f > 16$
90	$\Delta f \leq 3.6$	$3.6 < \Delta f \leq 9$	$9 < \Delta f \leq 15$	$\Delta f > 15$
100	$\Delta f \leq 2.7$	$2.7 < \Delta f \leq 8$	$8 < \Delta f \leq 14$	$\Delta f > 14$
110	$\Delta f \leq 1.8$	$1.8 < \Delta f \leq 7$	$7 < \Delta f \leq 13$	$\Delta f > 13$
120	$\Delta f \leq 0.8$	$0.8 < \Delta f \leq 6$	$6 < \Delta f \leq 12$	$\Delta f > 12$

注：AC 为评价等级；v_1 为设计速度。

基于 Δf 的隧道出口线形连续性评价标准　　表 3-37

v_1(km/h)	AC	
	好	差
60	$\Delta f_{out} \leq 10.31$	$\Delta f_{out} > 10.31$
70	$\Delta f_{out} \leq 9.38$	$\Delta f_{out} > 9.38$
80	$\Delta f_{out} \leq 8.46$	$\Delta f_{out} > 8.46$
90	$\Delta f_{out} \leq 7.54$	$\Delta f_{out} > 7.54$
100	$\Delta f_{out} \leq 6.62$	$\Delta f_{out} > 6.62$
110	$\Delta f_{out} \leq 5.70$	$\Delta f_{out} > 5.70$
120	$\Delta f_{out} \leq 4.78$	$\Delta f_{out} > 4.78$

注：AC 为评价等级；v_1 为设计速度；Δf_{out} 为隧道出口的 Δf。

3.4.2.3 视距

1)行车视距

行车视距分为停车视距、会车视距和超车视距等。对于同一设计速度要求的行车视距是一个定值,即"设计视距",如高速公路的设计视距是指停车视距。可根据《公路路线设计规范》(JTG D20—2017)中对高速公路和一级公路的停车视距要求检验隧道、大跨度桥梁视距安全,如表3-38所示。

视距安全评价标准(单位:m)　　表3-38

v_1(km/h)	AC			
	优	良	中	差
60	80~90	70~80	60~70	50~60
80	115~125	105~115	95~105	85~95
100	165~175	155~165	145~155	135~145
120	215~225	205~215	195~205	185~195

2)空间通视性

隧道的空间通视性是指在隧道路段三维空间中,车辆以一定速度行驶时驾驶人在动视角范围(夜晚时为车辆前灯照射范围)内,沿着道路前进方向,从隧道进口外5s处开始搜索直至进口处,在该路段范围内驾驶人对隧道出口的识别特性。车辆在隧道过渡段行驶时,如果隧道不通视,驾驶人一般会谨慎驾驶,采取减速行为;反之,如果隧道通视,驾驶人认为隧道各环境因素满足驾驶预期,故一般不减速或者减速幅度较小。显然,适当减速、谨慎驾驶有利于行车安全性,因此可以空间通视性验算断面位置定义空间通视性指标的安全性。

如果在隧道外5s处,隧道空间通视,则定义为危险Ⅳ,评分为0~39;如果在隧道外3s处,隧道空间通视,则定义为较危险Ⅲ,评分为40~59;如果在隧道外1s处,隧道空间通视,则定义为较安全Ⅱ,评分为60~79;如果隧道过渡段内,空间不通视,则定义为安全Ⅰ,评分为80~100。

3.4.2.4 路面状况

路面状况指数是一个综合指标,用来评价路面病害和路面杂物等对路面抗滑性和平整度等的影响。隧道洞内外路面状态、大跨度桥梁的桥面状况对运行安全的影响表现在对驾驶人驾驶操作稳定性以及由路面平整度所引起的车辆振动对驾乘人员舒适性的影响等方面。路面不平整或车辙形成路面积水,造成行车滑水,是雨天事故的重要致因。路面状况的评价可采用路面状况指数(PCI)这一综合指标。

路面抗滑过渡安全性是分析车辆在不同摩擦系数路面上的行驶特性和行驶风险。车辆在不同摩擦系数路面上的行驶风险可分为制动和转向风险,与侧向滑移率和横向力系数有关。

3.4.2.5 光环境过渡

隧道运行环境对驾驶人视觉心理的影响有区别于其他运行环境的特殊性。当车辆通过时,光强的变化会对驾驶人视觉心理产生影响。白天,车辆驶入隧道时产生"黑洞"效应,驶出时产生"白洞"效应;对于无照明的公路,夜晚则相反,驶入隧道时产生"白洞"效应,驶出时又产生"黑洞"效应。该效应与行车速度、照明、洞口特征、路面表面特性、隧道洞壁装饰等因素有关。

为了表征隧道进出口的光环境过渡特性，可构建隧道进出口亮度过渡技术指标（I_{in}和I_{out}）。

隧道入口亮度过渡技术指标可如式(3-44)构建。

$$I_{in}=\beta_1\cdot I_1+\beta_2\cdot I_2 \tag{3-44}$$

$$I_1(k)=\frac{1}{ak} \tag{3-45}$$

$$I_2(k_1,k_2)=\eta\cdot[e^{b\cdot(k_1+k_2)}-1] \tag{3-46}$$

式中：I_1、I_2——隧道入口亮度过渡技术分指标；

I_{in}——隧道入口亮度过渡技术总指标；

k——入口段亮度与隧道入口前路面亮度的比值，入口段的亮度取入口内25～55m段亮度的平均值，这段亮度受自然光影响较小；

a——调整系数，可取10；

k_1——明暗交替点至入口内亮度变化率由快趋缓点的亮度变化率（位于入口内15～25m位置，主要取决于洞口朝向、季节因素和太阳光强度），其值等于两点的亮度差与距离的比值；

k_2——入口内亮度变化率由快趋缓点至亮度稳定处的亮度变化率；

η、b——调整系数，$\eta=0.38$，$b=0.1$；

β_1、β_2——权重系数，表示I_1、I_2对入口亮度过渡总指标的影响大小。

调整系数a、b、η的取值主要考虑了I_1、I_2的取值范围以及I_2对k_1、k_2的敏感性。

可按式(3-47)的形式构建隧道出口亮度过渡技术指标。

$$I_{out}=m\cdot I_3+n\cdot I_4 \tag{3-47}$$

$$I_3=\eta_1\frac{L_g}{L_b^{0.28}} \tag{3-48}$$

$$I_4=\eta_2\cdot[e^{b\cdot(k_1+k_2)}-1] \tag{3-49}$$

式中：I_3、I_4——隧道出口亮度过渡技术分指标；

I_{out}——隧道出口亮度过渡技术总指标；

η_1、η_2、b——调整系数，η_1按实际情况取值，$\eta_2=0.2$，$b=0.1$，η_1、η_2、b的取值主要考虑了I_3、I_4的取值范围以及I_4对k_1、k_2的敏感性；

L_g——出口外的亮度；

L_b——亮度突变点往内20m长度的平均亮度；

m、n——权重系数，表示I_3、I_4对出口亮度过渡安全性影响的程度。

考虑亮度过渡对驾驶人在隧道进出口段行车安全的影响，提出隧道进出口亮度过渡技术指标安全评价标准，如表3-39所示。

隧道进出口亮度过渡技术指标安全评价标准 表3-39

安全等级	进口(I_{in})(cd/m^2)	出口(I_{out})(cd/m^2)
Ⅰ	2.40～2.59	1～1.95
Ⅱ	2.59～2.94	1.95～2.30

续上表

安全等级	进口(I_{in})(cd/m^2)	出口(I_{out})(cd/m^2)
Ⅲ	2.94～3.29	2.30～2.65
Ⅳ	>3.29	>2.65

《公路隧道设计规范　第二册　交通工程与附属设施》(JTG D70/2—2014)将隧道入口段分为 TH_1 和 TH_2 两个照明段,其长度按式(3-50)计算,对应的亮度按式(3-51)和式(3-52)计算后根据隧道长度取值。

$$D_{th1}=D_{th2}-\frac{1}{2}\left(1.154\,D_s-\frac{h-1.5}{\tan 10°}\right) \tag{3-50}$$

式中:D_{th1}——入口段 TH_1 长度,m;

D_{th2}——入口段 TH_2 长度,m;

D_s——照明停车视距,m;

h——隧道内净空高度,m。

$$L_{th1}=k\cdot L_{20}(S) \tag{3-51}$$

$$L_{th2}=0.5\cdot k\cdot L_{20}(S) \tag{3-52}$$

式中:L_{th1}——入口段 TH_1 的亮度,cd/m^2;

L_{th2}——入口段 TH_2 的亮度,cd/m^2;

k——入口段亮度折减系数;

$L_{20}(S)$——洞外亮度,cd/m^2。

过渡段分为 TR_1、TR_2 和 TR_3 三个照明段,其长度和亮度按式(3-53)～式(3-58)计算。

$$D_{tr1}=\frac{D_{tr1}+D_{tr2}}{3}+\frac{v_t}{1.8} \tag{3-53}$$

$$D_{tr2}=\frac{2\,v_t}{1.8} \tag{3-54}$$

$$D_{tr3}=\frac{3\,v_t}{1.8} \tag{3-55}$$

$$L_{tr1}=0.15\times L_{th1} \tag{3-56}$$

$$L_{tr2}=0.05\times L_{tr1} \tag{3-57}$$

$$L_{tr3}=0.02\times L_{tr1} \tag{3-58}$$

式中:D_{tr1}——过渡段 TR_1 长度,m;

D_{tr2}——过渡段 TR_2 长度,m;

D_{tr3}——过渡段 TR_3 长度,m;

v_t——设计速度,km/h;

$\frac{v_t}{1.8}$——2s 内行驶距离。

《公路隧道设计规范　第二册　交通工程与附属设施》(JTG D70/2—2014)规定长度 $L\leqslant$ 300m 的隧道,可不设置过渡段加强照明;长度 300m $<L\leqslant$ 500m 的隧道,当在过渡段 TR_1 能完全看到隧道出口时,可不设置过渡段 TR_2、TR_3 加强照明;当 TR_3 的亮度 L_{tr3} 不大于中间段亮度 L_{in} 的 2 倍时,可不设置过渡段 TR_3 加强照明。

出口段分为 EX_1 和 EX_2 两个照明段，每段长约30m，对应的亮度见式(3-59)和式(3-60)。

$$L_{ex1}=3\times L_{in} \tag{3-59}$$

$$L_{ex2}=5\times L_{in} \tag{3-60}$$

式中：L_{ex1}——出口段 EX_1 的亮度，cd/m²；

L_{ex2}——出口段 EX_2 的亮度，cd/m²；

L_{in}——中间段亮度，cd/m²。

3.4.3 隧道内运行环境

隧道，特别是长隧道，内部运行环境特征具有其特殊性，其视觉环境、有害气体、封闭性、单调性、声环境等方面对运行安全均有影响。

3.4.3.1 视觉环境

隧道入口段、中间段及出口段的视觉环境由亮到暗，再到亮。出入口的亮度过渡已在前文光环境过渡部分做了介绍。影响隧道中间段视觉环境的因素有亮度、色温、侧墙装饰与反光、路面表面特性等。

由隧道照明设施提供的光环境可用其亮度、色温等参数表示。隧道内亮度并非越高对运行安全越有利，应与驾驶人视觉特征匹配。《公路隧道设计规范　第二册　交通工程与附属设施》(JTG D70/2—2014)对隧道中间段的亮度规定如表3-40所示。照明不应在隧道内路面表面形成暗斑，亮度应具有均匀性，表3-41为公路隧道设计规范的亮度均匀度建议值。

中间段亮度 L_{in}(单位：cd/m²)　　表3-40

设计速度 v_t(km/h)	L_{in}		
	单向交通		
	$N\geq$1200veh/(h·ln)	350veh/(h·ln)<N<1200veh/(h·ln)	$N\leq$350veh/(h·ln)
	双向交通		
	$N\geq$650veh/(h·ln)	180veh/(h·ln)<N<650veh/(h·ln)	$N\leq$180veh/(h·ln)
120	10.0	6.0	4.5
100	6.5	4.5	3.0
80	3.5	2.5	1.5
60	2.0	1.5	1.0
40	1.0	1.0	1.0

注：1. 当LED光源(显色指数Ra≥65，色温介于3300～6000K)用于隧道中间段照明时，设计亮度可按表中所列亮度标准的50%取值，但不应低于1.0cd/m²。

2. 当单端无极荧光灯(显色指数Ra≥65，色温介于3300～6000K)用于隧道中间段照明时，设计亮度可按表中所列亮度标准的80%取值，但不应低于1.0cd/m²。

3. 当中间段采用逆光照明方式时，设计亮度可按表中所列亮度标准的80%取值，但不应低于1.0cd/m²。

4. 当设计速度为100km/h时，中间段亮度可按80km/h对应亮度取值。

5. 当设计速度为120km/h时，中间段亮度可按100km/h对应亮度取值。

路面亮度总均匀度 U_0 和路面中线亮度纵向均匀度 U_1　　表 3-41

设计交通量 N[veh/(h·ln)]		U_0	U_1
单向交通	双向交通		
≥1200	≥650	0.4	0.6
≤350	≤180	0.3	0.5

封闭的隧道运行环境除给驾驶人造成压抑感外，也具有单调性，是长隧道内驾驶疲劳的关键致因。单调性可通过隧道侧墙和拱顶的装饰效果弥补，如有些隧道在侧墙上画有树、鸟、海浪等，在拱顶上画有蓝天白云等。隧道内装饰在弥补环境单调性的前提下，其反射光不应干扰照明亮度的均匀性，更不可形成眩光；装饰面也不可形成影像。装饰面上的竖向条纹和拱顶的弧形灯光带可让高速行驶的车辆的驾驶人产生视错觉，甚至导致驾驶人眩晕，对准确判断行车速度不利。无论是隧道侧墙还是拱顶的装饰，均不可过于吸引驾驶人视线。

由于影响隧道内视觉环境的因素多，这些因素对视觉环境的作用具有两面性，故应做好均衡配置。过度照明、豪华装饰对运行安全不利。

3.4.3.2　有害气体

汽车尾气中的有害成分，特别是 CO 和烟雾，是影响隧道运行环境安全性的重要因素，也是隧道通风设计的依据。隧道内空气污染物主要来自机动车的排放和车辆携带的尘土及卷起的尘埃。隧道内的污染物主要有 CO、HC、NO_x、SO_2、TSP（总悬浮颗粒物）和 PM10（可吸入颗粒物）等，其中 CO 是对人、卫生和安全影响最大的污染物。

CO 与大多数其他空气污染物的区别在于它会对健康产生急性影响。CO 造成危害是通过与血液中的血红蛋白结合形成碳氧血红蛋白（COHb）。CO 结合血红蛋白的能力比氧强 220 倍，因此，空气中少量的 CO 就可以与大量的血红蛋白结合成 COHb，结合成的 COHb 造成血液不能发挥传输氧气的正常功能，于是血液输送氧气的能力下降，人体的各部分缺氧。人体血液输氧的减少会引起视力及听力下降、头痛、眩晕、动作迟缓和痉挛等症状。为了维持人体必要浓度的氧气就必须增加心脏工作量，所以当 CO 浓度增加时，人体典型的症状就是血管痉挛。表 3-42 显示了不同比例的血红蛋白被转化后所引起的相关效应，70% 或更高百分比的 COHb 是致命的。

CO 的效应　　表 3-42

血液血红蛋白转化为 COHb 的百分数（%）	效应
0.3～0.7	不抽烟者的生理标准
2.5～3.0	受损个体心脏功能减弱，血液改变，继续暴露后红细胞浓度变化
4.0～6.0	视力受损，警觉性降低，最大工作能力下降
3.0～8.0	吸烟者常规值。吸烟者比不吸烟者生成更多的红细胞以进行补偿，就像生活在高海拔的人因为低气压进行补偿性生成来增加红细胞数量
10.0～20.0	轻微头痛，疲乏，呼吸困难，皮肤层血细胞膨胀，反常的视力，对胎儿有潜在危害
20.0～30.0	严重的头痛，恶心，反常的手工技巧
30.0～40.0	肌肉无力，恶心，呕吐，视力减弱，严重头痛，过敏，判断力下降

续上表

血液血红蛋白转化为COHb的百分数(%)	效应
50.0~60.0	虚弱,痉挛,昏迷
60.0~70.0	昏迷,心脏活动和呼吸减弱,可能致死
>70.0	死亡

医学研究表明,人体血液中COHb浓度达2.5%即可对人体产生不良影响。隧道内CO浓度的增加可降低人的时间间隔分辨力、视力敏感度以及动作的反应能力,可滋生交通行为风险。由表3-42可知,当COHb浓度在4.0%~6.0%时,视力即可受损,因此建议可按表3-43的CO浓度确定安全性等级。再考虑隧道长度和行车速度等因素,戴优华提出了表3-44的隧道CO浓度指标安全性标准。

基于路段行车风险的CO等级定性描述 表3-43

CO浓度安全性等级	路段行车风险等级	碳氧血红蛋白浓度[COHb]	风险接受原则
COS-Ⅰ	弱风险	≤0.7%	完全可以接受
COS-Ⅱ	低风险	0.7%<[COHb]≤2.5%	有条件的接受
COS-Ⅲ	中风险	2.5%<[COHb]≤6.0%	不希望出现的
COS-Ⅳ	高风险	>6.0%	完全不能接受

隧道CO浓度指标安全性标准 表3-44

隧道长度(m)	车辆通过速度(km/h)	CO浓度安全性等级(%)			
		COS-Ⅰ	COS-Ⅱ	COS-Ⅲ	COS-Ⅳ
3000	40	1.54	1.54~5.49	5.49~11.18	11.18
	50	1.86	1.86~6.64	6.64~13.97	13.97
	60	2.18	2.18~7.80	7.80~16.76	16.76
	70	2.51	2.51~8.95	8.95~19.55	19.55
	80	2.83	2.83~10.11	10.11~22.34	22.34
	90	3.16	3.16~11.27	11.27~25.13	25.13
	阻滞车速(10)	0.59	0.59~2.13	2.13~2.81	2.81
1000	40	4.13	4.13~14.76	14.76~33.51	33.51
	50	5.11	5.11~18.24	18.24~41.88	41.88
	60	6.08	6.08~21.73	21.73~50.25	50.25
	70	7.06	7.06~25.21	25.21~58.62	58.62
	80	8.04	8.04~28.70	28.70~66.99	66.99
	90	9.01	9.01~32.19	32.19~75.36	75.36
	阻滞车速(10)	1.21	1.21~4.34	4.34~8.39	8.39

续上表

隧道长度(m)	车辆通过速度(km/h)	CO浓度安全性等级(%)			
		COS-Ⅰ	COS-Ⅱ	COS-Ⅲ	COS-Ⅳ
250	40	15.85	15.85~56.60	56.60~133.96	133.96
	50	19.75	19.75~70.55	70.55~167.44	167.44
	60	23.66	23.66~84.50	84.50~200.93	200.93
	70	27.57	27.57~98.45	98.45~234.41	234.41
	80	31.47	31.47~112.41	112.41~267.89	267.89
	90	35.38	35.38~126.36	126.36~301.38	301.38
	阻滞车速(10)	4.13	4.13~14.76	14.76~33.51	33.51

按《公路隧道设计规范　第二册　交通工程与附属设施》(JTG D70/2—2014)的CO设计标准,正常交通时,CO设计浓度可按表3-45取值。交通阻滞时,阻滞段的平均CO设计浓度可取150cm^3/m^3,同时经历时间不宜超过20min。长度大于1000m的隧道,阻滞段宜按每车道长度1000m计算;长度不大于1000m的隧道,可不考虑交通阻滞。人车混合通行的隧道,洞内CO设计浓度不应大于70cm^3/m^3。

CO设计浓度 δ_{CO}　　表3-45

隧道长度(m)	≤1000	>3000
δ_{CO}(cm^3/m^3)	150	100

注:隧道长度L满足1000m<L≤3000m的条件时,可按线性内插法取值。

烟雾浓度是通过测定100m厚烟雾的光线透过率来确定的,所以也将烟雾浓度称为100m透过率。但烟雾浓度和100m透过率在物理概念上和数值上都不相同。

按《公路隧道设计规范　第二册　交通工程与附属设施》(JTG D70/2—2014)关于烟尘浓度的设计标准,采用显色指数33≤Ra≤60、相关色温2000~3000K的钠光源时与采用显色指数Ra≥65、相关色温3300~6000K的荧光灯、LED灯等光源时,烟尘设计浓度K应按表3-46取值。

烟尘设计浓度 K　　表3-46

设计速度v_t(km/h)		v_t≥90	60≤v_t<90	50≤v_t<60	30<v_t<50	10≤v_t≤30
烟尘设计浓度K(/m)	钠光源	0.0065	0.0070	0.0075	0.0090	0.0120
	荧光灯、LED灯等光源	0.0050	0.0065	0.0070	0.0075	0.0120

根据《公路隧道通风设计细则》(JTG/T D70/2-02—2014),交通管制工况烟雾浓度取K≤0.0120m^{-1},隧道内进行养护维修工况烟雾浓度取K≤0.0035m^{-1},烟雾浓度指标安全性评价标准如表3-47所示。

烟雾浓度指标安全性评价标准 表3-47

光源类型	车辆通过速度(km/h)	烟雾浓度安全性等级			
		SS-Ⅰ	SS-Ⅱ	SS-Ⅲ	SS-Ⅳ
	路段行车风险等级	弱风险	低风险	中风险	高风险
钠灯光源	40	$\leqslant 0.0035\text{m}^{-1}$	$>0.0035\text{m}^{-1}$且$\leqslant 0.0090\text{m}^{-1}$	$>0.0090\text{m}^{-1}$且$\leqslant 0.1200\text{m}^{-1}$	$>0.1200\text{m}^{-1}$
	60	$\leqslant 0.0035\text{m}^{-1}$	$>0.0035\text{m}^{-1}$且$\leqslant 0.0075\text{m}^{-1}$	$>0.0075\text{m}^{-1}$且$\leqslant 0.1200\text{m}^{-1}$	$>0.1200\text{m}^{-1}$
	80	$\leqslant 0.0035\text{m}^{-1}$	$>0.0035\text{m}^{-1}$且$\leqslant 0.0070\text{m}^{-1}$	$>0.0070\text{m}^{-1}$且$\leqslant 0.1200\text{m}^{-1}$	$>0.1200\text{m}^{-1}$
	100	$\leqslant 0.0035\text{m}^{-1}$	$>0.0035\text{m}^{-1}$且$\leqslant 0.0065\text{m}^{-1}$	$>0.0065\text{m}^{-1}$且$\leqslant 0.1200\text{m}^{-1}$	$>0.1200\text{m}^{-1}$
荧光光源	40	$\leqslant 0.0035\text{m}^{-1}$	$>0.0035\text{m}^{-1}$且$\leqslant 0.0075\text{m}^{-1}$	$>0.0075\text{m}^{-1}$且$\leqslant 0.1200\text{m}^{-1}$	$>0.1200\text{m}^{-1}$
	60	$\leqslant 0.0035\text{m}^{-1}$	$>0.0035\text{m}^{-1}$且$\leqslant 0.0070\text{m}^{-1}$	$>0.0070\text{m}^{-1}$且$\leqslant 0.1200\text{m}^{-1}$	$>0.1200\text{m}^{-1}$
	80	$\leqslant 0.0035\text{m}^{-1}$	$>0.0035\text{m}^{-1}$且$\leqslant 0.0065\text{m}^{-1}$	$>0.0065\text{m}^{-1}$且$\leqslant 0.1200\text{m}^{-1}$	$>0.1200\text{m}^{-1}$
	100	$\leqslant 0.0035\text{m}^{-1}$	$>0.0035\text{m}^{-1}$且$\leqslant 0.0060\text{m}^{-1}$	$>0.0060\text{m}^{-1}$且$\leqslant 0.1200\text{m}^{-1}$	$>0.1200\text{m}^{-1}$

3.4.3.3 声环境

公路隧道内噪声主要来自车辆动力系统、通风机、车轮与路面的摩擦。噪声的危害主要表现为对人体健康的影响和对工作的干扰。隧道内噪声状况与隧道长度、路面结构、内饰吸声材料、交通量、车辆组成、运行车速等有关,对驾乘人员和隧道养护作业人员均有不利影响。

噪声和人主观感觉之间的关系非常复杂,许多试验都表明交通噪声所致的主观烦躁度既与平均声级有关,也与噪声起伏变化的大小有关。较常用的评价指标有响度级(方)与等响曲线、A声级、噪声评价曲线(NR曲线)、等效噪声级L_{eq}、清晰度指数和语言干扰级等。综合分析各噪声计量指标,可以用时间T过程中交通噪声的A声级平均能量即等效噪声级L_{eq}评价隧道噪声环境,如式(3-61)所示。

$$L_{eq} = 10\lg\left\{\frac{1}{T}\int_0^T 10\,L_A/10,\mathrm{d}t\right\} \tag{3-61}$$

式中:L_A——某时刻实测噪声的A声级;

T——统计时长,取1h。

对于隧道噪声环境的评价,不仅需要知道噪声的声压级大小,还必须了解它们的频谱。因为人们对800Hz以上的高频噪声最为敏感,其次是350~800Hz的中频噪声;低频噪声的波长长一些,衍射和绕射能力强,因而隔声设施对于低频噪声的作用不强。在汽车的频谱图中,小客车的峰值频率为800~1200Hz,载重车的峰值频率为600~800Hz。

根据相关研究资料,噪声对养路工特别是长大隧道养路工神经系统、心血管系统以及听力均造成了显著影响。其中,噪声对听力的影响与噪声强度和接触时间有关,听力损失也有一个由生理性反应到病理变化的发展过程,即听觉适应→听觉疲劳→噪声性耳聋。听觉适应是一种保护性生理反应,听觉疲劳属于功能性改变,它是噪声性耳聋的前兆。在听觉疲劳的基础上,继续接触强噪声,内耳听觉器官的毛细胞就由功能性改变发展为器质性病变,导致的听力损失不能完全恢复,表现为永久性阈移。

国内外出台了许多相关噪声环境标准,包括工业企业噪声卫生标准、城市环境噪声标准、工业企业厂界噪声标准等，在制定这些限制噪声暴露的标准时，主要采用基于听力损害的等能量原则。

3.4.3.4 封闭与单调性

按照《公路工程技术标准》(JTG B01—2014)的定义，长度1000～3000m的隧道为长隧道，长度大于3000m的隧道为特长隧道。关于隧道群的定义尚无标准，不少研究者从运行安全的角度提出了隧道群的定义。

隧道群和特长隧道的行驶空间封闭，环境单调。封闭的空间、单调的环境与有害气体、噪声、不良的光环境等耦合作用，可导致驾驶疲劳、产生不利于行车安全的驾驶心理反应。但这种驾驶疲劳机理与隧道外的长时间驾驶疲劳机理有不同之处，与沙漠、戈壁滩等广阔地带，行车无参照物的驾驶疲劳机理也不尽相同。目前，已有不少针对特长隧道和隧道群驾驶疲劳的研究。

3.4.4 自然环境

在道路交通运行环境里，自然环境是关键的环境因素。可把自然环境作为道路交通运行的组成部分进行研究。从道路交通安全研究现状和针对自然环境条件下的道路交通安全对策来看，大多将自然环境作为事件对待，特别是灾变性自然环境因素，如浓雾、冰雪、台风、沙尘等。

隧-隧间路段、隧-隧间的桥梁段、大跨度桥梁完全暴露于特殊的自然环境中，受到雨雪、冰雹、大风、雾、烟、眩光、异常高温和闪电等灾害天气的影响，对安全行车影响较大。尤其是横风、雾、凝冰等对行车安全造成的影响更为严重。

车辆从相邻路段进入隧-隧间路段、隧-隧间的桥梁段、大跨度桥梁行驶时，易受到横风的影响。横风可导致车辆偏离行驶轨迹，强风有可能导致翻车等恶性事故。

风对车辆行驶安全性的影响主要有以下三个方面：

(1)低风速效应。在较低风速条件下，气动升力系数因侧风而增加，气动稳定性下降，汽车高速行驶时驾驶人体感变差(即常说的“飘”)。

(2)高风速效应。在高风速条件下，侧面积大的车辆可能被侧向风吹翻，小型车行驶过程中可能会严重偏向。

(3)脉动风效应。当自然风的脉动成分能谱与车辆悬挂系统特征频率相近时，引起车辆悬挂系统共振现象。

汽车从隧道驶出的瞬间，往往会突然遭到强横风的袭击，时间短而风力强，吹动车辆偏离行车路线。由于风速和风向的非连续变化，驾驶人会感到汽车发飘。汽车在侧向风力贯穿的大跨度桥梁上行驶，驾驶人会感觉到车外侧风对驾驶带来的影响，尤其是跨越大海、江河、峡谷的桥梁，受到的风力要大于陆地。

面包车、大型客车、帆布篷货车等厢型车的侧面积较大，整体重心较高，更易受侧向风的影响。对于满载货物的汽车，还应考虑车上货物受到风力的作用可能发生摇晃、松动，甚至脱落，对其他车辆的行驶构成威胁。

采取恰当的措施减少风环境因素对行车安全的影响是很重要的，常用的解决措施有行车控制、设置风障等。可根据气象学定义的风速等级，通过风环境下行车稳定性等分析提出风环境下的行车控制标准,如限速、规定行驶车道以及禁行等。在大跨度桥梁或隧道群间隙段安装小型动态提醒设备以提醒驾驶人注意横风,小心驾驶。动态提醒设备由一个小型风力发电装置、测试装置和提醒装置集成。出现横风时,利用风力发电装置进行发电,通过测试装置测出此时横风大小,当达到预先设定值时,在提醒装置上显示相应信息,提醒驾驶人注意横风。越来越多的大跨度桥梁开始利用风障(Wind Barriers)等工程措施改善风环境,如可以减小桥面风速,避免形成涡流。

大跨度桥梁跨越江河湖海,或山区中的大峡谷,所处自然环境的特殊性致使大跨度桥梁极易被大雾或团雾笼罩;隧道进出口也是团雾频发的路段。

大雾或团雾弥漫时,对行车安全的影响可从以下三方面分析:

(1)降低了大气能见度。能见度降低会使驾驶人视线受到限制,视认距离更短,严重影响驾驶人对道路情况的分析、判断、处理。

(2)雾水减小了车轮与路面的附着系数,从而导致制动距离增加,车辆打滑、制动跑偏等现象发生;气温低时,形成凝冰,则行车风险更高。

(3)给驾驶人造成紧张和恐惧心理。

为了减少大雾或团雾对大跨度桥梁行车安全造成的影响,目前主要采取的措施是行车控制和诱导。可根据能见度对道路交通运行环境的视认性提出相应的行车控制标准,如限速、引导车带队通行、禁行等;提醒驾驶人开启防雾灯、示宽灯和尾灯,这也是提高行车安全性的有效措施。在工程对策方面,常在多雾路段设置雾灯诱导通行;经过技术经济比对,消雾也是可行的措施。

大跨度桥梁和隧道间路段也是更易受冰、雪等影响的路段。除应考虑大跨度桥梁和隧道间路段的特殊多变的自然环境因素外,大跨度桥梁和隧道间路段与其前后的路段、隧道等的自然环境突变对行车安全也极其不利。

【复习思考题】

3-1 道路几何设计基本元素有哪些?基本元素的选择所考虑的主要依据是什么?

3-2 设计速度与运行速度的主要差异在哪里?其应用的异同点又是什么?

3-3 目前主要的几何线形设计连续性设计指标有哪几类?各有什么特点?

3-4 分析立体交叉、隧道、大跨度桥梁及平面交叉口的交通运行环境过渡特性,如何保证环境过渡的安全性?

3-5 查阅相关资料,对现有的设计连续性标准进行介绍。

3-6 结合具体实例,利用本章的设计连续性评价方法进行几何线形连续性评价应用。

第4章 交通工程与沿线设施

道路几何线形约定了道路交通运行的物理空间,该物理空间为所有道路用户共用,在该物理空间内设置适当的交通工程与沿线设施,可在交通运行安全层面起到约定路权,提供信息,诱导和限制交通行为,保障出行安全,提供执法依据等作用。交通安全设施包括交通标志、标线、护栏、视线诱导设施、隔离栅、防落网、防眩设施、避险车道和其他交通安全设施(如防风栅、防雪栅、积雪标杆、限高架、减速丘和凸面镜)等。服务设施包括服务区、停车区和客运汽车停靠站。管理设施包括监控、收费、通信、供配电、照明和管理养护等设施。

4.1 标志、标线

4.1.1 类别与技术特性

4.1.1.1 类别

标志通过文字、符号、箭头、图形等传达信息,对道路用户有限制、警告和引导的作用。按照《道路交通标志和标线　第2部分:道路交通标志》(GB 5768.2—2022),道路交通标志分为警告、禁令、指示、指路、旅游区和告示标志;根据《道路交通标志和标线　第3部分:道路交通标线》(GB 5768.3—2009),道路交通标线按功能分为指示、禁止和警告标线。参照《公路交通标志和标线设置规范》(JTG D82—2009)中标志、标线的规定解释如下。

警告标志设置条件是道路本身及沿线环境存在影响行车安全且不易被感知的危险。如避险车道标志(避险车道预告标志)为提醒驾驶人尤其是货车驾驶人前方或前方一定距离处有避险车道。对于有避险需求的货车驾驶人来说,警告标志可归为指引相关设施的指引标志,避险车道不是正常道路,其他车辆不得驶入。建议速度标志为在弯道、出口、匝道等的适当位置,当有必要提醒车辆驾驶人保持安全的行驶速度时设置的标志。尽管其并未对可能发生的危险进行警告,但其常与其他警告标志搭配,相当于让行驶速度过高的驾驶人采取相应的措施降低行驶速度,具有一定的警告作用。临水临崖、急弯陡坡等路段也经常使用警告标志。

禁令标志是在需要明确禁止或限制车辆驾驶人、行人等的交通行为的路段(点)前设置的标志,属于道路行驶中的相应规则,可归为规则类。由于禁令标志具有交通标志中对道路交通行为禁止或限制属性,如禁止通行、禁止停车、禁止左转弯、限制速度、限制重量等,为交通执法的重要依据,因此应严格按照国家统一标准规范和交通法规设置。

指示标志,是根据交通流组织和交通管理的需要,在驾驶人、行人容易迷惑或必须遵守行驶规定处设置的标志。包括需要指出前方行驶方向时,指导驾驶人的驾驶行为,明示每个车道的使用目的,指出路权有关的优先行驶权等。

指路标志为设置在道路上的路径指引标志、沿线信息指引标志、沿线设施指引标志等。道路上使用量最多的标志是指路标志。随着我国道路运输网密度提高,路网结构更加复杂,道路用户可选路径更多,指路标志的作用越来越大。

告示标志如严禁酒后驾车标志、严禁乱扔弃物标志、急弯减速标志、急弯下坡减速标志、系安全带标志、大型车靠右标志、禁用手机标志、校车停靠站点标志等。告示标志与其他标志不同,主要表现在设置优先级及设计效果上,规范中规定当告示标志与其他标志在同一位置时,其应设置在外侧。

交通标线按设置方式又可分为纵向标线、横向标线和其他标线。

常见的纵向标线有同向车道分界线、车行道边缘线、路面(车行道)宽度渐变段标线、接近障碍物标线。常见的横向标线有车距确认标线、减速标线。其他标线常见的有公路出入口标线、导向箭头、路面文字标记、车种专用车道线、立面标记、实体标记及突起路标等。

4.1.1.2 技术特性

标志、标线以服务于道路功能发挥为其主要功能,标志、标线的信息量、信息连续性、设置位置等对标志、标线能否真正发挥作用起着决定性作用。标准规范只能对标志、标线的基本图形、颜色等做出规定,在符合标准规范的条件下,标志、标线应能提供良好的交通信息环境。

(1)信息量

机动车行驶过程中,道路交通信息进入视野,并存储为短时记忆,由于驾驶人的短时记忆信息容量有限,如果信息量过多以致信息过载将大大增加驾驶人认知时间,造成对信息的感知困难。枢纽立交、间距受限立交、隧道群、城市环线高(快)速路、多路环形交叉、密集出入口的城市快速路等的标志、标线信息量易过载。

(2)信息连续性

驾驶人行车过程中,需要持续接收多源和大量的道路交通信息,有些信息也会互相造成信息干扰;驾驶人记忆认知能力有限,也不可避免地产生信息遗忘。因此必须重视标志、标线提供的信息连续性,重要交通信息等需按一定规律重复出现,以符合驾驶人的认知能力和认知过程,减少信息干扰和信息遗忘,确保驾驶人及时、准确地感知交通信息,提高运行环境安全性。信息连续性是指具有特定释义的信息出现后,直到无须继续提供该信息为止,应按统一模式连续提供该信息,如重要的地名指路标志、国家高速入口标志等。

【例 4-1】 上海市的虹桥枢纽是一特别重要地点。上海市环城高速和驶向上海的高速公路,当某入口设置“虹桥枢纽”指路标志后,由于虹桥枢纽地名的重要性,在到达虹桥机场出口和虹桥高铁站出口前的所有出口位置应设置“虹桥枢纽”指路标志,如图 4-1 所示。

图 4-1 重要地点指路标志(百度地图,2023-05-18)

(3)信息歧义

标志、标线之间、标志、标线信息与信号灯等其他交通安全设施提供的信息不可相互矛盾或产生歧义。标志、标线所展示的信息是对实际路域环境的解释,应具备合理性和可接受性,互相矛盾的信息可能导致严重的交通运行风险。除交通安全设施提供的信息不可相互矛盾外,标志、标线所提供的信息也应贴合实际路域环境。如在低能见度条件下,可变限速标志发布的限速信息,在低能见度条件消失后,应及时撤销;养护作业结束后,应及时拆除养护作业时设置的临时标志;限速阈值与实际路域环境歧义可导致标志、标线信息的不可接受性。

(4)一致性

道路网内或同一条道路,标志、标线的设计原则、规模和外形风格应一致,利于道路用户感知和预判。禁令和警告标志、标线应符合统一的国家标准,如黄色标线、信号灯等。国家高速公路网的标志、标线应保持一致性,城市快速路网和城市主干道标志、标线也应具有一致性。如某高速在出口段,同向车道分隔线采用黄实线,虽其用意很明确,即黄实线具有更好的视认性(光穿透性)和更高的强制性,但和黄色在标线中的国家标准规定不一致,和其他国家高速公路使用的标线不一致。指路标志设置最易违背一致性原则,很多大城市的道路指路标志不相一致。

(5)其他

标志、标线的视认性还与设施所载信息的层级有关,如指路标志的远地点和近地点指示信息。特别是环城高速公路,指向地点的信息层级容易混淆。

【例 4-2】 图 4-2 为南京环城高速公路上的一块标志,对于不熟悉路的驾驶人可能产生歧义:(1)既然是南京环城高速公路,任一出口都可能有去往南京城区的可选道路,在哪一个出口驶出去往南京城区更好?(2)中山门是不是南京城区的一个地点?可以商榷一个问题,对于都市环城高速,由于南京、上海、北京、武汉及广州等城市的城区太大,这样的地名是不是不应该再作为地点名标示在环城高速的指路标志上?(3)该标志上“上海”“南京城区”“中山门”三个地名哪个是对道路用户最重要的信息?

图 4-2 南京环城高速公路上的出口预告标志(百度地图,2021-08-06)

《公路交通标志和标线设置规范》(JTG D82—2009)指出,交通标志、标线的设计应考虑路网布局、交通流向、交通运行情况、区域路网诱导和控制、重点路段安全特征与信息需求等,按路网、单条路线和立交、服务区、平面交叉及高风险路段等特殊段、点等层面逐层推进。

4.1.2 元素

4.1.2.1 标志

交通标志以颜色、形状、字符、图形等为道路用户提供信息。标志的物理特性由颜色、形状及对应的边框和衬边、字符等元素构成。《道路交通标志和标线 第 2 部分:道路交通标志》(GB 5768.2—2022)释义,一般情况下标志颜色的基本含义如表 4-1 所示。

标志颜色的基本含义 表 4-1

颜色	基本含义
红色	表示停止、禁止、限制
蓝色	表示指令、遵循
	表示一般道路(除高速公路和城市快速路之外的道路)指路信息
黄色/荧光黄色	表示警告
荧光黄绿色	表示与行人有关的警告
绿色	表示高速公路和城市快速路指路信息
棕色	表示旅游区指路信息
橙色/荧光橙色	表示因作业引起的道路或车道使用发生变化
粉红色/荧光粉红色	表示因交通事故处理引起的道路或车道使用发生变化
黑色	用于标志的文字、图形符号和部分标志边框
白色	用于标志的底色、文字和图形符号以及部分标志的边框

注:红色为标志底板、红圈及红杠的颜色。

标志设置的位置和大小与道路运行速度有关,《道路交通标志和标线　第2部分:道路交通标志》(GB 5768.2—2022)对汉字高度与速度的关系、其他文字与汉字高度的关系的规定见表4-2和表4-3,对道路编号标志和出口编号标志等的字母和数字高度也做了规定。指示标志的尺寸与速度的关系见表4-4。道路用户感知标志的信息并做出决策需要一定时间,因此标志需要一定的前置距离,见表4-5。

汉字高度与速度的关系　　表4-2

速度(km/h)	100~120	71~99	40~70	<40
汉字高度(cm)	60~70	50~60	35~50	25~30

其他文字与汉字高度的关系　　表4-3

其他文字		与汉字高度 h 的关系
拼音字母、拉丁字母或少数民族文字	大小写	$h/3 \sim h/2$
阿拉伯数字	字高	h
	字宽	$h/2 \sim h$
	笔画粗	$h/6 \sim h/5$

指示标志尺寸与速度的关系　　表4-4

速度(km/h)	100~120	71~99	40~70	<40
圆形(外径 D)(cm)	120	100	80	60
正方形(边长 A)(cm)	120	100	80	60
长方形[长(B)×宽(C)](cm)	120×96(120)	100×80(50)	80×64(40)	60×48(30)
单行路标志[长(B)×宽(C)](cm)	—	100×50	80×40	60×30
会车先行标志(正方形A)(cm)	—	—	80	60
衬边宽度 c(cm)	1.0	0.8	0.6	0.4

警告标志前置距离一般值(单位:m)　　表4-5

速度(km/h)	条件A	减速到下列速度(km/h)											
		条件B											
		0	10	20	30	40	50	60	70	80	90	100	110
40	100	30	*	*	*								
50	150	30	*	*	*	*							
60	190	30	30	*	*	*	*						
70	230	50	40	30	30	*	*	*					
80	270	80	60	55	50	40	30	*	*				
90	300	110	90	80	70	60	40	*	*	*			
100	350	130	120	115	110	100	90	70	60	40	*		
110	380	170	160	150	140	130	120	110	90	70	50	*	
120	410	200	190	185	180	170	160	140	130	110	90	60	40

注:条件A-交通量较大时,道路使用者有可能减速,同时伴随变换车道等操作通过警告地点,典型的标志如注意车道数变少标志。

条件B-道路使用者减速到限速值或建议速度值,或停车后通过停车地点,典型的标志如急弯路标志、连续弯路标志、陡坡标志、注意信号灯标志、交叉路口标志、铁路道口标志等。

*-不提供具体建议值,视当地具体条件确定。

除物理参数外,影响标志视认性的一个重要因素是标志材料的逆反射特性。逆反射特性取决于标志面所用材料的逆反射性能和背景环境。逆反射材料的逆反射性能在《道路交通反光膜》(GB/T 18833—2012)中有规定,环境亮度、阳光和照明等都影响标志的逆反射特性,如直射的阳光可导致信号灯视认性降低,过渡照明干扰标志、标线的反射光,路表水膜影响标线的视认性等。

道路交通标志形状应符合如下规定:

a)正八边形:用于禁令标志中的停车让行标志;

b)倒等边三角形:用于禁令标志中的减速让行标志;

c)圆形:用于禁令标志和指示标志;

d)正等边三角形:用于警告标志;

e)叉形:用于“叉形符号”警告标志;

f)矩形:用于指路标志、旅游区标志、告示标志和辅助标志,以及部分禁令标志、指示标志和警告标志等;

注:矩形包括正方形和长方形。

4.1.2.2 标线

交通标线由施划或安装于道路的线条、箭头、文字、图案及立面标记、实体标记和突起路标与轮廓标等构成。道路交通标线的颜色和虚实是关键的标线特征,《道路交通标志和标线 第3部分:道路交通标线》(GB 5768.3—2009)对道路交通标线的形式、颜色及含义的规定见表4-6,对箭头、文字和图案的尺寸等也做了相应规定。

道路交通标线的形式、颜色及含义 表4-6

编号	名称	图例	施划位置与对应的含义
1	白色虚线		路段中:分隔同向行驶的交通流; 路口:引导车辆行进
2	白色实线		路段中:分隔同向行驶的机动车、机动车和非机动车,或指示车行道的边缘; 路口:导向车道线或停止线,或引导车辆行驶轨迹; 停车位标线:指示收费停车位
3	黄色虚线		路段中:分隔对向行驶的交通流或公交专用车道线; 交叉口:用以告示非机动车禁止驶入的范围或用于连接相邻道路中心线的路口导向线; 路侧或缘石上:表示禁止路边长时停放车辆
4	黄色实线		路段中:分隔对向行驶的交通流或作为公交车、校车专用停靠站标线; 路侧或缘石上:表示禁止路边停放车辆; 网格线:标示禁止停车的区域; 停车位标线:表示专属停车位

续上表

编号	名称	图例	施划位置与对应的含义
5	双白虚线		路口:减速让行线
6	双白实线		路口:停车让行线
7	白色虚实线		指示车辆可临时跨线行驶的车行道边缘,虚线侧允许车辆临时跨越,实线侧禁止车辆跨越
8	双黄实线		路段中:分隔对向行驶的交通流
9	双黄虚线		城市道路路段中:指示潮汐车道
10	黄色虚实线		路段中:分隔对向行驶的交通流,实线侧禁止车辆越线,虚线侧准许车辆临时越线
11	橙色虚、实线		作业区标线
12	蓝色虚、实线		非机动车专用道标线;划为停车位标线时,指示免费停车位
13	本部分规定的其他路面线条、图形、图案、文字、符号、突起路标、轮廓标等		

【例 4-3】 路段中的黄色实线用于分隔对向行驶的交通流或作为公交车、校车专用停靠站标线,路段中的双黄实线用于分隔对向行驶的交通流,两者均具有"强制"和"禁止"属性。但某些高速公路路段上,考虑到黄色的视认性高,将其作为同向车道分隔线,这是非常值得商榷的设置,如图 4-3 所示。

图 4-3　双黄实线用于分隔同向交通流(百度地图,2021-08-06)

4.1.3 信息量化

标志、标线的信息量、反光特性、前置距离等都是影响其视认性的因素。特别是对于高密度路网的复杂枢纽立交等重要节点，因信息量过少难以发挥枢纽立交的作用而产生交通运行风险，信息量过大影响其可感知性亦可诱发交通运行风险。国家或行业技术标准或规范对标志、标线颜色、图形、符号等基本要素做了规定，某种程度上保证了标志、标线的基本技术特性和一致性。标志、标线信息量是否过载，需要对其量化，不宜只做定性描述。

4.1.3.1 信息熵

1948 年，香农(Shannon)给出了通信领域信息量的表达，他认为信息的传递过程就是一个从不确定到确定的过程，收到某信息获得的信息量等于不确定性减少的量，见式(4-1)。

$$H(X) = -\sum_{i=1}^{m} P(X_i)\log_2 P(X_i) \tag{4-1}$$

式中：$H(X)$——某一事件所具有的信息量，也称信息熵，bit(比特)；

X_i——该事件中第 i 个信号；

$P(X_i)$——该事件中第 i 个信号可能出现的概率；

m——该事件各种不同信号的总数。

交通标志信源，其版面上的文字、图形、符号组成交通标志的信号集，可设文字、图形和符号等为标志信息的子集，子集各元素出现的概率并不相等。对于一块标志，能测出各元素的出现概率最好，但目前还没有实用的试验方法。假设各元素出现概率相等，即 $P(X_i) = 1/m$，则式(4-1)变为

$$H(X) = \log_2 m \tag{4-2}$$

因随机试验的不确定性小于等概率试验的不确定性，也就是说等概率事件的熵是最大的，即

$$-\sum_{i=1}^{m} P(X_i)\log_2 P(X_i) \leqslant \log_2 m \tag{4-3}$$

若将标志的元素划分为 7 类(7 个子集)，则各元素等概率出现所包含的信息量如表 4-7 所示。一块具体的指路标志的信息量为各子集信息量之和。

$$I = \sum I_n \tag{4-4}$$

式中：I——标志总信息量；

I_n——子集信息量。

标志中各元素的信息量 表 4-7

标志各元素类型	元素总个数	单个元素的平均信息量(bit)
汉字	常用汉字 2500 个	11.29
字母(A～Z)	26	4.70
阿拉伯数字(0～9)	10	3.32
颜色	9	2.81
箭头符号	8	3.00
图案	13	3.70

通过驾驶模拟试验对高速公路指路标志进行测试分析，证明按上述方法构造的信息量参数与视认时间有良好的相关性，如图4-4所示。

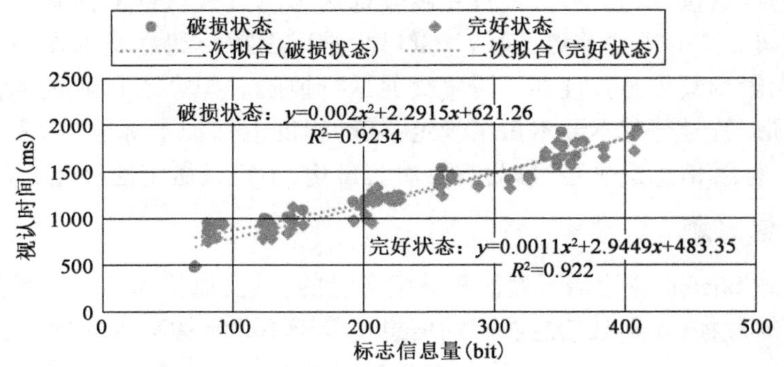

图4-4　标志信息量与视认时间的关系(信息熵)

4.1.3.2　信息条数

信息条数是更为简化的信息量计量方式，该方法统计标志逻辑内容的数量，信息量的单位为条。以高速公路指路标志为例，可按如下规则构成一条信息。

入口预告标志："地点 + 距离"或"地点 + 方向"构成一条信息。

入口标志："××高速入口"，传递一条信息。

高速公路起点标志、终点标志、出口预告标志，该类标志皆按照传递一条信息计算。

出口预告标志及出口标志："编号 + 距离"或"编号 + 方向"为一条信息，"地名 + 距离"或"地名 + 方向"为一条信息。

地点方向及地点距离标志："地点 + 距离"或"地点 + 方向"构成一条信息。

其他高速公路交通标志：一块交通标志按照传递一条信息计算。

该方法主要控制的是地名数量，比直接以地名数量为信息量度量方法更有意义，单独一个地名对驾驶人起不到引导作用，只有配合距离和方向才能真正构成一条有效信息。

【例4-4】　选取场景中的某一出口预告标志进行计算示例，如图4-5所示。

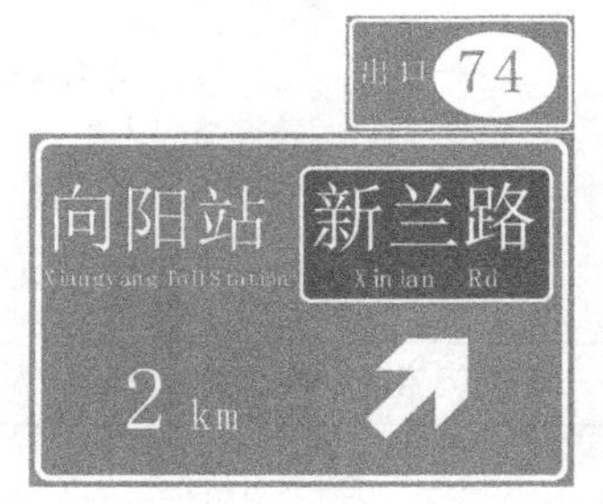

图4-5　指路标志信息量计算示例

(1)信息熵计算

$$信息量 = 11.29 \times 6 + 3.32 + 4.70 \times \frac{3}{5} + 2.81 \times 3 + 3.00 + 3.32 \times \frac{45}{60} \times 2 = 90.29(\text{bit})$$

(2)信息条数计算

该标志以"向阳站 + 2km"构成一条信息，以"新兰路 + 2km"又构成一条信息，共有2条信息。

通过驾驶模拟试验，证明信息条数与标志视认性有较好的相关性，如图4-6所示。

信息量等级分未过载、微过载和严重过载三级，以微过载的最小信息量为标志信息量的阈值。对标志视认性进行驾驶模拟试验，以车道偏移均值、车道偏移标准差、负加速度时域面积、油门踩踏程度均值、速度标准差、标志视认时间等为驾驶行为指标，通过聚类分析，建议标志信息量“未过载类”的最大信息量值为153.95bit,“微过载类”的最小信息量值为193.14bit、最大信息量值为326.87bit,“严重过载类”的最小信息量值为339.93bit,故对于信息熵,取整后其阈值为194bit。同理,建议标志信息量“未过载类”的最大信息量值为6条信息,“微过载类”的最小信息量值为7条信息、最大信息量值为10条信息,“严重过载类”的最小信息量值为11条信息,故对于标志信息条数,其阈值为7条信息。

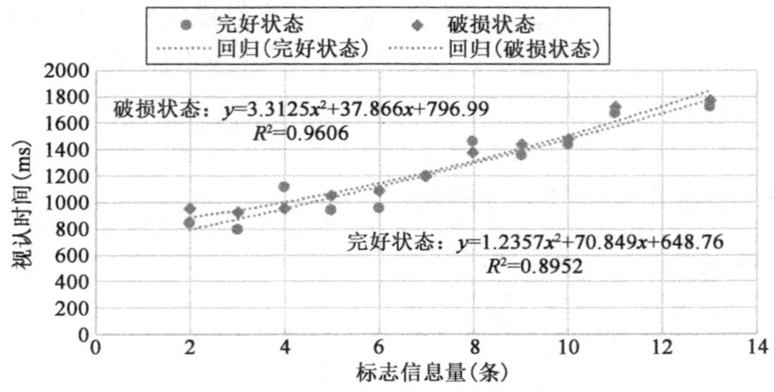

图4-6 标志信息量与视认时间的关系(信息条数)

以出口行驶正确率90%为不可接受的风险,通过驾驶模拟试验和试验数据的聚类分析,得到出口行驶正确率小于90%的出口区域平均信息量最小的为245.73bit或8条信息,出口行驶正确率大于或等于90%的出口区域平均信息量最大的为236.02bit或7(6.6)条信息。由此可建议,标志信息条数的阈值为7条信息;试验数据显示出口行驶正确率大于或等于90%的出口区域最大信息量值为196.38bit,小于该信息量值的出口行驶正确率为100%,推荐信息量阈值为194bit,与按行驶状态指标确定的阈值一致。

总之,通过驾驶模拟试验或自然驾驶试验可以确定信息量对驾驶行为的影响。因此,交通运行环境复杂的路段或不良气象环境的标志视认性,可通过试验确定。

4.1.4 逆反射

4.1.4.1 逆反射系数和逆反射亮度系数

逆反射系数和逆反射亮度系数是表达逆反射特性的参数。

定义“发光强度系数与逆反射体的表面面积之比”为逆反射系数,见式(4-5)。

$$R_A = R_I / A \tag{4-5}$$

式中:R_A——逆反射系数,cd/lx/m^2;

A——试样表面面积,m^2;

R_I——发光强度系数,$R_I = I/E_\perp$,cd/lx;

I——发光强度,cd;

$E_\perp$——光照度,lx。

定义逆反射亮度系数为观测方向的(光)亮度L与垂直于入射光方向的平面上的法向照度之比,见式(4-6)。

$$R_L = L/E_\perp = R_I/(A\cos\upsilon) = I/(EA\cos\upsilon) = R_A/\cos\upsilon \tag{4-6}$$

式中:R_L——逆反射亮度系数,mcd/lx/m^2;

υ——视角;

其余符号意义同前。

标志、标线的逆反射特性是影响其视认性的重要因素，影响标志、标线逆反射特性的因素很多，如道路横断面宽度和车道数影响光源入射角和观测角，平曲线和竖曲线半径影响车灯照射方向，不同车型的驾驶人视点不同，环境中背景亮度和阳光角度等因素。

反光标志依靠车灯光源反射，车灯照射范围有限。汽车行驶过程中，照射方向是变化的，同一断面不同车道上的车辆和曲线段不同位置的车辆，车灯照射标志的方向和驾驶人视认标志时间有所不同，曲线半径越小，照射和观测的时间就越短，如图4-7所示。

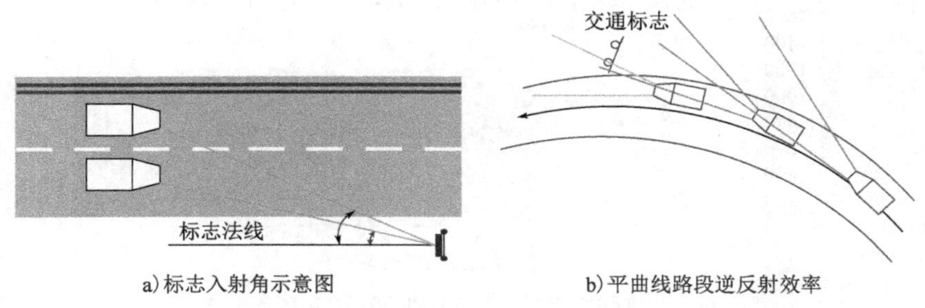

图4-7 光线入射与标志反射示意图

同一位置同一高度的停车标志，三种车型的观察角度相差很大，如图4-8所示。

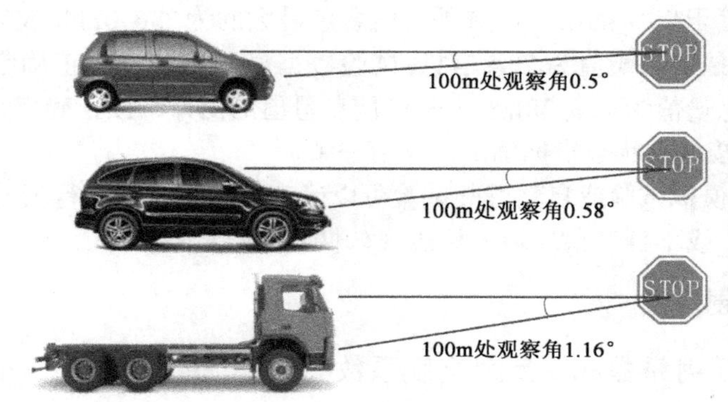

图4-8 不同车型对标志的观察角度

标志所用材料的逆反射特性随着使用时间的延长而衰减，如图4-9所示。对清洗后的标线的逆反射亮度系数进行测量（非标准试验场测试环境），可见其衰减性，如图4-10所示。

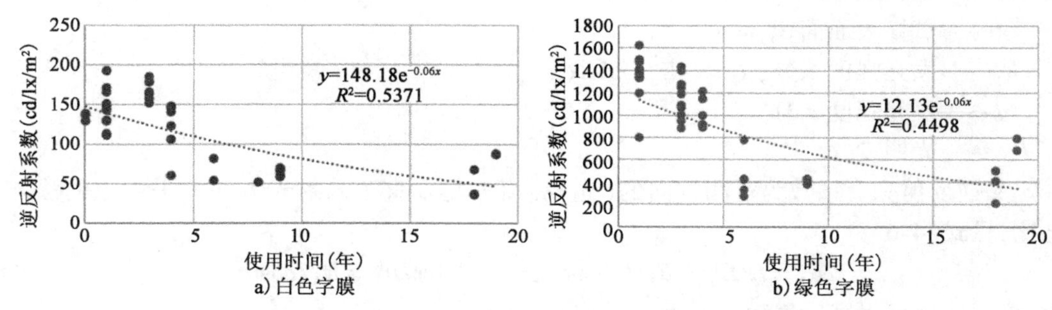

图4-9 标志逆反射系数随使用时间变化趋势

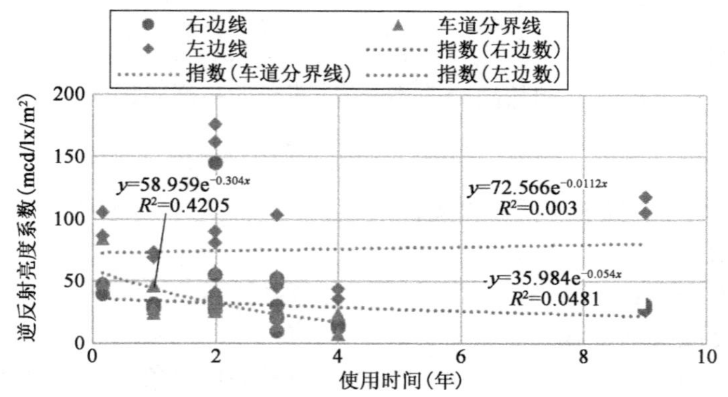

图4-10 标线逆反射亮度系数衰减趋势

4.1.4.2 材料

标志所用的反光膜按类型分为7类,见表4-8。

《道路交通反光膜》(GB/T 18833—2012)反光膜分类　　表4-8

类型	结构	使用寿命	用途
Ⅰ类	透镜埋入式玻璃珠型结构(工程级反光膜)	一般为7年	永久性交通标志和作业区设施
Ⅱ类	透镜埋入式玻璃珠型结构(超工程级反光膜)	一般为10年	永久性交通标志和作业区设施
Ⅲ类	密封胶囊式玻璃珠型结构(高强级反光膜)	一般为10年	永久性交通标志和作业区设施
Ⅳ类	微棱镜型结构(超强级反光膜)	一般为10年	永久性交通标志、作业区设施和轮廓标
Ⅴ类	微棱镜型结构(大角度反光膜)	一般为10年	永久性交通标志、作业区设施和轮廓标
Ⅵ类	微棱镜型结构	一般为3年	轮廓标和交通柱,无金属镀层时也可以用于作业区设施和字符较少的交通标志
Ⅶ类	微棱镜型结构	一般为3年	可用于临时性交通标志和作业区设施

道路交通标线材料按照标线的视认功能可以分为反光型、不反光型、蓄光型等类。标线材料的寿命及其反光亮度的寿命是两个不同的概念,如表4-9所示。反光亮度的寿命一般都要短于甚至远远短于标线材料的寿命。《道路交通标线质量要求和检测方法》(GB/T 16311—2009)规定,正常使用期间,白色反光标线的逆反射亮度系数不应低于80mcd/lx/m^2,黄色反光标线的逆反射亮度系数不应低于50mcd/lx/m^2。

不同标线材料寿命及其反光亮度的寿命　　表4-9

标线材料	冷漆	热熔漆	双组分漆	标线带
标线材料的寿命(月)	3~5	24	24	48
反光亮度的寿命(月)(≥100mcd/lx/m^2)	0	3~6	>12	48

4.1.4.3 标线视认性水平模型

阿德里安(Adrian)于1989年提出了视认性水平计算模型,用于评价道路照明和行人视认性。随后欧洲科学技术研究协会(EASST)对模型中对象大小的计算方法进行了修正,提出了等价对象大小的概念,并将该计算模型用于标线视认性水平的计算。2012年,叶凡对原模型中的参数进行了重新标定,以适应变化的道路运行环境。根据相关参考文献,该模型关于视认性水平的计算可分为三步,简述如下。

第一步:计算实际亮度差

以标线为目标对象,以与其相邻的路面为背景,两者的亮度差即实际亮度差:

$$\Delta L_{actual} = L_t - L_b \tag{4-7}$$

式中:ΔL_{actual}——标线与路面的实际亮度差;

L_t——标线亮度;

L_b——路面亮度。

第二步:计算亮度差阈值 $\Delta L_{threshold}$

定义由标线表面亮度加权积分得到的立体角对应的环形对象的角度大小为等价目标对象大小。对于标线,目标对象大小由式(4-8)计算,该式是根据圆锥体的圆锥角 α(即目标对象大小)和立体角换算关系得到的。

$$\alpha = \frac{180 \times 60 \times 2}{\pi}\arccos\left(1 - \frac{\Omega}{2\pi}\right) \tag{4-8}$$

式中:Ω——由亮度加权积分获得的标线立体角,sr(球面度)。

根据上述定义,在特定距离 D 下标线立体角按式(4-9)计算。

$$\Omega = \int \frac{L}{L_0}\mathrm{d}\Omega \tag{4-9}$$

式中:$\mathrm{d}\Omega$——标线立体角微元;

L——该微元处的标线亮度;

L_0——目标距离(即 D)处的标线亮度。

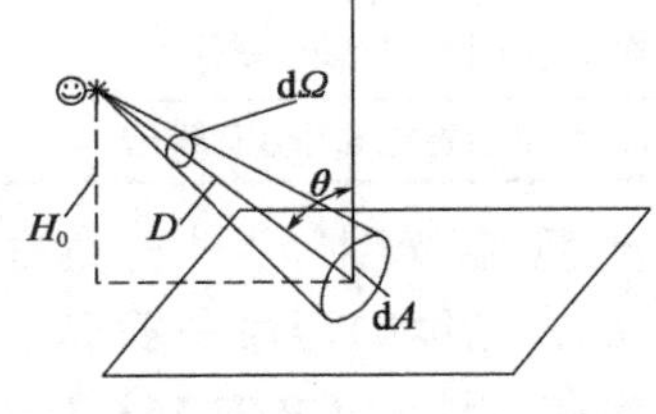

图 4-11　环形目标对象的立体角计算示意图

如图 4-11 所示,立体角是以圆锥体的顶点为球心,半径为 1 的球面被锥面所截得的面积来度量的,其定义为曲面上面积微元与其半径平方的比值,即

$$\mathrm{d}\Omega = \frac{\cos\theta}{D^2}\mathrm{d}A = \frac{H_0}{D^3}\mathrm{d}A \tag{4-10}$$

式中:θ——标线观察角;

$\mathrm{d}A$——标线面积微元;

H_0——驾驶人视点高。

将式(4-9)和式(4-10)结合,得到标线的立体角,见式(4-11)。

$$\Omega = \int \frac{L}{L_0} \cdot \frac{H_0}{D^3}\mathrm{d}A \tag{4-11}$$

具体计算时,影响因素较多,如车灯、道路照明、标线与车辆相对位置、道路线形、车道宽度、车道数都会影响参数的取值,且参数之间也具有多种排列组合,因此应根据实际情况对参数进行确定。

眩光会降低驾驶人的视认能力,眩光条件下目标对象需要更高的对比度才能被有效视认,即更高的亮度差阈值。眩光对标线视认性产生的影响可以理解为在路面亮度 L_b 上额外加上一个遮盖亮度 L_{seq}。即存在眩光时,路面背景亮度为 $L_b' = L_b + L_{seq}$。L_{seq} 根据经验公式(4-12)计算。

$$L_{seq} = k\sum_{i=1}^{n}\frac{E_{gl_i}}{\theta_i} \tag{4-12}$$

式中：E_{gl_i}——第 i 个眩光光源的照度；

θ_i——眩光光源中心和注视线的夹角，(°)，有效范围为 $1.5° < \theta_i < 30°$；

k——年龄影响因子，$k = (0.0752Age - 1.883)^2 + 9.2$，$Age$ 为驾驶者年龄，有效范围为25~80岁。

亮度差阈值以标准亮度差阈值为基础，按照反差条件、观察时间和驾驶者年龄进行修正，计算公式如式(4-13)所示。

$$\Delta L_{threshold} = \Delta L \cdot F_{CP} \cdot F_t \cdot AF \tag{4-13}$$

式中：ΔL——标准亮度差阈值；

F_{CP}——反差因子；

F_t——对象暴露时间因子；

AF——年龄因子。

标准亮度差阈值 ΔL 按式(4-14)计算。

$$\Delta L = 2.6\left(\frac{\phi^{1/2}}{\alpha} + L^{1/2}\right)^2 \tag{4-14}$$

式中：$\phi^{1/2}$ 和 $L^{1/2}$ 按式(4-15)计算。

$$\begin{cases} L_b \geq 0.6\text{cd/m}^2 & \begin{cases} \phi^{1/2} = \lg(4.1925L_b^{0.1556}) + 0.1684L_b^{0.5867} \\ L^{1/2} = 0.05946L_b^{0.466} \end{cases} \\ L_b \leq 0.00418\text{cd/m}^2 & \begin{cases} \lg\phi^{1/2} = 0.028 + 0.173\lg L_b \\ \lg L^{1/2} = -0.891 + 0.5275\lg L_b + 0.0227(\lg L_b)^2 \end{cases} \\ 0.00418\text{cd/m}^2 < L_b < 0.6\text{cd/m}^2 & \begin{cases} \lg\phi^{1/2} = -0.072 + 0.3372\lg L_b + 0.0866(\lg L_b)^2 \\ \lg L^{1/2} = -1.256 + 0.319\lg L_b \end{cases} \end{cases} \tag{4-15}$$

对象暴露时间因子 F_t 按式(4-16)计算。

$$F_t = \frac{a(\alpha, L_b) + t}{t} \tag{4-16}$$

式中：t——暴露时间；

$a(\alpha, L_b)$——α 和 L_b 的函数，按式(4-17)计算。

$$a(\alpha, L_b) = \frac{[a(\alpha)^2 + a(L_b)^2]^{1/2}}{2.1} \tag{4-17}$$

式中：

$$a(\alpha) = 0.36 - 0.0972 \times \frac{(\lg\alpha + 0.523)^2}{(\lg\alpha + 0.523)^2 - 2.513(\lg\alpha + 0.523) + 2.7895} \tag{4-18}$$

$$a(L_b) = 0.355 - 0.1217 \times \frac{(\lg L_b + 6)^2}{(\lg L_b + 6)^2 - 10.4(\lg L_b + 6) + 52.28} \tag{4-19}$$

反差因子 F_{CP} 按式(4-20)计算。

$$F_{CP}(\alpha, L_b) = 1 - \frac{m\alpha^{-\beta}}{2.4\Delta L} \tag{4-20}$$

式中：

$$\beta = 0.6L_b^{-0.1488} \tag{4-21}$$

$$m = \begin{cases} 10^{-10^{-[0.125(\lg L_b+1)^2+0.0245]}} (L_b \geq 0.1\text{cd/m}^2) \\ 10^{-10^{-[0.075(\lg L_b+1)^2+0.0245]}} (L_b > 0.004\text{cd/m}^2) \end{cases} \tag{4-22}$$

年龄因子 AF 按式(4-23)计算。

$$AF = \begin{cases} \dfrac{(Age-19)^2}{2160} + 0.99 (23 < Age < 64) \\ \dfrac{(Age-56.6)^2}{116.3} + 1.43 (64 < Age < 75) \end{cases} \tag{4-23}$$

第三步：计算视认性水平

取标线视认性水平为实际亮度差与亮度差阈值之比，如式(4-24)所示。

$$VL = \frac{\Delta L_{\text{actual}}}{\Delta L_{\text{threshold}}} \tag{4-24}$$

标线视认性水平值越大，可视性越高。一般情况下，视认性水平 VL 的建议最小值为10。

4.2 交通安全设施

很多因素可导致机动车驾驶人驾驶行为决策错误，驶出路外诱发交通事故。美国有关数据调查表明，大约30%的死亡事故是由车辆驶出路外造成的。构建具有路侧容错能力的路域环境是提升路域运行环境安全性的重要技术措施，也是“生命至上”安全理念的体现。具有路侧容错能力的路域环境可降低驶出路外的风险严重程度和次生事故概率。

4.2.1 容错理念与路侧安全

4.2.1.1 容错理念

人是具有主观能动性的主体，无论道路交通基础设施的安全设计考虑得多么周全（实际上也不可能完美），道路用户的交通活动都具有一定的风险，不可避免地存在不适应交通运行环境的驾驶错误或道路用户主观驾驶错误（如疲劳驾驶、酒后或药物后开车、边开车边打电话、路面状况变化、车辆故障等），造成车辆驶出路外事故，主要表现为冲撞路侧固定设施或障碍物。护栏防撞性能不足或设置不当，边坡、边沟设计不当等都易引发路侧二次事故。

由于交通活动具有一定不可避免的风险，为了尽可能减轻交通风险后果，路侧交通运行环境应具有一定的容错能力，目的在于采用技术经济的措施以尽可能降低车辆驶出路外的风险、风险后果严重性和次生事故概率。核心理念是不论车辆驶出路外的原因为何，驾驶人驾驶决策错误都不应该以牺牲生命为代价。

总体上，通过以下两个措施提高路侧环境的容错能力。其一，保证道路具有足够的路侧净区，保障驶出路外的车辆不撞上路侧固定物，并能利于车辆恢复正常行车。路侧安全净区为公路行车方向最右侧车行道以外、相对平坦、无障碍物、可供失控车辆重新返回正常行驶的带状区域。其二,对于路侧净区不足的路段,应实施路侧危险规避与管理措施,降低车辆碰撞固定物的事故严重程度,防止驶出路外的车辆碰撞行人、骑车者等其他道路用户及防止失控车辆坠入通航河道等。路侧事故如图 4-12 所示。

图 4-12　路侧事故

路侧容错能力体现在以下三方面:

(1)路侧环境是否提供了安全控制驶出路外的车辆并恢复行驶的条件;

(2)驶出路外(含驶向中央分隔带)的车辆自身发生事故的概率和严重程度;

(3)次生事故概率和严重程度。

4.2.1.2　路侧安全等级

路基边坡坡度、路侧边沟宽度与类型、障碍物及其硬度和刚度、路侧悬崖、居民、铁路、河流及其是否通航等均影响路侧容错能力。美国联邦公路管理局(Federal Highway Administration, FHWA)根据双车道路侧设计事故发生的概率计算事故损失,将路侧安全分为 7 级,如表 4-10 所示。

路侧安全等级(FHWA)　　表 4-10

等级	定义	图例
1	路侧净区宽度 ≥9m;边坡坡度缓于 1:4;路侧可恢复行驶	
2	路侧净区宽度 6 ~ 7.5m;边坡坡度约为 1:4;路侧可恢复行驶	

续上表

等级	定义	图例
3	路侧净区宽度约3m；边坡坡度1:4～1:3；路侧表面粗糙，路侧边界构造物可恢复行驶	
4	路侧净区宽度在1.5～3m之间；边坡坡度1:4～1:3；可能有护栏（距离路面边缘1.5～2m）；净区内可能有树木、杆柱或其他的物体（距离路面边缘大约3m）；路侧边界构造物不会与车辆碰撞，但增加了车辆翻覆的概率	
5	路侧净区宽度在1.5～3m之间；边坡坡度约1:3；可能有护栏（距离路面边缘0～1.5m）；路面边缘外2～3m处可能是路堤边缘或者有坚硬的障碍物；路侧表面不能恢复行驶	
6	路侧净区宽度≤1.5m；边坡坡度约1:2；无护栏，路侧边缘外0～2m范围内存在坚硬的障碍物；路侧表面不能恢复行驶	
7	路侧净区宽度≤1.5m；边坡坡度约1:2或者更陡；路侧有峭壁或陡直的悬崖，无护栏；路侧表面不能复原且有发生严重碰撞的高危险性	

高海龙等提出基于灰色聚类理论的路侧安全等级评估方法，将路侧安全分为4级，如表4-11所示。

路侧安全等级(高海龙等) 表4-11

等级	路侧环境特征
Ⅰ	路侧有较充足的净区宽度,净区宽度一般能达4m以上,净区内基本无危险物,边坡坡度缓于1:3,车辆驶出后可以驶回公路,发生碰撞事故和翻车事故的可能性很小
Ⅱ	路侧净区宽度较小,净区宽度通常不超过3m,路侧存在少量、零散障碍物,如树木、示警柱、标志杆柱,距离行车道外边缘较近范围也可能存在边沟、挡墙、岩壁等连续的危险物,边坡坡度陡于1:3,车辆驶出后不能驶回公路,驶出路外车辆一般能够得到有效控制,与障碍物碰撞的可能性较小,发生翻车事故的概率也不大
Ⅲ	路侧净区宽度较小,通常最大不超过1.5m,路侧深度达3m以上,或者距离行车道外边缘很近的范围内存在宽大边沟、房屋、坚硬岩壁等,车辆驶出路外后,能导致伤亡事故
Ⅳ	路侧净区宽度较小,通常不超过1m,路侧地形条件为陡崖、深沟、高度大于4m的填方边坡或路肩挡墙,或者距离行车道外边缘很近的范围内有河流、湖泊、铁路线,车辆驶出路外后,易导致重大、特大事故

4.2.1.3 顺坡

顺坡是指填方路段的路侧边坡。理想情况下,净区内的顺坡上不应存在固定物,坡度不会引起车辆翻车。对小汽车,1:3的顺坡坡度为满足安全的临界值;坡度陡于1:3,驾驶人通常无法控制驶出路外的车辆,发生翻车的可能性大。顺坡上存在的其他固定物如消防装置、树木、冲刷沟等对车辆构成潜在威胁。AASHTO绿皮书建议可恢复行驶区的边坡坡度应缓于1:4;边坡坡度陡于1:3为危险边坡,应考虑设置护栏等设施;边坡坡度1:4~1:3为临界坡度范围,应清除该区域内部的障碍物。

路侧净区宽度的设置应综合考虑道路交通量、设计速度和边坡坡度的影响,AASHTO建议了如表4-12和图4-13所示的路侧净区宽度。按照该图,当顺坡(填方边坡)坡度等于1:6,设计车速为100km/h,交通量为5000vpd时,净区宽度应不小于9m;当反坡(挖方边坡)坡度等于1:6,设计车速为100km/h,交通量为750vpd时,净区宽度应不小于6m。

路侧净区宽度(单位:m) 表4-12

设计速度[d] (km/h)	设计ADT	顺坡			反坡		
		≤1:6	1:5~1:4	1:3	1:3	1:5~1:4	≤1:6
≤60	<750[c]	2.0~3.0	2.0~3.0	b	2.0~3.0	2.0~3.0	2.0~3.0
	750~1500	3.0~3.5	3.5~4.5	b	3.0~3.5	3.0~3.5	3.0~3.5
	1500~6000	3.5~4.5	4.5~5.0	b	3.5~4.5	3.5~4.5	3.5~4.5
	>6000	4.5~5.0	5.0~5.5	b	4.5~5.0	4.5~5.0	4.5~5.0
70~80	<750[c]	3.0~3.5	3.5~4.5	b	2.5~3.0	2.5~3.0	3.0~3.5
	750~1500	4.5~5.0	5.0~6.0	b	3.0~3.5	3.5~4.5	4.5~5.0
	1500~6000	5.0~5.5	6.0~8.0	b	3.5~4.5	4.5~5.0	5.0~5.5
	>6000	6.0~6.5	7.5~8.5	b	4.5~5.0	5.0~6.0	6.0~6.5
90	<750[c]	3.5~4.5	4.5~5.5	b	2.5~3.0	3.0~3.5	3.0~3.5
	750~1500	5.0~5.5	6.0~7.5	b	3.0~3.5	4.5~5.0	5.0~5.5
	1500~6000	6.0~6.5	7.5~9.0	b	4.5~5.0	5.0~5.5	6.0~6.5
	>6000	6.5~7.5	8.0~10.0[a]	b	5.0~5.5	6.0~6.5	6.5~7.5

续上表

设计速度[d]（km/h）	设计 ADT	顺坡			反坡		
		≤1:6	1:5～1:4	1:3	1:3	1:5～1:4	≤1:6
100	<750[c]	5.0～5.5	6.0～7.5	b	3.0～3.5	3.5～4.5	4.5～5.0
	750～1500	6.0～7.5	8.0～10.0[a]	b	3.5～4.5	5.0～5.5	6.0～6.5
	1500～6000	8.0～9.0	10.0～12.0[a]	b	4.5～5.5	5.5～6.5	7.5～8.0
	>6000	9.0～10.0[a]	11.0～13.5[a]	b	6.0～6.5	7.5～8.0	8.0～8.5
110	<750[c]	5.5～6.0	6.0～8.0	b	3.0～3.5	4.5～5.0	4.5～5.0
	750～1500	7.5～8.0	8.5～11.0[a]	b	3.5～5.0	5.5～6.0	6.0～6.5
	1500～6000	8.5～10.0[a]	10.5～13.0[a]	b	5.0～6.0	6.5～7.5	8.0～8.5
	>6000	9.0～10.5[a]	11.5～14.0[a]	b	6.5～7.5	8.0～9.0	8.5～9.0

注：a 当特定的现场调查表明发生持续事故的概率很高，或者当历史事故表明这种情况发生时，设计者可提供大于表中所示的净区宽度。如果参考以往经验，路侧净区宽度可能被限制在 9m。

b 由于失控车辆在空旷的 1:3 路堤边坡上难以在斜坡范围内恢复控制，斜坡的坡脚附近不应存在障碍物。确定边坡坡脚恢复区宽度需考虑公路用地、周围环境、经济性、安全以及历史事故等情况。此外，1:3 路堤边坡车道边缘与坡脚起始点之间的距离影响坡脚的恢复面积。对于所有可通行、不可恢复的填方边坡，应在坡脚设置宽度为 3m 的恢复区。

c 对于低交通量道路，即使表中的最小值也不一定适用。取值应参考对低交通量道路和对城市应用的规定。

d 当设计速度大于所提供的值时，设计者可以提供大于表中所示的净空宽度。

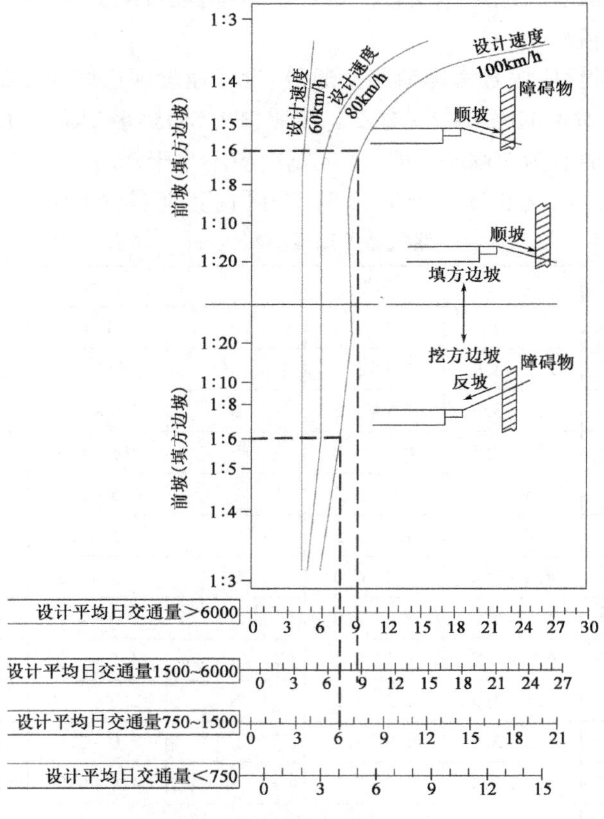

图 4-13　净区宽度曲线（单位：m）

平曲线路段还应按设计速度和平曲线半径予以修正，见式(4-25)。

$$CZ_C = L_C K_{CZ} \tag{4-25}$$

式中：CZ_C——平曲线外侧路侧净区宽度；

L_C——表4-12中的路侧净区宽度；

K_{CZ}——曲线外侧路侧净区宽度修正系数，取值见表4-13。

曲线外侧路侧净区宽度修正系数 K_{CZ}　　表4-13

半径(m)	设计速度(km/h)					
	60	70	80	90	100	110
900	1.1	1.1	1.1	1.2	1.2	1.2
700	1.1	1.1	1.2	1.2	1.2	1.3
600	1.1	1.2	1.2	1.2	1.3	1.4
500	1.1	1.2	1.2	1.3	1.3	1.4
450	1.2	1.2	1.3	1.3	1.4	1.5
400	1.2	1.2	1.3	1.3	1.4	—
350	1.2	1.2	1.3	1.4	1.5	—
300	1.2	1.3	1.4	1.5	1.5	—
250	1.3	1.3	1.4	1.5	—	—
200	1.3	1.4	1.5	—	—	—
150	1.4	1.5	—	—	—	—

注：路侧净区宽度修正系数仅用于曲线外侧。半径超过900m的平曲线不需要调整。

对于复合路堤边坡，即路堤边坡同时存在可恢复行驶与不可恢复行驶的边坡，可在坡脚处为冲出路侧的车辆提供足够宽的附加净区。附加净区的作用是使冲出道路的车辆在遇到危险物之前能恢复到正常状态。附加净区的宽度为推荐路侧净区宽度与可恢复行驶边坡宽度之差，图4-14给出了附加净区的计算图示。

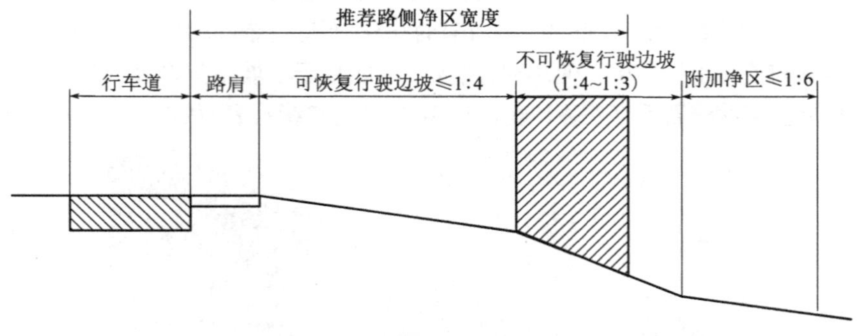

图4-14　复合路堤边坡附加净区计算图示

4.2.1.4　反坡

挖方路段，反坡对于驶出路外车辆的安全性取决于其平整程度和其上的障碍物。如果挖方边坡坡脚与路缘带间有顺坡，顺坡坡度缓于1:3且反坡坡面上无障碍物，则反坡不会造成太大危险，一般可不采取防护措施；但如挖方边坡土质为岩石或有障碍物等，则应考虑设置护栏。

与顺坡和反坡相比,交叉口、路肩、行车道、相交的小路等引起的横向坡面对于驶入路侧的车辆威胁更大,这种条件下失控车辆经常发生车头碰撞事故。AASHTO 建议在车速较高的道路上,横向坡面坡度应缓于 1:6,条件允许时宜缓于 1:10。中央分隔带过渡区坡度设计如图 4-15所示。

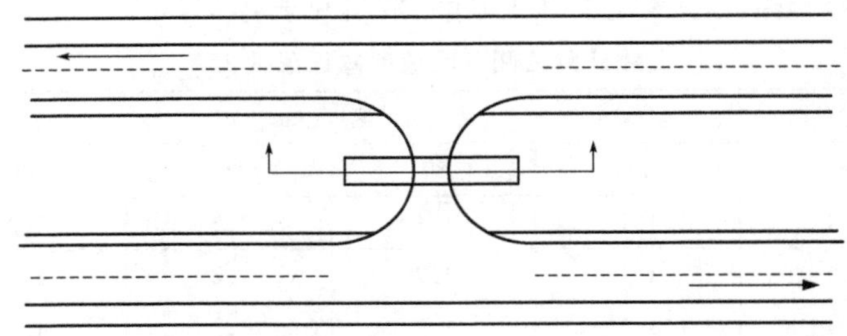

图 4-15 中央分隔带过渡区坡度设计

4.2.1.5 排水设施

道路沿线设有大量的排水设施,如路缘石、边沟、横向/纵向管道、集水口和涵洞等排水结构物。排水设施的设计、施工和维护需要考虑排水功能和路侧安全,防止对驶出路外的车辆构成威胁。

从安全的角度考虑,排水设施的设置一般需要遵循如下原则:

(1)移除不必要的排水设施;

(2)保证驶出路外的车辆能够安全穿越排水构造物,或受到的阻碍最小;

(3)如果无法更改或移除对驶出路外的车辆构成危险的排水设施,选择恰当的交通安全设施予以防护。

路缘石一般用于控制路表径流、示出道路轮廓等。路缘石一般有垂直型和斜面型两类,垂直型路缘石主要用于防止车辆驶离行车道,应具有一定的高度,通常其高度大于或等于150mm;斜面型路缘石能使车辆在必要的情况下从上面穿越,其高度通常小于或等于 150mm,设计者通常选择小于或等于 100mm 的高度,较高的路缘石对车辆底盘不利。

路缘石与金属梁式护栏结合使用(图 4-16)时,路缘石应与金属梁式护栏表面齐平或在金属梁式护栏后;路缘石与混凝土护栏结合使用时,路缘石不能置于单坡型护栏坡面前,否则会导致护栏无法正常发挥功能;若路缘石后存在障碍物,应使障碍物与路缘石表面的距离不小于 50cm。

图 4-16 路缘石与波形梁护栏结合使用

涵洞的进出口结构特征也是影响安全的因素之一。结构较大的端部包括混凝土端墙和翼墙,较小的管道斜面形的端部等结构很有可能对驶出路外的车辆产生不利影响。

排水设施应符合路侧容错理念。无护栏的路段,排水沟应符合净区内可恢复行驶区和不可恢复行驶区坡度的容错要求。AASHTO 要求边沟坡面坡度在图 4-17 和图 4-18 的阴影区。受地形地物限制或交通量很小的道路,可以使用阴影外的指标,但要按照要求设置护栏等。

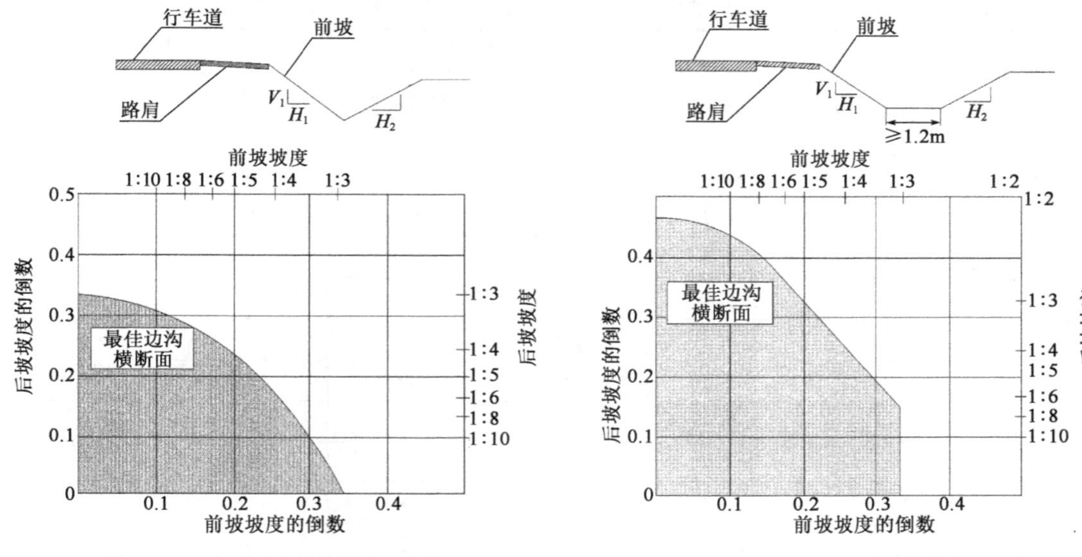

图 4-17　三角形边沟最佳横断面变化

图 4-18　平缓边坡沟渠最佳横断面变化

4.2.2　护栏

护栏应能阻止车辆越出路外或穿越中央分隔带闯入对向车道,防止车辆将护栏板冲断,使车辆回到正常行驶方向;发生碰撞时,对乘员的损伤程度最小;护栏具有诱导驾驶人视线的作用。对于行驶的车辆,护栏也是障碍物。

4.2.2.1　护栏分类与等级

护栏按其刚度可分为刚性护栏、半刚性护栏和柔性护栏 3 种基本类型。

(1)刚性护栏

刚性护栏是一种基本不变形的护栏结构。混凝土护栏是刚性护栏的主要代表形式,是由一定形状的混凝土块相互连接组成的墙式结构,利用专门设计的断面使失控车辆碰撞后爬高并转向来吸收碰撞能量。车辆与护栏碰撞角度较大时,对车辆和乘员的伤害较大。

(2)半刚性护栏

半刚性护栏包括波形梁护栏和钢背木护栏。波形梁护栏是半刚性护栏的典型代表。它是一种连续的梁柱式护栏结构,具有一定的刚度和柔性,由立柱支撑的波纹状钢板相互拼接而组成。半刚性护栏刚柔相兼,具有较强的吸收碰撞能量的能力,对车辆和乘员的伤害相对较小。

(3)柔性护栏

柔性护栏是一种具有较大缓冲能力的韧性护栏结构。缆索护栏是柔性护栏的主要代表形式,是以数根施加初张力的缆索固定于立柱上组成的结构物,主要依靠缆索的拉应力来抵抗车辆的碰撞。柔性护栏在受到碰撞后变形较大,因此对车辆和乘员的伤害最小。

护栏形式的选择需要综合考虑护栏的防撞等级、变形量、现场条件、通用性、全寿命周期成本、养护以及美观、环境等因素。

护栏的防撞等级按一定的碰撞条件,用其可承受的碰撞能量表示,如表4-14所示。各等级护栏作为路基护栏时,其防撞等级的使用条件见表4-15。

防撞护栏的碰撞条件与设计防护能量 表4-14

防护等级代码		碰撞条件				设计防护能量(kJ)
路侧护栏	中央分隔带护栏	碰撞车型	车辆质量(t)	碰撞速度(km/h)	碰撞角度(°)	
B	Bm	小客车	1.5	60	20	70
		大客车	10	40	20	
A	Am	小客车	1.5	100	20	160
		大客车	10	60	20	
SB	SBm	小客车	1.5	100	20	280
		大客车	10	80	20	
SA	SAm	小客车	1.5	100	20	400
		大客车	14	80	20	
SS	SSm	小客车	1.5	100	20	520
		大客车	18	80	20	
HB	HBm	小客车	1.5	100	20	640
		大客车	25	80	20	

注:设计交通量中,大型货车(总质量大于或等于25t)自然数所占比例大于20%时,防撞护栏应符合公路相关技术规范的要求。

路基护栏防撞等级的使用条件 表4-15

防撞等级	碰撞条件				碰撞能量(kJ)	护栏性能评价条件
	防撞速度(km/h)	车辆质量(t)	碰撞角度(°)	碰撞加速度(m/s^2)		
B	100/60	1.5	20	≤		乘员安全
	40	10	20		70	护栏强度
A、Am	100	1.5	20	≤		乘员安全
	60	10	20		160	护栏强度
Sm、SBm	100	1.5	20	≤		乘员安全
	80	10	20		280	护栏强度
SA、SAm	100	1.5	20	≤		乘员安全
	80	14	20		400	护栏强度
SS	100	1.5	20	≤		乘员安全
	80	18	20		520	

注:碰撞加速度限制为20g。

4.2.2.2 路侧护栏

路侧护栏防撞等级的确定取决于车辆驶出路外有可能造成的交通事故等级,《公路交通安全设施设计规范》(JTG D81—2017)规定,事故严重程度可分为高、中、低三个等级。路侧护栏设置与否以及护栏等级取决于路基填筑高度和边坡坡度。在确定边坡坡度、路堤高度与设置护栏的关系时,根据我国公路交通的实际情况和经济承受能力水平,将边坡坡度、路堤高度划分为三个区域,如图4-19所示。

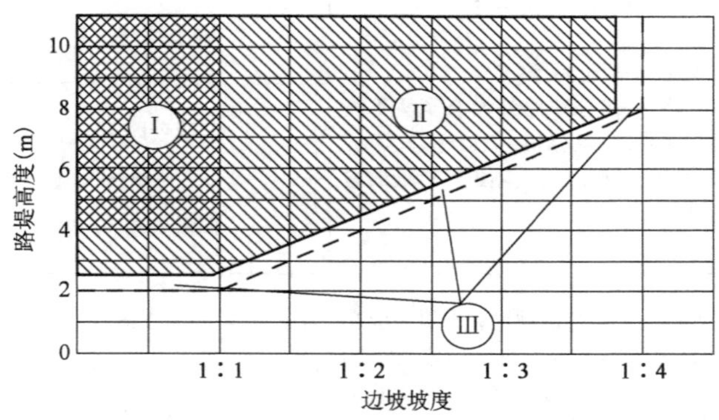

图4-19 边坡坡度、路堤高度与设置护栏的关系

《公路交通安全设施设计细则》(JTG/T D81—2017)中规定,二级及以上等级公路边坡坡度和路堤高度在图4-19 Ⅰ区方格阴影范围之内的路段必须设置路侧护栏;二级及以上等级公路边坡坡度和路堤高度在Ⅱ区斜线阴影范围以内的路段以及高速公路、一级公路路侧安全净区内设有车辆不能安全穿越的照明灯、摄像机、交通标志、声屏障、上跨桥梁的桥墩或桥台等设施的路段,二级及二级以上公路路侧边沟无盖板等车辆无法安全穿越的挖方路段应设置路侧护栏;二级及二级以上公路边坡坡度和路堤高度在Ⅲ区内的路段,三、四级公路边坡和路堤高度在Ⅰ区内,二级及二级以上公路纵坡大于或等于现行《公路工程技术标准》(JTG B01)规定的最大纵坡值的下坡路段和连续长下坡路段,二级及二级以上公路平曲线半径小于现行《公路工程技术标准》(JTG B01)一般最小半径的路段外侧等,宜设置路侧护栏。护栏等级应符合表4-16的规定。因公路线形、运行速度、填土高度、交通量和车辆构成等因素易造成更严重后果的路段,应在表4-16的基础上提高护栏的防撞等级。

路侧护栏设置原则及防护等级选取条件 表4-16

事故严重程度 及护栏设置原则	路侧计算净区宽度范围内有以下情况	公路技术等级和设计速度 (km/h)	防护等级 (代码)
高 必须设置	高速铁路、高速公路、高压输电线塔、危险品储藏仓库等设施	高速公路120	六(SS)级
		高速公路、一级公路100、80	五(SA)级
		一级公路60	四(SB)级
		二级公路80、60	四(SB)级
		三级公路40	三(A)级
		三、四级公路30、20	二(B)级

续上表

事故严重程度及护栏设置原则	路侧计算净区宽度范围内有以下情况	公路技术等级和设计速度（km/h）	防护等级（代码）
中 应设置	1. 二级及以上公路边坡坡度和路堤高度在图4-19的Ⅰ区、Ⅱ区阴影范围之内的路段，三、四级公路路侧有深度30m以上的悬崖、深谷、深沟等的路段； 2. 江、河、湖、海、沼泽等水深1.5m以上水域； 3. Ⅰ级铁路、一级公路等； 4. 高速公路、一级公路路外设有车辆不能安全越过的照明灯、摄像机、交通标志、声屏障、上跨桥梁的桥墩或桥台、隧道入口处的检修道或洞口等设施	高速公路、一级公路120、100、80	四(SB)级
		一级公路60	三(A)级
		二级公路80、60	三(A)级
		三级公路40	二(B)级
		三、四级公路30、20	一(C)级
低 宜设置	1. 二级及以上公路边坡坡度和路堤高度在图4-19的Ⅲ区阴影范围之内的路段，三、四级公路边坡坡度和路堤高度在图4-19的Ⅰ区阴影范围之内的路段； 2. 二级及以上公路路侧边沟无盖板、车辆无法安全越过的挖方路段； 3. 高出路面或开挖的边坡坡面有30cm以上的混凝土砌体或大孤石等障碍物； 4. 出口匝道的三角地带有障碍物	高速公路、一级公路120、100、80	三(A)级
		一级公路60	二(B)级
		二级公路80、60	二(B)级
		三、四级公路40、30、20	一(C)级

AASHTO《路侧设计指南》建议的路堤高度、坡度与护栏设置的关系如图4-20所示。路堤坡度和高度组合位于曲线上或曲线下仅在路侧净区内存在障碍物时设置护栏。当路堤高度与边坡坡度状况位于图4-20所示阴影区域内时，应考虑设置护栏。从图4-20可以看出，1∶3边坡坡度为设置护栏的临界坡度值，与前文所述的车辆恢复临界坡度1∶3相一致。当边坡坡度为1∶3时，需要设置护栏的最小路堤高度为5m。

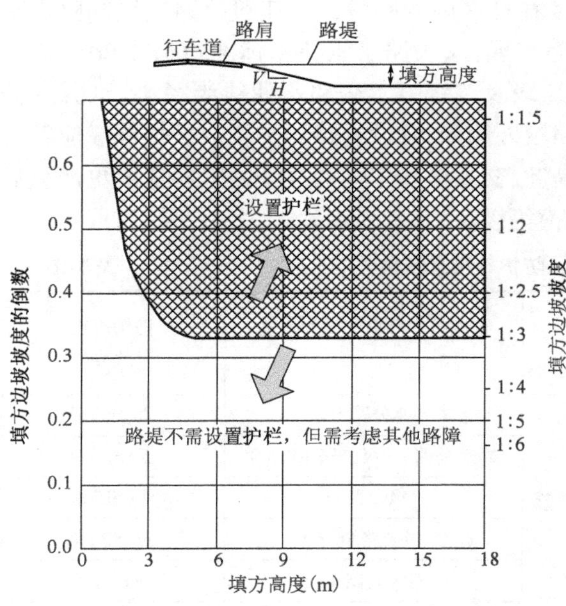

图4-20　基于边坡坡度与填方高度的护栏设置条件

图4-21是美国某个州为降低在低交通量的情况下车辆冲入路侧事故的概率所提出的修正方案，该方案根据填方高度、边坡坡度与交通量3个因素来确定是否需要设置路侧护栏。

而图4-22则是另一种在低交通量情况下考虑投资效益比的设置护栏的方案，该方案为设计速度为90km/h的双车道公路，临界坡度为1:2.5。在图示条件下,当坡度大于临界坡度时,需设置护栏,当坡度小于临界坡度时,不需设置护栏,但需要检验是否因为其他的路侧风险而需要设置护栏。

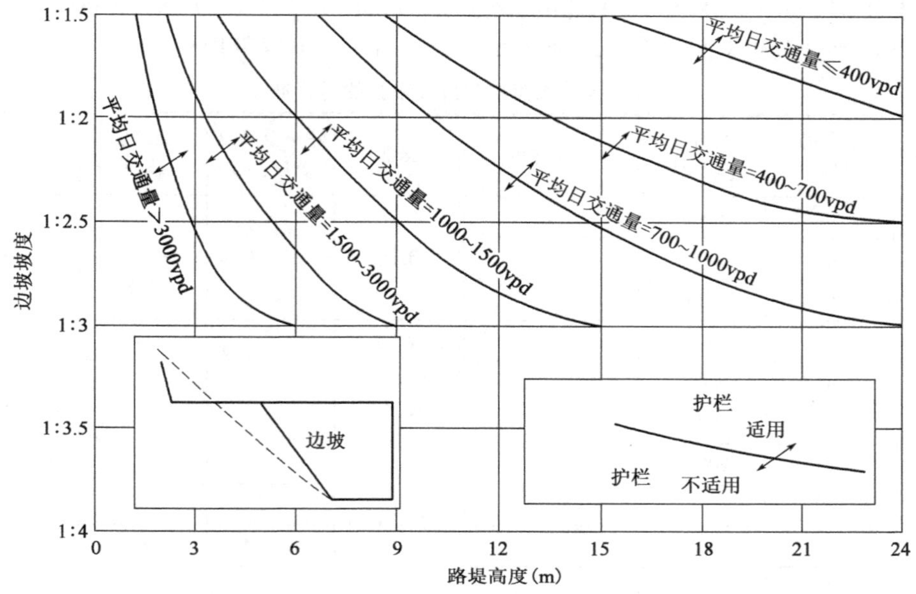

图4-21 基于填方高度、边坡坡度和交通量的路堤护栏设置标准

图4-21与图4-22仅是设置护栏与否的不同示例,不能直接应用于实践。但是,可以根据本地区的投资效益评估建立类似的护栏设置图表准则。如果设置护栏与不设置护栏相比,成本-效益比小于1,则认为该点可设置护栏。

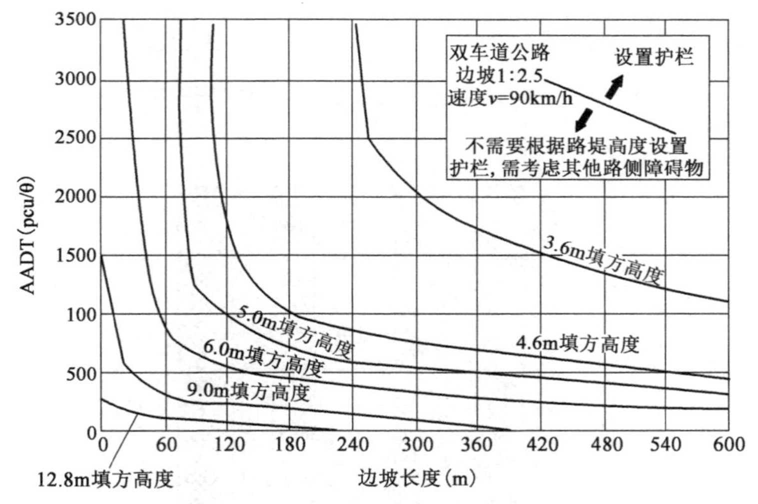

图4-22 基于交通量、速度、边坡几何组成、边坡长度的成本-效益路堤护栏设置标准

4.2.2.3 中央分隔带护栏

车辆越过中央分隔带闯入对向车道发生事故,后果非常严重。中央分隔带是常用的纵向防护设施,隔离对向交通流。日本高速公路交通事故统计数据表明,车辆与中央分隔带护栏接

触、冲撞、爬上护栏、个别冲断护栏的事故，约占交通事故总数的22%～25%。研究表明，中央分隔带护栏可显著减少横穿中间带的事故，降低相关事故的严重性。各国在规定中央分隔带护栏设置标准时，多以中央分隔带的宽度、交通量为依据，如表4-17所示。AASHTO建议在全部控制出入的高速公路上采用图4-23所示的标准设置中央分隔带护栏。

部分国家设置中央分隔带护栏的标准　　表4-17

国别	中央分隔带宽度(m)	交通量(辆/d)	道路等级	国别	中央分隔带宽度(m)	交通量(辆/d)	道路等级
比利时	0	5000		英国	2		
	4	10000				10500	
	6	15000					
	8	20000		捷克、芬兰			
丹麦	3	5000		奥地利、德国、匈牙利、荷兰、日本			快速道路、汽车专用公路一律设置中央分隔带护栏
	6	10000					
	8	20000					
波兰	4			阿尔及利亚	4.5		
	6	20000			4.5～6	4000	
葡萄牙	4	10000		罗马尼亚	中央分隔带有障碍时需设置护栏		
	5	20000					
	6	30000		法国	4.5m或中央分隔带有障碍物时，需设置护栏		
瑞典		15000					

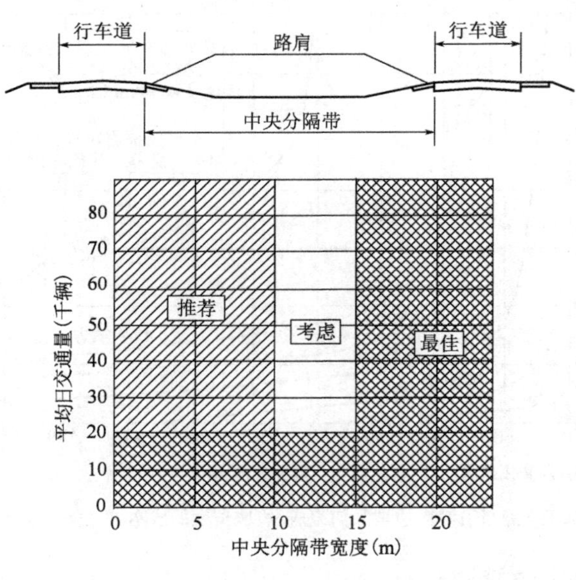

图4-23　高速公路中央分隔带护栏设置

《公路交通安全设施设计细则》(JTG/T D81—2017)关于中央分隔带护栏设置的规定如下：对于高速公路和作为干线的一级公路，当整体式断面中间带宽度小于或等于12m，或者

12m 范围内有障碍物时，必须设置中央分隔带护栏；当整体式断面中间带宽度大于 12m 时，应分路段确定是否设置中央分隔带护栏；公路采用分离式断面时，行车方向左侧应按照路侧护栏设置；上下行路基高差大于 2m 时，可只在路基较高的一侧按路侧护栏设置；高速公路和禁止车辆掉头的一级公路中央分隔带开口处，必须设置活动护栏。

根据车辆驶入对向车道造成的交通事故等级，应按照规定选取中央分隔带护栏的防护等级；因公路线形、运行速度、填土高度、交通量和车辆构成等因素易产生更严重后果的路段，应在表 4-18 的基础上提高护栏的防护等级。

中央分隔带护栏防护等级选取 表 4-18

<table>
<tr><th>事故严重程度等级</th><th>中央分隔带条件</th><th>公路技术等级和设计速度(km/h)</th><th>防护等级(代码)</th></tr>
<tr><td rowspan="3">高</td><td rowspan="3">高速公路、一级公路中央分隔带宽度小于 2.5m 并采用整体式护栏形式</td><td>高速公路 120</td><td>六(SSm)</td></tr>
<tr><td>高速公路、一级公路 100、80</td><td>五(SAm)</td></tr>
<tr><td>一级公路 60</td><td>四(SBm)</td></tr>
<tr><td rowspan="3">中</td><td>对双向 6 车道高速公路，或未设置左侧硬路肩的双向 8 车道及以上高速公路，中央分隔带宽度小于 2.5m 并采用分设式护栏形式，同时中央分隔带内设有车辆不能安全穿越的障碍物①的路段</td><td>高速公路 120、100、80</td><td>四(SBm)</td></tr>
<tr><td rowspan="2">对双向 6 车道及以上一级公路，中央分隔带宽度小于 2.5m并采用分设式护栏形式，同时中央分隔带内设有车辆不能安全穿越的障碍物①的路段</td><td>一级公路 100、80</td><td>四(SBm)</td></tr>
<tr><td>一级公路 60②</td><td>三(Am)</td></tr>
<tr><td rowspan="3">低</td><td rowspan="3">不符合上述条件的其他路段</td><td>高速公路、一级公路 120、100、80</td><td>三(Am)</td></tr>
<tr><td>一级公路 60②</td><td>三(Am)</td></tr>
<tr><td>二级公路③80、60</td><td>二(Bm)</td></tr>
</table>

注：①障碍物是指照明灯、摄像机、交通标志的支撑结构，上跨桥梁的桥墩等设施。

②设计速度为 60km/h 的一级公路一般为作为集散的一级公路受地形、地质等条件限制的路段，本表适用于其需要设置中央分隔带护栏的情况。

③适用于设置了超车道，未设置隔离设施，且有驶入对向车行道可能性的二级公路。

4.2.2.4 桥梁护栏

桥梁段车辆驶出路外后果严重，次生事故概率高，因此桥梁护栏是重要的防护设施。按照《公路交通安全设施设计细则》(JTG/T D81—2017)的规定，各等级公路桥梁必须设置路侧护栏；高速公路、作为次要干线的一级公路桥梁必须设置中央分隔带护栏，作为主要集散的一级公路桥梁应设置中央分隔带护栏；桥梁上的人行道和车行道可通过路缘石或桥梁护栏分开，设计速度大于 60km/h 的公路桥梁，应采用满足车辆防护和行人通行需求的组合护栏。桥梁护栏防护等级的选取见表 4-19 的规定。

桥梁护栏防护等级的选取 表 4-19

公路等级	设计速度(km/h)	车辆驶出桥外或进入对向车行道的事故严重程度等级	
		高:跨越公路、铁路或城市饮用水水源一级保护区等路段的桥梁	中:其他桥梁
高速公路	120	六(SS、SSm)级	五(SA、SAm)级
	100、80	五(SA、SAm)级	四(SB、SBm)级
一级公路	60	四(SB、SBm)级	三(A、Am)级
二级公路	80、60	四(SBm)级	三(Am)级
三级公路	40、30	三(A)级	二(B)级
四级公路	20		

桥梁护栏的设置还需综合考虑连续上下坡、平曲线半径、桥梁高度、交通量及其构成、引用水源等条件,在表 4-19 的基础上适当提高防护等级。

4.2.2.5 护栏端头处理

护栏端头是指护栏标准段开始端或结束端的端部结构。道路沿线的交通工程设施(如护栏)、结构物(如涵洞)存在端部处理过度或不当会给交通构成危险。端部处理是工程上很小的细节,但处理不当可对失控车辆带来严重的威胁,恶化事故后果。如护栏端头可能刺穿车辆,或者导致车辆倾覆,其事故严重程度往往大于车辆与护栏标准段碰撞所造成的事故。

针对不良护栏端头带来的安全问题,除采取特殊结构的安全型端头或在端头前方放置具有缓冲作用的设施外,还可采取其他一些更为经济的措施,尽可能减少或避免车辆与护栏端头相撞。如改进和完善标志、标线,在端部涂反光漆或粘贴反光膜,在端头前方放置沙桶或警示桶等措施均可降低行车风险。

对护栏端头的处置方法一般多采用端头外展的做法,即在护栏端头和标准段间设置渐变段实现端头外展。外展处理使路侧护栏端部远离行车道,减小车辆与端头发生正碰的可能性。《公路交通安全设施设计细则》(JTG/T D81—2017)建议行车方向的上游端头宜设置为外展地锚式或圆头式,端头与护栏标准段之间应设渐变段。行车方向下游端头可采用圆头式,并与标准段护栏成一直线设置。

AASHO《路侧设计指南》建议中央分隔带护栏端头处理的位置应在最可能受到冲击的地方。在有车辆直接碰撞时,端头必须引导事故车辆至端头或者防撞垫的后方。端头处理方式应针对中央分隔带护栏的类型进行选择。波形梁护栏最合适的端头处理方式是用 CAT 或者 Brakemaster,混凝土护栏最合适的端头处理方式是用 ADIEM,the TRACC,the Quad GuardTM,和 the REACT-350。沙板可以用来防护中央分隔带护栏端头,但仅适用于较宽的中央分隔带。中央分隔带混凝土护栏与波形梁护栏相连接时,波形梁护栏应包住混凝土,需要在补充过渡段强化末端,形成强度过渡。如果中央分隔带足够开阔、平坦,则上游的护栏应遮护下游部分的护栏,上下游连接角度应小于或等于 25°。

4.2.2.6 护栏过渡段

护栏过渡段是指两种不同断面结构形式的护栏之间的平滑连接并进行刚度或强度过渡的专门结构段,大多设置在路基与桥梁连接处。护栏过渡段要点如下:

(1)一般路段波形梁护栏与桥梁混凝土护栏相连接处,两种不同结构的护栏不宜在桥头连接处断开,也不应未作加强处理而直接相连。

(2)当波形梁护栏用于防护刚性危险物(如桥墩),且护栏与刚性体之间的侧向距离不能满足护栏变形量要求时,危险物处上下游一定范围内的护栏需要设置过渡段。

(3)从半刚性护栏到刚性护栏过渡时,应确保过渡段的刚度或强度平稳、持续地增加,刚度的增加可通过减小立柱间距、增加立柱尺寸、增设护栏横梁等方法实现。

(4)过渡段应设置足够的长度,以保证在短距离内不会发生变形量的剧变。一般情况下,过渡段长度可按两护栏系统变形量之差的 10~12 倍设置。

(5)隧道口附近通常为高风险段,进出口处的护栏尤其是进出口段的护栏应进行特殊处置。

(6)尽量避免排水设施(如路缘石、涵洞的进出水口等)设置在过渡护栏的前面,以避免车辆撞到排水设施后行驶不稳或以非设置条件碰撞护栏,影响护栏过渡段的性能。

4.2.3 路侧净区障碍物管理

4.2.3.1 障碍物

开阔、平坦、无障碍物是最理想的路侧条件,路侧净区不能提供安全行车的容错条件时,需要设置护栏防护障碍物。路侧障碍物包括车辆不能通过的地形和不能移走的物体,包括人工构造物(如涵洞)和自然物(如树)等。常见的路侧障碍物有桥墩、护栏端头、卵砾石、涵洞、管道、填/挖边坡(平缓、不平缓)、路堤、挡土墙、标志杆/灯柱、交通信号灯支柱、树木、多功能柱等。常见须采取防护措施的障碍物如表 4-20 所示。

常见须采取防护措施的障碍物 表 4-20

障碍物	防护必要性
桥墩、护栏端头	通常必须防护
巨砾	取决于固定地物的性质以及被撞击的概率
涵洞、管道	取决于大小、形状和位置
填/挖边坡(平缓)	一般不需防护
填/挖边坡(不平缓)	取决于撞击的概率
路堤	取决于填方高度和坡度
挡土墙	取决于墙体的相对平滑性和预测的最大撞击角度
标志杆/灯柱	不可断裂的支柱
交通信号灯支柱	在农村高速路段孤立的信号灯柱应进行防护
树木	取决于具体环境
河流	取决于河流的位置、深度以及侵入河流的可能性

4.2.3.2 管理原则与措施

受路侧动植物保护、水源保护、文物保护等多方面的限制以及人工交通设施的影响,许多情况下不具备设置无障碍物、可恢复行驶的路侧净区的条件。为了确保路侧安全,在综合考虑技术经济效益的基础上,可对路侧净区范围内危害驶出路外车辆安全的物体,如杆柱、树木、涵洞端头、挡土墙、陡边坡(坡度不大于 1:6,理想为 1:4)、排水边沟等进行处理。

障碍物的管理可按下列原则与措施进行：

(1)移除障碍物。

(2)改造构成阻碍的结构物，使车辆能够安全跨越。

(3)把障碍物外移到较安全的地点。

(4)使用合适的隔离设施降低碰撞的危险性。

(5)若无法移除、重置或改造，则用交通护栏或防撞垫等防护障碍物。

(6)采取措施标识障碍物。

可按如下原则与措施处理结构物、灯杆等物体、景观等路侧设施：

(1)移除或重置路侧净区内现有的障碍物，或代之以结构和技术合理的新设施。

(2)尽可能地移除所有的路边障碍物。

(3)确定应该移除的障碍物的优先顺序，合理组织移除或重置。

(4)保证应该移除却又不可能移除的障碍物没有危险性。

(5)对不能移除或改造的障碍物可以使用护栏加以防护。

(6)对于刚性电线杆可以改变其位置，使电缆地下化，或代之以易折柱。

(7)应用防护栏、桥栏杆和改进的标志、标线以提高桥梁和边沟的安全性。

(8)放缓高陡边坡或在陡崖、高路基上安装护栏。

(9)安装冲击衰减设施。

(10)隔离防护或移除路侧净区内的树木。

(11)移除不符合现行标准的旧护栏。

(12)改进或增加标志、标线(路边设施和人行道标志)。

路侧交通设施设置必要性不大时，应移除；必须设置时，应对这些交通设施进行防护遮蔽；对于标志立柱、照明灯杆、公共设施杆柱和树木等，可采用解体消能支撑结构，即将其设计成被车辆撞击后发生解体的结构。

4.3 其他设施

道路沿线设施类别很多，除标志、标线、护栏等设施外，还有如视线诱导设施、隔离栅、防落网、防眩设施、避险车道、防风雪设施、限高架、减速丘、凸面镜等。

4.3.1 视线诱导与防眩设施

受地形地物、土地、环境保护、古建筑古树保护等各种限制，道路线形、构造物、交叉口等的可视性不可避免地受到影响，特别是夜间。采用视线诱导设施可将道路沿线的道路走向、隐患路段、构造物、交叉口等具有一定风险的运行环境提前主动告知道路用户。视线诱导设施有轮廓标、合流诱导标、线形诱导标、隧道轮廓带、示警桩(墩)、道口标注等设施。视线诱导设施可灵活设置，以有助于运行环境可视性为目的。

以下路段点通常须设置轮廓标，交通合流路段和曲线路段设置诱导标，改善运行环境可视性。

(1)高速公路、一级公路、城市快速路和主干道等的互通式立交、服务区、停车区等处的匝道、连接道及避险车道等须设置轮廓标。

(2)中央分隔带开口段应设置连续的轮廓标。

(3)视距不良路段、车道数或车道宽度过渡及急弯陡坡等路段需要设置轮廓标;隧道侧壁需要设置双向轮廓标。

(4)其他视线视距受限路段视需要可设置轮廓标。

《公路交通安全设施设计细则》(JTG/T D81—2017)建议的公路曲线路段轮廓标设置间距见表4-21。设置间距宜通过视线和视距计算分析确定或通过驾驶模拟试验等确定。

公路曲线路段轮廓标设置间距 表4-21

曲线半径(m)	≤89	90~179	180~274	275~374	375~999	1000~1999	≥2000
设置间距(m)	8	12	16	24	32	40	48

夜间行车的对向车辆的灯光、城市景观灯光、直射的阳光和补光灯的光等导致驾驶人视觉感知能力降低,产生短时视觉障碍,需要时间明适应,构成交通运行风险。

在某些受眩光影响的路段,应设置防眩板、防眩网或植树防眩等以减弱眩光对交通运行的影响。防眩设施按部分遮光原理设置,直线路段遮光角通常不应小于8°,平、竖曲线路段遮光角可为8°~15°。但防眩设施的设置不能影响视距、对向车辆的通视,也不能对驾驶人行车有压迫感。防眩板的宽度和间距应通过遮光角度分析计算确定。

直线路段遮光角β可按式(4-26)计算。

$$\beta = \tan^{-1}\left(\frac{b}{L}\right) \tag{4-26}$$

式中:b——防眩板宽度,m;

L——防眩板的纵向间距,m。

平曲线路段遮光角β可按式(4-27)计算。

$$\beta = \cos^{-1}\left(\frac{R - B_3}{R}\cos\beta_0\right) \tag{4-27}$$

式中:R——平曲线半径,m;

B_3——车辆驾驶人与防眩设施的横向距离,m。

防眩设施的高度可按式(4-28)计算确定,并应根据平曲线半径和竖曲线的纵坡等验算。

$$H = h_1 + (h_2 - h_1)B_1/(B_1 + B_2) \tag{4-28}$$

式中:h_1——汽车前照灯高度,m;

h_2——驾驶员视线高度,m;

B_1、B_2——分别为行车道上车辆距防眩设施中心线的距离,m,$B = B_1 + B_2$。

4.3.2 隔离栅与防落网

高速公路、控制出入的一级公路,须设置隔离栅以防人、动物等误入,对可能误入的人、动物及道路上行驶的车辆起到双重保护作用。路侧有水渠、池塘、湖泊等屏障的路段,填方路基路侧有较高的挡土墙(高度大于1.5m)等构造物的路段,有桥梁(含城市道路高架)、隧道等构造物的路段,挖方路基边坡较高、坡度较大(高度大于20m,坡度大于70°)的路段等,可不设置隔离栅。城市快速路主路及设计速度大于或等于60km/h的匝道两侧应设置隔离栅。

在需要阻止落物、落石等进入公路用地范围或公路建筑限界的路段须设置防落网,以规避落物、落石等造成的损害。上跨铁路、引用水源、高速公路、控制出入的一级公路的车行或人行构造物两侧须设置防落物网。行人通行的桥梁跨越轨道交通线、铁路干线、设计速度大于或等于 60km/h 的道路时，人行道外侧应设置防落物网，设置范围应为被跨越道路或轨道交通线、铁路干线的宽度并向两侧各延长 10m。

道路建筑限界内有可能落石的路段，若落石对公路行车构成危险，应对可能产生落石的危岩进行处理或设置防落石网。

4.3.3 交通信号灯

交通信号灯是交通流阻止与防止交通冲突的重要交通设施。在以下路段点设置信号灯可有效化解交通冲突，降低交通运行风险。

(1)平面交叉口，可根据路口情况、交通流量以及交通事故率等因素确定是否必须设置信号灯。

(2)特大桥、长大隧道等路段，可根据交通组织要求或设施养护要求设置车道信号灯。可变车道、收费口和检查通道也应设置车道信号灯。多车道高速公路和城市快速路实施车道控制时，也需要设置车道信号灯。

(3)高速公路、城市快速路或干道的合流控制可通过设置匝道信号灯实施。

(4)设置公交专用道的道路交叉口，公交优先时可设置公交专用信号灯。

(5)设置有行人过街安全岛的信号灯控制交叉口，相应人行横道宜设置行人二次过街信号灯；未设置固定交通信号灯或交通信号灯出现故障的平面交叉口，可设置移动式应急交通信号灯。

(6)其他情况，如施工作业区设置的临时双向交替通行的信号灯。

交通信号灯的视认范围、信号周期、颜色与图案等是影响信号灯功能的关键参数，应根据车速、车道布置和交通流向、流量等计算确定。交通信号灯功能的发挥还应与信号控制系统、标志、标线等相匹配。

4.3.4 服务与管理设施

公路服务设施包括服务区、停车区和客运汽车停靠站等。《公路工程技术标准》(JTG B01—2014)关于设置服务区、停车区的规定如下。

(1)高速公路应设置服务区，作为干线的一、二级公路宜设置服务区。服务区平均间距宜为 50km；当沿线城镇分布稀疏，水、电等供给困难时，可增大服务区间距。

(2)高速公路服务区应设置停车场、加油站、车辆维修站、公共厕所、室内外休息区、餐饮、商品零售点等设施。根据公路环境和需求可设置人员住宿、车辆加水等设施。

(3)作为干线的一、二级公路服务区宜设置停车场、加油站、公共厕所、室外休息点等设施，有条件时可设置餐饮、商品零售点、车辆加水等设施。

(4)高速公路应设置停车区，作为干线的一、二级公路宜设置停车区。停车区可在服务区之间布设一处或多处，停车区与服务区或停车区之间的间距宜为 15 ~ 25km。

(5)停车区应设置停车场、公共厕所、室外休息区等设施。

城市道路服务设施包括人行导向设施、人行过街设施、非机动车停车设施、机动车停车设施、公交停靠站、道路智能化交通管理设施和其他公共设施，含公用电话亭、邮政设施、座椅、活动式公共厕所等。

管理设施包括监控、收费、通信、供配电、照明和管理养护等设施。对于重要的城市快速路、桥梁、隧道等工程，应根据规模、功能、重要性、地理位置需要设置道路管理处所。

4.3.5 照明设施

适度的照明是保证道路夜间行车或隧道行车环境客观安全性的重要措施。

《城市道路交通设施设计规范(2019 年版)》(GB 50688—2011)中将城市道路照明标准分为机动车道路、非机动车与人行道路照明两类。机动车道路照明按快速路与主干路、次干路、支路分为三级。城市道路照明应根据道路功能及等级确定其设计标准。

机动车道路照明的评价指标主要有路面平均亮度(或路面平均照度)、路面亮度总均匀度和纵向均匀度(或路面照度均匀度)、眩光限制、环境比和诱导性等；人行道路照明以路面平均照度、路面最小照度和最小垂直照度为评价指标；道路与道路的平面交会区应提高照度；城市隧道、地下道路可分为入口段、过渡段、中间段和出口段设置照明设施，应注意各段照明的过渡。

《城市道路交通设施设计规范(2019 年版)》(GB 50688—2011)关于照明标准值见表 4-22 ~ 表 4-25。

机动车道路照明标准值 表 4-22

级别	道路类型	路面亮度			路面照度		眩光限制阈值增量 TI 最大初始值(%)	环境比 SR 最小值
		平均亮度 L_{av} 维持值(cd/m^2)	总均匀度 U_0 最小值	纵向均匀度 U_L 最小值	平均照度 E_{av} 维持值(lx)	照度均匀度 U_E 最小值		
Ⅰ	快速路、主干路	1.5/2.0	0.4	0.7	20/30	0.4	10	0.5
Ⅱ	次干路	0.75/1.0	0.4	0.5	10/15	0.35	10	0.5
Ⅲ	支路	0.5/0.75	0.4	—	8/10	0.3	15	—

注:1. 表中所列的平均照度仅适用于沥青路面。若系水泥混凝土路面，其平均照度值可相应降低约 30%。

2. 表中对每一级道路的平均亮度和平均照度给出了两档标准值，“/”的左侧为低档值，右侧为高档值。对同一级道路选定照明标准值时，中小城市可选择低档值；交通控制系统和道路分隔设施完善的道路，宜选择低档值。

人行道路照明标准值 表 4-23

夜间行人流量	区域	路面平均照度 E_{av} 维持值(lx)	路面最小照度 E_{min} 维持值(lx)	最小垂直照度 E_{vmin} 维持值(lx)
大	商业区	20	7.5	4
	居住区	10	3	2
中	商业区	15	5	3
	居住区	7.5	1.5	1.5
小	商业区	10	3	2
	居住区	5	1	1

注:最小垂直照度为道路中心线上距路面 1.5m 高度处，垂直于路轴平面的两个方向上的最小照度。

交会区照明标准值 表 4-24

交会区类型	路面平均照度 E_{av} 维持值(lx)	照度均匀度 U_E 最小值	眩光限制
主干路与主干路	30/50	0.4	在驾驶人观看灯具的方位角上,灯具在 80°和 90°高度角方向上的光强分别不得超过 30cd/1000lm 和 10cd/1000lm
主干路与次干路			
主干路与支路			
次干路与次干路	20/30		
次干路与支路			
支路与支路	15/20		

注:1. 灯具的高度角是在现场安装使用姿态下度量。

2. 表中对每一类道路交会区的路面平均照度给出了两档标准值,"/"的左侧为低档照度值,右侧为高档照度值。

隧道照明中间段标准值 表 4-25

计算行车速度(km/h)	双车道单向交通 $N>2400$ 辆/h 双车道双向交通 $N>1300$ 辆/h			双车道单向交通 $N\leq700$ 辆/h 双车道双向交通 $N\leq360$ 辆/h		
	平均亮度 L_{av}(cd/m^2)	总均匀度 U_0最小值	纵向均匀度 U_L最小值	平均亮度 L_{av}(cd/m^2)	总均匀度 U_0最小值	纵向均匀度 U_L最小值
100	9	0.4	0.6~0.7	4	0.3	0.5
80	4.5			2		
60	2.5			1.5		
40	1.5			1.5		

注:当交通量在其中间值时,亮度指标按表中高值的 80% 取值;均匀度指标按内插法取值。

【复习思考题】

4-1 解释标志、标线的功能;标志、标线信息量确定如何考虑道路用户感知能力?

4-2 解释净区的概念及作用;从道路用户能力有限性角度解释容错性设计理念。

4-3 哪些道路交通运行环境场景需要设置视线诱导设施?

4-4 路网诱导可使用哪些可变信息标志?

4-5 标志、标线信息有哪些量化技术指标?

4-6 确定标志、标线字体及其大小、逆反射特性需考虑哪些因素?

第5章 “人-车-路”系统的主、客观安全性

道路交通运行风险或事故从通俗意义上讲是道路用户的“错误或不当的交通行为”所致。“错误或不当的交通行为”的致因是道路用户对道路交通基础设施和实时交通状况未能做出准确判断。道路交通基础设施符合一定的技术标准规范，在特定的自然与人文环境下具有服务于交通的客观安全性；道路用户根据对道路交通运行环境的感知和自身的理解判定道路交通运行环境的安全性（即主观安全性）。除人为违章外，客观安全性与主观安全性的不一致是“错误或不当的交通行为”的根本原因。

5.1 主、客观安全性的定义

道路交通基础设施对于道路用户的安全性体现在两个大的方面：一是结构安全；二是行车安全。结构安全是根本，可以通过力学分析、试验测试等科学技术客观地给予评价。

行车安全取决于“人-车-路”系统的稳定运行，与道路用户对道路交通基础设施的认知和判断有关。从几何和力学设计原理上，建造为道路用户提供了满足一定行车安全技术要求的

道路交通基础设施,以道路交通基础设施为主要物理客体构成的交通运行环境对于道路用户具有一定的客观安全性。

客观安全性强调道路交通基础设施按照特定的技术标准规范建造,所具有的服务于交通的安全性,由道路的几何线形参数、路面状况、交通安全设施等道路交通基础设施特征要素的技术指标决定。道路交通基础设施的主要技术指标是在计算行车速度控制下确定的,保证道路具备一定的客观行车条件。如极限最小平曲线半径表征了设计车辆在设有极限最小平曲线半径的路段以设计速度行车的安全性。

设计速度、设计车辆是关键的术语,《公路工程技术标准》(JTG B01—2014)对二者的规定如下。

设计速度是确定公路设计指标并使其相互协调的设计基准速度;设计车辆(表 3-2)是公路几何设计所采用的代表车型,其外廓尺寸、载质量和动力性能是确定公路几何参数的主要依据。

关于道路交通基础设施的技术指标,以平曲线半径为例,《公路路线设计规范》(JTG D20—2017)在条文说明里的释义如下。

圆曲线最小半径是以汽车在曲线上能安全而又顺适地行驶为条件确定的。圆曲线最小半径的实质是汽车行驶在曲线部分时,所产生的离心力等横向力不超过轮胎与路面的摩阻力所允许的界限。本规范给出的“极限值”与“一般值”的区别,在于曲线行车舒适性的差异。在设计车速 v 确定的情况下,圆曲线最小半径 R_{min} 取决于横向力系数 f 和超高 i 的选值。从人的承受能力与舒适感考虑,当 $f<0.10$ 时,转弯不感到有曲线的存在,很平稳;当 $f=0.15$ 时,转弯感到有曲线的存在,但尚平稳;当 $f=0.20$ 时,已感到有曲线的存在,并感到不平稳;当 $f=0.35$ 时,感到有曲线的存在,并感到不稳定;当 $f>0.40$ 时,转弯非常不稳定,有倾覆的危险。根据最大横向力系数 f_{max} 和最大超高 i_{max} 值,即可计算得出极限最小半径值。《公路工程技术标准》(JTG B01—2014)规定的圆曲线最小半径属“极限值”,系在超高最大值为 8% 时经计算调整的取值。

圆曲线最小半径的“一般值”是使按设计速度行驶的车辆能保证安全性与舒适性,而建议的采用值。参考国内外使用的经验,确定圆曲线最小半径的“一般值”采用的横向力系数值为 0.05 ~ 0.06。经计算并取整数,即可得出一般最小半径值。

从该释义可以理解到,平曲线半径技术指标值的规定是有客观条件的,即设计速度、横向力系数和设计车辆等,其阈值(平曲线半径)是以车辆倾覆和舒适感为依据。

《公路工程技术标准》(JTG B01—2014)规定二级及二级以上的干线公路应在设计时进行交通安全评价,其他公路在有条件时也可进行交通安全评价。公路设计应采用运行速度进行检验。相邻路段运行速度之差应小于 20km/h,同一路段运行速度与设计速度之差宜小于 20km/h。交通安全评价和运行速度检验在一定程度上可设计建造出道路几何线形协调(平衡)的道路,提升不同技术特征的毗邻路段运行环境过渡的客观安全性。

从道路设计的相关技术规范规定可知,道路交通基础设施的技术指标是在约定的设计车速、设计车辆和设计参数条件下设计建造的。实际上以道路交通基础设施为客观主体的交通运行环境是实时变化的,交通运行状态也是实时变化的。如前文所述的横向力系数与路面服务年限、路表水膜厚度、路表积雪结冰状态等有关,标志、标线视认性与反光材料老化程度、大气能见度、阳光照射角度等有关。因此,道路交通运行环境的客观安全性不是固定值。

道路用户在对交通运行环境认知的基础上自我判定的交通运行环境安全性,也称道路用户主观安全感。其是指由道路用户通过认知路域内交通运行环境各要素的综合信息而得到的行驶安全感,是人受不同的信息刺激,经认知、判断后产生的一种心理生理反应。如在平曲线路段,驾驶同一辆车,不同驾驶人由于安全感不同,选择的行车速度有一定差异。

由第2章可知,驾驶人对道路交通运行环境除感知决策外,还有期望。道路用户根据所处和可视范围内的路域环境,对行驶前方路域环境做出预判,期望路域环境具有连续性,保持目前的行驶状态。由于感知与个体性格的差异,驾驶人对行驶前方路域环境的安全性预判也具有差异性。

以限速阈值的确定为例,限速阈值应该具有合理性和可接受性。若驾驶人感知到限速阈值过低,则部分驾驶人主观不接受该限速阈值,无现场执法的情况下,某些驾驶人可能采取高于限速阈值的速度行驶,导致断面运行速度差异大,诱发交通运行风险。所以,在某些路段确实需要采取较低的限速阈值时,除设置限速标志、标线外,还应采取其他措施,降低驾驶人对该路段的主观安全感。

显然,道路用户的个性千差万别,对具有同样技术特征的路段感受的安全性因人而异。如果机动车驾驶者的主观安全性高于客观安全性,其有可能采取行驶风险较大的驾驶行为;如果客观安全性与主观安全性相适应,则驾驶人的驾驶行为风险会低一些;如果客观安全性远高于主观安全性,道路交通基础设施安全性过于充裕,则造成道路交通基础设施建设的浪费和运行效率的降低,某种情况下还会起到“鼓励”道路用户采取非法交通行为的作用。

5.2 主观安全性

驾驶人驾车行驶过程是一个信息交换与行车控制的过程,汽车状态及交通运行环境信息是驾驶人决策驾驶行为的基本依据。在这一过程中,驾驶人受到自身生理、心理因素的制约和外部环境的影响,在信息感知、处理、判断的任一环节上发生错误,都会危及交通安全。

车辆行驶过程中,驾驶人的神经系统出现紧张情绪的生理表现是心跳加速、呼吸量增大、出汗过多、脸部发红等,相应地就会出现注意力、判断能力、视觉敏锐性和对速度感知准确性的下降,视野变窄,脉搏加快,血压上升,反应时间增加,脑力负荷增大,动作配合失调等。据有关资料介绍,驾驶人在1km行程内要完成40~50个与驾驶汽车直接相关的操作,车速越高驾驶人的操作能力越有限,脑力负荷增大。

主观安全性常用的评估技术有生理测量和主观评定等方法。生理测量是通过测定作业者在进行指定作业过程中出现的生理反应,间接地评估认知负荷。常用的生理指标有瞳孔直径、心率、血压、脑电、皮电等。主观评定技术是由作业者根据主观感受与体验来评估认知负荷,与个体知觉到的心理努力、任务难度和时间压力等有关。

5.2.1 生理心理指标

国内外学者对道路用户主观安全性做过大量的研究,以建立驾驶行为和生理心理指标的关系。心理生理学研究人的心理生理变化时,通常考察生理反应,如心率、脉搏、血压、脑电波、肌电和皮肤电位以及呼吸、体温、唾液、瞳孔和胃动等。利用人体各种生物电(如脑电、心电、皮电、肌电)、眼动等参数表征道路用户的主观安全感。

5.2.1.1 心率、脉搏和血压

生理指标中,心率、脉搏和血压等都与心脏有关,所以心率、脉搏和血压是密切相关的3个生理参数,由心肌的收缩和舒张形成。心率的快慢、脉搏的强弱、血压的高低与心肌搏动的强度大小和幅度高低相对应,随着心理状态的变化而改变。

正常成年人安静时的心率有显著的个体差异,健康成人的心率为60~100次/min,平均在75次/min左右,一般不超过160次/min,女性心率偏高。心率可因年龄、性别及其他生理情况而不同。心率快慢与性别、年龄、休息、体温、活动和情绪等因素有关。女性心率较男性稍快,老年人心率减慢;正常人每当体温升高1℃,心率增加10次/min;休息和睡眠时心率一般较慢,活动和情绪激动时心率增快。心功能状态,窦房结的功能状态,房室传导功能状态,创伤、休克、疾病状态及一些药物对心率亦有影响。

心率变异性(heart rate variability,HRV)是指逐次心搏间期之间的微小差异,产生于自主神经系统(autonomic nervous system,ANS)对窦房结自律性的调制,使心搏间期一般存在几十毫秒的差异或波动。在体内环境下,迷走神经兴奋使心率减慢,而交感神经兴奋使心率加快,瞬间所表现的心率是正负两种作用的净效应。在安静条件下,迷走神经及交感神经均参与对心率的影响,而以迷走神经作用占优势。因此安静时心率常较固有心率慢。大量研究表明,心率变异性是正常心血管系统稳态调节的重要机制,反映了心脏交感、迷走神经活动的紧张性和均衡性。心率变异性常用分析方法为时域分析和频域分析。心率变异性时域分析法应用较早,可通过计算机专用程序分析和处理24h动态心电图记录逐个识别。

时域分析常用衡量心率变异性的统计指标有均值MRR、标准差SDNN、方差RMSSD、变异系数CV、PNN50等。MRR为R-R间期的均值,反映出心脏单位时间内的搏动次数。SDNN为正常R-R间期的标准差,与心率的缓慢变化成分相关,主要反映的是自主神经功能整体的变化。RMSSD为相邻R-R间期差值的均方根。PNN50为相邻R-R间期差值大于50ms的R-R间期数与全部R-R间期数之比。RMSSD和PNN50反映R-R间期的突然变化。心率变异系数RRCV为标准差SDNN或方差RMSSD除以该段时间的R-R间期均值MRR而得到的。变化率MRSD为驾驶人某一时段R-R间期MRR与SDNN均值之比。

MRR值在正常状态下约为840ms。有研究表明,驾驶人在道路上驾驶时,平曲线半径越小,其MRR值越小,心跳速度越快,越容易紧张,其交感神经活性增加幅度越大,驾驶人越容易疲劳。SDNN的值越大,说明受试人员的R-R间期值的波动越大,此时驾驶人的交感神经活性增强。SDNN值的正常范围为141ms±29ms,SDNN<100ms为中度降低,则心率变异性高;SDNN<50ms为明显降低,心率变异性低。CV判定标准:年龄<40岁,≤1.5%为异常,1.5%~3.0%为临界,≥3.0%为正常;年龄≥40岁,<0.7%为异常,0.7%~1.5%为临界,>1.5%为正常。

有学者提出一个实时测量驾驶人工作表现的指标$CS_N(t)$,可甄别出驾驶人负荷突变部分,如式(5-1)所示。

$$CS_N(t) = \frac{(RRNN)_A(SDNN)_A}{(RRNN)_N(SDNN)_N} \tag{5-1}$$

式中:RRNN——某时段内R-R间期均值;

SDNN——R-R 间期标准差；

A、N——驾驶情况和安静状态下测得的 RRNN、SDNN 值。

在心血管活动的调节中，下丘脑是一个非常重要的整合部位，它是机体对各内脏机能进行整合的较高级中枢，心理紧张状态和情绪的变化，会相应地引起心血管活动的改变，进而影响心率、脉搏和血压。事实上，人在心理紧张时，会出现心血输出量增加，心率加快，收缩压升高的现象；而且紧张心理还会对血液循环的外周阻力带来影响，使外周阻力增加，从而使舒张压也升高。

【例 5-1】 在研究山区高速公路驾驶人脉率情况时，道路实车试验每隔 10min 采集 60s 长度的脉率样本，取每次采集得到的脉率平均值作为其特征指标，计算方法见式(5-2)。图 5-1 为某驾驶人 60s 时间段内 PR 值的变化情况。

$$\mathrm{PR} = \frac{1}{n}\sum_{i=1}^{n}\mathrm{pr}_i \tag{5-2}$$

式中：PR——60s 时间段内脉率平均值；

pr_i——60s 时间段内采集到的第 i 个脉率值；

n——测量值个数。

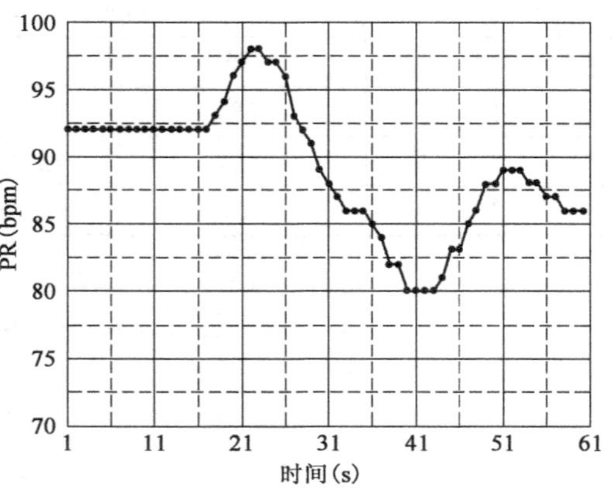

图 5-1 某驾驶人 60s 内 PR 值的变化

5.2.1.2 脑电

脑电信号是由脑神经活动产生且始终存在于中枢神经系统的自发性电位活动，是一种典型而重要的生物电信号。脑电由放置在头皮上的电极获得。人的脑电是一个较为复杂的领域，人处于不同的状态时会有不同的脑电反应，同一种脑电反应，在大脑各个部位也会有不同的分布。脑电波按频率与振幅大致划分为 4 种基本波形，即 α、β、θ 和 δ 波。用于研究驾驶人高速行车时心理紧张性与车速、路线线形的关系时，脑电波反映的心理现象与心率相当。脑电波是一种微弱的电波，在试验过程中容易受到其他干扰因素的影响而失真。

按照 Schwab 分类法，把脑电波分为 6 种波，如表 5-1 所示。

脑电波分类 表 5-1

分类	频率	说明
δ 波	0.5 ~ 3Hz	睡眠、深度麻醉、缺氧或大脑有器质性病变时出现
θ 波	4 ~ 7Hz	困倦时，中枢神经系统处于抑制状态时出现
α 波	8 ~ 13Hz	节律性脑电波中最明显的波，它在清醒、安静、闭眼时即可出现。波幅由小到大，再由大到小规律性变化，呈棱状图形
ε 波	14 ~ 17Hz	—
β 波	18 ~ 30Hz	分布在大脑各部位，在脑的中前部和额部最为明显。是一种频率较高、波幅较小的脑电波，当人警醒和大脑比较兴奋时会出现
γ 波	> 30Hz	—

从上述几种基本波形的描述中可见，脑电波的波形多，但与人遇到外界刺激产生兴奋有关的波形只有 β 波。不过，脑电仪在用于研究驾驶人的疲劳驾车和夜间驾车的各种规律时，有

着优越的表现，α 波、θ 波都能和 β 波一起发生作用。脑电波在疲劳的诊断方面也有应用。研究发现，大脑的疲劳状态与脑电 α 波、θ 波密切相关，随着工作时间的延长、疲劳状态的加重，α 波和 θ 波相对能量增加，β 波相对能量减少。

【例 5-2】 在研究高海拔地区低压稀氧自然环境下驾驶疲劳机理时，将 60s 长的 EEG 信号分割为 2s 长度的 30 个片段，经小波包分解与重构提取出 EEG 信号的典型节律波后，计算不同节律波对应的平均能量值。考虑到组合指标在驾驶疲劳检测中的通常表现较好，构造 3 个组合指标，见表 5-2。图 5-2 所示为某驾驶人在道路实车试验中 ER1、ER2 和 ER3 的变化。

道路实车试验中构造的脑电指标 表 5-2

编号	符号	含义
1	ER1	θ 波与 β 波的能量比值
2	ER2	α 波与 β 波的能量比值
3	ER3	α 波与 θ 波的能量之和与 β 波的能量比值

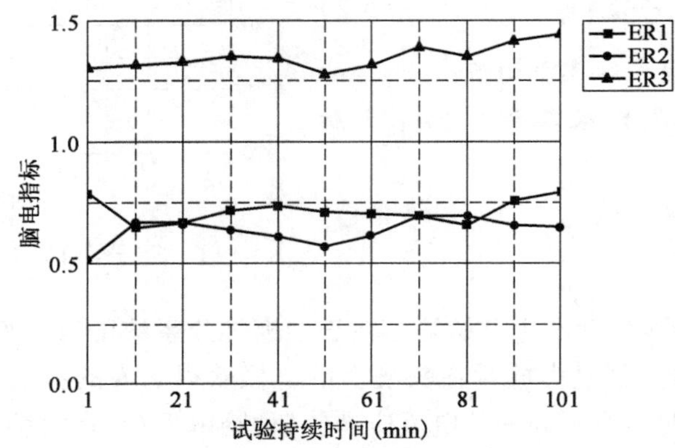

图 5-2 某驾驶人在道路实车试验中脑电指标的变化

5.2.1.3 眼动

眼动是人为了获得引起紧张事物的更多信息而采取相应的应对措施，将注意力大量地转移到该事物上来的一种反射活动，会伴随着人的视觉(眼睛)特性的相应变化。比如，长时间注视某物或注视点凝聚在某处，就会对应着人眼球移动角速度的降低或注视点分布范围的缩小。通过相应的仪器(如眼动仪)可将人的这种自发生理反应检测出来，用于人紧张程度方面的定量分析研究。

瞳孔变化是眼动的一个重要参数，一定程度上反映了人的心理活动。正常情况下瞳孔的变化范围为 1.3 ~8mm。有些研究表明，随着疲劳程度的增加，瞳孔直径变小；人在心理紧张时瞳孔扩大。眨眼是上下眼帘相触，眼睛暂时隐在其后。有研究认为，在安静、放松的状态下，人的平均眨眼频率为 15 ~20 次/min。

驾驶人行车时，认知过程中主要有注视、扫视和眨眼 3 种基本眼动形式。

(1)注视

注视是指将眼睛的中央凹对准某一物体一段时间历程，在此期间被注视的物体成像在中央凹上，获得更充分的加工而形成清晰的像。但注视不等于眼球的静止，注视中常常伴随着 3 种形式的极为细微的眼动——自发性的高频眼球微颤、慢速漂移和微跳。这些细微眼动是视觉信息加工所必需的信息提取机制。注视可作为认知过程的眼动参数,驾驶人通过注视来识别交通运行环境的某个特征(即线索)。在日常生活中,注视点可以反映注意力的焦点。

注视行为常用的表征参数有注视点、注视点数目、注视点顺序、注视持续时间、累计注视时间、瞳孔大小等。

(2)扫视

扫视产生于人眼的两次注视之间,是注视点或注视方位的突然改变,这种改变往往是个体意识不到的。扫视表示的是驾驶人的眼睛搜索目标物的过程;或根据需要将注视点由一个物体转移到另一个物体的运动;或由于周边视野上出现特异的刺激物,视网膜周边部位做出反应,促使眼球转动的行为。扫视时眼球并不是做平滑移动,而是做跳跃运动,视线先在目标的一部分上停留一下,完成注视后,又突然停止,循环地一跳一停前进。扫视过程中可以获取刺激的时空信息,但几乎不能在眼球内形成刺激的清晰映象,所以扫视可以实现对视野范围的快速搜索和对刺激信息的选择,使感兴趣的视觉信息落入中央凹,再进行充分的信息加工。扫视的速度很快,最高可达 1000°/s,扫视的幅度则可以达到 30°。

扫视常用的表征参数有扫视持续时间、扫视幅度、扫视峰值速度、扫视平均速度等。

(3)眨眼

眨眼是每个人平时常做的一种动作。即使无外界刺激存在,每个人在不知不觉中也会眨眼,这是一种“不自主运动”。但是驾驶人在驾驶车辆过程中,并不能通过眨眼获取到相关信息,也就是说,眨眼并不参与视觉搜索过程,而且频次极少。

3 种眼动交错在一起,目的均在于选择信息,将要注意的刺激物成像于眼球的中央凹区域,以形成清晰的像。眼动可以反映视觉信息的选择模式,可揭示认知加工的心理机制。

【例 5-3】 *在研究高海拔地区营运驾驶人驾驶疲劳机理方面,道路实车试验中得到的眼动参数见表 5-3。图 5-3 所示为某驾驶人道路实车试验中 PSCV、BR、BD、PERCLOS、SD 和 FD 的测试结果。*

道路实车试验眼动参数 表 5-3

符号	意义	单位
PSCV	瞳孔面积变异系数	—
BR	眨眼频率	Hz
BD	眨眼持续时间平均值	s
PERCLOS	眼睛闭合时间占总时间的百分比	—
SD	眼睛扫视时长平均值	s
FD	眼睛注视时长平均值	s

5.2.1.4 呼吸、皮电、肌电

呼吸是机体与外界环境之间的气体交换过程。通过呼吸,机体从大气中摄取新陈代谢所需要的氧气,排出所产生的二氧化碳。当大脑皮层兴奋性发生变化时,必然会影响呼吸的变化,这种变化往往是人自身意识不到的。正常成年人安静状态下呼吸频率为 12 ~ 18 次/min,平均约 15 次/min;平静呼吸时,每次吸入或呼出的气量,成人约 500mL,成年人处于紧张状态时的呼吸频率相比平静状态时有减缓趋势。

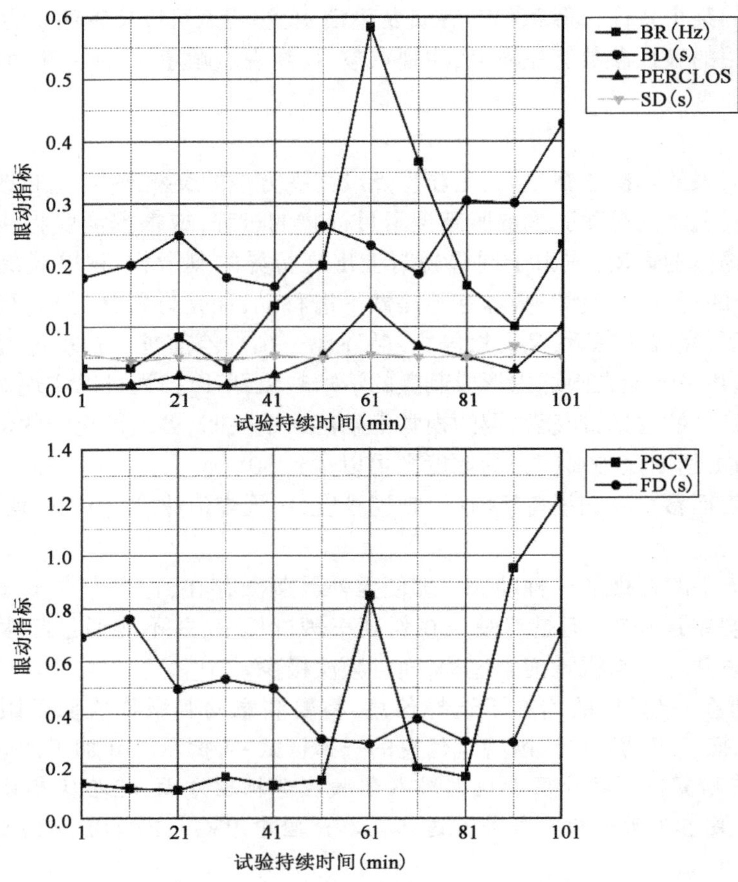

图 5-3　某驾驶人在道路实车试验中眼动参数测试结果

皮电是指人体受到外界刺激或情绪变化时,交感神经活动兴奋,引起汗腺分泌的增加,导致皮肤导电率升高,从而引起较大的反应。在极端温度条件下,手掌和脚掌的区域出现特殊形态的汗液分泌,可以参与体温的调节,而在正常温度范围内皮电则是和情绪的波动密切相关的,通过测量人手心发汗的程度来了解被测试者心理紧张程度变化的方法也被广泛应用。皮电还是反映大脑皮层功能和自主神经系统活动的参数,可以反映基本神经过程的动力特征。正是因为反应幅度大,灵敏度高,不易受大脑皮层意识直接抑制的特点,皮电已成为国际上应用广泛并得到普遍承认的心理测试指标。

肌电是指人体的肌肉细胞受神经刺激后会产生动作电位。利用肌电仪检测并放大这种电位,就可通过研究该电位的高低或电位差来了解人体在运动前后的紧张程度。它一般被体育家和运动心理学家用来研究与某种运动和姿势相关联的肌电模式,或者被心理、生理学家用来研究与运动相关的人的紧张性。

由于呼吸、皮电、肌电等不易采集,它们常作为道路交通安全研究的辅助测量方法。

5.2.2　主观评价

脑力负荷的主观测量方法是指让驾驶人陈述任务操作过程中的脑力负荷体验或根据这种

体验对作业项目进行过程排序、质的分类或量的评估。该方法的理论基础是操作者脑资源耗费的增加同他的努力程度联系并能准确地表达出来。典型的主观测量方法有 NASA-TLX 量表、主观负荷评价技术 SWAT 和修正的库柏哈柏法 MCH。

SWAT 方法把时间、压力和努力看作是 3 个引起脑力负荷的主要因素。每个因素分高、中、低 3 个水平,最后合并成一个脑力负荷测量指标。MCH 量表由一系列的问题组成,是评价飞机驾驶难易程度的单维量表,可进行作业负荷的综合评价。NASA-TLX 和 SWAT 量表是多维量表,在敏感性和诊断性方面效果相近。NASA-TLX 和 SWAT 方法分别通过各自不同的维度测量诊断性。这 3 种主观测量方法间存在一定的相关性,在航空专业领域有广泛的应用。

NASA-TLX 是一个多维脑力负荷评价量表,涉及 6 个负荷因素(维度),即心理需求、体力需求、时间需求、作业绩效、努力程度和挫折水平,每一维度均由一条 20 等分直线表示,直线分别以低、高字样标示。各维度详细说明见表 5-4。

NASA-TLX 评价量表 表 5-4

维度	端点	描述
心理需求	低/高	心理和直觉活动有多大需求(如思维、决定、计算、记忆、观察和搜索等)？任务是容易的还是困难的,简单的还是复杂的,条件是苛刻的还是宽松的？
体力需求	低/高	在完成任务的过程中需付出多大的体力(如推杆、拉杆、转弯、飞行控制、活动程度等)？任务是容易的还是困难的,缓慢的还是迅速的,肌肉是松弛的还是紧张的,动作是休闲的还是吃力的？
时间需求	低/高	对任务或任务成分的速度或节律所带来的时间压力感觉有多大？是大还是小？是紧张还是从容不迫？
作业绩效	低/高	对完成任务所取得成绩的满意度,是高还是低？
努力程度	低/高	对完成任务必须付出的努力程度,是大还是小(脑力还是体力方面)？
挫折水平	低/高	在作业过程中,你的不安全感、受挫感、烦恼感等是高还是低？

1930 年,美国设计了一系列旨在测评驾驶适应性的量表及问卷,1947 年美国劳工部人力资源局正式采用一般能力倾向成套测验(General Aptitude Test Battery,GATB),将其作为职业咨询、指导和选拔的重要依据。后来,许多国家竞相研究驾驶适应性问题,并研制、开发了许多检测设备和方法。

【例 5-4】 在研究驾驶疲劳机理方面,采用驾驶模拟试验,获取了表 5-5 的 KSS、RT 和 ST 的测试值。图 5-4 所示为某驾驶人的测试结果。

驾驶模拟试验采集数据 表 5-5

符号	意义	单位
KSS	驾驶人主观疲劳程度	1~9 级
RT	驾驶人反应时间	ms
ST	驾驶人注意力	s

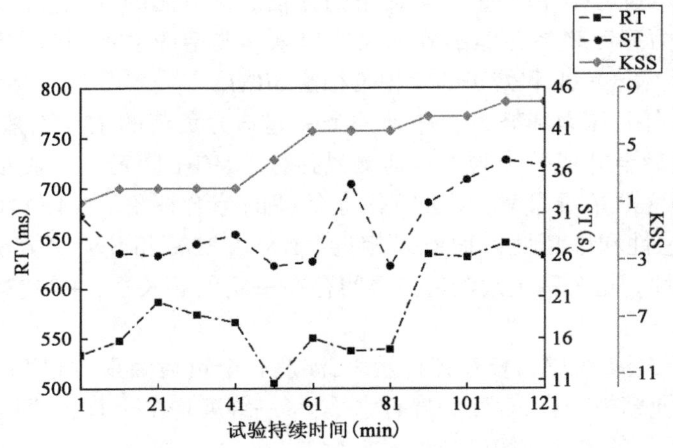

图 5-4　驾驶模拟试验中 KSS、RT 和 ST 测试值

5.3　主观安全性评价

5.3.1　生理心理参数与评价指标

选择 RRCV(心率变异系数)、FT_{85}(眼动 85% 分位注视时间)和 TLX(脑力负荷)作为驾驶人主观安全性的应变量(参数),通过自然驾驶试验获取某山岭重丘区高速公路各试验路段的驾驶人 RRCV、FT_{85} 和 TLX 值,并调研相应路段的事故率。

心率变异系数(RRCV)是 R-R 间期标准差(SDNN)与 R-R 间期均值(MRR)的比值,试验与调研所得各路段驾驶人 RRCV 值与事故率间的关系如图 5-5 所示。

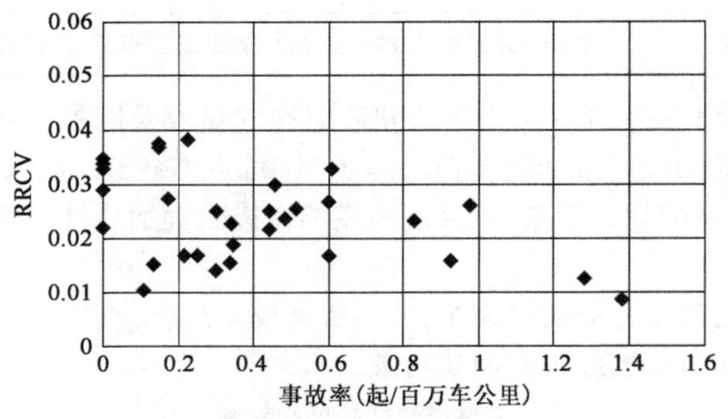

图 5-5　驾驶人 RRCV 值与事故率对应关系

注视持续时间是指在注视时,视轴中心位置保持不变的持续时间,以 ms 计。注视持续时间代表处理与危险相关的信息所花费的时间,反映获取信息的难易程度,是注视区域信息内容和主观信息处理策略的度量参数。通过测试得到图 5-6 所示的注视时间累积频率图,可以看出驾驶人的注视时间一般处在[0.1,3]的范围内。试验与调研所得 FT_{85} 与事故率的关系见图 5-7。

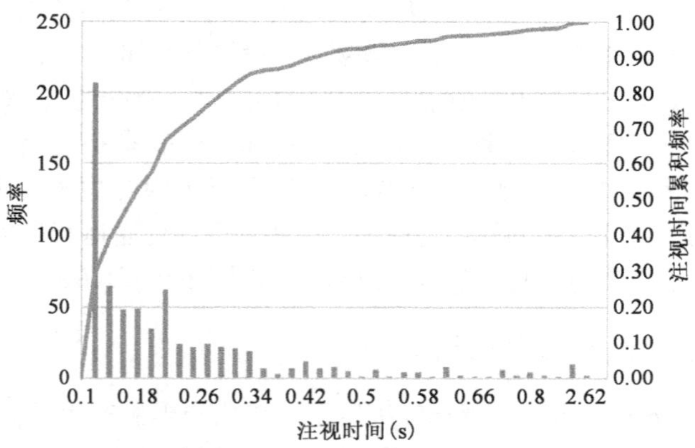

图 5-6 FT_{85} 累积频率

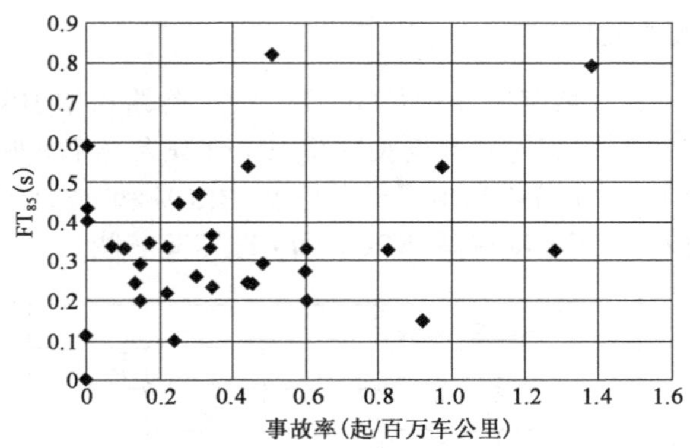

图 5-7 FT_{85} 与事故率对应关系

NASA-TLX 量表中包括脑力负荷来源对比卡和脑力负荷等级卡。针对 6 个负荷因素(维度),由脑力负荷来源对比卡得出心理需求、体力需求、时间需求、作业绩效、努力程度、挫折水平 6 个负荷因素的重要性,由脑力负荷等级卡得出每种脑力负荷因素的评分。驾驶人在行驶过程中针对其驾驶任务实时完成 NASA-TLX 量表,TLX 越大代表驾驶人在该路段中脑力负荷较大,其与事故率的关系如图 5-8 所示。

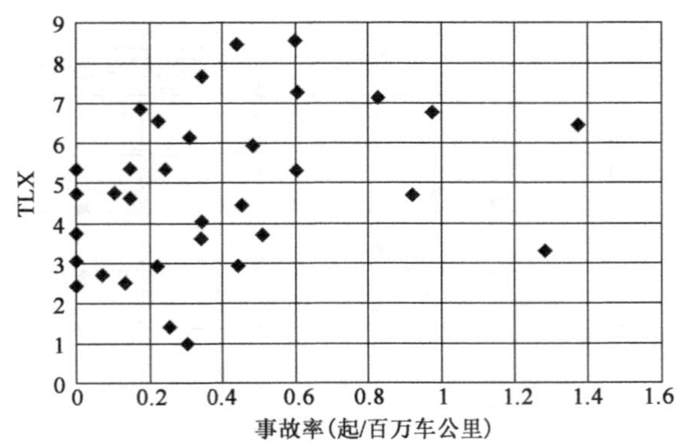

图 5-8 驾驶人 TLX 与事故率对应关系

以 RRCV、FT_{85}和 TLX 指标为应变量,应用主成分分析法对观测数据进行分析可得云贵高原山区高速公路主观安全性指数 DSI 与该 3 参数的关系模型,如式(5-3)所示。

$$DSI = 0.023(1/RRCV) + 1.051(FT_{85}) + 0.260(TLX) \tag{5-3}$$

该模型是利用生理心理参数与事故率的关系建立的,事故率是道路交通安全的绝对表征指标,因此该模型属"事后"模型。若能建立基于交通运行风险与生理心理参数关系的主观安全性模型,则更有利于支撑道路交通运行安全水平的提升与交通运行风险防控。建模所用数据为云贵高原山区高速公路的驾驶人生理心理数据和对应的路段事故率。

5.3.2 用户感知反应与交通行为

自由流状态下,道路客观运行环境条件决定了道路用户驾驶行为的倾向性,集中表现在行车速度上。分析自由流状态下驾驶人的心理生理反应与道路设施、交通设施、自然环境及运行车速间的关系,也可建立道路用户心理生理反应与交通行为关系模型。

5.3.2.1 路段熟悉程度

为了研究高速公路长大纵坡路段的运行安全性,把试验路段中 10km 的长大下坡路段按平曲线半径大小分为 9 个路段,通过自然驾驶试验采集驾驶人心率和眼动等生理数据及行车速度。图 5-9、图 5-10 和图 5-11 分别给出了行车速度、RRCV 和 FT_{85}的测试结果。总体上看,对运行环境熟悉的驾驶人,行车速度偏高,RRCV 和 FT_{85}略高一些。

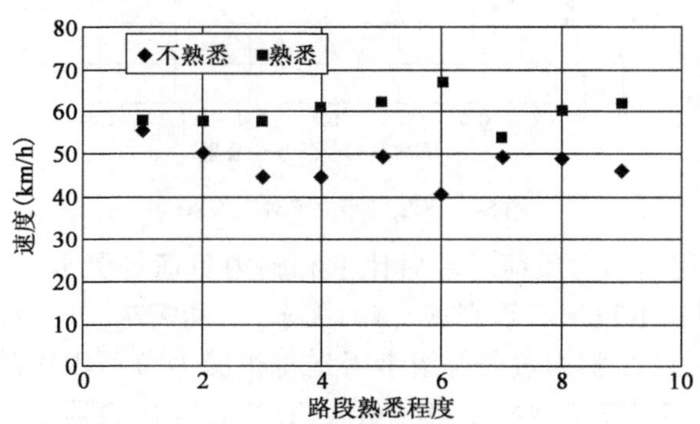

图 5-9 路段熟悉程度对驾驶人行车速度的影响

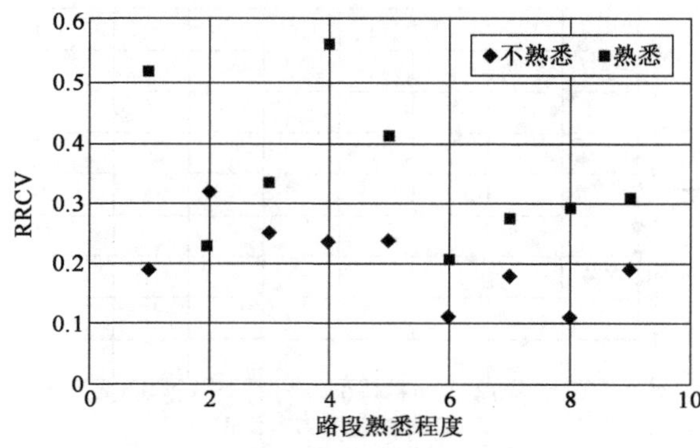

图 5-10 路段熟悉程度对驾驶人 RRCV 的影响

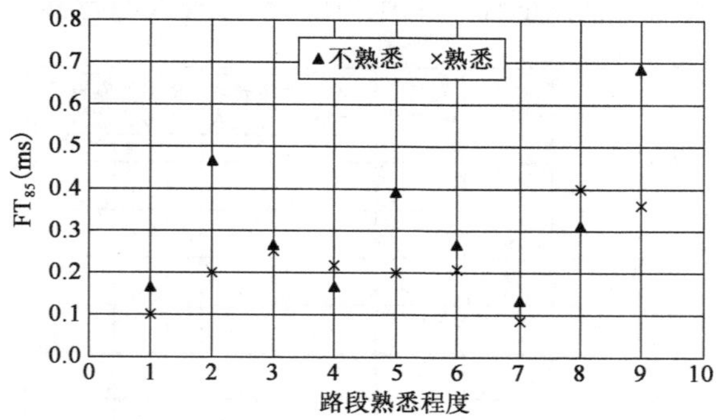

图 5-11 路段熟悉程度对驾驶人 FT_{85} 的影响

5.3.2.2 限速

通过测试新、老驾驶人对限速的感知和接受性，驾驶人对限速阈值和交通运行环境自身判断的作用亦可通过速度的变化和驾驶人生理心理的反应考察。测试数据见图 5-12、图 5-13 和图 5-14。

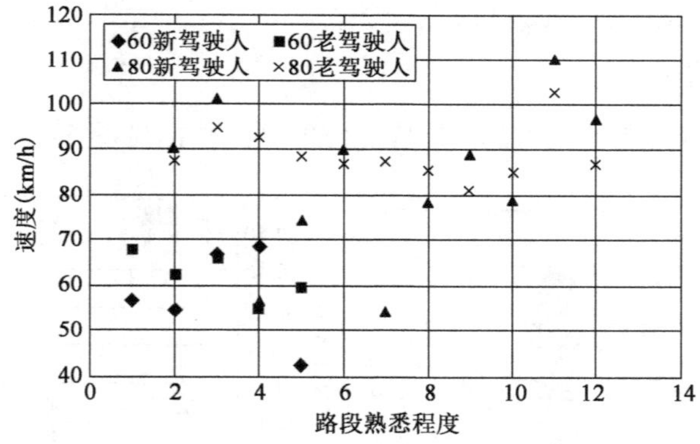

图 5-12 限速 60km/h、80km/h 时新、老驾驶人行驶速度

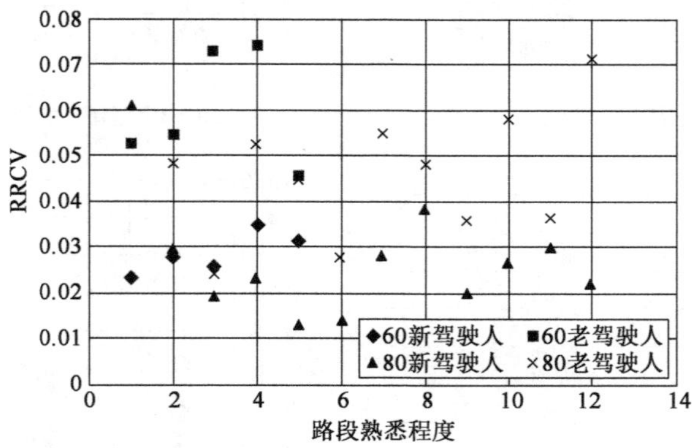

图 5-13 限速 60km/h、80km/h 时新、老驾驶人 RRCV

从行驶速度上看，图 5-12 显示无论是限速 60km/h 还是 80km/h，新驾驶人的速度离散性要大一些。限速 80km/h 时，老驾驶人基本上在 80～90km/h 的速度范围内行驶，表明老驾驶

人基本接受该限速阈值或老驾驶人信任该限速阈值,新驾驶人的行驶速度变化很大。

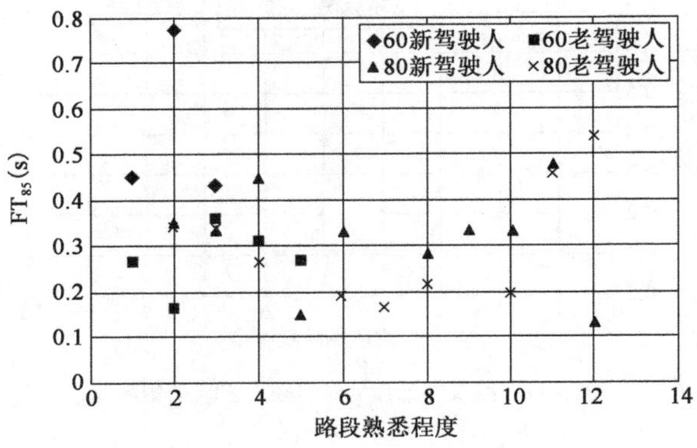

图 5-14 限速 60km/h、80km/h 时新、老驾驶人 FT_{85}

图 5-13 和图 5-14 表明,$RRCV_N < RRCV_O$、$FT_{85N} > FT_{85O}$,FT_{85} 值离散,更加敏感;限速 60km/h 时驾驶人 RRCV 均大于限制速度 80km/h 时驾驶人的 RRCV,FT_{85} 则相反。这说明随着速度增大,RRCV 降低,而 FT_{85} 的值升高,驾驶人的心理更紧张,负荷加重。老驾驶人的 RRCV 高于新驾驶人,老驾驶人 FT_{85} 显得低一些。

5.3.2.3 道路线形

不同道路线形下的新、老驾驶人的 RRCV 和 FT 测试数据见图 5-15 ~ 图 5-20。

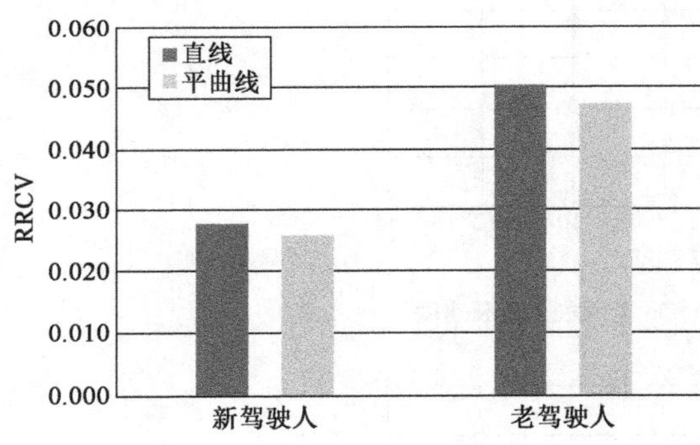

图 5-15 RRCV(直线与平曲线)

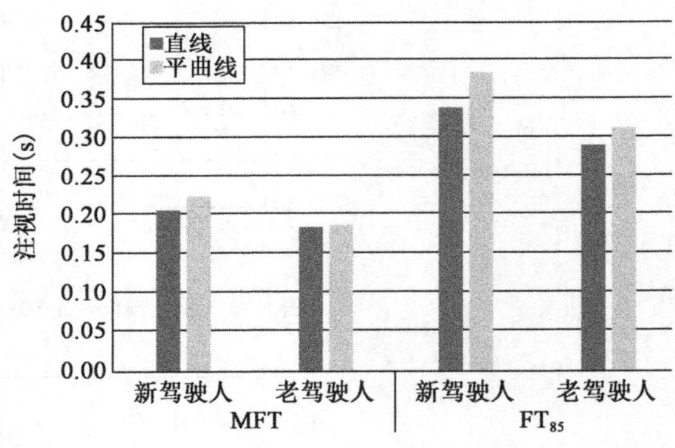

图 5-16 MFT 和 FT_{85}(直线与平曲线)

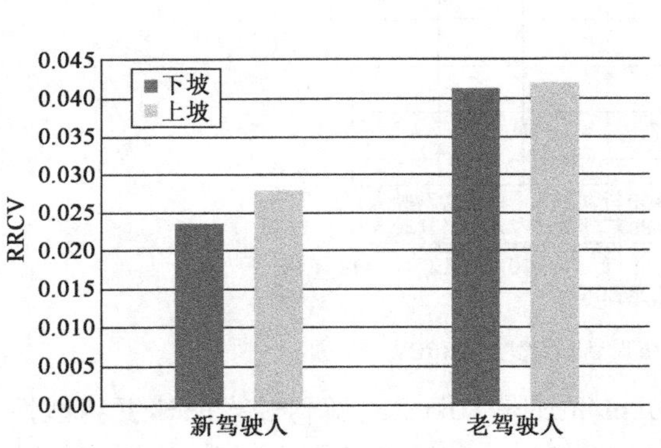

图 5-17 RRCV(上坡与下坡)

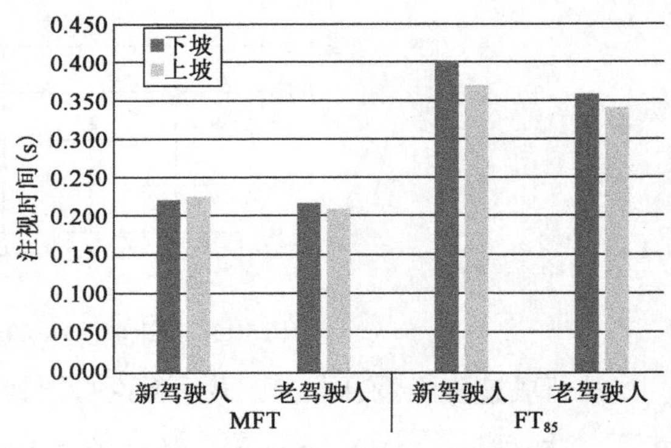

图 5-18 MFT 和 FT_{85}(上坡与下坡)

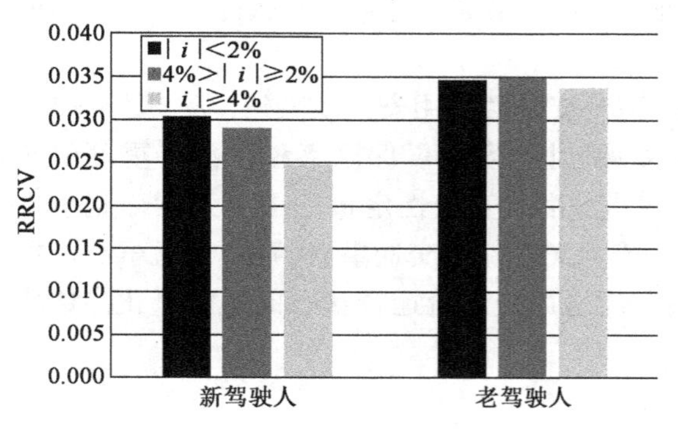

图 5-19 RRCV@纵坡

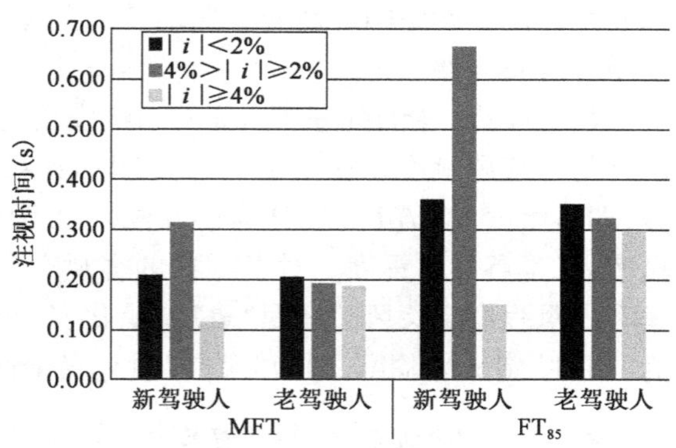

图 5-20 MFT 和 FT_{85}@纵坡

从以上数据,大体可以得到以下规律。

图 5-19 表明 $RRCV_N < RRCV_O$,新驾驶人 RRCV 则随着坡度的增大而降低,老驾驶人 RRCV 随坡度的变化没有明显变化。这说明坡度对新驾驶人的影响较大,随着坡度的增大,驾驶负荷加重,新驾驶人的心电负荷也高于老驾驶人的心电负荷。

图 5-20 表明新、老驾驶人在不同坡度下的注视时间不同。新驾驶人的 MFT 和 FT_{85} 都在 $4\% > |i| \geq 2\%$ 时达到最大,在 $|i| \geq 4\%$ 时最小,有可能是因为 $|i| \geq 4\%$ 的坡度较多为上坡,速度较低,驾驶人不需要过多注视,所以 MFT 和 FT_{85} 值较低。而老驾驶人的注视时间较为稳定,随着坡度增大而微弱减少。坡度大小对老驾驶人的注视时间 MFT 和 FT_{85} 影响很小。

以上测试数据样本量虽不足以建立关系模型,但总体上可以看出驾驶人的生理心理反应是与道路几何线形参数、限速阈值等有关的;驾龄对主观安全感有影响。这些数据表明用驾驶人生理心理参数表征其主观安全感是可行的。

5.4 客观安全性评价

5.4.1 客观安全性量化参数

客观安全性强调的是道路交通基础设施为主体构成的道路交通运行环境所具有的安全性,取决于道路几何线形参数、路面状况、交通安全设施等特征要素的技术指标。对于平曲线、竖曲线等基准元素的计算,其技术指标的确定需要考虑车辆行驶安全性。当把自然环境因素作为交通运行环境内在因素时,客观安全性可以定义为道路交通基础设施与自然环境等组合的交通运行环境的安全性。

在计算行车速度(设计速度)控制下,所确定的道路交通基础设施技术指标均在不同的方面反映了道路交通基础设施所具有的客观安全性。以道路线形为例,技术指标主要包括平曲线半径、竖曲线半径、纵坡度、转角、直线长、曲线长、纵坡长、视距、超高、加宽、横坡度、车道数、路幅宽度等众多指标,这些指标有些相互独立,有些则相互关联。总体来说,这些元素既是对车辆行驶的限制与约束,也为车辆行驶辅助,反映了道路几何线形所具有的客观安全性。标志、标线的文字和图形符号等的大小与颜色、路侧容错能力、防撞护栏的防护等级等反映了交通安全与沿线设施的客观安全性。道路交通基础设施技术指标是道路交通运行环境最底层的本质客观安全性。

最基本的安全性定量方式是对系统安全性的确定，安全性可用安全度表达，安全度 $S=1-R$，R 为系统风险度。安全度与风险度具有互补关系，风险度是事件概率和事件严重度的函数，即风险度 $R=f(P,L)$，P 为事件概率，L 为事件严重度。安全性定量的重要元素一是事件概率，二是事件严重度。对于“路”的客观安全性，若定义事件为交通事故，则用交通事故的概率和严重程度定义风险度属“事后”量化安全性；若能运用交通流运行状态的风险量化参数作为“事件”定义风险度，则为“事前”量化安全性。

5.4.2 客观安全性“事后”量化模型

客观安全性评估可分为道路设施安全性、交通设施安全性、路面状态安全性与自然环境安全性等四个方面，四个方面的客观安全性构成道路客观安全性，如图 5-21 所示。

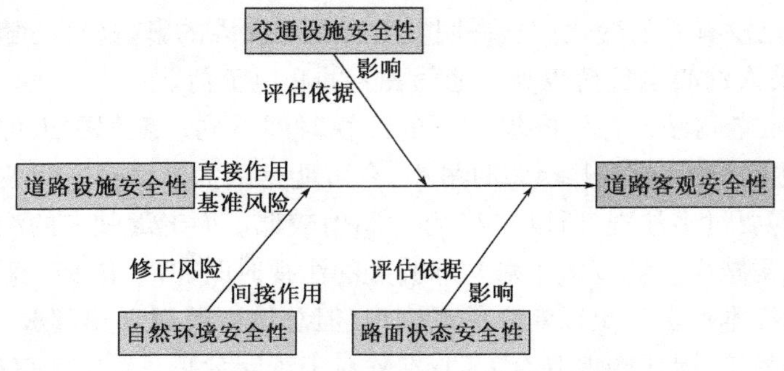

图 5-21 客观影响因素与道路客观安全性关系

依据道路线形安全性指标的研究成果，将道路设施安全性指标（RSI）作为基础指标，整合交通设施安全性指标（TFSI）、路面状态安全性指标（PCSI）和自然环境安全性指标（NESI），建立道路客观安全性基准指标（OSI_0）。由于平面交叉口、立交、隧道（群）、桥梁、路基等道路设施特征有显著区别，宜对应构建安全性指标。

5.4.2.1 客观安全性指标（OSI）

交通事故高风险段是指在某一社会经济发展阶段，在持续一定长的时期内，事故发生水平高于普遍水平或标准参考值的路段。因此，传统的高风险路段鉴别主要基于（当量）事故数及（当量）事故率。绝对指标包含事故起数、死亡人数、轻重伤人数、损失工日数和经济损失这几类，而相对指标则主要采用损失/产量的形式表示（起/百万车公里）。

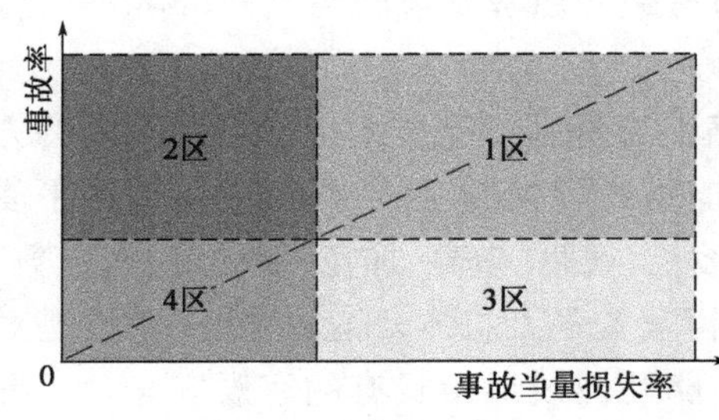

图 5-22 事故状态矩阵

对于任意一个特征路段，可用事故当量损失率和事故率作为安全性指标，采用矩阵法对该路段安全性进行划分。以事故当量损失率为横坐标，事故率为纵坐标，点绘出两者的分布。整个坐标可分为 4 个区，如图 5-22 所示。1 区为高事故率、高事故当量损失率区，表示该类路段安全状况较为严重，为事故严重路段；2 区为高事故率、低事故当量损失率区，表示该路段事故严重程度较低；3 区为低事故率、高事故当量损失率区,表示该路段事故严重程度较高;4 区为低事故率、低事故当量损失率区,表示该路段安全状态良好。

安全性指标的阈值确定应考虑国民经济发展水平和现实道路交通安全工程的科学技术水平。

【例 5-5】 取正常状态下事故率 $I<1.5$ 起/百万车公里,事故当量损失率 $P<45$ 万/百万车公里,$I\times P\approx 64$,利用归一化方法构造式(5-4)的客观安全性指标 OSI。

$$\mathrm{OSI}=\frac{8-\sqrt{I\cdot P}}{0.8}=10-\frac{5\sqrt{I\cdot P}}{4} \tag{5-4}$$

这样当 $I\in[0,1.5]$,$P\in[0,45]$时,$\mathrm{OSI}\in[0,10]$。若计算得 OSI 小于零,则该路段属于数据特殊路段。I、P 的取值与道路所在地区的社会经济发展水平有关。

5.4.2.2 模型建立

通过对类似自然环境区域多条高速公路的调研,得到了高速公路几何线形指标与 OSI 的关系,如图 5-23 和式(5-5)所示。

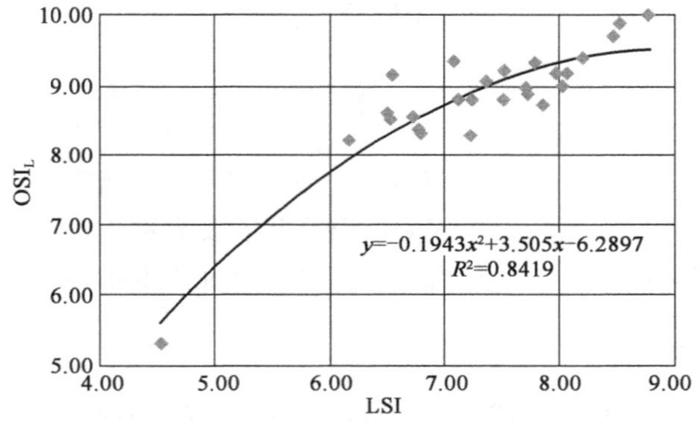

图 5-23 几何线形指标与 OSI 的关系

$$\mathrm{OSI_L}=-0.1943\mathrm{LSI}^2+3.505\mathrm{LSI}-6.2897 \tag{5-5}$$

$$\mathrm{LSI}=10-M_{\mathrm{K}}$$

式中:LSI——公路线形技术指标,$\mathrm{LSI}=10-M_{\mathrm{K}}$;

$\mathrm{OSI_L}$——基于公路线形的客观安全性基准值;

M_{K}——客货曲率极差比。

对式(5-5)的客观安全性基准指标做自然环境安全性修正,由式(5-6)计算。

$$\mathrm{OSI_0}=\mathrm{OSI_L}\cdot k_{\mathrm{NE}} \tag{5-6}$$

式中:$\mathrm{OSI_0}$——客观安全性基准指标;

$\mathrm{OSI_L}$——基于公路线形的客观安全性基准值;

k_{NE}——基于自然环境的客观评估修正值,$k_{\mathrm{NE}}=-0.048\mathrm{NESI}^2+1.0571\mathrm{NESI}-4.792$;

NESI——自然环境安全性指标。

基于该关系模型,考虑路面状态与交通工程设施安全性,建立客观安全性的关系模型,如式(5-7)所示。

$$\mathrm{OSI}=f(g(\mathrm{LSI},\mathrm{NESI}),h(\mathrm{TFSI},\mathrm{PCSI}))=f(\mathrm{OSI_0},h(\mathrm{TFSI},\mathrm{PCSI})) \tag{5-7}$$

按 OSI 值,可将安全性水平分为三级(分级阈值与交通发展水平有关),对应的路面状态安全性指标(PCSI)和交通设施安全性指标(TFSI)也分为三级,如图5-24和图5-25所示。

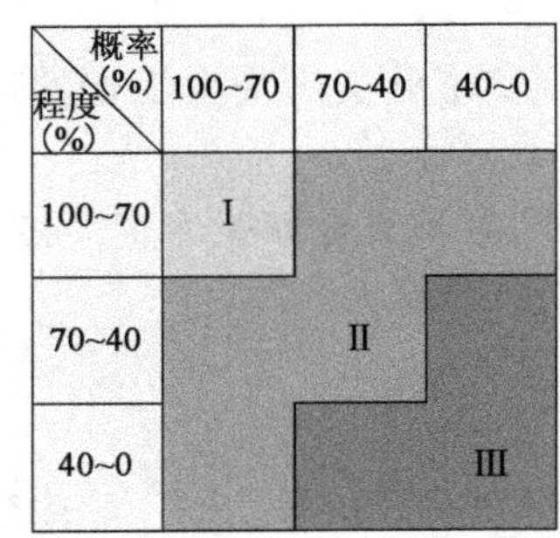

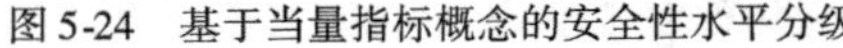
图5-24　基于当量指标概念的安全性水平分级

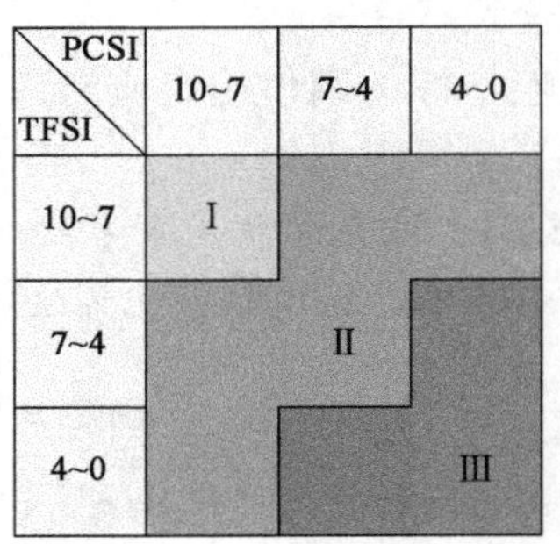

图5-25　交通设施与路面状态安全性水平分级

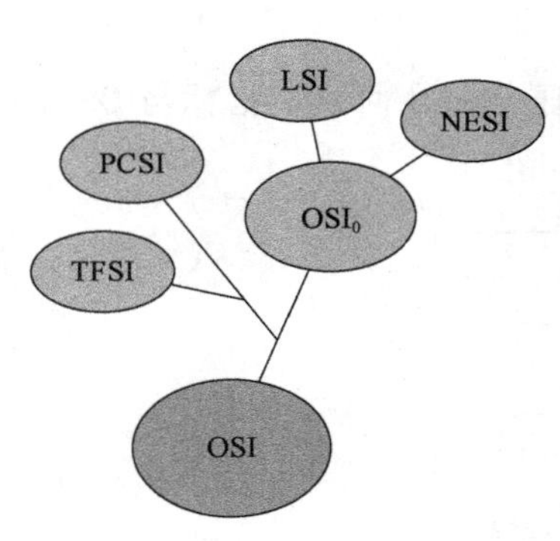

图5-26　多重二维向量描述

采用该二维安全性水平分级得到路面环境与交通设施状况的综合状况,其结果为动态指标,可结合高速公路客观运行安全水平再进行二维向量式修正,如图5-26所示,得到高速公路客观安全性指标OSI计算式(5-8)。

$$OSI = \min(OSI_0, \sqrt{TFSI \cdot PCSI}) \tag{5-8}$$

式中:TFSI——交通设施安全性指标;

PCSI——路面状态安全性指标;

OSI_0——客观安全性基准指标。

5.4.3　运行速度

依据设计标准规范设计建造的道路交通基础设施,如果没有强制性约束,车辆的实际行驶速度与设计速度并不一致,存在某些路段车辆实际行驶速度与设计速度相差较大,相邻路段的行驶速度也会出现较大差异的现象。车速差异是人的个性差异、车辆性能差异及其耦合作用的结果。车速是驾驶人驾驶特定机动车辆在道路交通运行环境下选择的实际行驶速度,称为运行速度。对运行速度进行观测,经过统计分析提取运行速度特征值,可建立运行速度特征值和道路交通运行环境参数、事故率等之间的关系。如,不少国家采用测定运行速度的第85%位的行驶速度作为运行速度的特征值,即v_{85},是中等技术水平的驾驶人根据实际道路条件、交通条件、良好气候条件等能保持的安全速度。

对于具有一定技术特征的路段(几何线形、标志、标线等)或相邻路段,研究表明,运行速度与设计速度的差异或毗邻路段运行速度的差异,在统计意义上可反映该路段或相邻路段的客观安全性。因此,不少研究通过观测或预测运行速度衡量道路交通运行环境的客观安全性。我国《公路项目安全性评价规范》(JTG B05—2015),以路段的v_{85}与设计速度之差和相邻路段的运行速度特征值v_{85}之差初筛道路几何线形不协调的路段,再分析路线的相关要素,如视距、超高、纵坡、竖曲线半径等指标的合理搭配,以获得连续、一致的均衡道路几何线形。

常用的运行速度特征值有以下几种。

(1)平均车速$\bar{v}$、v_{85}和Δv_{85}

平均车速指平均地点车速,是车辆通过道路某指定断面的瞬时速度平均值。一组地点车

速观测值的算术平均数为平均地点车速。如上述定义，v_{85}是运行速度重要特征指标值。许多国家的道路安全评价指南采用 Δv_{85}作为运行速度协调性的评价指标，指运行速度 v_{85}与设计速度的差，采用相邻路段运行速度的差值$|\Delta v_{85}|$评价相邻路段几何线形的连续性。

(2)车速标准差 σ

车速标准差为路段车速标准差，首先计算单个断面运行速度 v_{85}，然后，根据所划分路段上的断面个数确定样本量，即断面运行速度 v_{85}的个数，计算得到基于以上各断面代表运行速度 v_{85}的车速标准差 σ，见式(5-9)。

$$\sigma = \sqrt{\frac{\sum (v_i - \bar{v})^2}{n - 1}} \tag{5-9}$$

式中：v_i——断面运行速度 v_{85}，km/h；

$\bar{v}$——断面运行速度均值，km/h；

n——路段断面个数。

车速标准差为表述路段车速离散性的一个变量，车速标准差越大，路段上各断面车速相对于平均车速的差值越大，车速波动程度越大。

(3)车速变异系数 C_V

由于实际测量中，路段上布设的测点数量有限，其中任意一个值的变化对车速标准差 σ的影响都非常显著，使得车速标准差 σ 具有一定的缺陷，为此可引入路段车速变异系数 C_V，见式(5-10)。

$$C_V = \frac{\sigma}{\mu} \tag{5-10}$$

式中：σ——车速标准差，km/h；

μ——车速均值，km/h，其样本取值与车速标准差相同。

(4)客货差及客货极差比 M

通常情况下，道路上小客车车速较高，大货车(大型载重车)车速相对较低，货车的运行速度过慢导致跟车运行的后续车辆视距不足，客货混行于同一车道时，超车变道频繁。这无疑增加了交通运行风险。

定义客货差为小客车与大货车运行速度的差值，断面客货差 = 小客车 v_{85} − 大货车v_{85}。考虑到客货差极大值以及平均值都没有将路段客货差的离散性表现出来，可提取路段上客货差的极大值以及平均值，引入路段客货极差比，见式(5-11)。

$$M = \frac{\max\limits_{1\leq i\leq n}(m_i) - \min\limits_{1\leq i\leq n}(m_i)}{\bar{m}} \tag{5-11}$$

式中：M——路段客货极差比；

m_i——路段各断面客货差值，km/h；

$\bar{m}$——路段各断面客货差均值，km/h。

(5)车速降低系数 SRC

相邻路段车速差值是表征线形设计质量的关键参数，即保证同一设计区段内，驾驶人能够采用连贯的驾驶方式行车，避免或最大限度地减小驾驶劳动强度。车辆实际运行中，从 60km/h 减速到 30km/h 和从 120km/h 减速到 90km/h 速度均降低了 30km/h，但诱发的交通运行风险并不相同。引入车速降低系数 SRC，定义为不同断面特征点车速之比，如式(5-12)所示为平曲线缓直点与曲中点的车速降低系数。

$$SRC = \frac{缓直点\ v_{85}}{曲中点\ v_{85}} \tag{5-12}$$

(6)路段车速离散度 S

路段车速离散度 S 定义为里程 L 内第 85% 位车速与平均车速所围成的面积，如图 5-27 所示，其计算式见式(5-13)。

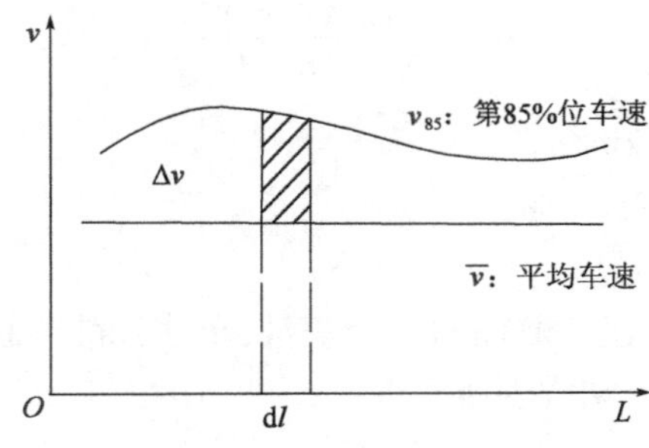

图 5-27　S 的计算示意图

$$S = \frac{\sum_{i=1}^{n}\int_{l_i}^{l_{i+1}} \Delta v_i \mathrm{d}l}{L} \tag{5-13}$$

式中：Δv_i——第 i 个几何元素第 85% 位车速与平均车速之差的绝对值，即单位长度内的速度梯度，m/s；

l_i——第 i 个几何元素对应的起点桩号里程，m；

l_{i+1}——第 i 个几何元素对应的终点桩号里程，m；

L——里程长度，m；

n——里程长度 L 内几何元素的总个数。

5.5　“人-车-路”系统安全性评价

5.5.1　基于“事后”的“人-车-路”系统安全性评价

5.5.1.1　高速公路主、客观安全性关系模型

《公路安全手册》(HSM)认为主观安全性是指驾驶人或者其他道路参与者对所在道路交通环境的安全感知，道路交通信息传递与驾驶人信息处理过程如图 5-28 所示。

HSM 提出了道路主观安全性和道路客观安全性的相互关系，见图 5-29，图中横坐标从左向右代表事故数减少，道路客观安全性升高；纵坐标从下到上代表驾驶人安全感知升高，道路主观安全性升高。在 HSM 中表现了道路主观安全性与道路客观安全性之间的三种不同变化趋势 A—A′、B—B′、C—C′。

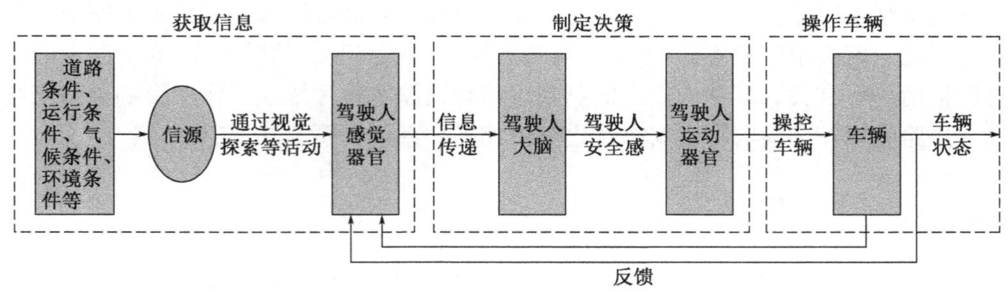

图5-28 道路交通信息传递与驾驶人信息处理过程示意图

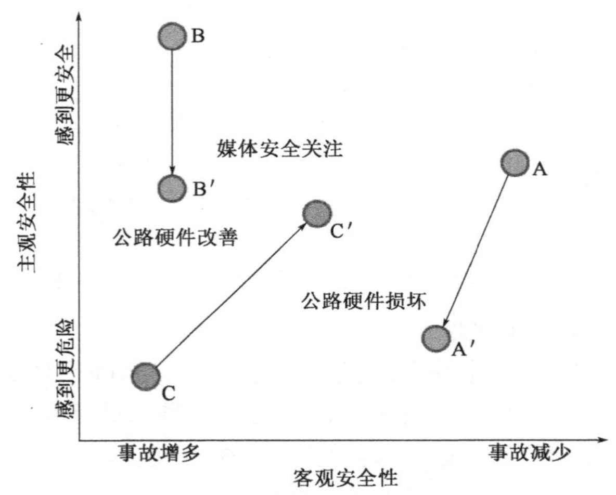

图5-29 HSM主观安全性和客观安全性相互关系

(1)A—A′。道路主观安全性降低的同时道路客观安全性也降低。如移除平面交叉口照明导致夜间驾驶人安全感知降低,事故率增加。

(2)B—B′。交通网道路主观安全性降低但客观安全性未发生改变。如通过电视节目宣传攻击性驾驶行为的危险性,道路用户对攻击性驾驶人重视程度会加强,而主观安全感降低。如果电视节目宣传并未有效减少由攻击性驾驶行为所引起的事故,则只表现为道路主观安全性降低而事故数不变。

(3)C—C′。主观安全性增大的同时客观安全性也增大。如增加左转车道等交通设施增加主观安全性,降低事故率。

HSM分析了道路主观安全性与道路交通事故之间存在不同方向变化。不同的变化是因为事故的发生不仅仅是由道路主观安全性引起的,而是由道路主观安全性和公路客观环境相互作用引起的。图5-29说明了某一点或某一路段改变其客观环境(如增减交通安全设施)同时引起主观安全性的变化,从而反映到事故率变化上。

道路交通运行安全性是由道路主、客观安全性相互作用引起的。山区公路多连续长大下坡路段、连续弯道等,其客观环境较平原高速公路差;同时山区事故数较多且事故死亡率可能很高,特大交通事故在山区公路中高发。由此可以推断出当道路客观安全性较低时,其对道路安全性的影响占主导地位,而主观安全性的影响则相对较小。

道路客观安全性的不同会引起道路主观安全性的变化,如图5-29中A—A′、C—C′变化就是由增加或者减少道路交通安全设施引起主观安全性的升高或降低。但是主观安全性的升高与降低也不完全取决于客观安全性，还与驾驶人性别、教育程度、驾驶习惯、安全意识以及驾驶人自身性格情绪等有关。驾驶人做出的判断决策与道路客观环境互相作用影响道路交通运行安全性。道路主观安全性与客观安全性之间的相互关系可用图 5-30 表示。

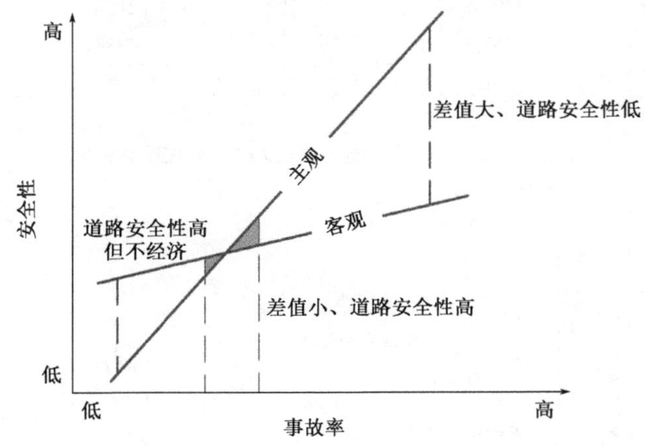

图 5-30　道路主观安全性、客观安全性与事故率间关系

(1)主观安全性高于客观安全性

道路交通运行环境的客观安全性低，道路用户主观安全感高于客观安全性。如我国在低等级公路改建时，受投资限制，仅仅改善了路面(白改黑、砂石路面加铺沥青混凝土面层等)，道路几何线形技术指标维持原有状态，此时驾驶人判断的安全车速可能会高于该路段的设计车速，车辆将处于不安全行驶状态。当主观安全性远高于客观安全性时，驾驶人意识过于松懈，交通运行风险增加。

(2)客观安全性高于主观安全性

道路交通运行环境的客观安全性高，道路用户主观安全感反而低于客观安全性。当主观安全性远低于客观安全性时，交通运行安全但效益低，不经济。

(3)主、客观安全关系平衡

即道路用户主观安全感与道路交通运行环境的客观安全性水平相接近时，道路交通运行安全性水平较为理想，既安全又经济。

基于以上平衡的概念，提出道路交通运行环境安全性指标 SOR(ratio of subjective safety and objective safety，主、客观安全性比)，见式(5-14)。

$$\mathrm{SOR}=\frac{1}{\mathrm{DSI}\cdot\mathrm{OSI}} \tag{5-14}$$

式中：SOR——主、客观安全性比；

DSI——主观安全性指标；

OSI——客观安全性指标。

【例 5-6】　对西南山区某高速公路进行安全性评价，按路段几何线形特征划分为 33 个路段，计算事故率绝对阈值和 DSI、OSI 及 SOR，得到如图 5-31 所示的 SOR。图 5-31 表明 SOR 指标具有一定的有效性。图 5-32 给出了事故率绝对阈值和 DSI、OSI 的对应关系，该关系有助于理解图 5-30 所示的主、客观安全性的关系。

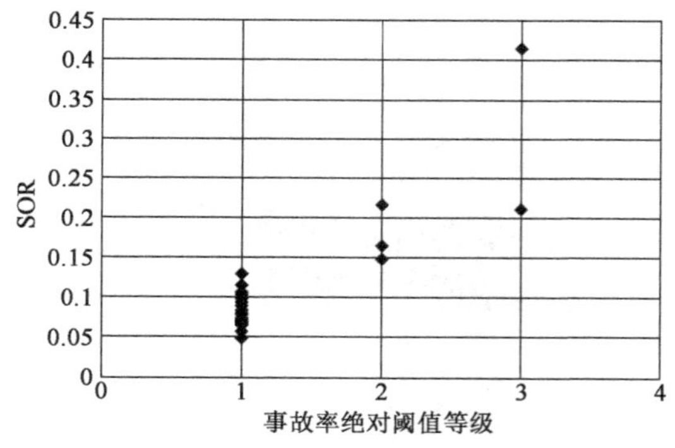

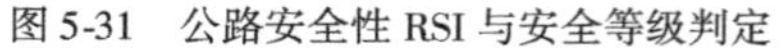
图 5-31 公路安全性 RSI 与安全等级判定

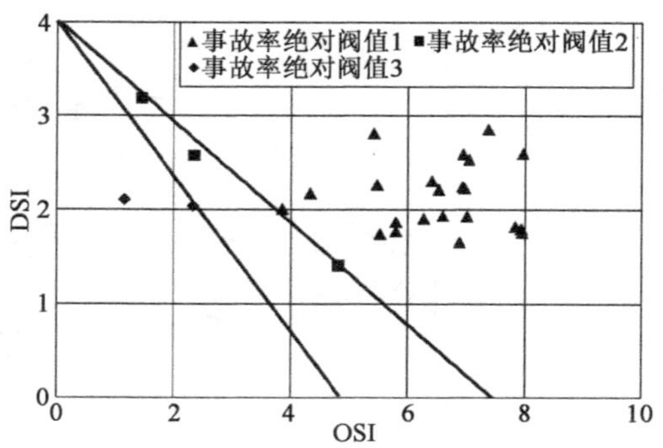

图 5-32 DSI 与 OSI、安全事故率绝对阈值等级三者的关系(线条为数据的相对分割)

5.5.1.2 道路交通运行环境描述性模型

道路交通运行环境安全性受道路条件、交通条件、灾害性天气、自然人文活动及突发事件等多种安全性因素的影响。道路交通运行环境安全性,即道路环境、交通环境及自然人文环境综合作用下的道路运行安全性,具有客观性、偶然性、不确定性等特点。

从道路用户的角度出发,研究道路环境、交通环境、自然人文环境与道路交通基础设施运行安全的关系,对道路交通运行环境进行分析描述,确定影响道路交通运行环境安全性的基本因素及其不同组合形式,可参照图 5-33 所示的重大公路交通基础设施运行环境描述模型。

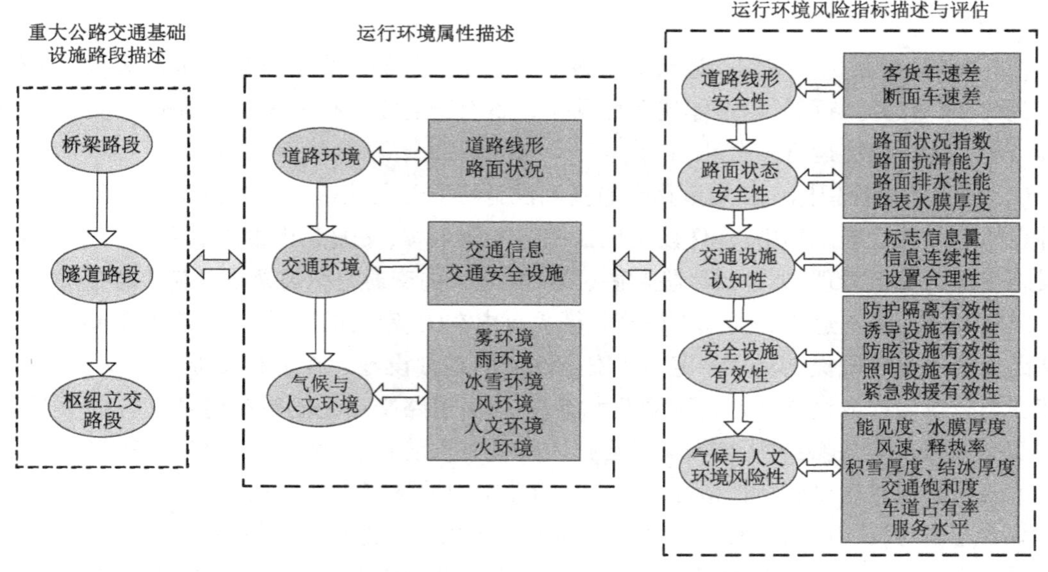

图 5-33 重大公路交通基础设施运行环境描述模型

道路交通运行环境安全性的本质决定了其外在表现,各项外在表现之间相互影响,图 5-34 体现了道路交通运行环境安全性的本质与其外在表现的相互关系。

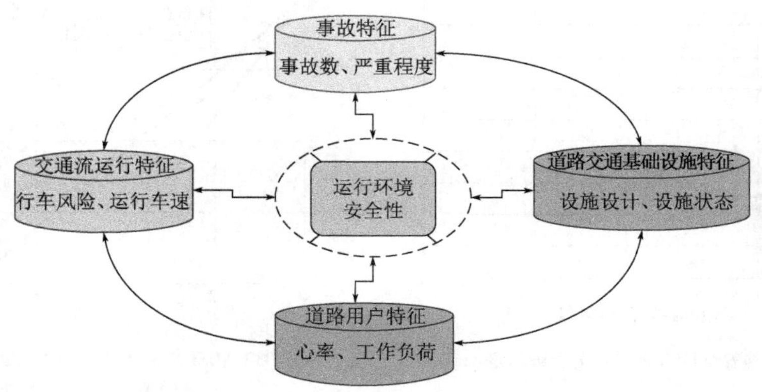

图 5-34　道路交通基础设施运行环境安全性关系图

道路交通运行环境是一个多维的概念,具有综合性的特征,要科学、客观地评价其安全状态,必须从系统的角度进行考虑。用系统分析的理论与观点,提出科学的、可行的道路运行环境安全状态评价指标体系。

随着道路交通监控等道路交通智能化水平的提高和交通运行大数据的运用,从事故特征、交通流运行特征和道路交通基础设施特征等多方面构建道路交通运行环境安全性的多维量化指标并付诸工程应用已可逐步实现。

(1)事后评价指标。事故特征指标可以直观地反映道路交通的安全性。针对实际发生的交通事故进行统计分析,应用数值比较分析来进行评价,反映道路运行安全性的一个定量水平。如用于道路运行安全状态评价的事故特征指标可选用不同分析周期的事故率(AR)。

(2)事前评价指标。应用交通流运行特征指标从事故的发生机理出发进行运行安全性的评价,从交通流运行特征的角度体现运行风险。如用于道路运行安全状态评价的交通流特征指标可定义为交通流运行安全性(TS)。

(3)预防性评价指标。使用道路交通基础设施特征安全性指标。道路交通基础设施包括硬件设施和软件设施。其中,硬件设施包括道路主体工程、交通工程设施和路侧三个方面;软件设施指运营安全管理,如运行风险监测、事件状态下的交通组织与诱导及应急救援等。交通运行风险及其后果与道路交通基础设施特征具有内在的、密切的联系,道路交通基础设施应能为道路交通运行环境提供具有一定本质安全性能的基础设施。在道路交通运行安全管理中,若能在事故发生前或交通运行高风险发生前,鉴别出道路交通基础设施特征指标的不足或适应现实交通需求的缺陷,对于防控交通运行风险具有预防性。如用于道路运行环境安全状态评价的道路交通基础设施特征指标可定义为道路交通设施安全性(FS)。

综合起来可构建如图 5-35 所示的道路运行环境安全状态评价指标体系。

根据以上定性和定量的分析,按道路交通基础设施现状、交通流运行状态和事故率评价交通运行安全性。由于上述指标有的为分类指标,为方便综合分析可对四项指标进行分级,如表 5-6、表 5-7和表 5-8 所示将指标分为四级。

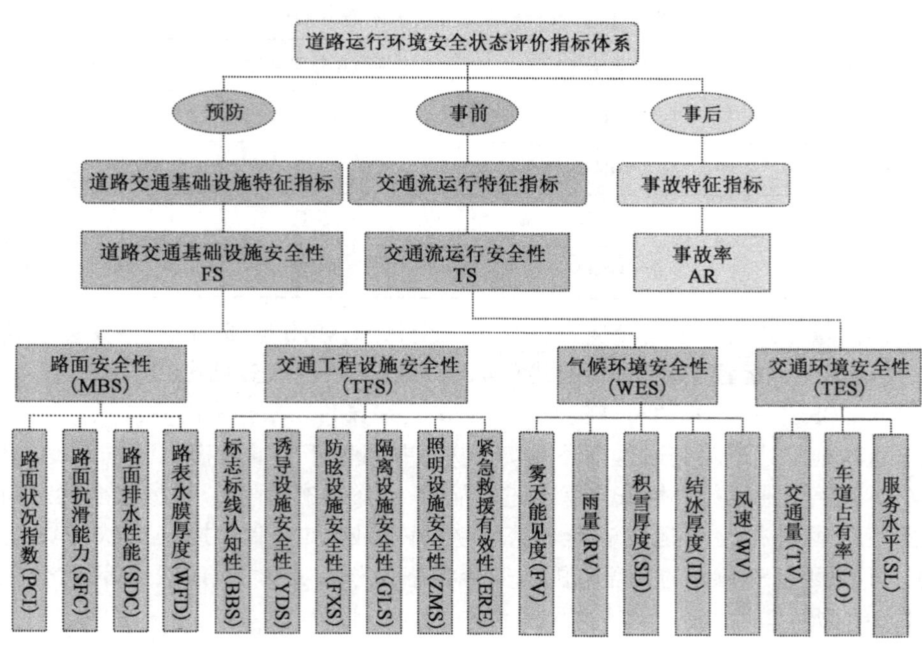

图 5-35 道路运行环境安全状态评价指标体系

道路交通基础设施安全性等级定性描述 表 5-6

道路交通基础设施安全性等级	定性描述
FS-Ⅰ	道路交通基础设施特征满足运行安全要求,有一定的安全冗余性和容错性
FS-Ⅱ	道路交通基础设施特征基本满足运行安全要求,安全性有进一步提升的空间
FS-Ⅲ	道路交通基础设施特征不满足运行安全要求,有条件时应进行改善
FS-Ⅳ	道路交通基础设施特征不满足运行安全要求,对行车安全造成负面影响,急需改善

事故率等级定性描述 表 5-7

事故率等级	定性描述
AR-Ⅰ	事故率很低,事故率再降低的潜力不大
AR-Ⅱ	事故率低于期望水平,可适当采取措施进一步降低事故率
AR-Ⅲ	事故率高于期望水平,须采取改善措施降低事故率
AR-Ⅳ	事故率很高,安全问题急需解决

交通流运行安全性等级定性描述 表 5-8

交通流运行安全性等级	路段行车风险	运行车速差	定性描述
TS-Ⅰ	弱风险	Ⅰ级	交通运行风险低,可接受
TS-Ⅱ	低风险	Ⅱ级	交通运行风险有蜕变的可能性,有条件地接受
TS-Ⅲ	中风险	Ⅲ级	交通运行风险高,不希望出现
TS-Ⅳ	高风险	Ⅳ级	交通运行风险很高,不可接受

以事故率 AR、交通流运行安全性 TS 和道路交通基础设施安全性 FS 三个指标为道路交通运行环境安全状态向量的三个分量,可将道路交通运行环境的安全状态也分为四个等级,见表 5-9。

道路交通运行环境安全状态向量分级表　　表 5-9

安全等级	事故率 AR	交通流运行安全性 TS	道路交通基础设施安全性 FS
LOS-1	AR-Ⅰ	TS-Ⅰ	FS-Ⅰ
LOS-2	AR-Ⅱ	TS-Ⅱ	FS-Ⅱ
LOS-3	AR-Ⅲ	TS-Ⅲ	FS-Ⅲ
LOS-4	AR-Ⅳ	TS-Ⅳ	FS-Ⅳ

采用三维向量形式表示道路交通运行环境安全状态,如图 5-36 所示,各变量不同等级的每一种组合,构成一种运营安全状态,则共有 4×4×4=64 种状态,见式(5-15)。

$$OSC_i = (AR_j, TS_k, FS_m) \qquad (i = 1, \cdots, 64; j, k, m = 1, \cdots, 4) \tag{5-15}$$

为了更直观地描述道路交通运行环境安全状态并且便于不同状态之间的对比,引入雷达图分析方法对道路交通运行环境安全状态进行显示,如图 5-37 所示。根据安全状态向量及相应的雷达图特征可进行路段运营安全状态的判别、诊断和控制。按安全状态典型雷达图(图 5-37)中不同颜色三角形的覆盖范围将安全状态划分为 A、B、C、D 四个等级,分级和判别的标准如表 5-10所示。

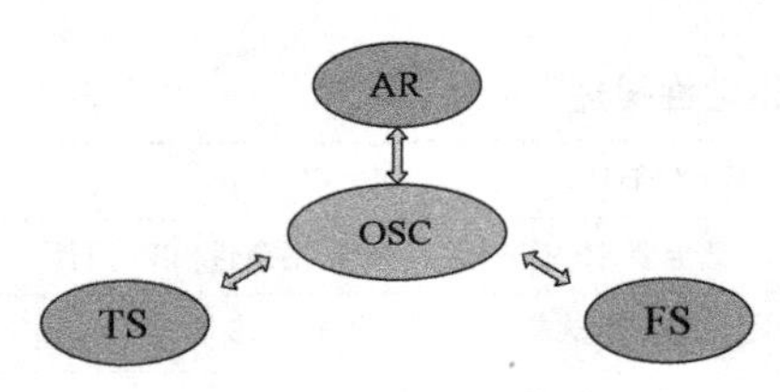

图 5-36　道路交通运行环境安全状态评价指标

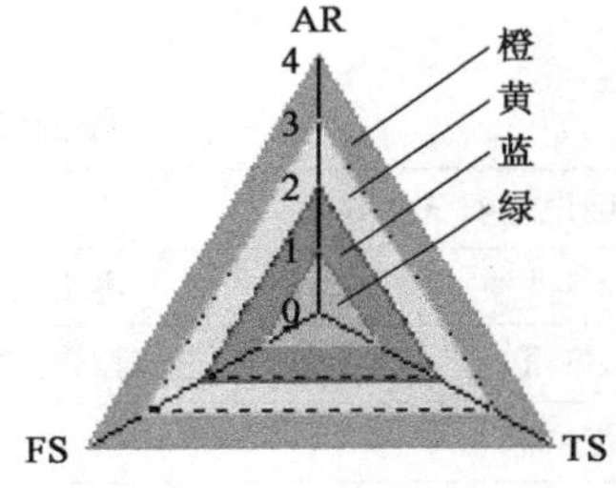

图 5-37　道路交通运行环境安全状态典型雷达图

道路交通运行环境安全状态分级与判别标准　　表 5-10

状态等级	状态向量特征	雷达图特征	状态描述
A	三个变量都处于一级安全水平	绿色区域内	运行状态最佳,不需要进行安全改善,维持现状即可
B	至少一个变量处于二级安全水平	绿色区域外 蓝色区域内	运行状态良好,有条件时可采取适当的改进措施
C	至少一个变量处于三级安全水平	蓝色区域外 黄色区域内	运行状态不良,存在一定的安全问题,应采取改善措施
D	至少一个变量处于四级安全水平	黄色区域外 橙色区域内	运行状态危险,存在严重的安全问题,急需采取改善措施

由三维向量表述的道路交通运行环境安全状态共 64 种,经过上述等级划分,处于 A 级状态的有 1 种,处于 B 级状态的有 7 种,处于 C 级状态的有 19 种,处于 D 级状态的有 37 种。

5.5.2 基于运行速度的安全性评价

5.5.2.1 运行速度的主、客观安全性概念

交通流处于自由流状态下,可以假定驾驶人的交通行为主要取决于他对交通运行环境感知判断后的决策,表现出来就是其行驶速度及其变化。对于任一驾驶人个体,当他的运行速度大于设计速度时,说明他感知判断后的安全感高于客观安全性;相反,若他的运行速度低于设计速度,表明他感知判断后的安全感低于客观安全性。因此,在这些前提条件下,大量数据统计基础上的运行速度是主观安全性和客观安全性平衡的结果。交通运行环境参数集表征客观安全性,由于这些参数均在设计速度控制之下,简单地也可用设计速度表示客观安全性;道路用户的生理心理参数和性格特征参数表征主观安全性,主观安全性的外在表现为行车速度,因此也可简单地把运行速度理解为主观安全性。相邻路段的运行速度差可代表道路用户期望是否实现的结果,期望符合预判,相邻断面运行速度差会小一些,相反则会大一些。如图 5-38 所示。

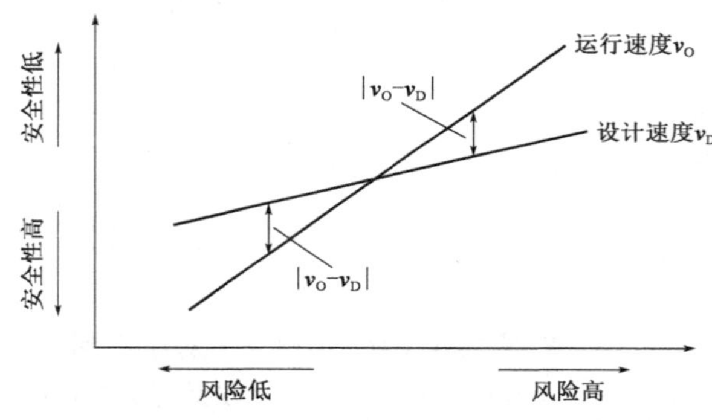

图 5-38 运行速度与设计速度

5.5.2.2 运行速度预测模型简述

在进行道路安全评价时,《公路项目安全性评价规范》(JTG B05—2015)等国内外许多安全评价指南或规范采用运行速度对安全性不良的道路交通运行环境或高风险路段进行初步筛查,也相应地建立了运行速度预测模型。

在道路线形中,平面线形被普遍认为是影响运行速度的主要因素,因此这方面的研究工作也相对较为广泛,很多国家都进行了研究并提出了各种计算模型及评价指标。如澳大利亚和欧洲国家是较早在公路设计中采用运行速度概念的,通过对小半径平曲线运行速度模型的大量研究,认为平曲线半径是影响运行速度的关键指标。

很多模型的平曲线半径与运行速度之间的对应关系是以幂函数的形式表达的,如式(5-16)所示的运行速度预测模型。

$$v_{85} = aR^b \tag{5-16}$$

式中:R——平曲线半径;

a、b——参数。

澳大利亚的运行速度模型提出了两个重要假设:车辆驶入曲线时将在缓和曲线段内完成加、减速,在圆曲线上车辆保持匀速;车辆将在平曲线末端开始新的加速或减速过程。根据上

述假设及大量试验分析,建立了如式(5-17)所示的圆曲线运行速度预测模型。

$$v_{85} = 14.106R^{0.3257} \tag{5-17}$$

该模型同时认为,小客车在半径大于600m,或者大货车在半径大于1000m的曲线段上行驶时,可近似看作在直线段上行驶。

《新理念公路设计指南》通过借鉴国外的研究成果及试验所得数据,提出了高速公路与二级公路的运行速度预测模型,见表5-11。

《新理念公路设计指南》中的运行速度预测模型 表5-11

高速公路		二级公路	
小客车	大货车	小客车	大货车
$v_{85}=14.741\ R^{0.3194}$	$v_{85}=4.941\ R^{0.4345}$	$v_{85}=14.391\ R^{0.2757}$	$v_{85}=8.5028\ R^{0.3168}$

拉姆(Lamm)等于1986年提出采用曲率变化率CCR预测运行速度的模型,CCR定义为公路段上单位长度的绝对角度变化的总和,其表达式见式(5-18)。

$$\mathrm{CCR} = \frac{57300}{L_{\mathrm{t}}}\left(\Sigma_i \frac{L_{ci}}{R_i} + \Sigma_j \frac{L_j}{2R_j}\right) \tag{5-18}$$

式中:CCR——曲率变化率;

L_{ci}——圆曲线长;

L_j——缓和曲线长;

R_j——缓和曲线半径;

R_i——圆曲线半径;

L_{t}——曲线总长。

利用该指标以及圆曲线半径R,拉姆在1987年建立了对于不同车道宽度的v_{85}与设计参数的计算关系式,基于车道宽度为3.65m的84个曲线段数据,建立了v_{85}预测模型,如式(5-19)和式(5-20)所示。

$$v_{85} = 95.780 - 0.076\mathrm{CCR}, R^2 = 0.84 \tag{5-19}$$

$$v_{85} = 96.152 - \frac{2803.369}{R}, R^2 = 0.82 \tag{5-20}$$

基于322条曲线段的数据,拉姆于1990年证实了影响运行速度最显著的参数为曲线段半径R,并进一步修正了v_{85}预测模型,见式(5-21)。

$$v_{85} = 94.398 - \frac{3188.656}{R}, R^2 = 0.79 \tag{5-21}$$

1999年,拉姆等又进一步提出了采用单个曲线的曲率变化率$\mathrm{CCR_s}$作为曲线运行速度预测模型的参数,单曲线曲率变化率表达式见式(5-22)。

$$\mathrm{CCR_s} = \frac{53700[L_{\mathrm{cl1}}/(2R) + L_{\mathrm{cr}}/R + L_{\mathrm{cl2}}/(2R)]}{L} \tag{5-22}$$

式中:L_{cl1}——前段圆曲线长,m;

L_{cr}——中段圆曲线长,m;

L_{cl2}——后段圆曲线长,m;

R——圆曲线半径,m;

L——圆曲线总长,m。

利用该指标,拉姆将莫罗尔(Morrall)与塔拉里科(Talarico)于1994年提出的模型加以修改,得到相对应的圆曲线运行速度预测模型,见式(5-23)。

$$v_{85} = e^{(4.561-0.000527CCR_s)} \tag{5-23}$$

基于曲率变化率的预测模型考虑了圆曲线的长度、曲率等多个因素,但圆曲线处的竖曲线特征仍未进行分析和考虑。

伊斯兰(Islam)与塞纳维拉特纳(SeneViratne)于1994年在实验观测中,注意到在同一圆曲线的直缓、缓圆和曲中处的运行速度有明显区别,以曲率 k 为参数,分别对直缓点、缓圆点和曲中点建立了运行速度预测模型,见式(5-24)、式(5-25)和式(5-26)。

直缓点:
$$v_{85} = 96.11 - 1.07k \tag{5-24}$$

缓圆点:
$$v_{85} = 95.41 - 1.48k - 0.012k^2, R^2 = 0.99 \tag{5-25}$$

曲中点:
$$v_{85} = 103.03 - 2.41k - 0.029k^2, R^2 = 0.98 \tag{5-26}$$

该模型主要采用了曲率的2次线性组合,相关系数非常大。

基于58条圆曲线的观测数据,希腊的卡内拉迪斯(Kanelaidis)等建立了一个双车道公路平曲线半径与运行速度的关系模型,见式(5-27)。

$$v_{85} = 129.88 - \frac{623.1}{\sqrt{R}}, R^2 = 0.78 \tag{5-27}$$

基于平曲线上速度是连续的概念,假定切线处的加、减速度为 $0.85m/s^2$,克莱梅斯(Krammes)得到的以圆曲线曲率为主要指标的运行速度预测模型如式(5-28)所示。

$$v_{85} = 102.40 - 157k + 0.012L_c - 0.10\Delta, R^2 = 0.82 \tag{5-28}$$

式中:L_c——圆曲线长;

Δ——偏角。

不少研究表明,道路纵坡、纵坡长度、竖曲线半径、竖曲线长度也是影响运行速度的关键要素。

丹尼尔·杰森(Daniel R. Jessen)等收集了内布拉斯加州公路70个竖曲线的车速数据,发现公路里程、竖曲线坡度、道路两侧护栏、平曲线半径、桥梁与涵洞等设施以及交叉口、交通控制与管理、车道宽度、路面、交通流和计算行车速度等因素均对运行速度产生潜在影响。简化后,将对车速影响较大的竖曲线坡度、交通量纳入模型,建立了式(5-29)所示的竖曲线段运行速度预测模型。

$$v_{85} = 73.9 + 0.4v_d - 0.124i - 0.00143AADT \tag{5-29}$$

式中:v_d——设计速度;

i——竖曲线坡度;

AADT——年平均日交通量。

该模型对输入的参量精度要求较高,否则各项参数的累积误差将导致较大的系统误差。

法姆布罗(Fambro)于1997年对42个竖曲线进行了试验与分析,建立了竖曲线运行速度预测模型,见式(5-30)。

$$v_{85} = 72.74 + 0.47v_d \tag{5-30}$$

该模型可以较为准确地预测路肩宽度小于1.8m时小客车的运行速度,但也有不足,主要是该模型没有考虑到竖曲线坡度的作用。

菲茨帕特里克(Fitzpatrick)在理论上对竖曲线的曲率与车辆运行速度的关系进行了分析,

提出竖曲线曲率的存在使视距受限,从而决定运行速度的理论,提出了竖曲线运行速度的预测方程如式(5-31)所示。

$$v_{85} = 111.07 - \frac{175.98}{k} \tag{5-31}$$

式中:k——竖曲线曲率的变化率。

德国曾进行了大量野外实测和分析研究,获得了小客车的实际车速与平曲线曲度、纵坡、路宽和其他线形特征之间的关系。小客车的运行速度v_{85}(潮湿路面状态下)为路宽和路线曲度的函数,纵断面的坡度作为运行速度的修正参数。小客车在路上的实际车速v_{85}可按图5-39和图5-40确定。路线曲度K按式(5-32)计算。

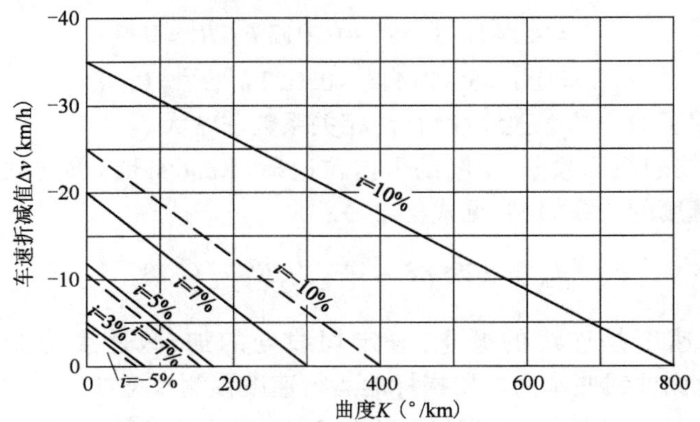

图5-39 车速折减值Δv与坡度i、曲度K关系图

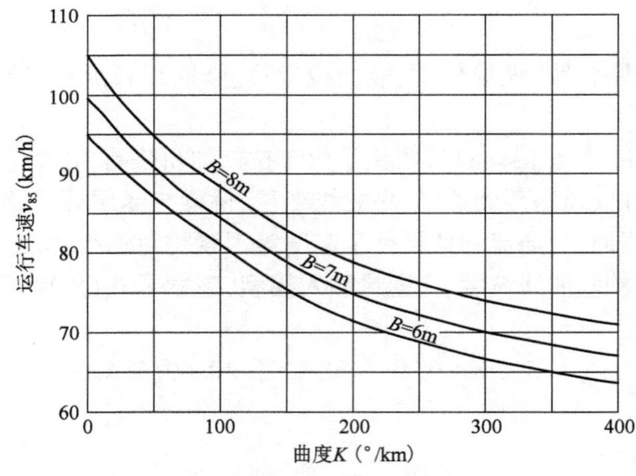

图5-40 运行速度v_{85}与宽度B、曲度K关系图

$$K = \frac{\sum |\gamma|}{L} \tag{5-32}$$

式中:γ——交点偏角,(°);

L——路段长度,km。

FHWA于2003年推出了一个道路设计安全性分析软件——IHSDM(Interactive Highway Safety Design Model),用来分析评价道路几何设计对安全的影响。IHSDM包含了5个子评价模块。关于设计协调性模型(DCM)中的运行速度预测模块,FHWA通过对6个州200多个测

点的车速进行实测，建立了不同纵坡度下的平曲线段运行速度v_{85}预测模型，见表5-12。杨少伟利用极限功率法对车辆行驶速度进行了分析和计算。根据不同的设计车型具有不同的换挡特性，划分出各挡共有的合理发动机转速区间n_1 和n_2。为了充分利用发动机功率，假定加速过程中节流阀全开，各挡均用到发动机的最高转速n_{max}才换挡。利用驱动力——阻力的平衡可以得到某一瞬间的动力平衡方程，见式(5-33)。

IHSDM 的运行速度预测模型 表5-12

线形条件	预测模型
$-9\% \leqslant i < -4\%$	$v_{85}=102.10-\frac{3077.13}{R}$
$-4\% \leqslant i < 0$	$v_{85}=105.98-\frac{3709.90}{R}$
$0 \leqslant i < 4\%$	$v_{85}=104.82-\frac{3574.51}{R}$
$4\% \leqslant i < 9\%$	$v_{85}=96.61-\frac{2752.19}{R}$
竖曲线底部	$v_{85}=105.32-\frac{3438.19}{R}$
竖曲线顶部	$v_{85}=103.24-\frac{3576.51}{R}$

$$\frac{Mn}{9549}=\frac{1}{\eta r}\left(\frac{Gf\,v_0}{3600}+\frac{Gi\,v_0}{3600}+\frac{C_DA\,v_0^3}{76140}+\frac{\delta G\,v_0}{35316}\frac{\mathrm{d}v}{\mathrm{d}t}\right) \tag{5-33}$$

由此方程可以得到该阻力下的发动机转速 n，并根据所处挡位可以计算行驶速度 v，如式(5-34)所示。

$$v=0.377\frac{nr}{i_0\,i_g} \tag{5-34}$$

该行驶速度为单车的理论行驶速度，继而可以根据交通流组成、车辆特性等进行路段的运行速度v_{85}预测。

公路安全性评价规范中也提出了运行速度v_{85}的计算模型。首先根据曲线半径和纵坡坡度将整条路线划分为直线段、纵坡段、平曲线段和弯坡组合段，并根据表5-13 确定路段初始运行速度v_0。

路段初始运行速度 表5-13

设计速度(km/h)		60	80	100	120
初始运行速度 v_0(km/h)	小客车	80	95	110	120
	大货车	55	65	75	75

在初始运行速度v_0确定后，根据直线段、曲线段、弯坡组合段不同的计算公式推算各路段的运行速度，计算公式分别见表5-14、表5-15。

平曲线路段运行速度预测模型　　表 5-14

线形条件		预测模型
入口直线—曲线	小客车	$v_{中} = -24.212 + 0.834\,v_{入} + 5.729\ln R$
	大货车	$v_{中} = -9.432 + 0.963\,v_{入} + 1.522\ln R$
入口曲线—曲线	小客车	$v_{中} = 1.277 + 0.924\,v_{入} + 6.19\ln R - 5.959\ln R_{入}$
	大货车	$v_{中} = -24.472 + 0.99\,v_{入} + 3.629\ln R$
出口曲线—直线	小客车	$v_{出} = -11.946 + 0.908\,v_{中}$
	大货车	$v_{出} = 5.217 + 0.926\,v_{中}$
出口曲线—曲线	小客车	$v_{出} = -11.299 + 0.936\,v_{中} - 2.06\ln R + 5.203\ln R_{出}$
	大货车	$v_{出} = 5.899 + 0.925\,v_{中} - \ln R + 0.329\ln R_{出}$

注：$v_{中}$ 为曲线中部运行速度；$v_{出}$ 为曲线出口处运行速度；$v_{入}$ 为曲线入口处运行速度；R 为曲线半径。

弯坡组合路段运行速度预测模型　　表 5-15

线形条件		预测模型
入口直线—曲线	小客车	$v_{中} = -31.669 + 0.574\,v_{入} + 11.714\ln R + 0.176i$
	大货车	$v_{中} = 1.782 + 0.859\,v_{入} - 0.51i + 1.196\ln R$
入口曲线—曲线	小客车	$v_{中} = 0.75 + 0.802\,v_{入} + 2.717\ln R - 0.281i$
	大货车	$v_{中} = -1.798 + 0.248\ln R + 0.977\,v_{入} - 0.133i + 0.23\ln R_{入}$
出口曲线—直线	小客车	$v_{出} = 27.294 + 0.72\,v_{中} - 1.444i$
	大货车	$v_{出} = 13.49 + 0.797\,v_{中} - 0.697i$
出口曲线—曲线	小客车	$v_{出} = 1.819 + 0.839\,v_{中} + 1.427\ln R + 0.782\ln R_{出} - 0.48i$
	大货车	$v_{出} = 26.837 + 0.83\,v_{中} - 3.039\ln R + 0.109\ln R_{出} - 0.594i$

注：i 为坡度，其他物理量含义同表 5-14。

5.5.2.3 基于几何线形经验综合指标的运行速度预测模型

在公路线形经验综合指标描述模型的基础上，以几何线形综合技术参数为参数构建模型，如图 5-41 所示。道路线形综合指标是以点为客观基础建立的，运行速度虽然也是以点为基础划分的，但某一点的运行速度与该点前后一定长度范围内的路线线形相关。在路线 AB 上，车辆行驶到 C 点，它的速度主要取决于两个方面：一方面，后方驶过的道路线形决定了驶过路段车速累积的大小，即后点速度影响着当前点速度；另一方面，前方线形对驾驶人的加减速判断造成一定的影响，决定着驾驶人加速还是减速的期望。这两方面因素共同决定了 C 点的车速（图 5-42）。

由于曲线路段的设计往往是以停车视距为视距控制，因此出于一般性的考虑，取 1.2 倍的停车视距作为驾驶人远端注视点。由于高速公路运行速度可能会达到 120km/h，所以以较为极端的情况确定注视距离较为保守，远端视距$L_1 = 210\text{m} \times 1.2 \approx 250\text{m}$。综上所述，前端视距范围可以确定为 100～250m。

因为后点速度和当前点速度之间有一个速度差，这个速度差是通过车辆的加减速来完成的，因此后方累积长度 L_2 可用加减速距离来表征。不同车辆的加速性能是不相同的，查阅相关资料后选取 D 型车加速度为 0.35m/s^2，根据加减速距离公式 $2as = V_2^{\ 2} - V_1^{\ 2}$ 得出后方累积长度 $L_2 = 198\text{m}$，为计算方便，近似取与 A 型车相同的 200m。

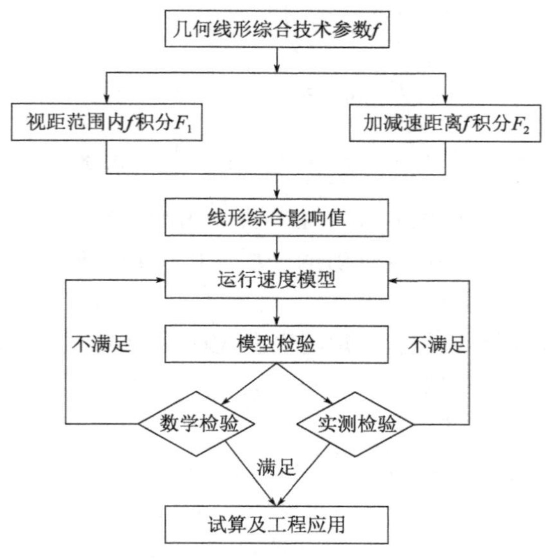

图5-41 模型构建框架示意图

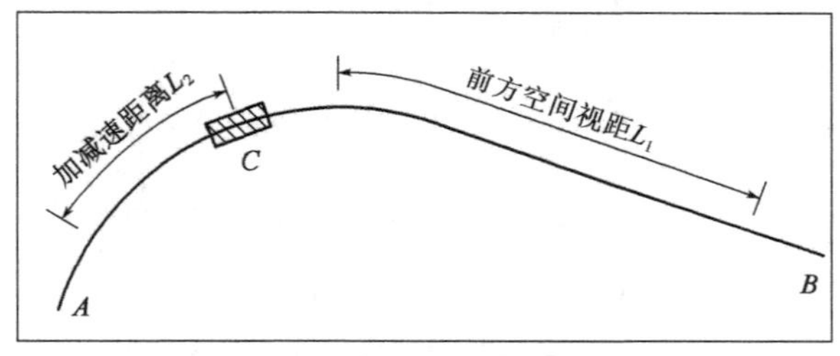

图5-42 车速影响分析图

按照定义，正坡度与其他线形指标构造的线形综合指标为Ⅰ类线形综合指标，负坡度与其他线形指标构造的线形综合指标为Ⅱ类线形综合指标，按此分类分别建立Ⅰ类指标A型车运行速度预测模型、Ⅱ类指标A型车运行速度预测模型、Ⅰ类指标D型车运行速度预测模型、Ⅱ类指标D型车运行速度预测模型。

(1)A型车运行速度预测模型

通过后方加减速长度范围内速度的累积为计算断面的速度提供了基准速度，前方视距范围内线形的优劣为驾驶人提供了加速还是减速的判读依据，这两者共同决定了当前断面的车速。两者的关系类似于$V_2 = V_1 + \Delta V$，后方加减速距离决定初始速度V_1，前方视距范围内的线形综合指标决定ΔV，根据速度叠加的原理计算线形综合指标综合值。调整前后线形比例后建立Ⅰ类指标A型车运行速度预测模型，见式(5-35)和式(5-36)。

$$V_{\mathrm{I,A}} = 141.03 \cdot \exp[-1.35\times10^{-4}\cdot F_{后200\mathrm{m}} - 6.78\times10^{-5}\cdot(F_{前250\mathrm{m}} - F_{前100\mathrm{m}})] \tag{5-35}$$

$$V_{\mathrm{II,A}} = 140.79 \cdot \exp[-9.44\times10^{-5}\cdot F_{后200\mathrm{m}} - 1.07\times10^{-4}\cdot(F_{前250\mathrm{m}} - F_{前100\mathrm{m}})] \tag{5-36}$$

式中：

$$F_{后200\mathrm{m}} = \left|\int_{-200}^{0} f(l)\,\mathrm{d}l\right|$$

$$F_{前250m} = \left| \int_{0}^{250} f(l)\,\mathrm{d}l \right|$$

$$F_{前100m} = \left| \int_{0}^{100} f(l)\,\mathrm{d}l \right|$$

$$f(l) = \left\{430 \cdot R^{-0.757} \cdot \exp\left[3000 \cdot \left(\frac{1}{R}\right)' + 0.0005 \cdot I\right]\right\} \cdot g + h \tag{5-37}$$

$$g = 0.012 \cdot i \cdot \mathrm{ABS}(i) + 0.04 \cdot i + 1.0 \tag{5-38}$$

$$h_{A} = -28.57 \cdot \ln(-0.00189 \cdot B^2 + 0.0719 \cdot B + 0.318) + \xi \tag{5-39}$$

(2)D 型车运行速度预测模型

建模方法和原理同 A 型车运行速度预测模型,模型结果如式(5-40)和式(5-41)所示。

$$V_{\mathrm{I,D}} = 89.73 \cdot \exp[-1.42 \times 10^{-4} \cdot F_{后200m} - 1.24 \times 10^{-4} \cdot (F_{前250m} - F_{前100m})] \tag{5-40}$$

$$V_{\mathrm{II,D}} = 89.26 \cdot \exp[-1.20 \times 10^{-4} \cdot F_{后200m} - 1.41 \times 10^{-4} \cdot (F_{前250m} - F_{前100m})] \tag{5-41}$$

式中:

$$F_{后200m} = \left| \int_{-200}^{0} f(l) \cdot \mathrm{d}l \right|$$

$$F_{前250m} = \left| \int_{0}^{250} f(l) \cdot \mathrm{d}l \right|$$

$$F_{前100m} = \left| \int_{0}^{100} f(l) \cdot \mathrm{d}l \right|$$

$$f(l) = \left\{430 \cdot R^{-0.757} \cdot \exp\left[3000 \cdot \left(\frac{1}{R}\right)' + 0.0005 \cdot I\right]\right\} \cdot g + h$$

$$g = 0.012 \cdot i \cdot \mathrm{ABS}(i) + 0.04 \cdot i + 1.0$$

$$h_{D} = -20.57 \cdot \ln(0.0078 \cdot B + 0.847) + \xi \tag{5-42}$$

5.5.2.4 基于空间曲率的运行速度预测模型

根据 3.1.2 节空间曲率综合指标的研究结果,分别将两种车型对应的 κ'_t 与全路段进行线性回归,得到 A 型车运行速度v_{85}与 κ'_t 线性回归结果,见图 5-43,图 5-44 为 D 型车的线性回归分析结果。

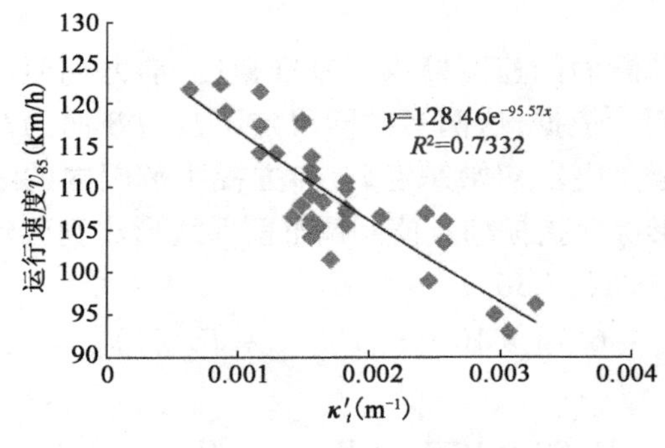

图 5-43 A 型车运行速度与 κ'_t 关系

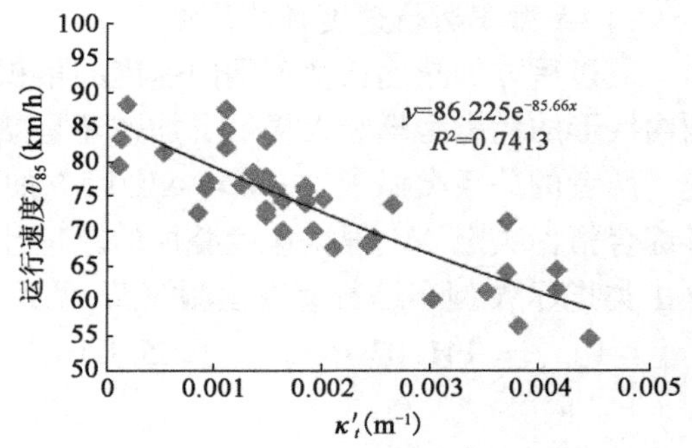

图 5-44 D 型车运行速度与 κ'_t 关系

对于大半径或直线路段,以坡度 i_t 为主要影响因素进行运行速度的校验和修正。为此提出了这样一个假设,在相同车辆性能与环境条件下,在坡度相同的道路上行驶的车辆,其在直线路段上行驶的车速始终要高于在曲线路段上。将直线路段运行速度数据进行线性回归得到图 5-45、图 5-46 的结果。

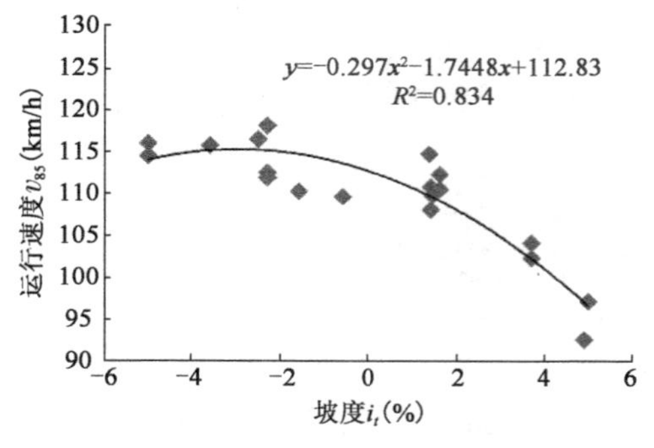

图 5-45 A 型车运行速度与坡度关系

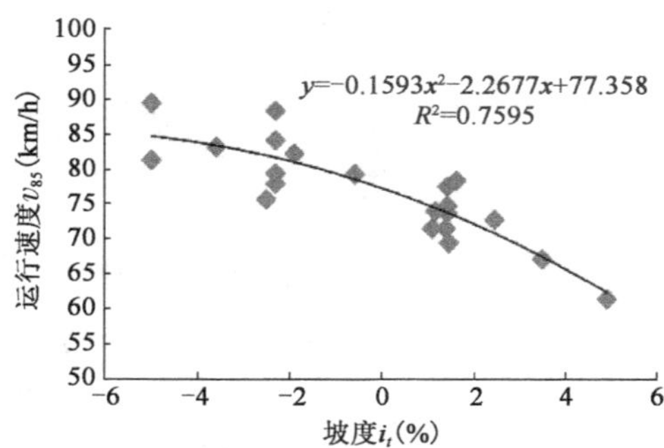

图 5-46 D 型车运行速度与坡度关系

综合以上结果,结合横断面修正公式,并调整数量级与公式形式,最终得到基于高速公路三维曲线空间曲率的运行速度预测模型(基准车道宽度为 4 车道 10.25m),见式(5-43)和式(5-44)。

A 型车:
$$v_{85}=\min\begin{cases}128.46e^{-95.57\kappa'_t}\\-2970{i_t}^2-174.88i_t+112.83\end{cases}\tag{5-43}$$

式中:$\kappa'_t=\dfrac{\sqrt{d{i_t}^2-134.041i_t|i_t|k_t^2+k_t^2}}{(1-134.041i_t|i_t|)^{\frac{3}{2}}}$

D 型车:
$$v_{85}=\min\begin{cases}86.225e^{-85.66\kappa'_t}\\-1593{i_t}^2-226.77i_t+77.358\end{cases}\tag{5-44}$$

式中:$\kappa'_t=\dfrac{\sqrt{d{i_t}^2-250.772i_t|i_t|k_t^2+k_t^2}}{(1-250.772i_t|i_t|)^{\frac{3}{2}}}$

$i_t=\dfrac{i_e-i_o}{S}t+i_o$,是点在其线形单元内的竖曲线斜率 i 的线性插值,由于设计采用的竖曲线为二次抛物线,所以该线性插值在数值上等于该点处的坡度。

$k_t=k_o+\dfrac{k_e-k_o}{S}t$,是点在其线形单元内的平曲线曲率 k 的线性插值,根据直线、缓和曲线和圆曲线的设计方法,该线性插值在数值上等于该点处的曲率。

$di_t=\dfrac{i_e-i_o}{S}$,是点所在的线形单元的竖曲线斜率 i 的线性变化率。

由于计算空间曲率时,将道路线形假定成一条三维曲线,并没有考虑道路横断面对运行速度的影响,A 型车与 D 型车对道路横断面的变化敏感性也有差异,需要分别进行计算和分析。

选取我国多条高速公路小坡度范围(-2% ~2%)直线段内运行速度稳定段的运行速度实测数据,以及德国在这方面所作的相关研究进行数据回归,得到图 5-47 的结果。

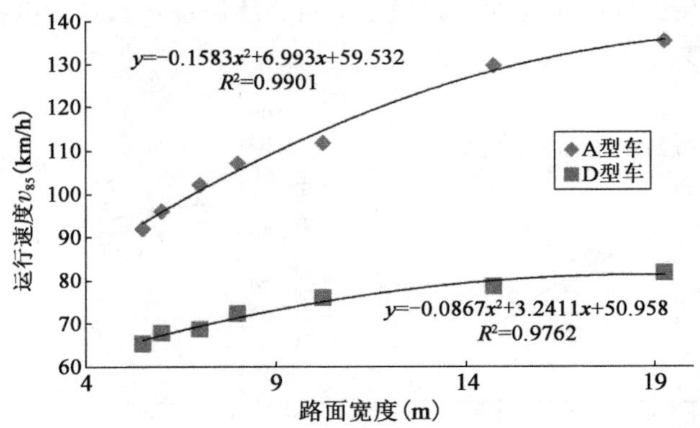

图 5-47 路面宽度与运行速度线性回归结果

得到回归关系式为式(5-45)。

$$v_{85} = \begin{cases} \text{A 型车}: -0.1583b^2 + 6.993b + 59.532 \\ \text{D 型车}: -0.0867b^2 + 3.2411b + 50.958 \end{cases} \tag{5-45}$$

式中:b——路面宽度,m。

模型数据主要采用双向4车道(10.25m)高速公路的观测数据,则根据此回归关系,建立了两种车型相对应的横断面宽度修正公式,如式(5-46)所示。

$$f = \begin{cases} \text{A 型车}: -0.00142b^2 + 0.0626b + 0.533 \\ \text{D 型车}: -0.00114b^2 + 0.0427b + 0.671 \end{cases} \tag{5-46}$$

5.5.3 模型应用

在3.1.2节中,通过对线形综合指标累计值和事故率数据的比较分析发现,事故率随着线形综合指标累计值或空间曲率的增大而增大,并随着线形综合指标累计值或空间曲率的增大而增长速度越快。根据数理统计学原理,进行模型假设,并通过参数检验确定模型成立,建立了如式(5-47)和式(5-48)所示模型,验证了两个指标的有效性。由运行速度模型可测算断面v_{85}、客货极差比、车速降低系数等运行速度特征值,并构建运行速度特征与事故率的关系。

$$I = e^{(0.0012f - 2.1821)} \tag{5-47}$$

式中:I——事故率,起/百万车公里;

f——线形综合指标。

$$I = 6.6827K_l^2 - 0.214K_l + 0.1503 \tag{5-48}$$

式中:I——事故率,起/百万车公里;

K_l——累积空间曲率。

调研数据表明客货极差比与事故率呈正相关的趋势,即事故率随着客货极差比的增大而增大;在客货极差比较小的区段,事故率较稳定;客货极差比超过0.2,曲线呈较快的增长趋势,如图5-48所示。当路段客货极差比小于0.15时,事故率曲线变化平缓,维持在0.2起/百万车公里以下,低于高速公路的平均事故率0.32起/百万车公里;客货极差比超过0.15后,曲线呈较快的增长趋势,事故率随着客货极差比的增大而迅速增大,此时行车危险性显著增加。回归模型关系式见式(5-49)。

$$I = 2.426M^2 - 0.1507M + 0.175 \tag{5-49}$$

从车速降低系数的定义可以看出，SRC 为前一个断面的v_{85}与后一个断面的v_{85}之比，结合车速降低系数与事故率的相关性分析，采用非线性回归的方式对模型中的参数进行拟合，得到的模型见式(5-50)，关系曲线如图5-49所示。

$$I = \ln(54.95 \times SRC^2 - 109.56 \times SRC + 56.009) \tag{5-50}$$

式中：I——路段事故率，起/百万车公里；

SRC——车速降低系数。

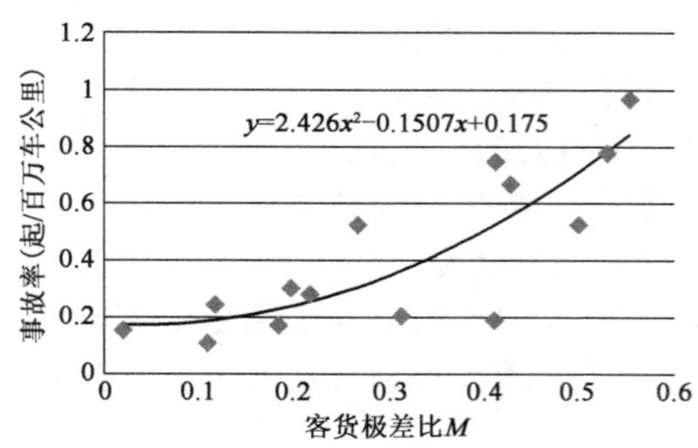

图5-48 事故率与客货极差比关系

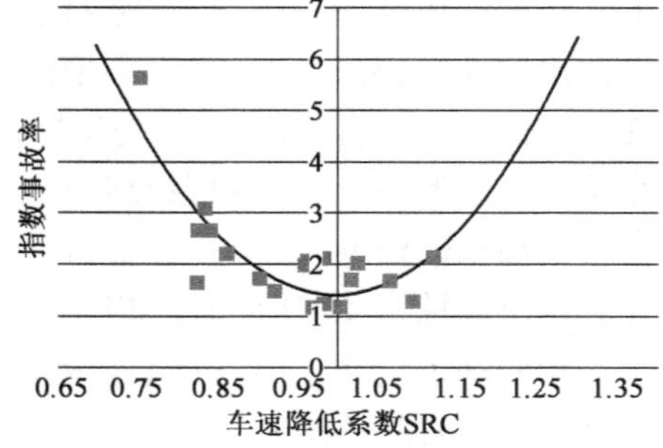

图5-49 事故率与车速降低系数关系

根据对调研数据的回归分析，提出路段车速离散度与事故率的非线性回归关系式，对模型中的参数进行拟合，对模型参数进行了标定，最终得到的模型见式(5-51)，关系曲线如图5-50所示。

$$I = e^{(-0.081-0.331/S)} \tag{5-51}$$

式中：I——路段事故率，起/百万车公里；

S——路段车速离散度。

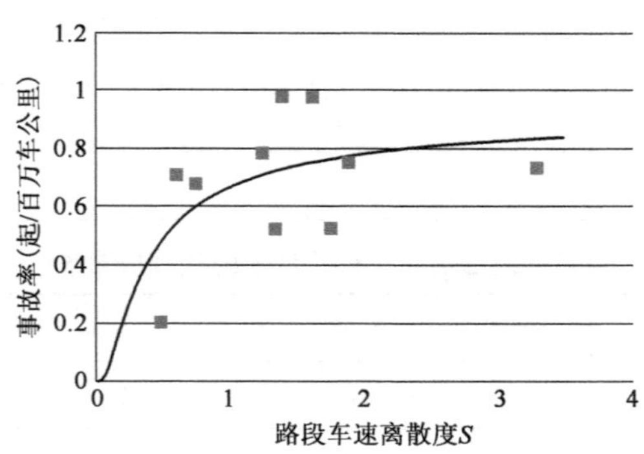

图5-50 事故率与路段车速离散度的关系

运用以上建立的模型，可得到运用运行速度评价道路交通运行环境安全性的车速离散性评价标准，见表5-16。

基于运行速度特征的道路交通运行环境安全性评价标准 表5-16

安全等级	好	一般	差
客货极差比 M	$M \leq 0.46$	$0.46 < M \leq 0.54$	$M > 0.54$
车速降低系数 SRC	$0.90 \leq SRC \leq 1.095$	$0.87 \leq SRC < 0.90$ $1.095 < SRC \leq 1.12$	$SRC < 0.87$ $SRC > 1.12$
路段车速离散度 S	$S \leq 0.95$	$0.95 < S \leq 2.34$	$S > 2.34$

5.5.4 交互式安全设计模型

FHWA 对道路安全进行了多年的研究，并于 2003 年 3 月推出了一个道路设计安全性分析软件——IHSDM，IHSDM 用来分析评价道路项目进行中几何设计对安全的影响。

IHSDM 包含 6 个子评价模型，每一个模型都从不同的角度和评估措施对设计进行安全评价。

政策评价模型（PRM）：检查设计是否符合现行规范的规定值；

事故预测模型（CPM）：估计道路期望的事故率以及事故严重程度；

设计协调性模型（DCM）：估计期望运行速度以及运行速度的协调性；

交叉口评价模型（IRM）：检查交叉口设计要素的安全性及运行性能；

交通分析模型（TAM）：分析提高公路通行能力和服务质量的交通调节方式；

驾驶人和车辆模型（DVD）：分析驾驶人行为以及车辆拥堵状况。

在设计协调性模型（DCM）中，FHWA 通过对多个州多个测点的车速进行实测，回归分析得到了一系列基于道路线形以及车辆运行环境的 Δv_{85} 运行速度经验回归公式，运用这些公式得到道路的速度轮廓模型。

IHSDM 运行速度协调性评价是以运行速度 v_{85} 与设计速度 v_d 的差为评价标准，用来检验相邻路段的运行速度差值 $|\Delta v_{85}|$。相邻路段是指直线段、缓和曲线段、圆曲线段之间的组合。具体评价标准如表 5-17 和表 5-18 所示。

v_{85} 与设计速度的差作为评价标准的线形质量表 表 5-17

运行速度差值	协调性	等级
$0 \leqslant \|v_{85} - v_d\| < 10$km/h	好	1
10km/h $\leqslant \|v_{85} - v_d\| < 20$km/h	较好	2
$\|v_{85} - v_d\| \geqslant 20$km/h	不良	3
v_{85} − 运行速度 < 0	—	4

相邻路段 Δv_{85} 作为评价标准的线形质量表 表 5-18

运行速度差值	协调性	改善建议
$\|\Delta v_{85}\| < 10$km/h	好	—
10km/h $\leqslant \|\Delta v_{85}\| < 20$km/h	较好	条件允许时宜适当调整相邻路段技术指标
$\|\Delta v_{85}\| \geqslant 20$km/h	不良	相邻路段需重新调整平、纵面设计

【复习思考题】

5-1 如何解释道路用户对道路交通运行环境安全性的感知与判定？

5-2 有哪些可以测试并量化的驾驶人生理心理指标？

5-3　解释运行速度的测定方法。

5-4　运行速度突变或运行速度与设计速度之差过大反映道路交通运行环境的什么变化？举例说明。

5-5　解释主观安全性和客观安全性存在差异的主要原因。

5-6　对于非自由流，如何建立其主观安全性指标？

第6章 道路交通运行风险

道路交通基础设施是为交通运行服务的硬件环境,其建设标准不可能满足所有自然环境条件下各类交通(用户与载运工具)的运行和安全个体需求。在运营过程中应通过运行安全管理与风险防控保障交通运行安全。为此需建立既有道路(网)的交通运行安全性或运行风险的评价指标和评价方法,以实现道路(网)交通运行风险实时监测和主动防控。

6.1 风险指标

既有道路(网)的交通运行安全水平需要逐步提升,或通过道路交通运行风险防控预防道路交通事故。既有道路(网)内新建或改扩建道路可改变道路(网)网络结构,产生交通流重分配;亦应对网内新建或改扩建道路对道路(网)交通运行风险的影响开展评价,合理加密或改善道路(网)结构,保障道路(网)交通运行高效安全,提升道路(网)交通运行安全性。

制定道路(网)交通运行安全水平提升的对策或实施道路交通运行风险防控措施,需要开展道路交通运行安全调研分析。关于道路交通运行风险的定义,可以从三个层次考虑。

(1)基于历史事故数据的风险指标。

(2)基于运行速度的风险指标。

(3)基于交通流运行状态参数的风险指标。

为达成道路交通安全水平的逐步提升并最终实现“零愿景”,应采取“事前”“事中”“事后”持续系统的安全技术、政策等对策,如表 6-1 的示例。

道路交通安全水平提升的“事前”“事中”和“事后”对策 表 6-1

时间	定义	效用
事前	建立“人-车-路”系统参数及环境因素与安全性指标的关系,规划、设计与建造安全的道路交通基础设施,制定有效可接受的交通法规,提供良好的安全教育,促进文明交通,增强道路用户安全意识,制造具有高主动安全性能的车辆等	道路交通基础设施本质安全水平优良,道路用户交通行为文明和安全意识高,“人-车-路”系统性能稳定,应急物资储备合理,救援及时等
事中	监测“人-车-路”系统运行状态,诊断系统运行风险,实时预警风险并采取动态有效的交通组织与安全保障对策阻断风险传播,实现系统稳定安全运行;车辆具有良好的驾乘人员保护设备、安全有效的辅助驾驶系统等;实现“两客一危”车辆的高风险驾驶行为实时纠偏等;系安全带、戴头盔等	预警交通运行风险,主动防控交通运行风险,阻止风险蜕变;实施营运车辆驾驶人风险驾驶行为的预警与纠偏;实现车辆行驶前撞、变道风险等预警;实现驾乘人员自我安全保护等
事后	事故高发路段鉴别与整治,高危驾驶人的再教育,低安全性能车辆的淘汰等;受损道路交通基础设施及时修复;应急预案完善并具有可操作性等	逐步消除“人-车-路”系统的运行高风险因素;更安全的车;更安全的路;更安全的人

6.1.1 基于历史事故数据的风险

系统安全性最底层的安全性指标是其运行的故障率、系统失效概率及系统失效的后果。“人-车-路”系统在一定的自然人文等环境下运行,其安全性最本质的评价指标是事故的量(事故率、当量事故率、事故损失、事故当量损失等),事故发生量大或事故损失严重,系统运行安全性就低。建立道路交通运行环境与事故指标的关系可以用于评价“人-车-路”系统运行风险。

如基于历史事故的交通事故风险指标 CR 见式(6-1),该指标反映安全现状,可用于事后安全管理。

$$CR = N/(L \cdot T) \tag{6-1}$$

式中:N——路段在统计年限内发生的交通事故死亡及受伤总人数;

L——路段的长度;

T——事故统计的年限。

根据这一指标,将交通事故风险分为五级,见表 6-2。

交通事故风险分级标准 表 6-2

风险等级	风险状况	交通事故风险指标范围
Ⅴ级	高	$CR_{90} < CR$
Ⅳ级	较高	$CR_{70} < CR \leqslant CR_{90}$
Ⅲ级	中	$CR_{50} < CR \leqslant CR_{70}$
Ⅱ级	较低	$CR_{30} < CR \leqslant CR_{50}$
Ⅰ级	低	$CR \leqslant CR_{30}$

注:CR_{30}、CR_{50}、CR_{70}、CR_{90}分别代表某条公路或某区域路网交通事故风险指标的 30%、50%、70% 和 90% 累计百分位值。

基于历史事故数据的安全风险评价指标虽然反映了系统最底层的本质安全性，但有以下几点缺陷。

(1)历史事故数据样本量小，且大量的轻微事故无记录。

(2)交通执法时，尽管依据交通法规判定了事故的各方责任，但很难理清每起历史事故的肇因与“人-车-路”系统内部参数、外部环境因素等的量化对应关系，事故再现难度大。

(3)事故的“不可试验性”，不可能像结构承载力和材料强度试验那样，建造高风险路或路段，发生交通事故以获取事故数据。

(4)事故数据时限性和地理区域“不可互用性”，如果各路段经过改造或交通状况发生了大的变化，那么这个变化点前后的事故数据不能用于建立道路交通基础设施特征与事故率的关系。

6.1.2 基于运行速度特征的安全性

“人-车-路”系统故障或失效与系统内部参数及外部环境因素有关，如图6-1所示。由于该系统故障和失效的后果为交通事故及交通事故造成的损失，期望建立事故指标与系统内部参数及外部环境参数的量化显式关系，即建立式(6-2)的关系式。

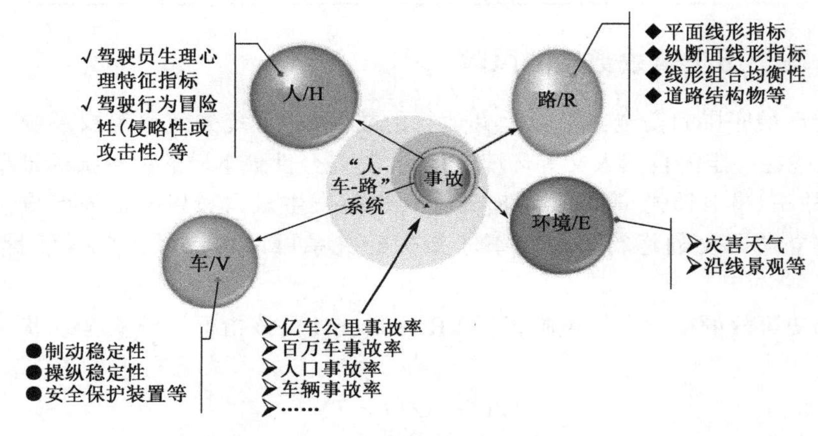

图6-1 事故与人-车-路环境的关系

$$事故率 = f(平纵横线形\ A、路面\ P、交通量\ V、环境\ E、车速\ S、车辆、人\cdots\cdots) \tag{6-2}$$

由于人、车、路及环境的因素太多，对系统运行风险的作用具有交互性和耦合效应，要建立事故指标与所有参数的对应关系基本上是不可能的。

任何一个系统在运行过程中其运行状态都有外在表现。对于“人-车-路”这一系统，其可见、可测和可量化的外在表现是交通流运行状态、驾驶人生理参数、车辆行驶轨迹和转向盘转角等参数。

当交通流处于自由流状态时，如第5章所述，车辆的行驶速度即为驾驶人感知判断道路交通运行环境后采取的驾驶行为的结果，是“人-车-路”系统运行的直接外在表现，包括其稳定行驶速度、加速度和减速度等。当道路交通运行环境突变、行车前方有障碍物或有动物闯入等时，驾驶人采取减速驾驶，如隧道入口、前方交叉口信号红灯、高(快)速路出口驶出时的变道等。高(快)速路入口后的交通汇流到主线或驶出交通拥堵路段，会加速行驶等。如第5章所述,《公路项目安全性评价规范》(JTG B05—2015)等国内外道路安全评价规范或指南,在对不良几何线形路段进行初筛时,采用运行速度特征值 v_{85} 与设计速度的差及相邻路段 v_{85} 的差作为指标。多数以 20km/h、10km/h 为临界阈值,路段的运行速度 v_{85} 与设计速度的差或相邻路段运行速度 v_{85} 的差异越大,线形协调性越不好。

第 5 章介绍了运行速度的常用特征值,在自由流状态下可采用运行速度特征值作为道路交通运行风险的评价指标。对于在役道路,可以观测其运行速度,分析运行风险,鉴别高风险路段。

显然,运行速度是可测、可量化的,且数据样本量可根据需求增大。目前的高清相机、激光扫描等设备已可以分车型观测运行速度;若同时观测天气、路表状况等数据,则可综合分析人、车、路和环境因素交互作用下的运行速度,诊断产生风险因素。

6.1.3 交通流状态

自由流状态下行车速度及其特征值是交通流最简单的状况,车辆行驶不受其他车辆干扰,仅仅取决于道路交通运行环境和驾驶人自身的驾驶行为。但大部分情况下,车辆的行驶会受到其他车辆的干扰或约束,即交通流的非自由流状态。非自由流状态下,车辆的行驶安全性不仅与驾驶人自身行为有关,也受到其他道路用户的影响,驾驶人不仅要感知道路交通基础设施的实时状况,还要判断自身周边的交通流状况。当然测量监测单元内交通流所有车辆的行驶速度,统计分析提取运行速度特征值,也看表征交通流运行状态的参数。

非自由流状态下,交通工程学里有不少表征交通流运行状态的参数,如常用的“流、密、速”的概念及参量。在研判交通流内任一车辆的行驶风险时,可用碰撞时间 TTC(Time to Collision)或碰撞时间倒数 THW、车头时距等作为参数评价车辆行驶风险,见式(6-3)。

$$\mathrm{TTC} = \frac{\Delta x}{\Delta v};\mathrm{THW} = \frac{\Delta x}{v_{\mathrm{sv}}} \tag{6-3}$$

式中:Δx——前后车相对位移;

Δv——前后车相对车速;

v_{sv}——后车车速。

在研究车辆行驶风险预警指标方面,不同交通流状态下的行车风险可选用不同表征参数,如表 6-3 所示。监测断面交通流或特征路段内的交通流可计算得到行驶速度、加减速度、碰撞时间等参数。

非自由流状态的行车风险表征指标 表 6-3

交通流	风险	事故类型	表征指标
低密度	自由行驶风险	单车侧翻等	运行速度
中密度	跟车行驶风险、变道行驶风险	追尾、侧碰等	碰撞时间、车头时距
高密度	跟车行驶风险	追尾等	碰撞时间、可接受间隙

6.2 事故调查与分析

6.2.1 调查目的、内容、方法与指标

6.2.1.1 调查目的

道路交通安全性调查以提升既有道路(网)交通运行安全水平为总目标,其具体目的可能有以下几个方面。

(1)从公共安全或社会问题角度研究整个路网的道路安全状况,制定路网安全改善战略规划。

(2)路网级道路安全管理与安全提升计划。

(3)项目级道路安全管理与技术改造、安全设计等。

从交通安全政策与管理方面考虑,可将道路交通安全性调查目的主要分为如下4个方面。

(1)为制定交通法规、政策和交通安全措施提供重要依据。

(2)检验某项交通安全政策和措施的实际效果。

(3)为交通管理提供统计资料。

(4)为交通安全教育和交通安全研究提供资料。

6.2.1.2 调查内容

出于不同的调查目的,对道路交通安全性调查的内容不尽相同。对于以调研整个路网的道路安全状况、制定路网安全改善战略规划为目的的道路交通安全性调查,其调查内容主要集中在宏观数据方面,包括:

(1)路网所在地区人口结构、分布及其增长率。

(2)路网所在地区经济发展历史与趋势。

(3)交通运输客货运周转量的发展情况。

(4)道路交通事故的总量、类别、发展趋势、主要原因与事故类型(特别是不同用户群体的事故)。

(5)汽车保有量、汽车类别构成及汽车性能总体状况。

(6)路网中道路等级分布及其事故情况。

(7)路网内交通量分布、交通构成。

(8)道路交通执法和道路安全教育状况。

(9)其他。

对于以路网级道路安全管理和安全提升计划为目的的道路交通安全性调查,调查内容要进一步细化,主要包括:

(1)上一次路网改造后,路网各路段的道路交通事故总量、类别、事故原因和事故类型。

(2)路网内主要人口居住或出入点、学校等分布情况。

(3)道路等级及其长度在网内的分布。

(4)主要大型交叉口的分布。

(5)各路交通量及其构成。

(6)各路主要道路现状及其沿线环境。

(7)其他。

对于以项目级道路安全管理和技术改造、安全设计为目的的道路交通安全性调查,调查内容主要针对所要改造的特征路段或高风险路段进行,调查范围更小,但内容更细,主要包括:

(1)沿线道路交通事故分布情况(应具体到百米桩以内或具体的出入口、交叉口)。

(2)事故原因沿线勘察,这里的事故原因不仅仅指交警事故数据中提供的原因类别,还包括实地沿线勘察结果。

(3)道路几何线形、交叉口类型和技术参数。

(4)道路沿线桥梁、隧道等结构物及其与路基段的过渡形式。

(5)交通标志、标线,交通安全设施的状况。

(6)沿线路面状况(主要影响道路安全的路面表面特性)。

(7)沿线人口居住及其出入情况(学校、村庄、厂矿企业的分布,公路离小城镇的距离等)。

(8)交通量及其构成。

(9)沿线道路景观。

(10)气象资料(包括雨、风、雾、雪等),沿线特殊气象特征(如侧向风、积雪、局部雾团等)。

(11)交通运行状态观测与交通流分析,如运行速度观测等。

(12)其他可能影响道路安全的因素。

6.2.1.3 调查方法

道路交通事故及其相关资料的调查方法有以下几种。

(1)到有关管理部门收集数据资料。如到交通警察部门收集道路交通事故数据,到气象部门收集有关气象资料,到道路管理部门收集道路原始设计资料及改建与养护历史数据、交通量观测资料等,到高速公路和城市快速路监控中心收集历史交通流运行状态视频数据等。

(2)现场观测与沿线调研。为了研究道路交通事故与道路交通环境等方面的关系,很多情况下现场或沿线勘察是必不可少的,如当确定了某些路段事故较明显地多于其他路段时,不仅需要通过事故记录分析原因,更重要的是现场勘察。沿线勘察与调研的内容可以是道路线形状况、交通设施状况、自然环境、交通状况、特殊问题、交叉口的位置与环境等。沿线调研勘察必要时应在不同的时间、气象条件和交通状况下进行。

现场调研的另一项重要工作是对交通状况予以观测,包括必要时的交通量及其组成观测。

(3)问卷调查。道路用户是道路安全的受益者,对道路安全状况和道路交通环境有最直接的感受,因此可对不同的道路用户,如驾驶人、行人等,进行问卷调查。问卷调查内容可以包括对道路交通环境的认识、某些事故多发路段的事故情况、交通拥挤情况等。

(4)专题试验研究。对某些特定道路与复杂的道路交通环境进行跟踪调查或进行必要的试验。如路网交通仿真试验、复杂路域环境或不良气象环境下的驾驶模拟试验、交通运行状态的观测或自然驾驶试验等。

6.2.1.4 指标

交通安全度表示行人、车辆在道路交通活动过程中的安全程度,它的对立面就是交通危险度。一条道路的安全度越高,危险度就越低,反之亦然。较广泛采用的交通事故状况统计指标有交通事故次数、死亡人数、受伤人数以及直接经济损失。基于该4项指标,整合后可得到事故综合当量指标。在安全生产领域,通用的事故指标综合计算式见式(6-4)。

$$K = F(f,b,r,l,P,G) \tag{6-4}$$

式中:f——死亡率;

b——受伤率;

r——职业病发生率;

l——损失率;

P——人员;

G——GDP。

对于交通事故,事故当量损失则为对事故伤亡人员按照事故赔偿计算所得的金额与事故直接经济损失之和,见式(6-5)。

$$M = D + I + F + m \tag{6-5}$$

式中:M——事故当量损失,万元;

D——死亡赔偿金,万元;

I——残疾赔偿金,万元;

F——丧葬费,万元;

m——事故直接经济损失,万元。

基于该项指标,可以看到整体的事故当量损失与发生事故的当事人年龄、车辆状况及受伤状况有很大联系,部分指标的计算过程中需要进行详细的统计与调查。

【例6-1】 在研究山区高速公路风险时,做了一些简化修正,采用了式(6-6)的事故当量损失计算公式。

$$M' = D + I + E = 80 \cdot n_D + 20 \cdot \sum n_I \cdot k_I + 30 \cdot \sum n_E \cdot k_E \tag{6-6}$$

式中:M'——修正事故当量损失,万元;

D——死亡损失,万元;

I——受伤损失,万元;

E——经济损失,万元;

n_D——死亡人数,个;

n_I——受伤人数,个;

n_E——受损车辆,辆;

k_I——受伤修正;

k_E——受损修正。

对事故当量损失进行计算可得到事故当量损失率,见式(6-7)

$$P = \frac{M'}{L \cdot \mathrm{AADT} \cdot 365} \tag{6-7}$$

式中:P——修正事故当量损失率,万元/亿车公里;

M'——修正事故当量损失,万元;

L——路段长度,km;

AADT——折算年平均日交通量,辆/天。

其中受损及受伤状况可根据实地及资料调研得到。对我国西南地区某高速公路进行事故率(起/亿车公里)与事故当量损失率的对比分析,结果见图6-2。

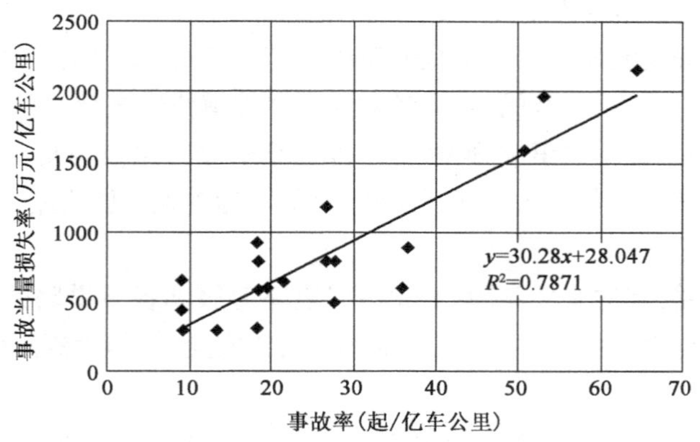

图6-2 事故率与事故当量损失率关系

6.2.2 数据分析

6.2.2.1 宏观分析

道路安全性的宏观分析可从三个方面进行。

(1)路网内道路安全的发展趋势评价,以制定道路安全战略规划。

(2)路网内主要事故类别,以交通事故的交通方式、用户分类等,为道路安全管理和道路安全教育服务。

(3)不同等级道路的道路安全状况及其所服务的交通状况,为路网道路安全改善和道路等级的提高等提供决策依据。

尽管具体一起道路交通事故可能看上去只是与事故的当事人和具体路段的道路交通环境有关,但某区域内道路安全状况(如以交通事故总起数表示)的变化则是和区域内的经济发展、人文素质、人口与居住分布、车辆保有量等社会环境因素有关。

路网内道路安全评价的发展趋势可以以路网内道路事故的总数、以各种关联因素为基数的事故率(死/伤)等指标的逐年发展趋势评价。以评价区域干线公路网的安全性发展趋势为例,通过交通量的统计分析(交通量观测站的资料)得到历年干线公路所承担的交通量为 N_i,相应的交通事故率为 A_i,伤亡率为 D_i,道路交通事故造成的经济损失为 E_i,则可分析 A_i、D_i、E_i、N_i 等指标逐年的变化趋势。通过分析,可从以下方面总结。

(1)交通量基本保持在一定水平上,但事故率和伤亡率逐渐增加,表明道路安全性水平下降。这种情况下,显然交通量不是道路事故增加的根本原因。应该检查人口增加与迁徙、道路交通环境变化等对道路安全的影响。

(2)交通量增加,事故总起数增加,但事故率基本不变。这种情况下,经济一般也稳步发展,交通量增加导致事故数增加。应考虑改善路网道路交通基础设施,建设新路以缓解交通压力,降低事故总量。

(3)交通量增加,事故总起数基本不变,事故率降低,但伤亡率增加。这可能反映出局部路段或路网内的个别道路不能适应交通需求,原因可能是车辆构成有变,也可能是交通执法不严等。

(4)交通量增加,事故率和伤亡率也相应增加,表明道路安全性逐渐恶化。原因可能是多方面的,如道路交通基础设施及路网交通承载力不足以适应经济发展等。应进一步分析道路交通事故与其他因素之间的关系。

道路安全管理和安全教育在道路安全战略中具有重要作用,通过道路用户与事故关系的分析,判别道路事故的主要用户范围,可有针对性地实施道路安全教育。在道路安全管理上也可采取针对性措施,如若经用户事故分类统计,以货车事故为主或与货车有关的事故占主导,则应检查路网内各条道路对货车的交通适用性,对货车驾驶人实施道路安全教育,检测货车车辆性能等。

路网内各等级道路,其安全性不同,对比不同道路等级和各条道路的道路安全性,则可判别道路等级与道路安全性的关系,分析每一条路的道路安全性,作为制定路网道路安全改善规划与决策的依据。

道路安全宏观分析也可在区域层面上进行。区域层面上的事故诊断主要针对一定范围(如一般在 $5km^2$ 以上)内道路安全问题进行调查研究。分析事故资料的目的主要是制定区域的道路安全规划、局域路网道路安全评价和黑点鉴别。这类分析最好结合道路事故数据库的研究进行。以各类地图为平台,采用 GIS 技术,将事故数据资料及其分类情况、道路与交通环境特征等分层次地叠放在地图上。

【例 6-2】 交通运输部公路科学研究院在建立 ChinaRAP 时,运用基于历史事故数据构建的交通事故风险指标和风险分级标准(CR),对某都市高速公路、国省干线、县乡公路风险点段清单,包括公路名称、里程桩号、方向、线形指标、现场设施设置情况、存在的主要问题、安全对策建议等,鉴别出某地区的不同风险等级的路段分布。

高速公路高风险点段 50 处,较高风险点段 35 处;

国道高风险点段 41 处,较高风险点段 36 处;

省道高风险点段 61 处,较高风险点段 96 处;

县乡公路高风险点段 60 处,较高风险点段 44 处。

该鉴别结果为该都市道路安全管理和水平提升对策制定提供了依据。

6.2.2.2 微观分析

事故的微观分析也有不同目的和相应的方法。交通执法部门进行事故微观分析须确定事故责任,公路管理部门要根据事故的具体情况确定事故中造成道路交通资产损失的责任。作为道路安全工程的一部分,为了研究道路交通运行环境等与道路安全性的关系,对事故的微观分析侧重于道路交通基础设施特征与事故(率)等的关系。

1990 年英国公路与运输研究所在公路安全指南中建议道路事故问题诊断分为 6 步:

(1)研究详细的事故报告;

(2)对事故数据分类排序确定事故类别和发生的路段位置;

(3)通过现场勘察充实或补充数据(可能包括冲突点调查研究);

(4)细致分析所有数据;

(5)鉴别主要因素或主要道路特征;

(6)确定道路安全问题的本质。

按照以上6个步骤,可以将大多数事故调研工作分为两大与道路安全问题诊断有关的部分,即道路事故资料的室内分析和现场勘察。室内分析可根据事故资料研究事故类型、交通行为等,为制定防止事故的措施提供依据;现场勘察包括道路特征和交通行为的调研,如车速测定、交通量观测、冲突点分析、道路平曲线半径和视距测定等。

道路安全性可分为点、线、面或宏观规划几个层面。

在点和线层面上,道路事故分析主要针对具体的路段或某条道路进行,需要研究该路段或道路的事故历史记录。但点和线的事故研究没有太大必要研究每一单一的事故产生的具体过程,而应进行该路段事故的类型和原因等综合分析,以揭示潜在的交通运行风险。

点和线事故研究的关键之一是事故类型的分析,若分析研究事故类型时发现存在主导事故,则对制定事故防治措施十分有利;否则,如果没有主导事故存在,则制定相应整治措施就会比较困难。道路事故多发段点鉴别的主要目的之一是能通过道路与交通分析消除事故隐患,降低交通运行风险。若没有主导类型事故,则一般无法通过工程设施解决或通过工程设施解决的费用很高。另一种情况是可能存在2~3种主要事故类型,有时解决这些主要事故类型的工程技术措施可能是相互矛盾的。

此外,还应分析事故发生的时间和当时的气象特征,以查明道路事故发生的主要时间段和特定气象条件,对制定防治措施也很有利。如可进行如下的统计分析。

(1)照明条件(白天、黄昏、黎明、夜晚)。查明是否存在特殊的视线问题导致事故。

(2)道路条件(潮湿、干燥)。查明是否存在防滑与排水等问题导致事故的发生。

(3)时间。查明是否存在与特定时间段(早高峰、晚高峰、其他特定的交通状况对应的时间段)有关的事故。

(4)工作日。查明是否有与特定工作日或周六、周日有关的事故。

聚类统计分析不是针对道路上的某一点或一段,而是以总体事故为分析对象,分析不同类别事故的典型原因,然后看这些典型类别的事故发生的位置,对于同类事故可制定相似的防治措施。

按事故的原因和形态统计分类,研究特定类型或原因的事故的特定位置,确定一些具有相同类型或原因的事故的路段或点,对这些路段和点可采用一些标准的技术措施。例如,防滑措施不足导致事故发生的路段、与桥梁墩柱或安全设施相撞的路段等。

【例6-3】 某国道干线公路在4年中有交通调查资料的244次事故中,正面相撞、侧面相撞、尾随相撞、对向刮擦、同向刮擦、翻车、其他等形态的事故统计如表6-4所示,按事故原因排列依此为超速行驶、纵向间距不够、违章占道行驶、违章转弯、违章超车,如表6-5所示。可以看出,正面相撞、侧面相撞和尾随相撞事故占比在80%以上,超速行驶、违章占道行驶和纵向间距不够是三大主因。

按事故所涉及的道路用户进行统计分类,则可判别一些特殊位置其事故与特定道路用户是否有关。事故所涉及的道路用户的概念有两种,可以按交通方式来划分道路用户,如我国公安部的统计方法,划分为以大型货车为主的事故、以小型客车为主的事故等;也可以按道路用户的职业、年龄等进行划分,如以老年行人为主的事故、以儿童行人为主的事故等。如果通过事故类别分析能找到一组主要事故关联道路用户群体,如以行人非机动车用户为主的弱势群体,则可采取相应的教育或工程技术措施。

某国道干线公路某路段的道路事故形态统计分析　　表 6-4

事故形态	1996 年	1997 年	1998 年	1999 年	合计
正面相撞	5	24	16	8	53(21.7%)
侧面相撞	8	8	36	38	90(36.9%)
尾随相撞	1	16	31	16	64(26.2%)
对向刮擦	—	2	—	—	2
同向刮擦	—	4	4	3	11
翻车	—	—	—	3	3
其他	—	1	14	6	21
合计	—	—	—	—	244

某国道干线公路某路段交通事故原因统计分析　　表 6-5

事故原因		1996 年	1997 年	1998 年	1999 年	合计
机动车	制动不良	—	1	—	—	1
机动车驾驶人	疲劳驾驶	—	1	—	—	1
	超速行驶	1	10	21	39	71
	逆向行驶	2	1	—	—	3
	违章超车	1	5	2	3	11
	违章转弯	3	—	7	4	14
	违章装载	1	—	—	—	1
	违章倒车	—	—	1	—	1
	违章停车	1	1	1	—	3
	违章掉头	1	—	—	—	1
	违章变更车道	1	1	1	—	3
	违章占道行驶	2	12	17	5	36
	纵向间距不够	1	9	27	12	49
	疏忽大意	—	3	4	—	7
	判断错误转弯	—	1	1	—	2
	措施不当	—	1	2	3	6
	其他	—	2	2	—	4
非机动车驾驶人	违章占用机动车道	—	—	1	—	1
行人、乘车人	违章穿行车行道	—	1	—	1	2
其他	其他	—	2	1	—	3

特定路段的事故诊断的有效技术方法为事故仿真技术。以事故数据库为基础，必要时使用事故原始记录与报告（特别是报告中事故草图和叙述性说明）。仿真时，将近 1～5 年（视道路是否进行过改造和交通的变化情况定）的事故用箭头移动的方式模拟事故车辆的移动和发生事故的点。事故箭头上标注事故的资料，如事故类型、事故严重程度、日期与时间、道路条件、照明条件、地形特征、路段资料、事故总结表等。

仿真图如图6-3所示。图中比较形象地反映出特定路段道路与交通环境等和事故的关系。根据仿真结果和实际的路况,可进行事故再现。其他学科技术的应用使对营运车辆跟踪监测得以实现,包括车辆行驶路线、轨迹、车辆加减速、驾驶人驾驶行为,因此可用其数据实现高风险行驶的分析,诊断高风险行驶和驾驶行为的致因,为行驶风险防控和高风险驾驶行为纠偏提供数据支撑。

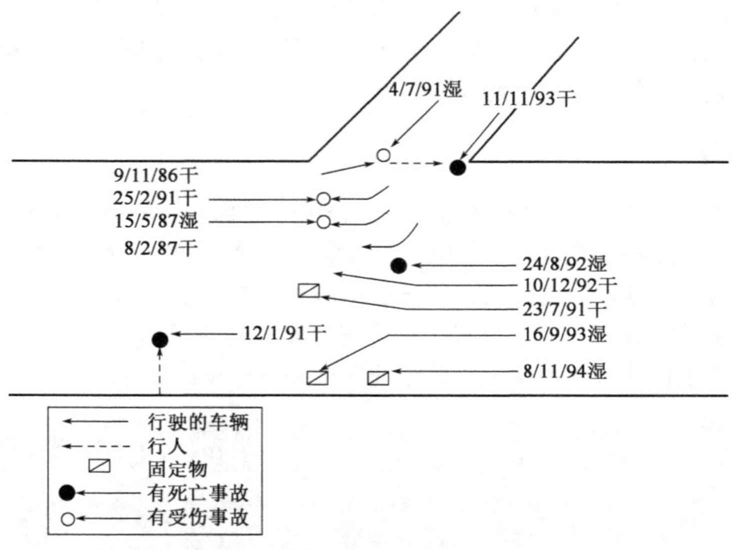

图6-3 交叉口范围内的仿真(×/×/×表示日/月/年)

几乎在所有的事故中,人的因素,包括生理心理方面、驾驶经验、年龄等,均与事故有一定的关系。大多数情况下,这些资料在事故报告中能找到。但在特定情况下,应研究某些驾驶行为是否必然增加行车风险。此外,还应研究特定类型交通冲突点的存在是否必然导致某些驾驶行为的出现。冲突点的产生与道路交通运行环境和交通本身有关。

驾驶行为的观测内容主要为车辆的位置变化,包括超车及变道行为、运行轨迹及偏移量、车头时距等。可实地摄录交通流状况,基于图像分析得到不同车型、不同时间、不同天气下的驾驶行为。根据观测得到的交通冲突地点、涉及的交通对象类型、冲突类型、冲突严重程度、冲突时间、道路交通基础设施特征、冲突时天气情况、冲突时段的交通量、冲突过程,结合事故资料和现场调研资料进行冲突点分析。通过冲突点分析可对特定路段的事故性质予以研究和评价,探讨或解决以下的相关问题。

(1)事故是否与道路物理状况有关?可否消除?

(2)是否存在可视性方面问题?能否解决?

(3)现有的标志、信号和路面标线是否起到应有的作用?有无必要更换?

(4)交通渠化是否与特定的交通相适应?

(5)是否可通过某些交通限制或制定优先权解决?

(6)可否分流到其他道路上以降低交通运行风险?

(7)昼夜事故比例如何?通过照明等技术措施可否降低夜间行车风险?

(8)是否需要增加某些交通管理措施?

(9)其他。

6.3 速度与人体伤害

运行速度作为道路交通基础设施、自然环境、汽车性能以及驾驶人行为等多方面综合作用的最终结果，在特定的道路交通运行环境、自然环境及汽车性能等条件下，可作为自由流状态下交通运行风险，因不受其他车辆影响，也是单车的行车风险。在非自由流状态下，运行速度同样是一个重要表征参数，但影响因素更多。

6.3.1 速度

在道路安全工程学科范畴，对速度的理解分为两个方面：一是指机动车、非机动车的行驶速度，包括时速、加速度和减速度，为通用的速度概念；二是在确定道路交通基础设施技术指标和交通管控措施方面的速度，包括计算行车速度、限速、建议速度等。道路几何线形的技术指标，标志、标线文字、图形符号、大小及其设置位置等是在计算行车速度(设计速度)控制下确定的。限速阈值是根据路域环境状况等确定的安全最高行车速度，如图 6-4 所示。

图 6-4 高速公路分车道限速示例

运行速度是对某路段时空内所有车辆行驶速度进行统计处理得到的统计意义上的速度值，实际上是运行速度的特征值，如第 5 章的 v_{85}、车速降低系数 SRC 等。

对于驾驶人个体，如第 2 章所述，行车速度是其根据感知到的路域环境和交通状况，考虑自己的出行需求、驾驶技能和车辆技术性能等，所采取的行驶速度。机动车在交通流里有 3 个基本的行驶行为——跟驰、变道、超车。在研究跟驰行为时，20 世纪 70 年代，吉普斯(Gipps)提出了安全行车距离模型，见式(6-8)，式中 v_{acc} 和 v_{dec} 分别为加速和减速行驶后的行驶速度，见式(6-9)和式(6-10)。

$$v(t+\Delta t)=\min[v_{acc}(t+\Delta t),v_{dec}(t+\Delta t)] \tag{6-8}$$

$$v_{acc}(t+\Delta t)=v(t)+2.5a\cdot\Delta t\cdot\left[1-\frac{v(t)}{v_0}\right]\sqrt{0.025+\frac{v(t)}{v_0}} \tag{6-9}$$

$$v_{dec}(t+\Delta t)=b\cdot v(t)+\sqrt{b^2\cdot\Delta t^2-2b(s-s_0)-v(t)\cdot\Delta t-\frac{v_i^2}{b}} \tag{6-10}$$

式中：t——当前时刻；

Δt——时间间隔；

$v(t)$——当前时刻的行驶速度；

v_i——当前时刻前车速度；

v_0——期望速度；

a——加速度；

b——减速度；

s——安全距离；

s_0——期望的安全距离。

安全距离与道路交通基础设施状况有关，在特定的几何线形情况下，该值取决于路面抗滑性能和车辆的制动性能等。由 s 可反算特定路域环境下的安全行车速度、加速度和减速度。

《公路车辆安全行驶速度研究》（王炜，东南大学，2010）采用图 6-5 的技术路线建立了临界速度计算方法。临界速度取车辆最高行驶速度，其值为轴（纵）向最高行驶速度、横向最高行驶速度和竖向最高行驶速度的最小值。

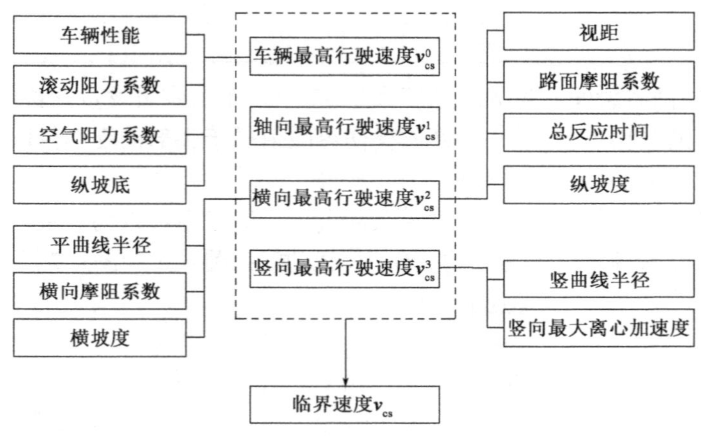

图 6-5 临界速度计算流程

6.3.2 人体各部位的耐冲极限特征

安全的行车速度、加速度和减速度阈值与人体各部位对外力冲击耐受极限有关，超过人体所能承受的极限，驾乘人员将受到伤害甚至死亡。

交通事故过程中，人体受伤的程度与车辆的减速度和减速时间有关，碰撞时车辆的减速度越大，人体受伤程度也就越重；减速度持续时间越长，人体受伤的可能性也越大。依据可能产生的瞬时减速度和减速作用时间量化不同速度下的事故危险等级，可为各种安全管理措施提供决策依据。

根据美国国家安全委员会（National Safety Council，NSC）的统计，头部受伤情形在机动车事故中占 71%，在摩托车事故中占 50%。美国吉哲仁（Gurdjian）和拉蒂默（Latimerr）等学者（1953 年）研究不同减速度对人体头部的伤害，建立了 WSTC 曲线（Wayne State University cerebral concussion tolerance curve，韦恩州立大学脑震荡耐受曲线），即减速度大小、减速持续时间与头部伤害程度之间的关系曲线，用以界定大脑是否受到致命的伤害。经过范思哲（Versac）（1971 年）修正，建立了头部伤害标准 HIC（Head Injury Criterion），见式（6-11）。

$$\mathrm{HIC} = \max_{t_1,t_2}\left\{\frac{1}{(t_2 - t_1)^{3/2}}\left[\int_{t_1}^{t_2} a(t)\,\mathrm{d}t\right]^{5/2}\right\} \tag{6-11}$$

式中：$a(t)$——头部重心加速度函数；

t_1、t_2——车辆减速的起止时刻。

普拉萨德(Prasad)和默茨(Mertz)建立了头部伤害风险曲线(head injury risk curve),当头部受减速时间为15ms,头部受伤害值HIC为1400时,人体大脑受伤的可能性为50%;当头部受伤害值HIC为1000时,受伤可能性为18%。综合目前的研究成果,不同冲击加速度下头部和面部的耐冲极限值特征如表6-6所示。

不同冲击加速度下头部和面部的耐冲击值 表6-6

冲击加速度 $a(t)$ (m/s^2)	冲击持续时间 T(ms)	头部受伤程度	面部受伤程度
57g	20	生命危险	—
50g	—	—	颊骨骨折界限
40g	—	—	腭骨骨折界限
30~40g	10~40	—	意识障碍
30g	—	—	面骨(鼻)骨折界限

可见,当车辆碰撞时瞬间产生的减速度大于57g时,车上乘员发生死亡的可能性很大。对比分析头部和面部的受伤程度可知,面部的受伤界限值低于头部的受伤界限值,即面部的受伤界限能更灵敏地反映事件后果的严重性。

人体的颈部受伤原因较为复杂,有时轻微冲击也能造成乘员重伤。目前,主要以碰撞时的头部前倾角度和头部后倾角度为主要的受伤判别依据,如图6-6和图6-7所示。

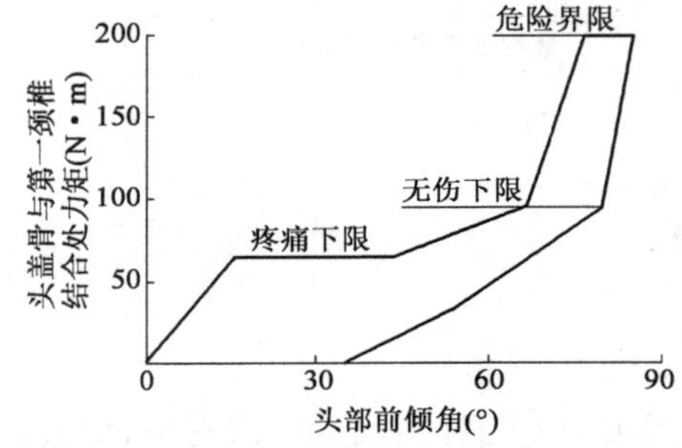

图6-6 头部前倾角的颈部伤害界限

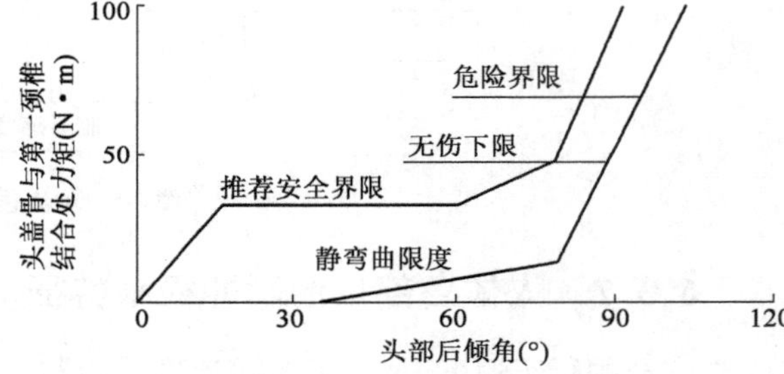

图6-7 头部后倾角的颈部伤害界限

通常,胸部受到超过6400N的冲击力时,人体会受到胸骨骨折、肋骨骨折、胸肺损伤等严重伤害。此外,当冲击加速度大于30g(294m/s^2)时,人体的血管损伤,脉搏慢。我国现行规范中的护栏缓冲功能评价中,采用的胸部性能指标THPC≤75mm。

在交通心理学的研究中,人们通过对不同加(减)速度情形下驾驶人的血压、脉搏等生理反应进行分析,发现了不同加(减)速度下驾驶人的生理感受。一般当减速度大于3m/s^{2}时,驾驶人的视觉就模糊,严重影响车辆的安全驾驶。随着减速度的逐渐增大,驾驶人的不良反应急剧增大,忍受时间也越来越短,发生危险的可能性也越来越大,如图6-8所示。

本小节的数据引用自少量文献,不宜作为标准值,若要使用宜参考相关专业的标准规范。

6.3.3 基于速度的危险等级

6.3.3.1 碰撞过程中减速度变化

紧急状况下,驾驶人实施紧急制动,若车辆在物体前能减速制动停车,车辆可能处于无损状态;若车辆不能完全制动,车辆将与固定物或其他车辆碰撞。碰撞过程中,制动前的车速、车辆的减速性能、碰撞持续时间对人体伤害的后果影响较大。车辆碰撞中，依次出现的减速度分为制动中的减速度和碰撞后的减速度。

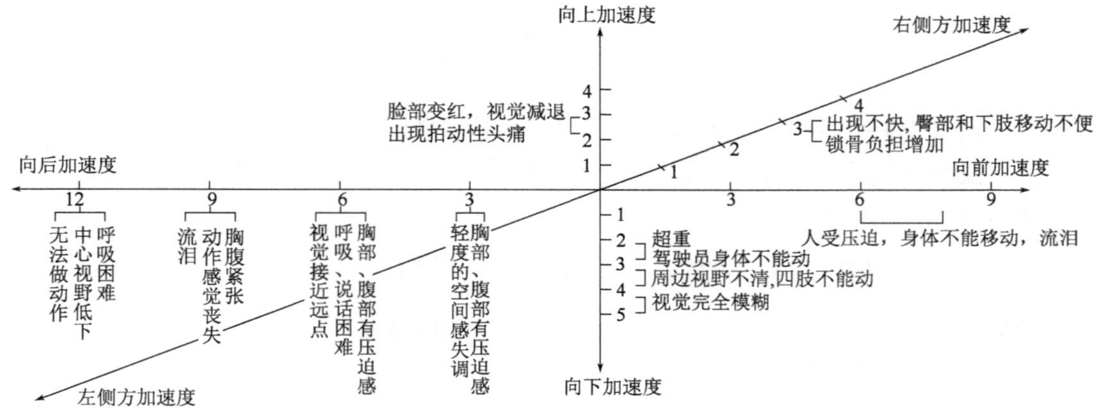

图6-8　驾驶人对不同加速度的生理反应

制动中车辆的减速度 a_1 由车辆的性能决定。由我国《公路工程技术标准》(JTG B01—2014)可知车辆最大减速度取值，小型汽车为 $7.4m/s^2$，中型汽车为 $6.2m/s^2$，大型汽车为 $5.5m/s^2$。

碰撞后车辆的减速度则与碰撞前的车速以及碰撞物有关，有两种主要情形，一是车辆与固定物碰撞，二是车辆与车辆碰撞。

(1)车辆与固定物碰撞

失控车辆与防护栏、中央隔离带等固定物相撞过程中，车辆与固定物间能量交换。

碰撞后车辆的减速度与碰撞角度、接触面的强度等因素有关，计算过程复杂。简化为车辆在碰撞时间内完全制动，车速减至零，可得车辆与固定物碰撞后的减速度 a_2，见式(6-12)。

$$a_2 = \frac{v_p}{3.6\Delta t} \tag{6-12}$$

式中：Δt——车辆碰撞消耗时间，取值为 40～80ms；

v_p——车辆正常减速后碰撞前的车速，km/h。

依据碰撞前的速度和碰撞消耗时间，计算得车辆碰撞产生的减速度，将减速度折算为重力加速度，见表6-7。

车辆与固定物碰撞过程中产生的减速度 a_2(m/s²)　　表6-7

碰撞速度 $v_{有效}$(km/h)		60	70	80	90	100	110	120	130	140
碰撞消耗时间 Δt(ms)		80	70	50	47.5	45	42.5	40	35	30
减速度	m/s^2	208	277	444	526	617	719	833	1031	1296
	g	21	28	45	53	63	73	85	105	132

根据车辆碰撞试验研究，不同减速度之间存在以下关系(日本推荐经验公式)，见式(6-13)。

$$a_{车} = 0.63a_{头};a_{车} = 0.91a_{胸};a_{车} = 0.83\ a_{腰} \tag{6-13}$$

整理得式(6-14)、式(6-15)和式(6-16)。

$$a_{头} = \frac{0.43}{0.63} \times \frac{m_2(v_{10} - v_{20})}{m_1 + m_2} \tag{6-14}$$

$$a_{胸} = \frac{0.43}{0.91} \times \frac{m_2(v_{10} - v_{20})}{m_1 + m_2} \tag{6-15}$$

$$a_{腰} = \frac{0.43}{0.83} \times \frac{m_2(v_{10} - v_{20})}{m_1 + m_2} \tag{6-16}$$

式中： $a_{车}$——车辆的减速度，可通过有效碰撞速度计算；

$v_{有效}$——有效碰撞速度，$v_{有效} = v_{10} - v_c = 0.43\, a_{车}$；

v_{10}、v_{20}——两辆车碰撞初始速度；

v_c——碰撞中两车共同的速度，$v_c = \frac{m_1 v_{10} + m_2 v_{20}}{m_1 + m_2}$；

$a_{头}$、$a_{胸}$ 和 $a_{腰}$——车辆碰撞过程中头部、胸部和腰部产生的减速度；

m_1、m_2——调整系数。

(2)车辆与车辆碰撞

依据碰撞前车辆间的车速值，计算人体各部位产生的减速度 a_1，见表6-8。

车辆与车辆碰撞过程中人体各部位的减速度 a_1(m/s^2) 表6-8

部位	车辆碰撞前两车的车速差 Δv(km/h)									
	10	20	30	40	50	60	70	80	90	100
头部	3.42	6.83	10.25	13.66	17.08	20.49	23.91	27.32	30.74	34.15
胸部	2.37	4.73	7.10	9.46	11.83	14.19	16.56	18.92	21.29	23.65
腰部	2.59	5.18	7.77	10.36	12.95	15.54	18.13	20.72	23.31	25.90

6.3.3.2 基于速度的危险等级划分

综合国内外有关人体耐冲极限的研究成果，建议不同减速度范围内的安全等级分类标准可以以人体在 X、Y 和 Z 方向上所能承受的最大减速度为一级危险等级，依次对危险等级进行划分。在车辆碰撞能量交换过程中，车速差达到100km/h时，产生的最大减速度约为3.5g，在此减速度下，人体出现腹部受压、胸部绷紧、呼吸和说话困难、视觉模糊等生理反应。碰撞后合为一体的两车减速，通过地面摩擦(如制动1～3s后)或撞固定物等方式，最终车辆停止，此过程的减速度比两车碰撞过程中的减速度大，最大减速度约为32g(当碰撞后的车速为140m/s时)。在此最大减速度下，人体基本丧失了意识判断能力，各部位已经受到损害，如面骨已经达到骨折的极限。单车行驶的车辆与固定物发生碰撞，产生的减速度最大，其主要原因是假设车辆碰撞前未减速，但实际中车辆在发生碰撞前会减速。综合上述三种情形，考虑车辆制动的实际状况，如以3s制动后的减速度作为衡量不同车速下，人体在不同减速度下可能受到的伤害为车辆的行驶风险等级，具体见表6-9。

车辆行驶风险等级标准 表6-9

自由行驶	车速差 Δv(km/h)	$\Delta v < 0$	$0 \leqslant \Delta v < 5$	$5 \leqslant \Delta v < 10$	$10 \leqslant \Delta v < 20$	$\Delta v \geqslant 20$
跟车或换车道行驶	车头时距 Δh(s)	$\Delta h < 1$	$1 \leqslant \Delta h < 1.5$	$1.5 \leqslant \Delta h < 2$	$2 \leqslant \Delta h < 3$	$\Delta h \geqslant 3$
	制动减速度(m/s^2)	$> 12g$	$9 \sim 12g$	$6 \sim 9g$	$3 \sim 6g$	$1 \sim 3g$

续上表

自由行驶	车速差 Δv(km/h)	$\Delta v<0$	$0\leqslant\Delta v<5$	$5\leqslant\Delta v<10$	$10\leqslant\Delta v<20$	$\Delta v\geqslant20$
行驶风险等级		一级	二级	三级	四级	五级
风险值		0.8~1.0	0.6~0.8	0.4~0.6	0.2~0.4	0.0~0.2

注：车速差 $\Delta v=v_{实}-v_{临}$；车头时距 $\Delta h=h_{实}-h_{临}$。

【例 6-4】 通过驾驶模拟仿真和实际运行状况观测，运用人工神经网络方法，提出高速公路低能见度条件下自由驾驶工况车头时距分布函数，见式(6-17)，假定自由驾驶工况车辆运行速度服从正态分布。

$$f_h(h)=\frac{1}{h\cdot\sigma\sqrt{2\pi}}\exp\frac{-(\ln h-\mu)^2}{2\sigma^2},h>\min\left\{5,\frac{3.6(L+l_{\text{veb}})}{v}\right\} \tag{6-17}$$

最大安全车速为 $V_{\text{s,fr}}$，则对于某车道交通流，估计满足自由驾驶工况安全条件的车辆比例可按式(6-18)估计。

$$\begin{aligned}p_{\text{s,fr}}&=\int_0^{V_{\text{s,fr}}}\int_{\min\left(5,\frac{3.6(L+l_{\text{veh}})}{v}\right)}^{\infty}f_h(h)f_v(v)\,\mathrm{d}h\mathrm{d}v\\&=\min\left(\int_5^{\infty}f_h(h)\,\mathrm{d}h\int_0^{V_{\text{s,fr}}}f_v(v)\,\mathrm{d}v,\int_0^{V_{\text{s,fr}}}\int_{\frac{3.6(L+l_{\text{veh}})}{v}}^{\infty}f_h(h)f_v(v)\,\mathrm{d}h\mathrm{d}v\right)\\&=\min\left((1-F_h(h)\mid_0^5)F_v(v)\mid_0^{V_{\text{s,fr}}},\int_0^{V_{\text{s,fr}}}\left(1-F_h(h)\mid_0^{\frac{3.6(L+l_{\text{veh}})}{v}}\right)f_v(v)\,\mathrm{d}v\right)\\&=\begin{cases}p_{h,\text{fr}}\cdot p_{v\text{s,fr}},&\dfrac{3.6(L+l_{\text{veh}})}{V_{\text{s,fr}}}\geqslant5\\\displaystyle\int_0^{V_{\text{s,fr}}}\left(1-F_h(h)\mid_0^{\frac{3.6(L+l_{\text{veh}})}{v}}\right)f_v(v)\,\mathrm{d}v,&\dfrac{3.6(L+l_{\text{veh}})}{V_{\text{s,fr}}}<5\end{cases}\end{aligned} \tag{6-18}$$

同理，自由驾驶工况中处于风险的车辆比例可按式(6-19)估计。

$$\begin{aligned}p_{\text{r,fr}}&=\min\left(\int_5^{\infty}f_h(h)\,\mathrm{d}h\int_{V_{\text{s,fr}}}^{\infty}f_v(v)\,\mathrm{d}v,\int_{V_{\text{s,fr}}}^{\infty}\int_{\frac{3.6(L+l_{\text{veh}})}{v}}^{\infty}f_h(h)f_v(v)\,\mathrm{d}h\mathrm{d}v\right)\\&=\min\left((1-F_h(h)\mid_0^5)(1-F_v(v)\mid_0^{V_{\text{s,fr}}},\int_{V_{\text{s,fr}}}^{\infty}\left(1-F_h(h)\mid_0^{\frac{3.6(L+l_{\text{veh}})}{v}}\right)f_v(v)\,\mathrm{d}v\right)\\&=\begin{cases}p_{h,\text{fr}}(1-p_{v\text{s,fr}}),&\dfrac{3.6(L+l_{\text{veh}})}{V_{\text{s,fr}}}\geqslant5\\\displaystyle\int_{V_{\text{s,fr}}}^{\infty}\left(1-F_h(h)\mid_0^{\frac{3.6(L+l_{\text{veh}})}{v}}\right)f_v(v)\,\mathrm{d}v,&\dfrac{3.6(L+l_{\text{veh}})}{V_{\text{s,fr}}}<5\end{cases}\end{aligned} \tag{6-19}$$

当 $3.6(L+l_{\text{veh}})/V_{\text{s,fr}}\geqslant5$ 时，说明在能见度 L 条件下，车速低于 $V_{\text{s,fr}}$ 的驾驶人能够看到车头时距 5s 内的前车，可根据前车的减速情况确定是否需要减速；当 $3.6(L+l_{\text{veh}})/V_{\text{s,fr}}<5$ 时，不是所有车速低于 $V_{\text{s,fr}}$ 的驾驶人都能看到车头时距 5s 内的前车，尽管车速低于 $V_{\text{s,fr}}$ 保障了其安全性，但驾驶人不能通过视线确定自己前方 5s 内是否存在其他车辆。$p_{\text{s,fr}}$ 越接近 $p_{h,\text{fr}}$，处于安全自由驾驶工况的车辆比例越高；反之，处于危险状态的自由驾驶车辆比例越高。

【例 6-5】 在研究自动驾驶汽车分级报警与接管风险阈值方面，提出基于制动过程分析的车辆警报安全距离 D_w 和临界避撞距离 D_{br}，分别见式(6-20)和式(6-21)。

$$D_w = D_{br} + v_{sv} t_{hmin} \tag{6-20}$$

$$D_{br} = v_{sv} + v_{lv} t_\tau + f(\mu) \frac{v_{sv}^2 - v_{lv}^2}{2a_{max}} + d_0 \tag{6-21}$$

式中：D_w——警报安全距离；

D_{br}——临界避撞距离；

t_{hmin}——驾驶人容许的最小时距；

t_τ——避撞系统的延迟时间；

$f(\mu)$——路面摩擦系数；

a_{max}——常高压源作用下，车辆在良好路面上能达到的最大减速度；

d_0——两车静止安全距离；

v_{sv}——本车车速；

v_{lv}——前车车速。

危险系数按式(6-22)计算。

$$\varepsilon = \frac{D - D_{br}}{D_w - D_{br}} \tag{6-22}$$

式中：D——实际距离。

当 $\varepsilon > 1$ 时，表明车辆处于安全状态；当 $0 < \varepsilon \leqslant 1$ 时，系统启动分级报警，并且 ε 值越小，报警级别越高；当 $\varepsilon \leqslant 0$ 时，应有驾驶人接管。

以纵向驾驶模拟试验的匀加速和匀减速阶段数据为例，对驾驶模式进行安全性计算，推荐了驾驶行为风险分级，见表 6-10。

驾驶行为表征指标风险分级 表 6-10

驾驶行为表征指标	分级		
	安全	分级报警	主动接管
TTC_i	0.3	0.5	0.9
ε	>1	0～1	<0

6.3.4 限速

限速是保障道路交通运行安全最为常用的对策，特别是在治理高风险路段(点)时，在摸清导致高风险的人、车、路及环境等各方面影响因素之前，采取限速措施是遏制交通事故高发的有效管理对策。但多年来关于限速问题也颇受非议。限速阈值的确定应考虑以下问题。

(1)限速路段(点)的限速阈值与其相邻路段路域环境、运行速度的关系。限速路段(点)的限速阈值与其相邻路段的运行速度(或限速值)相差不宜过大，应考虑速度差、加速度和减速度对交通运行安全的影响。

(2)制定限速阈值，应考虑限速阈值的合理性和可接受性(可信性)。在研究英国限速阈值的可信度时，姚瑶引入风险接受的概念，综合考虑路域环境、风险接受、限速可靠度和遵守限速,采用主客观评价方法,并通过大量试验与量化分析,提出了四者之间的关系模型——如图6-9和式(6-23)所示的限速阈值可接受性概率模型。

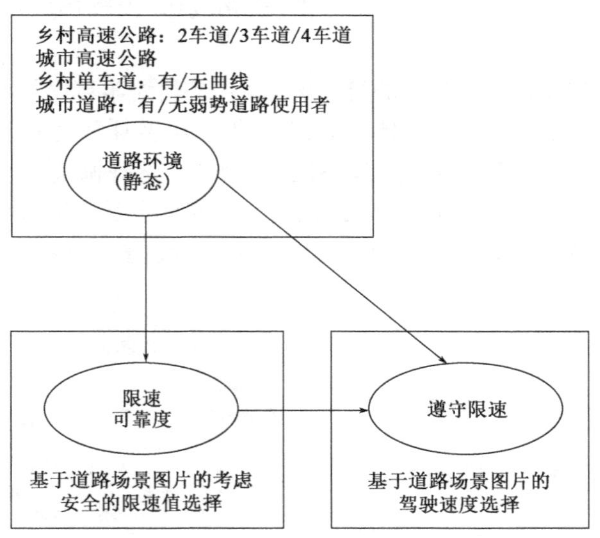

图6-9 限速阈值合理性与可接受性模型

$$\frac{e\hat{}(\alpha\text{常数}+\beta\text{可信度}\times\text{可信度分数})}{1+e\hat{}(\alpha\text{常数}+\beta\text{可信度}\times\text{可信度分数})} \tag{6-23}$$

(3)为了增加限速的可接受性,限速措施宜与其他技术措施和速度管理对策共同使用。特别是相邻路段运行速度差比较大、行车前方路域环境感知难度大等情况下,实施限速的同时宜采取其他技术措施和速度管理对策。

【例6-6】 在我国经济比较发达的地级和县级市,城镇化地区修建了不少线形条件良好(纵向平直、横向多车道等),但出入口或平面交叉口比较密集的干线公路、过境高等级公路。线形良好、行车前方视域开阔、路面平整等提供了良好的行车环境,机动车驾驶人基于自我感知的主观安全性高,高速行车,导致自己的前方视野变窄,对出入口、平面交叉口、中央分隔带开口等点位的预判与感知能力降低,造成较高的行车风险。在这类情况下,仅仅设置限速标志效果是有限的,应同时采取其他管理和工程措施降低主观安全性。

6.4 车辆行驶约束

车辆行驶主要有自由行驶、跟车行驶和换车道行驶三种基本行驶状态,相应的车辆行车风险为自由行驶风险、跟车行驶风险、换车道行驶风险三类运营风险。交通流密度大小直接决定了车辆行驶所面临的风险类型和大小,低密度交通流中以自由行驶风险为主,中等密度交通流中以跟车行驶和换车道行驶风险为主,而高密度交通流中则以跟车行驶风险为主。

6.4.1 车辆行驶模式

在自由流状态下,车辆所受约束较小,驾驶人根据实际的道路交通运行环境条件,产生期望运行速度和期望行驶路线(或期望车道),通过车辆的加速或减速以达到期望运行速度,变换车道行驶至期望车道,从而获得最大的行车利益,如高速行驶和行驶自由空间。期望运行速度和期望行驶路线受驾驶人个性、车辆动力性能、道路线形、天气环境及路面条件等多方面因素的影响。

随着交通流密度的增加,车辆行驶的自由度减小,过渡到非自由行驶状态,即车辆是以车队形式运行,驾驶行为受制于车队的整体运动特性,而车辆特征和驾驶人个性的影响较小。通常驾驶人根据前车的速度、本车的速度及车辆间距等状况,选择调整车速。跟驰状态的车辆具有三个特征:(1)制约性;(2)延迟性;(3)传递性。从某种层面分析,跟驰过程是当前车道上不同车辆驾驶行为的“同化过程”,即前后车的影响导致前后车的行驶速度大致相近,如图6-10和图6-11所示。

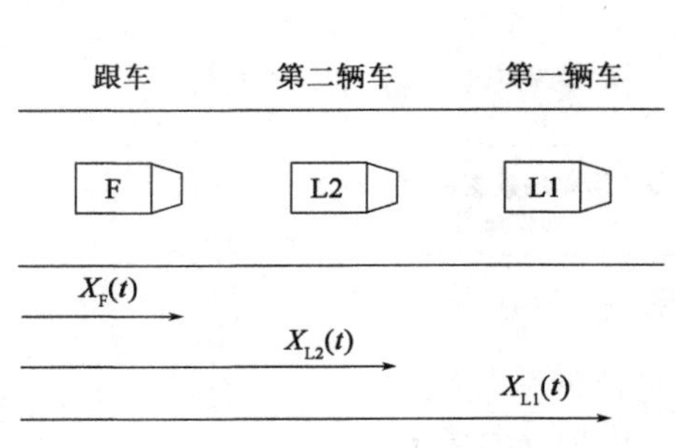

图6-10　前后车辆跟驰过程

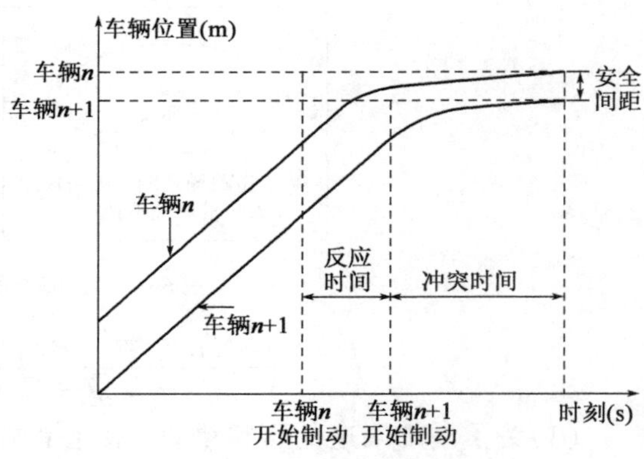

图6-11　前后车辆跟驰轨迹图

在中等密度交通流状态时,车辆间存在着可变换车道的空间,正常行驶的车辆为摆脱慢速车辆的约束、驶入或驶出主线时等需变换车道,从而获得最大的驾驶满意程度或达到一定的行驶目的。根据换车道的形态特征,将换车道行为划分为判断性换车道和强制性换车道两大类。在交通流畅行的高速公路基本路段上,判断性换车道属于选择性驾驶行为;在出入口、立交交织区、受事件影响的路段等,换车道属于强制性驾驶行为。如图6-12的1F车辆为判断性换车道;图6-13的V5,由于其入口必须汇入主线,必须采取换车道驾驶行为,属于强制性换车道。若1F换道后,超越1L返回当前车道,可视为二次换道。对于无中央分隔带的道路,双向行驶用黄色虚线分隔的路段,车辆可借用对向车道超车,也可视为二次换道,其风险受超车视距影响。

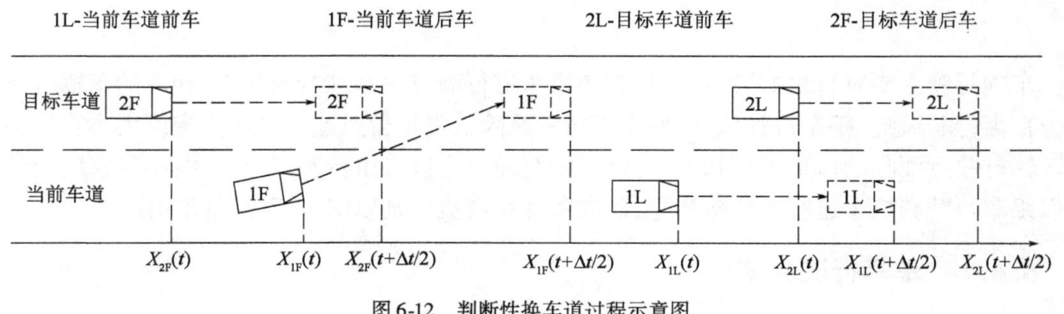

图6-12　判断性换车道过程示意图

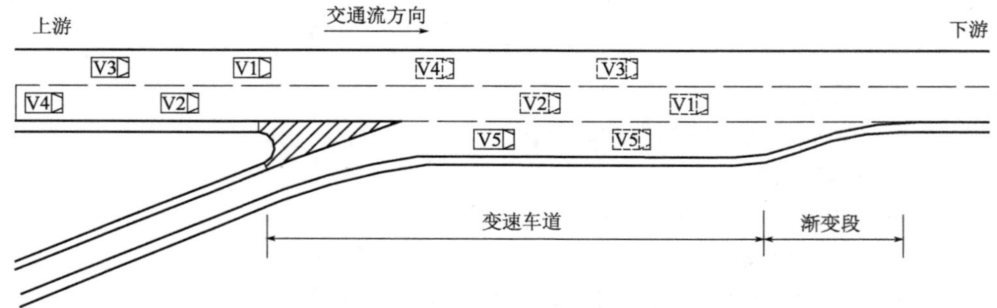

图 6-13 强制性换车道过程示意图

6.4.2 安全行驶约束条件

根据车辆的行驶状态与危险状况,将车辆行驶分为相应的三种情形,即正常行驶、跟驰、换车道。

6.4.2.1 正常行驶

正常行驶的车辆遇紧急情况时(如未感知到前方急弯、前方障碍物或闯入物/人、团雾等),会采取避让措施规避行车风险,如减速、变车道等。为规避风险,行车需满足以下约束条件。

(1)减速。实际车速 $V_{实}$小于路段的安全临界车速$V_{临}$,即$V_{实} < V_{临}$。安全临界车速取决于实时的路域环境条件,包括道路几何线形技术参数、标志标线的视认性、能见度、雨雪、路面积水结冰情况及限速阈值等。

(2)换道规避。若驾驶人采取换道规避措施,则应满足换道行驶的安全约束条件。

6.4.2.2 跟驰

跟驰的安全约束条件是前后车辆间保持避免追尾碰撞的安全车距,即在前车紧急制动的情况下,后车驾驶人能操控车辆从而使车辆完全制动,避免发生追尾事故,如图 6-14 所示,其约束条件可用式(6-24)表示。

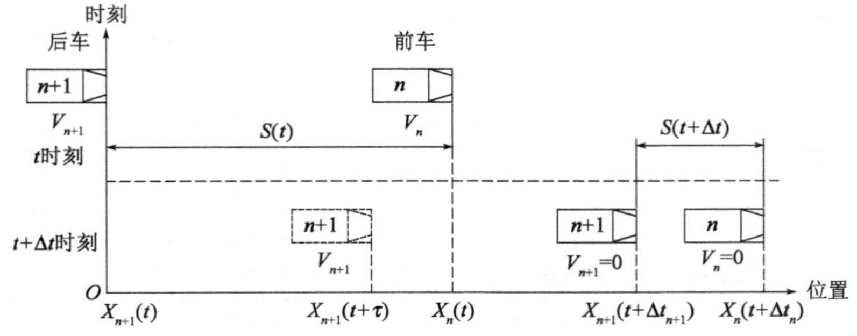

图 6-14 车辆紧急制动下后车运动变化示意图

$$\frac{V_n^2}{254(\mu_l \pm i)} + \frac{V_n h_{n+1\_n}}{3.6} \geqslant \frac{V_{n+1}\tau}{3.6} + \frac{V_{n+1}^2}{254(\mu_l \pm i)} + L \tag{6-24}$$

整理不等式,得式(6-25)。

$$h_{n+1\_n} \geqslant \frac{V_{n+1}^2/V_n - V_n}{70.56(\mu_l \pm i)} + \frac{V_{n+1}\tau}{V_n} + \frac{3.6L}{V_n} \tag{6-25}$$

式中：V_n、V_{n+1}——前后车速；

μ_l，i——路面纵向附着系数和纵坡；

h_{n+1_n}——车辆时距；

τ——驾驶人反应时间，取0.3～1.5s；

L——安全距离。

低能见度条件下，路域环境可认知性降低，驾驶人反应时间增加（表6-11），临界车头时距应增大。在跟驰安全车头时距的约束模型中，增加由浓雾引发的驾驶反应时间。

$$h_{n+1\_n} \geqslant \frac{V_{n+1}^2/V_n - V_n}{70.56(\mu_l \pm i)} + \frac{V_{n+1}(\tau_s + \tau_w)}{V_n} + \frac{3.6L}{V_n} \tag{6-26}$$

式中：τ_s——晴天下的驾驶人反应时间，取0.3～1.5s；

τ_w——因雾天增加的驾驶人延迟反应时间，s；

μ_l——路面纵向附着系数。

低能见度条件下驾驶人反应时间 表6-11

能见度（m）	≤50	50～200	200～500	500～1000
增加的反应时间 τ_w（s）	5	3	2	1.5

路面纵向附着系数除与路面抗滑磨耗层类型及其表面纹理特征等有关外，还取决于路表积水、结冰等实时条件。

车头时距和车流量易于检测，但车头时距实时准确控制较为困难，车流量的检测与控制则相对简易。可利用车头时距与车流量之间的关系，将跟车行驶的最小车头时距转化为相应的车流量。考虑安全控制的保守原则，将车头时距增加1s（$h_{min}+1$）后换算成相应的车流量。当实际交通流运行状态超过最小车头时距所对应的车流量时，可警示减速和提示扩大车间距，有控制设备的可以限流。

【例6-7】 上、下坡路段最小车头时距与最大流率的对应关系见表6-12和表6-13。

纵坡3%的上坡路段最小车头时距对应的最大流率（veh/5min） 表6-12

平均前后车速差（km/h）	V_n@晴天（km/h）			V_n@雨天（km/h）			V_n@冰天（km/h）			V_n@雪天（km/h）		
	80	100	120	80	100	120	80	100	120	80	100	120
0～15	100	100	150	100	100	150	50	58	150	75	75	150
15～30	58	75	—	58	75	—	30	42	—	42	58	—
>30	50	—	—	50	—	—	20	—	—	33	—	—

纵坡3%的下坡路段最小车头时距对应的最大流率（veh/5min） 表6-13

平均前后车速差（km/h）	V_n@晴天（km/h）			V_n@雨天（km/h）			V_n@冰天（km/h）			V_n@雪天（km/h）		
	80	100	120	80	100	120	80	100	120	80	100	120
0～15	100	100	150	100	100	150	33	33	150	58	58	150
15～30	58	75	—	58	75	—	17	25	—	33	50	—
>30	50	—	—	33	—	—	13	—	—	25	—	—

6.4.2.3 换车道

换车道过程中,要考虑纵向位移 ΔY_1 的约束条件和横向位移的约束条件,如图 6-15 所示,假定车辆 n 与前车 $n-1$、后车 $n+1$ 的安全最小车头时距 $h_{n\_n-1}^{\min}$ 和 $h_{n+1\_n}^{\min}$,与 V_{n-1}、V_n、V_{n+1}、R_1 等参数的关系如式(6-27)和式(6-28)所示。

$$h_{n\_n-1}^{\min} = \frac{V_n^2/V_{n-1} - V_{n-1}}{70.56(\mu_l \pm i)} + \frac{V_n(\tau_s + \tau_w)}{V_{n-1}} + \frac{3.6L}{V_{n-1}} + \frac{3.6R_1}{V_n}\arccos\left(\frac{R_1 - 0.75W_l}{R_1}\right) \tag{6-27}$$

$$h_{n+1\_n}^{\min} = \frac{V_{n+1}^2/V_n - V_n}{70.56(\mu_l \pm i)} + \frac{V_{n+1}(\tau_s + \tau_w)}{V_n} + \frac{3.6L}{V_n} + \frac{3.6R_1}{V_n}\arccos\left(\frac{R_1 - 0.75W_l}{R_1}\right) \tag{6-28}$$

式中:τ_s——晴天下的驾驶人反应时间,取 0.3 ~ 1.5s;

τ_w——因雾天增加的驾驶人延迟反应时间,s;

W_l——车道宽度,m;

R_1——车辆变道轨迹半径。

因此,换车道行驶的最小车头时距为 $h_{n+1\_n-1}^{\min} = h_{n\_n-1}^{\min} + h_{n+1\_n}^{\min}$。

这里得到的安全车头时距仅考虑了单向双车道高速公路或快速路的行车环境,当单向为 4 车道以上时,换道要考虑图 6-16 所示的风险。

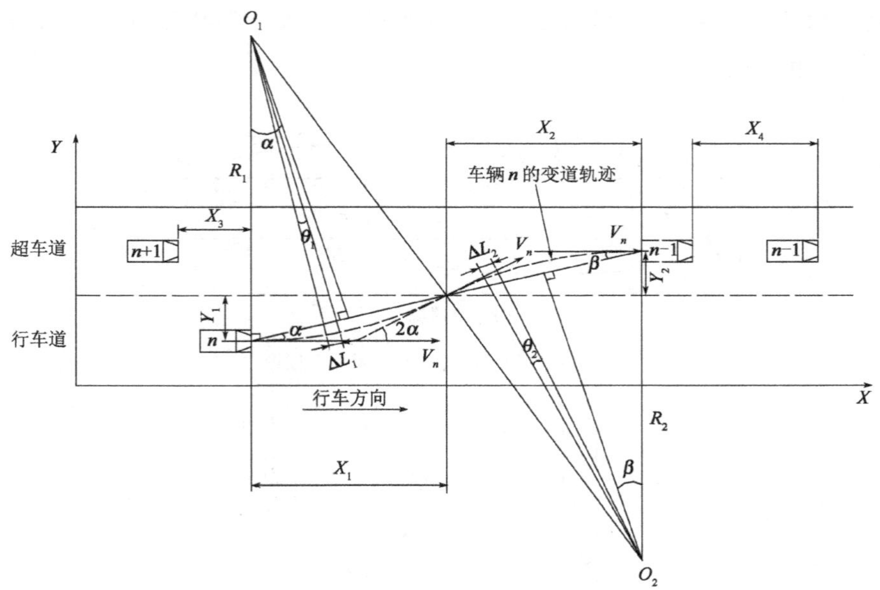

图 6-15 车辆变换车道过程中行车轨迹几何关系示意图

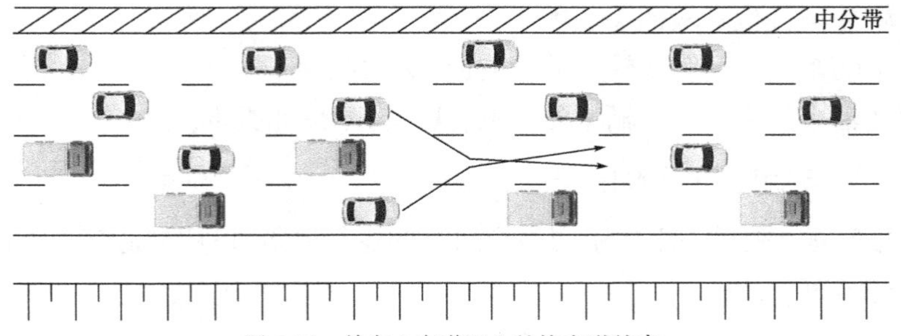

图 6-16 单向 4 车道以上的换车道约束

6.5 交通运行风险分析

交通运行风险分析分为两个层次:第一层次是事件发生可能性的分析,即预测(预估)事件发生的概率(单位特征对象内发生的次数),由于每起事件都能对“人-车-路”系统运行产生一定程度的影响,因此预防事件的发生是风险管理的最基本、最重要的目标;第二层次是不同类型事件发生后可能产生的后果(即每起事件所引起的“损失”)。

6.5.1 交通流的运行风险

6.5.1.1 车辆运行关联因子

在交通流里,正常行驶、跟驰、换车道、超车等行驶状态超出安全行驶约束条件时,可认为该次交通行为产生了一定等级的交通运行风险。交通流是由众多车辆共用一定时空的交通运行环境形成的。车辆相互影响的交通流中的每辆车之间都存在着“影响力”,影响力大小直接关系到交通流的运行安全,所以可通过构造状态矩阵表征交通流的相互影响关系。假设 n 辆车之间存在着相互影响,那么该车流存在着一个影响运行安全的状态矩阵 $\boldsymbol{R}$,该矩阵大小为 $n \times n$,如图 6-17 和式(6-29)所示。

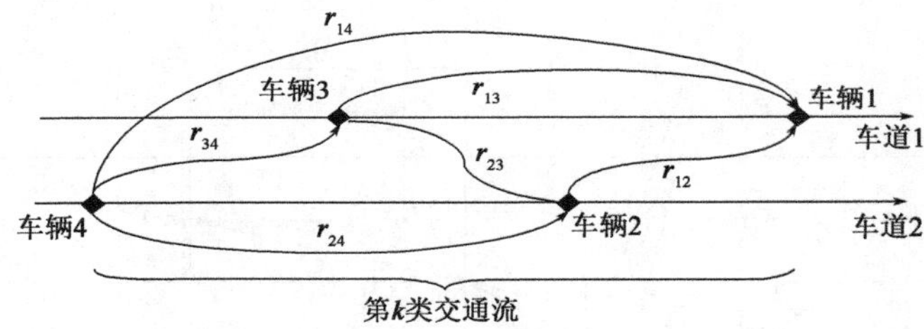

图 6-17 第 k 类交通流运行状态关联图

$$\boldsymbol{R}_k^n = \begin{pmatrix} r_{11} & r_{12} & \cdots & r_{1n} \\ r_{21} & r_{22} & \cdots & r_{2n} \\ \vdots & \vdots & & \vdots \\ r_{n1} & r_{n2} & \cdots & r_{nn} \end{pmatrix}_{n\times n} = \begin{pmatrix} A_k^1 \\ A_k^2 \\ \vdots \\ A_k^n \end{pmatrix}_{n\times 1} \tag{6-29}$$

式中:r_{ij}——车辆 i 与车辆 j 之间的关联因子;

A_{k}^n——车辆 n 与其他车辆的关联因子;

r_{12}——第 1 辆车是否受第 2 辆车的影响(称为关联因子);

r_{21}——第 2 辆车是否受第 1 辆车的影响,其他符号以此类推。

6.5.1.2 风险矩阵与风险因子

相互影响的车辆行驶风险组成了同类交通流的运行风险,可用交通流运行风险矩阵表示,其矩阵表达如式(6-30)所示。

$$
\boldsymbol{W}_k^n = \begin{pmatrix} \omega_{11} & 0 & \cdots & 0 \\ \omega_{21} & \omega_{22} & \cdots & 0 \\ \vdots & \omega_{j\_i} & & \vdots \\ \omega_{n1} & \omega_{n2} & \cdots & \omega_{nn} \end{pmatrix}_{n\times n} = \begin{pmatrix} B_k^1 \\ \cdots \\ B_k^j \\ B_k^n \end{pmatrix}_{n\times 1} \tag{6-30}
$$

式中：$\boldsymbol{W}_k^n$——第 k 类交通流 n 辆车的运行风险矩阵；

B_k^j——后车 j 受其他车辆影响的运行风险值；

ω_{j_i}——在前车 i 的影响下后车 j 的运行状态因子。

根据在检测区段内车辆 j 的基本行驶状态特征和安全行驶约束条件，计算车辆 j 的运行风险值ω_{j_i}，从而表征车辆 j 的车道位置特征及行驶状态的危险性，如式(6-31)所示。

$$
\omega_{j\_i} = \begin{cases} \chi_{j\_i}^{\mathrm{gl}}, h_{j\_i}^{\mathrm{s}} \leqslant \dfrac{3.6L_{\mathrm{r}}}{V_j} + \dfrac{3.6L_{\mathrm{c}}(V_j - V_i)}{V_i V_j} \\ \chi_j^{\mathrm{fo}}, h_{j\_i}^{\mathrm{s}} > \dfrac{3.6L_{\mathrm{r}}}{V_j} + \dfrac{3.6L_{\mathrm{c}}(V_j - V_i)}{V_i V_j} \end{cases} \tag{6-31}
$$

式中：$\chi_{j\_i}^{\mathrm{gl}}$——后车 j 在前车 i 影响下的风险值，$\chi_{j\_i}^{\mathrm{gl}} = \max\{\chi_{j\_i}^{\mathrm{gc}}, \chi_{j\_i}^{\mathrm{lc}}\}$；

$\chi_{j\_i}^{\mathrm{gc}}$——跟驰行驶风险值；

$\chi_{j\_i}^{\mathrm{lc}}$——变换车道行驶风险值；

χ_j^{fo}——后车 j 自由行驶风险值。

由于车辆间存在车速差异，归为同类交通流的车辆具有不同的行驶状态。根据车辆在检测区段内的行程时间不同，建立交通流的运行状态因子ω_{j_i}。具体模型如式(6-32)所示。

$$
\omega_{j\_i} = \begin{cases} \chi_{j\_i}^{\mathrm{lc}} \times \delta_{j\_i}, \dfrac{3.6L_{\mathrm{c}}(V_j - V_i)}{V_i V_j} + \Delta h \leqslant h_{j\_i}^{\mathrm{s}} \leqslant \dfrac{3.6L_{\mathrm{r}}}{V_j} + \dfrac{3.6L_{\mathrm{c}}(V_j - V_i)}{V_i V_j} + \Delta h \\ \chi_{j\_i}^{\mathrm{cf}} \times \delta_{j\_i}, 0 < h_{j\_i}^{\mathrm{s}} < \dfrac{3.6L_{\mathrm{c}}(V_j - V_i)}{V_i V_j} + \Delta h (j > i) \\ \chi_j^{\mathrm{fo}}, h_{j\_i}^{\mathrm{s}} > \dfrac{3.6L_{\mathrm{r}}}{V_j} + \dfrac{3.6L_{\mathrm{c}}(V_j - V_i)}{V_i V_j} + \Delta h \end{cases} \tag{6-32}
$$

式中：δ_{j_i}——车辆 j 和车辆 i 的车道位置关联因子；

$$
\delta_{j\_i} = \begin{cases} 1, |\delta_j - \delta_i| = 0 \\ 0.2 \sim 0.5, |\delta_j - \delta_i| = 1 \\ 0, |\delta_j - \delta_i| > 1 \end{cases}
$$

$\chi_{j\_i}^{\mathrm{lc}}$——车辆 j 在车辆 i 后跟驰行驶风险值；

$\chi_{j\_i}^{\mathrm{cf}}$——车辆 j 超越车辆 i 的风险值（即换车道行驶风险值）；

χ_j^{fo}——车辆 j 自由行驶风险值。

因此，基于交通流的运行状态因子，由于 $\omega_{j\_i} = \chi_i^{\mathrm{fo}}$，由式(6-30)可建立交通流的风险状态矩阵 $\boldsymbol{W}_{\mathrm{k}}^n$，如式(6-33)所示。

$$
\boldsymbol{W}_k^n = \begin{pmatrix} \chi_{11}^{\mathrm{fo}} & 0 & \cdots & 0 \\ \omega_{21} & \chi_{22}^{\mathrm{fo}} & \cdots & 0 \\ \vdots & \vdots & & \vdots \\ \omega_{n1} & \omega_{n2} & \cdots & \chi_{nn}^{\mathrm{fo}} \end{pmatrix}_{n\times n} \tag{6-33}
$$

式中：ω_{j_i}——在车辆 i 影响下车辆 j 的运行状态因子（$j>i$，即车辆 j 在车辆 i 后）。

上述矩阵要根据监测路段内交通流车辆数据编码、相互之间的关联度和风险的定义具体确定。

6.5.2 交通运行风险指数

6.5.2.1 车辆行驶风险值

自由行驶的车辆不受其他车辆的影响，若其风险值以紧急情况下制动 3s 后产生的碰撞加速度为依据，可得自由行驶风险值 χ_j^{fo}，见表 6-14 的示例。表 6-14 中，V_j^{max} 为后车 j 的临界最大安全车速，$V_j^{max} \leqslant \min\{V_{ch}^{yx}, V_{ch}^{qf}, V_{cf}^{yx}, V_{cf}^{qf}\}$；$V_j^s$ 为后车 j 的实际车速。

车辆自由行驶的风险等级 表 6-14

车速（km/h）	>140	120~140	110~120	100~110	90~100	80~90	70~80	<70
车速差（km/h）	$V_j^{max} - V_j^s < 0$	$V_j^{max} - V_j^s < 5$	$V_j^{max} - V_j^s < 10$	$V_j^{max} - V_j^s < 20$	—	—	—	—
危险等级	一级	二级	三级	四级	五级	六级	七级	八级
风险值	0.8~1.0	0.6~0.8	0.4~0.6	0.3~0.4	0.2~0.3	0.1~0.2	0~0.1	0
人体反应特征	器官受损	视距模糊	手脚不能动	呼吸困难	腹部受压		感觉不适，轻度碰伤	

根据跟车行驶的安全约束条件，以临界车头时距 $h_{j\_i}^{min}$ 与实际车头时距 $h_{j\_i}^{s}$ 的时距差确定跟驰行驶风险值 $\chi_{i\_j}^{cf}$，见表 6-15 的示例。表 6-15 中，$h_{j\_i}^{min}$ 为后车 j 与前车 i 的临界最小车头时距，$h_{j\_i}^{s}$ 为后车 j 与前车 i 的实际车头时距。

车辆跟车行驶的风险等级 表 6-15

制动减速度（m/s^2）	>117.6	88.2~117.6	58.8~88.2	29.4~58.8	9.8~29.4	6~9.8
制动减速度（m/s^2）	>12g	9~12g	6~9g	3~6g	1~3g	0.61~1g
车头时距 Δh（s）	$h_{j\_i}^{min} - h_{j\_i}^{s} < 1$	$h_{j\_i}^{min} - h_{j\_i}^{s} < 2$	$h_{j\_i}^{min} - h_{j\_i}^{s} < 3$	$h_{j\_i}^{min} - h_{j\_i}^{s} < 4$	$h_{j\_i}^{min} - h_{j\_i}^{s} < 5$	—
风险等级	一级	二级	三级	四级	五级	六级
风险值 $\chi_{i\_j}^{cf}$	0.8~1.0	0.6~0.8	0.4~0.6	0.3~0.4	0.2~0.3	<0.2
人体反应特征	器官受损	视距模糊	手脚不能动	呼吸困难	腹部受压	

根据换车道安全行驶的约束条件，以目标车道的临界车头时距 $h_{n+1\_n-1}^{min}$ 与实际车头时距 $h_{j\_i}^{s}$ 的车头时距差 Δh 为指标确定换车道行驶风险值 $\chi_{i\_j}^{lc}$，见表 6-16 的示例。表 6-16 中，$h_{j\_n-1}^{min}$ 和 $h_{n+1\_j}^{min}$ 为后车 j 与目标车道上前车 $n-1$、后车 $n+1$ 的临界最小车头时距，$h_{j\_n-1}^{s}$ 和 $h_{n+1\_j}^{s}$ 为目标车道上前车 $n-1$、后车 $n+1$ 的实际车头时距。

车辆换车道行驶的风险等级 表 6-16

制动减速度（m/s^2）	>117.6	88.2~117.6	58.8~88.2	29.4~58.8	9.8~29.4	6~9.8
制动减速度（m/s^2）	>12g	9~12g	6~9g	3~6g	1~3g	0.61~1g

续上表

前车头时距(s)	$h_{j\_n-1}^{\min}-h_{j\_n-1}^{s}<1$	$h_{j\_n-1}^{\min}-h_{j\_n-1}^{s}<2$	$h_{j\_n-1}^{\min}-h_{j\_n-1}^{s}<3$	$h_{j\_n-1}^{\min}-h_{j\_n-1}^{s}<4$	$h_{j\_n-1}^{\min}-h_{j\_n-1}^{s}<5$	—
后车头时距(s)	$h_{n+1\_j}^{\min}-h_{n+1\_j}^{s}<1$	$h_{n+1\_j}^{\min}-h_{n+1\_j}^{s}<2$	$h_{n+1\_j}^{\min}-h_{n+1\_j}^{s}<3$	$h_{n+1\_j}^{\min}-h_{n+1\_j}^{s}<4$	$h_{n+1\_j}^{\min}-h_{n+1\_j}^{s}<5$	—
风险等级	一级	二级	三级	四级	五级	六级
风险值	0.8~1.0	0.6~0.8	0.4~0.6	0.3~0.4	0.2~0.3	0.2
人体反应特征	器官受损	视距模糊	手脚不能动	呼吸困难	腹部受压	

以上风险值赋值性比较主观，用于预警时，由于预警颜色类及反差等的限制，适应于用户感知，不宜分太多类别，如很多预警一般仅红、黄、蓝三级，实际分级为四级。但对于风险防控和交通组织与诱导的后台运算，可分多级；风险等级也可根据风险后果及其防控可行性再细分，也不一定各级风险的风险值均分。

6.5.2.2 风险指数

交通流运行过程中，车辆间的车速、车头时距等动态特征不同，交通流内各行驶的车辆风险也不同，可采用交通流运行风险指数(Traffic Flow Risk Index，TFRI)的概念，评价归为同类交通流在检测区段内的风险。交通流运行风险指数表征相互影响车辆所处的状态及状态的风险，包含车辆间的关联性$\boldsymbol{R}_k^n$和危险度$\boldsymbol{W}_k^n$两方面。根据同类交通流之间的关联矩阵和状态矩阵，定义交通流运行风险指数R_{Index}见式(6-34)。

$$R_{\text{Index}}(k,n)=\begin{pmatrix}\boldsymbol{A}_k^1\times(\boldsymbol{B}_k^1)^{\mathrm{T}}\\ \boldsymbol{A}_k^2\times(\boldsymbol{B}_k^2)^{\mathrm{T}}\\ \vdots\\ \boldsymbol{A}_k^n\times(\boldsymbol{B}_k^n)^{\mathrm{T}}\end{pmatrix}_{n\times1}=\begin{pmatrix}r_{11}\omega_{11}+r_{12}\omega_{12}+\cdots+r_{1n}\omega_{1n}\\ r_{21}\omega_{21}+r_{22}\omega_{22}+\cdots+r_{2n}\omega_{nn}\\ \cdots\cdots\cdots\cdots\\ r_{n1}\omega_{n1}+r_{n2}\omega_{n2}+\cdots+r_{nn}\omega_{nn}\end{pmatrix}_{n\times1}\tag{6-34}$$

式中：$\boldsymbol{A}_k^n\times(\boldsymbol{B}_k^n)^{\mathrm{T}}=(r_{n1}\quad\cdots\quad r_{nn})_{1\times n}\times(\omega_{n1}\quad\cdots\quad\omega_{nn})_{1\times n}^{\mathrm{T}}=(r_{n1}\omega_{n1}+\cdots+r_{nn}\omega_{nn})_{1\times1}$；

$R_{\text{Index}}(k,n)$——第 k 类 n 辆车的运行风险指数，无量纲；

$\boldsymbol{A}_k^n$——第 k 类交通流中第 n 辆车的关联矩阵；

$\boldsymbol{B}_k^n$——第 k 类交通流中第 n 辆车的风险矩阵；

r_{ji}——后车 j 与前车 i 之间的状态关联因子，值域 0~1；

ω_{j_i}——后车 j 在前车 i 影响下的状态因子，值域为 0~1。

根据上述相关的分析，$r_{ji}=\begin{cases}\delta_{j\_i}\\0\end{cases}$，其中，$0\leqslant\delta_{j\_i}\leqslant1$。$\omega_{j\_i}=\begin{cases}\chi_{j\_i}^{\text{lc}}\times\delta_{j\_i}\\ \chi_{j\_i}^{\text{cf}}\times\delta_{j\_i}\\ \chi_j^{\text{fo}}\end{cases}$，其中，$0\leqslant\chi\leqslant1$，那么$\boldsymbol{A}_k^n\times(\boldsymbol{B}_k^n)^{\mathrm{T}}$的值域为 $0\sim n$。不同行车状态下车辆的运行风险指数R_{Index}见表6-17的示例。

监测路段交通运行风险指数 R_{Index} 表6-17

风险指数 R_{Index}	0.8~1.0	0.6~0.8	0.4~0.6	0.3~0.4	0.2~0.3	0.1~0.2	0~0.1	0
危险等级	一级	二级	三级	四级	五级	六级	七级	八级
人体反应特征	器官受损	视距模糊	手脚不能动	呼吸困难	腹部受压		感觉不适，轻度碰伤	

6.6　交通运行风险监测

前两节讨论了自由行驶、跟车行驶和换车道行驶三种工况的安全约束条件和行驶风险的计算方法，提出了交通流的风险指数。对于一定长度的监测路段，实际交通流中三种工况通常处于一种混合状态。因此，风险防控时，需要对监测路段范围的各种驾驶行为风险进行监测。若路网内各风险管理单元均具备监测能力，则可对路网内所有风险管控单元实施动态监测，依据实时交通运行风险变化调整风险防控对策。对于路网交通运行风险防控，监测与防控管理单元的风险是基础，并在此基础上预测路网内管理单元运行风险的传播路径与速度，实现路段微观交通运行风险监测与防控基础上的路网运行风险防控，整体提高路网的运行安全性和运行效率。

6.6.1　动态风险饱和度的概念

饱和度是交通的实际流量 V 与道路的理论最大通行能力 C 的比值（V/C），用以衡量道路与交通之间供给与需求的关系。交通流饱和度对交通运行风险有影响，有研究提出交通流饱和度与交通流、交通运行风险定性的关系可用图 6-18 表示。

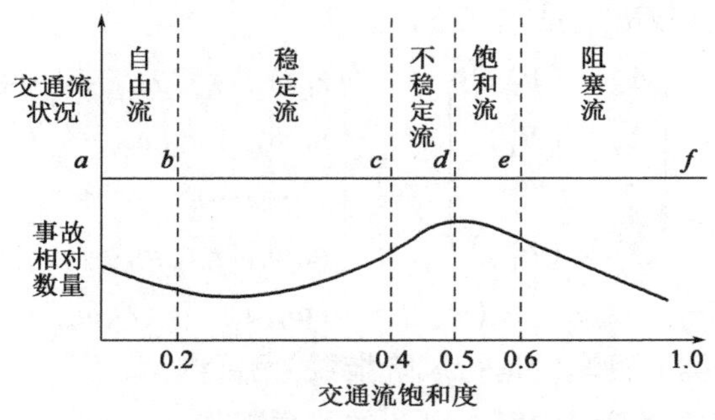

图 6-18　交通流饱和度与交通运行风险的定性关系

动态风险饱和度（Dynamic Risk Saturation，DRS）是基于道路交通运行环境的动态时空特征，以交通流的运行安全条件为约束，以实时道路安全供给能力与交通需求之比为动态风险饱和度，见式（6-35）。

$$r^{s}_{e_k^{\pm}} = f^{r}_{e_k^{\pm}} / c^{s}_{e_k^{\pm}} \tag{6-35}$$

式中：$r^{s}_{e_k^{\pm}}$——路段 $e_k^{\pm}$ 的动态饱和度；

$f^{r}_{e_k^{\pm}}$——路段 $e_k^{\pm}$ 的实际交通量，veh/h；

$c^{s}_{e_k^{\pm}}$——路段 $e_k^{\pm}$ 的安全供给能力，veh/h。

动态饱和度具有两个显著属性：（1）交通流的动态属性特征，即不同运行状态的交通流应满足相应的安全约束条件（如安全车头时距）；（2）实时事件的影响属性特征，即当道路上发生的事件致使交通流的运行状态改变时，事件状态下路段的运行安全约束条件随之改变。

6.6.2 动态风险饱和度的计算

道路的安全供给能力是一个安全流量值，与安全车头时距存在一定的换算关系，如式(6-36)所示的简化形式，根据约束条件可确定跟驰和变换车道行驶的安全车头时距。

$$c^{s}_{e_k^{\pm}} = 3600/\bar{h}^{s}_{e_k^{\pm}} \tag{6-36}$$

式中：$c^{s}_{e_k^{\pm}}$——路段$e_k^{\pm}$的安全流量，pcu/h；

$\bar{h}^{s}_{e_k^{\pm}}$——路段$e_k^{\pm}$的安全车头时距，s。

以跟驰为运行状态的道路安全流量$c^{s_cf}_{e_k^{\pm}}$可用式(6-37)估计；以换车道行驶为主要运行状态的道路安全流量$c^{s_lc}_{e_k^{\pm}}$可用式(6-38)估计。

$$c^{s\_cf}_{e_k^{\pm}} = 3600/\bar{h}^{s\_cf}_{e_k^{\pm}} \tag{6-37}$$

$$c^{s\_lc}_{e_k^{\pm}} = 3600/\bar{h}^{s\_lc}_{e_k^{\pm}} \tag{6-38}$$

式中：$\bar{h}^{s\_cf}_{e_k^{\pm}}$——路段$e_k^{\pm}$的平均跟驰安全车头时距，s，可用$V_{85}$车速（后车$n$）和$V_{15}$车速（前车$n-1$）估算$\bar{h}^{s_cf}_{e_k^{\pm}}$；

$\bar{h}^{s\_lc}_{e_k^{\pm}}$——路段$e_k^{\pm}$的平均换车道安全车头时距，s，可用$V_{85}$车速（后车$n$）和$V_{15}$车速（前车$n-1$）估算$\bar{h}^{s_lc}_{e_k^{\pm}}$。

通常情况下，监测路段内跟驰与换车道行为同时存在，可通过实际数据或交通仿真的方法研究其内在规律。对于出入口路段，可以换车道风险为主要考虑对象；对于多车道高速公路和快速路，若出入口内侧车道与外侧车道施划白实线禁止变道，内侧车道可以以跟驰风险为主，外侧车道以换车道风险为主。

交通流内的车辆行驶状态与交通流饱和度有关，若以实际流量与自由流时流量之比为参数划分交通流状态，则交通流运行饱和度可按式(6-39)划分。

$$r^{s}_{e_k^{\pm}} = \begin{cases} f^{r}_{e_k^{\pm}}/c^{s\_ff}_{e_k^{\pm}}, & f^{r}_{e_k^{\pm}} \leqslant \alpha c^{s\_ff}_{e_k^{\pm}} \\ f^{r}_{e_k^{\pm}}/c^{s\_lc}_{e_k^{\pm}} = (f^{r}_{e_k^{\pm}} \times \bar{h}^{s\_lc}_{e_k^{\pm}})/3600, & \alpha c^{s\_ff}_{e_k^{\pm}} \leqslant f^{r}_{e_k^{\pm}} \leqslant \beta c^{s\_ff}_{e_k^{\pm}} \\ f^{r}_{e_k^{\pm}}/c^{s\_cf}_{e_k^{\pm}} = (f^{r}_{e_k^{\pm}} \times \bar{h}^{s\_cf}_{e_k^{\pm}})/3600, & f^{r}_{e_k^{\pm}} \geqslant \beta c^{s\_ff}_{e_k^{\pm}} \end{cases} \tag{6-39}$$

式中：$r^{s}_{e_k^{\pm}}$——路段$e_k^{\pm}$的运行饱和度；

$f^{r}_{e_k^{\pm}}$——路段的实时交通流量，veh/h；

$c^{s\_ff}_{e_k^{\pm}}$、$c^{s\_lc}_{e_k^{\pm}}$、$c^{s\_cf}_{e_k^{\pm}}$——自由行驶、跟驰和换车道行驶的安全流量，veh/h；

α、β——区间划分常数，α可取0.4，β可取0.6等。

随着监测技术的发展和应用，可通过对实际交通流运行状态进行观测，按前述方法计算某时空内交通流内每辆车的行驶风险，之后叠加为某时空段内的交通流运行风险及实时动态饱和度，建立两者的经验关系，用于风险动态防控。

【复习思考题】

6-1 事故率有哪些具体参数表达形式?

6-2 事故率是道路交通运行环境的绝对指标,应如何做好事故调查和事故再现?

6-3 车辆行驶有哪几种行驶风险?影响跟驰和变道行车风险的主要因素有哪些?

6-4 交通流运行风险与单车行驶风险有何关系?

6-5 如何实时监测交通流运行风险?

6-6 PIARC 道路星级评价的概念和技术指标是什么?

第7章 道路安全评价与管理

道路交通运行环境受人、车、路等多因素的影响,道路交通事故的发生是道路交通运行环境各要素及其耦合作用的结果。在道路(网)的规划、设计、运维等建造和管理阶段,应采用一定的方法、通过一定的程序发现存在的或潜在的不安全因素并将其消除,从而降低道路交通运行风险及其后果(事故)导致的生命和财产损失,提升全寿命周期道路交通运行安全水平。道路安全评价与管理是具有预防性的道路交通安全技术与政策。

7.1 道路安全评价概述

道路安全评价是由有经验和专业知识等背景的安全专家小组以保障所有道路用户出行安全为目的检查道路交通设施与运行环境安全性的一个独立程序。我国和澳大利亚、英国、新西兰、美国等许多国家的应用经验表明了道路安全评价是一种有益、有效的程序,具有"事前"防治交通运行风险的效用。

通常可用道路安全评价的4"W"和1"H"来解释道路安全评价。4"W"分别为"道路安全评价的定义(What is road safety audit?)"、"谁可以做道路安全评价(Who can do road safety audit?)"、"什么样的项目需要或可进行道路安全评价(What projects should be audited?)"和

“何时进行道路安全评价(When road safety audit should be carried out?)”,1“H”为“如何实施道路安全评价(How is the road safety audit organized?)”。

7.1.1 释义

关于道路安全评价概念,国内外有许多解释,以下是几个机构或研究人员对道路安全评价的释义。

世界道路协会(PIARC)道路安全委员会对道路安全评价的定义为“道路安全评价是应用系统方法,将道路交通安全的知识应用到道路的规划和设计等各个阶段,以预防交通事故。道路安全评价是对道路项目由独立的合格的评价人员开展的正式审查。这一方法可用于现有道路、新建道路及现有道路的改善。适用于公路项目也适用于城市道路项目”。

道路安全评价是一个过程,在这一过程中尽现实条件之可能保证道路或交通项目达到期望的安全度和其建设的目的(BROWNFIELD 1991)。

道路安全评价是对直接影响道路用户安全的道路组成元素及其相互作用或施工当中的其他因素的评价,通过评价在道路开放交通之前预测可见的或潜在的道路安全问题,发现潜在的危险(英国运输部 DTP)。

道路安全评价是在道路的建设、改善和养护中利用道路安全工程原理作为事故预防的手段(英国 IHT1990)。

澳大利亚第一个建立正式道路安全评价方法的州这样定义道路安全评价:道路安全评价是由一个独立的合格的检查者(机构)对与道路建设有关的工作进行审查以保证提供高水平的道路安全。

美国交通工程师协会(Institute of Transportation Engineers, ITE)《美国 ITE 技术委员会 4S7:道路安全评价》(ITE-4S7)将道路安全评价定义为对现有或将建道路或交通项目或其他与道路用户有关的项目所做的正式审查,由合格的独立的检查者检查项目的潜在事故可能性和道路交通的安全性能。

《公路项目安全性评价规范》(JTG B05—2015)对公路项目安全性评价释义为:“从公路使用者的角度,按一定的评价程序,采用定性和定量的方法,对公路交通安全进行的全面、系统的分析与评价。在公路交通行业也称为公路安全性评价、交通安全评价、行车安全评价,或简称为安全性评价、安全评价、安全评估。”

以上各种定义略有不同,但都大同小异,可将道路安全评价定义为:“道路安全评价是对现有或将建的道路工程项目或交通工程项目、任何与道路用户有关的其他项目的正式审查,由独立的、合格的审查者进行并给出项目存在的或潜在的安全性问题和安全性能方面的审查报告。”

7.1.2 谁可以做道路安全评价

道路安全评价是一项为道路用户服务的技术工作,需要系统的道路安全工程和相关科学技术知识,参与道路安全评价工作的人员需具备为道路用户服务的科学态度。这里就要解决两个问题,对道路安全评价技术人员的要求,道路安全评价涉及的各方的相互关系、权利和责任。

由于道路安全的影响因素很多,导致道路交通事故的原因复杂而交互,道路安全评价要求参与评价工作的人员不仅要具备道路交通安全工程、道路工程、交通工程等各方面的知识,还要具备驾驶行为心理学、汽车工程等方面的知识。这就要求道路安全评价小组人员知识结构合理。

从道路安全评价的定义看,尽管道路安全评价人员的知识和经验是十分重要的,但更为重要的是评价工程师的公正性和独立性。对道路安全评价人员的要求包括3个方面。

(1)技术

道路交通运行风险是"人-车-路"系统内部和某些外部因素综合作用的结果,道路安全评价要求评价工程师(个人或评价小组)不仅有丰富的道路设计(线形、路面结构和表面特性、路基设计等)、交通工程(交通管理、交通控制、交通流理论)知识,而且有一定的评价经验。澳大利亚、英国等国家的道路安全评价指南要求未做过道路安全评价的技术人员第一次作为安全评价小组成员时必须有一名有经验的工程师指导。评价小组人员的多少视项目的大小和复杂程度而定,小项目或难度很小的项目也许只需要一名评价工程师,大项目或难度大的项目则需要大的评价小组,且限于每个人的知识都是有限的,各有专长,要求评价小组知识结构合理。

(2)公正性

评价工程师应利用自己的专业知识、道路安全工程经验等从道路用户安全的角度考虑,公正地指出设计中存在的所有安全性问题,不得因对设计存有偏见而无端挑剔设计,也不能仅利用个人的专业特长而忽视其他工程师的经验;同时,道路安全评价工程师应考虑所有道路用户,特别是对老年人、儿童、残疾人等交通弱势群体的道路安全必须给予充分重视。

(3)独立性

独立性的根本含义在于道路安全评价工程师必须从道路用户的角度审查道路与交通工程项目存在的安全性问题,其评价工作过程、评价结论不应受业主和设计人员的限制。由于在道路安全评价阶段,评价人员代表了道路用户的安全利益,业主可能认为通过道路安全评价没有经济效益。但是作为交通运输基础设施之一的道路应该为道路用户提供安全的出行环境,通过道路安全评价降低道路开放以后的事故率,业主可从中获得经济效益。

道路交通事故的处置有时需要追究法律责任,包括涉事各方。道路管理部门也可能因财产赔偿问题与道路用户发生法律纠纷。因此要明确道路安全评价者是否对自己进行道路安全评价的道路在开放交通后的道路交通事故负有一定的法律责任。几个国家的道路安全评价指南中对此有明确说明,澳大利亚道路安全评价指南对此做了较详细的分析论证,认为道路安全评价人员不应对自己进行道路安全评价的道路在开放交通后的道路交通事故负有法律责任,业主也不应因采取道路安全评价技术而加大自己的法律责任。

《〈公路项目安全性评价规范〉释义手册》(以下简称《手册》)对此也做了说明。对于业主和管理部门,《手册》认为:"实施评价不会也不应加重管理方和业主的责任,至于评价提出的建议是否采纳,业主和管理部门需要综合权衡安全、投资、效益等多方面才能做出决策,这种情况下即使未采纳建议也不会因评价而加重责任。"对于评价人员与评审专家,《手册》认为:"评价人员与评审专家需遵循客观公正、诚实守信、公平的原则,遵守职业道德,完成评价和评审工作。在这种情况下,评价结论与其评价人员和评审专家的经验、能力和目前的技术手段等有关,即使未发现问题,评价人员和评审专家也不因此承担责任。"

7.1.3 什么样的项目需要或可进行道路安全评价

从道路安全评价的释义可知,任何一类项目,只要与道路安全有关,都可对其实施道路安全评价。比如在一条公路附近进行大规模的经济项目开发,并通过支线将项目与主线连接,由于经济开发项目导致主线交通量及其构成、道路用户组成等情况的变化,会对附近的公路安全带来一些不利的影响,应进行道路安全评价。以下几种情况均需要进行道路安全评价。

(1)新建道路

新建道路从规划到施工的各个阶段,都可进行道路安全评价。在设计阶段能通过道路安全评价消除事故隐患或对道路安全有不利影响的设计元素,这显然不仅可以提升开放交通后的道路安全水平,降低交通运行风险,也是最经济的做法。设计阶段应有"防患于未然"的安全思想。

对于新建道路,不仅要评价其本身的安全,因其建设将改变现有路网的交通分配,还要评价新建道路对现有路网安全性能的影响。

(2)旧路改造

旧路改造可能有多种情况,可以是路面加铺、桥梁改建、路线的截弯取直、改变交通组织方式(改变标线、新的渠化交通)等。旧路改造除改造技术措施本身可能带来对安全不利的新因素外,还改变了驾驶人熟悉的路况,也对安全造成不利影响。应采取一定的技术措施,如交通标志等。

【例7-1】 交叉口范围扩大、平交改建成立交、改变信号控制系统、实施新的渠化交通、因其中一条道路改造带来的变化等,都会影响交叉口及近交叉口路段的道路安全。若是既有平面交叉口改造为互通式立交,立交也可按新建项目进行评价;互通式立交的建设与开放交通,对附近道路的交通有一定影响,也应予以评价。

(3)交通控制系统变更或变更交通设施

当高速公路、城市快速路等大型交通基础设施变更交通控制系统或交通设施时,给道路用户带来新的交通运行环境。新的交通运行环境能否尽快被用户认识是关键。

(4)道路沿线附近的产业开发

道路沿线附近产业的开发改变了原来道路沿线的用户群,并有可能增加道路出入口,产生新的交通问题。随着我国城镇化发展,许多一级和二级公路的过境段已城镇化,沿线人口居住密集,出入口逐渐增加,交通运行发生了很大变化,公路也可能改建为城市道路,应进行安全评价。

(5)既有道路(网)

应定期对既有道路及路网进行道路安全评价,包括安全状况调查,沿线勘察并通过事故资料分析,鉴别道路已存在的事故黑点和可能的高风险路段。既有道路(网)的安全评价一般纳入道路安全管理的范畴。

(6)其他

如跨越道路的铁路桥、城市管线、光缆铺设等项目施工作业可能对既有道路安全产生不利影响,也应进行安全评价。

7.1.4 何时进行道路安全评价

项目在设计和运营阶段的安全评价应与设计阶段相适应,以尽可能减少对设计流程的影响。我国道路建造与运维程序一般有预可、工可、初步设计、施工图设计、施工、交工验收、运营与养护管理等阶段。

根据设计的阶段性,可在5个不同的阶段实施道路安全评价,这也是国际上比较认可的阶段划分方式。

阶段一:工程可行性研究阶段

对路线走向、建设标准、对现有路网的影响、出入口控制、交叉口数量与类型等应在工程可行性研究之后、初步设计之前进行道路安全评价。

阶段二:初步设计阶段

在完成初步设计之后,应对平纵横线形、交叉口、桥梁与隧道等进行道路安全评价。初步设计后,道路方案基本定型,有些建设单位在初步设计之后就着手征用土地,设计进一步的变更将受到限制。因此这一阶段的道路安全评价是很重要的。

阶段三:施工图设计阶段

在施工图设计之后、施工之前对道路线形、交叉口、标志、标线、信号、照明等进行道路安全评价。

阶段四:开放交通之前

道路开放交通之前,对竣工的道路及各类附属设施进行全面的安全检查,发现那些在图纸上难以发现的安全问题和危险路况,提出必要的整改措施。

阶段五:开放交通之后和既有道路

开放交通之后,道路安全评价的工作主要是既有道路的安全状况的调查与评价,进行道路事故高发或高风险路段的鉴别与改造设计,可不再列入道路安全评价的范畴(改建设计仍属此范围)。但通过沿线勘察等诊断道路与交通环境方面的事故原因时,工作内容与方式又与新建道路的道路安全评价方式相同,一个在实地一个在图纸上,因此大部分国家仍将其列为道路安全评价。

但并不是所有的项目都需要5个阶段,也不是限定只可按照5个阶段进行道路安全评价,要视工程项目的内容和大小、发现的道路安全问题的多少与严重程度而定。如在初步设计阶段道路安全评价提出了重要的或较大的修改,且设计采纳了道路安全评价报告的建议,可马上对修改的内容实施道路安全评价。对于小的工程项目可将阶段二和阶段三合并;只对交通管理和养护工作进行道路安全评价时,工程可行性研究阶段可以不进行道路安全评价。有些国家认为施工阶段也可进行道路安全评价。如对于道路改建工程,不封闭交通施工时,可实施改扩建施工及交通组织的交通安全影响评价与风险管理。

实施道路安全评价的时间由项目管理者或负责道路安全的组织确定,并应考虑所采用的道路安全评价方法、项目类型(市区/郊区公路等)、项目规模等。许多大的设计单位有自己的设计流程(如有的采用关键线路网络法),进行道路安全评价的时间、方法及标准应尽可能与其一致,以不影响设计的正常运转。

7.1.5 如何实施道路安全评价

对道路与交通项目实施安全评价,其组织形式是极其重要的,这影响到通过安全评价能否取得技术经济效益,真正提高道路与交通项目规划、建设各阶段的安全意识,尽可能在建设的前期消除风险隐患。

采用何种形式实施道路安全评价与国家政策、公路管理权及产权归属、投资方式、道路等级等有关。由于包括高速公路在内的干线公路和城市快速路等在路网中的特殊地位,各个国家对其都非常重视,一般由有关政府管理部门组织实施道路安全评价。尽管我国采用了多元化投资体制,有一路一公司的形式,但考虑到国家干线一级公路和高速公路在国民经济和交通运输中的战略地位,道路安全状况不良产生的经济损失和不良社会影响,建议设计阶段应由国家实施强制性道路安全评价，运营与养护阶段由国家组织专家实施定期评价。

由于我国道路交通设施管理和交通安全执法分属在不同的行业主管部门，给既有道路的道路安全评价带来一定的困难，做好既有道路的道路安全评价工作需要相关部门的密切合作。

7.1.6 评价基本步骤

关于道路安全评价的基本步骤，国际上有一套较为成熟的流程，也就是普遍采用的八步评价法，具体如下。

(1)业主选择道路安全评价者。

(2)业主与设计单位提交与项目有关的背景资料及设计文件、图纸等。

(3)召开第一次道路安全评价工作协调会。

(4)阅读与审查有关文件(室内评价)。

(5)现场勘察。

(6)撰写道路安全评价报告。

(7)召开评价结果讨论会。

(8)提交报告并等待业主的书面答复。

显然以上八步的评价工作是截止到评价工程师完成评价任务，将完成的评价报告提交给业主或业主指定的机构，等待其答复。需要指出的是，尽管业主有权决定是否采纳道路安全评价的建议，设计单位有权决定采取什么设计方案，但业主必须就是否采纳道路安全评价的建议给评价工程师以书面形式的答复。

以上评价步骤较早由澳大利亚道路安全评价指南提出，可用流程图图 7-1 表示。

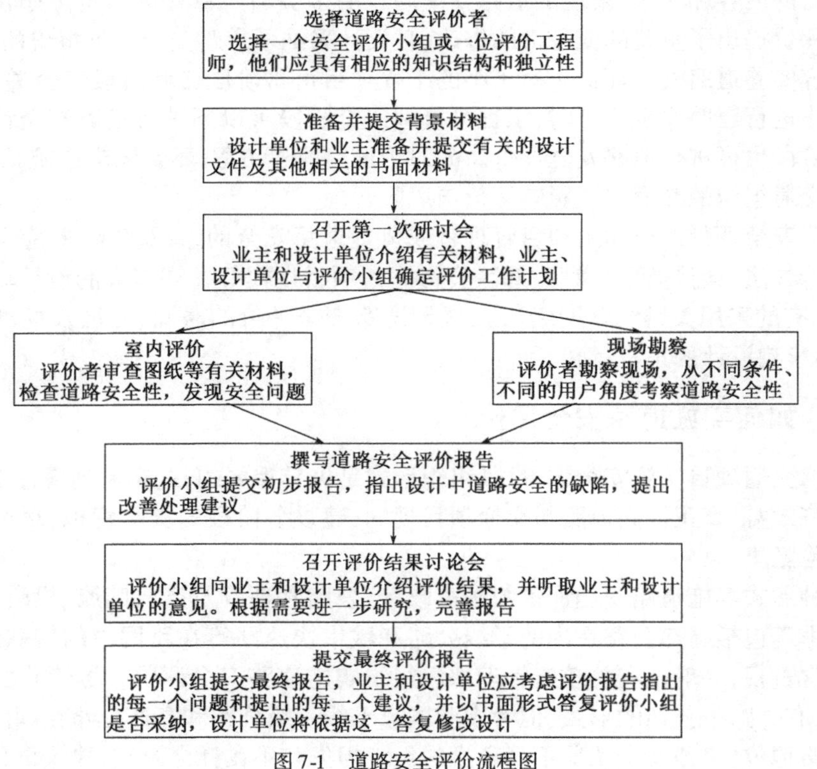

图 7-1 道路安全评价流程图

7.2 道路安全评价的依据与内容

7.2.1 评价依据

道路安全评价的依据为道路安全工程、交通运行风险防控、公共风险防控、交通事故预防、交通行为、车辆工程等知识的应用。在实际道路安全评价工作中,通常综合多种依据进行评价,这些依据可分为如下几项。

(1)和安全有关的标准规范、指南

与安全评价工作密切相关的现行国家、行业和地方标准规范、指南,包括:《公路路线设计规范》(JTG D20)、《公路工程技术标准》(JTG B01)、《公路项目安全性评价规范》(JTG B05)、《公路养护安全作业规程》(JTG H30)、《高速公路交通工程及沿线设施设计通用规范》(JTG D80)、《道路交通标志和标线》(GB 5768)、《公路交通安全设施设计规范》(JTG D81)、《公路交通安全设施设计细则》(JTG/T D81)、《公路交通安全设施施工技术规范》(JTG/T 3671)、《城市地下道路工程设计规范》(CJJ 221)、《城市道路交通安全评价标准》(DG/TJ 08-2407—2022)等。

(2)"人-车-路"系统分析相关理论和方法

利用运行速度一致性、运行速度与设计速度协调性等相关研究成果作为评价依据,如速度、安全性与线形三者关系模型,双车道公路、高速公路和城市快速路等运行速度预测模型等。

应用交通冲突分析技术,如对交通冲突观测数据进行分析,找出冲突的类型、位置和判断冲突原因。冲突可能是道路线形特征、交通工程设施缺失、交通渠化不当、接入管理不良等造成的问题。根据交通冲突涉及的交通对象,分析是否充分考虑了所有交通参与者的安全需求等。

采用基于交通流运行状态的交通运行风险模型,分析道路交通运行环境潜在的交通运行风险及其后果,分析不良气象条件对交通运行安全性的影响等。分析道路交通设施特征对各类车辆的运行适宜性及行车风险的影响,如长大纵坡路段货车行驶安全性分析等。

针对特种车辆,如"两客一危",分析在特定路段的行车风险及其对交通运行安全的威胁。针对特殊道路用户群体的需求,如中小学生,分析道路交通设施的安全性。

(3)历史事故数据和事故模型

对于道路安全性预测,可运用相应的事故预测模型和安全服务水平预测模型等,定量描述不同设计要素及其组合的道路安全性。事故预测模型有单因素模型、多因素模型等,如美国联邦公路管理局 IHSDM 模型中的事故预测模型。对于既有道路的安全评价,更要调研分析历史事故数据,诊断事故原因,鉴别事故高发路段或高风险路段。事故调查与分析见第 6 章的相关内容。

(4)试验测试分析

对于交通运行环境复杂、交通运行风险高的路段,如枢纽立交、隧道与立交之间间距受限、用地受限的立交、灾害性天气常发路段等路段,高密度路网指路标志等,可采用自然驾驶试验、驾驶模拟试验和交通仿真试验等测试分析技术研究所评价道路的交通运行环境的风险因素和降低运行风险的对策。

(5)其他评价依据

随着认知神经心理学的兴起与人机工程学的发展,对人心理生理负荷、作业疲劳等的研究成果可应用于道路安全评价中。通过建立驾驶人心理生理的反应评价指标,研究道路交通运行环境对驾驶人形成的心理和生理影响,评价道路交通运行环境提供给驾驶人的安全性和舒适性,并提出有效的改善方案。

(6)工程经验等

7.2.2 评价内容

对于特定项目的道路安全评价,具体内容是不一样的,应针对具体的设计内容、自然环境条件、当地的人文环境等情况,依据道路安全知识和评价经验确定评价内容,但道路安全评价不包含对结构安全性的审查。如桥梁段,道路安全评价主要检查桥梁线形、照明、与主线的连接、交通工程设施与管理等是否满足各类道路用户的安全要求。至于桥梁本身的承载、抗风、抗震等结构方面的安全性不在评价范围之内。有些情况下,很难界定评价的范围。如当一条道路通过不良地质区域(如泥石流),可以对总体方案予以评价并提出建议,分析自然灾害对交通运行安全的潜在影响。

澳大利亚道路安全评价指南初级设计阶段评价内容分一般问题、设计的一般问题、道路线形、交叉口、特殊道路用户、标志与照明、施工与运营和其他问题等方面,如表 7-1 所示。其认为道路安全问题的现场勘察可按表 7-2 所列的几个方面分析各因素的影响。

澳大利亚道路安全评价指南初步设计阶段评价内容 表 7-1

序号	项目	内容
1	一般问题	阶段一*道路安全评价后的设计变更、排水、气象条件、道路景观、服务设施、出入口、特种车及紧急车辆出入的考虑、远期加宽与改线的考虑、项目分阶段安全考虑、分阶段实施、道路周围重要的发展项目、填挖边坡的稳定性、养护等
2	设计的一般问题	平纵横线形的协调、典型横断面、横断面变化的影响、行车道布设、设计标准、路肩及边沿处理、不符规范设计处的影响等
3	道路线形(详细)	视距、新旧道路交接处、道路线形对驾驶人的可读性等
4	交叉口	交叉口视距、交叉口布设、交叉口对驾驶人的可读性等
5	特殊道路用户	道路两侧的土地、行人、自行车、骑马者、货车、公共运输、道路养护车辆等
6	标志与照明	照明、信号、标线与轮廓标等
7	施工与运营	可建筑性、施工的可操作性、交通组织、路网管理等
8	其他问题	尚未考虑到的安全问题

注:*表示阶段一为工程可行性研究阶段。

道路现场勘察安全评价内容(K. W. OGDEN) 表 7-2

序号	项目	内容
1	一般问题	宽度、分车道行驶/混合行驶、车道数、横坡、纵坡、路肩、路边缘、中央分隔带及开口、行人道、侧石、匝道、排水等要素的组合
2	道路路面表面特性	路面抗滑磨耗层类型、平整度、防滑能力、服务区出入口与隧道出入口抗滑过渡等
3	道路几何线形	平曲线、纵坡、超高、凸形竖曲线等
4	挖方	山坡脚
5	交叉工程	交叉口类型、相交道路数、渠化交通、转弯车道、转弯车道半径等
6	停车	路侧停车、停车场及其出入口、可视性、离道路的距离、停车控制、公交车站、出租车排队等
7	车速	安全车速、限制车速、运行车速等

续上表

序号	项目	内容
8	环境	土地开发、学校、重车、环境噪声、出入口等
9	标志、标线	标志清单、合法性、有效性、可理解性、可靠性、中央车道和路边缘标线、路面标线
10	交通信号	主信号/次级信号/三级信号、密度、位置、转弯控制、行人显示、监视器类型、控制器类型、连接系统部分、信号周期等
11	行人/自行车	横穿道路设施、数量和特征、行人安全护栏、行人安全岛等
12	照明	类型、高度、亮度、障碍物等
13	路侧状况	杆、柱、横向护栏、巨石、树、其他危险物、安全护栏/栅、涵洞、桥台、铁轨等
14	可视性	进入交叉口的可视性、交叉口周围道路的可视性、交通控制设施的可视性、行人的可视性、停车的可视性、公交车站的可视性、坡顶的可视性、升高的轮廓标的可视性等
15	其他	

不同设计阶段的设计内容有很大差别,评价内容也应有相应的侧重。道路安全评价的内容宜针对设计阶段的内容进行,应该在哪一个阶段考虑的安全问题就应在相应的阶段评价。本节依据我国有关技术设计规范和对我国一些高等级道路事故的调查情况,对设计阶段的评价内容总结如下。

(1)设计标准的选用及总体方案

这方面包括道路等级和道路功能的确定,新建道路对路网的影响,主要设计标准的确定(如设计车速、标准横断面和车道划分等),出入口控制(包括交叉口数量),自然环境的协调,是否分期修建等。这些问题一般在工程可行性研究阶段和初步设计阶段进行审查。对于初步设计阶段,有关这几方面的安全问题可能是工程可行性研究阶段评价后遗留的问题,也可能是初步设计时由于出现新的问题对工程可行性研究阶段制定的方案的修改。一般情况下,施工图设计阶段不会再遇到这些问题。

(2)几何线形

包括平面线形、纵断面线形、横断面线形、平纵横线形的组合、桥梁隧道等结构物线形及其与一般路段的过渡、新旧道路的衔接等。

(3)平面交叉工程

平面交叉工程评价包括交叉口类型的选择、交叉口的功能、设计车速(主线、相交道路、转弯车道等的设计车速)、交叉口布置、交叉口的可读性(类型、功能、交通管理与控制方式等)与可视性、渠化交通设计、标志标线和照明、进出交叉口的线形。

(4)立体交叉工程

大型立交不仅影响拟建造道路本身的安全,对路网也有影响,一般可作为一个独立的工程项目进行安全评价。内容大致包括立交功能及其对路网的影响,立交附近工农业的发展对立交的要求与影响,设计车速(主线、匝道等的设计车速),交叉口的类型选择,交叉口布置,交叉口对用户的可读性、可视性和视距,匝道及出入连接道路线形与过渡,交通工程与安全设施等。

(5)隧道(群)与特大桥

隧道(群)、桥梁与路段的线形一致性,隧道(群)内运行环境的单调性,隧道进出口,不良气象影响等。

(6)标志标线与照明

标志标线类型及其作用(正常路段、停车站、过渡段、桥隧结构物等处)、标志信息量、信息含义、标志标线是否相互矛盾、标志标线信息歧义、不同气候条件下的可视性、何处需要照明、照明设计等。

(7)交通安全设施

安全设施的选用及其功能、安装方式是否影响安全、可视性,危险与特殊路段的安全设施等。

(8)路基工程

防护工程、不良地质路段的安全考虑及自然灾害、排水、沉降对纵断面线形等的影响等。

(9)路面工程

路面结构的耐久性、路面表面特性设计(防滑能力、车辙预估及对横断面的影响、反光特性)、不良气候条件下的表面特性及保证措施(如除雪、冰等)。

(10)其他问题

服务设施连接道路、收费站的交通、特殊用户、特殊条件下的道路关闭、以上未包含的其他问题。

对于具有一定里程的高速公路和一级公路等大型工程,以上评价内容在各个分项工程中都有,而且可能相互影响。由于道路与交通各项设施相互之间有一定的关系,安全问题可能由一独立的因素产生,也可能由多因素综合作用而致,如立交匝道就有线形、安全设施、标志标线等评价内容。因此评价时就有两种做法,一是按照上述内容分类评价,二是按分项工程评价。小项目,如一级公路平面交叉口改善可以按评价内容分类进行评价;大项目,如包含立交、特长隧道(群)、特大桥梁等在内的高速公路或一级公路、城市快速路则宜按分项工程进行评价。里程长的道路宜分段进行评价。可以按地形特征、地区、交通量大小和构成分段,如过境公路可以按照近郊公路和远郊公路分段评价。

7.2.3 评价清单

道路安全评价清单是根据以往的工程经验和道路安全工程的基本原理,以及在道路事故调查评价的基础上列出的影响道路安全的问题清单,评价工程师一般利用评价清单进行评价或检查是否遗漏一些应该评价的方面。制定评价清单的依据或基础包括:道路规划与几何设计方面的知识、交通控制与管理方面的知识、事故调查与预防的知识与经验、道路安全评价的经验、驾驶行为心理学方面的知识、有关交通管理条例与交通法规、与以上方面相关的技术规范等。

由于道路交通事故影响因素的多样性和因素作用的耦合性、随机性等特征及道路安全评价小组的知识结构不可能包含以上所有方面的知识,评价清单对实施全面的道路安全评价是很有帮助的。

道路安全评价清单有助于评价按照一定的逻辑进行,提醒评价者不要遗漏问题。但评价清单绝对不是道路安全评价的全部内容。每一个具体工程项目都有共性和个性,因此每一个项目都有要进行特殊评价的内容。因此评价工程师还是应该在参照评价清单的基础上利用自己的知识和经验进行评价。

由于道路事故的随机性和影响因素的多样性,积累经验是十分重要的。因此,每一个评价单位可根据自己的评价经验建立自己的评价清单,并可与数据库建立连接。如澳大利亚已编制了道路安全评价程序,对于其清单当中的一些问题可在经验积累的基础上建立经验数据库。

7.3 道路安全评价规范简介

原交通部于2004年9月1日发布了国内第一本关于公路项目安全性评价的行业推荐性标准《公路项目安全性评价指南》(JTG/T B05—2004),之后《公路项目安全性评价规范》(JTG B05—2015)于2015年正式颁布。

该指南对公路安全性评价的定义为:从公路使用者的角度,按一定的评价程序,采用定性和定量的方法,对公路交通安全进行的全面、系统的分析与评价。在公路交通行业也称为公路安全性评价、交通安全评价、行车安全评价,或简称为安全性评价、安全评价、安全评估。

7.3.1 评价阶段及其评价内容

《公路项目安全性评价规范》(JTG B05—2015)适用于高速公路、一级公路新建或改扩建工程的行车安全性评价,其他等级公路可参照使用。其评价工作阶段分为工程可行性研究、初步设计、运营三个阶段。

1)《公路项目安全性评价规范》(JTG B05—2015)规定工程可行性研究阶段主要评价以下方面对交通运行安全的影响。

(1)工程建设对交通安全的影响;公路改扩建后对交通安全的影响。

(2)路线起讫点与其他公路的连接方式、交通组织等。

(3)急弯陡坡、连续上坡、连续长陡下坡,路侧有悬崖、深谷、深沟、江河湖泊等危险路段。

(4)特大桥、特长隧道等大型构造物的选址、规模和安全运营需求等。

(5)应根据路网条件、出入交通量及沿线城镇布局等,评价互通式立体交叉选址、形式,相邻互通式立体交叉之间,互通式立体交叉与隧道等大型构造物以及管理、服务设施之间关系等。

(6)根据地形条件、主线技术指标、相交公路状况、预测交通量等,评价平面交叉的选址、形式、交通组织及交叉口间距等。

(7)与项目交叉或临近的铁路、油气管道、高压输电线路等。

(8)应根据穿越村镇、居民区、牧区、林区等情况,评价路侧干扰。

(9)改扩建公路在施工期间不中断交通或将主线交通量分流到相关道路时,应评价改扩建方案交通组织及采取的相应安全措施。

(10)降雨、冰冻、积雪、雾、侧风等自然气象条件。

(11)发生自然灾害或严重交通事故造成交通中断时,路线方案与相关路网配合进行应急救援和紧急疏散的能力。

(12)根据动物活动区及动物迁徙路线,评价设置隔离栅或动物通道的必要性。

2)《公路项目安全性评价规范》(JTG B05—2015)规定初步设计阶段主要评价以下方面对交通运行安全的影响。

(1)总体评价

技术标准、地形、地质、气候条件、预测交通量及其交通组成、大型构造物分布等项目特点;改扩建公路利用既有公路的路段时,应根据既有公路运营状况、交通事故等,分析该路段的特点,并按现行技术标准对利用路段的设计指标进行评价。

(2)比选方案评价

急弯陡坡、连续上坡、连续长陡下坡,路侧有悬崖、深谷、深沟、江河湖泊等危险路段;特大桥、特长隧道及隧道群、互通式立体交叉、重要平交路口、服务设施等与路线总体布局的协调性;不利气象或环境;改扩建方案的路线线形顺接、拼宽、拼接和既有交通安全设施的再利用等。

(3)平纵横线形

设计速度80km/h及以下的公路应进行运行速度协调性评价;最小半径的圆曲线、回旋线参数及长度、曲线间直线长度、平曲线长度;回头曲线前后线形的连续性和均衡性、回头曲线间距等;卵形曲线、复合曲线等特殊曲线;停车视距、会车视距和超车视距;货车的停车视距;连续上坡、连续下坡;接近最小半径或最小长度的竖曲线;横断面过渡渐变段的设置位置、长度;爬坡车道设置的必要性和设置位置;避险车道设置的必要性、设置位置和数量;紧急停车带的有效长度、宽度、间距及其出入口过渡段;非机动车道和人行道设置情况;改扩建公路主线分、合流的位置及其车道数平衡情况等;路侧净区宽度和路侧危险程度等;路侧防护或改移路侧障碍物等处理措施。

(4)桥梁

桥梁引线及桥梁路段的线形;桥梁设置衔接过渡段及过渡段长度;上跨桥梁应评价桥梁墩台及上部结构对视距的影响等。

(5)隧道

隧道洞口内外的线形一致性;洞口设置竖曲线对排水的影响;隧道洞口外接线横断面与隧道横断面的衔接过渡方式;曲线隧道的视距;洞口朝向、洞门形式;事故与改扩建公路隧道的隧道线形、土建工程、交通工程及附属设施的相关性;既有公路隧道建筑限界等。

(6)互通式立体交叉

交叉公路地形、主线及被交道路平面和纵面线形指标;互通式立体交叉选址及形式;互通式立体交叉之间的间距及互通式立体交叉与服务区、隧道、主线收费站等之间的间距;互通式立体交叉出、入口形式;互通式立体交叉的视距、相邻出入口间距和加减速车道长度等;通行能力和服务水平等;改扩建公路拟新增互通式立体交叉与其他设施或构造物的间距;改扩建方案。

(7)平面交叉

地形、主线平面和纵面线形、路网布局及交叉公路状况等;平面交叉位置、间距及形式;采取的速度控制和交通管理措施;平面交叉通视三角区的通视情况等。

(8)交通工程与沿线设施

标志、标线、护栏、视线诱导设施、防眩设施等的设计原则、设置类型等与主体工程的适应性;服务区、停车区的位置和间距;服务区、停车区的规模;服务区、停车区匝道出入口线形、视距、加(减)速车道长度等;匝道收费站与匝道分流点、合流点、平交口的间距;主线收费站与隧道的间距及收费站设置位置;连续长陡下坡坡底、匝道坡底、急弯后的收费站调整位置的可能性、安全防护设施和速度控制设施;主线收费站和匝道收费站路段的大型车通视情况;检查站、超限检测站等设施的设置位置、视距及出入口等;监控设施的设计原则、设置数量、设置形式等;改扩建公路利用既有公路的连续长陡下坡路段、平纵指标较低路段、分合流路段、气象灾害多发路段等的综合整治措施;新增服务设施与其他设施或构造物的间距和交通安全设施。

3)《公路项目安全性评价规范》(JTG B05—2015)规定后评价阶段主要评价以下方面对交通运行安全的影响。

(1)总体评价

根据交通量及交通组成、公路环境、安全管理、气候条件、交通事故等,评价公路运营后的交通运行特点;调研运营情况、交通事故主要原因、交通事故频发路段和交通安全管理等;调查安全运营需求、安全管理措施的效果,以及对安全改善的建议等;对交通事故次数、伤亡人数、经济损失等进行统计,分析交通事故变化的趋势;交通事故发生的时间分布、空间分布、形态分布、原因分布、气候特征等;根据交通事故的空间分布对事故频发路段进行鉴别;对典型的重大、特大交通事故进行个案分析。

(2)路线评价

根据现场观测数据确定代表车型的运行速度,评价运行速度与设计速度协调性;根据实地驾驶状况对平、纵面线形的连续性和视距进行评价。

(3)路基路面

建筑限界、净区范围内的路侧障碍物、路面抗滑能力、中央分隔带开口的设置位置和视距、排水设施的养护状况及其排水能力。

(4)桥梁

桥梁与桥梁引线的线形协调性、桥梁护栏与路基护栏衔接过渡段、桥梁的桥墩台和上部结构对公路视距的影响、桥梁墩台的防护设施、桥头接线处、桥梁伸缩缝处、桥面湿滑或结冰的现象、人行道或非机动车道与行车道的隔离设施、与侧风相关的标志和速度控制设施。

(5)隧道

隧道洞口段线形连续性及其视距,隧道洞内、外衔接路段的路面抗滑能力及过渡,隧道洞口横断面变化及其防护设施的衔接与过渡,隧道洞口亮度及照明过渡,隧道监控、通风、消防等设施的设置情况,保护行人和非机动车的安全设施。

(6)互通式立体交叉

互通式立体交叉之间,以及互通式立体交叉与服务区、停车区、隧道等的间距;分、合流鼻端的通视情况;出口匝道分流鼻端至匝道控制曲线起点路段的长度和速度过渡;车道数平衡,以及变速车道、辅助车道、交织区长度;互通式立体交叉出口标志信息。

(7)平面交叉

平面交叉的位置、形式、交叉角度、间距等;通视三角区的通视情况;交通渠化设施,以及与行人和非机动车相关的标志、标线等交通安全设施;转弯车道和附加车道;交通管理方式及交通组织措施。

(8)交通工程及沿线设施

标志、标线、护栏、防眩设施、视线诱导设施、防落网,路段的监控、照明设施的设置情况,收费站的通行能力、收费车道设置数量等,服务设施等。

(9)养护维修

养护维修作业控制区的可见性及相关安全设施,作业期间采取的交通组织措施。

7.3.2 运行速度的运用

本节简要介绍《公路项目安全性评价规范》(JTG B05—2015)中运行速度预测方法。

根据曲线半径和纵坡坡度,将整条路线划分为平直路段、纵坡路段、平曲线路段、弯坡组合路段、隧道路段、互通式立体交叉等若干个分析单元,每个单元的起、终点为预测运行速度线形特征点。其中,纵坡坡度小于3%的直线段和半径大于1000m的大半径曲线段自成一段;其余小半径曲线段和纵坡坡度大于3%、坡长大于300m的纵坡路段以及弯坡组合路段,作为独立单元分别进行运行速度测算;当直线段位于两小半径曲线段之间,且长度小于临界值200m时,则该直线视为短直线,车辆在此路段上的运行速度保持不变。

在任选一个方向进行第一次的运行速度 v_{85} 测算时,首先要推算与设计路段衔接的相邻路段速度,作为本路段的初始运行速度 v_0,然后根据所划分的路段类型,按直线段、平曲线路段和长大纵坡路段等分别进行运行速度 v_{85} 的测算。

(1)初始运行速度

一般可将调查点的现场观测结果或按表7-3中对应关系估算的小客车和大货车的初始运行速度,作为预测路段的初始运行速度 v_0。

初始运行速度与设计速度的对应关系 表7-3

设计速度(km/h)		60	80	100	120
初始运行速度 v_0 (km/h)	小客车	60	80	100	120
	大货车	50	65	75	80

(2)直线段上的加速过程和稳定运行速度

在平直路段上,小客车和大货车都有一个期望行驶速度。当初始运行速度 v_0 小于期望运行速度时为变加速过程,直至达到稳定的期望车速后匀速行驶。可按式(7-1)和表7-4测算车辆在平直路段上加速过程的运行速度。

$$v_s = \sqrt{v_0^2 + 2 \times a_0 \times S} \tag{7-1}$$

式中:v_s——直线段上的期望运行速度,m/s;

v_0——驶出曲线后的运行速度,m/s;

a_0——车辆的加速度,m/s^2;

S——直线段距离,m。

平直路段上期望运行速度和推荐加速度值见表7-4。

平直路段上期望运行速度和推荐加速度 表7-4

车型	小客车	大货车
期望运行速度 v_s(km/h)	120	75
推荐加速度 a_0(m/s^2)	0.15~0.50	0.20~0.25

(3)小半径曲线段的运行速度

对于平曲线半径小于1000m的路段,分别对曲线中部和曲线出口处的运行速度进行预测。根据曲线入口速度 v_{in}、当前路段的曲线半径 R_{now}、前接曲线的半径 R_{back},预测曲线中部的速度 v_{middle};然后根据曲线中部速度 v_{middle}、当前路段的曲线半径 R_{now} 和后续路段的曲线半径 R_{front},预测曲线出口处的运行速度 v_{out}。

曲线中部速度 v_{middle} 和曲线出口处运行速度 v_{out} 可按表5-15中的速度预测模型进行计算。

(4)纵坡路段

当纵坡坡度大于3%、坡长大于300m时,可按表7-5对小客车和大货车的运行速度 v_{85} 进行修正。

特殊纵坡下各车型运行速度的修正　　表 7-5

纵坡坡度		运行速度调整值	
		小客车	大货车
上坡	3% ≤坡度≤4%	每 1000m 降低 5km/h,直至最低运行速度	每 1000m 降低 10km/h,直至最低运行速度
	坡度 >4%	每 1000m 降低 8km/h,直至最低运行速度	每 1000m 降低 20km/h,直至最低运行速度
下坡	3% ≤坡度≤4%	每 500m 增加 10km/h,直至期望运行速度	每 500m 增加 7.5km/h,直至期望运行速度
	坡度 >4%	每 500m 增加 20km/h,直至期望运行速度	每 500m 增加 15km/h,直至期望运行速度

(5)弯坡组合路段

根据划分路段曲线前的入口速度、曲线半径和纵坡坡度,可按表 7-6 的公式计算小客车和大货车在弯坡组合路段中点的运行速度v_{85}。

弯坡组合路段下的运行速度预测模型　　表 7-6

弯坡组合形式	车型	弯坡组合运行速度预测模型
入口直线—曲线	小客车	$v_{middle} = -31.67 + 0.547v_{in} + 11.71\ln R_{now} + 0.176I_{now1}$
	大货车	$v_{middle} = 1.782 + 0.859v_{in} - 0.51I_{now1} + 1.196\ln R_{now}$
入口曲线—曲线	小客车	$v_{middle} = 0.750 + 0.802v_{in} + 2.717\ln R_{now} - 0.281I_{now1}$
	大货车	$v_{middle} = -1.798 + 0.248\ln R_{now} + 0.977v_{in} - 0.133I_{now1} + 0.23\ln R_{back}$
出口曲线—直线	小客车	$v_{out} = 27.294 + 0.720v_{middle} - 1.444I_{now2}$
	大货车	$v_{out} = 13.490 + 0.797v_{middle} - 0.6971I_{now2}$
出口曲线—曲线	小客车	$v_{out} = 1.819 + 0.839v_{middle} + 1.427\ln R_{now} + 0.782\ln R_{front} - 0.48I_{now2}$
	大货车	$v_{out} = 26.837 + 0.109\ln R_{front} - 3.039\ln R_{now} - 0.594I_{now2} + 0.830v_{middle}$

注:1. 表中 $R \in [250,1000]$,且 $I \in [3\%,6\%]$。

2. v_{in},v_{middle},v_{out}为曲线入口运行速度,曲中点运行速度,曲线出口运行速度(km/h)。

3. R_{back},R_{now},R_{front}为所在曲线段前的曲线半径,所在曲线段本段的曲线半径,即将驶入的曲线半径(m)。

4. I_{now1},I_{now2}为曲线前后两段的不同坡度(%),上坡为正,下坡为负。将带正负号但不带百分号的坡度值代入公式,如上坡"4%"代入数值"4",下坡"-4%"代入数值"-4"。

5. 若前半段或后半段含有两个不同纵坡,则取纵坡坡度加权平均值代入公式。

7.4 道路安全管理

道路安全管理是由事故黑点鉴别与改善技术发展而来的。"事故多发路段鉴别与改善"主要是根据道路或道路网的历史事故情况,以事故率、当量事故率、事故损失或事故当量损失等为指标,一般采用统计分析的方法,鉴别出事故高发的路段(点)或区域、事故高发的群体、事故高发时段等;之后对事故黑点进行勘察、调研与分析,也可通过事故再现等试验手段,找出事故黑点的成因,制订有针对性的改善措施。改善措施可以是工程技术措施,也可以是教育对策等。传统上,往往是等道路交通安全状况有恶化的趋势时,才开展事故黑点鉴别工作,具有典型的"事后"性。

社会团体、学术组织和政府等对道路交通安全越来越重视,意识到对道路安全实施管理,"事前"对道路或道路网开展安全评价和风险管理可预防交通事故的发生。因此,道路安全管理是管理者主动地对道路交通运行环境开展安全性评价,鉴别道路(网)运行高风险段(点)等,有计划地逐步提升道路交通安全水平的管理工作。

7.4.1 既有道路(网)安全性评价与管理标准

7.4.1.1 安全性评价指标与选用原则

第6章介绍了道路(网)运行环境描述性模型和基于事故率的风险等级。为了使评价结论尽可能客观、全面和科学,评价指标的选取可遵循以下原则。

(1)指标与评价目标一致性

目标是行动的指南,所有行动方案所能达到的目标是决策者决策时关心的主要问题。因此,所选取的指标必须能够反映期望目标。

(2)系统性

一般单个指标只能反映评价目标的某一方面,选取的指标应能系统、全面地反映道路交通运行安全状况。

(3)可操作性

指标含义明确、易被理解,指标量化所需资料收集方便,能够用现有方法和模型求解。

(4)科学性

指标本身在理论上是比较完备和科学的,能客观、科学地反映出道路交通运行安全性。

(5)可比性

指标应同趋势化,在宏观上和微观上具有可比性。

具体指标的选用还与道路交通科学发展水平、道路交通事故防控技术水平有关。总体上,指标可分为以下四个类别。

以事故率为指标的风险评价,如第6章的CR,基于CR值将路段风险等级分为四级。对二级公路,唐琤琤提出根据过滤法对一条路或者路网中对象的事故指标从小到大排序,取第85位滤出区间事故指标作为事故多发段的判别标准。

除事故率指标外,辅以定性或定量的道路交通设施安全性与交通流状态评价指标,如第6章的道路交通运行环境描述性模型。

基于交通流状态参数的道路交通运行风险模型,如第6章的交通流风险指标。

以事故率指标进行安全性或风险评价,不仅适用于道路交通设施,也适用于用户群体和车辆类别;以道路交通设施安全性指标评价道路交通运行环境一般仅适用于道路交通设施;基于交通流状态参数的道路交通运行风险模型适用于道路交通设施,用于不同类型车辆的运行风险分析时,比较适用于自由流状态下的行车风险评价,如用于“两客一危”车辆行驶安全性评价等。

随着监测技术水平的提高和学习算法的逐步应用,也可提出非自由流状态的不同类型车辆的行车风险评价指标和方法。

7.4.1.2 管理标准

道路安全管理标准的制定以道路交通运行安全评价的结果为基础和依据。本节以道路交通设施安全管理为例。道路交通设施安全管理可分为项目级和路网级管理。

对于项目级管理,管理标准基于路段的运行安全状态等级制定,管理标准体现为不同状态等级的路段的改善优先指数。根据路段运行安全状态等级的划分(这里以A、B、C、D四级为例),项目级运行安全管理标准如图7-2所示。

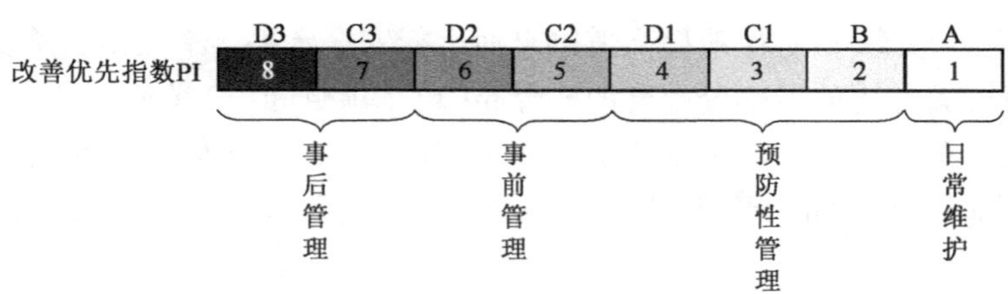

图 7-2　道路交通基础设施项目级运行安全管理标准

短期项目级道路安全管理,主要是针对事故多发路段进行事后管理,即对运行安全状态处于 D3 和 C3 等级的路段进行改善。中期项目级道路安全管理,包括事后管理、事前管理和预防性管理。

对于路网级管理,管理标准基于路段的运行安全状态等级制定,管理标准体现为不同状态等级的路段的控制比例,即要求危险路段的比例低于某个水平,安全路段的比例高于某个水平。安全路段比例指标阈值的选用很大程度上取决于投资。路网级安全管理标准如图 7-3 所示,这里安全路段和危险路段的比例以 15% 和 10% 为例。

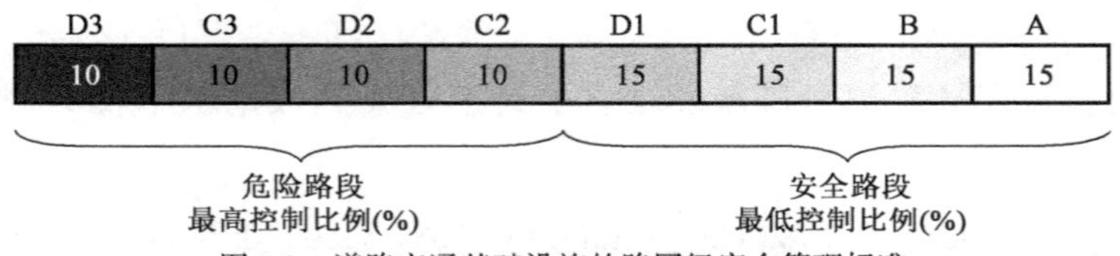

图 7-3　道路交通基础设施的路网级安全管理标准

中期路网级安全管理,按照路网级安全管理标准可控制下一年度路网中处于不同安全状态的路段比例。长期路网级安全管理,按照路网级安全管理标准可控制下一计划周期(如 5 年计划)内路网中每年处于不同运行安全状态的路段比例,如图 7-4 所示。

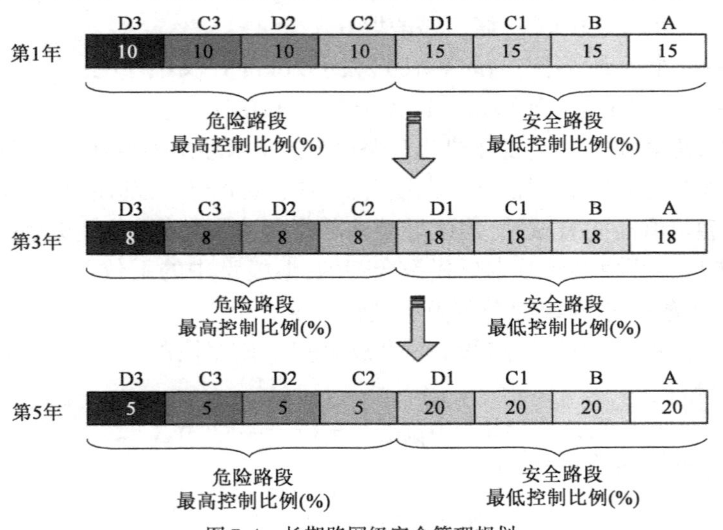

图 7-4　长期路网级安全管理规划

7.4.2　道路安全状态预测模型

7.4.2.1　事故预测模型

建立事故预测模型后,可通过事故预测“事前”鉴别易于发生事故的高风险段点,制定预防性对策，能够更经济地、预防性地提高道路交通运行安全水平。事故是道路交通运行风险的后果，为随机事件，其常用的概率分布有泊松分布、负二项分布、广义负二项分布、零堆积泊松分布和零堆积负二项分布等。可用各类回归方法、神经网络方法等构建模型。

唐琤琤研究了二级公路的事故预测模型，建立了式(7-2)所示的普通路段全部事故预测模型。

$$p(Y=y_i)=\frac{\Gamma\left(\frac{1}{0.8007984}+y_i\right)}{\Gamma\left(\frac{1}{0.8007984}\right)y_i!}\left(\frac{1}{1+0.8007984\lambda_\iota}\right)^{\frac{1}{0.8007984}}\left(1-\frac{1}{1+0.8007984\lambda_\iota}\right)^{y_i} \tag{7-2}$$

式中：$\lambda_\iota=\text{ZSEXPO}\times e^{(-3.530389+0.0604703H+0.0426319\text{JRKMD}+0.0751851\text{ZSHC})}$；

y_i——参数；

H——路段平曲线用长度加权的弯曲度；

ZSHC——按折算交通量计算的路段货车比例；

ZSEXPO——按折算交通量计算的暴露度；

JRKMD——单位公里接入口个数。

钟连德运用多分变量逻辑回归方法建立了高速公路路段事故预测模型，如式(7-3)和式(7-4)所示。

$$G_1=\lg\left[\frac{P(\text{PDO})}{P(\text{Fatal})}\right]=2.028-0.779(\text{City\_rural})+0.108(\text{Speed\_difference})+0.484(\text{Truck\%}) \tag{7-3}$$

$$G_2=\lg\left[\frac{P(\text{Injury})}{P(\text{Fatal})}\right]=2.553-2.790(\text{City\_rural})+0.376(\text{Speed\_difference})+0.275(\text{Truck\%}) \tag{7-4}$$

式中：City_rural——乡村路段取1，城市路段取0；

Speed_difference——小于或等于20km/h取1，大于20km/h取0；

Truck%——小于或等于70%取1，大于70%取0。

周子楚运用深度学习算法，将隧道进出口路段事故推演输出内容划分为事故数量、交通事故连续性特征和交通事故离散性特征，基于深度自编码模型，构建了隧道进出口路段事故推演模型。

事故预测模型具有时间有效性，当区域经济状况改变、车辆性能提升、道路交通设施改善等后，尽管原有事故预测模型的基本形式是合理的，但模型中的系数可能有所变化。因此，当对道路(网)实施改善后，应对事故预测模型重新标定。

运用经验贝叶斯法，一个特征路段 i 的事故可基于该路段的事故实测值和类似路段的经验值用式(7-5)预测。

$$N_{\text{expected},i}=w_i\cdot N_{\text{predicted},i}+(1-w_i)\cdot N_{\text{observed},i} \tag{7-5}$$

贝叶斯权数w_i可用式(7-6)确定。

$$w_i=\frac{1}{1+k\cdot\sum N_{\text{predicted}}} \tag{7-6}$$

式中：k——过频散参数(the over dispersion parameter)。

7.4.2.2 短期预测模型

根据安全状态各项指标的历史数据，可运用时间序列预测模型构建安全状态预测模型。作为随机事件的交通事故，其发生概率不仅与预测的“人-车-路”系统的变量有关，也受到前期变量值的影响。这和经济学里的现象有些相似,因此计量经济学里的含滞后变量的模型在道路安全分析中也得到了不少应用。对于道路安全,引起滞后效应的原因可能有以下几个方面。

(1)心理因素

交通行为是以人的出行为中心的活动,人在“人-车-路”系统中具有决定性的作用。但人在交通中表现出的交通行为(包括驾驶行为、步行、自行车交通行为等)与人对特定道路交通运行环境的认知有关。特别是对特定道路比较熟悉的用户会根据以往使用该路的经验和印象,做出行为判断。一个例子是,当大多数用户都知道某点(段)在过去经常发生事故时,用户自然从保护自己生命和财产的角度出发,注意使自己在该点(段)采取较安全的驾驶(交通)行为。

(2)技术因素

当建立回归分析模型时,所使用的事故数据是在一定时间段内的数据,在该时间段内所采取的改善道路安全的技术措施不一定立即发挥作用,而是有后期效应。如,当对高速公路和大型立交采用了更合理和现代化的交通控制与管理措施后,由于用户对此不能很快适应,不仅不能降低事故率,还有可能在短期内不利于道路安全。

(3)制度因素

道路交通管理水平的提高和交通管理条例等各项制度的实施均具有一定的后期效应。

滞后变量模型的一般形式见式(7-7)。

$$Y_t = \beta_0 + \beta_1 Y_{t-1} + \beta_2 Y_{t-2} + \cdots + \beta_m Y_{t-m} + \alpha_0 X_t + \alpha_1 X_{t-1} + \alpha_2 X_{t-2} + \cdots + \alpha_n X_{t-n} \tag{7-7}$$

式中:m、n——滞后时间间隔;

Y_{t-m}——应变量 Y 的第 m 期滞后;

X_{t-n}——解释变量 X 的第 n 期滞后;

α、β——回归常数。

若取 m、n 为有限值,模型称为有限分布滞后模型;如 m、n 至少有一个取无限值,模型称为无限分布滞后模型。

若 $m=0$,式(7-7)可写成式(7-8)。

$$Y_t = \beta_0 + \sum_{t=0}^{n} \alpha_i X_{t-i} + u_t \tag{7-8}$$

式中:β_0——分布滞后模型的回归系数,又称短期系数,表示 X 对 Y 的本期线性影响;

α_i——分布滞后模型回归系数,又称动态乘数或延迟系数,表示各滞后期的 X 对 Y 的影响,$i=1,2,3,\cdots,n$;

u_t——回归误差项。

若滞后模型中 $n=0$,则模型为式(7-9)。

$$Y_t = \beta_0 + \alpha_0 X_t + \sum_{t=0}^{m} \beta_i Y_{t-i} + u_t \tag{7-9}$$

该模型称为自回归模型,模型的解释变量仅包含 X 的本期值以及 Y 的若干期滞后值。若 $n=1$,称为一阶自回归模型。

常用的有限分布滞后模型参数估计方法有经验加权法和阿尔蒙(Almon)多项式法等。

【例 7-2】 经验加权法

设有限分布滞后模型,滞后期为 3,则:

$$Y_t = \alpha + \beta_0 X_t + \beta_1 X_{t-1} + \beta_2 X_{t-2} + \beta_3 X_{t-3} + u_t \tag{7-10}$$

经验加权法就是根据实际问题的特点及实际经验给滞后变量 X_t、X_{t-1}、…指定权数。滞后变量按权数线性组合,构成新变量。权数的类型有递减型、矩形和 A 型。

(1)递减型

假设 X 的近期值对 Y 的影响较远期值大,假定按一定规律递减,如本例假定递减权数为 1/2,1/4,1/6,1/8,则新的线性组合变量见式(7-11)。

$$Z_t = X_t/2 + X_{t-1}/4 + X_{t-2}/6 + X_{t-3}/8 \tag{7-11}$$

原模型成为式(7-12)的形式。

$$Y_t = \alpha + \beta Z_t + u_t \tag{7-12}$$

对该模型用 OLS 法估计参数 $\hat{\alpha}$,$\hat{\beta}$。假设其估计值分别为 0.5 和 0.8,则原模型的估计式为:

$$Y_t = 0.5 + 0.8X_t/2 + 0.8X_{t-1}/4 + 0.8X_{t-2}/6 + 0.8X_{t-3}/8 = 0.5 + 0.4X_t + 0.2X_{t-1} + 0.133X_{t-2} + 0.1X_{t-3} \tag{7-13}$$

(2)矩形

假定权数全部相等,即 X 的逐滞后期对 Y 的影响相等。

(3)A 型

假定权数先递增再递减。

【例 7-3】 阿尔蒙(Almon)多项式法

对于式(7-18)的分布滞后模型,假定参数 α_i 可用一个关于滞后期 i 的适当阶数的多项式表示,如式(7-14)所示。

$$\alpha_i = d_1 i + d_2 i^2 + \cdots + d_k i^k (i = 1,2,3,\cdots,n) \tag{7-14}$$

式中:$k < n-1$。

阿尔蒙变换要求先确定适当的阶数 k,如取 $k=2$,得

$$\alpha_i = d_1 i + d_2 i^2 (i = 1,2,3,\cdots,n) \tag{7-15}$$

即

$$\begin{cases} \alpha_1 = d_1 + d_2 \\ \alpha_2 = 2d_1 + 4d_2 \\ \cdots\cdots\cdots\cdots \\ \alpha_n = nd_1 + n^2 d_2 \end{cases} \tag{7-16}$$

将其代入式(7-18)可得式(7-17)的回归模型。

$$Y_t = \beta_0 + \sum_{i=0}^{n}(\sum_{j=1}^{2} d_j i^k) X_{t-i} + u_t = \beta_0 + d_1 \sum_{i=0}^{n} i X_{t-i} + d_2 \sum_{i=0}^{n} i^2 X_{t-i} + u_t \tag{7-17}$$

做阿尔蒙变换,定义新变量 $Z_{1t} = \sum_{i=0}^{n} i X_{t-i}$ 和 $Z_{2t} = \sum_{i=0}^{n} i^2 X_{t-i}$,得式(7-18)的回归模型。

$$Y_t = \beta_0 + d_1 Z_{1t} + d_2 Z_{2t} + u_t \tag{7-18}$$

应用 OLS 法估计上述模型,可得估计量 $\hat{\beta}_0$,$\hat{d}_1$,$\hat{d}_2$,然后求出分布滞后模型参数的估计值。

由于 $n > k+1$,新变量的个数 $k+1$ 小于原滞后变量的个数 n,多重共线性得到缓解。同时,自由度也得到保证,因为,设样本容量为 m,原自由度为 $m-n$,变换后自由度变为 $m-k$,而 $m-k > m-n$。阿尔蒙多项式阶数 k 一般取 2 或 3,不宜超过 4,因为 k 值再大,就达不到通过变换减少变量个数的目的。

以上关于含滞后变量的模型的有关统计分析方法，详见《计量经济学》一书。

安全状态评价指标在一定的社会环境，一定的人、车、路行车环境下有一个总的发展趋势，短期内各指标的动态变化还具有明显的季节性。因此，确定性时序分析应考虑运行安全状态评价指标随时间的趋势变动特征、循环变动特征、季节变动特征和随机变动特征，以 OSC 指标为例，对评价指标进行时间序列分析预测，见式(7-19)。

$$\mathrm{OSC}(t)=T\cdot C\cdot S\cdot R(t=1,2,\cdots,M) \tag{7-19}$$

式中：OSC(t)——安全状态评价指标的预测值；

T——趋势变动模式；

C——循环变动模式；

S——季节变动模式；

R——随机变动模式。

利用时间序列的特点，调研多年各季度安全状态各项评价指标的数据资料，可确定指标的趋势变动模式、循环变动模式、季节变动模式和随机变动模式，进而构建出时间序列预测模型 OSC(t)，当式中 $t=M+1$ 时，OSC($M+1$) 即为所需要的预测值，具体建模方法可参考相关文献。

短期项目级道路安全管理主要针对高风险路段事后管理，中期项目级道路安全管理包括对高风险路段的事后管理，以及潜在安全隐患路段的事前管理和预防性管理。管理对策实施引起的事故率的降低通过修正系数来实现，修正后的事故率预测值如式(7-20)所示。

$$\mathrm{AR}(t)=T\cdot C\cdot S\cdot R\cdot\xi_{\mathrm{AR}}(t=1,2,\cdots,M) \tag{7-20}$$

式中：ξ_{AR}根据改善管理对策实施效果而定，如某项管理对策的实施使事故率降低 $a\%$，则ξ_{AR}为 $1-a\%$。

某些管理对策的实施可引起交通流运行安全性的变化，如限速、限流等交通管理对策。管理对策实施引起的交通流运行安全性变化，可通过 TS 修正实现，修正后的交通流运行安全性预测值见式(7-21)。

$$\mathrm{TS}(t)=T\cdot C\cdot S\cdot R\cdot\xi_{\mathrm{TS}}(t=1,2,\cdots,M) \tag{7-21}$$

修正系数ξ_{TS}的确定方法与事故率指标类似，如某项管理对策的实施使交通流运行风险降低 $a\%$，则ξ_{TS}为 $1-a\%$。

随着时间的推移，道路交通设施使用性能和安全性能会逐渐下降，对道路交通设施进行改善将会提高其使用性能和安全性能。以路面状况指数(PCI)为例，管理对策实施引起的 PCI 指标的变化如图 7-5 所示。

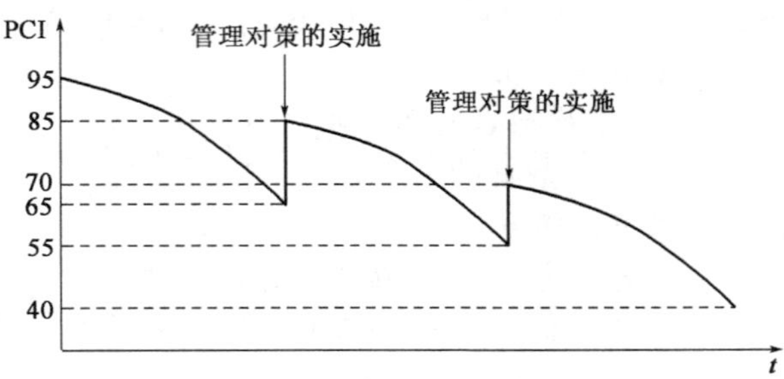

图 7-5 管理对策实施引起的 PCI 指标的变化示意图

管理对策实施引起的道路交通设施安全性的变化同样通过修正系数来实现，修正后的PCI指标预测值如式(7-22)所示。

$$\mathrm{PCI}(t)=T\cdot C\cdot S\cdot R\cdot \xi_{\mathrm{PCI}}(t=1,2,\cdots,M) \tag{7-23}$$

修正系数的确定方法与事故率指标类似，如某项管理对策的实施使PCI指标提高了$a\%$，则ξ_{PCI}为$1+a\%$。

7.4.2.3 中长期路网级安全状态概率预测模型

马尔柯夫预测模型是一种动态随机数学模型，它建立在系统的状态和"状态转移"的概念上，在风险管理中得到了广泛的应用。系统完全由定义的安全状态变量描述，由该变量值确定系统处于安全状态。如果系统描述变量从一个状态对应的特定值变化到另一个状态对应的特定值，则系统实现了状态转移。把道路交通运行环境看作具有若干安全状态的系统，则各状态之间在影响因素作用下发生转移，其转移的可能性为状态转移概率。根据马氏理论的假设，如果通过调查研究确定了道路交通运行安全状态的初始情况，针对不同类型的路段，确定状态转移概率矩阵，则可推算道路在不同时期处于各种运行安全状态的概率，预测思路如图7-6所示。

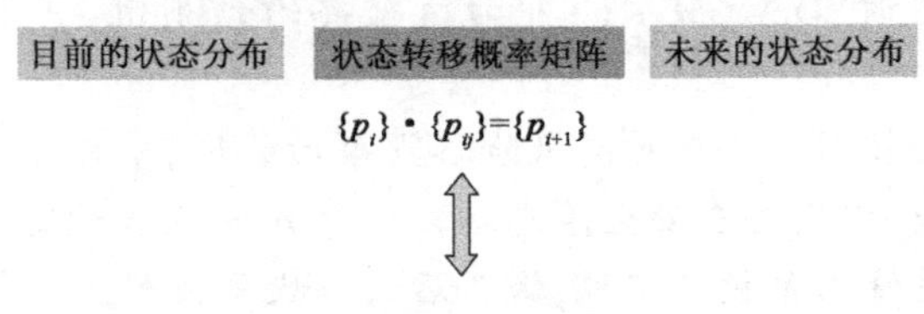

图7-6　马尔柯夫预测模型基本思路

假定道路安全状态是由事故率AR、交通流运行安全性TS、道路交通设施安全性FS三个变量组成的三维向量描述的，从系统的观点来看，影响运行安全状态变化的各个变量并非独立发生作用，而是在相互影响中共同发生作用，因而，分别测定各个状态变量的变动的简单综合，不等于状态的总变动。应该将安全状态时间序列看作系统的动态行为的客观记录，从整体上来考察其动态结构和变动规律性。

应用马尔柯夫过程建模的步骤主要包括：①选择安全状态变量，安全状态；②基于数据资料提出状态转移概率矩阵；③利用状态转移概率矩阵预测道路某时段处于某种安全状态的概率。以道路安全状态指标OSC为例，建模过程如下。

(1)道路安全状态的划分

道路安全状态由事故率AR、交通流运行安全性TS和道路交通设施安全性FS三个变量组成的三维向量进行描述，共有64种安全状态，见式(7-23)。

$$\mathrm{OSC}_i=(\mathrm{AR}_j,\mathrm{TS}_k,\mathrm{FS}_m)(i=1\sim64;j,k,m=1\sim4) \tag{7-23}$$

(2)按式(7-24)计算初始概率分布$\{p_i\}$

$$\{p_i\}=\frac{\text{属于状态 OSC}_i\text{的数据个数}}{\text{数据的总个数}}(i=1\sim64) \tag{7-24}$$

(3)按式(7-25)计算一次状态转移概率矩阵$\boldsymbol{P}$

$$\boldsymbol{P}=\{p_{ij}\}=\frac{\text{从状态 OSC}_i\text{向 OSC}_j\text{转移的数据个数}}{\text{处于状态 OSC}_i\text{的数据个数}}(i,j=1\sim64) \tag{7-25}$$

由于转移概率是条件概率，同样也具有概率的基本性质，对任意$i(i=1\sim64)$，有$\sum_{j=1}^{64}p_{ij}=1$。

(4)根据状态转移概率矩阵做预测

在某时段,处于不同状态的路段的百分率(概率),称为该时段的状态矢量矩阵 $\boldsymbol{p}(t)$,根据预测对象当前所处的状态(初始概率分布 $\{p_i\}$ 和转移概率矩阵 $\{p_{ij}\}$),求得状态变化后的情况 $\{p_{i+1}\}=\{p_i\}\cdot\{p_{ij}\}$,类似可求得二次转移概率矩阵 $\{p_{ik}\}=\{p_{ij}\}\cdot\{p_{jk}\}$(若为线性变化,则 $\{p_{ik}\}=\{p_{ij}\}^2$),依次可得 n 次转移概率,并可确定 n 步变化后的情况。

7.4.3 道路安全管理决策

道路安全管理决策的思路为根据管理标准按照改善优先指数依次选择需进行改善的路段,针对选出的路段从对策库选出相应的备选改善对策,在一定的决策目标下,运用最优化方法建模,给出分析期内取得最大安全效益的最佳管理方案。

决策所追求的目标有两类:一类是在分析期内给定预算额的条件下,选择投资项目,使安全效益最大化;另一类是保证道路安全水平在分析期内符合预定管理标准,所需的总费用最少。

7.4.3.1 项目级道路安全管理决策模型

项目级道路安全管理决策模型综合考虑各路段的改善优先指数、对策的改善效果和预算资金的约束,确定最终的管理方案和资源分配。

项目级道路安全管理决策模型的输入变量包括:

(1)路段安全管理的改善优先指数,依据项目级管理标准确定;

(2)对策的成本,根据实施对策所需的人力、材料费用等计算;

(3)对策的改善效果,根据道路安全状态预测模型,预测实施对策后道路安全状态指标的变化值,表示各对策的改善效果;

(4)项目级管理费用的预算。

项目级道路安全管理决策模型的输出为在资源最优分配的情况下一组路段的管理对策的总和。

一般来说,等级较高的对策改善效果好,其成本也相应高。因此,在一定的预算约束下,决策过程中需在投资、改善效益、改善路段数等方面进行权衡。按目标规划法,依据每个目标的重要程度确定相对权重,建立加权目标线性规划模型,如式(7-26)所示。

$$\max\sum_i\sum_k \mathrm{PI}_i(a_{ik}+b)y_{ik} \tag{7-26}$$

约束条件为 $\sum_i\sum_k c_{ik}y_{ik}\leqslant B$ 和 $\sum_k y_{ik}\leqslant 1,\forall i$。

式中:PI_i——路段 i 的改善优先指数;

a_{ik}——路段 i 采用对策 k 的改善效果;

c_{ik}——路段 i 采用对策 k 的成本;

y_{ik}——0-1 变量,表示对策 k 是否在路段 i 上实施;

b——权重系数,选用费用较高的对策对有限的路段进行改善时 b 取较大的值;

B——预算。

使用事故率等作为风险指标时,改善效果可用预测的事故损失减少量作为评价指标。事故导致的损失包括生命价值损失、死亡人员与重伤人员的社会劳动价值损失、伤亡人员的医疗费用损失、路产损失、车辆损失、社会机构损失、交通延误损失、丧葬费用等。

使用OSC或交通流风险为指标时，可以简单地以不同等级风险路段的风险等级降低数为指标，以风险路段的风险降低产生的效益为指标则更好。

7.4.3.2 路网级安全管理决策模型

根据路网级安全状态预测模型的特点，以及路网级管理标准的要求，应用马尔柯夫决策过程建立路网级安全管理决策模型。模型的输入部分包括：

(1)路段安全状态现状。根据路段安全状态评价模型确定路网中处于各安全状态的路段比例。

(2)管理对策。

(3)状态转移概率。路段在采取对策a_k后由状态i转移到状态j的概率$p_{ij}(a_k)$，根据路段安全状态概率预测模型确定。

(4)安全管理标准。路网级安全管理标准的要求以处于某种状态的比例表示，可规定处于容许安全状态的路段最低比例和处于危险状态的路段最高比例。

(5)实施对策所需的人力、材料等费用。

路网级安全管理决策模型的目标可以是寻求以最小费用实现路网安全状况在规划期内满足安全管理标准的最优管理方案，也可以是在有限资金和对策约束下，实现道路安全管理效益最大。

确定了路网中各级安全状态的路段比例和各项对策实施后路段安全状态转移概率后，计算采取某项对策后各路段处于状态j的预期比例q_j。所选的决策变量是在第t时段开始采取管理对策a_k的状态为i的路段比例W_{ik}^t，则有$q_i = \sum_k W_{ik}^t$。以目标函数为分析期内管理费用最小为例，设C_{ik}为对i状态的路段采用管理对策a_k的成本。

对于中期路网级安全管理，目标函数为下一年度管理费用最小，见式(7-27)。

$$\min: \sum_{ik} W_{ik} C_{ik} \tag{7-27}$$

约束条件如下：

$W_{ik} \geqslant 0$(对所有的i和k，状态分布比例不能为负值)；

$\sum_k W_{jk} = \sum_{i,k} W_{ik} \cdot p_{ij}(a_k) = q_j$(对所有的$j$)；

$\sum_{i,k} W_{ik} = 1$(对所有的i和k，状态分布比例总和应为1)；

$W_{ik} = 0$(如果k项对策对状态i不适用)；

$\sum_{s,k} W_{jk} \geqslant \varepsilon (j \in s)$($\varepsilon$为处于容许状态$s$的最低路段比例)；

$\sum_{u,k} W_{jk} \leqslant \gamma (j \in u)$($\gamma$为处于不容许状态$u$的最高路段比例)。

对于长期路网级安全管理，目标函数为下一计划周期(5年)在时段$t=1,2,3,4,5$的管理总费用最小，见式(7-28)。

$$\min: \sum_{i,k,t} W_{ik}^t d_t C_{ik} \tag{7-28}$$

式中：d_t——现值系数。

约束条件如下：

$W_{ik}^t \geqslant 0$(对所有的i,k和$t=1,2,3,4,5$)；

$\sum_k W_{ik}^1 = q_i^1$(对所有的i)——第一时段$t=1$开始不同状态路段的比例；

$\sum_k W_{jk}^t = \sum_{i,k} W_{ik}^{t-1} \cdot p_{ij}(a_k)$(对所有的$j$和$t=1,2,3,4,5$)——第$t$时段开始处于$j$状态的路段比例必须等于前一个时段($t-1$)末处于$i$状态的路段比例；

$W_{ik}=0$(如果 k 项对策对状态 i 不适用);

$\sum_{s,k}W_{ik}^{t}\geqslant\varepsilon(i\in s)$(对于 $t=1,2,3,4,5$),ε 为第 t 时段处于容许状态 s 的最低路段比例;

$\sum_{u,k}W_{ik}^{t}\leqslant\gamma(i\in u)$(对于 $t=1,2,3,4,5$),γ 为第 t 时段处于不容许状态 u 的最高路段比例。

【复习思考题】

7-1　何谓道路安全评价?道路安全评价的4“W”和1“H”分别指什么?

7-2　简要介绍需要或可进行道路安全评价的项目类型。

7-3　实施道路安全评价工作应包括哪些阶段?

7-4　简述道路安全评价的基本步骤。

7-5　道路安全评价清单的制定依据或基础包括哪些方面的内容?

7-6　结合具体实例,阐述道路各阶段安全评价内容的异同点。

7-7　简述道路或道路网安全水平评价指标和预测方法。

第8章

道路交通运行风险防控

采用现代信息技术、道路交通智能化技术、安全管理与风险防控技术等，建立道路交通运行风险防控系统(平台)，对道路交通运行风险实施实时监测和动态防控，是保障道路交通运行安全的有效科学技术途径。鉴于我国目前还只有高速公路(网)和城市快速路(网)布设了较完善的监测设备和信息发布设备，本章仅以高速公路(网)交通运行风险防控为对象，阐述路网建模、风险防控的对策与决策、信息采集与发布及数据驱动。

8.1 路　　网

8.1.1 路网关联特性

我国高速公路网已经基本形成，并仍在加密，都市城市快速路网也多已建成，如上海的"申"字形高架路网等，可通过交通运行风险防控保障路网的高效和安全运行。

道路交通基础设施所提供的交通运行线路具有整体性、关联性和动态性。路网是综合性的整体，具备整体功能。路网交通系统中各要素相互联系、交互作用。路网内任何一个子系统的状况发生改变，节点的交通状态发生变化等可导致局部路段甚至整个路网交通运行状态的变化。

路网运行风险防控具有明显的层次性、部位性、时效性和联动性等管理特征。基于道路交通基础设施为物理主体构成的路网空间分布特性和交通运行特征,运行风险防控可分为中(宏)观和微观两个层次。

关联路网可采用图论方法,记为 G^*,见式(8-1),由路网内的道路交通基础设施和周边路网构成,见式(8-2)。

$$G^* = G_M + G_A + G_B \tag{8-1}$$

$$G_M = \{V_M, E_M\}, V_M = \{v_0, v_1\}, E_M = \{e_0\} \tag{8-2}$$

式中:G_M——构成实施风险防控的路网内道路交通基础设施;

G_A、G_B——周边路网,$G_A = \{V_A, E_A\}, v_0 \in V_A$;$G_B = \{V_B, E_B\}, v_1 \in V_B$;

v——互通式立交、平面交叉口、出入口、服务区、紧急疏散平台等路网内的节点;

e_0——具有一定长度的道路路段;

V——节点的集合,m 为节点数量,$m = |V|$,其中$m_M = 2$;

E——路段集合,n 为路段数,$n = |E|$,其中$n_M = 1$。

路网结构由节点、边和权构成:①节点,在路网拓扑结构中,节点通常表示路段的连接处,是交通流产生、消失和交通流路径变换的地点;②边,在路网拓扑结构中,边用于连接两个节点,具有方向性,通常是交通流行进的主要载体;③权,权是与该网络有向边相关的指标,如运输方式的旅行时间、旅行距离、运输费用,以及换乘距离和时间等。路网中每一路段都对应两个节点。路网的拓扑关系可以用路段与节点的对应关系来表示。

参考图论中的有关定义,对路网中的有关概念做如下约定。

在 G^* 中,如果节点 v_i是路段 e_k的一个节点,则称路段 e_k和节点 v_i相关联;对于节点v_i和v_j,若$\langle v_i, v_j \rangle \in E$,则称 v_i和 v_j是邻接的。

对图 $G = (V, E)$ 和 $G' = (V', E')$ 来说,若有 $V' \subseteq V$ 和 $E' \subseteq E$,则称图 G'是 G 的一个子图;若 $V' \subset V$ 或 $E' \subset E$,则称图 G'是 G 的一个真子图。

已知 $G = (V, E)$, $m = |V|$, $n = |E|$, $G' = (V', E')$, $m' = |V'|$, $n' = |E'|$, $G' \subseteq G$,对 E'和 V'进行适当的整形排序后,如果式(8-3)成立,则称子图 G'为路径。

$$\begin{aligned} E' &= \{E'[1], E'[2], \cdots, E'[i], \cdots, E'[n']\} \\ &= \{\langle V'[1], V'[2]\rangle, \langle V'[2], V'[3]\rangle, \cdots, \langle V'[i], V'[i+1]\rangle, \cdots, \langle V'[n'], V'[n'+1]\rangle\} \end{aligned} \tag{8-3}$$

路径是路段的集合,可视为独立的一个图。由于在道路交通路网中研究的是有向图,所以,满足上式要求的子图也可以称为通路。

道路交通路网的基本构建原则包括连通性、等效性、相关性、均衡性、可知性和可控性等原则。

连通性:路网内的道路两两相互之间应当在空间位置上是连通的。

等效性:当道路用户选择是否通过某路径时,用户在路网的邻接边界上所选择的路径,要求具有等效性。等效可以是时间等效、费用等效或其他指标等效。道路用户路径选择的目标参数应该满足所提出的等效性要求。

相关性:若某路径作为另一路径的备选路径,道路等级、通行能力等指标应相匹配。

均衡性:发生灾变事件时,某路径上的所有车辆在事件周期内能够通过相邻路网得到及时疏散和容纳，即该路径的道路通行能力与其周边路网要有一定的均衡。可用式(8-4)表示。

$$C \cdot T \leqslant \sum_{i}^{n} C_i t_i \tag{8-4}$$

式中：C——路网内某路径的通行能力；

T——灾变事件的持续周期；

C_i——周边路网中各道路的道路通行能力；

t_i——各道路相应的疏散时间；

i——道路编号；

n——该路径单边路网内包含道路的总条数。

可知性：风险防控系统可实时获得纳入路网中道路的实时状态数据，可以实时提供道路的交通信息。

可控性：纳入路网的道路具有相应的防控设施，能够实现相应的防控对策。

8.1.2 路网结构

8.1.2.1 防控对象

根据路网的结构，防控对象可分为以下几个层次。

(1)单一通道。如杭州湾跨海大桥、秦岭终南山隧道等为重特大基础设施，由于其影响大，难以找到替代路径，可以作为单一通道进行交通运行风险管控；某些情况下，都市环线快速路也可作为单一通道进行交通运行风险管控。

(2)并行通道。走向基本一致并彼此可以作为替代路径，如山东境内的济青南线高速、济青高速(G20)及济青中线高速等；G1521 和 G1522 基本上为并行通道，共享起终点。

(3)局域路网。按一定的地理或行政管理辖区，确定局域路网，对局域路网进行交通运行风险管控。如山东境内由 G2、G3、G35、G1511、S38、G327、G22 和 G104 等高速公路、干线公路构成的局域路网。局域路网是相对的，相邻的局域路网可以有边界重叠。

(4)广域路网。如把长三角、珠三角、粤港澳大湾区等经济发展区域内的道路交通运输网作为交通运行风险防控的路网对象或按国家气象区域划分。

8.1.2.2 通道型

通道型路径的关联路网中各点、面上的运输需求是有主次之分的，运输供给线亦有主次之分，需将节点进行主次划分，确定了需要控制的网络节点，也就确定了需要控制的路网范围。

路网中节点主要有起终点(包括收费站)、立交、出入口。节点可按以下步骤确定。

(1)确定道路的起终点，将具有交通限流作用的起终点(包括收费站)确定为道路的节点，如图 8-1 所示；若没有可起限流作用的起终点(包括收费站)，可选立交作为风险防控的起终点。

(2)确定路网中的立交、出入口位置及其行车方向，如图 8-1 所示。

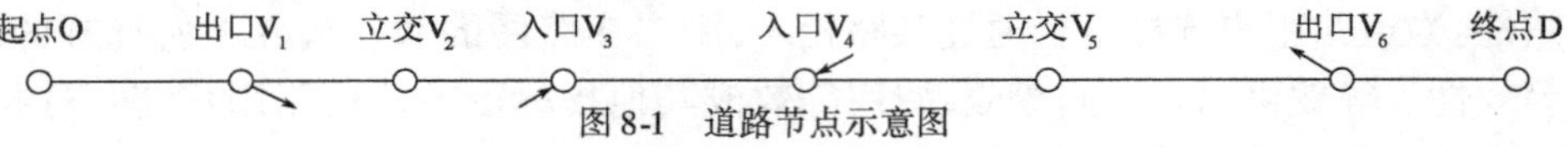

图 8-1 道路节点示意图

注：①位于行车方向起点—终点的出入口标于线下方；

②位于行车方向终点—起点的出入口标于线上方；

③箭头表示出入口方向。

根据路网构建原则,辅助道路和通道必须具有一定的相关性。因此选择与通道并行或连接的道路作为备选路径。

(1)并行道路。选择与通道大致走向一致的并行道路,对通道交通量能起显著分担作用的道路。

(2)连接线道路。连接线将通道与其他道路连成路网,是通道型关联路网不可缺少的组成部分。

8.1.2.3 局域路网

局域路网是由两两之间均可通达的道路构成的蛛网状路网,如图 8-2 所示。道路用户在路网内走向大体一致的方向上,有通行时间或费用相当的可选路径。网内交通运行风险可监测,任意一个路段(点)的交通运行风险在路网内有传播通道。任意一个路段(点)在高风险下运行时,可利用所有局域路网内的所有道路开展交通组织和控制,以阻断风险传播或化解风险。交通诱导信息可在局域路网内动态实时发布。整个路网的交通运行安全管控具有反馈回路,可实现路网的主动交通运行风险防控等。

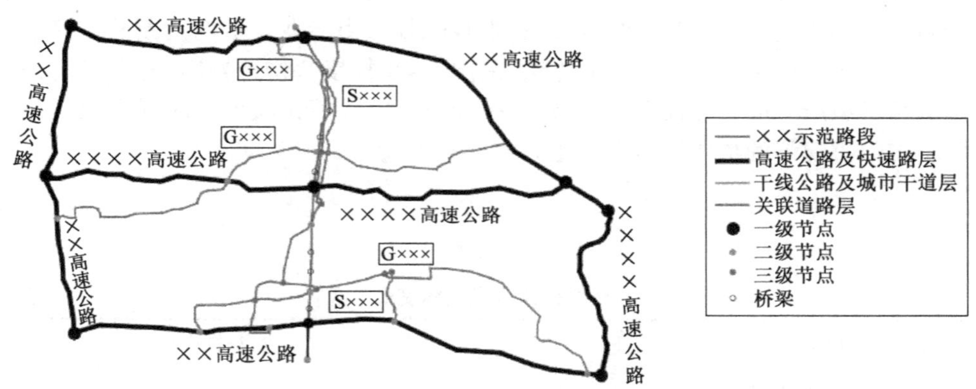

图 8-2 ××高速公路某局域路网示意图

以上几点可归结为路网的连通性、可控性两个大的方面。目前我国大部分干线公路和城市主干道风险动态实时监测和防控信息发布尚未全覆盖,不够完善,尽管具有可通达性,但无法组织路网交通和实施动态交通诱导等,还不能作为路网进行交通运行风险主动防控。因此,目前有条件实施交通运行风险主动实时防控的路网,还是部分高速公路网和城市快速路网。

关于路网连通性方面,荆迪菲基于 Topsis 算法的综合评价方法,将模糊层次分析法的思想与 n 维欧氏距离结合,用“加权欧氏距离”对路网内路径关联度进行评价。运用层次分析模型,基于系统性、科学性、可比性、可测取性、相互独立性等原则建立评价指标体系,见表 8-1。

路网建模评价指标体系 表 8-1

评价指标	评价指标符号	评价指标释义
道路等级	x_1	高速公路赋值为 1,一级公路赋值为 2,以此类推
互通性	x_2	用互通的连接线数量评判
接近程度	x_3	并行道路通过连接线到达主线的距离

续上表

评价指标	评价指标符号	评价指标释义
路面状况	x_4	破损情况、结构强度、平整度、抗滑性、交通安全设施情况，分值由低到高为 0～10
交通运行环境	x_5	交通流量、速度、密度、车型组成，分值由低到高为 0～10
道路线形	x_6	平纵横线形协调性，根据道路线形情况好坏，分值由低到高为 0～10
道路车道数	x_7	道路车道数

由于量纲及量级的不同，各指标 $x_1,x_2,\cdots,x_7$ 之间不可度量，需对各指标进行一致化和无量纲化处理。指标一致化的常用方法为“倒数法”，若处理后数据过小或过大，可乘一定倍数 C 放大或缩小成 y，见式(8-5)。

$$y = C \cdot \frac{1}{x} \tag{8-5}$$

常用的无量纲化方法有极值法、线性比例法和比重法，比重法公式见式(8-6)。各指标权重的确定可以采用主观赋权法和客观赋权法，主观赋权法由专业人员的判断给出赋值。层次分析法是确定多个权向量的行之有效的方法，采用 1～9 标度法构造判断矩阵，求解判断矩阵得出其最大特征根所对应的特征向量，一致性检验通过后，特征向量各元素值即为各指标权重值 y。萨蒂(Saaty)建议的重要性语言量化标度见表 8-2。

$$y'_i = \frac{x_i}{\sum_{i=1}^{n} x_i} \tag{8-6}$$

重要性语言量化标度表 表 8-2

因素 x 与 y 比较	标度值
x 与 y 同等重要	1
x 比 y 稍微重要一些	3
x 比 y 重要一些	5
x 比 y 重要得多	7
x 比 y 极端重要	9
x 和 y 的关系处于以上相邻判断区间内	2,4,6,8

指标构建后，可按以下步骤计算关联度。

(1)通过 n 阶正互反矩阵最大特征根 $\lambda_{\max}$ 按式(8-7)计算一致性指标 CI

$$\mathrm{CI} = \frac{\lambda_{\max} - n}{n - 1} \tag{8-7}$$

(2)按表 8-3 的建议值确定平均随机一致性指标 RI

平均随机一致性指标 RI 值 表 8-3

矩阵阶数	1	2	3	4	5	6	7	8	9	10
RI	0	0	0.58	0.90	1.12	1.24	1.32	1.41	1.45	1.49

(3)按式(8-8)计算一致性比例 CR

$$\mathrm{CR}=\frac{\mathrm{CI}}{\mathrm{RI}} \tag{8-8}$$

如果 CR<0.1,则认为一致性检验通过。

(4)关联度计算

引入"欧氏距离"的概念,与权重结合形成"加权欧氏距离",可预先规定最理想点为 y^{+},最不理想点为 y^{-},则样本与最理想点的加权欧氏距离见式(8-9)。

$$D^{+}=\sqrt{\sum(y-y^{+})^{2}} \tag{8-9}$$

样本与最不理想点的加权欧氏距离见式(8-10)。

$$D^{-}=\sqrt{\sum(y-y^{-})^{2}} \tag{8-10}$$

关联度(相对隶属度)可按式(8-11)计算。

$$R=\frac{D^{-}}{D^{-}+D^{+}} \tag{8-11}$$

将各并行道路按照关联度大小进行排序,选出合适的并行路线。

8.2 路网建模

建立道路交通运行风险防控系统的主要目的是保障交通运行安全,提高交通运行效率。道路交通运行风险防控需综合考虑路网的交通运行安全。构建科学、合理的道路交通网络模型,可加快事件应对速度,增加响应效益,提高交通运行安全管理水平和决策质量。用于道路交通运行风险防控的路网模型应具备如下特性:

(1)适合道路交通网络数据表达与操作。

(2)便于进行交通运行风险监测与控制。

(3)能够体现道路交通流特性。

(4)利于划分道路网中的风险管控单元。

(5)提供综合的道路交通网络拓扑表达方案,体现车流的行驶路径,反映交通流的动态分布。

(6)数据模型能够充分满足路网级交通分析的需要。

(7)道路交通网络模型能利于应对路网突发事件和迅速触发相应的管制措施。

(8)提供系统高效的路网交通运行风险控制决策。

鉴于我国目前道路交通基础设施发展状况和智能化水平,干线公路和城市干线道路及以下等级道路仍难以实现风险实时监测和主动防控,本节仅阐述高速公路交通网络建模,城市快速路交通网络可参照高速公路交通网络建模方法。

8.2.1 建模基本要素

高速公路交通网络存在一系列与交通流特征有关的实体与事件。其中,除了具有动态性、随机性和不确定性的实体和事件外,其他均可抽象成最基本的高速公路交通网络建模要素。

按其几何特征,基本建模要素可分为接合要素和边要素两大类。接合要素对应几何网络中的接合点,是网络中具有固定坐标的点位,如路线的汇合点和起终点;边要素对应几何网络中的边,是两个接合要素之间的线形实体,边要素具有非平面特性,即它们可以在二维空间中相遇但不相交,如分离式立体交叉。

8.2.1.1 接合要素

根据高速公路交通流特性可知:①高速公路网络是交通流的承载体,交通管理区域限定了高速公路网络的范围,即限定了受控交通流的空间起、终点;②由于分流与合流行为的存在,匝道(指互通式立交匝道和服务区匝道)与高速公路主线连接点处的交通流行为特征产生较大变化;③高速公路中央分隔带开口必要时可以起到疏导和转移交通量的作用;④对于全封闭高速公路网来说,出入口收费站可以实现控制与调节高速公路网交通流向与流量的作用,制约着整个路网的交通运行状态。

因此,交通管理区域内高速公路的起、终点,匝道与主线的连接点,服务区,中央分隔带开口和收费站是表征高速公路交通网络内交通流发生改变的特征实体点,构成高速公路交通网络的基本要素,可将这些高速公路实体点抽象成几何网络中的接合点。

按目标位置特征,可将接合点分成12类:①主线上下行起、终点;②连接匝道起、终点(不包括匝道与主线的连接点);③互通式立交主线出口点;④互通式立交主线入口点;⑤服务区高速公路主线出口点;⑥服务区高速公路主线入口点;⑦服务区出入口点;⑧中央分隔带开口点;⑨主线出口收费站点;⑩主线入口收费站点;⑪匝道出口收费站点;⑫匝道入口收费站点等。

几何网络中的这些接合点对应逻辑网络中的接合要素。显而易见,接合点对应的网络要素在高速公路交通组织与控制、交通诱导等方面起着至关重要的作用。随着我国高速公路省界收费站的取消,以省界为防控区域的高速公路网将没有终点,应加强省界联合防控,拟定虚拟终点。

8.2.1.2 边要素

高速公路交通网络中交通流的变化往往和行驶方向的车道段密切相关。高速公路上下行车道段具有不同的交通流特征,流量、速度、占有率等参数有差异,高速公路车道段之间或主线车道段与连接匝道车道段之间往往具有不同的网络拓扑关系,网络拓扑关系的变化将直接影响路网交通流的分布状况,因此车道段可作为描述路网风险防控的基本单元,如可在具有一定精度的地图上显示路网中车道段交通拥堵状况等。

同一条道路上,两个相邻接合要素之间的,同向且可随时互通的所有车道综合成一个与道路中心线平行的综合车道段,综合车道段也作为基本要素。这样既考虑了车道的交通流状态,又保留了利用弧段-节点拓扑方式生成车道间连接关系及利用动态分段技术处理道路上连续属性变化的能力。

应用中可将综合车道段抽象成高速公路几何网络中的边要素,根据车道段所处路网位置将边要素分成5类:①主线上、下行基本车道段;②立交连接匝道段;③服务区连接匝道段;④中央分隔带开口连接段;⑤出入口收费站连接段。几何网络中的这些边要素对应逻辑网络中的边要素。

8.2.2 网络

8.2.2.1 连通性

网络各要素之间的连接和连通关系需符合一定的网络连通规则，即要确保相互连接的网络要素的类型和数量的正确性。检验网络连通性不仅有助于维护空间数据库中网络数据的完整性，而且有利于建立要素之间正确的拓扑关系。

按相交公路之间有无连接匝道、连接匝道的类型及交通流组织形式，立体交叉可分为分离式立交、完全互通式立交、部分互通式立交和环形立交等几种类型。各种类型的立交和连接公路之间的连通关系具有一定的规则。图8-3所示为喇叭形部分互通式立交的路网连接规则。

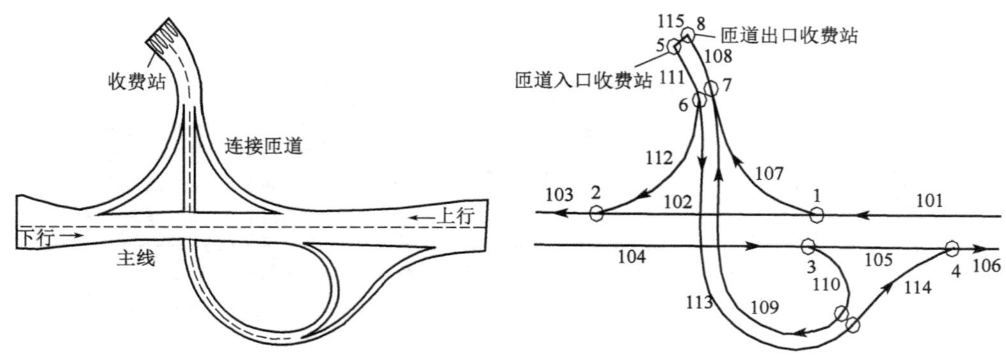

图8-3 喇叭形部分互通式立交的路网连接规则

在图8-3中，综合车道段之间的转向与连通规则定义如下：①主线上行至匝道出口收费站，路径为101→107→108；②主线下行至匝道出口收费站，路径为104→110→109→108；③匝道入口收费站上行至主线，路径为111→112→103；④匝道入口收费站下行至主线，路径为111→113→114→106。这种连通规则对于此类立交具有一致性。

8.2.2.2 基本要素逻辑表达

8.2.1节基本要素逻辑表达可按如下所述方式。具体的节点和实际逻辑关系应针对道路交通基础设施实体和风险管控中的交通组织与诱导确定，如多车道高速公路和城市快速路在出口有长实线禁止变道，若无动态标志可在交通组织时临时允许变道，可将实线起点作为节点处理。

(1)起、终点

将防控区域内，高速公路主线与匝道综合车道的起始和终止位置抽象成起、终点接合要素，包括主线上、下行起、终点和连接匝道起、终点。以主线上、下行起、终点为例，其逻辑表达形式如图8-4所示。

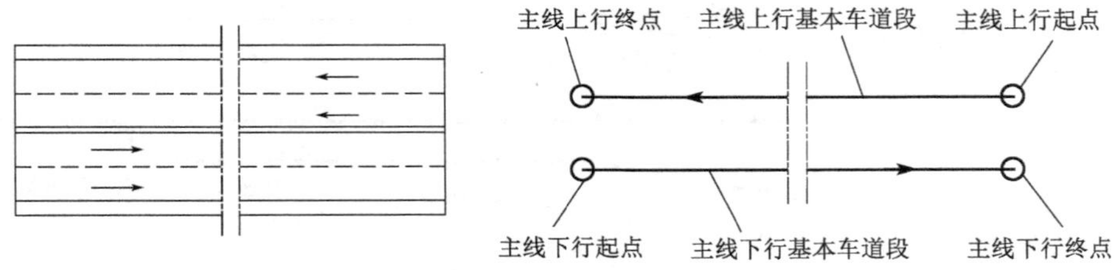

图8-4 高速公路主线上、下行起、终点的逻辑表达形式

(2)立交连接匝道与主线的连接点

将互通式立交出入口匝道与主线的连接处抽象成高速公路主线出入口匝道位置点接合要素,这类接合要素具有转向属性特征。高速公路交通网络的大多数接合属于此种类型。表8-4列出了高速公路主线立交出入口匝道位置点的逻辑表达方式,其中,当在高速公路入口匝道加速车道内侧设置永久性隔离设施或一定长度的禁止变道标线时,将使入口匝道与高速公路主线连接点的位置发生改变,也会导致此区域附近的入口匝道和高速公路主线的交通流特性发生改变。同理,当出口减速车道及其上游设置禁止变道标线时,连接点位置也有改变。

高速公路主线立交出入口匝道位置点的逻辑表达方式 表8-4

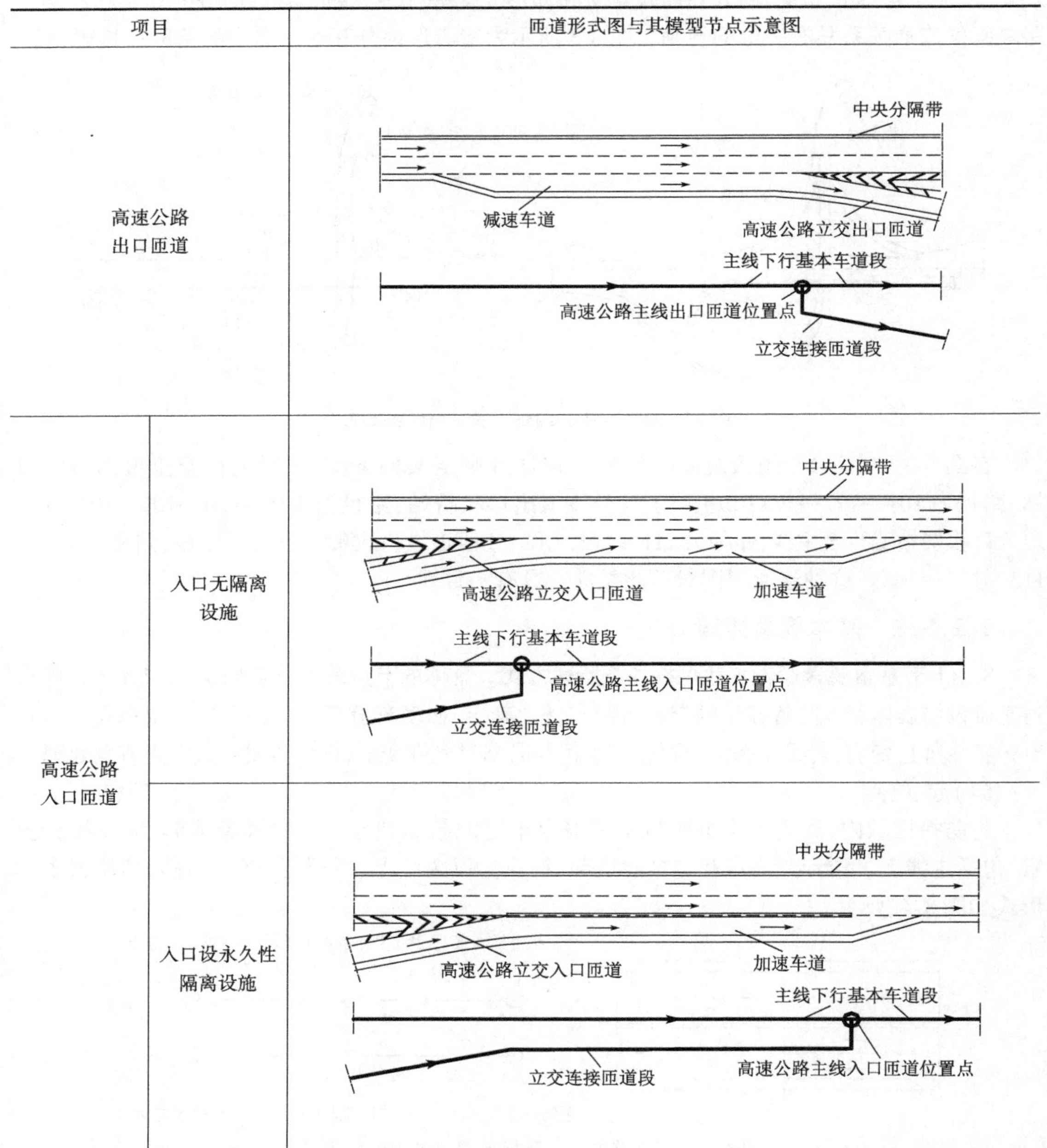

(3)服务区位置点

服务区的存在使高速公路交通流在此处产生了分流与合流现象,可将服务区抽象成服务区出入口位置点接合要素,将进出服务区的匝道与主线的连接处抽象成服务区高速公路主线出入口位置点接合要素,后者也具有转向属性特征。这些接合要素也是高速公路交通网络安全管理、控制与分析的关键节点。图 8-5 列出了高速公路沿线服务区的主要位置点的逻辑表达形式。

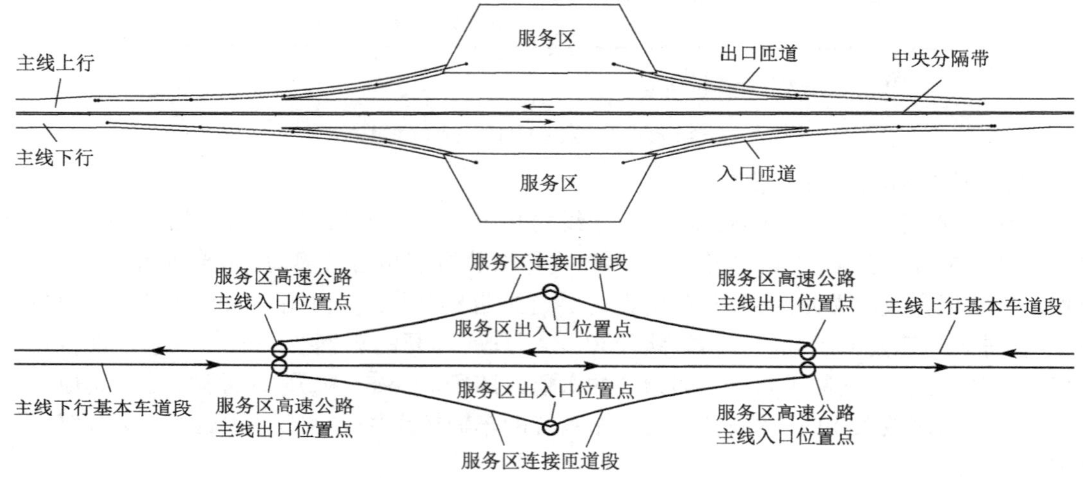

图 8-5 高速公路沿线服务区主要位置点的逻辑表达形式

(4)中央分隔带开口位置点

高速公路中央分隔带每隔一定距离设一个开口,一般以 2km 为宜,尤其是互通式立交、长大隧道、特大桥梁和沿线服务区等设施的常设开口。原则上开口处应设置活动护栏;当高速公路某个方向的行车道因事件而受阻或紧急救援车辆等特殊车辆需使用开口时,可以开启活动护栏,使车辆通过开口转移到另一个方向的行车道上。设置活动护栏的高速公路中央分隔带开口立面图如图 8-6 所示。

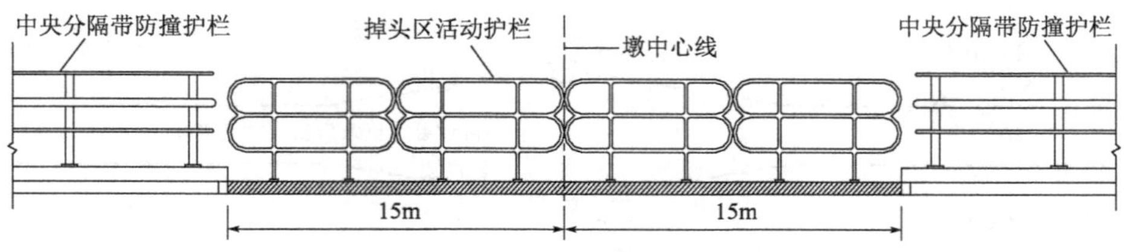

图 8-6 设置活动护栏的高速公路中央分隔带开口立面图

将中央分隔带开口中心处抽象成高速公路中央分隔带开口位置点接合要素,此接合要素具有转向属性特征。图 8-7 为高速公路中央分隔带开口位置点的逻辑表达形式。由图 8-7 可得,在正常交通状态下,高速公路下行车辆的行驶路径为①→②,上行车辆的行驶路径为③→④;当高速公路单向车道完全受阻,如路段②因事故无法通行时,可借助部分对向车道,越过受阻路段,之后再返回原车道,即下行车辆的行驶路径变为①→⑤→③;当高速公路双向车道完全受阻,如路段②和③因浓雾而封闭时,可诱导下行车辆经中央分隔带开口由高速公路上行返回,即下行车辆的行驶路径变为①→⑤→④。

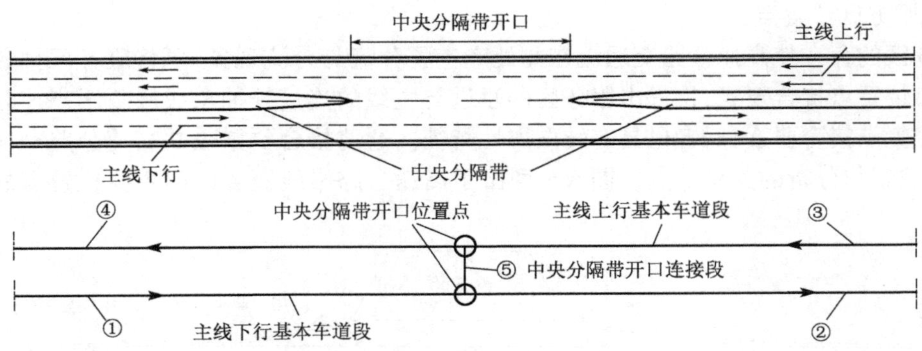

图 8-7　高速公路中央分隔带开口位置点的逻辑表达形式

(5)高速公路收费站位置点

主线起、终点设的主线收费站和进出主线的互通式立交匝道的匝道收费站,可按收费站进出类型抽象成高速公路主线(匝道)出、入口收费站位置点接合要素,此接合要素也具有转向属性特征。以主线收费站为例,其逻辑表达形式如图 8-8 所示。由图 8-8 可得,在收费站正常开放时,进入高速公路系统的车辆按路径③→④行驶,离开的车辆按路径①→②行驶;当入口收费站因故关闭时,欲进入高速公路系统的车辆按路径③→⑤→②返回原路,另寻其他入口;当出口收费站因故关闭时,欲驶离高速公路系统的车辆按路径①→⑤→④返回高速公路,另寻其他出口。

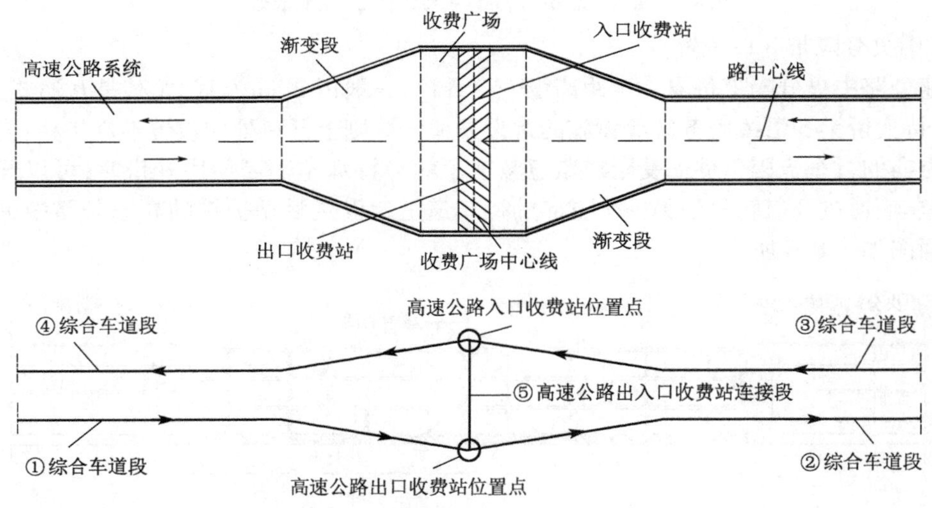

图 8-8　高速公路主线收费站位置点的逻辑表达形式

8.2.2.3　数据模型

数据模型反映了现实世界中的各空间实体及它们之间的联系,为空间数据的组织、表达和数据库模式的设计提供了基本概念与方法。其主要由概念数据模型、逻辑数据模型和物理数据模型三个层次组成。

(1)概念数据模型

概念数据模型是关于实体及实体间关系的抽象概念集。高速公路交通网络概念数据模型可按如下方式表达。

TFCB_Model = {Geometry, Theme, Temporal, Linear_Referencing_System, Static_Segmentation, Dynamic_Segmentation}

Geometry = {Attributes(Junction, Edge), Relationships(Topology, Distance, Direction etc)}

Theme = {Attributes(Entity, Incident), Relationships(Class, Member, Control etc)}

模型中,Geometry 为交通流的载体和影响体——高速公路网及其交通工程设施的几何表达,几何信息包括空间位置属性和空间关系。其中,空间位置属性为几何要素的空间坐标值,空间关系包括车道段的拓扑关系、距离关系和方向关系等。Theme 为专题信息,用于表达高速公路的实体或事件的属性及实体或事件之间的非空间关系,非空间关系包括类型关系、成分关系和控制关系等。Temporal 为时态信息,用于表达动态的交通流特征,描述影响和反映交通流特性的实体或事件随时间的变化情况,可反映在几何信息与专题信息中,如车道段交通参数的时态特征、实时的道路拥堵状况和突发事件(灾害天气、交通事故、施工等)造成的路网部分路段封闭等。Linear_Referencing_System 为线性参照系统,在高速公路交通网络中,影响交通流特性的实体和事件的位置信息被存储在一种里程系统中,该里程系统以从已知接合开始的路径或线性距离为参照,对实体和事件进行定位。Static_Segmentation 和 Dynamic_Segmentation 分别为静态分段和动态分段,是网络分析的重要技术手段。可以采用静态分段技术划分管控单元,路网管控单元是防控系统的底层分析单位和决策对象;也可以采用动态分段技术构造行车路径,如紧急救援路线等,以满足某些特殊的路网交通管控需求。

拓扑关系是路网分析的基础,在交通网络数据模型中占有至关重要的地位。高速公路交通网络的拓扑关系主要表现在综合车道段之间的转向关系上,它通过具有转向特征的接合要素的转向信息来表达,内容包括转向接合要素 ID(转向位置 ID)、起始边要素 ID(转向起始车道段 ID)、终止边要素 ID(转向目标车道段 ID)、转向接合要素对应的路权(转向属性)等。其中,转向属性取决于目标车道段的交通流时态特征。对于不存在转向关系的车道段,在反映拓扑关系的转向表中不予表达,这样既可以节省一定的存储空间,也加快了网络的搜索速度。

(2)逻辑数据模型

逻辑数据模型是概念数据模型确定的空间实体及关系的逻辑表达。在概念数据模型中加入图形数据实体,使其上升到逻辑数据模型的层次,如图 8-9 所示。

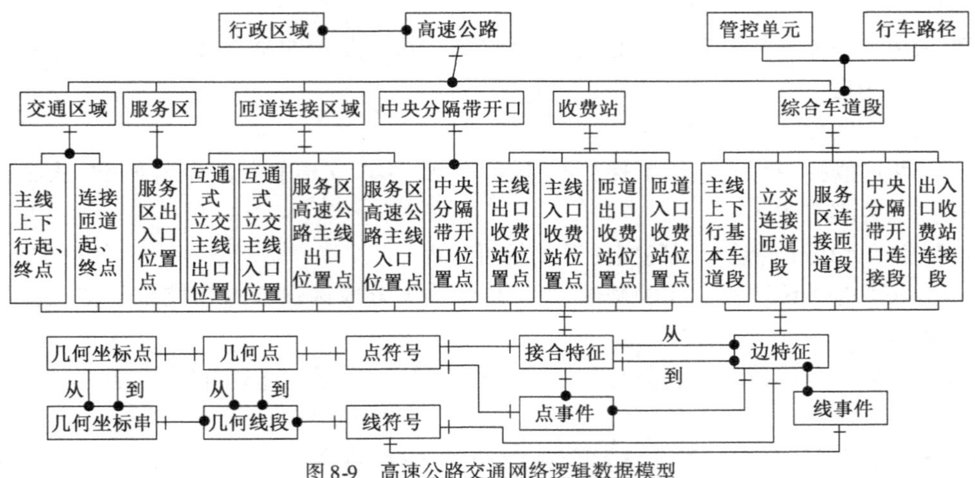

图 8-9　高速公路交通网络逻辑数据模型

从包含关系看,高速公路交通网络系统可分为三个层次,分别为路网所在行政地域或管辖权域、高速公路(含实体)与事件。交通区域是承载高速公路交通网络的人文地理环境,通常按行政区域进行划分。交通区域内的交通网络由多条高速公路构成,高速公路标识与行政区域标识形成的复合标识可以唯一确定一条高速公路。高速公路网进一步划分为几何网络中的接合点与边。将影响交通运行的偶然现象和突发事件纳入事件范畴,事件按位置特征分为点事件和线事件两类。交通网络底层管控单元和行车路径等构成复合要素,管控单元和行车路径与综合车道段之间是多对多的关系,综合车道段是组成管控单元、行车路径及线事件的基本单位。

(3)物理数据模型

物理数据模型是运用一定的数据结构、空间数据的物理组织、空间存取及索引方法等,实现对专题信息的操作,建立几何数据与专题数据的关联。对于高速公路交通网络,位置信息可采用矢量数据模型来描述;而表达空间实体或现象及其非空间关系的专题信息采用专题数据模型来描述,应采用计算机数据库技术建模,如面向对象数据模型使得物理数据模型与其逻辑数据模型更加接近,可完成地理数据的统一存储,可动态显示地图特征,处理空间对象几何图形与拓扑关系的时态性(可随时间变化的状态)。

路网模型的构建应与所要实施管控的路网的信息采集与发布设备布设、数据的分析处理与传输能力、车路协同技术水平、对策库、应急物资储备等相匹配,并应考虑所采用的交通运行风险理论模型和算法。应在国家或行业相关标准规范的框架下构建网络模型。

8.2.2.4　管控单元划分

管控单元划分的合理性直接影响系统后期开发工作的繁简、难易程度,而且在很大程度上决定了系统决策分析结果及其在实际工作中的实用程度。实际上,管控单元划分并非越细越好,划分合适与否取决于该方法是否有助于整个系统目标的实现。因此,管控单元的划分因系统目标而异,明确系统目标是进行管控单元划分的前提。

根据高速公路网交通运行风险防控的特点,管控单元划分可遵循以下四条原则。

(1)管控单元标识的唯一性

管控单元标识的唯一性使系统能够在运行过程中快速、唯一地确定其“身份”。

(2)管控单元内交通流属性唯一性

系统决策的主要依据是基于交通流属性计算的风险,此项原则主要是为了满足系统决策的正确性与适用性。

(3)与风险管控对策的匹配性

高速公路网管控单元与路网事件类型、风险等级、路段交通管控对策等匹配,从而使风险管控策略更加合理有效。

(4)管控单元内交通运行风险实时监测的可行性

数据的获取是系统决策工作的基础,管控单元的划分应确保所有管控单元交通运行风险监测的可实施性。

系统采用静态分段技术来划分高速公路网管控单元,依据上述划分原则,可按如下步骤划分管控单元。

第一步:按不同行车方向划分高速公路管控单元,如将主线分为上行和下行两类管控单元;将连接匝道按相对某条高速公路是驶入方向还是驶出方向也分为两类管控单元。

第二步:以高速公路沿线的互通式立交出口位置和主线出、入口收费站位置为主控制节点进一步细化主线管控单元,如果一个互通式立交具有多个出口,则按交通流向上遇到的第一个出口来划分。此类单元是高速公路主线的第一层管控单元,主要用于灾害性天气和交通拥挤状态下的风险防控决策;以高速公路沿线的中央分隔带开口中心位置和可掉头服务区高速公路主线出口位置为次控制节点划分主线的第二层管控单元;在划分的第二层管控单元的基础上,以高速公路沿线的互通式立交其余出口位置,互通式立交入口位置,可掉头服务区主线入口位置,不可掉头服务区主线出、入口位置为第三级控制节点划分主线第三层管控单元,此类单元主要用于交通事故、车辆故障、道路临时施工等事件条件下的交通运行风险管控。

第三步:高速公路连接匝道的管控单元以连接匝道起、终点,与服务区匝道相连的服务区出入口位置点,匝道出、入口收费站位置点为控制节点进一步细化。此类管控单元主要用于交通事故、车辆故障、道路临时施工等事件条件下的交通运行风险管控。

按上述划分方法得到高速公路网交通运行风险管控单元,主线上最小的管控单元为高速公路主线上、下行基本车道段;匝道上最小的管控单元为高速公路立交连接匝道段和高速公路服务区连接匝道段。

【例 8-1】 养护维修作业事件

养护维修作业是典型的计划事件,使道路交通基础设施原有的交通服务功能受到一定的限制,改变了交通流运行状态,可能会诱发相关安全问题。

1. 作业区划分

养护维修作业控制区为公路养护维修作业所设置的交通管控区域,一般分为警告区、上游过渡区、缓冲区、工作区、下游过渡区和终止区 6 个部分,如图 8-10 所示,释义分别如下。

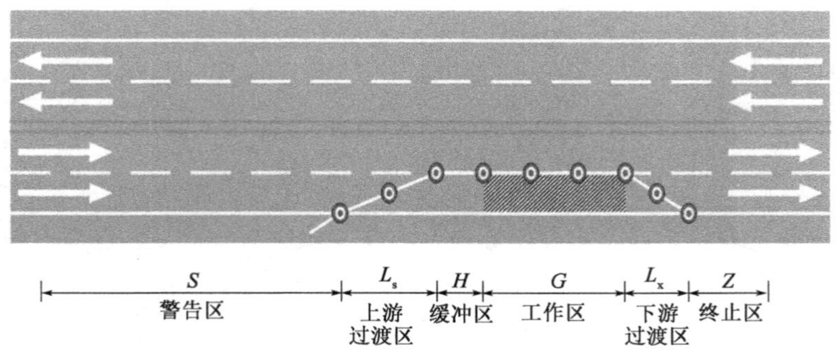

图 8-10 养护维修区布置图——车道封闭时的作业区

警告区 S:从作业区起点设置施工标志到上游过渡区之间的路段,用以警告车辆驾驶人已经进入养护作业路段,需按照交通标志提示调整行车状态。

上游过渡区 L_s:连接警告区与缓冲区,车辆在该区域内完成行驶车道与行驶速度的调整,保证车辆能够平稳地从封闭车道的上游横向过渡到缓冲区的非封闭车道。

缓冲区 H:上游过渡区与工作区之间的路段,这一路段内需要设置路障等防护设施,以保障作业区内设备与人员的安全。

工作区 G:作业人员养护施工作业的区段,其长度一般根据养护作业内容或施工需要而定。

下游过渡区 L_x：连接工作区与终止区的路段，车辆在该区域内完成从养护作业区段到正常路段的过渡。

终止区 Z：车辆驶离作业区，完成车辆行驶车道与行驶速度的调整。

2. 风险管控路网

根据养护作业方案不同，作业区有三种通行可行性。

（1）路段正常交通

保持路段原有交通特性，仅实施车道数量、车速限制等作业区控制管理，原有交通流基本特性不会发生变化，仅改变道路通行能力及作业区路段车流通行状态。如中央分隔带绿化整修等。

（2）路段全封闭

封闭一定长度的路段，会破坏原有路网部分节点，交通流在相关路段会有较大变化，部分道路车流分布发生改变，其他路段交通流重新分配。如路面全幅加铺抗滑磨耗层或路基水毁后的修复等。

（3）路段车道封闭或调整

对道路行车方向及车道数分布进行调整，对原有路网整体结构不产生影响，但对原有道路通行能力及各路段车流通行状态产生较大影响。如对多车道高速公路分车道加铺抗滑磨耗层等。

按照前文所述的路网建模方法，公路网的结构形式以拓扑结构图描述其结构特征。图是顶点（节点）和边的集合，记为 $G=(V,E)$，其中，V 代表点集合，E 代表边集合；若边 e_k 的连接点为 v_i 和 v_j，则记为 $e_k=[v_i,v_j]$，称 v_i 和 v_j 为边 e_k 的端点，e_k 为点 v_i 及点 v_j 的关联边。如图 8-11 和图 8-12 所示。

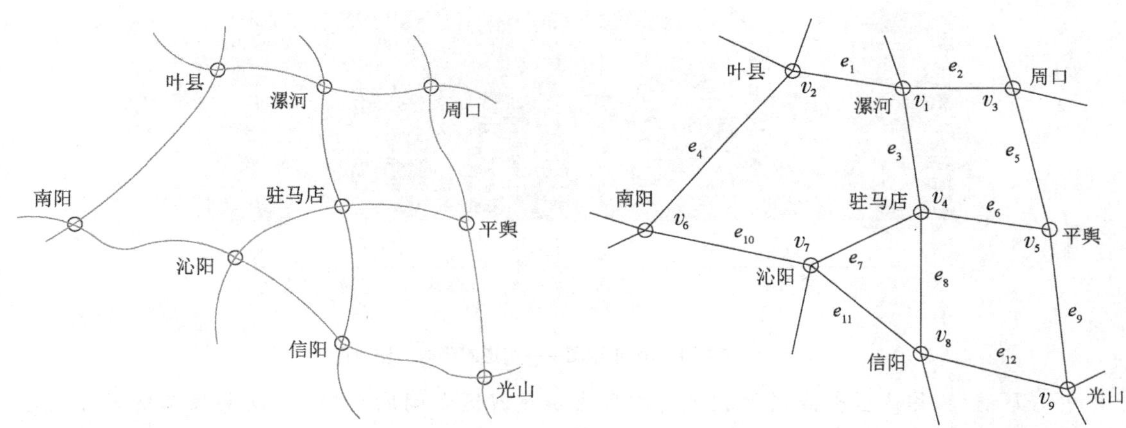

图 8-11　某高速路段路线示意图　　　图 8-12　某高速路段路网拓扑结构图

高速公路网是由路段和节点组成的网络。节点是路段流量增减的端点，包括枢纽立交和匝道进出口等，节点之间的通道称为路段。

当路网通道中发生事件时，路段的物理通行条件（即通行车道数）发生了变化，导致路网的关联性也发生了一定的变化。基于图论节点的逻辑表示方法，考虑车道数的路段通行状态矩阵 $\boldsymbol{P}_k(E)$ 的表达式见式（8-12）。

$$\boldsymbol{P}_k(E)=[\boldsymbol{p}_k(E_1)\quad \boldsymbol{p}_k(E_2)] \tag{8-12}$$

式中： $\boldsymbol{P}_k(E)$——路段e_k的通行状态矩阵，是双向车道数为 $2k$ 的 $k\times2$ 矩阵；

$\boldsymbol{p}_k(E_1)$、$\boldsymbol{p}_k(E_2)$——路段e_k两个方向的车道，为单向车道数为 k 的 $k\times1$ 矩阵。

正常交通状态下，路段上的双向车道互不干扰。将靠近内侧中央分隔带的车道往外侧路侧依次定义为车道 1-1、车道 1-2、……、车道 1-k，对向的车道则为车道 2-1、车道 2-2、……、车道 2-k。

以高速公路双向 8 车道的周口至平舆路段e_5为例，正常状态下路段的通行状态矩阵$\boldsymbol{P}_5^N(E)$见式(8-13)。

$$\boldsymbol{P}_5^N(E)=[\boldsymbol{p}_5^N(E_1)\quad \boldsymbol{p}_5^N(E_2)] \tag{8-13}$$

式中：

$$\boldsymbol{p}_5^N(E_1)=\begin{pmatrix}p_{5-1-1}^N\\p_{5-1-2}^N\\p_{5-1-3}^N\\p_{5-1-4}^N\end{pmatrix}=\begin{pmatrix}1\\1\\1\\1\end{pmatrix},\boldsymbol{p}_5^N(E_2)=\begin{pmatrix}p_{5-2-1}^N\\p_{5-2-2}^N\\p_{5-2-3}^N\\p_{5-2-4}^N\end{pmatrix}=\begin{pmatrix}1\\1\\1\\1\end{pmatrix}$$

当路段上进行养护作业导致车道关闭时，路段的通行状态则发生了变化，如图 8-13 所示。图 8-13a)所示作业区上游路段，关闭车道上的交通量逐渐往通行的车道上转移；图 8-13b)所示作业区下游路段，交通流受事件影响逐渐减小，基本处于正常的通行状态。在路段通行状态矩阵中，事件影响下关闭车道所对应的列元素为 0。

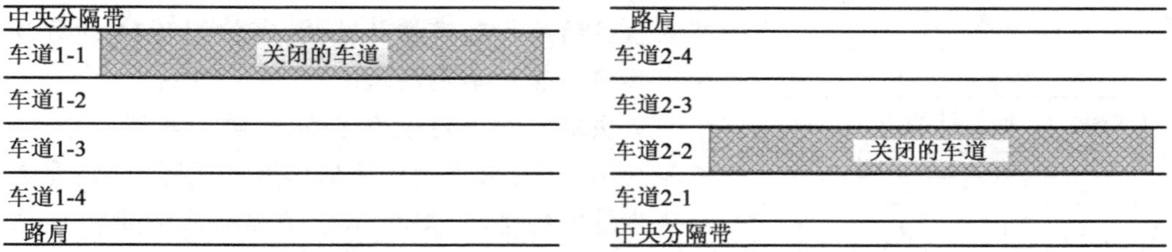

图 8-13 养护作业状态下路段的通行状态

关闭车道 1-1 时$\boldsymbol{p}_5^N(E_1)=\begin{pmatrix}0\\1\\1\\1\end{pmatrix}$；关闭车道 2-2 时$\boldsymbol{p}_5^N(E_1)=\begin{pmatrix}1\\0\\1\\1\end{pmatrix}$；车道完全关闭时，路段通行状态矩阵中全部元素值为 0，为空集$\boldsymbol{p}_5^N(E_1)=\begin{pmatrix}0\\0\\0\\0\end{pmatrix}$。

【例 8-2】 低能见度条件下局域路网

1. 路网构成

低能见度条件下局域路网由主干高速公路及其出入口、其他干线公路及其出入口和各公路连接线组成。

1) 主干高速公路及其出入口

主干高速公路是起终点之间所有路线中交通流量最大的路线，因受低能见度的影响，是路网中风险防控的重点；以主干高速公路的起终点为局域路网的范围参考点。主干高速公路上起终点之间所有具有交通疏散等组织作用的节点包括出入口、立交匝道和服务区出入口等，由于服务区无疏散交通的能力，所以其在局域路网运营管理中不作为优先考虑的出入口。

2) 其他干线公路及其出入口

其他干线公路是指与主干高速公路并行的其他公路，其与主干高速公路的方向大致相同，且能够与主干高速公路连通，在路网运营的过程中对主干高速公路起到辅助作用，可构成局域路网起终点之间的通路。

其他干线公路可以是高速公路和其他等级公路，通过收费站、立交和平交可将交通导流到局域路网内其他公路或出入口。

3) 连接线

与起终点方向差异较大、可连接路网内公路节点的路段定义为局域路网中的连接线。

2. 管控单元划分

局域路网是由一系列微小的管控单元通过并联和串联组合起来的，管控单元为能够检测行程时间、监测运行风险并可实施交通管控措施的最大独立个体路段（或车道段）。

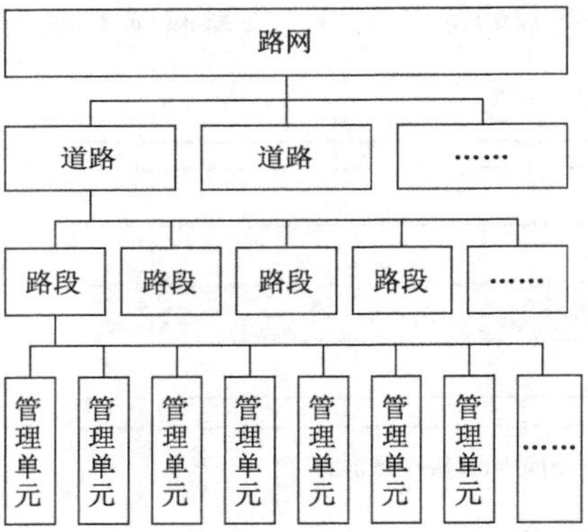

图 8-14　低能见度条件下局域路网管控单元划分层次

针对主干高速公路、其他等级公路、连接线和出入口节点组成的局域路网拓扑结构，可按图 8-14 的方法划分局域路网的管控单元层次。

局域路网首先划分为道路，道路共享同一个名称、等级和行车方向，用于确定局域路网的边缘范围；每条道路划分为封闭的路段，路段上除了起终点外没有其他出入口，这个层次将局域路网切割成最大粒径的封闭路径集合。对高速公路来说，每个路段根据监控设施分布情况划分为若干粒径适中的管控单元；对非高速公路来说，若通常路上没有采集传感器，可不再进行管控单元的细分。

主干高速公路划定起终点的方式见 8.2.2 节，该起终点范围也是局域路网纵向上的范围，根据路网范围内的道路名称和等级划分路网的第一层次即道路。

对路网内的高速公路，以起终点、收费站出入口、立交出入口、可掉头服务区和中央分隔带开口等节点为标志，将高速公路道路划分为若干路段；非高速公路的道路监控设施不健全，可以将起终点、平面交叉口、立交出入口等节点作为划分路段的标准。

对高速公路的路段划分管控单元，可先将路段粗略划分为两到三段，划分标准为该路段上交通是平流区或非平流区。平流区根据路上监控设施分布划分为若干管控单元。非平流区可分为三种，即分流区、合流区和交织区。通常高速公路的同一组出入口会遵循先出后进的原则（图 8-15 和图 8-16），非高速公路的其他道路只做路段层次划分，不再进行下一层次管控单元划分。

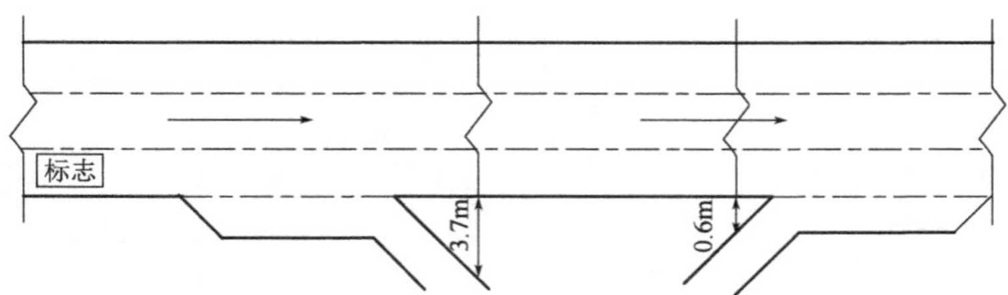

图 8-15 高速公路的分流区和合流区管控单元划分

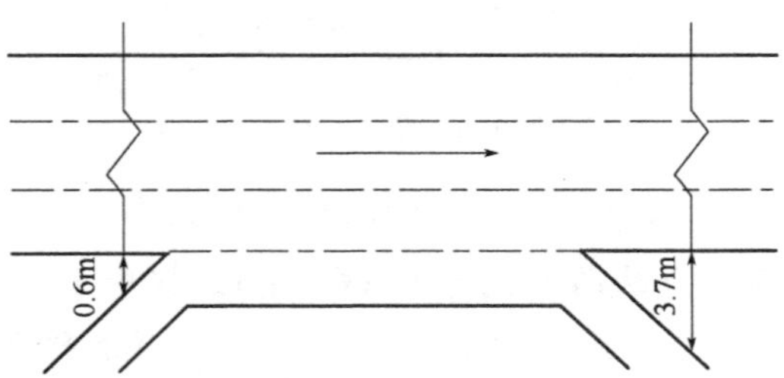

图 8-16 高速公路的交织区管控单元划分

3. 表达方式

对于局域路网拓扑关系,运用图论方法建立路网数学模型,由于道路上的交通流具有方向性,采用有向图,其方向即为管控单元上的行车方向。

图 8-17 是节点和边的集合,以山东省沈海高速南村立交到马店立交路段为例,见图 8-17a);先将实际路网划分为路线,见图 8-17b),同一路名的路线不被任何节点断开;再将路线划分为路段,路段的起终点为立交、平交出入口等点位,见图 8-17c);对路段进行进一步精细划分,得到以管控单元为边,通过节点连接的有向图,见图 8-17d)。

图 8-17d) 中的(1)为高速公路与其他等级公路立交交叉的管控单元划分方式,(2)为高速公路与高速公路立交交叉的管控单元划分方式,其中分流区和合流区均划分为单独的管控单元。其他等级公路由于不是分车道方向运营的,所以在交叉口等部分共用一个节点。

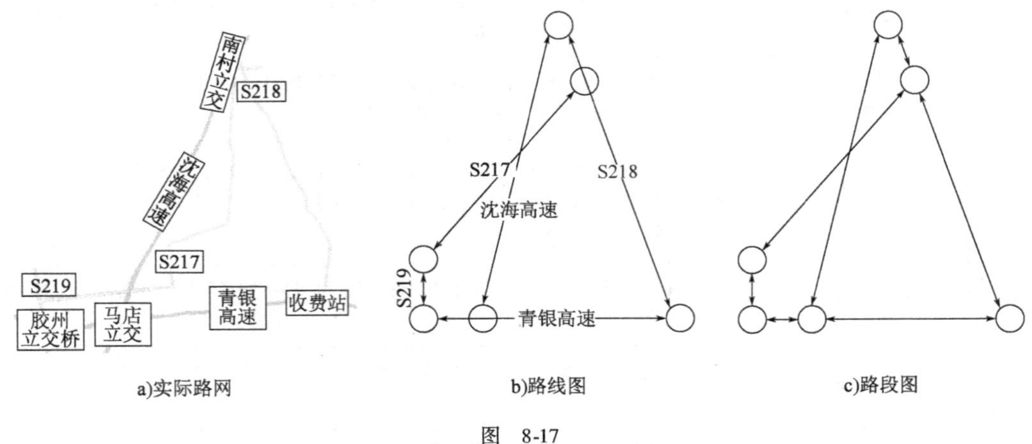

图 8-17

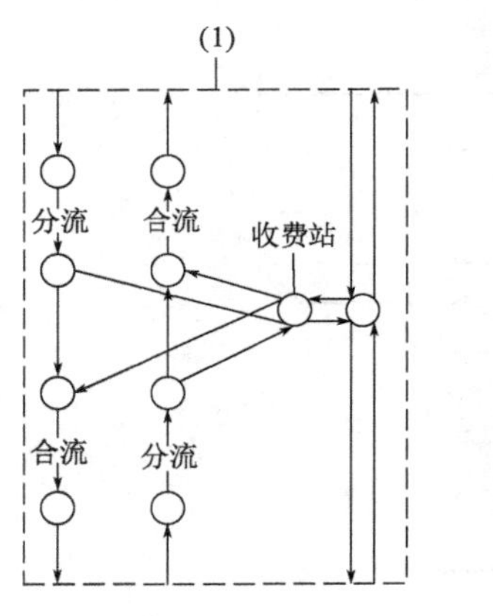

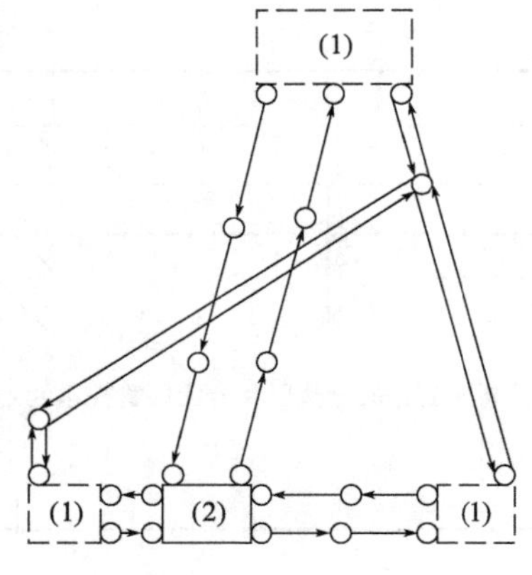

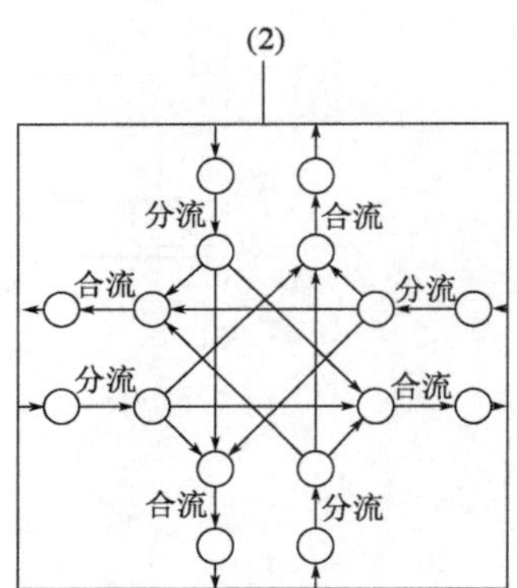

d)管控单元图

图 8-17　局域路网管控单元划分实例

同例 8-1，低能见度条件下局域路网记为 $G=(V,E)$。其中 $V=(v_1,v_2,\cdots,v_n)$ 为图上节点的集合，$E=\{e_{1,2},e_{1,3},\cdots,e_{1,n}\}$ 是图上边的集合，$e_{i,j}=(v_i,v_j)$ 代表路网中从节点 v_i 到节点 v_j 的边为 $e_{i,j}$。

8.3　交通运行风险防控对策与决策

8.3.1　对策

根据对策特征，交通运行风险防控对策可分为车辆行驶限制对策、交通组织与诱导对策、生存保障对策、应急工程对策等大类。部分示例对策见表 8-5。

运行风险管控对策分类表　　表 8-5

分类	对策	应用范围
车道管控	车道关闭	某车道发生事故或安排施工；阻止交通流流入高风险路段
	专用车道	为工程抢险或紧急医疗救援所用。在特定时间从同一方向或相反方向的车道中开辟一条车道作为专用车道
	对向车道变向使用	某一方向的某一路段因为事故或施工原因，临时借用对向车道，包括单进单出、单进双出和双进双出三种交通组织方式
	同向车道变向使用	单向隧道、大型立交匝道或特大(大)桥梁的交通中断时，根据实际情况将同向车道临时变向，通过交通标志发出车道变向信息，必要时由现场交警指挥，及时疏导被困车辆退出事发路段单元
	出口管理	化解立交匝道出口处交会交通运行风险，可采取调节匝道出口交通量、封闭主干高速路部分车道等措施
行驶限制	限速	对行驶车辆实施限速；当管控路段单元交通、环境等状态差异较大时，应采取分级限速
	车距控制	不良气象环境下，控制跟驰距离，防止追尾事故

续上表

分类	对策		应用范围
行驶限制	禁止超车		为保持交通流的平稳、有序,一定条件下规定车辆严格按车道分离行驶。如多车道高速公路客货分离行驶等
	限行	非计划事件	针对降雪等特定路域环境限制一些类型的车通行或分车型限速
		计划事件	道路交通设施维修作业、大型庆祝活动、合法游行或重大节假日交通管控等
限流	入口流量限制		入口匝道控制流入车辆,包括匝道定时限流方式、匝道感应式限流方式和匝道系统协调控制限流方式等
	封闭出入口		关闭出入口,以避免交通状况进一步恶化或为紧急救援车辆通行提供足够的空间
交通组织与诱导	网内分流路径诱导		路网内某路径交通需求大于通行能力或需化解交通运行风险时,实施路网内交通分流诱导
	网外交通流入诱导		路网交通需求高于路网交通运行能力或交通运行风险超限时,对流入路网的交通实施分流诱导
	枢纽立交匝道交通流向重组		在极端条件下,如大区域范围交通瘫痪的特殊情况下,对枢纽立交的匝道交通流向进行合理的重组,以满足应急交通疏导或紧急物资输送的需要
生存保障	逃生路径引导		应用于重大灾变或有毒有害的危险事件下,如长大隧道内的逃生路径引导
	紧急医疗救护		路网内发生灾变事件导致人员伤亡时,启动紧急医疗救护预案,实施应急医疗
	通风		在长大隧道或隧道(群)发生火灾或有毒有害危险物质泄漏时实施的救生对策
	消防		如长大桥梁或隧道(群)的火灾事件,启动消防应急预案
	联动		除了交通管制和工程对策外,还应采取路政、交警、抢险、特殊危险品处理部门联动措施
应急工程	应急消雾		路段出现浓(团)雾能见度极低,导致行车安全和通行能力受到严重影响时
	应急照明		开启防雾灯、车道灯、导行灯等
	应急道路维修		路网内道路受损或有障碍时,道路养护部门迅速清除障碍,及时维修并恢复损坏的道路交通设施
	应急除冰或除雪		冰雪天气严重影响道路的行车安全和通行能力,必要时应采取应急除冰或除雪等对策,如桥梁自动除冰系统等

对策的制定不仅要考虑路网的结构和道路交通设施提供的通行能力,还需考虑道路用户对费用、时间等的承受能力,使得对策合理可接受。对策的有效性和可操作性与路网道路交通设施技术特征,交通运行管控能力及路网的信息化、智能化水平等有关。所制定的风险防控对策应与路网风险监测设施布设、管控单元管控设备、计算机计算速度、通信速度等相匹配。

车辆行驶限制对策需有相应的行车控制标准,如在低能见度和路面积水、结冰条件下的限速阈值等。制定行车控制标准的依据为第 6 章所述的各类安全行车的约束条件和风险值。

表 8-6 和表 8-7 所示为雨、雾等天气下的安全行车控制标准示例,为较早期的研究成果。

雾天安全行车控制标准 表8-6

道路位置	可视距离(m)						
	<50	50~80	80~100	100~120	120~150	150~200	>200
基本路段	建议速度值:10km/h 控制对策:控制通行	限速(km/h)					
		20	40	55	65	75	90
		间距(m)					
		>30 禁止超车	>50 禁止超车	>60	>70	>80	>100
加速车道	建议速度值:15km/h 控制对策:控制通行	限速(km/h)					
		25	35	40	45	50	60
		间距(m)					
		>25	>40	>50	>60	>70	>80
减速车道	建议速度值:10km/h 控制对策:控制通行	限速(km/h)					
		20	30	40	50	60	70
		间距(m)					
		>30	>50	>60	>70	>80	>90

注:当可视距离较短,尤其是限速低于20km/h时,行车控制宜与匝道动态限流配合,车辆可组成车队,由专用车辆引导。

雨和雨雾天气下的安全行车控制标准(限速:km/h) 表8-7

道路位置	水膜厚度(mm)	可视距离(m)						
		<50	50~80	80~100	100~120	120~150	150~200	>200
基本路段	<2.5	建议速度值:10km/h 控制对策:控制通行	20*	40*	55	65	75	85
	2.5~5.0		20*	40*	50	65	70	85
	5.0~7.5	控制对策:建议关闭	15*	35*	50	60	70	80
	7.5~10.0		15*	30*	45	60	65	80
	注:*表示禁止超车,间距要求参照雾天情况							
加速车道	<2.5	建议速度值:10km/h 控制对策:控制通行	15	25	30	40	50	60
	2.5~5.0		15	25	30	40	50	60
	5.0~7.5	控制对策:控制通行	10	15	20	35	50	55
	7.5~10.0		10	10	15	35	45	55
	注:间距要求参照雾天情况							
减速车道	<2.5	建议速度值:10km/h 控制对策:控制通行	15	30	40	50	60	70
	2.5~5.0		10 缓慢驶出	20	35	50	60	65
	5.0~7.5	控制对策:控制通行	10 缓慢驶出	10 缓慢驶出	35	45	55	65
	7.5~10.0		10 缓慢驶出	10 缓慢驶出	30	45	50	60
	注:间距要求参照雾天情况							

注:雨分为小雨、中雨、大雨和暴雨四个等级,小雨和中雨一般对应可视距离大于200m,水膜厚度小于2.5mm的情况,但也存在降雨强度不大,但路面水膜较厚的情况;大雨和暴雨情况视不同的可视距离和路面水膜厚度而定。当可视距离小于80m时,建议车辆打开车灯。

8.3.2 决策

8.3.2.1 决策依据

交通运行风险防控对策很多,而对策的运用是有条件的;对策可为强制性的,也可为诱导性或建议性的,对策的实施需要科学合理的决策准则。实际决策中应以灾变事件类型、事件时空占有量、交通流状态、交通运行风险等级、实时安全可靠度等为依据。

按照实时安全可靠度的大小,交通运行安全水平可划分为一定的等级,如表8-8将交通运行安全水平划分为5个等级。

基于实时安全可靠度的交通运行安全水平等级划分 表8-8

安全性等级	实时安全可靠度(S)	风险等级
安全	$0.8 \leqslant S < 1.0$	Ⅰ
较安全	$0.6 \leqslant S < 0.8$	Ⅱ
一般安全	$0.4 \leqslant S < 0.6$	Ⅲ
较危险	$0.2 \leqslant S < 0.4$	Ⅳ
危险	$0 < S < 0.2$	Ⅴ

用户行程时间主要用于交通分流诱导的路径选择决策。用户行程时间受灾变事件和实时交通状况影响很大,无灾变事件时,影响用户行程时间的主要因素是交通流状况;灾变事件条件下,用户行程时间与事件持续时间及事件严重程度有关。

基于所管控路网的交通运行状态、运行安全水平和风险防控的智能化程度等,可按期望的运行安全水平,本着以人为本,逐步提升的理念,制定相关的决策准则。

8.3.2.2 交通诱导范围

路网交通组织与诱导对策的决策包括分析交通分流诱导的必要性,确定交通诱导时空范围、选择分流路径决策和发布分流信息等。对于路网内任一管理单元,当其交通运行风险级别超过临界级别或交通需求大于实时的实际通行能力时,可实施分流对策,对进入该管理单元的交通流实施交通诱导;针对路网总体交通运行安全水平及该路段交通运行风险演变与传播的预测,进行交通组织,以化解该路段的风险,阻断其传播,保障路网交通安全、畅通。

交通诱导范围包括空间范围和时间范围,交通诱导范围的确定即确定交通诱导信息应当发布的路段及时间段。交通诱导的目的是选择分流路径,诱导交通或必要时强制分流,实施交通诱导对策的空间范围应该为管控单元的上游路网,如图8-18所示。

【例8-3】 通道型路网交通诱导范围

对于通道型路网,交通通道发生事件时,事件所在通道为主通道,与其并行道路看作备选路径。可采用基于交通流理论的交通诱导范围计算方法或基于运行车速的交通诱导范围计算方法等确定诱导范围。

通道型路网的交通诱导空间范围由横向宽度和纵向长度构成,横向宽度由交通诱导路径模型计算得到的横向并行诱导辅助线路确定,纵向长度可由交通流理论或交通运行风险监测预测与计算得到。可按如下步骤计算确定路段交通诱导纵向范围。

第一步:确定交通诱导纵向范围的起点和迂回点。

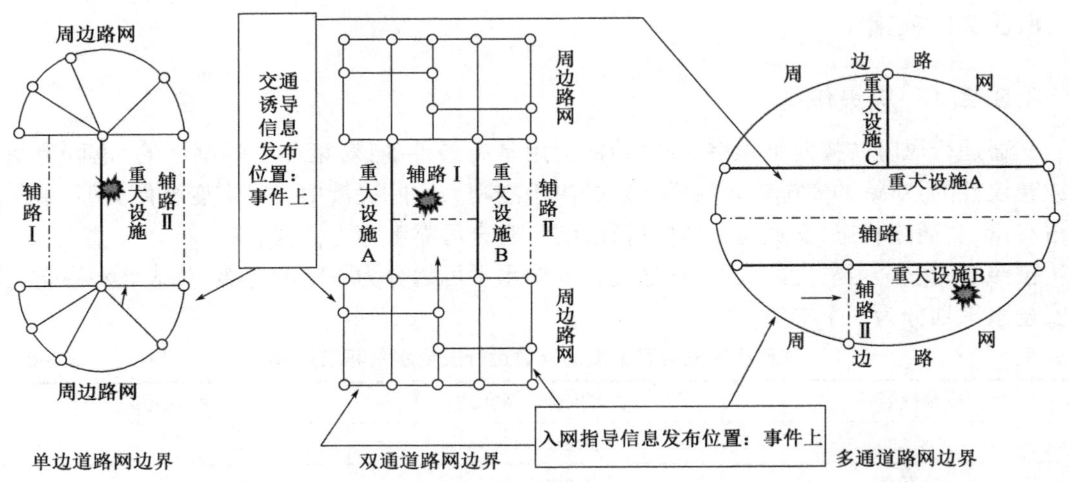

图 8-18　交通分流诱导空间范围示意图(通道型)

第二步:计算风险路段对所在高速公路纵向影响范围。

第三步:根据交通诱导的起点和迂回点覆盖的范围及风险导致的交通拥挤激波反向波及的范围确定交通诱导信息的发布范围。

为使车辆能顺利避开事发单元,应对行驶在受事件影响范围内的车辆进行诱导,诱导起点选择应考虑:①诱导范围应至少覆盖事件影响范围;②事发点与诱导起点间的出口匝道总通行能力应满足疏导要求。

风险路段影响范围内的交通流以激波速度u_w向上游扩展,并随时间的增加,影响范围不断扩大。诱导起点可根据受风险影响的空间范围或时间范围确定。

8.3.2.3　管控单元上游影响范围

假定检测确定了管控单元路段$[x_1,x_2]$中交通运行风险等级,导致$[x_1,x_2]$的通行能力由原来的 c 降低至c'_i,若实际交通量$q_i \leqslant c'_i$,仍能满足本单元的交通通行需求;若$q_i > c'_i$,管控单元 i 不能正常疏导车流,交通流变化及影响范围如图 8-19 所示。不同密度的交通波以激波形式传递,激波速度u_w是(k_l,q_l),(k_r,q_r)连线的斜率。其中:$u_{w12}=0$,$u_{wil}=0$,$u_{wri}<0$。当管控单元 i 出现拥堵时,下游交通流密度减小,上游交通流密度增大,并以u_{wri}向上游移动。

若风险持续时间为t_w,空间影响范围随时间变化以及最大值见式(8-14)、式(8-15)。

$$L = -u_{wri} \times t = -\frac{q_i - q_r}{k_i - k_r} \times t = -\frac{c'_i - q_r}{k_i - k_r} \times t \tag{8-14}$$

$$L_{max} = L \mid t = t_w = -\frac{c'_i - q_r}{k_i - k_r} \times t_w \tag{8-15}$$

式中:c'_i——管控单元的实时通行能力;

q_i——管控单元 i 的实际交通量;

q_r——上游交通流量,假定$q_{i-1}=q_{i-2}=\cdots=q_r$;

k_r——上游管控单元交通流密度,假定$k_{i-1}=k_{i-2}=\cdots=k_r$。

$$k_i = \frac{1}{2}k_j\left(1+\sqrt{1-\frac{c'}{c}}\right) \tag{8-16}$$

式中：k_i——邻近管控单元上游的拥挤密度。

距管控单元 i 的距离小于 L 的 m 个单元均会受到影响，如图 8-19 所示。其中 k_j 为阻塞密度，k_c 为最大通行能力对应的密度，k_i 为管控单元 i 的密度。

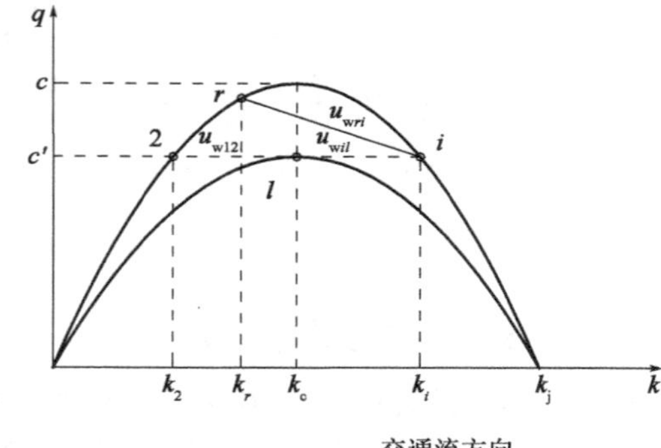

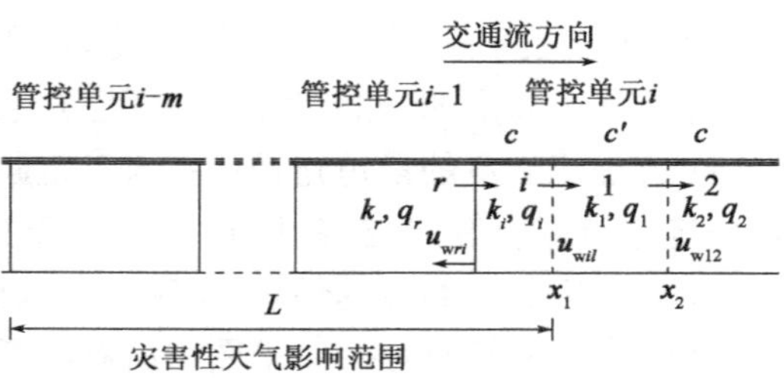

图 8-19 交通流变化及影响范围

记扩展到管控单元$(i-1)$，$(i-2)$，…，$(i-m)$所需的时间为$t_{i-1}=t_{i-2}=\cdots=t_{i-m}$，则有式(8-17)。

$$t_{i-1}=\frac{x_1}{u_w}=-\frac{k_i-k_r}{c_i'-q_r}\times x_1, t_{i-2}=-\frac{k_i-k_r}{c_i'-q_r}\times(x_1+L_{i-1}),$$

$$t_{i-m}=-\frac{k_i-k_r}{c_i'-q_r}\times(x_1+\sum_{n=1}^{m-1}L_{i-n}) \tag{8-17}$$

由此，风险影响在单元$(i-m)$扩展的时间范围为$[t_{i-m},t_{i-(m+1)}]$，管控单元风险持续时间$t_w\geqslant t_{i-m}$时，管控单元$(i-m)$将受到不良影响。

8.3.3 路径算法

可采用前述图论的通路求解模型计算最优或多条最优交通诱导路径，为交通诱导决策服务。

8.3.3.1 两点间通路 $P_{o,d}$

对于简单的路网，两点间的通路数量和路径可以通过穷举得到；对于较复杂的路网，为了避免遗漏，两点间的通路可由图论和流体网络理论的相关方法求解。流体网络理论以网络拓扑结构模型为研究对象，通过节点邻接矩阵运算求得任意两点间的通路矩阵。流体网络理论要求作为通路求解的拓扑结构模型内部不能存在回路，这是因为矩阵计算无法辨别回路，只要包含的单元不同就认为是不同通路，一旦存在回路，可能导致两点间通路数量庞大。如图 8-20 所示，$v_1\to v_5$的有效通路显然只有一个$\{e_1,e_2,e_3\}$，出现一个回路时通路为$\{e_1,e_2,e_4,e_5,e_2,e_3\}$，出现两个回路时通路为$\{e_1,e_2,e_4,e_5,e_2,e_4,e_5,e_2,e_3\}$……理论上这些都是可以从$v_1$到达$v_5$的通路，但实际上是没有意义的路径。

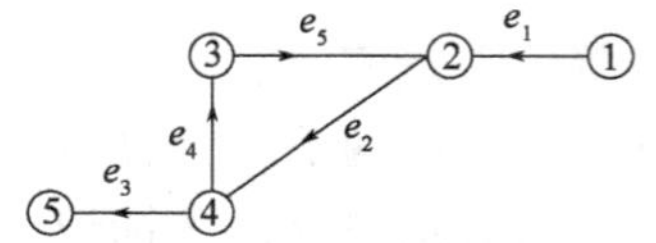

图 8-20 带有回路的路网

因此应用流体网络理论计算两点间的通路时，应先将回路去除，然后通过节点邻接矩阵运算求得任意两点间的通路矩阵。流体网络理论中，从任意节点v_i到v_j的全部通路数 $S_{i,j}$可按式(8-18)计算。

$$S_{i,j}=\sum_{k=1}^{m-1}a_{ij}^k=a_{ij}^1+a_{ij}^2+\cdots+a_{ij}^{m-1} \tag{8-18}$$

式中：a_{ij}^k——$\boldsymbol{A}^k$中的第 i 行第 j 列的元素；

$\boldsymbol{A}^k$——$\boldsymbol{AA}^{k-1}$，是通路求解图的节点邻接矩阵 $\boldsymbol{A}$ 相乘 k 次。

对路网所有节点之间的全部通路求和 S，其计算见式(8-19)。

$$S=\sum\nolimits_{i,j,k}a_{ij}^k(i\in\{i|v_i\in V^-(G)\},j\in\{j|v_j\in V^+(G)\}) \tag{8-19}$$

通过矩阵运算直到$\boldsymbol{A}^k=\boldsymbol{0}$。$\boldsymbol{A}^k$的$(i,j)$元素表示从节点 v_i 到节点 v_j 要经过 k 条路段的路线数量。

将各弧元素 e 代入,构造与节点邻接矩阵 $\boldsymbol{A}$ 对应的 $\boldsymbol{A}e$,令 $\boldsymbol{U}=\boldsymbol{A}e+\boldsymbol{I}$,$\boldsymbol{I}$ 为单位矩阵。展开对 $\boldsymbol{U}$ 取行列式中 U_{ji} 对应的余子式,即可求得 v_i,v_j 之间所有通路。如图 8-21 所示。

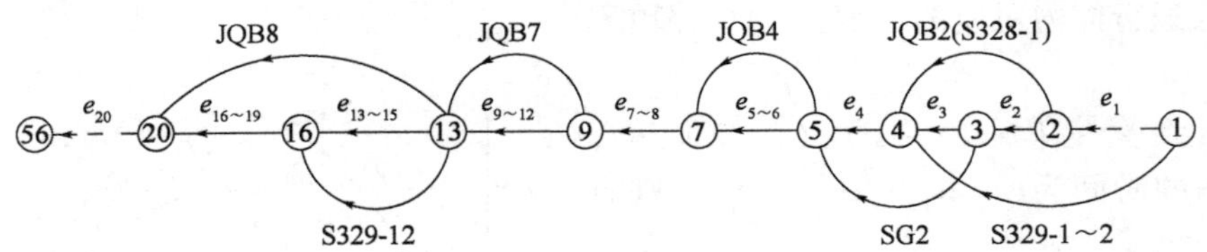

图 8-21　算例图

8.3.3.2　最短路径算法

定义最短路径问题是图论研究中的一个经典算法问题,旨在寻找图(由节点和路径组成)的中两节点之间的最短路径。算法具体的形式包括:

(1)确定起点的最短路径——即已知起始节点,求最短路径。

(2)确定终点的最短路径——与确定起点相反,已知终点节点,求最短路径。在无向图中与确定起点完全等同,在有向图中,等同于把所有路径方向反转过来确定起点。

(3)确定起点终点的最短路径——即已知起点和终点,求两节点之间的最短路径。

(4)全局最短路径——求图中所有的最短路径。

求解最短路径的算法称作最短路径算法,有时简称路径算法。最常用的路径算法有迪克斯特拉(Dijkstra)算法、A * 算法、Bellman-Ford 算法、Floyd-Warshall 算法以及 Johnson 算法等。

Dijkstra 算法是基于网络图的邻接矩阵表示法。邻接矩阵是表示节点间邻接关系的矩阵。考虑边的权 $W_{i,j}$(这里的权实际就是前面所提到的路段阻抗)时,定义图 G 的邻接矩阵 $\boldsymbol{A}$ 为 n 阶方阵,n 是节点总数,有式(8-20)。

$$A[i,j]=\begin{cases}W_{i,j}(\text{若顶点 } i \text{ 到 } j \text{ 有邻接边})\\0(i=j)\\\infty(\text{若顶点 } i \text{ 到 } j \text{ 无邻接边})\end{cases} \tag{8-20}$$

Dijkstra 算法将网络节点分为未标记节点、临时标记节点和永久标记节点三种类型。网络中所有节点首先初始化为未标记节点,在搜索过程中和最短路径节点相连通的节点为临时标记节点,每一次循环都是从临时标记节点中搜索距源点路径长度最短的节点作为永久标记节点,直至找到目标节点或者所有节点都成为永久标记节点,结束算法。

Dijkstra 算法的基本思路是:假设每个点都有一对标号(d_j,p_j),其中 d_j 是从起源点 s 到点 j 的最短路径的长度[从顶点到其本身的最短路径是零路(没有弧的路),其长度等于零];p_j 则是从 s 到 j 的最短路径中 j 点的前一点。

求解从起源点 s 到点 j 的最短路径算法的基本过程如下:

(1)初始化。

起源点设置为:①$d_s=0$,p_s 为空;②所有其他点:$d_i=\infty$,$p_i=?$;③标记起源点 s,记 $k=s$,其他所有点设为未标记的。

(2)检验从所有已标记的点 k 到其直接连接的未标记的点 j 的距离,并设置 $d_j=\min[d_j,d_k+l_{kj}]$,式中,l_{kj} 是从点 k 到点 j 的直接连接距离。

(3)选取下一个点。从所有未标记的点中,选取 d_j 最小的一个 i:$d_i=\min[d_j$,所有未标记的点j],点i就被选为最短路径中的一点,并设为已标记点。

(4)找到点i的前一点。从已标记的点中找到直接连接到点i的点j^*,作为前一点,设置$i=j^*$。

(5)标记点i。如果所有点已标记,则算法完全退出;否则,记$k=i$,转到步骤(2)再继续。

通过上述分析,可以找到事发上游诱导起点至下游迂回点之间的最优路径,是一条从o到d的行程时间最短的可行路径,记为$P_{o,d}[1]$。当$P_{o,d}[1]$提供的通行能力不满足上游的交通需求时,需提供第2,…,k条绕行路径,以增大诱导最大允许流量,直到能满足疏导交通需求。记该交通诱导决策模型为“K-最短路径”决策模型。

8.3.3.3 最优路径

以上文介绍的“最短路径算法”为基础,考虑实时安全可靠度,可建立基于运行风险防控的最优路径决策模型,具体如下:

寻找任意两点o、$d(o\in O,d\in D)$间满足实时安全可靠度要求的最优路径,见式(8-21)。

$$\sum\nolimits_{i\in P_{o,d}[a]}c(i,k(t))\Rightarrow\min P_{o,d}[a]\in P_{o,d},\quad \text{s.t.}\quad S(i,t)\geqslant S_c \tag{8-21}$$

式中:$P_{o,d}$——o和d两点间的所有通路集合;

$P_{o,d}[a]$——o,d间的第a条通路;

S_c——管控单元允许的最低风险等级。

为了满足管控单元实时运行风险的基本约束条件,定义路阻函数,如式(8-22)所示。

$$c(i,t)=\begin{cases}\dfrac{L_i\cdot k_j}{v_f[k_j-k(i,t)]} & S(i,t)\geqslant S_c\\ +\infty & S(i,t)<S_c\end{cases} \tag{8-22}$$

当车辆到达管控单元(或事发点)时,若管控单元运行风险已经化解或交通事件已消散完毕,那么上游的车辆不受管控单元交通状态的影响;若管控单元运行风险未化解到可接受风险等级或交通事件未消散完毕,那么行程时间受管控单元交通状态的影响。管控单元i的上游管控单元$(i-k)$行驶至单元i终点的行程时间见式(8-23)。

$$T({}_{i-k}to_i,t)=\max\left\{\sum_{m=i-k}^{i}\frac{L_m\cdot k_j}{v_f(k_j-k_m)},t_e\left[\frac{4(k_1-k_2)(k_j-k_1-k_2)}{(k_j-2k_1)^2}+1\right]+\frac{L_2\times k_j}{v_f(k_j-k_4)}-(t-t_0)\right\} \tag{8-23}$$

式中:L_i——管理单元i的长度,km;

k_j——阻塞密度,pcu/km;

v_f——自由流车速,km/h;

k_i——管理单元i的车流密度,pcu/km;

L_2——事发点与管理单元i终点之间的距离,km;

t_e——事件清除时间,min;

k_m——当$i=m$时的密度;

L_m——当$i=m$时的距离;

t,t_0——车辆进入管理单元i的时间和事件发生时间,min。

车辆继续通过管控单元的行程时间按式(8-23)计算,绕行路径中最优路径的行程时间和行车路线可由最优搜索算法求得。两者比较后得到最优路径。算法步骤如下：

(1)绕行路线中的最优路径搜索。直接应用 Dijkstra 等算法搜索最短路径，求得最优路径行程时间，记为T_R。

(2)继续通行管控单元的行程时间按式(8-24)计算。

(3)最优路径确定。比较T_R和T_F，取较小者对应的路径为最优路径，最优路径记为$P_{o,d}[1]$。

$$T_{P_{o,d}[1]} = \min\{T_R, T_F\} \tag{8-24}$$

8.4 信息采集与发布

8.4.1 信息采集

8.4.1.1 信息需求

为满足交通运行安全管理需求，实现交通运行风险主动防控，通常需要实时采集的信息见表8-9。采集信息的类别、信息量及具体技术参数主要取决于特定路网的特征、事件类别和运行风险管控目标。道路交通基础设施信息一般变化不大，可作为静态信息；但对交通基础设施采取维修等工程措施后，应及时更新信息。

实时信息　　表8-9

信息类别	信息属性	诱发运行风险的原因	参数
交通信息	交通组成	不同车型之间的车速离散性及其相互之间的位置变化	车辆类型、尺寸等
	交通流	交通流状态变化	交通量、密度、速度、占有率等
	运行速度	运行速度及其变异性	速度、加速度、减速度等
	行驶模式	自由、跟驰、变道、超车	车辆行驶状态及环视交通状态、合流、分流、交织等
	特种车辆	“两客一危”车辆	驾驶行为、车辆位置、速度、环视交通状况灯
气象信息	雾	路域环境可视性	能见度/可视距离
	雨	路域环境可视性与路面抗滑性能	能见度、路面水膜厚度
	雪	路域环境可视性、路面抗滑性能	能见度、路面积雪厚度
	冰	路面抗滑性能	路面温度、结冰
	风	车辆行驶稳定性	风力、风向
	沙尘	路域环境可视性	能见度/可视距离
事件信息*	偶发事件	改变交通运行环境和道路通行能力	事件时间历程(起始、消散、终止)、时空占有量
	计划事件		

注：* 表示气象亦可划为事件。所需具体信息与决策算法有关。

8.4.1.2 采集设备

采集交通量、车速、车长、车辆构成、占有率等信息的常用交通检测器类型如表8-10所示。

包括采集能见度、风力、风向、温度、湿度等信息的气象检测器，如自动气象站、能见度仪、风向风速仪等；检测路面的干、湿、冰、水膜厚度等状况的路面传感器等。随着相关行业的技术发展，检测技术与设备更新很快。应统筹考虑信息需求（信息量和精度）、设备维护、自然环境、技术经济效益等选用设备和进行布设，并应与管控单元的划分匹配。涉及自动驾驶汽车的，还应从车路协同方面考虑。

交通数据常用检测器 表8-10

数据采集		检测器类型	
定点采集	压电式	气压管、压电式	
	磁频	环形线圈、磁性、地磁、电磁式、摩擦电、微型线圈、磁成像	
	波频	主动式	微波雷达、超声波、红外、激光、光信标、光纤轴
		被动式	红外、声波
	视频	光学视频、红外视频	
移动采集	空间定位	GNSS浮动车、手机移动通信、蓝牙	
	自动车辆识别	环形线圈识别	
		射频识别	
		车辆号牌识别	
	遥感	航天遥感、航空遥感	

能见度仪、路面传感器、风速风向仪的布设策略和标准可参照表8-11～表8-13的建议。近几年关于这方面的研究成果很多，行业和地方标准也将陆续颁布。

能见度仪布设策略与标准 表8-11

序号	地形特征	布设策略	布设标准
1	平原微丘区高速公路	大区域抽样	间距8～10km
2	山岭重丘区高速公路	小区域抽样	间距5km
3	水网密布地区高速公路	小区域抽样＋重点路段监测	间距5km，水域较多路段加密
4	跨江、海的大桥和特大桥	分段重点监测	间距3～5km，至少保证1套
5	长隧道	重点监测	隧道两侧各1套
6	其他容易产生雾的路段	重点监测	重点加密

路面传感器布设策略与标准 表8-12

序号	地形特征	布设策略	布设标准
1	普通路段	大区域抽样	间距8～10km
2	桥面	重点监测	加密
3	长隧道	重点监测	两侧各布设1套
4	凹形竖曲线	重点监测	加密

风速风向仪布设策略与标准　　表 8-13

序号	地形特征	布设策略	布设标准
1	平原微丘区高速公路	大区域抽样	间距 8～10km
2	山岭重丘区高速公路	小区域抽样	间距 5km
3	跨江、海的大桥和特大桥	重点监测	重点加密
4	长隧道	重点监测	隧道两侧各 1 套
5	其他容易产生局部风的路段	重点监测	重点加密

8.4.2 信息发布

8.4.2.1 信息内容

信息发布内容可根据信息的重要度分类，如按照重要度从低到高，依次是通用信息、提示信息、建议信息、强制信息和突发或紧急信息。事件条件下，信息发布采用多级发布模式，如图 8-22 所示。信息按事件属性发布比按交通运行风险等级发布易于被道路用户感知，交通运行风险等级主要用于管控平台后台决策；交通拥堵可作为事件处理。发布的信息属性应符合一定的标准，并与风险管控对策一致。

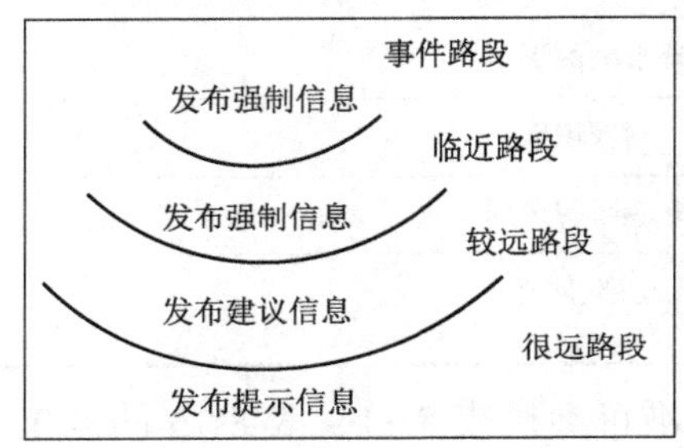

图 8-22　多级信息发布模式

通用信息针对的是驾驶人发布的日常管理信息，包括交通法规类信息、服务类信息、公益类信息等，如表 8-14～表 8-16 所示。

交通法规类信息（例）　　表 8-14

序号	名称	序号	名称
1	严禁超速行驶	14	严禁在紧急停车道上行驶
2	严禁匝道超车、停车	15	严禁超载、偏载
3	严禁行车道停车、修车	16	严禁超限运输
4	严禁试车、学车	17	未经批准，超限车辆严禁上路
5	严禁掉头、转弯	18	严禁超载、超长、超宽、超高
6	严禁横穿中央分隔带	19	严禁停车装卸货物
7	严禁打开中央活动护栏	20	高速公路严禁上下客
8	严禁倒车、逆行	21	严禁违章停车
9	严禁违章超车、停车	22	严禁酒后驾车
10	严禁骑压线行驶	23	严禁无证照开车
11	严禁久占超车道行驶	24	严禁在高速公路上学车
12	匝道、加减速车道严禁超车、停车	25	严禁车辆带病上路
13	严禁低速行驶		

服务类信息(例) 表8-15

序号	名称	序号	名称
1	欢迎驶入( )高速公路	10	祝您一路平安
2	欢迎再来( )高速公路	11	欢迎使用前方服务区
3	欢迎驶入( )大桥	12	服务区免费停车休息
4	欢迎再来( )大桥	13	强化路政管理,保护路产,维护路权
5	停车休息、检查车辆请进入服务区	14	为通行车辆提供便捷,文明服务
6	欢迎到服务区加油、修车、食宿	15	公开服务标准,接受社会监督
7	顾客至上,服务第一	16	爱护公路财产,促进道路安全畅通
8	( )服务区欢迎您	17	收费公路,按章缴费
9	祝您旅途愉快		

公益类信息(例) 表8-16

序号	名称	序号	名称
1	紧急情况,请打SOS电话	12	严禁向车外抛撒杂物
2	求助求救,请打SOS电话	13	集中精力
3	突发事件,请打SOS电话	14	安全第一
4	车辆故障抛锚,请打SOS电话	15	警钟长鸣
5	请打SOS电话呼救,严禁拦车求援	16	严禁拦车
6	请自觉遵守交通法规	17	一路平安
7	安全第一,预防为主	18	平安回家
8	请系好安全带	19	安全驾驶
9	关爱生命,关注安全	20	以法治路
10	乘员不准站立	21	遵纪守法
11	故障停车须警示		

提示信息是针对不同情况,向驾驶人发布的信息,提醒驾驶人注意。提示信息所提醒的事件一般不紧急,可能是重要事件发生之前的预告,或者是很远路段发生事件,因此需要给驾驶人提示一下,引起重视即可。提示信息是多级信息发布模式的最低级别,包括一般性提示信息、特殊时段提示信息和特殊事件提示信息,如表8-17~表8-19所示。

一般性提示信息(例) 表8-17

序号	名称	序号	名称
1	注意匝道驶入车辆	6	进入收费站区,请减速行驶
2	弯道减速勿超车	7	进入隧道,请减速行驶
3	车流量大,谨慎驾驶	8	请关注天气变化
4	请按车型限速行驶	9	保持车距,谨防追尾
5	请按规定车道行驶	10	进入区间测速路段

特殊时段提示信息(例) 表8-18

序号	名称	序号	名称
1	黄昏行车早开灯	9	夜行疲劳,请到服务区休息
2	黄昏减速慢行	10	夏天高温,谨防爆胎
3	黄昏时分,谨慎行驶	11	今日最高气温( )℃
4	黎明能见度低,迟关灯	12	天气炎热,注意休息
5	黎明易困,谨慎驾驶	13	高温高速易爆胎
6	夜间减速,谨慎驾驶	14	春天易困,注意休息
7	夜间勿疲劳开车	15	疲劳请到服务区休息
8	夜间勿追光,少超车	16	驶入隧道,请开车灯

特殊事件提示信息(例) 表8-19

序号	名称	序号	名称
1	发生水灾,谨慎驾驶	22	桥面湿滑,减速慢行
2	前方( )公里水灾	23	今夜有暴风雨
3	涉水慢行,拉大车距	24	午后有雷雨大风
4	积水路面,方向易失控	25	午后有中到大雨
5	前方涉水路,小心慢行	26	冰雪路滑,谨慎驾驶
6	前方( )公里塌方,谨慎驾驶	27	桥面结冰,小心驾驶
7	前方( )公里滑坡,谨慎驾驶	28	路面结冰,小心路滑
8	前方事故,交通堵塞	29	涵洞结冰,小心路滑
9	前方事故,请服从现场管理	30	凌晨有冰冻
10	前方事故,请勿堵紧急停车带	31	今晚大雪
11	前方( )公里事故,注意减速避让	32	雾天减速,拉大车距
12	前方货物散落,减速慢行	33	雾天行车,请开雾灯
13	货物散落,注意避让	34	清晨有雾,小心驾驶
14	前方施工,谨慎通过	35	进入雾区
15	前方( )施工,借道行驶	36	今晚有台风
16	( )交通管制,注意标志	37	桥面风大,减速行驶
17	前方交通管制,借道行驶	38	小心强横风
18	雨天减速行驶,保持安全车距	39	强风,谨慎超车
19	雨天路滑,勿抢道,少超车	40	强风减速,把稳方向
20	暴雨,拉大车距,小心驾驶	41	今日有沙尘暴,注意安全
21	( )结束,前方恢复畅通		

建议信息是向驾驶人发布的有利于驾驶的信息,一般在事件情况下,道路交通受到影响时发布建议信息。建议信息能够帮助驾驶人节省行车时间、提高安全性等,如建议行车路线、建议行驶速度、建议驾驶行为等。如果驾驶人不采纳建议,也并不会产生十分严重的后果。建议信息是多级信息发布模式的中间级别,建议信息发布时,应简要描述情况,同时给出具体的行车建议,如表8-20所示。

建议信息(例)　　表 8-20

序号	名称	序号	名称
1	限速( )公里/小时,车距大于( )米	5	大雾,请到前方服务区暂避
2	夜间疲劳,请到服务区休息	6	大雾,请绕道行驶
3	前方事故,请从( )下高速	7	大雾,请从( )绕行
4	前方事故,请从( )绕行	8	大暴雪,请到服务区暂避

强制信息是向驾驶人发布的必须遵照执行的信息,一般在事件情况下,道路或交通受到严重影响时,才会发布强制信息,通常发布在事件路段或临近路段。如养护作业区所设置的临时限速、关闭行车道等。如果驾驶人不遵照强制信息的要求,将会产生较为严重的后果,如发生事故将被执法部门处罚等。强制信息是多级信息发布模式下的最高级别,强制信息应描述出事件的严重程度,如果是强制诱导信息,还需要给出具体的指导意见,如表 8-21 所示。

强制信息(例)　　表 8-21

序号	名称	序号	名称
1	限速( )公里/小时	7	前方交通管制,请从×处下
2	前方塌方中断,请从×处下高速	8	前方路段封闭,请从×处下
3	前方( )公里塌方,封闭行车道	9	大雾,×段封闭
4	前方滑坡中断,请从×处下高速	10	大雾,全线封闭
5	滑坡路段,请下高速	11	大雾,严禁超车抢道
6	前方( )公里施工,封闭行车道		

突发或紧急信息是在事件发生后,出于事件管理的需要,向驾驶人发布的信息。信息内容主要为建议信息或强制信息。突发或紧急信息具有很强的时效性,对事件的快速反应与处理有重要意义,因此优先与重要级别最高。

8.4.2.2 发布设备

常见的信息发布设备或模式有以下几类。

(1)可变信息标志。通过文字或图形发布日常通用信息、限速信息、诱导信息、提示信息、关闭信息及事故信息。其包括文字式可变信息标志和图文式可变信息标志,如图 8-23 所示的实例。

a)

b)

图 8-23　可变信息板信息发布(G15,上海段)

图8-23a)信息为位于G15沈海高速公路(南通宁波方向),G15与G2枢纽互通式立交上游;图8-23b)信息为位于G15沈海高速公路(南通宁波方向),G15与S26一般互通式立交上游。

(2)无线电广播。利用汽车收音机收听广播获得交通信息;在交通节目时间里,广播电台转播交通运行管控中心发布的交通信息。

(3)导航系统。交通运行管控中心与导航系统对接,实时将交通运行管控信息发布给导航系统,驾乘人员通过导航系统获得交通管控信息。

(4)路车通信。运用车路协同技术,实施路车通信;对于两客一危、大件运输车辆可实施定向预警。

(5)其他。如数字化标志、标线等。

可变交通信息标志(VMS)的布设取决于路网结构,通道型路网与网络型路网的区别如表8-22所示。通道型路网可变信息标志应布设在诱导路网的入口处;主线上以图文式可变信息标志为宜,其余辅助道路可以采用文字式可变信息标志。

通道型路网和网络型路网的区别 表8-22

路网类型	路网特征	交通特征	管控特征
通道型	结构较简单,一条或两条路径为主通道,其余平行道路为替代路径	主通道道路的交通量较大,处于中心地位,其余道路的交通量较小	以保证主通道道路的畅通和安全为主
网络型	结构较复杂,多条道路互相交叉,节点多	各条道路的交通量相差不大,地位相当	综合考虑各条道路,保证路网的畅通和安全

网络型路网应在交通组织与诱导总体方案下,在信息发布效益最大的位置布设可变信息标志。发布效益可用式(8-25)计算分析。确定需要显示的路段数,对路网中所有的路段进行计算,求出效益最大时的布设方案,即最优方案。

$$\max F = \max \sum_i \sum_j e^{kd_{ij}} \cdot \alpha_j \cdot \beta_j \cdot v_i \cdot l_j \cdot v_j \cdot X_{ij} \tag{8-25}$$

$$\sum_i \sum_j X_{ij} = M$$

$$X_{ij} = 0,1$$

式中:X_{ij}——0,1变量,路段i显示路段j的信息时为1,反之为0;

k——信息衰减系数;

d_{ij}——路段j到路段i的距离,km;

v_i——路段i的交通量,veh/h;

v_j——路段j的交通量,veh/h;

α_j——路段运行风险系数;

β_j——事件的概率系数;

l_j——路段j的长度,km;

M——总的显示路段数;

F——总的效益。

选定可变信息标志的布设方案后,为了保证可变信息标志视认性,应合理确定标志信息量和设置位置。与下游分流点的距离可参照表8-23的建议确定。

不同速度和净高组合下的大型图形式 VMS 设立距离(m)　　表 8-23

净高(m)	速度(km/h)						
	55	60	65	70	75	80	90
4.9	433	463	492	521	551	580	639
4.5	435	465	494	523	553	582	641
4.0	439	469	498	527	557	586	645
3.5	443	473	502	531	561	590	649

注:1. 设立距离是指 VMS 位置与下游最近的交通分流点的距离。
2. 此表所指的 VMS 均为采用龙门架安装的大型 VMS。

8.4.3 信息发布时空范围

信息发布的时空范围与事件属性有关,若按区域性事件和局部事件分类,发布范围可按下述方法确定。

8.4.3.1 空间

(1)区域性事件

区域性事件是指覆盖范围较大、影响面广的事件,例如大范围交通拥堵、重特大交通事故、区域性大雾、暴雨、改扩建作业、地震等。其显著特征是事件的影响覆盖到路网,绕行距离远。按照多级信息发布模式,可根据路段交通运行风险等级在事件发生的路段发布建议信息或强制信息,在周边路网发布提示信息。信息的发布范围根据图 8-24 所示的流程图确定。

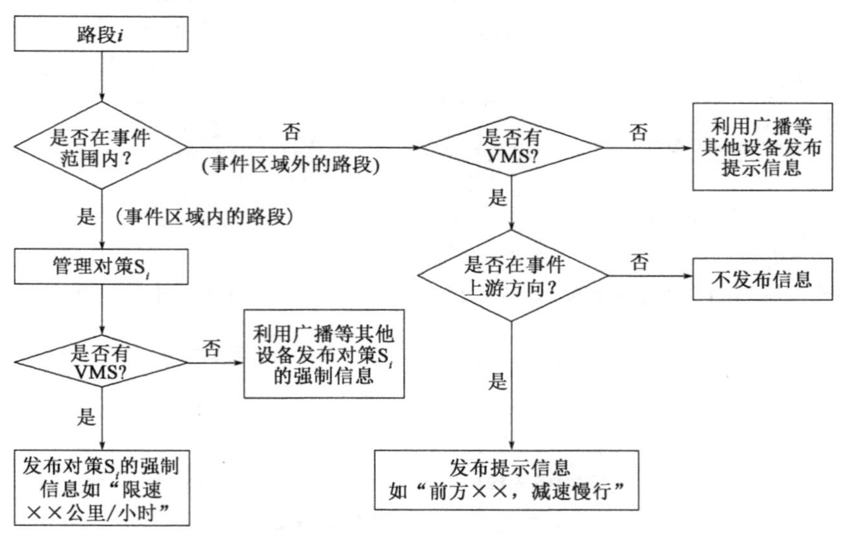

图 8-24　区域性事件条件下信息发布范围确认流程

(2)局部事件

局部事件是只发生在一条路的局部路段的事件,如局部雾团、交通事故、小范围养护作业等,空间范围上一般不跨越两座立交。其特征是,事件不严重或风险轻微,可以按照原有路线谨慎通过,也可以选择绕行路线;如果事件程度很严重,导致交通运行风险很高或为了阻断风险传播,应绕行。

对于路网中的可变信息标志,局部事件条件下,信息发布范围按照以下方法确定。

$$\omega = W \cdot e^{kL} \tag{8-26}$$

式中:ω——经过衰减后的信息在VMS处的重要度系数;

W——事件路段的对策等级,关闭类对策为1,限制类对策为0.5,其余为0;

L——事件发生位置与路网中某块可变信息标志的距离;

k——信息衰减系数。

当$\omega \leqslant 0.2$时,不在该可变信息标志发布信息。当事件上游所有的可变信息标志都不满足要求时,至少应有1块可变信息标志发布信息。

当$0.2 < \omega \leqslant 0.4$时,在该可变信息标志发布提示信息。

当$0.4 < \omega \leqslant 0.6$时,在该可变信息标志发布建议信息。

当$\omega > 0.6$时,在该可变信息标志发布强制信息。

局部事件条件下信息发布范围确认流程如图8-25所示。经过量化后,多级信息发布模式变为图8-26,驾驶人的信息接收与行为选择流程如图8-27所示。

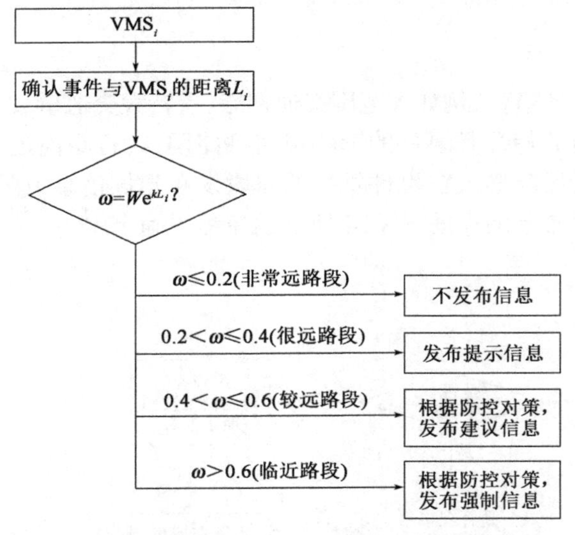

图8-25 局部事件条件下VMS信息发布范围确认流程图

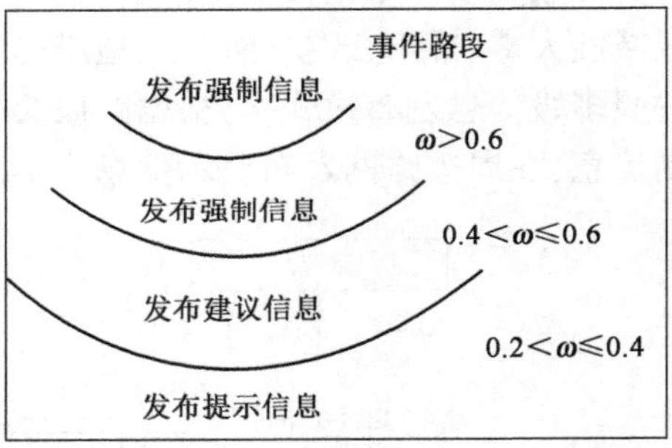

事件路段
发布强制信息
$\omega>0.6$
发布强制信息
$0.4<\omega\leqslant0.6$
发布建议信息
$0.2<\omega\leqslant0.4$
发布提示信息

图8-26 量化的多级信息发布模式图

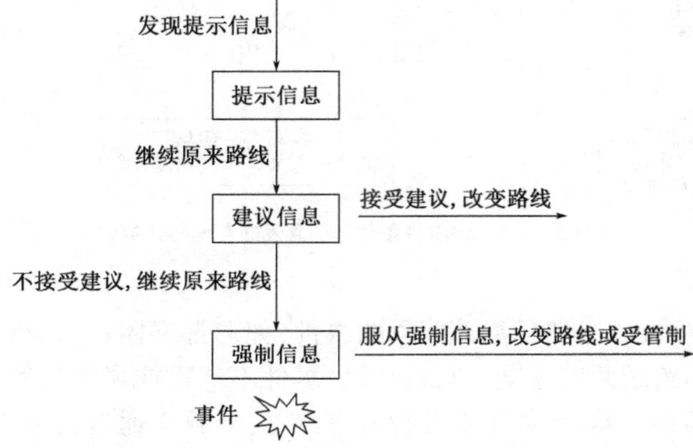

图8-27 多级信息发布模式下驾驶人的信息接收与行为选择流程

8.4.3.2 时间

(1)区域性事件

区域性事件发生和结束的信息发布时间确认流程如图 8-28 所示。

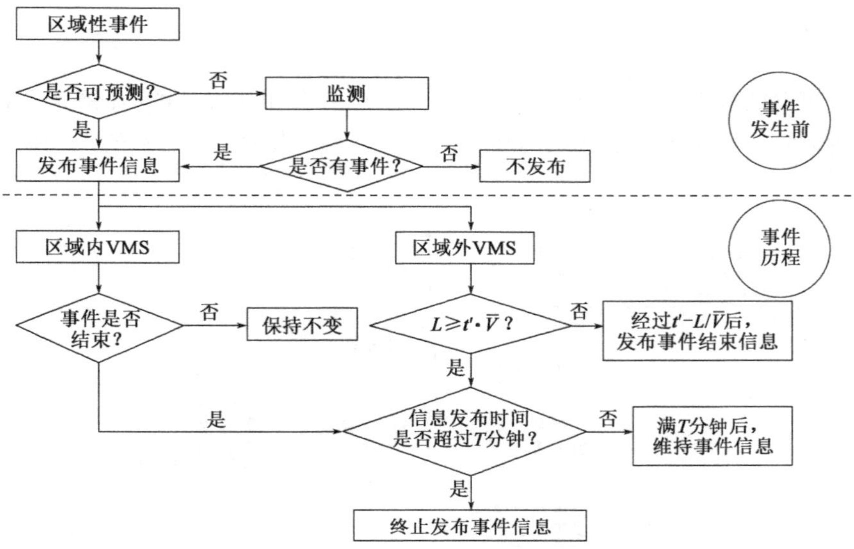

图 8-28 区域性事件发生和结束的信息发布时间确认流程图

L-区域性事件边缘到上游道路的可变信息标志的距离；t'-距离事件结束的时间；$\overline{V}$-可变信息标志所在路段的车流平均行驶速度；T-事件结束后仍需维持事件信息的时间

(2)局部事件

局部事件发生和结束的信息发布时间确认流程如图 8-29 所示。

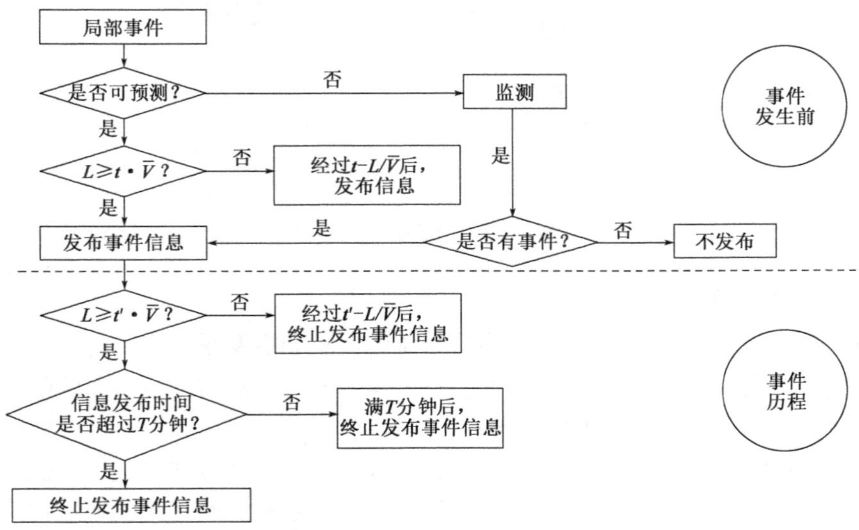

图 8-29 局部事件发生和结束的信息发布时间确认流程图

L-局部事件到上游道路的可变信息标志的距离；t'-距离事件结束的时间；t-距离事件发生的时间；$\overline{V}$-可变信息标志所在路段的车流平均行驶速度；T-事件结束后仍需维持事件信息的时间

8.5 交通运行风险防控系统

8.5.1 需求

交通运行风险防控系统或平台的建设需考虑用户需求和系统性能,在需求分析的基础上构建交通运行风险防控系统的层次结构和功能结构,可参照图8-30所示的系统体系结构的建立流程。

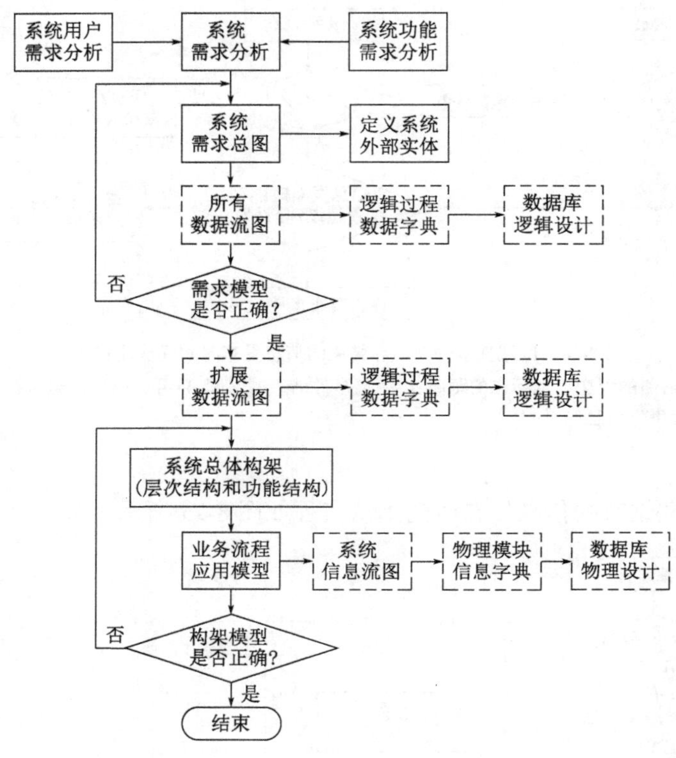

图8-30 系统体系结构建立流程

8.5.1.1 用户需求

所谓用户需求,是指从用户的角度提出对系统的要求和需要系统完成的任务,通常包括功能、性能、可靠性和安全保密等要求以及开发费用、周期和所使用的资源方面的限制等。其中,功能要求和性能要求是最基本的用户需求。

根据用户与系统的接触类型可将用户分为直接用户和间接用户两大类。直接用户可以实时地直接操纵系统、变更控制参数、由系统直接获取信息,系统的所有功能全部对其开放;间接用户只能使用系统的部分功能,如查询报表等,不能直接操作系统的决策功能,且部分间接用户是通过各种媒体终端间接获取系统信息的。

系统的直接用户是交通运行风险防控中心授权的管理人员,他们的主要职能是监视路网实时的交通运营状况,接受系统或上级发布的交通管控指令,控制外场设备和指挥、调度巡逻车辆及相关处置单位;及时向上级管理部门报告信息,接收各方面的信息反馈等。因此,该系统应该满足中心管理人员对于路网交通运行风险方面的信息采集、处理、决策、发布等各个环节的管理需求。

系统的间接用户包括道路用户、道路营运的其他部门、实施安全管理对策的协作单位、防控中心的上级部门、各级道路交通安全委员会,以及各类道路交通安全研究机构等。

道路用户要求路网为交通运行提供快速、安全、舒适、绿色的使用功能,防控系统的设计服务目标就定位在确保路网的安全高效运营。因此,防控系统的主要功能应该是在保障行车安全性的前提下,尽量使路网交通保持畅通,达到快速、舒适与绿色的目的。

除了交通运行风险防控中心之外,还有路政、收费、服务区、养护和现场交通管制等管理部门,其在维护交通安全的现代化管理过程中也起着至关重要的作用。例如:保证各种设施和附属结构物处于良好的使用状态;及时排除路障和实施紧急救援;在突发事件条件下控制指挥交通,处理交通事故;执行路况巡查、交通巡逻和路政巡视,并及时报告有关信息等。因此,交通运行风险防控系统应能为这些管理部门的管理活动提供决策和信息等服务,并协同工作。

实施道路交通安全保障对策的协作单位有公安交警、消防、医疗救护、媒体(包括广播、电视、互联网等)等部门,只有在这些单位的紧密配合下,才能够建立起完善的路网交通风险防控与运行安全保障体系,真正实现路网的实时风险防控。因此,交通运行风险防控系统应能够为此类用户的联动提供及时的信息与决策服务。

管理高速公路的上级部门需要及时了解和详细掌握其所辖路网的运营状况和安全水平,尤其是突发事件状况及其处理情况,以便科学合理地做出计划、组织、指挥、控制等决策。这就要求该系统具备提供完整且详细的与路(网)交通运行安全管理有关的各方面信息(包括道路交通设施、环境、不良事件、实时管制等)的报告。

各级道路交通安全委员会可能需要定期分析所辖区域内的道路交通安全形势,研究解决道路交通安全问题,制定交通事故防范对策,健全交通事故预防工作机制,督促各有关部门履行交通安全职责,组织开展交通安全宣传教育活动,落实交通安全工作部署等。交通运行风险防控系统宜能够为此类用户提供所需的路(网)方面的交通安全信息。

道路交通安全研究机构(如高校、研究院所、研究中心和实验室等)所做的理论或工程实践研究应该以全面、真实、可靠、系统的数据为基础。交通运行风险防控系统宜能为这类用户提供全面的路(网)交通运行安全的相关数据。

8.5.1.2 系统性能

针对直接用户对系统的需求,交通运行风险防控系统应该具备以下性能。

(1)物理性能,指系统的存储容量限制、数据访问速度、运行效率、响应时间等。

(2)逻辑性能,指系统逻辑结构功能的合理性。

(3)兼容性,指系统软件与各种硬件设备的兼容性,与操作系统的兼容性以及与支撑软件的兼容性等。

(4)容错性,指系统应提供丰富的提示信息,指导管理人员的操作。管理人员出现错误操作时,能给予其纠正的机会;系统发生错误时,自动保存错误现场,并给予管理人员详细的应对指导。

(5)可操作性,指系统应安装简单、操作方便,具有友好的人机界面,符合用户日常工作的需要,使用户操作轻松愉快。

(6)可维护性,指对系统硬件和软件进行日常维护的方便程度,以及出现外界影响时,对系统进行维护更新的复杂程度。

(7)安全性,指系统应具备的自身安全机制和数据保护机制,以确保数据的安全性。系统建成后,应建立一套完备的数据维护、备份管理机制,从系统运行机制上保证数据的安全。

(8)响应性能,即要求系统提供高效的数据访问服务,当并发访问的用户数增加时,系统的响应速度能缓慢、平滑地上升,以保证系统面向较大区域的路网交通运行风险防控系统或部分数据对全社会开放时,快速响应。

8.5.1.3 功能需求

针对用户需求,考虑影响路网交通运行风险的客观因素,确定功能需求应包含以下几方面的需求。

(1)决策支持

由于诱发路网实时交通运行风险的重要因素为路网事件,系统应该具备预防、预警和应对各类路网事件的功能。常发生的路网事件有灾害性天气、交通拥堵、交通事故、车辆故障、货物散落和临时施工等。从确保路网交通运行安全性的角度,系统应可实现这些事件及其诱发的交通运行风险的动态监测、预防、预警和实时防控的决策支持,具有一定的智能化水平;依据实施风险防控效果的实时反馈数据,实时评估交通诱导、出入口交通控制、交通组织、限速限流、事件处理与紧急救援以及工程对策等风险防控的效果,自主调整和优化防控对策。

(2)交通运行风险分析与研究

建立科学的分析和统计模型或算法,将调查、监测得到的原始数据转化为对分析和研究有帮助的评价指标,后台总结出各种客观影响因素对交通运行风险的影响规律与机理,动态调整对策库。例如,对于高速公路交通运行风险传播规律的分析总结,可建立交通运行风险的时空传播规律、风险阻断效果、风险等级与路阻函数的关系等数学模型,分析道路线形、路口路段类型、路面条件、天气条件、照明条件、交通管制条件、监控设备配置情况、应急物资储备等与交通运行风险的关系,建立交通运行风险与道路条件、交通条件和环境条件等的关系模型或算法,从而有效地支撑交通运行风险防控对策的制定。

(3)路(网)安全水平预测与评价

路(网)安全水平预测是指面向所辖区域内的整个路网或局部路网或单条道路进行的安全水平发展趋势预测,即预测随着地区经济的发展、运输量的增加、汽车和机动车保有量的增多、人员流动性的提高、交通量的增大,交通运行风险及其后果各项指标的变化趋势,从而为整个路网或局部路网或特定道路的安全水平做好规划工作,科学、合理地制定安全改善对策。

(4)数据维护、查询检索

系统所用数据库应便于管理人员对系统的模型、参数和标准等进行维护和更新,方便、快捷、可靠地录入大量动态数据;提供各类专题信息的查询检索功能,如:查询道路交通设施分布、路口路段交通流状况、路网交通组织情况、高风险路段分布等专题信息,显示相应的空间图形和属性信息。各类路网基本情况、实时交通状态、风险分布、决策和评价结果等专题可视化信息,以地图的形式输出;基于GIS强大的线性网络建模和分析功能,配以专门的交通运行风险防控决策模型与算法,提升交通运行风险管控的决策智能化水平。

(5)第三方应用

防控系统能与导航系统、车路协同系统等联动,主动向第三方提供防控决策信息和实时路况信息。防控系统应能针对自动驾驶汽车等的发展具有扩展功能。应急救援系统可作为防控系统的子系统构建,也可作为联动系统。

8.5.1.4 系统需求总图

根据系统用户需求和系统功能需求确定系统的需求总图,定义系统的边界,形成交通运行风险防控系统需求总图。图8-31所示为局域高速公路网的系统需求总图。该系统需求总图由系统的功能过程和终端构成,终端可以提供所有用户需求的系统接口,代表了向系统功能过程传送数据或者从系统功能过程接收数据的一个外部实体。

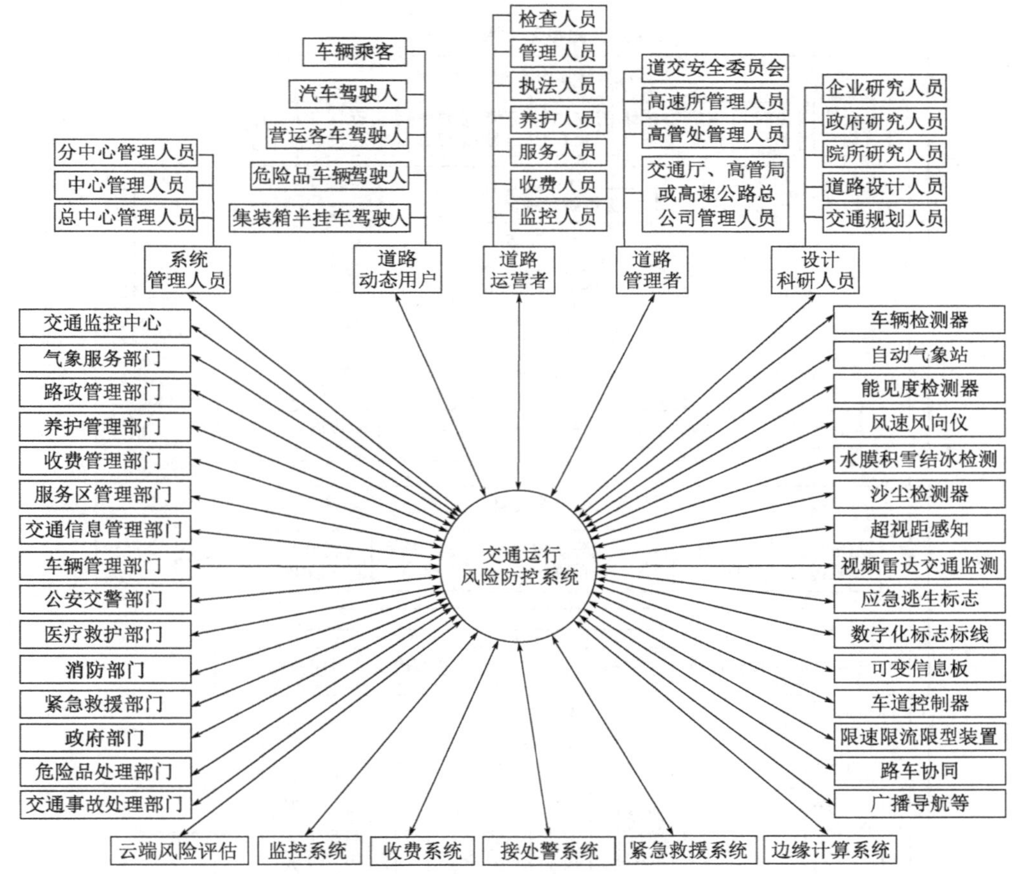

图8-31 局域高速公路网交通运行风险防控系统需求总图

系统终端分为用户类终端、系统类终端、环境类终端和其他子系统类终端四种类型。用户类终端指接受系统服务的人员;系统类终端指为系统或系统决策服务的各部门和群体;环境类终端指系统中用于环境监测和控制的设施,这里的“环境”是广义的,指路网所处的兼有自然和社会属性的大环境;其他子系统类终端用来表达多个可能系统之间的联系。如,局域路(网)交通运行风险防控系统之间的联系,或本系统与其他 ITS 子系统之间的信息交互等。

8.5.2 系统结构

8.5.2.1 系统层次

系统总体结构设计的主要任务是划分系统组成部分、阐明逻辑关系及描述或定义功能;根据系统应用目标,配置适当的应用模型和构建合理的业务处理流程。如根据以上系统用户需求和功能需求描述,高速公路运行风险防控系统的总体结构可分为数据感知与获取、数据处理与管理、风险诊断与决策、信息发布等四层通信系统,如图 8-32 所示。

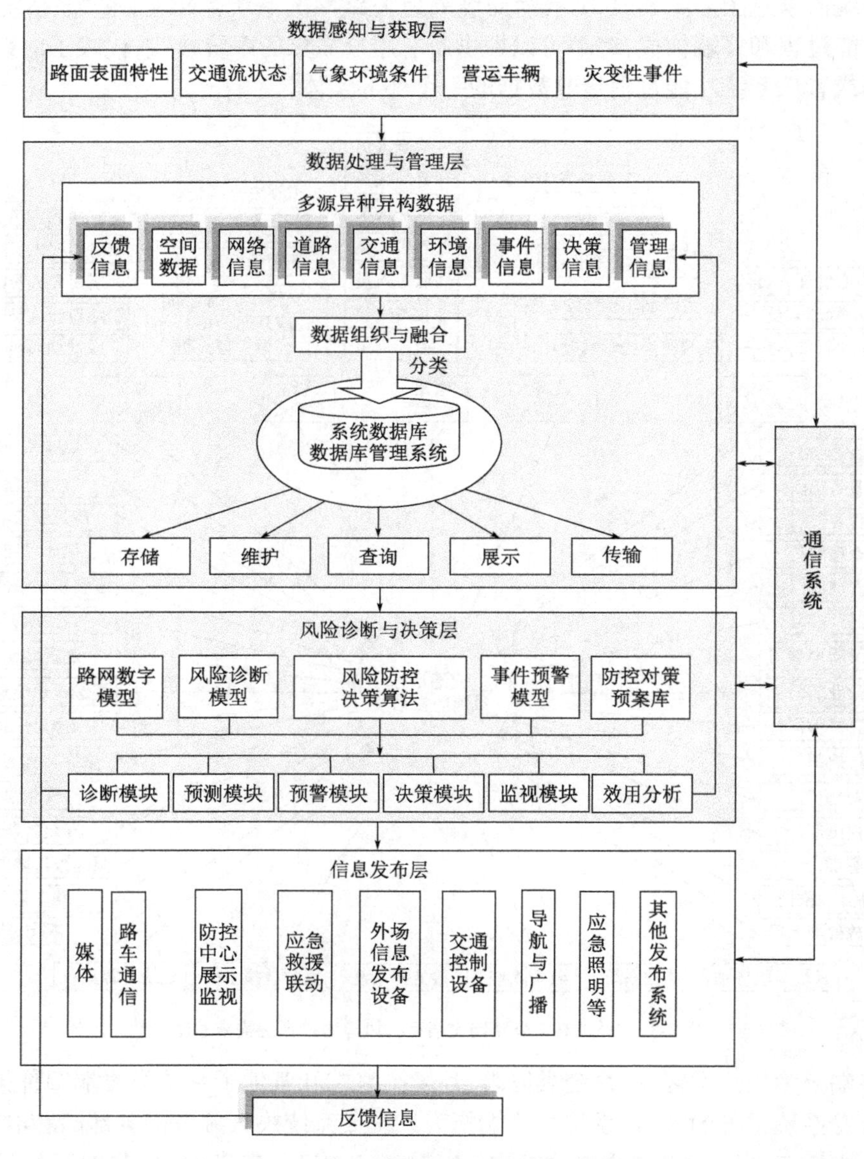

图 8-32 高速公路运行风险防控系统层次结构

(1)数据感知与获取

数据感知与获取层可实时准确地采集道路、交通、环境和事件等信息。信息可以通过现场检测设备感知与获取,传输到防控中心或防控中心的云计算中心,经数据预处理再存储到系统数据库中。由于数据量大,也可采用边缘计算的方式对数据预处理再传输到防控中心或防控中心的云计算中心。对于一些必须采用人工方式获取的数据,可在移动终端人工录入后,传输到系统数据库。

数据预处理检验数据是否符合预定的要求(如类型、范围或者有无异常等),如有异样数据,则过滤剔除非法、无效的数据。

(2)数据处理与管理

对系统中的多源异种异构数据进行合理的融合、组织、存储和管理,为交通运行风险防控提供有效的决策支持数据,实现多元地理信息的可视化表达。

(3)风险诊断与决策

风险诊断与决策层是交通运行风险防控系统的核心模块,运用路网数字模型、风险分析与传播预测、路网求解、风险或事件预警、交通组织与诱导分析决策等专业应用模型与算法,给出实时运行风险防控的对策等决策结果。风险诊断与决策可以运用路端边缘计算,也可以运用云端计算,具体取决于风险的时空分布和严重程度,对策覆盖的路网时空范围。对于只涉及个体管控单元运行风险消解的对策,可采用路端边缘计算,并授权由路端设备发布防控对策,如团雾、个别路段路面结冰、隧道间的桥梁横向风、小范围养护作业等。大范围的雾、节假日大范围的交通拥堵、不封闭交通的改扩建工程等宜由防控中心协调路网运行实施风险防控。

(4)信息发布

信息发布层向系统各类用户及时准确地发布预警、防控对策等信息。根据信息发布介质或命令执行介质的不同,将信息发布对象分为用户界面系统、防控中心监视系统、外场信息发布设备、媒体、导航与广播系统、交通流控制设备、路车通信设备、决策管理部门和应急联动部门、应急照明系统等。

8.5.2.2 物理结构

高速公路网运营安全管理系统总体功能结构可简单地用图 8-33 表示。感知设备获取道路交通运行状态和路域环境条件,边缘计算或云计算系统等诊断交通运行风险,进行决策分析,给出实时交通运行风险防控对策,由路端或云端设备发布防控对策信息,用户终端接收防控对策信息后调整交通行为,对交通行为的调整作用于道路交通运行状态,调整后的交通运行状态和实时路域环境条件被感知设备感知,防控系统重新诊断风险和调整或优化防控对策。因为数据量大且风险防控具有实时主动性,所以风险防控的数据获取、风险诊断、对策分析及信息发布等均需由系统自主运行实施,需有适当的道路交通智能化技术匹配。

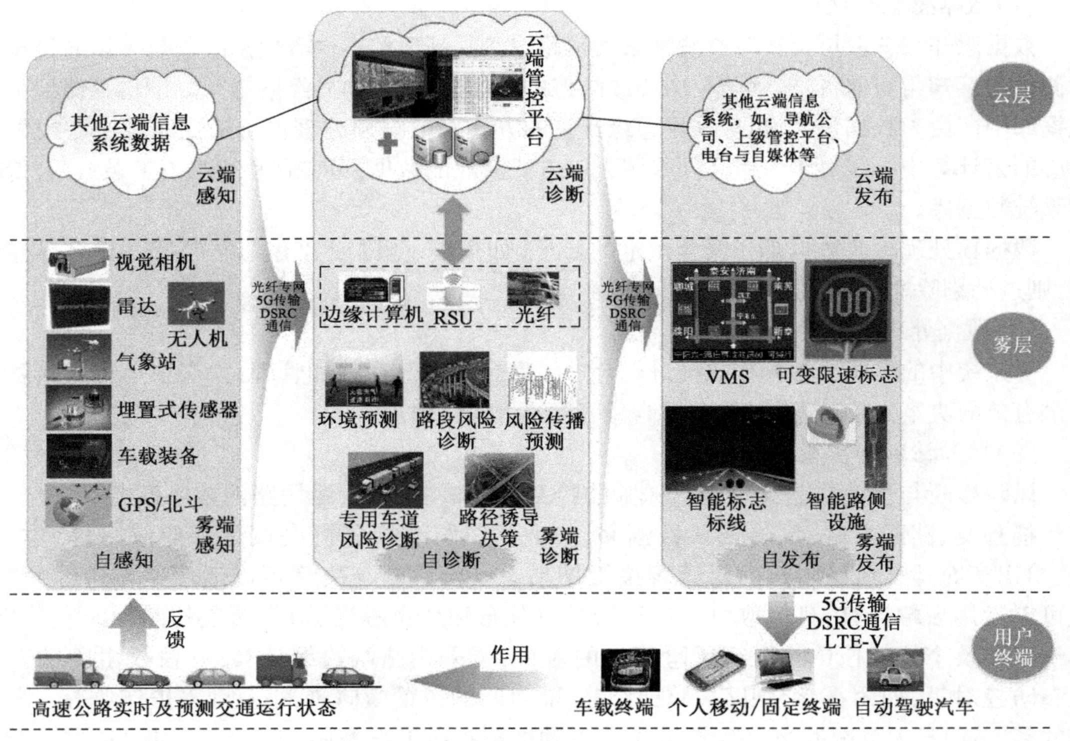

图 8-33　高速公路网运营安全管理系统总体功能结构

8.6　数　　据

“数据驱动”是交通运行风险防控的必要条件，组织与结构、内容及关系等合理的数据库是防控系统所有功能的基础。

8.6.1　数据特征与分类

8.6.1.1　数据特征

交通运行风险防控系统需求的数据信息具有如下特征。

(1)空间特性。路网中的道路交通实体或现象具有地域分布和地理空间分布特征，如网络分布、线性分布、段落分布、离散点位分布等特征。

(2)时变性。路网中的交通现象和路域环境瞬时动态变化的特征，如交通流状态、气象条件等均具有时变性，灾变条件下具有突变性。

(3)海量。路网交通运行风险防控涉及道路、交通、环境、事件、管理等多方面的信息，数据量大。

(4)多源性。数据来源复杂多样，如路端设备检测数据、人工报警数据、移动终端数据、遥感数据、计划事件的计划数据等。

(5)离散性。多源感知获取的道路、环境、交通状态等数据往往离散性很大,与交通运行风险评估指标的关系显著性低。

8.6.1.2 数据分类

交通运行风险防控系统数据分类可从以下几个方面考虑。

(1)属性数据和空间数据

属性数据用于描述空间实体或现象的专题信息和部分时态信息。如系统中描述道路名称、长度和所属政区的数据等。

空间数据用于描述空间实体或现象的几何分布与空间关系。空间数据的表达方式常有:①矢量数据表示特征;②栅格数据表示影像、格网化专题数据和表面;③不规则三角网(TIN)表示表面。如用矢量数据表示的交通网络、用格栅数据表示的行政区域或地理背景等。

(2)静态数据和动态数据

依据属性数据的时态特性可将其分为静态数据和动态数据。

静态数据指那些保持相对稳定,一次采集和输入后,除特殊情况外基本保持不变的数据。如交通事故历史基本信息、道路几何线形、标志标线位置等数据。

动态数据具有很强的时变性,采样频率高。如交通流参数、气象参数(能见度、湿度、温度等)、实时交通风险指标、降雨降雪结冰条件下的路面抗滑性能等数据。

(3)专题信息

专题信息可分为道路信息、交通信息、环境信息、事件信息、决策信息、管理信息、反馈信息和法规类信息等。道路信息如路段、互通式立交、匝道、桥梁、隧道、标志标线、护栏、服务区等道路交通基础设施的基本情况、几何特征、组成结构、功能及使用性能;交通信息如交通运行状态、交通构成等;环境信息如路侧净区、沿线建筑物、自然地理环境、气象等;事件信息用于记录交通事故、车辆故障、货物散落、临时施工等路网中实时发生的事件的信息;决策信息用于记录防控系统的决策模型参数、对策预案等;管理信息用于记载系统触发决策得到的各种风险防控对策信息和实施的对策的历史信息;反馈信息指风险防控与安全水平方面的后评价信息,如高风险路段的评价结论、防控方案执行情况与效果的后评估、安全改造工程方案及其效果、交通事故历史数据等;法规类信息包括交通相关法规和章程、路车通信协议、信息安全法规等。

(4)数据流动过程

根据数据在系统的流动过程,将其分为输入数据、存储数据和输出数据三大类。

输入数据指存储在数据库中的原始数据,如路网空间数字模型、道路与交通工程设施的基本信息、决策模型基本参数、对策库与应急预案等以及实时采集的各种动态数据(如路面病害数据、交通流基本参数和事件信息等)。原始数据不得修改。

存储数据指系统在运行过程中产生的中间结果数据,如管控单元所属灾害天气类型、实时运行风险等级等。

输出数据指系统所产生的分析和决策的最终结果,如可变限速标志限速值、可变信息板发布内容、匝道控制流率、需要联动的紧急救援单位等。

为了开展交通运行风险防控系统运行后评估,调整优化对策和应急预案,存储数据和输出数据可视后评估需要转为输入数据,保存一定的时期。

(5)多媒体属性

按照信息的多媒体属性可将数据分为文本、图形、图像、视频和语音等类型。

系统中大多数数据为文本数据,如动态的交通流参数等;图形数据是以图元为单位的多媒体数据,如描述道路横断面形式的CAD图等;图像数据是以像素为单位的多媒体数据,如交通事故图像资料等;视频数据主要记录由视频设备采集到的道路、交通、事件和天气等数据;语音数据如紧急电话等音频报警装置采集到的信息等。

【例8-3】 高速公路网局域路网运行风险管控平台可采用图8-34所示的数据分类。

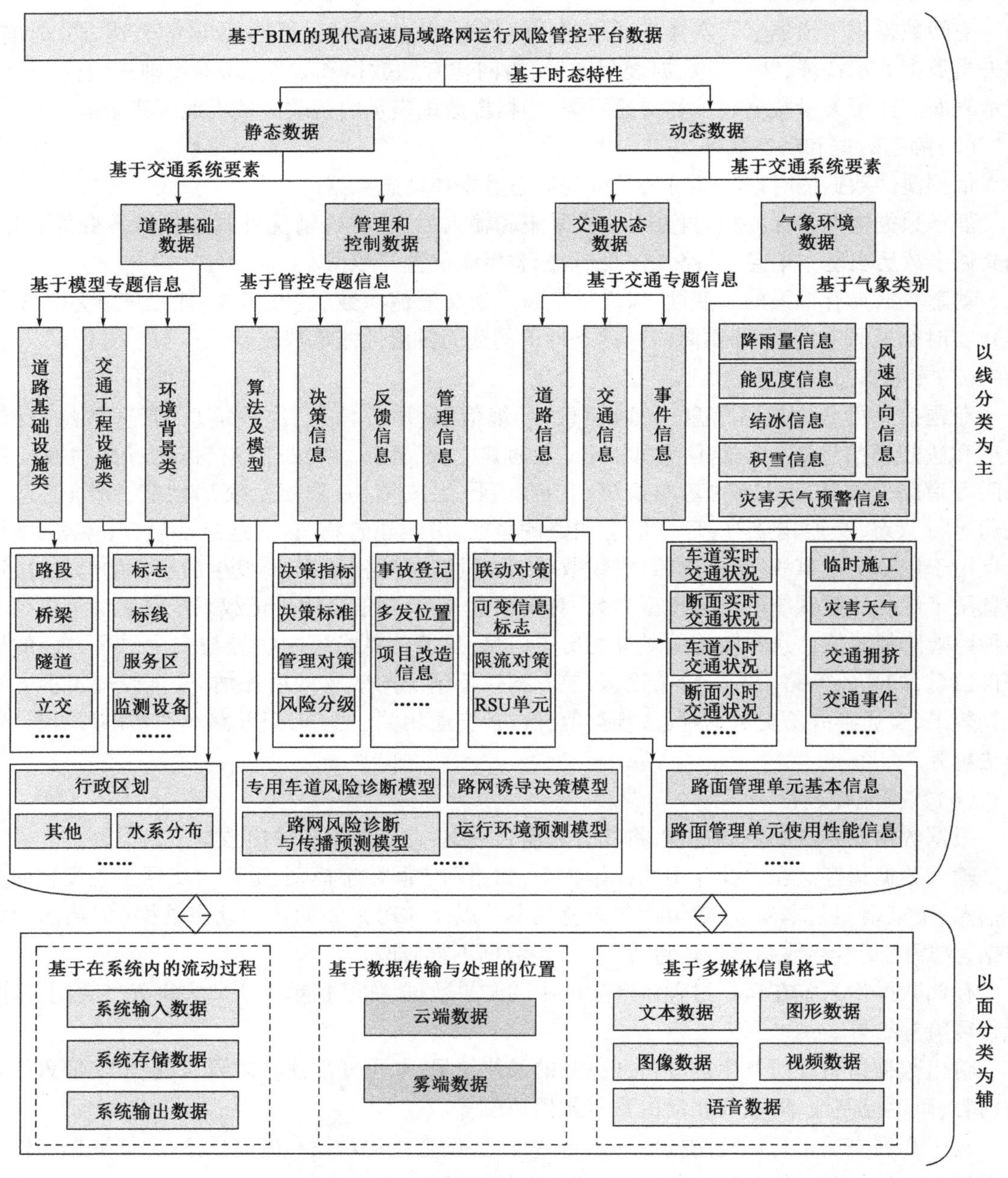

图8-34 高速公路网局域路网运行风险管控平台数据分类

8.6.2 数据模型

8.6.2.1 架构

数据模型的构建应考虑数据信息特征、性质及其逻辑关系,如图 8-35 所示。数据模型应可整合数据逻辑关系,明确功能,便于数据集的表达、分析、操作与扩充。按空间数据、静态属性数据和动态属性数据组织数据模型架构。

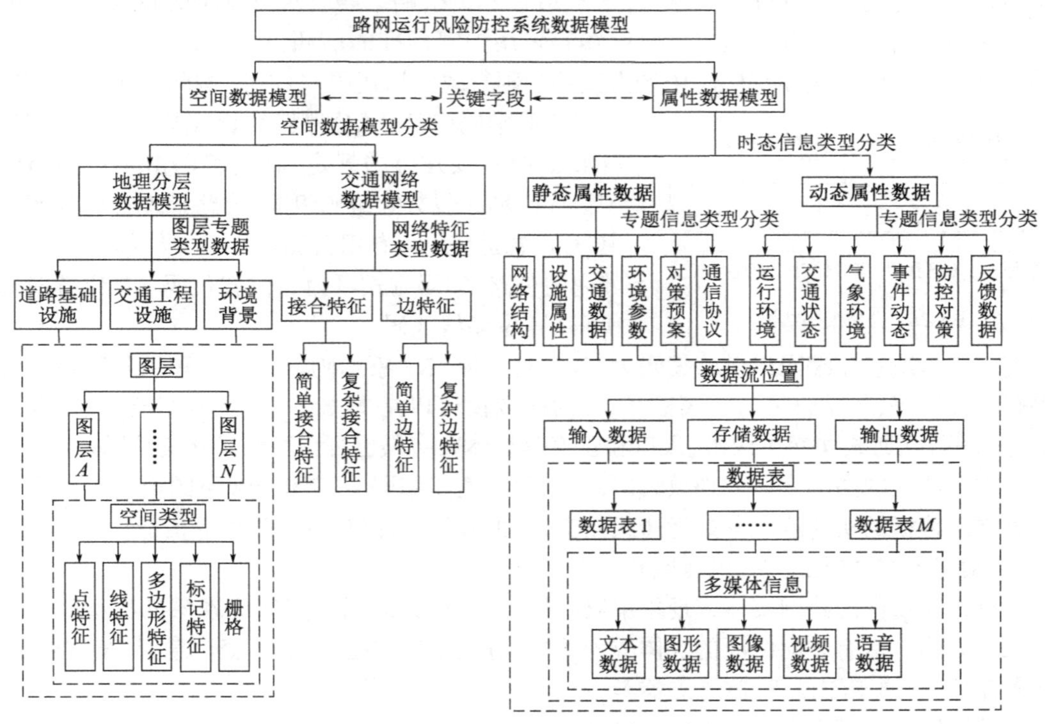

图 8-35 路网运行风险防控系统数据模型

8.6.2.2 编码

编码设计是数据库系统的一项关键技术。实现系统数据编码的规范化和标准化,有利于整个路网和广域信息共享和交换。

数据编码可按照如下基本原则实施。

(1)唯一性。每一个空间实体或每一种空间现象在数据库中被唯一标识。

(2)简洁性。编码规则清晰合理,编码方式简洁明了,可适应计算机自动化编码操作,从而节省存储空间,减少冗余,提高信息处理速度和可靠性。

(3)实用性。尽量选择有属性含义的信息作为编码内容,编码能够表达一定的实际意义,便于系统管理人员使用。

(4)稳定性。编码在系统整个使用过程中应具有良好的稳定性和有效性,否则将影响系统决策的正确性。

(5)可扩展性。适应编码对象的发展变化,如根据路网的建设进程,可进行编码修正和扩展。

(6)智能性。可以识别空间实体或现象的从属关系。

(7)标准性。符合国家及行业等标准体系。

交通运行风险防控系统数据模型涉及许多空间实体和现象需要进行编码,根据这些实体和现象与路网的时空演变逻辑关系,编码方法可分为道路编码、实体或现象编码、事件编码三类。

道路是路网的底层组成部分。对于路网运行风险防控系统的道路编码,应首先使用路网在所属政区内有规定的标准编码体系,图8-36所示的公路编码结构由道路所属政区的编码和道路所在路线的编码两部分组成。政区编码采用国家标准的前四位,即省(自治区、直辖市)代码加地区代码的形式,应符合《中华人民共和国行政区划代码》(GB/T 2260—2007)的规定;公路路线编码应符合《公路路线标识规则和国道编号》(GB/T 917—2017)的规定,路线编码由1位公路管理等级代码和3位数字编码组成,公路管理等级代码有国道(G)、省道(S)和专用公路(Z)三类。如对于省辖地域内的公路,编码方式可为2位省代码+2位省属地区代码+4位路线代码。

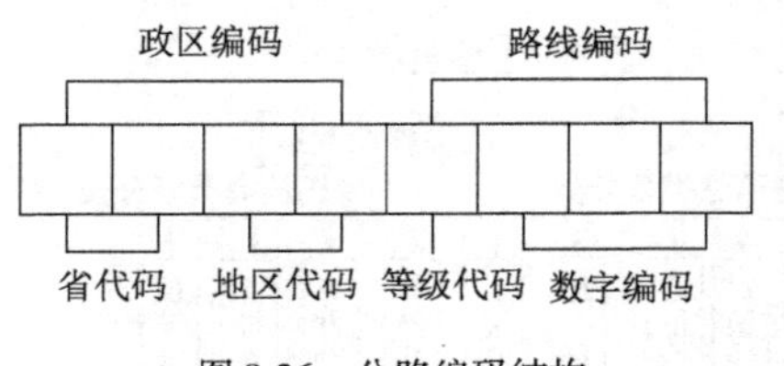

图8-36 公路编码结构

道路实体或现象编码以道路编码为基础,对实体或现象编码。编码可采用其物理名称+数字码+方向码,数字码可为路线桩号,方向码取值可以是N、S、E、W及其组合,驶入驶出可用Ex、En等;互通式立交主线出、入口和匝道等实体数字码也可用互通式立交编码。

无方向特征的路网实体或现象编码结构可为:道路编码+实体或现象的类型码+数字编码。无方向特征的实体或现象如互通式立交、中央分隔带开口、桥梁隧道等构造物、收费站、服务区、自动气象站、能见度仪、风速风向仪等。

具有方向特征的路网实体或现象编码结构可为:道路编码+实体或现象的类型码+方向码+数字编码。具有方向特征的实体或现象如监控设施、防控单元、可变信息板、车道控制器、可变限速板、交通限流设备、冰检测器等。

事件编码结构可为事件类别码+事件亚类码。

【复习思考题】

8-1 简析道路交通运行风险防控作用,构建的道路交通运行风险防控系统应具备哪些功能?

8-2 如何构建道路交通运行风险防控对策库?

8-3 为实施道路交通运行风险主动防控,需实时获取哪些交通运行状态的数据?

8-4 列举道路交通运行风险防控信息发布方式,分析其优缺点。

8-5 系统数据库的特征和内容有哪些?

8-6 如何判定道路交通运行风险防控对策的有效性?

8-7 简析动态路径诱导的作用和路径诱导算法。

第 9 章
路域环境

随着交通运输业的蓬勃发展,在满足出行需求的同时,道路交通基础设施对环境、生物、生态的影响也越来越多地受到全球关注。在道路交通基础设施原材料获取、材料生产运输、建设及施工等全寿命周期过程中,将产生大量污染物,这些污染物将随着大气沉降、降雨淋溶等物质循环过程,在路域水土环境中迁移、交互、累积。例如,在道路设施运营、施工及养护作业过程中,机动车尾气排放以及轮胎、机械部件的磨损等产生的重金属 Cd、Cr、Pb、Cu、Zn 和多环芳烃等污染物极易富集在路域周围的环境中(包括土壤、水体、大气等),导致土壤腐蚀、水体富营养化与大气污染等。

9.1 路域环境影响与评价

9.1.1 路域环境影响

9.1.1.1 土壤影响

土壤是自然环境的重要组成之一,道路建设、运维和交通运行等的借方弃方,通行的车辆等均会对土壤产生影响,可导致肥沃土的损失、冲蚀,土壤污染等。对土壤的累积影响甚至可破坏土地资源,造成森林退化、水库河道淤积、河流变道、洪涝灾害加剧、水土流失、生态环境恶化等。

道路建设初期,道路工程师和农林(土壤)方面的专业人士应对现场进行普查,以确定土壤抗冲刷能力等。为了降低道路建设、运维和交通运行对土壤的影响,应最大限度地减少清除地表土和植被,尽量维持填挖平衡以减少弃方或借方,尽量避免边坡坡度超过土壤自然休止角,及时恢复植被(不应等到所有工程项目完工后才启动植被恢复)。

绿化或恢复植被是减小道路建设、运维和交通运行对土壤影响的主要措施,应用非常广泛,如图 9-1 所示的一些处理方式。其他补救措施,如可将采石场转变成人工湖以适应农业需要并考虑野生生物的习性,借土坑和弃土堆建成路侧景观等。

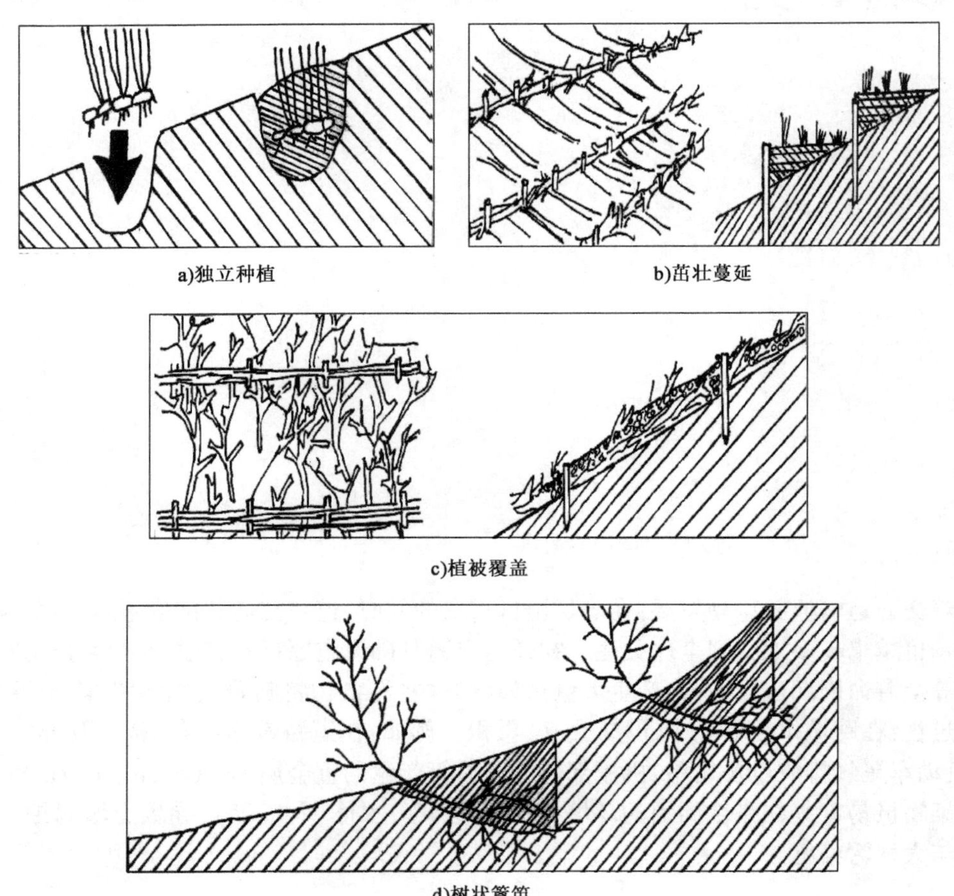

a)独立种植　b)茁壮蔓延

c)植被覆盖

d)树状篱笆

图 9-1　边坡植被生态防护

9.1.1.2　水资源影响

尽管可以尽量优化道路线位以减小环境影响,但道路必然与流域交叉,对水文环境的影响难以避免。道路对水环境的影响可从三个方面考量。

地表水。道路与自然流域交叉,通常会改变地表水的自然流向,地表水自然流向的变化可导致洪水、土壤侵蚀、河道变迁、溪流淤积等水环境的变化。

地下水。道路排水和开挖可导致临近区域的地下水位降低,路堤等结构物则可导致水位上升,潜在的影响还有植被退化、土壤更易受侵蚀、饮用水和农业用水受到影响、鱼类和其他野生动物习性受到影响而变化等。

水质恶化。地表水和地下水的水质均可能受到环境的影响而恶化。沉淀、生物活性的变化、废气等有害物质的排放、路表水、沥青等石油化工类物质、交通事故、路面冬季除冰等均可导致水质恶化。

在干旱缺水地区进行道路建设的同时,应适当地建设一些储水的设施,这可能是对环境有利的一面。如立交区及其内部的绿化。

道路建设与运维期,可通过以下措施降低环境影响:①优化几何线形,如道路尽可能不要切断自然陡峻的边坡;②道路尽可能不要切断水的自然流向;③使用“清洁”的材料,如采用碎石填筑路基时可尽量控制细粒土的用量等;④在自然水体与道路之间设置缓冲区等。

道路设计时,合理选择流速、采取污染控制措施(如路表径流水的处理等)、氧化大型植物(湿地处理)、水流收集控制与处理等可作为减小环境影响的措施,如采用碎石盲沟排水时考虑对水的过滤处理。也可以采取一些补偿措施,如钻孔位置远离敏感区以减少对地下水的干扰,为道路附近的居民钻井提供饮用水,为野生动物建造符合其习性的场地。

按《公路环境保护设计规范》(JTG B04—2010)的规定,公路设计应调查和收集公路中心线两侧各200m范围内的地表水资源分布,并调查影响水体的环境功能。公路工程可行性研究阶段应调查公路拟跨越水体的数量;初步设计阶段应基本确定公路拟跨越水体的数量和环境功能及应采取的保护措施;施工图设计阶段应确定公路拟跨越水体的数量、类别和位置,落实保护措施及其工程数量。该设计规范规定:“路面径流不得直接排入饮用水体和养殖水体。公路不得占用居民集中地区的饮用水体;当路基边缘距饮用水体小于100m、距离养殖水体小于20m时,应采取绿化带或其他隔离防护措施。公路在湖泊、水库、湿地等地表径流汇水区通过时,应采取措施防止公路对地表径流的阻隔。”图9-2为一些水资源保护措施示例。

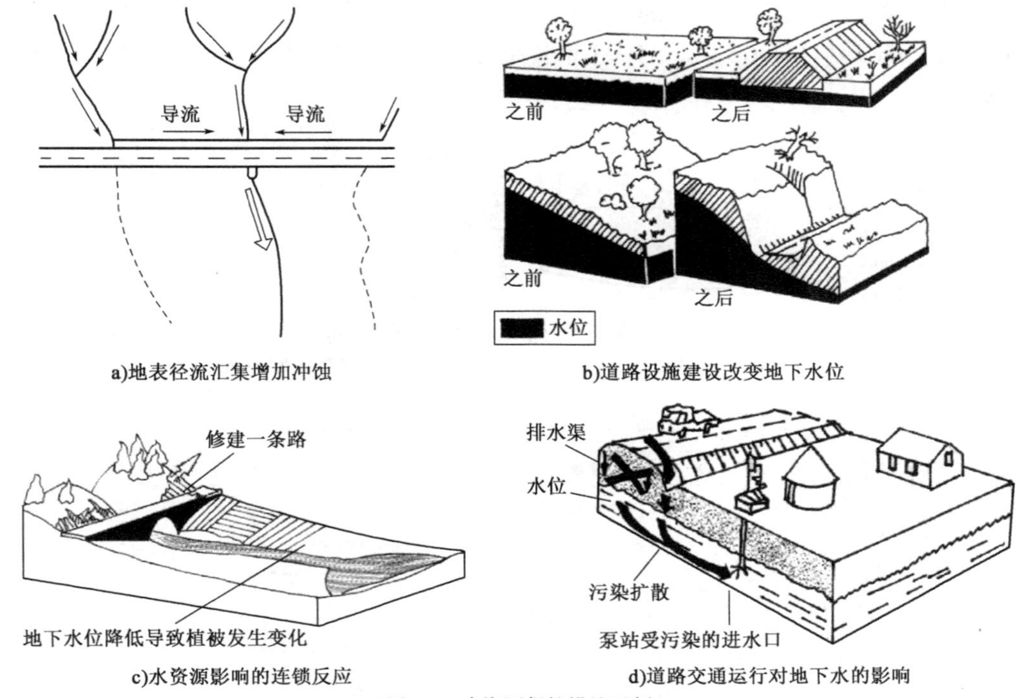

a)地表径流汇集增加冲蚀

b)道路设施建设改变地下水位

c)水资源影响的连锁反应

d)道路交通运行对地下水的影响

图9-2 水资源保护措施示例

9.1.1.3 空气质量影响

近地层的大气常称为空气,是人类生存必需的和最宝贵的资源之一,是生命物质。空气污染指人类活动或自然的作用使某些物质进入空气,当这些物质到达一定的浓度并持续一定的时间时可危害人体健康,也可危害生物界及其生存环境。

机动车的使用是造成全球环境问题日趋严重的一个原因,仅汽车的使用就造成了60%的一氧化碳排放、60%的烃排放,释放到大气层的氮超过了2/3。因此,道路规划、建设和运维等全寿命周期里均应非常重视道路交通产生的空气污染问题,图9-3为路域污染物传播示意。

图9-3 路域污染物的传播

汽车排放物中对路域空气造成污染的主要成分有:氮氧化物、碳氢化合物、一氧化碳、二氧化硫、颗粒物、Lead 铅、Aldehydes 醛类。这些物质被风吹送到远离道路的区域或污染物之间可能产生化学反应,可导致二次污染,如氮氧化物和碳氢化合物在阳光里可反应生成臭氧,臭氧虽然对大气层是有益的,但在地表是被列为有害物质的。图9-4为英国公路学会(United Kingdom Highway Agency)1993年公布的关于汽车尾气排放率与行车速度的关系的测试数据。

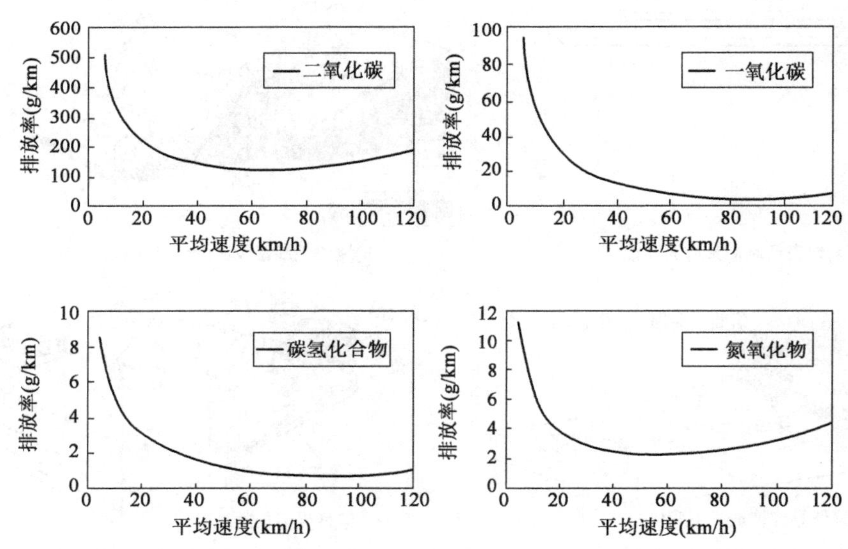

图9-4 汽车尾气排放率与速度的关系

汽车污染物排放与燃油消耗、发动机保养、车龄、发动机温度、道路几何线形、车辆类型(客货车等)、交通量、行驶速度等有关。显然,做好城市规划、公共交通优先和交通畅通等对汽车污染有防止作用。干线道路尽量不要穿越居住区、学校等人口密集或工作场所,采取科学的交通管理措施保持交通畅通(如避免交叉口拥堵)、优化道路几何线形、进行路侧绿化等可减轻汽车排放造成的污染。

9.1.1.4 动植物群影响

生物多样性是物种和生态系统的财富。无论从全球角度还是地区角度看,生物多样性都是非常重要的,生物多样性越高,地区的资源越丰富。道路建设、运维和交通运行等可导致栖息地消失、栖息地碎片化、迁徙通道阻断、水生栖息地破坏等。

很多场景下,道路建设、运维和交通运行等也对动植物群有间接影响。如道路接入与连接使得人与自然环境接触增加从而可能逐渐改变生态环境,道路两侧的新植物和动物种类可打破生态平衡,道路交通运营期的持续排放可导致生物群污染,道路交通便捷促使人类活动频繁从而可能诱发火灾风险,交通出行可传播疾病等均可对动植物群产生间接影响。

各类生态系统敏感性不同。如森林生态系统随气候和海拔变化很大,同时也是非常脆弱的,一旦受损要几十年才能恢复;水生生态系统,如沼泽、池塘、湖泊、河流和溪流,是许多动物觅食的重要栖息地、迁徙停留地,图 9-5 为自然河流渠道化对生态的影响示意;岛生态系统,生态敏感性与岛的大小和岛与大陆的距离有关,但岛的生物多样性一般不高,某些小岛还可能是特种疾病的高发地;山地和高山生态系统,由于相对高海拔和极端气候环境,物种往往比较单一,沟壑丰富,边坡陡峭,也是非常脆弱的生态系统;沙漠生态系统,气温波动大,降雨量小,蒸发量大,物种多样性低,植被稀疏,一旦损坏也是很难恢复的;沿海和河岸生态系统,介于水生和陆生系统之间,动态多样,物产丰盛,潮湿,物种丰富,是迁徙类动物的栖息地,但也是人类高度开发和居住地,该生态系统由于过度发展消失很快;草原生态系统(Grassland Ecosystems)、热带草原生态系统(Savannah Ecosystems)可能存在于不同的海拔,是以各种多年生草本占优势的生物群落与其环境构成的功能综合体,草原主要是由耐寒的旱生多年生草本植物(有时为旱生小半灌木)组成的植物群落,它是温带地区的一种地带性植被类型;洞穴、石灰岩和喀斯特生态系统、苔原生态系统(Tundra Ecosystems)等也是非常脆弱的,损坏之后几乎不可能恢复。

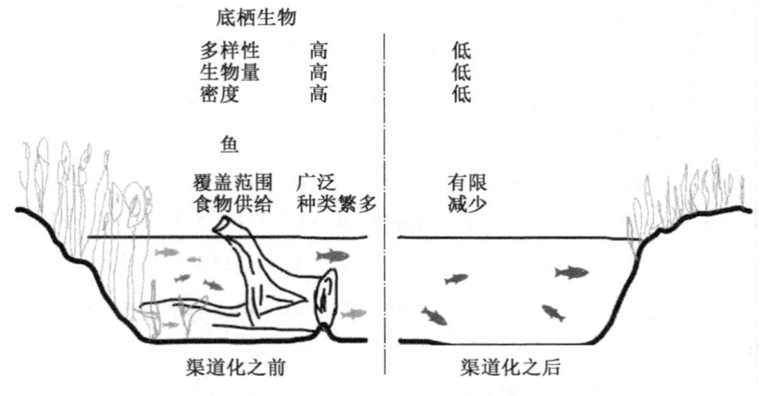

图 9-5 自然水系改变前后生态对比

无论新建还是改扩建道路，都应重视对生态系统的影响，道路线位尽可能与生态系统保持一定的距离，特别是对于脆弱的生态，以免影响动植物群；尽量不与水域交叉，干线道路和交通流量大的道路尽量不要穿越国家保护区等。优化工程建设方案、绿化、设置动物过境通道、设置隔离栅防止动物与汽车冲突、交通控制、保持水风通道等对路域环境污染有一定缓解作用。

9.1.1.5 其他方面的影响

新建或改扩建道路对居住社区生活及经济活动也可能产生不良影响。特别是对于我国城镇化发展时期，城镇化地区的道路规划设计与改扩建应注意对原社区的影响。如新建道路将一个完整的社区分割，将农村居住地与耕地分割等。道路建设不可避免需要征地拆迁，征地拆迁对环境的影响也应作为道路交通发展对环境的影响予以考虑。

道路交通的发展也可对传统文化产生不利影响，如导致传统认同感的丧失、当地居民丧失生计、传统行使的土地权利受到侵犯等。道路交通发展有时还对文化遗产产生不利影响，文化遗产包括考古、历史、宗教文化或具有美学价值的遗址、建筑物和遗迹等。道路建设可损坏这些文化遗产或对遗产的美学价值产生不利影响。道路交通发展对自然景观也可能产生不利的影响，道路建设应尊重自然和人类变化过程，也应尽量减少资源利用并尽可能在环境、经济和社会效益之间保持平衡，尊重并建设多元文化景观、尊重自然元素的联通性等。天然浮雕和形态景观、自然河流、自然植被、景观的结构和格局、自然村落、建筑或文化遗产等在道路交通发展时均应受到保护。图9-6为道路影响到的一些特征区域。

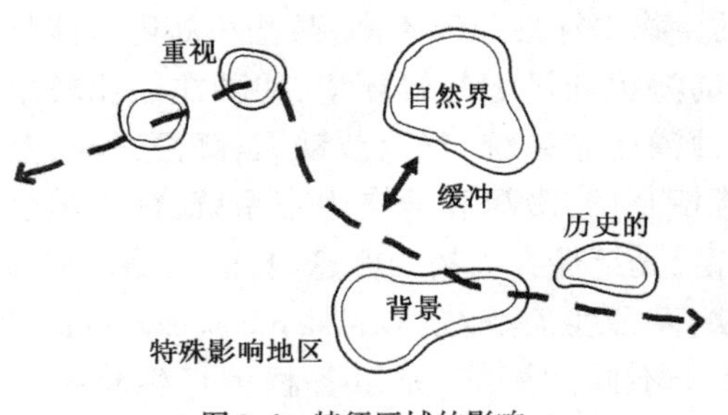

图9-6 特征区域的影响

交通噪声是道路交通发展过程中造成声环境污染的主要因素，大众健康和安全也受到交通发展的影响；道路交通设施运营期的废气排放、噪声、交通传播疾病等都对人类健康有很大影响。

9.1.2 路域环境影响评价

为了保护环境，实现可持续发展，应对道路交通发展的环境影响实施全寿命周期的评价。环境影响评价通常有以下三个方面的作用。

(1)使得管理者或决策者清楚项目对环境质量的总体影响。

(2)针对项目对环境产生的不利影响，提出针对性的环境影响评价方法、防止或降低对环境影响的对策，实现环境低影响。

(3)为地区发展规划和环境管理决策提供科学依据。

按照《Roads and the Environment A Handbook》(WORLAD BANK TECHNICAL PAPER NO. 376)，环境影响评价(Environmental Assessments，EA)总体上可分为五类，其中Traditional project-specific EA包括project specific EA、programmatic EA、Summary environmental evaluation和Reginal EA四类。

道路交通发展环境影响可用图9-7表达，图中符号含义见表9-1。保护路域环境或降低环境影响，在道路规划设计阶段就应给予充分的重视。道路规划设计应做好道路走廊的空间敏感性等环境冲突分析，确定冲突相对少的走廊。如图 9-8 所示，中交第二公路勘察设计研究院有限公司（简称中交二院）通过影像融合与分析，提高地质遥感解译和景观生态分析的精度，可靠地提取各种所需的分类信息，如用于墨脱公路的地质选线的环境选线。道路建设方案应以避免环境破坏为最高环境保护原则，条件受限时应尽量减小环境影响，并给出环境均衡和替代方案。如道路建设侵占了部分候鸟迁徙停留地或影响了停留地的环境特征，应有可行的补偿措施或替代方案。可用图 9-8 所示的合成图表达不同发展阶段环境影响的对比，如环境初始状态、建设影响后的状态、采取某种环保措施后的效果等。

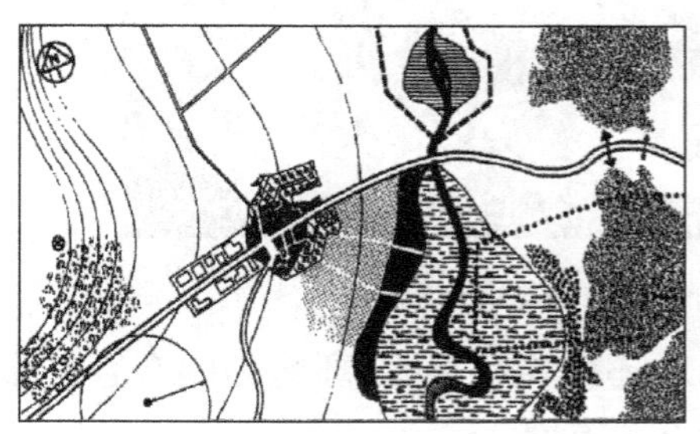

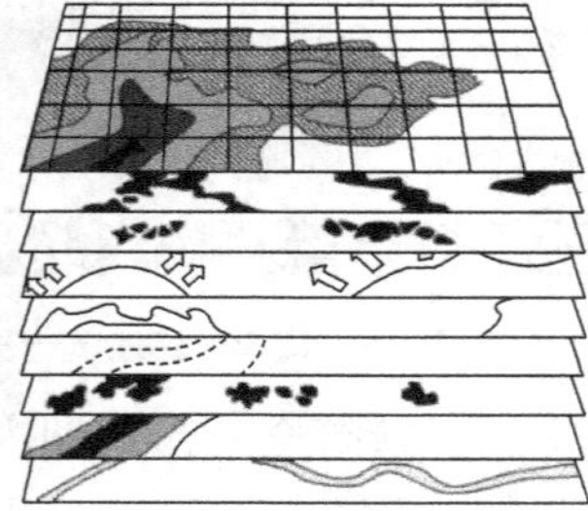

图 9-7 道路规划期道路走廊环境敏感性分析

图 9-7 中各符号含义说明 表 9-1

符号	含义	环境敏感性
	密集城市化	对噪声和路权的变化高度敏感
	稀疏城市化	对噪声和路权的变化高度敏感
	工业区	商业活动对访问变化和交互扰动敏感
	林地坡度	易受侵蚀
	未受干扰的洪泛区	有价值的野生动物栖息地，对水流和水质的变化敏感
	重要的生态系统	孕育着稀有或特别敏感的物种，因此易受任何变动的影响
	珍稀野生动物栖息地	对污染和水流、水质变化敏感
	良好农业用地	对交互隔离、土地流失、地下水变化和侵蚀高度敏感
	中等农业用地	对交互隔离、土地流失、地下水变化和侵蚀高度敏感
	植树造林	易受地下水流变化的影响
	混合森林	对野生动物干扰、地下水变化和污染敏感
	狩猎保护区	对野生动物的干扰敏感
	常用动物走廊	受高交通量的威胁
	二级动物走廊	受高交通量的威胁
	珍稀产卵地	对水质、水流的变化非常敏感
	良好鱼类栖息地	对水质、水流的变化敏感，是重要的捕鱼途径
	饮用水源和保护区	对污染和地下水的变化敏感
	文化遗址	对振动敏感，受访不受控制

图 9-8　墨脱公路地质选线的环境选线（中交二院）

道路建设、运维与交通运行等全寿命周期内对环境均有影响，环境影响有直接影响、间接影响和持续影响。根据影响的本质，可分为以下五个方面。

（1）有利影响与不利影响；

（2）偶发性影响与可预测的影响；

（3）局域影响与广域影响；

（4）瞬时影响与永久性影响；

（5）短期影响与长期影响。

直接影响，简单地说，就是道路建设、运维和交通运行过程直接对环境产生的影响，如占用土地、借方、移除植被、矿石开采等。直接影响对财产等造成的损失相对比较好计量。间接影响也称为次生影响或链式影响，其可能比直接影响更久远且难以评估。随着时间的推移，持续的间接影响累积，影响域度更大且难以预测，如地下水水质恶化、森林退化、物种消失等。枢纽立交等重大基础设施、高密度路网、泥石流滑坡等灾难性突发事件、缓慢渐续的衍变（道路排水系统干扰了泉水水流方向）等可导致环境持续累积变化。图 9-9 中的河道矫直、破坏植被、道路运营和工程施工等基本作用都或多或少地产生有限的直接影响，这些有限的影响叠加的后果将是很严重的，可能影响水生态。

环境影响评价可按图 9-10 的流程进行。道路项目一般多为大型项目，特别是长距离高速公路、跨越江河湖泊的大跨度桥梁、山区长隧道等，每个建设项目所在地区的自然环境、社会环境等差异很大。环境影响评价时可按大型项目自然环境、社会环境等的差异性，分项工程可能产生的潜在环境影响等，构建环境影响因子识别矩阵，如表 9-2 所示。在筛选环境影响因子的基础上，可分生态环境、土壤侵蚀及水土保持方案、声环境、空气、水环境等环境影响评价专题开展评价工作。

环境综合质量评价通常采用加权求和法，即考虑环境要素及其污染物对人体、动物、植物和环境的影响程度，按式（9-1）评价环境综合质量，其中 i、j、K、N 为自然数。

$$P=\sum_{j=1}^{K}W_jP_j \text{ 且 } P_j=\sum_{i=1}^{N}W_iP_i \tag{9-1}$$

式中：P——环境综合质量评价指数；

W_j——某种环境要素的权重值；

P_j——某种环境要素的质量指数；

W_i——某种环境要素的单因子权重值。

环境要素权重值可根据项目排污或环境功能、环境可纳污量等确定,也可采取专家打分法确定。

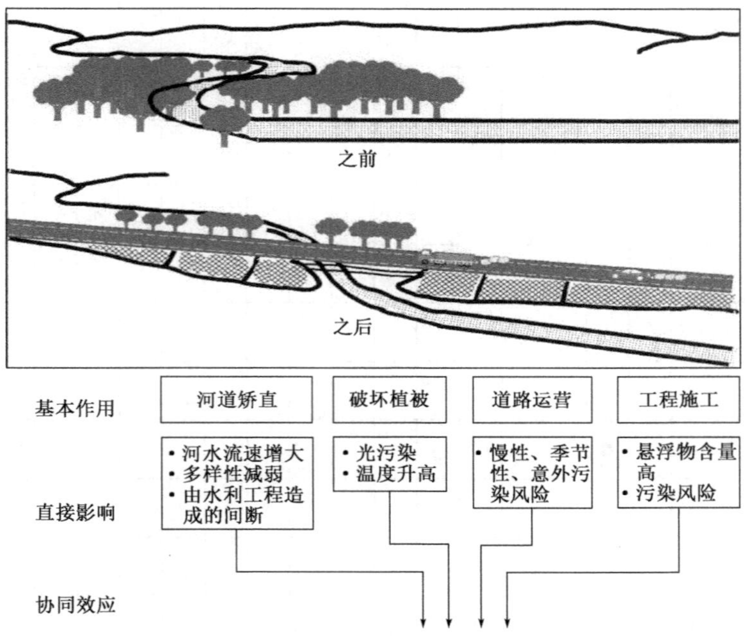

图9-9 持续累积影响示例(水系影响)

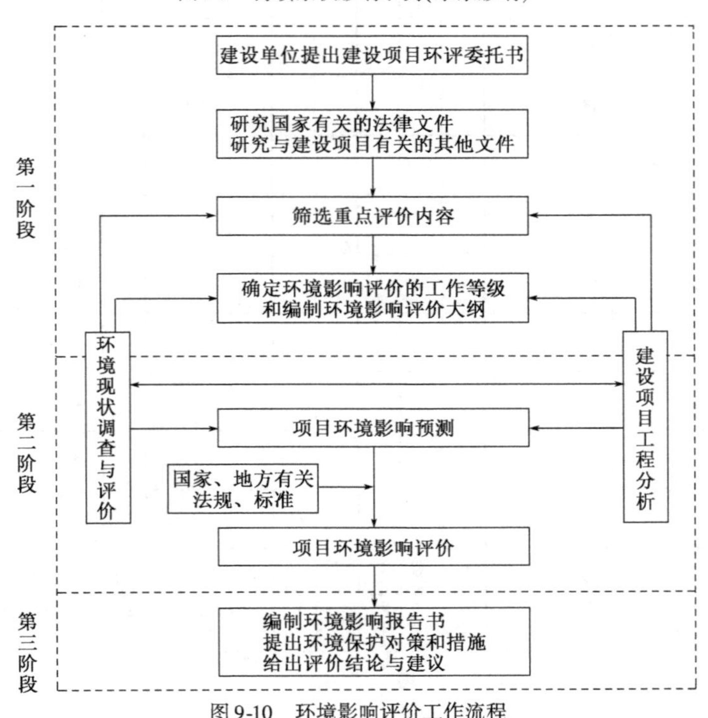

图9-10 环境影响评价工作流程

道路项目环境影响因子识别矩阵

表 9-2

工程及活动		自然(物理)环境				生态环境						社会环境								生活环境					
		声光热	地表水	空气	地下水	保护区	植被	土壤侵蚀	土地资源	野生动植物	水文	征地拆迁	再安置	农业生产	交通运输	居住环境	发展规划	社会经济	文物古迹	社区生活	环境质量	教育资源	医疗资源	安全	环境景观
施工期	施工前准备											●	●												
	取、弃土																								
	路基施工	▲	●	▲	▲	●	●	●	●	●					▲	●			●	▲	★			★	▲
	路面施工																								
	桥梁施工																								
	隧道施工																								
	材料运输																								
	构件预制																								
	施工营地																								
	施工废水																								
	沥青搅拌																								
	防护工程																								
	交安设施																								
营运期	养护维修																								
	交通运行	●	▲	▲	★	●									○		○	○		▲	★	☆	△		
	路表径流																								
	交通事故																								
	边坡滑塌																								
	桥梁隧道																								
	服务设施																								

注:○/●-正/负重大影响;△/▲-正/负中等影响;☆/★-正/负轻度影响。表中仅为示例。

9.2 路域水土环境

2014年由环境保护部和国土资源部发布的《全国土壤污染状况调查公报》指出，我国干线公路路域土壤Cd、Cr、Pb、Cu、Zn等污染物超标率为20.3%，高于全国土壤污染总超标率。一方面，大规模的城市地表硬化铺装改变了原有的生态水文循环，加之近年来气候变化影响下极端降雨天气频现，使得城市地表径流流量增加，雨水峰值增大，甚至产生城市内涝。另一方面，雨水裹挟着大气中的悬浮污染物到达地表，形成径流的同时积累了人类活动过程中产生的污染物，如汽车燃油、建筑垃圾以及生活垃圾等，最终通过城市排水系统流入附近的受体水域，形成非点源污染，进而对动物和人类的健康造成严重威胁。美国国家环保局(U.S. Environmental Protection Agency, USEPA)的水质调查显示，城市径流污染已经成为河流湖泊污染的第三大污染源。我国相关研究也表明，径流污染已经成为城市水系以及江河湖泊水质恶化的主要原因之一。

9.2.1 道路径流污染

9.2.1.1 道路径流污染的定义及其产生

面源污染是指降水引起的地表径流对水体的污染，既包括城市路表径流引起的水体污染，也包括农村地区引起的农田面源污染。面源污染是相对于点源污染提出的，因此亦称为非点源污染(Non-point Pollution)。随着点源污染逐渐得到控制，人们逐渐开始关注面源污染。道路径流污染最早起源于对城市雨水污染的相关研究，美国国家环保局于1978年开展了历时5年的国家城市径流计划(Nationwide Urban Runoff Program)，检测并统计了包括高速公路在内的不同用地类型下的城市雨水的污染特征，并建立了国家雨水质量数据库(National Stormwater Quality Database)。随着对城市雨水污染来源认识的深入，城市交通运输过程中车辆与路面产生的相关污染成为早期较多研究确定的重要污染源之一，有关城市各类交通区域径流污染的研究也逐渐显现，主要包括人行道、停车场、城市道路(主路与支路)以及高速公路，其中与城市道路和高速公路的径流污染相关的研究较多。然而，有研究指出，高速公路仅占城市土地利用的一小部分，同时其具有良好的通行条件，不会产生交通堵塞与频繁的汽车制动与启动等现象，因此其对整体道路径流污染的贡献相对较小。相比之下，城市道路受路段限速、交通信号、交通堵塞、行人等各类因素的影响，其重金属污染物与颗粒物的含量通常要高于其他交通区域(图9-11)。

图9-11 城市道路径流污染

道路径流常见污染物类别见表 9-3。

道路径流常见污染物 表 9-3

常规水质参数	总悬浮固体(TSS)	营养物质	NO^{3-}
	总有机碳(TOC)		NH^{4+}
	化学需氧量(COD)		总氮(TN)
	pH		总磷(TP)
金属	镉(Cd)	其他	多环芳烃(PAHs)
	铬(Cr)		生物毒性
	铜(Cu)		粪便指示细菌(FIB)
	铅(Pb)		
	镍(Ni)		
	锌(Zn)		

影响道路径流污染的因素众多,且作用机理复杂,归纳起来分为以下几个方面。

(1)土地利用类型。土地利用类型决定了地表污染物积累能力,在降雨发生时决定了地表向径流输出污染物的能力。已有研究显示,交通区、工业区及商居混合区径流的污染程度要高于文教区、城市绿地、公园等区域。土地利用类型也影响污染物的种类。在商居混合区中,由于餐饮和菜市场的存在,有机物污染的含量相对较高;在工业区中,由于使用特殊的工业原材料及工艺,也存在特殊的污染物种类;在交通区中,由于车辆轮胎与路面发生摩擦,存在较多的悬浮颗粒,金属浓度也相应较高。

(2)交通量。交通区的主要污染物来源于车辆交通行为及路面沉积物,而商业区污染同样受到人类活动的影响,所以交通量(或人流量)也会影响该地区的污染情况。

(3)汇水面积。每一个道路雨水口对应的汇水面积不尽相同。若汇水面积较大,则其污染物的来源面将会更为广阔,其对应样品的污染物的含量将会较高。

(4)路面清扫频率。路面清扫方式众多,主要包括人工或机械清扫、干湿真空抽吸和水力冲洗等。清扫频率较高的地区地面污染累积较少,径流中悬浮颗粒含量相对较低。同时,采用真空抽吸等机器清扫的区域污染程度也比人工清扫区域低些。

(5)降雨特征。累计降雨量、降雨强度、降雨历时、降雨频率以及两场降雨事件的间隔(即前期晴天数)都直接影响地表污染物的积累和冲刷。一般地,污染物的浓度随着累计降雨量的增加逐渐下降;降雨强度的大小即决定了冲刷力的大小,同时也存在稀释的作用,因此其对径流水质的影响是两者作用的叠加;而降雨频率越高或者两场降雨事件的间隔越短,则径流水质会相对越好。同时,径流收集可能存在一定程度的初始冲刷效应,即在通常情况下,初期雨水径流的污染物含量在整个径流过程中是最高的。

《公路环境保护设计规范》(JTG B04—2010)规定,公路经过饮用水水源地及对水环境质量有较高要求的水体时,应符合以下规定:公路线位应设置在饮用水水源一级保护区以外。在饮用水水源保护区内不得设置沥青混合料及混凝土搅拌站;不得堆放或倾倒任何含有害物质的材料或废弃物;不得在饮用水水源保护区内取土、弃土,破坏土壤植被。经过饮用水水源保护区、执行《地表水环境质量标准》(GB 3838)Ⅰ~Ⅱ类标准的水体及《海水水质标准》(GB 3097)中的一类海域时,路面径流雨水排入该类水体之前应设置沉淀池处理。公路桥梁跨越饮用水水源保护区、执行《地表水环境质量标准》(GB 3838)Ⅰ～Ⅱ类标准的水体及《海水水质标准》(GB 3097)中的一类海域时,桥面排水宜排至桥梁两端并设置沉淀池处理。

按照《公路环境保护设计规范》(JTG B04—2010)的规定,公路沿线设施污水的处理及排放应根据受纳水体的功能确定;沿线设施污水用于农田灌溉时,应符合现行《农田灌溉水质标准》(GB 5084)的规定;当地下水埋藏深度小于1.5m时,不应使用污水灌溉;当沿线设施污水回用时,其水质应满足现行《城市污水再生利用 城市杂用水水质》(GB/T 18920)的要求。

9.2.1.2 道路径流污染控制技术

1972年美国的净水法案[Clean Water Act(CWA)]中提出了最佳流域管理措施(Best Management Practices,BMPs),最初是为了解决城市面源污染问题,在逐渐推广的过程中发现BMPs措施主要针对排放末端的处理,对于不同地区与流域不具有普适性。1990年,美国马里兰州的乔治王子郡(Prince George's County)首次采用低影响开发(Low Impact Development,LID)理念,减少非渗透路面开发,保留自然区域。低影响开发理念从微观尺度出发,通过分散、小规模的源头综合性措施控制道路径流污染和总量,减少城市开发前后水文、生态条件的变化,即开发后的地表径流量不超过开发前的地表径流量,保持径流峰值出现的时间基本不变,如今LID已成为美国及众多发达国家普遍采用的城市绿色雨水基础设施技术。其他国家也就此开展了一系列积极实践,并提出了适合本国的各种理论体系,如英国的可持续排水系统(Sustainable Urban Drainage System),澳大利亚的水敏感性城市设计(Water Sensitive Urban Design),新西兰的低影响城市设计与开发(Low Impact Urban Design and Development)等。

我国于2012年首次提出海绵城市理念,“十三五”期间,全国13个省在90个城市开展省级海绵城市试点。“十四五”计划实现2030年80%城市建设区面积完成目标的长期规划。经长期研究与实践证实,雨水花园、人工湿地、生态滞留池、透水铺装等技术措施可通过物理吸附、化学降解、生物滞留等多种方式对径流中的悬浮固体、重金属、营养物质等进行净化,对提高水质、改善水环境、减少水土污染等有积极作用。目前世界范围内广泛采用生态滞留池、雨水花园、生态植草沟等低影响开发措施,并通过优化植被类型、选择合适的换填土种类与厚度、引入微生物等提高污染净化效果(图9-12)。

图9-12 低影响开发生态滞留设施(澳大利亚)

《公路环境保护设计规范》(JTG B04—2010)规定公路工程的桥梁导流设施、路基路面排水、路基防护、泥石流和滑坡防治、公路绿化、防风固沙和防洪等工程应充分考虑水土保持措施。其设计应重点考虑“桥台形式和位置的选择不宜压缩河床断面,其导流设施应与河岸自然衔接;路基路面排水设施应系统完善,自成体系,宜远截远送,因势利导;路基防护、泥石流和滑坡防治等宜选择刚性结构与柔性结构相结合，多层防护与生态植被防护相结合的方法，标本兼治，综合治理；公路绿化、防风固沙和防洪等工程宜乔灌草相结合，种植与养护并重，优先选择乡土植物，减少养护成本，注重水土保持实效”等。

20 世纪 80 年代，法国研究者首次发现了透水路面对路表径流污染物有潜在净化效果。21 世纪以来，透水路面作为一种径流污染源位控制技术得到了广泛研究，目前研究者主要通过材料级配优化、增设过滤基层等提高其净化能力。与传统道路相比，多孔隙生态道路赋予了路面优良的透水性能，能够有效降低雨水峰值，避免城市内涝的发生，同时在道路径流下渗的过程中，能够有效降低水中的污染物浓度，达到净化水质的效果。

研究表明，透水沥青路面在水质净化方面有一定作用，透水沥青路面对道路径流污染中的悬浮颗粒物、重金属污染物以及有机污染物有去除效果，但对于透水沥青路面中生物净化机理与净化过程的基础研究较少。2009 年，美国国家环境保护局在新泽西州的爱迪生环境中心修建了一个占地 0.4 公顷、拥有 110 个停车位的停车场（图 9-13），场内包含了透水联锁块混凝土铺装（PICP）、透水混凝土（PC）和透水沥青路面（PA），对这三类透水路面进行了水质检测，比较了三类路面对径流中营养成分的过滤效果，相比于 PICP 与 PC，PA 过滤后的径流中总氮的含量显著增加，而 PO_4^{3-} 的总浓度与溶解性均显著低于其他两类路面；具备土工隔膜的 PC 路面的过滤效果要显著高于其他两类路面，且 PC 对磷和金属成分的去除率均高于 PICP 和 PA。

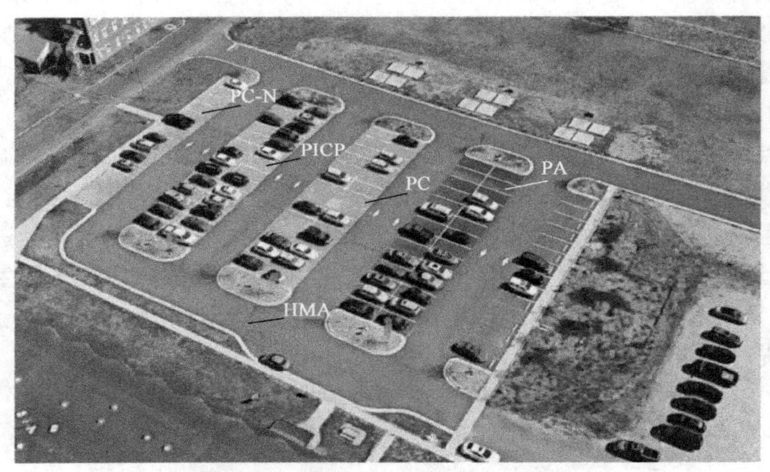

图 9-13 用于径流污染净化研究的美国新泽西州的爱迪生环境中心停车场

多孔透水路面的径流污染净化机理可概括为以下三个方面：

（1）物理净化。通过多孔隙沥青混凝土结构的过滤、吸附与截留作用去除污水中的固体悬浮物与有机污染物。

（2）化学净化。通过沥青中不同组分与径流中的部分重金属离子、有机污染物等产生的化学反应，使污染物被吸附、沉淀并去除。

（3）生物净化。依靠土工织物或路面空隙结构内生长的微生物或生物群落进行生物降解，去除污染物。

9.2.2 路域土壤污染

人类活动、交通基础设施建设等有时会对土壤和作物环境造成不可接受风险的污染，受到污染的土地通常称为“污染地块”。受重金属污染的土壤中生物种类及生物量比正常土壤低得多,如图9-14所示。如有研究表明法国A31号公路两侧320m范围内已形成Zn、Pb和Cd的污染,5~20m内呈现最大值,土壤中Pb污染最严重。对青藏高速公路沿线四处土壤重金属富集程度的测试研究发现,高山草原土壤的重金属含量最高,其次是高山草甸土壤,高山沙漠土壤重金属含量最低。在植被覆盖率低的高山草原地区,由于土壤质地粗糙且松散,高速公路边坡上多为砂和砂砾,增加了边坡土壤的侵蚀潜在危险度。若土壤中同时存在多种污染物则会造成复合污染,不同元素的协同、加和作用使污染加剧。由于车流量大、流动性好、扩散面广,道路基础设施的土壤污染通常具有强隐蔽性,从开始污染到导致后果的时间较长,重金属元素进入土壤经农作物吸收后,再通过食物链进入人体从而引起健康问题。

可行的治理是道路基础设施沿线土壤保护的首要问题。植物修复(图9-15)是利用某种特定植物消减和去除污染物的治理技术,在不破坏土壤生态环境、保持土壤结构和微生物的状况下,通过植物根系吸收大量的重金属。植物修复有植物固定和植物吸收两种方式。植物固定可采用耐重金属植物降低污染物的迁移活化性能。植物吸收是利用超累积植物将土壤中的有毒金属吸收,转移并富集到植物的地上可收割部位,从而减少土壤中污染物的量。

图9-14　受重金属污染的路域土壤

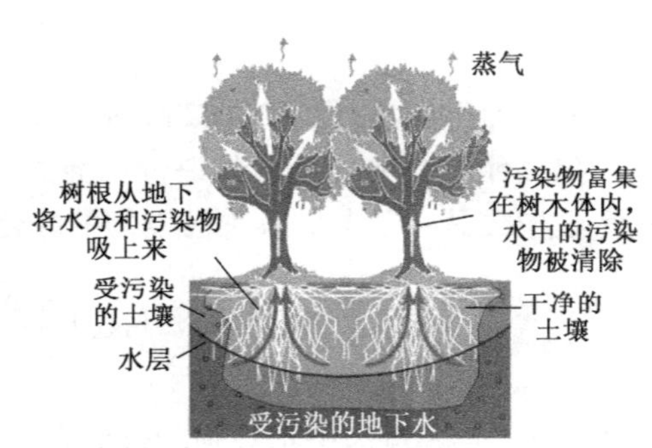

图9-15　植物修复

9.3　路域大气环境

9.3.1　大气污染物

9.3.1.1　大气污染物评价

因大气具有流动性,临近区域之间的大气污染相互传输作用明显,污染输出方给临近区域造成大气污染,具有溢出效应,可称为大气污染具有外部性。大气环境污染问题具有以下三方面的特征。

(1)伴随性。人们在进行生产经营活动时,目的是获取收益,大气污染物是伴随着生产经营活动产生的附加物。

(2)强制性。大气污染具有溢出效应,外部性的输出方或者输入方没有明确的选择权,被迫成为污染输入方。

(3)不可消除性。大气污染伴随着社会经济活动产生,存在范围极广,不可能被全部消除。

大气作为具有较强流动性的公共资源,其自然规律不受行政界限的约束,使得大气污染呈现跨域性。污染物排放后进一步扩散和迁移,部分污染物在产生的区域单元内部得到治理被净化稀释,剩余的污染物则会扩散到其他区域形成二次污染。这意味着作为开放系统,大气环境污染不局限于源头区域,而是会影响周围区域的大气环境。随着城市规模的不断扩张、城市群连片发展,大气污染的跨域性会愈加明显。

由于大气污染具有外部性和跨域性,区域单元内部在人为投入因素下产生的大气污染会因风向、地形和温度等溢散到相邻区域,成为其他区域单元的污染因素,对其他单元的治理结果产生影响。因此大气污染治理过程复杂与治理难度大,大气污染治理不仅是区域自身问题,也是跨区域的公共问题。

大气污染物主要有氮氧化物、一氧化碳、碳氢化合物、颗粒物(Pb、Cd),产生原因主要有道路施工时的污染排放、汽车尾气排放以及路域扬尘等。大气污染物的主要载体有气溶胶、灰尘等,气溶胶的扩散性较强,而灰尘的危害性较大。

大气污染物最简单的评价方法为单因子环境质量指数法,见式(9-2)。

$$I_i = \frac{c_i}{s_i} \tag{9-2}$$

式中:c_i——第 i 种污染物(因子)的实际浓度;

s_i——第 i 种污染物(因子)的评价标准值。

大气污染指数是一个考虑各种污染物的综合污染指数,如式(9-3)所示。

$$I = \sqrt{\max\left(\frac{c_i}{s_i}\right)\left(\frac{1}{n}\sum_i \frac{c_i}{s_i}\right)} \tag{9-3}$$

式中:$\max\left(\frac{c_i}{s_i}\right)$——各单因子指数中的最大者;

$\frac{1}{n}\sum_i \frac{c_i}{s_i}$——各单因子指数的平均值。

一般来说当 $I>1$ 时,大气质量已经达到中污染水平;当 $I=1$ 时,大气质量在轻污染和中污染之间的临界状态;当 $I<1$ 时,大气较为清洁,污染程度较轻。大气污染指数分级如表 9-4 所示。

大气污染指数分级 表 9-4

大气污染等级	清洁	轻污染	中污染	重污染	极重污染
大气污染指数	<0.6	0.6~1	1~1.9	1.9~2.8	>2.8

按《公路建设项目环境影响评价规范》(JTG B03—2006)的规定,公路建设项目施工期空气评价因子为总悬浮颗粒物,必要时增加沥青烟;运营期空气评价因子为二氧化氮,必要时增加一氧化碳。

9.3.1.2 大气污染物治理

国际能源机构 2016 年发布的《能源与空气污染:世界能源展望特别报告》指出,大气污染物排放是继高血压、不良饮食和吸烟等因素后对人类健康的第四大威胁。

针对愈发突出的大气污染问题,国务院于 2012 年印发了《重点区域大气污染防治“十二五”规划》,设立了大气污染防治重点区域和重点工程项目。2013 年,雾霾的大范围频发进一步引起了各级政府和社会各界的高度重视,国务院发布的《大气污染防治行动计划》对大气污染治理工作提出了具体的达标要求,将可吸入颗粒物(PM10)、细颗粒物(PM2.5)等物质浓度作为环境考核指标,出台了相应的《大气污染防治行动计划实施情况考核办法(试行)实施细则》,初步构建了一个以大气污染治理为核心的环境绩效考核体系。截至 2017 年,《大气污染防治行动计划》的 45 项重点工作任务全部按期完成,大气污染治理呈现出一定成效,但形势依旧严峻。《2017 年中国气候公报》显示,2017 年我国大气环境状况虽同比有所改善,但全国 338 个地级以上城市空气质量平均优良天数比例却有所下降。

为了进一步推进大气污染治理工作,我国提出要“坚持全民共治、源头防治,持续实施大气污染防治行动,打赢蓝天保卫战”。2018 年国务院发布了《打赢蓝天保卫战三年行动计划》,旨在明确 2018—2020 年大气污染防治工作的总体思路、基本目标、主要任务和保障措施,提出了打赢蓝天保卫战的时间表和路线图。2020 年我国强调要以提升地级及以上城市空气质量优良天数比率为重点,坚决打赢蓝天保卫战,突出抓好重点时段细颗粒物和臭氧协同控制、重点行业挥发性有机物和氮氧化物治理、重污染天气应对、区域污染联防联控。《“十四五”节能减排综合工作方案》提出到 2025 年氮氧化物排放总量比 2020 年下降 10% 以上等目标,并从实施节能减排重点工程等三方面提出实施重点区域污染物减排工程、坚决遏制高耗能高排放项目盲目发展等 21 项措施。

2022 年,我国将“人与自然和谐共生的现代化”上升为“中国式现代化”的内涵之一,再次明确了新时代中国生态文明建设的战略任务,推动绿色发展,促进人与自然和谐共生。党的二十大报告在污染防治方面明确阐述:“深入推进环境污染防治,持续深入打好蓝天、碧水、净土保卫战,基本消除重污染天气,基本消除城市黑臭水体,加强土壤污染源头防控,提升环境基础设施建设水平,推进城乡人居环境整治。”在我国近十年来坚持不懈的努力下,国内生态环境得到显著改善,2021 年全国地级以上城市细颗粒物平均浓度比 2015 年下降了 34.8%。

9.3.2 路域大气环境影响

9.3.2.1 道路施工期的影响

在道路施工期,大气环境主要受施工机械的废气和施工材料粉尘的影响。如沥青混合料拌和机将矿料、燃料中的粉尘送入高空,随风扩散,污染空气和周边农作物等,此类污染的污染面积较大,污染程度较高。施工过程中,施工机械设备大部分是重型机械,大多使用柴油发动机供能,施工机械设备的燃料也可能燃烧不完全,排放的尾气严重影响路域生态环境。道路施工材料大部分为固体物质,一部分是细小的粉状或者灰状物质,这部分物质在运输和使用过程中稍有不慎就会导致扬尘污染,严重影响路域大气环境乃至土壤、水域水质。

全球范围内广泛应用的道路材料沥青在正常温度下是热塑性固体或半固体,在沥青混合料拌和摊铺等施工过程中必须加热到 150 ~ 180℃,高温条件加快沥青烟释放。加热及使用阶段产生的沥青烟气释放到环境中危害人体健康(诱发癌症、呼吸道疾病、遗传毒性等),造成大气污染等一系列生态环境问题。美国国家职业安全与健康研究院(National Institute for Occupational Safety & Health,NIOSH)的调查表明,沥青工人所处的沥青烟雾环境对身体造成影响。

中华人民共和国环境保护部在2008年发布了沥青生产过程中尾气排放标准,但只对生产过程中沥青烟这一污染物进行了定量要求。在沥青生产拌和站中,尽管配备尾气排放吸收装置,可对点源污染进行有效的控制,但后续施工过程及后期服役过程中,沥青烟仍会释放从而危害健康、污染环境。针对以上问题,国内外进行了一系列的探索与实践,如美国NIOSH提出了摊铺机改装的沥青烟稀释装置,壳牌、中石油等沥青企业研制了除味剂,在一定程度上缓解了沥青烟的释放。

关于道路施工期环境空气污染防治,《公路环境保护设计规范》(JTG B04—2010)的规定如下:

(1)沥青混合料应集中场站搅拌,其设备污染物排放应符合现行《大气污染物综合排放标准》(GB 16297)的规定。

(2)搅拌场站与环境敏感点的距离不宜小于300m,并应设置在当地施工季节最小频率风向的被保护对象的上风侧。

(3)石灰、粉煤灰等路用粉状材料宜采用袋装、罐装方式运输,当采用散装方式运输时应采取遮盖措施;该类材料的堆放应有遮盖或适时洒水措施以防止扬尘污染。

(4)混合料拌和宜采用集中拌和方式,拌和站与环境敏感点的距离不宜小于200m,并应设置在当地施工季节最小频率风向的被保护对象的上风侧。

(5)施工组织设计中应考虑对施工路段及便道适时洒水,减轻扬尘污染。

(6)在公路服务设施和管理设施等沿线设施内安装锅炉,锅炉选型、燃料种类及烟囱高度应满足相关环境保护的要求,锅炉排放的大气污染物应符合现行《锅炉大气污染物排放标准》(GB 13271)的规定。

9.3.2.2 道路营运期的影响

道路营运期主要是交通排放物对大气环境产生负面影响。汽车尾气中有1% ~5%为不完全燃烧和燃烧中间产生的污染物。对人体健康有直接危害作用的有机动车辆排放物一氧化碳、二氧化碳、二氧化硫、可吸入颗粒物(1P)、Pb和碳氢化合物,以及排放物的二次衍生物——光化学烟雾等。在我国不同地区的监测中,发现环境空气的上述污染物中,车辆排放量占有较高的分量,如一氧化碳为65% ~80%,氮氧化物为50% ~60%,四氢大麻酚(THC)为80% ~90%,二氧化硫为2% ~6%。我国车辆保有量近年来以15%以上的年增长率递增,上述各项污染物的排放量亦上升,车辆排放物成为我国环境空气的主要污染源之一。公路两侧形成的污染强度及范围主要受污染源强(由流量、车速、工况等因素控制)、气象(风速、风向及大气稳定度类型)和地形条件等多因素的影响,污染物在200 ~300m范围内明显地影响环境空气质量。在公路附近地区上空,往往污染物浓度较高且持续时间较长,对人体健康造成一定危害,同时亦将对动植物和水、土壤环境造成影响。《公路建设项目环境影响评价规范》(JTG B03—2006)规定公路中心线两侧各200m范围为影响评价范围,如果附近有城镇、风景旅游区、名胜古迹等保护对象,评价范围可适当扩大到路中心线两侧各300m的范围。

交通排放主要包括机动车尾气排放以及道路扬尘。机动车尾气排放的主要是粒径较小的颗粒物,而道路扬尘则产生的是粒径较大的颗粒物。机动车尾气排放的颗粒物由燃料燃烧及不完全燃烧产生,浓度极高,其中90%的颗粒物粒径小于5μm,60% ~80%的颗粒物粒径小于2μm。粒径越小的颗粒物,有毒有害甚至致癌物质越富集,且很容易进入人体,并在人体肺部长时间停留。对于城市,行驶中的车辆是城市污染源,数目庞大,动态变化,随机性较高。在特定的区域内,随着机动车数量的不断增长,污染源总数也在不断增长,污染源分布密度与道路上的车流密度成正比。交通路段越拥挤,污染源分布越密集。城市道路网上的污染源分布规律一般为快速路和主干道上分布的密度高,次干道和支路上分布的密度低,且越靠近城市中心区,分布越密集,越远离城市中心区则密度越低。在时间分布上,时变规律与路段交通量的变化规律一致,日变规律则为白天的污染源密度与夜间的污染源密度差异较大。在污染特征上,车辆的尾气排放受多方面影响,包括路况、车况、温度、速度、驾驶习惯、车用油品等,主要表现为车速越低、车辆荷载越大、车龄越大、油品越差,排放强度越大。

《公路建设项目环境影响评价规范》(JTG B03—2006)将公路两侧大气污染敏感点按交通量和居住情况分为以下三级:

(1)需进行三级评价的敏感点:运营近期交通量小于20000辆/日(标准小客车);或运营近期交通量大于20000辆/日(标准小客车),小于50000辆/日(标准小客车),且评价范围内无50户以上居民区、学校等敏感目标。

(2)需进行二级评价的敏感点:运营近期交通量小于50000辆/日(标准小客车),大于20000辆/日(标准小客车),但评价范围内有50户以上居民区、学校等敏感目标;或运营近期交通量大于50000辆/日(标准小客车),且评价范围内无50户以上居民区、学校等敏感目标。

(3)需进行一级评价的敏感点:运营近期交通量大于50000辆/日(标准小客车),且评价范围内有50户以上的居民区、学校等敏感目标。

9.4 路域光热环境

人类活动和快速的城市化进程使得高层、高密度的建筑群迅速增加,大量的植被生态地表或水域被城市硬质不透水下铺面取代,道路铺装面积占城市地表覆盖总面积的30%~40%,道路表面特征改变了原地表特性,诸如反射率(反射的光辐射量占入射光辐射量的比率,吸收率与反射率之和为1)及微、宏观纹理构造,干湿条件等,这在较大程度上影响了路域光热环境。传统路面尤其是黑色沥青路面,由于其建设和养护的便利性及行车舒适性等,是城市道路、公路等道路设施的主要路面类型,通常占90%以上。由于沥青路面的高吸热性,其夏季路表温度可达70℃甚至更高。沥青混合料是高热通量和温度敏感性材料,入射到路面的太阳辐射中的大部分热量被吸收、存储,过高的温度会导致沥青面层产生车辙、推移、拥包等病害,产生不可逆的永久变形,对道路结构耐久性和交通运行安全舒适性不利。过高的路表温度导致临近空气温度升高,人体热舒适度降低,加剧了城市热岛效应,对城市热环境造成不良影响。路表过高的反射率(尤其是镜面反射)会导致眩光问题,降低驾驶人的行车视觉安全性。雨天跟随车辆由于水雾导致行车视线不佳、路面湿滑,增加了反应时间和制动距离,尤其是夜间,道路照明不当易引发交通事故。道路表面特性是影响路域光热环境的重要因素。

路域光热环境可分为人体尺度及城市尺度光热环境。对于路域光环境,人体尺度是从行车视觉安全的角度研究,城市尺度是从照明环境及能耗的角度考虑。对于路域热环境,人体尺度是从人体热舒适度的角度研究,城市尺度是从城市微气候及城市热岛效应的角度考虑。

9.4.1 路域光环境

9.4.1.1 人体尺度

道路表面反射特性与驾驶人及行人的视觉安全有关,高亮高反射路面材料并不一定有利于行车安全。国际照明委员会(Commission International de l' Eclairage,CIE)于1931年提出的Lab色彩空间是基于生理特征的颜色系统,用数字化方法描述人的视觉感应。眩光定义为"由于光亮度和对比度的差异导致对事物观察能力的减弱",根据视觉效应,可分为失能眩光和不舒适眩光两种。1984年,北美照明工程学会定义眩光为"在视野内,由于远大于眼睛可适应的照明而引起的烦恼、不适或者丧失视觉表现的感觉"。根据形成机理,眩光可分为直接眩光、干扰眩光、反射眩光和对比眩光。反射眩光是由较强的光线投射到被观看的物体上,目标物体表面的镜面反射现象或漫射镜面反射现象。表面反射比过高导致的眩光称为反射眩光或间接眩光,路面反射率主要影响反射眩光,反射眩光可导致失能眩光与不舒适眩光。日间,日出和落日时段,反射眩光对驾驶人行车影响显著;夜间,如道路表面不均匀度高、亮度过高,也会产生眩光现象。如图9-16所示。

a)日间反射眩光

b)夜间照明眩光

图9-16 眩光示意图

汽车前照灯与道路照明灯的研究涉及道路眩光,从交通运行安全角度考虑路面材料反射特性与眩光之间关系,如可通过驾驶模拟试验进行。针对道路眩光的防护措施多考虑对向来车前照灯导致的直接眩光及隧道洞口的对比眩光,如高速公路中央分隔带设置的一定间距和横向宽度内的防眩板;隧道出入口处设置渐变段,加高侧墙及设置减光设施等。2016年,欧盟启动了"SURFACE"项目,研究了新型路面材料的反射特性测试方法,成果将可为路面标准化工作提供基础数据。2019年,李辉提出了高反射路面材料的亮度指数(L^*)与可见光部分的反射率的关系模型,在用于优化设计反射涂层时,建议将涂层亮度控制在中低亮度范围内,以防止路面眩光。

9.4.1.2 城市尺度

道路表面的纹理状态、干湿程度及反射特征均与照明环境及照明能耗有关。有研究表明,就路面亮度与夜间机动车事故的关系而言,二者呈线性关系,亮度每增大1cd/m^2,直接相关路段夜间行车事故可减少35%。仅用亮度等评价人眼响应并不能反映真实状况,即在亮度与均匀度较高的情况下,路面障碍物的可视性并不一定提高。针对新西兰的路面反射特性进行的统计分析报告中指出,路面的反射特性($Q_0=0.05$,$S_1=0.57$)明显低于照明设计值($Q_0=0.09$,$S_1=0.58$),对驾驶人分辨障碍物产生负面影响。夜间照明,理想的路面反射特性是应当具有更低的镜面反射系数(S_1),更高的平均亮度(Q_0),因此道路照明设计应考虑路面反射光学特性,国际照明委员会照明标准的简化亮度系数表不能很好地适应道路环境。路面材料的反射特性之一是其镜面反射成分随使用时间减少,因此对路面材料的反射特性应做定期检测。

关于照明能耗,《城市道路照明设计标准》(CJJ 45—2015)以照明功率密度为评价指标。欧洲照明标准中将功率密度指标 D_p 与年能量消耗指标 D_e 共同作为道路照明性能的评价指标,年能量消耗指标 D_e 与路面状况密切相关。基于中间视觉的 LED 照明优化隧道环境的照明具有节能效果。高反射路面材料的应用可减少路面照明能量消耗。

9.4.2 路域热环境

9.4.2.1 人体尺度

路域环境内的热岛效应可分为路表热岛(surface heat island)、近地环境热岛(near-surface local heat island)以及空气热岛(atmospheric heat island)。道路热环境可从路表温度、近地空气温度以及人体热舒适度三方面评价。

关于人体热舒适度,1920 年的研究提出第一个热舒适度评价指标——有效温度(effective temperature, ET),有关热舒适度的研究大多针对室内条件提出。相较于稳定的室内热环境,人们在室外通常会有更加多变的热经验和热期望,需要综合考虑主客观两个方面的因素。

热舒适度指标是将多个气象和人体变量整合为单一指数来描述热舒适度,如生理等效温度(physiological equivalent temperature, PET)反映人体热感觉,可等效于人体在达到热量平衡时相对应的典型室内环境中的空气温度;预测平均投票指数(predicted mean vote,PMV)则通常用 7 分制标尺(+3 = 热, +2 = 暖, +1 = 微暖,0 = 中性, -1 = 微凉, -2 = 凉, -3 = 冷)表达对大量人群平均热反应的预测。通过建立能量平衡模型,量化各项物理与生理要素间的关系,可制定热舒适度指标,给出具有普适意义的标准,如基于稳态传热模型与动态传热模型的热舒适度指标。王振基于人体与环境长时间接触并最终达到热平衡这一假设前提(稳态传热模型,即稳态情况),得出人体和周围环境的能量交换可由能量平衡方程表示,见式(9-4)。

$$M + W + Q^* + Q_H + Q_L + Q_{SW} + Q_{RE} = S \tag{9-4}$$

式中:M——代谢率(即食物氧化的内部能量生产),W;

W——体力工作的输出值,W;

Q^*——身体的总辐射,W;

Q_H——对流热流量(显热),W;

Q_L——水蒸气扩散引起的潜热流量,W;

Q_{SW}——汗水蒸发引起的潜热流量,W;

Q_{RE}——呼吸热流量(对呼吸空气加热和保湿的热量总和),W;

S——对身体加热(正值)或降温(负值)的热量存储,W。

微气候因子与人体的新陈代谢、着装、行为等均对上述热通量有影响。平均辐射温度

(MRT/T_{mrt})是影响人体能量平衡的重要因素,其定义为天气晴朗条件下环境四周表面对人体辐射作用的平均温度,表示多源辐射的平均值,包括长波辐射和短波辐射。多源辐射包括太阳直接照射,周围环境各个实体、对象或表面以及周围大气反射到人体的短波辐射。平均辐射温度由于考虑了多源辐射热通量的影响,作为热舒适度参数被广泛使用,如用于计算 PET、PMV 等指标。

实际室外环境下,人体热负荷处于时刻变化中,动态传热模型可更加准确地模拟和预测非稳态或瞬态情况下的人体热感觉,如动态生理等效温度(Dynamic Physiological Equivalent Temperature, dPET)模型和指标,基于体温调节多节点模型的通用热气候指数(Universal Thermal Climate Index, UTCI)。

问卷调查法可直接获取特定人群对室外热舒适度的实际主观感受。常用的问卷调查内容包括热感觉度(Thermal Sensation Vote, TSV,对周围环境冷热的主观描述)、热舒适感觉度(Thermal Comfort Vote, TCV,对热环境的主观热反应和满意程度)、热偏好值(Thermal Preference Vote, TPV,人体为了达到舒适状态的主观热期待)等。

基于上述室外人体热舒适度的有关理论和方法,道路领域研究人员针对路面反射对人体热舒适度的影响已取得可实用的成果,建立了数值模拟方法,如模拟平均辐射温度时空分布的 Rayman 模型、ENVI-met 模型、SOLWEIG 模型以及基于 CFD 分析的 STEAM 软件、室外热环境仿真平台 SPOTE 等。

WBGT(Wet Bulb Globe Temperature)指数指湿球黑球温度,是综合评价人体接触作业环境热负荷的一个基本参量,用以评价人体的平均热负荷。该方法采用自然湿球温度(T_{nw})和黑球温度(T_g),露天情况下加测空气干球温度(T_a)。因为黑球温度既能反映环境长波辐射又能反映太阳短波辐射,WBGT 适用于室外热环境的安全性评价,能近似反映出人体在生理调节区和生理失调区的热应力。高路面反射率可以降低路面温度和环境温度,但导致了平均辐射温度升高,结果是人体热舒适度无明显改善,甚至还会下降。

采用生理等效温度 PET 模型评估不同凉爽路面技术对室外热环境的影响发现,路面反射率提高后会增加到达人体的反射辐射,提高平均辐射温度进而增加 PET 值,降低人体的热舒适度。表 9-5 给出了 UTCI 值与人体热应激反应程度之间的关系,从该关系可知提高城市峡谷表面反射率可导致 MRT 增加,UTCI 和人体热应激性增加。

UTCI 指标评估表 表 9-5

UTCI(℃)	热应激反应程度	UTCI(℃)	热应激反应程度
> +46	极度强烈	+26 ~ +32	较弱
+38 ~ +46	非常强烈	+9 ~ +26	无热应激反应
+32 ~ +38	较强		

光反射呈现漫反射、镜面反射和逆反射(回归反射)三种形式。漫反射为材料表面对任何方向的入射光线的响应是相同且均匀分布的;镜面反射的光学特性依赖入射光线角度与观察视角,符合光的反射定律;回归反射是光反射现象中最特殊的第三种现象,指反射光线从靠近入射光线的反方向,向光源返回的反射,当入射光线在较大范围内变化时,仍能保持这一特性,其光学特性同样依赖入射光线角度和观察视角。选择适用于道路环境中行人热舒适度评价的

模型和指标，探明不同路面反射分布类型（回归反射、镜面反射、漫反射）对于人体对路面铺装热辐射吸收量、平均辐射温度、其他人体热舒适度指标的影响，可指导路面表面特性设计。路面反射率提高会降低路面温度，但会对人体热舒适度带来负面影响，协调二者之间的矛盾是路面表面特性设计的关键。

9.4.2.2 城市尺度

对于路域热环境的评价多关注路表温度，路表反射率越高，路表温度越低，越符合预期，对路表一定高度内环境的关注相对较少。对于路表特性对城市热环境的影响，研究人员主要采用模拟手段对路面反射的热环境效益和影响予以评价。反射路面应用案例的评估结果表明，反射路面对于降低环境和表面温度以及缓解城市热岛效应有一定潜力。反射路面在雅典地区的城市公园得到应用，盖坦（Gaitan）等对路面温度、环境温度、风速和污染物浓度进行了测量，运用计算流体动力学（computation fluid dynamic，CFD）建立了该地区的热模型，采用测量的边界条件进行了模拟，计算分析了反射率为0.5的降温路面的热影响。分析结果表明，使用反射路面使路面温度下降了12℃，环境温度降低1.9℃。卡内拉迪斯（Kyriakodis）等用相同的模拟手段对雅典西部交通主干道上铺筑的37000m^2的高反射降温铺装（浅黄色沥青薄层罩面，反射率为0.35；含TiO_2的白色水泥路面，反射率为0.66）的热环境效益进行了分析，主干道两侧为3~4层的住宅区和工业区建筑，高反射降温铺装使环境温度降低1.5℃，最高路表温度降低11.5℃。卡洛斯（Carlos）等对澳大利亚悉尼的菲利普街气候数据进行了实测并将其输入ENVI-met软件中分析反射路面等降温措施对环境温度（T_a）和地表温度（T_s）的影响，模拟结果表明反射路面（反射率为0.40）的应用在夏季最高可以使城市峡谷气温降低1.0℃，路表温度降低9.3℃。高反射路面在意大利罗马、加拿大多伦多、巴西、美国菲尼克斯和马来西亚等地进行应用的热影响模拟结果表明，路面反射率提高至0.50~0.80，路面上1.8~2.0m处空气温度可降低0.7~3℃。上述研究表明，从城市尺度和较大区域范围考虑，提高路面反射率可降低路表和空气温度。

城市内高层建筑与狭窄街道组合，形成的类似峡谷的空间布局即为城市峡谷（街道峡谷）。这种结构形式会抑制对冲性湍流，减少气流，使路面和建筑释放的热量无法流动排出而滞留在峡谷内。城市峡谷内可能会产生多次太阳反射，使太阳辐射无法逃出城市峡谷边界，从而使各种热岛效应的缓解措施尤其是反射技术的应用效果受到影响，这种现象被称为城市峡谷效应，如图9-17所示。美国亚利桑那州凤凰城某写字楼区路面反射率提高对建筑热环境和能耗影响的模拟结果表明，深色和浅色路面温度相差15.8℃时，峡谷内空气温度只相差0.4℃，且高宽比越小的城市峡谷，地表反射率对城市冠层气温的影响越大，即降温效果越明显。广西大学覃英宏等建立了城市峡谷反射率（UCA）的数值模型，发现城市峡谷高宽比是影响反射率的主导因素，只有当高宽比小于1时，提高路面反射率才能有效提高城市峡谷的反射率，即使反射的热辐射到达城市峡谷外，起到缓解热岛效应的作用。当街道高宽比为1.0时，路面（墙体）反射率从0.15提高至0.65，街道峡谷反射率从0.15升高至0.35，说明提高路面（墙体）反射率并不能有效提高街道峡谷反射率，尤其是高宽比较大的深峡谷。

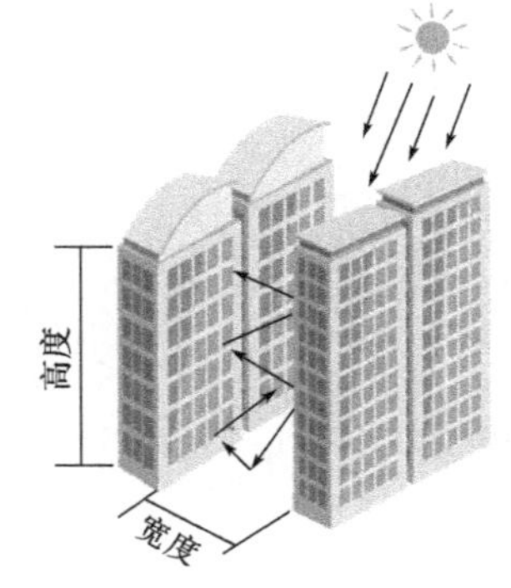

图9-17 城市峡谷效应示意图

【复习思考题】

9-1　简析路域环境影响评价的作用。

9-2　举例简述环境直接影响、间接影响和持续影响。

9-3　径流污染有哪些影响因素？

9-4　大气污染有哪些特征？

9-5　简述光热环境污染的尺度效应。

第10章
道路环境和谐性

道路环境和谐性设计是保障道路环境与自然环境协调,减小对自然环境的影响的关键,进行道路设计应秉持道路环境和谐性设计理念。

道路设计中,每个道路建设项目都有其特殊性,包括项目地理位置、地形地貌、地质条件、气候环境、社会环境、文化传统、风俗习惯、审美观以及道路使用者的需求等,构成不同地区特有的环境,道路设计应在道路功能、安全、自然与人文环境之间寻求协调和平衡。道路工程设计可通过景观设计、灵活设计、动态与过程设计、绿化设计、环境保护对策确定等实现道路与环境和谐,减小对环境的影响。

10.1 和 谐 性

10.1.1 设计理念与影响因素

10.1.1.1 和谐性设计理念

以边坡设计为例,在进行边坡工程设计的同时加入景观设计等内容,落实动态设计理念,如图 10-1 所示。

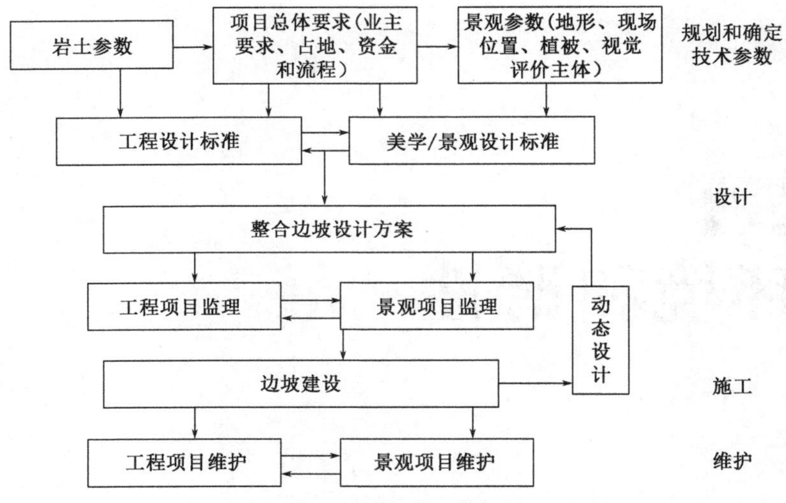

图 10-1　边坡工程设计与景观设计整合框图

道路交通基础设施建设完成后，与其所在的自然环境、人文环境等形成整体，从而形成新的路域环境。道路应与原生态自然、人文环境等和谐，降低对自然与人文环境等的影响。可从两个大的方面去评估道路环境和谐性：一是从道路交通用户的角度，道路与自然环境和谐可提升道路景观质量，为道路用户提供舒适宜人的道路交通运行环境，有利于道路安全；二是第三视角，从路外看，道路建设是否对原生态自然环境造成破坏，人文环境是否得到保护。

道路建设中，若不顾自然景观，任意切削山头、填平沟壑、砍伐树木、占用或分隔湿地、随意地"造景"等，会破坏原地域的自然景观特性、生态环境、饮用水资源等。勘察设计过程中，若忽视对人文环境的勘察，可导致古建筑等文物的破坏。

然而，设计一条安全、环境和谐、环境低影响的道路是一项具有挑战性的工作，很多时候需要采取灵活性设计，并科学理解设计规范，如图 10-2 所示的案例。

图 10-2　灵活性设计的安全与环境低影响的道路

10.1.1.2　和谐性影响因素

影响道路环境和谐性的因素很多，且难以量化，如下所述。

(1) 自然环境特征。道路交通设施及人造景观（含绿化）应与道路所经地区的自然环境特征融合；道路作为人类改造自然能力的证明，也是人类强加给自然的"疤痕"，应尽可能减小这种"疤痕"，与自然环境保持和谐。

(2)技术等级。技术等级越高的道路占用土地等资源越多,无论建设期还是运营期,等级越高对环境的影响越大;技术等级越高,线形技术指标要求高,难以与自然地形协调;由于基础设施体量大,更难与自然环境协调。建设期对环境的破坏也难以恢复或恢复时间长;运营期的车辆作用、噪声、有害气体、灯光等对生态的影响更大,对自然环境影响持续累积。高速行驶时,环境容易对驾驶人产生"道路催眠"作用,诱发交通风险,因此,设计高车速的公路时,更应创造一个优美的交通运行环境,合理规划视觉吸引点,保障交通安全。

(3)交通组成和交通量。由于道路交通对环境的影响,交通组成和交通量对自然环境也有影响。以货运为主的交通对环境影响更大,道路两侧的居民往往日复一日地受到道路上的货运车辆产生的交通噪声和尾气的影响,货运车辆较难与自然环境协调。

(4)其他因素。如经济发展阶段、审美观点、地域文化。

表10-1列举了一些道路环境和谐性的影响因素。根据道路所经过地区的地形条件(兼顾构造物和设施的种类与数量),可对道路分段,采取专家打分等方法给出各影响因素的权重,由评价者(包括专家和公众)做主观评估,对和谐性进行评价,如可分为好、较好、差三个等级,可建立评价集,通过模糊评判等方法评定道路和谐性等级。

公路景观等级的影响因素(例) 表10-1

评价项目	好	较好	差
线形	路线走向与地形协调性好,填挖平衡、高度小	路线走向与地形协调性一般,填挖平衡性低、高度较大,弃方借方量大	路线走向与地形协调性差,填挖方高度大、填挖不平衡,弃方借方量很大
植被	覆盖率、品种选取等与环境达到高度的协调统一;地表土得到充分利用	植被物种和覆盖率有较明显人为痕迹;地表土未得到充分利用	植被破坏较严重而未进行恢复或进行生硬的绿化恢复;地表土废弃量大
边坡	坡形顺应地形变化,防护方案合理,人工痕迹不明显,与周围环境协调	坡形基本顺应地形变化,防护方案基本合理,人工痕迹较明显,与周围环境不太协调	坡形不能顺应地形变化,防护方案不合理,人工痕迹明显,与周围环境不协调
隧道口	与周围地形、植被融合好;隧道弃渣土得到充分利用	与周围地形、植被融合一般;隧道弃渣土处理得当	与周围地形、植被融合差;隧道弃渣土处理不当,影响环境
其他构造物与设施	构造物、设施与背景融为一体,形式变化得当	构造物或设施有损自然环境景色的完整性和连续性,但无伤大雅	构造物、设施的存在严重损害了自然环境景色
毗邻风景	成功运用"封、透、漏"等设计手法,相邻地区的景观对提高道路景观质量起着积极的作用	相邻地区的景观对提高道路景观质量有积极作用	相邻地区的景观对提高道路景观质量不起作用甚至起反作用

道路应总体线形顺畅,顺应地形地貌,必要时采用分离式路基,不应因过分追求高标准而破坏自然景观。通过减少填挖方,保全原有的森林、树木,移植而不是砍伐树木,有效利用表土等措施,减少公路建设带来的负面影响,创造恢复植被的条件。

对产生坡面的地方,采用削平、沟谷创造、分级等地表设计的手法,与自然地形保持协调和连续,在保护环境的同时,适应地域景观也是很重要的。边坡表面处理,可采取综合防护和生态防护等措施,增强边坡的自然恢复能力,缓释视觉冲击,减少水土流失。

为了避免道路构造物带来的压迫感和其与周围景观的不协调感,挡墙等结构物可采用质朴的形态、和环境协调的材质。同时,通过栽植和表面处理等,降低挡墙的突兀感。在考虑桥梁自身美学效果时,更应注重其与自然景观的协调与融合,重视功能的、构造的必然性,避免过度装饰,追求质朴的设计。隧道口与自然地形地貌应协调,形成没有压迫感的内部景观;隧道口周边的换气塔、配电室等设施及绿化也应考虑景观上的协调;隧道内的装饰和照明以满足安全通行为目的,不应豪华装饰或过度照明。

注意适地适树,尽可能多地保留乡土植被,并且以恢复自然植被为主。栽植景观的呈现方式,涉及景观创造、景观突出、景观提高、景观协调、景观遮蔽等多方面,须合理运用。

道路构造物和附属物的色彩设计,应尽量和周边的色彩相协调,同时用统一的理念进行规划和设计。一般来说,应尽可能应用材料本身的色彩,并以非彩色或低明度、低饱和度的颜色为基调(在需强调重点时,可审慎地部分使用艳丽的颜色)。

10.1.2 道路几何线形

道路路线平纵横线形是影响道路与自然环境和谐性的关键因素,道路路线应成为自然环境整体中的组成部分。本节以简单的例子介绍道路几何线形与地形协调及其对环境和谐性的影响。

10.1.2.1 平纵线形

道路与其所在自然环境之间的视觉和谐性与线位、平纵横几何线形参数密切相关。公路布线应充分利用自然地形,适应地形变化,与自然环境相协调,这是保证环境和谐的基础,如图10-3a)所示。沿着等高线布线,路线最容易与环境相协调;当公路穿越等高线时,应在公路平面线形和等高线之间选择合适的角度,避免公路垂直穿越等高线,如图10-3b)、c)所示,尽量减少对地形的切割;路线与等高线交叉角度对视觉效果的影响见图10-4。为了减少对地形的切割,可将道路在高程上分幅建设,如图10-5所示。对于沿溪线,道路应与山体、河流走向相协调,如图10-6所示。

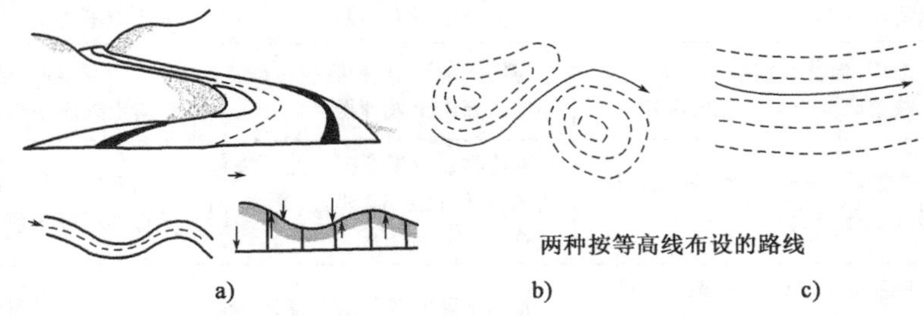

图10-3 路线与地形协调、线形顺应地势

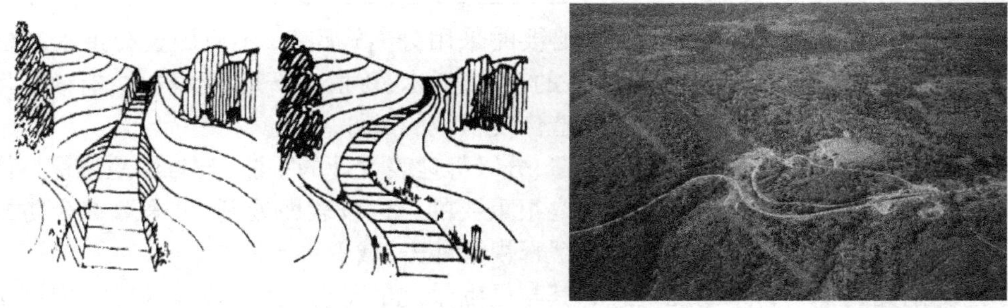

图10-4 路线与等高线交叉角度对视觉效果的影响

a)因约国家森林公园

b)京珠高速(中交二院)

图 10-5 采用分离式路基或变宽的中央分隔带以减少环境影响

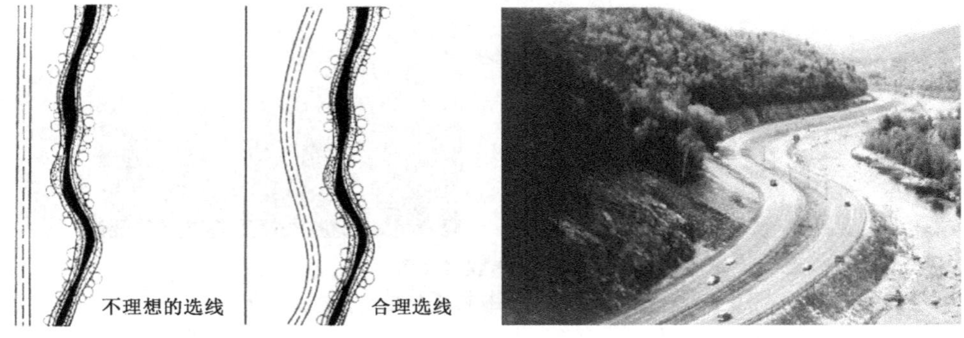

图 10-6 沿溪线道路与山体、河流走向相协调

平纵线形组合也是影响道路景观、道路与自然环境和谐性的关键。如图 10-7 所示，平纵线形组合不当不仅会产生不良的视觉效果，也会影响道路交通运行安全性。

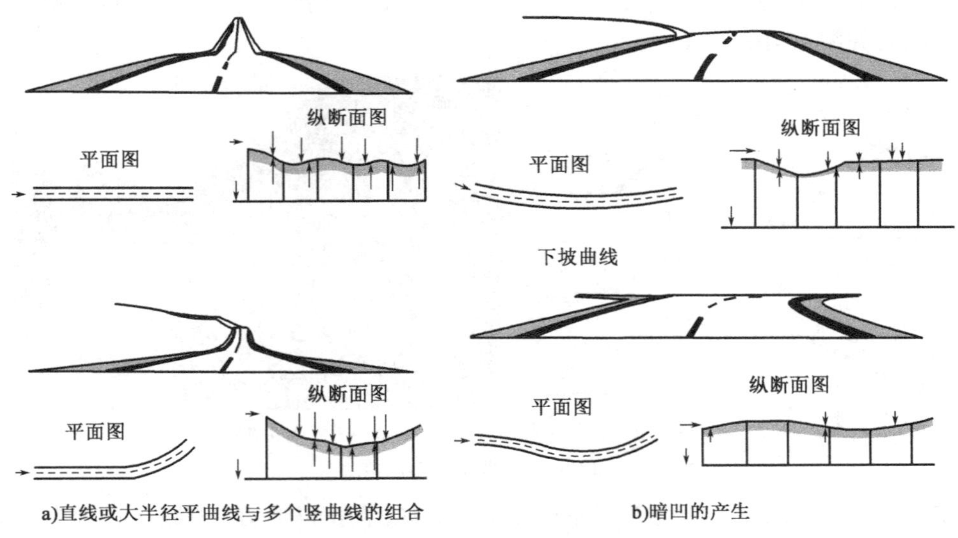

a)直线或大半径平曲线与多个竖曲线的组合

b)暗凹的产生

图 10-7 线形组合对视觉的影响

如图 10-8 所示,路段如直线段路堑在地形上显得不自然,在天际线衬托下更甚,且容易在路堑段形成黑影轮廓;直线段路堑如果在单一背景衬托下而不是在廓影下看,则不至于造成观感不适;路堑位于曲线段时,与环境的协调性相对好一些。

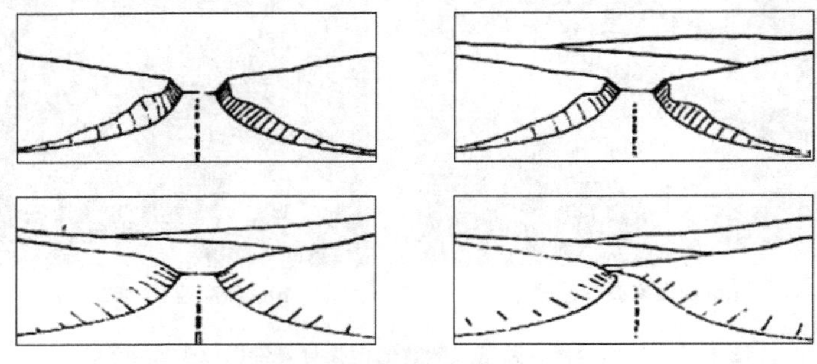

a)挖方段直线和曲线的美学效果对比

b)路堑与地形实景图

图 10-8　路堑与地形的协调性问题

10.1.2.2　横断面

在条件许可的情况下,宜顺应横向地势,采取流线型填挖方边坡,如图 10-9 所示,这类边坡也有利于行车安全。一条与等高线平行布设的公路,横断面"戴帽子"设计后,可能会出现路堑一侧仅留下小块"突边"的情况,可适当调整,将"突边"清除,使得坡面连续且顺应自然坡面,视线通透,如图 10-10 所示。

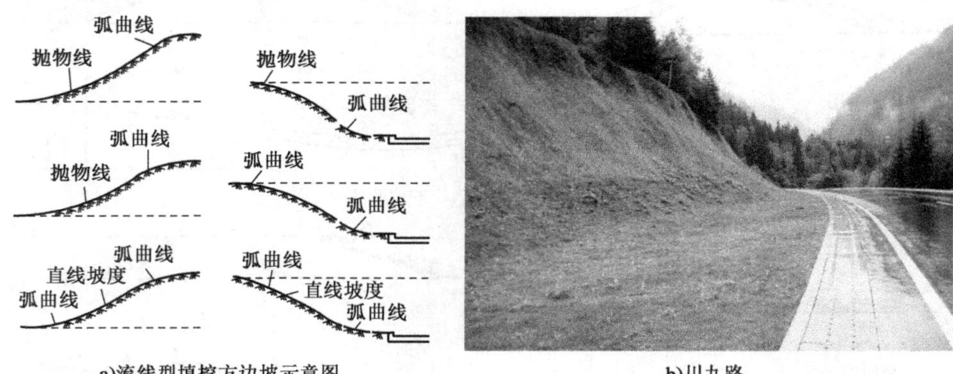

a)流线型填挖方边坡示意图　　b)川九路

图 10-9　流线型填挖方边坡

一定特殊线位的路线可能会破坏原自然景观。如图 10-11 所示,道路所在横向和高程位置,未充分考虑选线对两侧居住区视线的干扰,干扰了景观和河流,以致从两侧都可看到公路。若把路线放在两种景观之间,路堑的遮蔽使山谷一侧看不到公路,从而使谷底景观免受干扰。

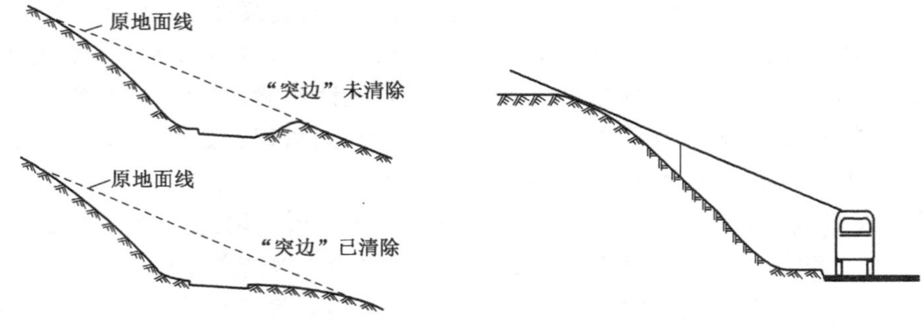

图 10-10　清除一侧的少量“突边”

图 10-11　路线线位对横向视线的影响

控制挖方深度。一般来说,如果挖方深度超过 30m,就难以实现景观上的协调,因此遇到深度超过 30m 的挖方时,应该对隧道等构造物进行比较讨论之后再决定采用哪种形式。

注意合理采用分幅路基。如果地形陡峭,就要考虑路线分幅建设,即可降低土方工程量,避免对边坡的过多开挖。

10.2　边坡与路侧

10.2.1　边坡修整设计

对于满足稳定性要求的路堑边坡,还需要进行修整设计。边坡修整设计,是确保坡面与地形之间连续性的手法。通常路堑边坡设计在横断面上多为直线(多级时,为折线),除了路堑位于平曲线处外,通常路堑边坡为平面,该面的坡度并不随周围地形的坡度改变而改变,路堑坡形和坡度与周围地形缺乏协调性。本质上,是坡面与地形之间的折线影响了地形和坡面顺畅的连续性。为了使路堑外形接近自然,可做边坡修整设计。

边坡修整设计,除了使坡面和自然地形之间具有顺畅的连续性外,还应做到防止坡面侵蚀,促进野生植物生长,提高短期内自然恢复的可能性,使路堑边坡恢复到与自然地域景观、与环境相和谐。边坡修整设计时,边坡最大坡度应满足稳定性要求,这是结构安全性的前提。

可采取削平、沟谷创造、分级等方法进行边坡修整设计,可以在边坡设计阶段考虑边坡修整,也可以在施工阶段依据实际边坡的工程情况动态设计。

随着公众对边坡美学效果的关注,为了使边坡与周围地形协调,倡导坡顶与坡脚的圆弧化处理(圆弧半径一般最小为3m,见图10-12),这将对改善边坡的美学效果起到一定的作用。但是,这种处理还是针对路基横断面的改进,是二维的。路堑是三维的空间体,要做到与地形的协调需在三维空间中进行改进。

图10-12　圆弧实现了圆滑、自然的过渡

可将断面法与等高线法相结合来实现削平设计。等高线法在园林设计中使用较多,一般地形测绘图都是用等高线或高程表示的。在绘有原地形等高线的底图上用设计等高线进行地形改造或创作,在同一张图纸上便可表达原有地形、设计地形状况及公园的平面布置、各部分的高程关系。这方便了设计过程中方案的比较及修改,也便于进一步进行土方计算工作。

由于道路为带状结构物、具有狭长的地形,路堑设计时主要采用断面法,但在对路堑进行修整设计时,需要引入等高线法就路堑整体进行表示分析和设计。

路堑设计时,设计人员应创造出自然的景象,使道路产生自然的美感并给道路用户带来愉悦感,平缓丰满的边坡具备理想自然特征,而平直且缺少变化的挖方边坡则显得刻板。可通过边坡末端平缓化(该处填挖少)处理和逐渐增大边坡坡度至填挖方最大控制坡度来“软化”。

削平是把有棱角的路堑坡面处理为流畅的坡面,使之有圆润感。路堑削平包括将路堑前后的端部与原地形的纵断面(等高线)削平,以及将对应的横断面削平(图10-13)。尤其重视路堑端部的削平,对驾乘人员来说,路堑端部在视野中停留的时间长于路堑中部,实际效果见图10-14。削平范围虽然很宽,但是产生土量较少。

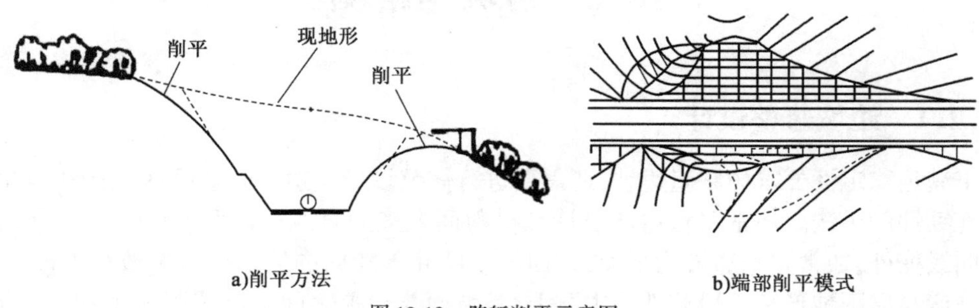

a)削平方法　　b)端部削平模式

图10-13　路堑削平示意图

图 10-14 利用削平处理边坡的实际效果

沟谷创造是一种非常合适的路堑边坡的自然地形复制技术。沟谷创造是在长路堑边坡的适当位置，将坡顶线后移，通过分割改善不自然边坡形态，创造出达到自然沟谷效果的沟谷，如图 10-15 所示。在大型的道路项目中，岩石路堑常穿过山脊，除了端部外，山脊路堑处常无阳光照射。与路堑相交的地形低处可作为沟谷创造的备选地。沟谷创造是有效的视觉改造技术，因为它打破了传统路堑边坡设计模板的单调性，且符合地貌学基本原理。此外，排水路线得到保留，同时在汇水沟渠的附近，边坡坡度被放缓。

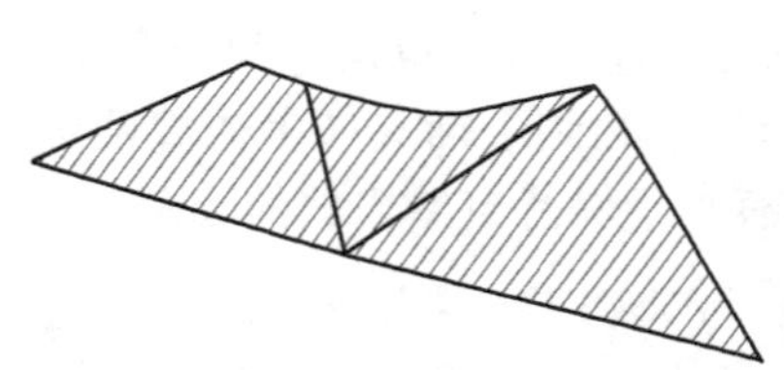

图 10-15 沟谷创造示意

路堑纵向长度很大时，即使削平边坡，但由于坡面单调，也会与富有变化的自然地形产生不协调的感觉。对此，可改变平滑的斜面，减轻不协调感。在原来存在的沟谷处，对路堑坡面做适当调整，恢复沟谷形象，进行沟谷创造，会取得良好的效果。如图 10-16 所示，通过沟谷创造，改变了坡面单调的景观。

图 10-16 沟谷创造的实际效果图

沟谷创造能够减缓地形谷线的挖方边坡的坡度，然后通过仿效自然地形、改变边坡坡度的削平方法，使之与地形相协调，将一个边坡分割成形似开挖前的自然地形，消除人工边坡带来的景观问题，恢复谷地地形，保护原有地形地貌。同时，也有助于控制雨水沿着谷线聚集导致的侵蚀问题。

对于岩石边坡，可采用控制爆破技术实现路堑边坡的不同视觉效果，如图 10-17 所示。

图 10-17　采用控制爆破技术施工的路堑边坡效果

10.2.2　边坡形式

道路边坡的稳定性是必需的，但也应考虑边坡形状对环境可能造成的负面影响，开挖的路基边坡往往如刀削一样，方正、棱角分明，给人呆板、生硬之感，自然坡体与人工边坡的差异如图 10-18 所示。平直的边坡建造并未考虑到视觉的协调性，加之生硬的或过度的边坡人造装饰，使得其与自然环境格格不入，如图 10-19 所示；平直的坡面也是一种未完全发育的地形，将通过浅层边坡破坏或加快侵蚀演替到低能量状态，以达到平衡。如果边坡建造复制了已发育和稳定的自然系统，将降低加快侵蚀的风险，也有利于保持自然边坡的稳定。

a)自然边坡

b)人工边坡

图 10-18　自然边坡与人工边坡的对比

图 10-19　高陡边坡、过度人工装饰的边坡

路堑边坡形式分为直线形、流线型、折线形、台阶形等，在保持边坡稳定性的前提下，边坡形状应与边坡岩土的自然属性相一致，以使道路尽可能融入自然环境。

路堑边坡形式设计可通过类比设计边坡形状,因地制宜、顺势而为。绝大多数自然边坡有多变的形状,包括凸面、凹面,并散布山脊和洼地,并受到一系列因素的影响,包括气候、地质、土壤、当地水文模式、地形等。在与周围自然山坡进行类比后,根据自然边坡的主特征确定路堑人工边坡的形状,可使人工边坡更好地融入环境。

边坡形式应灵活自然,结合边坡岩土的自然属性来选择边坡形状。土质路堑边坡和土石混合及散体结构的岩石边坡宜采用流线型(图 10-20);岩石路堑边坡宜采用直线形(图 10-21)或台阶形,坡脚、坡顶用折角,给人以刚毅挺拔、稳重有力之感。特别是爆破施工的岩石边坡,边坡稳定时宜暴露岩石的自然结构面;当岩石不稳定时,可设计为不规则的台阶形(图 10-22)。

图 10-20 流线型路堑边坡

图 10-21 直线形路堑边坡

边坡宜充分展示岩石的"自然美"。边坡设计时可分析岩石坡面景观,在设计阶段和施工阶段予以开发和保留,避免破坏和浪费,从而创造出优美岩石边坡景观。

坡面岩石层理或构造形成优美的纹理,如薄层状结构的岩石等,如图 10-23 所示。地质条件决定了纹理的展现效果,裂隙中等发育的硬岩(结构面间距 0.3 ~ 1m)较适合展示纹理效果。

图 10-22 不规则的台阶形边坡与周围地形匹配

在挖掘稳定的孤石或块状结构岩石边坡的过程中,对于不在净区内的稳定的大石块石,可以不必移走,而作为露出地面的岩石保留,形成独具特色的景观(图 10-24)。另外,边坡表面宜适当粗糙,因为表面粗糙的边坡容易保持种子和水分,通常来说能促进植被恢复。

图 10-23 坡面自然纹理的展现

图 10-24　岩体本色的展现

当岩体完整,结构面间距超过 3m 时,在坡面上刻画出纹理是不现实的(也过于人工化),应首选光滑的岩面。

具有岩溶地貌(喀斯特地貌)的地区,在具有溶蚀力的水对可溶性岩石溶蚀等作用下形成了以地表岩层千沟万壑为标志的地表特征。此类地区的岩石外形美观,往往伴随着红色黏土的充填和绿色植被的点缀,景观效果极佳(图 10-25)。

图 10-25　溶石边坡的效果展现(济青南线)

对于稳定的岩石边坡,应灵活设定坡形、坡高、坡度。宜采用动态设计法,原设计方案中的坡形、坡高、坡度仅为指导。施工过程中,若遇到稳定的坚石,可以根据岩石尺寸和结构面位置,随时调整坡形、坡高、坡度;坡面不必刻意追求平直,边坡高度灵活调整,以最大限度地展示出岩体的自然结构面和自然形态。

注意避免隔离栅对环境协调性的影响。隔离栅能隐蔽最好,若不能隐蔽,不宜将其置于坡顶,宜将隔离栅设置于天际线下,以使其与地形及周围环境相协调,见图 10-26。

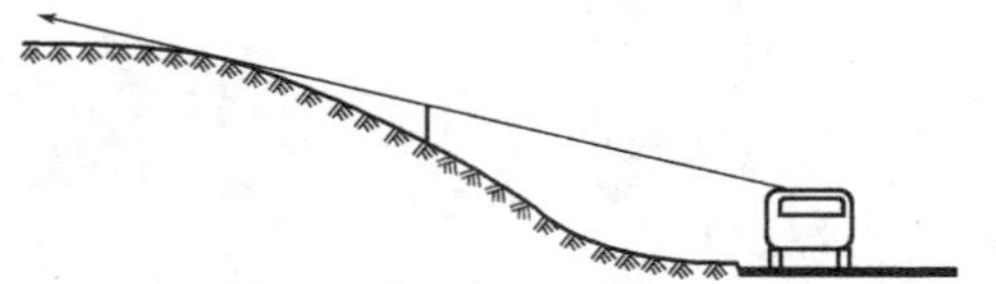

图 10-26 隔离栅不以天空为背景

10.2.3 排水截水等设施

对于山区道路,截水沟是常用的截水设施,应尽量采取适当的灵活设计以减轻截水沟对景观视觉的干扰,设计时应尽可能做好汇水量的计算分析。

调整截水沟位置,利用地势或绿化手段遮挡。如图 10-27 所示的截水沟,无论处于路内还是路外,均可明显感觉到截水沟与自然山体的不协调。

图 10-27 截水沟与自然山体的协调性问题

截水沟沟壁顶面不做抹光处理,以降低建筑材料与背景的视觉反差。对已经做了抹光处理的沟壁顶面,可对浆砌侧壁顶端做削角处理,然后覆土,降低视觉反差,如图 10-28 所示;也可将浆砌沟壁顶面用土覆盖,并进行绿化遮挡,见图 10-29。处理前后的效果对比见图 10-30。

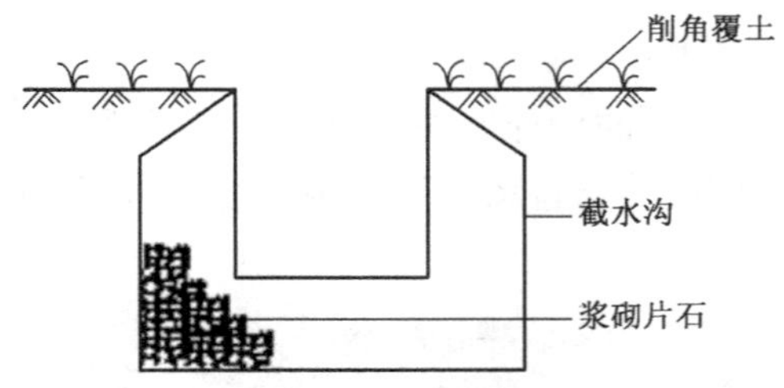

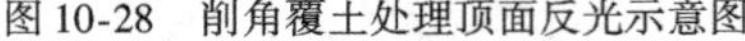

图 10-28 削角覆土处理顶面反光示意图

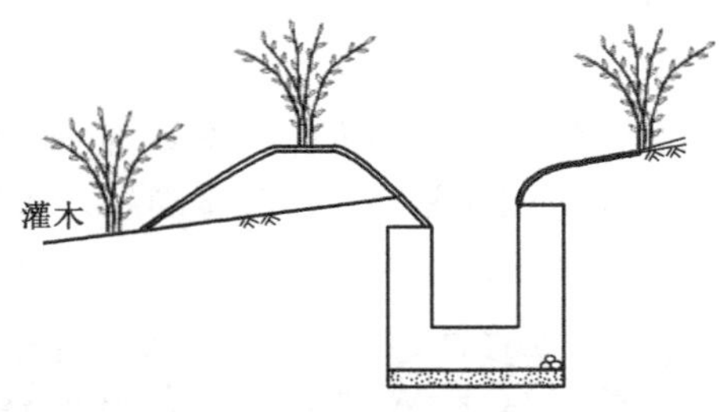

图 10-29 覆土并绿化遮挡截水沟

对汇水量小、冲刷不严重的地段,可通过论证取消截水沟浆砌,转而采用防水土工织物来防水冲蚀,以节省工程造价,降低视觉反差,如图 10-31 所示的圆弧形生态截水沟。垂直向下的截水沟没有汇水面积或汇水量小,只起到排水沟的作用(但对视觉的影响大),可对其做暗埋式处理,如可采取加盖板覆土绿化的处理办法,或采用盲沟式截水沟,见图 10-32a)、b),实际处理后的效果见图 10-32c)。

图 10-30　截水沟削角覆土处理前后对比图

图 10-31　圆弧形生态截水沟

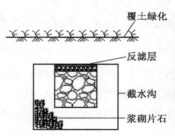

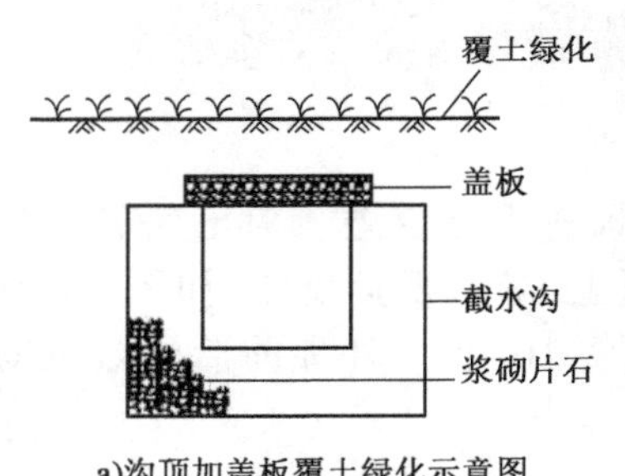

a)沟顶加盖板覆土绿化示意图

覆土绿化
反滤层
截水沟
浆砌片石

b)盲沟式处理示意图

c)盲沟式处理后的效果图

图 10-32　截水沟的处理

道路边沟主要影响道路内的景观,对此也应采取灵活的设计方法。通常情况下,浆砌排水明沟与环境协调性差且存在安全隐患。未浆砌的边沟或碎石盲沟与环境协调性好,如图 10-33 所示。未浆砌的边沟应为浅碟形,以利于行车安全。

图 10-33　公路路堑明沟排水——未浆砌

路堑段边沟可采用暗沟排水，见图 10-34，在路肩外设底宽 0.8m、深度不小于 0.6m 的矩形排水暗沟，暗沟顶铺草皮设浅碟形小边沟配泄水雨箅。青莱高速(马莱段)路堑段边沟多采用暗沟排水，设置 M7.5 浆砌片石边沟，一般路段设置尺寸为 0.8m×0.8m 的矩形沟，沟顶安设盖板。浅碟形边沟坡度须考虑驶出路外车辆的行车安全性。

图 10-34 公路路堑暗沟排水(G22 青莱高速公路，2008 年)

对于填方路段，可在借用路侧土方时，对借土坑做生态化和景观处理，如图 10-35 所示。

图 10-35 路侧雨水池和生物群生态构造

10.2.4 边坡景观敏感度

高深的路侧边坡不仅对景观、环境有影响，也会给行车带来一定的压抑感。公路路堑边坡的景观敏感度是路堑边坡视觉感的度量指标，它综合反映边坡的可见性、清晰性以及醒目程度等，可用于检验边坡与环境的协调性。景观敏感度与边坡的坡面形态、坡高、坡长以及坡面的颜色等有密切关系。显然，对于环境优美的路段，如果边坡具有较高的景观敏感度(特别引人注目)，那么人们将关注的是边坡而不是优美的背景，导致边坡与环境的不协调；相反，在景观单调路段，如果适当提高边坡的景观敏感度和优美度，可以给驾乘人员提供必要的视觉吸引点，提升道路景观视觉效果，缓解驾驶疲劳，预防“道路催眠”，对提高道路安全性有一定益处。

分析边坡景观敏感度需要综合考虑以下两个方面。

(1)边坡在驾驶人的视野中所占的比例越大，则边坡的景观敏感度越高。边坡的高度、长度、坡度以及边坡与驾乘人员的距离等都会影响边坡在视野中的大小。

(2)边坡与周围环境反差越大，坡面受关注的程度越大，则边坡的景观敏感度越高。边坡景观敏感度受边坡形状、防护工程的图案、植被覆盖率和外形等多因素的影响。

在综合考虑以上两方面因素的基础上，对坡面的景观敏感度从高宽比、坡面纵向长度和坡面醒目程度三个方面进行评价。

(1)高宽比敏感度 S_1

边坡坡度、位置、高度等对敏感度有交互影响。如在挖方深度不变时,边坡直立,则坡脚和坡顶线距离驾乘人员近,对视觉的冲击大;边坡放缓,即使挖方坡顶线外移,对视觉的冲击变小。

人正常的竖向视野约在60°视角范围内,只有在45°视角范围内才能看清每一个细节部分。路堑边坡高度和坡顶与行车轨迹水平距离之比(简称高宽比)超过1:1时(相当于45°),会使驾乘人员产生穿越峡谷之感,从而对路堑印象深刻。

当覆盖边坡的锥形视野角度缩小到18°时(高宽比为1:3),路堑形成的闭合感极低,边坡立面细节部分的显示开始消失。路堑边坡开始起主要充当空间边缘的作用,形成一种"场所感",而不是作为一个包含空间的垂直面存在。当高宽比小于1:4时,路堑边坡对视觉立面的影响已经很弱了。高宽比敏感度与背景有一定关系,可通过动视觉效果分析。

边坡高宽比对视觉的影响如图10-36所示。高宽比对敏感度影响的量化取值可参考表10-2的建议。

图10-36　不同高宽比边坡视觉对比

边坡景观敏感度评价　　表10-2

要素								
高宽比(H:W)			长度(时长/s)			醒目程度(坡面与周围环境视觉对比)		
≥1	0.25>且<1	≤0.25	≥5	>0.5且<5	≤0.5	强烈	中度	弱
5分	3分	1分	5分	3分	1分	5分	3分	1分
分级:Ⅰ级,12~15分;Ⅱ级,9~11分;Ⅲ级,9分以下								

(2)坡面纵向长度敏感度 S_2

路堑边坡是路内景观的重要组成部分,驾乘人员对坡面的注视时间取决于坡面景观对视觉的刺激强度和作用时间。由于驾乘人员的视觉为动视觉,坡面长度过短时,即便边坡高度很高,对驾乘人员的影响也有限。驾乘人员的动视觉具有如下特点:

①驾乘人员在视野内可以觉察出景物存在的时间阈值一般为0.4~0.5s,景物若在驾乘人员的视野中停留时间低于以上值,则得不到驾乘人员的充分注意。

②考虑到驾乘人员的视觉反应时间和形成有意义知觉所需要的时间,若景物在驾乘人员的视野中的停留时间过短,则景物的细节不可能被欣赏。同时,行车时,驾驶人只能边驾驶边欣赏景物,不能长时间专注于欣赏景色。因此,在进行路侧景观设计时,若想景物被驾乘人员

充分欣赏,应保证景物在视野中停留5s以上。

可见,若边坡的长度达不到汽车行驶0.5s的距离,边坡将得不到驾乘人员的充分注意;若边坡的长度达到汽车行驶5s的距离,则边坡的细节会得到驾乘人员的充分注意,边坡具有高敏感度。车速与坡面纵向间距的对应关系见表10-3。坡面纵向间距对敏感度影响的量化取值可参见表10-2。应注意的是,若边坡景观(无论自然或人造)过度吸引驾驶人注意,可导致驾驶人分心,对行车安全不利。

车速与坡面纵向间距 表10-3

车速(km/h)	40	60	80	100	120
0.5s间距(m)	5.6	8.3	11.1	13.9	16.7
5s间距(m)	56	83	111	139	167

(3)坡面醒目程度敏感度S_3

景观的醒目程度是影响边坡景观敏感度的另外一个重要因素,可以根据边坡与道路及周围环境的对比度来确定。影响因素包括形状、线条、色彩、肌理等多方面。对比度越大,则景观敏感度越大。例如,平整的浆砌片石护坡或刻板的人造景象与周围环境的色彩、肌理、形体等存在较为强烈的对比,景观敏感度较大。

醒目程度主要通过对驾乘人员视觉产生影响的边坡的色彩及形状体现。形状的差异容易通过比较看出,而色彩的差异可以参考以下的分析得出。

根据色彩学的基本知识,不同颜色的醒目程度是有区分的,暖色与明度高的颜色知觉感强,而冷色与暗色的知觉感弱。也有学者将黄色、红色、绿色、蓝色的敏感度分别赋予1、3/4、1/2、1/4的取值。单纯从色相对比来说,若选定一色相,与此色相相邻之色为邻近色;与此色相相隔2~3色为类似色;与此色相相隔4~7色为中差色;与此色相相隔8~9色为对比色;与此色相相隔10~12色为互补色。邻近色、类似色为色相弱对比,中差色为色相中对比,对比色为色相强对比,互补色为色相最强对比。边坡颜色及其与背景颜色差异成为影响坡面醒目程度的重要因素。要实现边坡与背景的颜色协调,需要在边坡色彩的色相、纯度、明度上进行综合设计。坡面醒目程度对敏感度影响的量化取值可参见表10-2。

在具体的工程中,以上各种因素共同影响着边坡景观敏感度。景观综合敏感度是各单一因素评价的各敏感度分量的函数,见式(10-1)。

$$S=f(S_1,S_2,S_3) \tag{10-1}$$

式中:S_1——高宽比敏感度分量;

S_2——坡面纵向长度敏感度分量;

S_3——坡面醒目程度敏感度分量。

一般可以参见表10-2取$S=S_1+S_2+S_3$得到路堑边坡景观敏感度的值,并根据敏感度值将路堑边坡景观敏感度分为Ⅰ、Ⅱ、Ⅲ三级,其中Ⅰ级表示边坡景观敏感度最高,Ⅲ级最低。

图10-37 边坡景观与背景不协调

边坡设计方案会对自然景观和人文景观产生影响,当路线处于自然景观优美路段时,若边坡景观敏感度太高,会造成景观不协调,如图10-37

所示，对于此类路段，要使边坡融入环境，需设法降低景观敏感度。

关于路线景观单元的景观美景度评价，美国土地管理局提供了视觉资源管理评价办法，根据表10-4中的7个景观因素，通过专家打分，得出不同路段的环境等级。

道路环境等级的划分标准　　表10-4

关键因素	高	中	低
地形地貌	高耸入云的山峰，其中分布着奇峰怪石/5分	峡谷等地形起伏地带，其中细部景物尚能引人注目/3分	低矮平缓的丘陵或盆地，其中缺乏吸引人的细部景物/1分
植被	植物种类颇多且形状、质地、色泽很吸引人/5分	有一些植物，但品种变化较少/3分	植被极少/1分
水体	在景观视觉中具有极为突出的地位/5分	洁净流畅，但在景观视觉中不具有突出地位/3分	没有或很少/0分
色彩	色彩配置多样而生动，令人欢快的土壤/植被、湖泊/雪原的色彩对比/5分	色彩变化及土壤/岩石、植被对比在景观中所起的作用不占主要地位/3分	色彩变化贫乏、单调/1分
毗邻风景	相邻地区的景观对提高当地的景观质量起着积极的作用/5分	相邻地区的景观对提高当地的景观质量起着一定的积极作用/3分	相邻地区的景观对提高当地的景观质量不起作用/0分
特异性	独树一帜，难以忘怀，在当地极为罕见的景观/5分	在当地比较少见，但在别的地方也有可能出现的景观/3分	在当地极为常见，但其布局尚有趣味/1分
人文变动	人文变动对原有景观环境起到积极的作用/2分	有损环境景色的完整性和连续性，但无伤大雅/0分	变动大范围地损害了景色/-4分
等级确定：A(≥19分)、B(12~18分)、C(<12分)			

应该避免出现环境等级达到A级，而边坡的景观敏感度达到Ⅰ级的组合，否则，道路的挖方边坡将成为山体的“伤疤”，环境和谐性非常差。

在单调的长直线道路上，路外信息重复刺激，加之发动机单调的响声和单调枯燥的驾驶操作，致使驾驶人脑细胞产生抑制作用，大脑机能降低，感觉迟钝，知觉减弱，肌肉动作迟缓，视野变窄，对突发状况的感知能力和危险情况的应急能力降低，基本上处于无防备状态，容易发生交通事故，出现所谓的“道路催眠”。

为防止出现“道路催眠”现象，道路设计应该提供多变的景观、参照点和环境，以持续激发并保持驾驶人的兴趣与注意力。在驾驶过程中，每5~10min提供给驾驶人新的视觉吸引点，让驾驶人适当转变一下注意活动（对行车信号、路况等的长时间有意注意），以缓和有意注意情景，减轻疲劳感。若行程中，有超过10min的路线的景观处于单调不变状态，此时，可以提高边坡的景观敏感度，强化美学设计，通过边坡设计来增设视觉吸引点，调节驾驶人的驾驶兴趣，缓解驾驶疲劳。

可通过避让环境特别优美路段（近而不进），避免大填大挖，减小坡面高度与长度，增强坡形与地形的协调性,缓坡处理,实现坡面植被与周围植被相协调,强调用“土生土长”的草、灌木进行绿化,以及采用当地建筑风格及建筑材料进行边坡防护等,从而降低边坡景观敏感度。如边坡在距地面 1/2 或 1/3 高度处采用曲线设计与地面相接,通过边坡曲线的变化将边坡融于原地形,以减少道路景观的生硬呆板感,增加自然感,如图 10-38 所示。

a)有压抑感的边坡防护(不合理)

b)仿生态边坡防护

图 10-38 边坡处理效果对比

可通过增加边坡的坡度(如对风化程度低的石灰岩路段,采用近似直立的“悬崖式”边坡,体现“刚毅”),增加坡面的醒目程度(采用几何图案或雕塑装饰坡面,醒目的颜色搭配)等措施增加边坡景观敏感度,如图 10-39 所示。

a)赤壁附近裸露的岩石让人回忆起当年的故事

b)美国313号州际公路独特地貌的保留给人沧桑感和震撼感

图 10-39 自然岩石的应用增加边坡景观敏感度

10.2.5 SD 评价

SD 法(Semantic Differential Method)是由 C. E. 奥斯顾德(Charles Egerton Osgood)于 1957 年提出的一种心理测定方法,又称感受记录法,它通过言语尺度做心理感受测定。SD 法流程如图 10-40 所示。评价尺度常采用 5 段制。

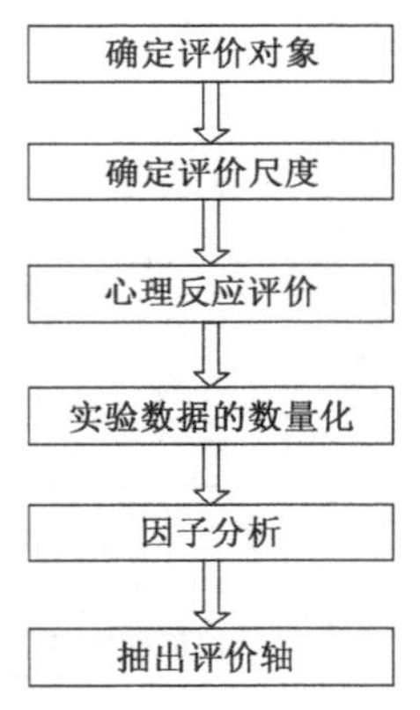

图 10-40 SD 法流程图

【例 10-1】 济青南线评价

针对济青南线,在确定被评价景观类型时,除了该路采用的坡面防护类型外,还增加了其他一些有代表性的实例,分别为菱形骨架护坡、景石裸露型边坡、喷射混凝土边坡、自然式边坡、拱形骨架边坡、实体护面墙边坡、灌草型植物防护边坡等,如图 10-41 所示。

菱形骨架护坡　景石裸露型边坡　喷射混凝土边坡

自然式边坡　拱形骨架边坡　实体护面墙边坡

灌草型植物防护边坡

图 10-41　路堑边坡样本照片

景观的视觉效果与景观观赏视角有关。因此,先通过放映各景观类型的多幅照片,让评价者对各类边坡形式有一个全面的认识。然后,选取各类型路堑边坡的一幅典型照片,逐一提供给评价者打分。采用 SPSS 多变量分析程序对评价结果进行因子分析。

C. E. 奥斯顾德认为,形容词有评价(好与坏、重要与不重要)、力量(强与弱)和行动(主动和被动)三个基本维度。在制定由多元评价尺度(形容词对)构成的问卷调查表时,参考了美学、景观学、建筑学、园林、林学等,借鉴了多领域用 SD 法进行景观评价时所采用的形容词对。通过分析,选出了适合用于评价边坡景观的 20 对形容词,用这 20 对形容词制成了问卷调查表(表 10-5)。为了量化统计分析,对 20 对形容词采用 5 阶段的等间隔尺度打分,由左开始,分别赋予数值 1、2、3、4、5。

景观评价的形容词对制成的问卷调查表　　表 10-5

序号	评价项目	SD 法的形容词对
1	色彩感	色彩单调而不和谐的 vs 色彩丰富而和谐的
2	层次感	平面的 vs 立体的
3	协调度	与环境不协调的 vs 与环境协调的
4	美感	不美的 vs 富有美感的
5	吸引力	无吸引力 vs 有吸引力
6	安全感	感觉危险的 vs 感觉安全的
7	自然感	人工痕迹明显的 vs 人工痕迹不明显的
8	植被覆盖度	植被覆盖度低的 vs 植被覆盖度高的
9	季相变化	无季节变化的 vs 季节变化显著的
10	植物丰富度	植物种类单一的 vs 植物种类丰富的

续上表

序号	评价项目	SD 法的形容词对
11	坡面防护几何造型	难看的 vs 美观的
12	光感	阴暗的 vs 明亮的
13	整齐感	杂乱的 vs 有序的
14	新奇度	平常的 vs 新奇的
15	空间感	空间狭窄的 vs 空间开阔的
16	生命力	死板的 vs 有生机的
17	变化度	单调如一的 vs 变化丰富的
18	施工质量	低劣的 vs 优异的
19	愉悦度	难以接受的 vs 身心愉悦的
20	特色	无特色的 vs 特色显著的

在确定评价者时，为了尽可能减少评价者知识结构对边坡景观视觉效果评价的影响，选择了 2 组不同的景观观赏者，共 56 人。第 1 组为土木工程专业学生(26 人)，第 2 组为城市规划专业学生(30 人)。

表 10-6 给出了评价者对各样本坡面景观视觉效果评价的平均值。

SD 评价结果表 表 10-6

项目	样本 1	样本 2	样本 3	样本 4	样本 5	样本 6	样本 7
1	2.72	3.87	1.70	3.51	3.00	1.80	4.30
2	3.01	4.17	2.37	3.66	3.10	2.36	4.28
3	2.90	4.15	1.78	3.88	2.99	1.95	4.63
4	2.67	3.99	1.84	3.38	3.32	2.23	4.36
5	2.76	3.68	1.93	3.05	3.17	2.20	4.08
6	3.40	3.12	3.01	3.23	3.44	3.10	3.92
7	2.13	4.19	1.39	4.24	2.31	1.51	4.69
8	2.56	3.81	1.44	3.71	2.91	1.55	4.64
9	2.87	4.00	1.47	3.97	3.10	1.51	4.42
10	2.16	3.68	1.42	3.24	2.27	1.62	4.21
11	2.99	3.68	2.04	3.18	3.42	2.19	4.15
12	3.05	3.48	2.62	3.35	3.21	2.85	3.94
13	4.03	2.69	3.64	2.70	4.10	3.66	3.03
14	2.74	3.23	2.13	2.85	3.25	2.23	3.35
15	3.03	3.27	2.94	3.12	3.36	2.69	3.54
16	2.52	3.87	1.68	3.73	3.10	1.71	4.47
17	2.29	4.25	1.75	3.23	2.50	1.80	4.09
18	2.96	2.90	2.95	3.08	3.16	3.20	3.20
19	2.82	3.96	2.23	3.65	3.34	2.43	4.28
20	2.67	3.41	2.28	3.21	3.19	2.45	3.79

根据评价结果可知，样本 7(灌草型植物防护边坡)、样本 2(景石裸露型边坡)与其他景观类型相比，在“层次感”“协调度”“美感”“自然感”“植物丰富度”“愉悦度”等方面得到了很高

的评价。而样本3(喷射混凝土边坡)、样本6(实体护面墙边坡)在“色彩感”“协调度”“自然感”“植被覆盖度”“季相变化”“植物丰富度”“生命力”等方面得分较低。样本1(菱形骨架护坡)由于植被恢复效果差,在“自然感”“协调度”“美感”等方面的得分也较低。

从评价结果看,边坡环境“和谐性”是应当得到重视的,应提倡边坡防护与周围背景的和谐。根据自然环境特征,对边坡进行灵活设计。比如防护工程材料的颜色与环境颜色的协调问题、坡面植物与周围植被的协调问题、坡面形状与周围地形的协调问题等均应得到灵活的设计。

基于对坡面景观特性的分析,对济青南线的边坡防护形式进行了调整。调整前的边坡防护形式以格宾网、拱形骨架植草、三维网、空心砖为主,调整后的边坡防护形式以自然式无防护的坡面为主(利用岩石的天然构造,突破设计,不追求纵向和竖向在一个平面),辅以必需的综合防护。以马站至莱芜段为例,工程防护所占比例从原来的70%下降到30%左右。全线基本取消了护面墙等工程痕迹明显的防护形式,落实了“稳定、自然、环保、景观”的设计理念,取得了良好的效果。

10.3 立交隧道等结构物

10.3.1 结构物与环境和谐性

道路交通基础设施中的大型结构物,如立交、长大桥梁、隧道等的建设对沿线自然和人文环境有影响。对于这些大型结构物,往往还会追求景观的营造,如设计建造景点、观景设施等。

道路交通基础设施建设对不可再生资源的依赖性较强,对环境影响较大,因此,大型结构物的建造应少破坏、早恢复、重保护等,更应以“不破坏为最好的保护”为理念。景观设计追求简洁实用的自然美,实现与自然环境相和谐,不过分修饰或贪大求全,要追求原生态美。

营造与自然环境相协调的人文景观。通过引入与展示、象征与延伸、联想与隐喻等方式营造人文景观以宣传本土文化是旅游交通景观设计的一个重要方面。道路作为一个大尺度景观主体,若过分渲染人为景观,既浪费资源,又可能造成原生态美的缺失,应以自然景观展示为主,将和谐的人文景观作为点睛之笔,适地适度。

道路交通基础设施大型结构物与环境的和谐性可从以下三个层次评估。

第一层次:环境影响。

细致考虑道路结构物建设规模、总体方案和运维等的环境影响,主要解决结构物建造环境低影响和初步恢复、人为景观与周围环境的总体协调以及运维期的环境影响问题。对结构物建造与运维对环境的影响做好总体评估,从规划设计阶段即制定相应的环境保护对策。

第二层次:景观。

景观方面,从可视点角度可将结构物景观分为外部远视域景观、内部主线交通动视域景观和内(外)部近视域景观三部分。外部远视域景观主要评估结构物与大范围环境的和谐性,体现景观宏观美,如从空中俯瞰,立交或大跨度桥梁等结构物似嵌在自然环境中的“一颗明珠”;内部主线交通动视域景观,以驾乘人员等道路用户行驶在道路主线上时的视觉评估结构物与环境的和谐性,强调结构物景观的动态变化;内(外)部近视域景观,以临近结构物低速运动的各类观景者的视觉评估结构物与环境的和谐性，强调景观细部的刻画及位于结构物内观赏自然和人文景观的体验，如南京长江大桥、杭州湾跨海大桥和旧金山金门大桥等许多大跨度桥梁多为旅游景点。

第三层次：结构物细部构造。

从结构物细部构造的形体参数、材料、色彩、小品建筑的文化寓意等方面，评价细部构造与结构物总体和环境的和谐性。在景观方面，该层次强调人文景观的营造，注重体现文化背景以及人文景观与周围环境的协调性，提高与自然环境的和谐性。

10.3.2 主要结构物环境和谐性

本小节以青莱高速为例，简述立交、隧道等的环境和谐性。青莱高速沿线主要结构物为互通式立交、隧道、休息区等。

10.3.2.1 互通式立交环境和谐性

互通式立交是道路交叉连接的重要形式，其结构物工程量大，可形成较为独立的立交区域环境。互通式立交的结构组成、造型等空间感较强，视点变化较为丰富，加之立交往往处在交通发达、经济繁荣的地区，对促进周边土地的开发和利用、美化环境有着地标性的作用。

互通式立交区域环境和谐性可按10.3.1节所述的三个层次进行评价。

(1)第一层次

青莱高速全线共20座互通式立交，沿线地形地貌等自然环境有较大变化，采用与自然协调的统一风格，可将20座互通式立交分为城市门户立交、自然或人文标志立交、一般节点等三个层级。如红石崖立交、胶南立交、马站互通、莱芜互通具有城市门户立交特征，里岔立交位于赵家庄古汉墓人文风景区，沂源互通位于田庄水库风景区，诸城西立交位于湿地自然景观区，所在地域的自然和人文环境独特。里岔立交的建造应注重对古汉墓的保护，有益于人文风景区的开发，但不破坏自然和人文环境。沂源互通应与水库风景区环境保持和谐，确保建造不对水库环境及水质造成不良影响，可适度考虑立交对水库风景区开发的作用。诸城西立交的建造与湿地所在的田园风光相和谐，对湿地等自然环境影响低，可利用立交建造补偿湿地环境。

青莱高速诸城西立交匝道圈内营造的湿地和须保护的古墓群见图10-42。

图10-42 湿地营造与汉墓群保护

(2)第二层次

根据不同的视点,将立交区域环境和谐性按以下方面表述。外部远视域看立交区域和谐性,立交布局及其与地形地物的宏观协调性;对于高速公路主线和被交线上快速行驶的驾乘人员,内部主线交通动视域,按照不同的行车位置可分为上层视点(车行于立交的上层桥跨或匝道,视野开阔)、过渡视点(车处于路堑段与立交衔接处,或行于中层桥跨或匝道,景观视点变化较快,视域结构相对复杂)及下层视点(车行于立交区的最下部车道,视野相对较窄,以路侧和桥跨景观为主)。里岔立交,要保护古汉墓人文环境,可利用桥下附属空间营造古汉墓人文观景区;沂源互通,要保护与水库关联的自然环境,包括自然景观、水环境与水质等,须着重处理路堤边坡人工痕迹的环境协调性问题,营造与水库风光和谐的自然景观区;诸城西立交,要注重立交区域与田园风光的和谐性,做好坡面的地形微处理,保护和利用湿地,营造与自然协调且人文寓意丰富的湿地景观。

(3)第三层次

确定了立交各区域的风格、造型、景观布局等后,进一步确定构造物(桥墩、梁结构、跨孔、隔声墙、小品建筑等)的形体参数、匝道环圈或三角区的坡面绿化的物种选择、竖向和平面设计、硬质景观的材料色彩、纹理等设计。

坡面是立交整体环境十分重要的一个部分,可通过坡面修饰和绿化来使立交的造型更优美、实用。根据地形环境特征和交通要求,对匝道环圈、三角区、路侧净区、路堑边坡等的坡面进行修饰,采用适当的等高线图,轮廓线起伏顺应地势并与远景相一致。坡面修饰尽可能利于自然排水,满足排水设施自然或隐蔽的工程要求。图 10-43 为取消了部分边沟的互通式立交(在做排水与冲蚀分析的基础上)。

a)初步效果

b)施工阶段

图 10-43　取消边沟的立交区域

坡面绿化设计注意景观的层次性,三角区可采用草坪以满足视距要求;路堤或匝道环圈可采用流线式疏植乔木结合矮灌木或草坪,或片植高度过渡的草、灌、乔,以满足视线诱导和不同视点的观景要求;对路堑坡面则考虑自然的草坪、藤本,或自然式散植乔灌木,以利于恢复和适应背景自然环境。图 10-44 为某立交区域绿化等情况。

立交线形和桥跨造型设计应避免错误地割断自然景观空间或人文景观空间,注意给动物留出穿越立交区的通道。对桥跨构造物,在不同区段的构造物采用不同的立面造型,净空较矮的跨线物,立面设计尽可能采用通透感强、流线造型柔和而轻巧的外观,以免造成压抑感,如桥墩位于行车道分隔带内的,应避免设计成短且粗壮的形式,可适当采用竖向刻线或流线型的方式修饰;而净空较高的跨线物,则宜体现厚重、稳固、宽广之感,如桥下附属空间作休息景区利用时,应注意桥墩与梁的尺寸比例协调,避免造成高挑轻薄之感,否则不利于营造观景的安全舒适感。

图 10-44 立交区域绿化与环境营造

人文景观的营造则可通过桥墩、桥跨的硬质景观处理，匝道环圈、三角区的微地形处理，收费站、小品建筑人文符号设计等来实现。例如，匝道环圈范围内通过微地形处理，进行适当的绿化或石材添置，可形成具有区域地貌特征的平原、丘陵地貌。若将微地形与水文环境相结合，通过展示、引入等手法可营造关于山川河流乃至古迹传说等的人文意境。例如，济焦高速公路的柏香互通就利用带状水域和花灌木绿化等，构造了夏季为黄河流域、冬季为枯山水的别致景观。

立交区域自然景观营造主要通过线形设计融入自然环境，三角区、匝道环圈内坡面景观，外部或桥下自然环境的恢复和绿化，或引入水文构造完整的生态景观来实现。例如，德国巴伐利亚的 B300 号高速公路在约 4 公顷的互通式立交绿地中挖掘了面积约 $800m^2$，深约 3m 的池塘，引入附近哈根河的河水，并依据现状环境种植原生植物，模仿湿地景观适当营造栖息地，其余的土地则闲置，仅在初期做适当的维护管理。经过三年的自然生态演替，形成了丰富的生物相景观，湿地的植物能源使其成为候鸟的过境栖息地，候鸟的排泄物又为植物生长提供能量，自然生态循环及演替使维护管理成本降至最低，同时亦使 B300 号高速公路具有运输廊道与生态“跳板”的双重功能，成为高速公路建设与环境共生的成功案例。

图 10-45 为美国Ⅰ-476 公路某立交区域环境，体现了环境和谐性的理念。

图 10-45 典型高速公路立交环境

10.3.2.2 隧道进出口路段环境和谐性

相较于中央分隔带、边坡等路侧，隧道建造形成的隧道洞口对自然环境的影响也是非常大的，且较难实现与环境相和谐。隧道进出口的交通运行环境也是高风险的交通运行环境，良好的环境和谐性不仅有利于保护自然环境，也有利于保证隧道进出口的本质安全性。

隧道进出口路段环境和谐性也可按 10.3.1 节所述的三个层次进行评价。

(1)第一层次

隧道进出口路段应与自然山体地形地貌等协调，尽可能降低隧道进出口洞口构造、边坡和排水等设施以及隧道弃渣处置等对该路段自然环境的影响，且应保证交通运行安全。青莱高速全线的 6 条隧道采用“自然美”的统一风格，强调在绿化措施上注意隐蔽或弱化洞口、仰坡、边坡、排水设施等的人工痕迹，其中沂源隧道东侧洞口路段处于大桥水库自然景观区域，桥隧相连；毫山峪隧道两侧洞口属于高山悬崖自然景观，自然环境相对脆弱，应特别注意保护。特别是靠近水库区域的隧道，应对隧道弃渣的处理和再利用充分加以考虑，尽量降低对水库的影响，图 10-46 为邻近隧道进出口的水库。

图 10-46　靠近隧道进出口的水库

隧道弃土可用来修复或加固水库坝体或排水设施、进行坝体坡面防护，覆盖种植土，植树植草绿化。将隧道弃渣场改造为观景台，设置竹木凉棚、仿木桌、凳、厕所、简易售货亭，供驾乘人员凭眺波光粼粼的水面，观赏田园风光，愉悦身心。

(2)第二层次

外部远视域，俯视隧道进出口路段与自然环境的和谐性，包括地形地貌等；内部主线交通动视域，以隧道进出口路段车辆行驶方向为视线，按照不同的行车位置可分为洞外远景、洞口前近景、洞内景观等。对于高速公路，隧道进出口一般不会作为观景点，但对于毗邻水库自然景区的隧道，可适当考虑近视域静景观。

选择的洞口形式应与周边环境协调，利于隧道进出口自然景观的恢复、保护和利用，兼顾人文景观的展现。根据地质、地形、地貌和排水需求等情况做好边坡、仰坡等坡面的防护与恢复，宜着重进行生态防护和本土化的绿化，弱化人工痕迹。

青莱高速的隧道形式优先考虑了削竹式，部分洞口在施工阶段动态设计，经适当延长明洞，增强了与山体的协调，降低了弃方量。图 10-47 和图 10-48 为两个实例。

a)施工期

b)开放交通一年后

图 10-47　隧道进出口延伸与截水口隐藏处理

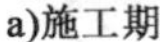
a)施工期

b)开放交通后

图 10-48 隧道进出口适应地形

(3)第三层次

从隧道进出口周边一定范围的角度,考虑洞口的景观,包括周边结构物、洞口建筑、生态绿化等,须细化形体参数、绿化参数和构筑物表面材质等硬质景观参数,景观须精细。隧道进出口自然环境协调性主要体现在绿化、人工痕迹的遮蔽与弱化,以及与邻近大桥、河湖、山谷等背景的整体融合性;人文景观主要体现在洞门形状、饰面,以及隧道铭牌、洞口小品、标志等设施上。自然人文景观的营造应综合考虑,不可相互独立分割。图 10-49 为具有特色的隧道洞口和隧道口铭牌。

a)野象谷隧道洞口

b)隧道口铭牌

图 10-49 隧道进出口

青莱高速 6 座隧道,黄家峪隧道、亳山峪隧道、沂源隧道、东铁车隧道等,进出口前方多有大桥或者高架桥。如沂源隧道东侧进出口,桥隧相连,有水库为背景;亳山峪隧道西侧进出口为高山和悬崖景观,植被生态质量较好。进出口自然景观资源较好的隧道,可以营造较浓的人文气息,但应积极做好边坡生态防护,进出口以自然景观为主,适当融入人文景观。对洞口仰坡、边坡开挖较大,植被恢复困难的隧道洞口,应尽量使人为痕迹与自然相协调,如图 10-50 所示。

10.3.2.3 路侧环境和谐性

对于平原微丘区的道路,其建设不免在两侧取土(取土时,表层土应用于植被恢复)或弃土,此种工况下,可结合地形地物和水系等,考虑野生动物生存需求,建造路域生态环境。如前文的图 10-35 就是利用取土坑建造的生态环境。

图 10-50 隧道进出口环境和谐性处理

图 10-51为路侧取土坑处理实例。处理之前的取土坑,尚未整平恢复,匝道北端有路堑遮挡土坑;土场为丘陵地形,基本裸露,积水坑较多;土场西侧为陡坡,土质为黏土和风化料。通过整平场地、改陡坡为缓坡、水边植柳树、坡上植杨树、树间种植紫穗槐等措施实现生态环保的目的。

a)施工期

b)开放交通后

图 10-51 路侧取土坑生态环境处理

公路沿线多为自然地形地貌和田园村庄,一般具有地方特色。因此,建造公路两侧的绿化带时应考虑这一特色,不宜简单地建设密集的林带(经济林带或作为隔声设施的林带另论)。密集的林带一是遮挡驾乘人员观赏沿线景观的视线;二是可形成狭窄的廊道,若树种单一,则道路运行环境单调。对于低等级公路,行道树有时会遮挡标志、误导道路走向等,不利于行车安全。特别是对于沿线为自然风景区的道路,更应注意该点。如图 10-52 所示的景区道路,路肩植草对道路景观有利。若路外确需建造绿化林带,也应考虑绿化林带与自然环境的协调性。如图 10-53 所示,纵横排列整齐,形成人工林的绿化林带与自然植被反差大。

图 10-52 植草路肩

图 10-53 纵横排列整齐的路外绿化林带

10.4 案例简介

10.4.1 济青南线高速公路

伴随着我国经济的快速增长，高速公路以其便捷灵活、安全快速的优点，在交通运输业中逐渐占据越来越重要的地位。公路建设在带动沿线经济快速增长的同时，也影响了沿线地区的生态环境质量，这与可持续发展战略理念相悖，因此迫切需要公路建设者转变理念，把生态环保放在与公路建设同等重要的地位。高速公路建设，除进行必要的高速公路本身的规划设计外，还应对可能对公路沿线生态环境造成的潜在的破坏进行精心评估并制定有效的保护和恢复对策，如路域环境条件下的生态恢复工程可作为改善生态环境的一个重要手段。

高速公路具有方向性、连续流畅性、线性空间以及特有的封闭性，其景观设计与沿线自然环境紧密相关，在视觉特征、生态环境和地域文化上具有独特的空间环境特征，因此遭受影响甚至破坏后的路域生态环境的恢复工作尤为重要。山东省高速公路位于中国华北地区，属于半干旱半湿润气候类型，生态植被遭受破坏后极难自然恢复，恢复周期漫长。中央分隔带、互通式立交区、路堑（堤）边坡、桥梁锥坡、排水沟、取土弃渣场等区域的环境均受到较大影响和破坏，开放交通后其植被和生态环境的生态恢复工程一直面临着极大的挑战。

济青南线作为继思小（思茅—小勐养）以及川九（川主寺—九寨沟）两个典型示范公路工程之后的又一个大型的安全与环境示范工程，在地理位置、气候环境、自然资源、文化氛围以及工程背景上有其自身的特点，特别是北方地区半干旱的气候条件、深厚的齐鲁文化底蕴，使得该工程具有独特的示范意义。

与其他典型示范工程相比，济青南线具有以下鲜明的特色：

（1）设计指标较高，地处北方自然灾害多发地区，该工程建设将“安全性”提到更高的水平，设计评价和优化过程中充分考虑了安全因素。

（2）济青南线是北方高等级公路安全与环境示范工程，在深厚的人文历史（沂蒙山区、沂源沂水溶洞、黄岛景区、齐鲁文化、孔子文化等）背景下，工程建设对“环保”的要求不仅要顾及特殊的地理、气候、自然条件，还要充分考虑“人文资源的保护和合理利用”。

(3)济青南线路线长约300km，双向6车道，设计车速120km/h，沿线地形含北方低山丘陵区、平原地带等。

示范工程建设充分做到环保、美观，优化设计突出了“节约成本”的理念，权衡各种因素，强调各种交通设施建设的实用性、环保性，避免硬性、多余的设施。济青南线积极响应“六个坚持，六个树立”的公路勘察设计新理念，充分落实“济青高速生态环保高速公路示范工程建设”的指导思想，在安全的基础上，借鉴国内外成功经验，以建设资源节约型、环境友好型的交通为最终目标，在公路现有征地范围内做文章，突出重点、结合实际，体现了理念创新。具体表现为：

(1)工程设计与景观设计相结合

工程设计与景观设计有机结合，如路堑设计，工程设计在确保路堑边坡稳定的同时，充分考虑路堑与环境的协调性。

稳定是基础，如设计特别重视风化花岗岩、片麻岩等稳定问题，以及坡面或坡顶有高压线、天桥桥台等构造物时的边坡稳定问题。在稳定的基础上，尽量避免上边坡采用高挡墙、大段落防护，可以不设挡墙的一定不设。

将“露、封、透”等景观设计理念应用到边坡设计上。对于“形、色、势”等方面景观效果好的岩石，在稳定的前提下，采取整体裸露处理或局部裸露处理；对于景观效果差的岩面则采取绿化遮蔽的办法处理。对于能达到点缀景观效果的孤石，若采取简单的局部锚固支护即可稳定，则采取加固措施保留。

从景观和生态恢复角度考虑，最大限度减少工程防护措施，必须采取措施时应注重工程防护与生态防护的结合，如采用锚杆框格防护等。采取可行的措施尽可能地放缓边坡，如充分利用征地边界，构筑矮挡墙(一则作为装饰，二则可放缓边坡)等。

(2)创造式设计

路堑边坡实际效果的雷同说明了路堑设计缺乏个性。路堑设计不宜简单标准化，不是一张简单的路基标准横断面图所能表达的，应根据路堑所处的环境进行个性化设计。边坡坡率可灵活自然、因地制宜、顺势而为，不简单地采用单一坡度，可采用变化的坡形、坡度和坡高，减少人工痕迹。如根据岩石稳定性及自然纹理，坡度可以垂直；坡面不刻意追求平直；边坡高度灵活调整；边坡形状，遇土可做弧状处理体现自然，遇坚石可为大块的棱角状体现刚毅，遇土包石可采用露石绿化体现顽石景观等。

(3)动态设计

在挖方现场根据揭露岩性、风化程度、地质构造、准确的桩号和周围环境确定具体设计方案。随着施工的进展，可能会发现工程地质、人为活动等方面的情况变化，则原定设计方案不再适合，需随时进行修改，动态调整设计方案。

(4)工程设计与绿化设计相结合

路堑坡度的确定应考虑坡面的植被恢复措施，绿化设计不能仅仅在给定的边坡条件下做文章，工程设计与绿化设计应相结合。若开挖后形成的边坡坡面粗糙、凹凸接近自然，且经风化剥落利于植物生存，则可不按一定的平整度刷坡(光滑的坡面人工痕迹过重，且不利于植物生存)。

(5)全面生态恢复

重视植物的自然演替规律,注意保护和恢复植物多样性,实现植物群落的稳定性。

(6)乡土物种保护

认真分析气候因子、土壤因子,选择与本土自然环境和气候环境条件相适应的植物;避免大量引进外来草种、树种,保护当地环境的原始气息。

(7)与自然景观相协调

科学、合理地运用园林绿化手法,力求绿化原始、自然,减少人工痕迹;采用乔灌草相结合的设计原则,尽量加大乔木的比重。

(8)以人为本的安全保障理念

以人为本,对全线交通安全设施,如护栏、轮廓标、交通标志、交通标线进行优化和完善,保障交通运行环境的安全性和舒适性。

(9)全生命周期成本核算

设定合理的施工季节,以利于植物成活,注重长期效益,尤其注重考虑长期的维护费用。追求零养护成本,采取生态型、恢复型绿化措施。通过对植物的树形、树冠、枝下高、无病虫害、色彩、物候特点等生态学、生理学特性的合理运用,保证在形成植物群落景观后可以最大限度地减少后期养护费用,形成自然、生态的群落景观。

(10)施工允许有创作

公路施工中,受监理制度及计量支付办法的影响,施工单位必须完全照图施工。但是,在路堑边坡和隧道进出口,施工可不呆板地执行设计。根据施工允许有创作的理念,边坡开挖线在设计坡面线的基础上根据实际岩体的性质(岩体的层面、节理及风化程度)调整位置,以坡面自然稳定为原则。路堑边沟护坡道以外的稳固的岩体可以保留,即保留稳固的岩体部分,清除破碎、易形成坍塌的不稳定部分,开挖线沿坡面的纵向、竖向,不追求在一个平面,随坡就势。

根据济青南线高速沿线的地形、地貌、人文等,将济青南线高速分为“峰回路转、秀丽山峦、山川锦绣、沂蒙山情、田园风光、旷野如歌”6个特色示范路段进行环保生态示范工程建设,如图10-54所示。

济南段:峰回路转

图 10-54

图 10-54

图 10-54　济青南线高速环境和谐性示范路段(山东省交通规划设计院)

10.4.2　川九公路

川九公路是一条非常典型的体现可持续发展理念的环境保护与安全示范公路,全长约95km,含新建机场专用线5.54km,改建原川九公路88.6km,如图10-55所示。该公路按二级公路标准建设,设计行车速度40km/h,路基宽度8.5m(部分路段拓宽为10~12m),沥青混凝土路面。

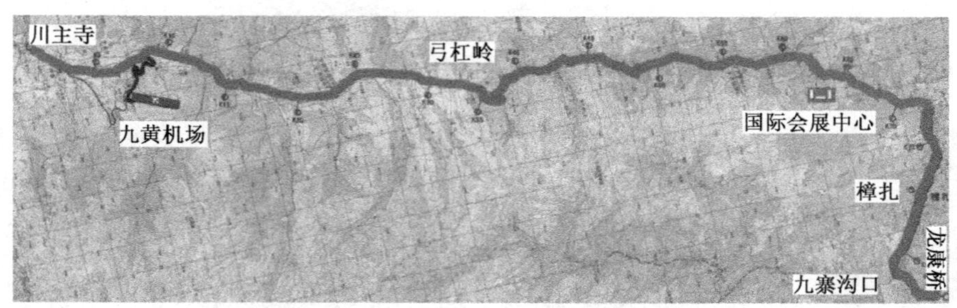

图 10-55　川九公路环保示范路

川九公路建设体现了“以人为本,可持续发展”“灵活性设计”“系统化的思想”“创作性设计”等理念。川九公路建设综合考虑公路基本功能和社会功能,以人为本、尊重自然、保护自然,设计者科学理解技术标准与设计规范,灵活运用技术指标,以系统化的思想进行公路总体规划设计,以系统化设计实现公路工程设计、自然环境保护和人文景观的协调,以创作思维打造精品工程,探索了公路建设与生态环境保护可持续发展的有效途径。

川九公路设计以“以人为本,尊重自然”为指导思想,以“安全、舒适、环保”为总体设计原则。在公路结构物安全稳定的前提下,设计出可保障运营车辆和行人安全的交通运行环境;设计“线形流畅、路面平整、景观协调”的道路实现行车舒适性;以“减少植被破坏,恢复生态原貌”的环保原则,实现路面平整、纵坡弯道顺适、交通标志醒目、安全防护设施到位、植被恢复自然和谐,如图10-56~图10-59所示。关于川九公路的详细介绍见“川九路设计理念与特色”(余明,四川省交通厅公路规划勘察设计研究院,2005)或其他有关技术文献。

图 10-56　线形流畅、路面平整

图 10-57　与路容协调且利于安全的浅碟形边沟

图 10-58　适应地势且有特色的支挡结构

图 10-59　公路建设综合考虑自然环境、人文景观和公路功能

【复习思考题】

10-1 简析道路交通基础设施的和谐性设计理念。

10-2 举例说明道路几何线形与自然地形地貌的和谐性场景。

10-3 举例分析边坡形式与自然环境的和谐性、景观敏感度的概念。

10-4 如何提高立交区域环境和谐性?

10-5 道路景观应如何与自然景观实现和谐?

10-6 简析道路交通基础设施建造和运营中对人文环境的影响。应如何保护?

第 11 章

低碳生态道路

随着“碳达峰、碳中和”目标的提出，控制碳排放成为各行业参与气候变化治理的关键。道路工程具有体量大、耗材多等特点，其建设、运营、养护、拆除等阶段可产生大量碳排放。因此，在全球环境保护意识觉醒的背景下，碳排放等造成的环境影响已逐渐成为道路工程领域的重要考量因素。

11.1 低碳生态道路概述

11.1.1 道路交通碳排放

11.1.1.1 碳排放

碳排放是温室气体(Greenhouse Gas，GHG)排放的简称，由于二氧化碳是温室气体中最主要的气体，所以用“碳排放(Carbon Emission)”作为温室气体排放代表。

碳排放导致的全球变暖可能产生气候变化和极端事件，可给地球生命带来灾难性后果。人类活动(农业、工业、建筑、交通、能源生产、商业和服务等)释放的最常见的温室气体是二氧化碳(CO_2)、甲烷(CH_4)、一氧化二氮(N_2O)和氯氟烃(CFCs)。其中，CO_2对温室气体的贡献率达63%，而CO_2、CH_4、N_2O三类气体对温室气体的贡献率高达98.9%，因此在计算碳排放

（温室气体排放）时，仅考虑 CO_2、CH_4、N_2O 三类气体。

如表 11-1 所示，《温室气体核算体系：企业核算与报告标准》将化石燃料燃烧产生的温室气体排放划分为三个范围：①范围一指企业、城市边界内燃料燃烧产生的直接排放；②范围二指外购电力生产阶段的间接排放；③范围三指除范围二之外企业价值链上游和下游其他资源能源相关的间接排放。

温室气体排放范围定义与举例　　表 11-1

排放类型	范围	定义	举例
直接排放	范围一	由核算企业直接控制或拥有的排放源所产生的排放	企业拥有或控制的锅炉燃煤排放、车辆燃油排放和工艺过程排放
间接排放	范围二	核算企业自用的外购电力、蒸汽、供暖和供冷等产生的间接排放	外购的电力、热水、蒸汽和冷气
	范围三	核算企业除范围二之外的所有间接排放，包括价值链上游和下游的排放	购买原材料的生产排放、售出产品的使用排放等

国际上，通常使用二氧化碳当量（CO_2e）的概念来估算不同温室气体排放所产生的共同影响。将非 CO_2 的温室气体排放量转换为统一单位的数值来表示所有温室气体的当量排放量。这种换算是基于全球变暖潜势（Global Warming Potential，GWP）或全球温度变化潜势（Global Temperature Change Potential，GTP）来完成的，相关机构会确定对应 1t CO_2 的温室气体的变暖潜势或全球温度作为换算系数。政府间气候变化专门委员会在第二次评估报告中给出了基于 100 年时间范围的温室气体变暖潜值：1t CH_4 相当于 21t CO_2，1t N_2O 相当于 310t CO_2，1t CFCs 相当于 1700 ~ 8500t CO_2（取决于物质的稳定性）。

11.1.1.2　道路碳排放特征

道路生命周期内建设、运营、养护维修等各项活动均可产生碳排放。道路生命周期定义为从新建开始到通车运营、养护维修直至结构物拆除处置的过程。实际上，当原有道路的规模和路况无法满足交通量增长需求时，一般情况下会在原有道路基础上进行改扩建以满足更高的使用要求。由于高等级公路改扩建时，较少包含结构物拆除与废弃处置的过程，道路生命周期也常被定义为从新建开始到通车运营、养护维修至下一次改扩建活动间隔的使用服务周期过程或两次改扩建活动之间的公路使用服务周期过程。

道路建设具有单次性、固定性和长期性的特点。由于线位资源稀缺，道路经一次性建成后，短时间内不会做大的变动，使用期可达十几年至上百年不等。另外，道路工程还具有线长、面广、环境因素复杂等特点。因此，考虑道路的复杂特征，为了更精确地分析其全过程碳排放，通常需要将道路生命周期分为几个阶段。常见的划分方法是将道路生命周期分为材料阶段、施工阶段、服役阶段、养护阶段和寿命终止阶段五大阶段。

道路工程线路长，对自然环境影响大。道路工程建设阶段工序繁多，消耗大量建筑材料、能源，产生大量污染物和排放物。通车后运营阶段的车辆运行和养护阶段维修工作等都将长期影响环境，产生大量碳排放。因此，随着近年来全球对碳排放问题的关注日益增加，道路生命周期各阶段碳排放及其导致的环境影响不容忽视。

（1）材料阶段

材料阶段是道路工程生命周期的第一阶段，也是道路建设期的碳排放主要来源之一。

该阶段的碳排放来自原材料的提取和生产、混合料/混凝土的制备以及相关材料的运输作业等，其实质是材料从源头至施工现场整个过程中能源消耗产生的碳排放。该阶段包含的材料种类繁多，主要有集料、水泥、沥青、钢材、混凝土、添加剂和其他材料。许多研究证明材料阶段产生的碳排放量是道路生命周期各阶段中最高的，占比高达50%以上。其中，沥青、水泥的碳排放贡献最大，而这两种材料也是道路（沥青路面与水泥路面）结构中最为关键的组成部分。

（2）施工阶段

建设期的施工阶段是道路工程生命周期的关键环节，其过程复杂性导致施工阶段碳排放难以精准测算。该阶段通常包括三通一平、地基处理、路基填筑与路堑开挖、底基层和基层施工、混合料摊铺碾压、桥隧等结构物建造、其他道路设施（如道路照明、标志、标线和护栏等）安装以及现场运输等许多过程。

施工阶段的碳排放来自机械设备（如平地机、压路机、摊铺机、架桥机等）以及材料运输车辆（如自卸汽车、混凝土搅拌车、打桩设备等）的能源消耗。出于不同的分析目的，如果将混合料生产和构件预制等视为现场施工过程，则可将其纳入施工阶段。从整个生命周期的角度来看，施工阶段的碳排放比例相对较低，仅占道路生命周期碳排放的1.9% ~15.0%。

（3）服役阶段

服役阶段是从道路建成投入使用后开始，直至结构物拆除寿命终止或进行道路改扩建的过程。该阶段是道路生命周期中最长的阶段，其碳排放的产生主要来自车辆行驶所消耗的能源。与其他四个阶段相比，服役阶段的环境影响程度最大。早期的研究并未对服役阶段的碳排放来源形成统一定论。在近些年的研究中，许多学者考虑了道路条件，如滚动阻力、反射率、混凝土碳化和照明等导致的车辆运行期间产生的额外能耗和碳排放。这些因素主要反映了道路和环境之间的相互作用。除了与道路直接相关的因素外，部分学者将车辆运行的碳排放直接纳入道路生命周期的碳排放，但此类排放与道路基础设施没有直接关联，是否应计入道路的生命周期中考虑仍值得进一步讨论。

（4）养护阶段

在整个道路生命周期内，为保证道路的使用质量和服务水平，需开展一系列的道路养护作业，这些养护作业具有集中实施的特点。道路养护包括预防性维护、修复性维护、专项养护和应急养护。不同养护作业类型的典型活动基本相同，主要是对公路及其沿线设施进行定期维护保养、修理，以恢复公路原有技术状况的工程活动。养护阶段的碳排放来自新材料生产、混合料制备、养护施工、旧结构拆除和废弃以及运输活动等，该阶段的排放源与材料阶段和施工阶段部分相似。此外，与新建道路施工相比，养护施工活动造成的交通延误排放量所占比例更高，这一过程的碳排放还受到养护活动频率和作业类型的影响。

（5）寿命终止阶段

道路寿命终止阶段的典型活动主要包含构造物在服务寿命达到期限后废弃拆除、运输、回收以及处置的活动。这一阶段的碳排放占道路整个生命周期碳排放的比重很小，常常被忽略或简化，另外，许多国家非常重视道路基础设施的再生利用，仅仅是在原有道路基础上进行改扩建以提高技术等级指标，满足现有交通量增长和载重需要。该阶段包括材料的回收利用环节，通过二次利用旧料以减少道路工程建设原料消耗和碳排放。因此，寿命终止阶段产生的碳排放虽然微不足道，但其循环价值使其不能被简单忽略。

11.1.1.3 道路生命周期碳排放评价

如何评价道路复杂系统的碳排放，是认识和控制碳排放的关键。生命周期评价（Life Cycle Assessment，LCA）作为一种广泛覆盖评价分析对象整个生命周期（Life Cycle）的方法，可对道路工程进行全面精准的碳排放量化评价，为道路工程的可持续低碳技术应用及行业的低碳化转型提供可靠的支撑。

（1）生命周期环境评价的定义

生命周期环境评价是一种评价产品、工艺或活动从原材料采集，到产品生产、运输、销售、使用、回收、维护和最终处置整个生命周期阶段有关的环境负荷的过程。它首先辨识和量化整个生命周期阶段中能量和物质的消耗以及环境释放，然后评价这些消耗和释放对环境的影响，最后辨识和评价减少这些影响的机会。

从生命周期环境评价的发展历程来看，其定义有许多种，其中国际环境毒理学和化学学会（The Society of Environmental Toxicology and Chemistry，SETAC）和国际标准化组织（International Organization for Standardization，ISO）的定义最具有权威性。

1990 年，SETAC 将生命周期评价定义为“LCA 是一个评价与产品、工艺或行动相关的环境负荷的客观过程，它通过识别和量化能源与材料使用和环境排放，来评价这些能源与材料使用和环境排放的影响，评估和实施环境改善的时机”。1993 年，SETAC 把 LCA 方法描述为由 4 个相互关联的组分组成的三角形模型，如图 11-1 所示。

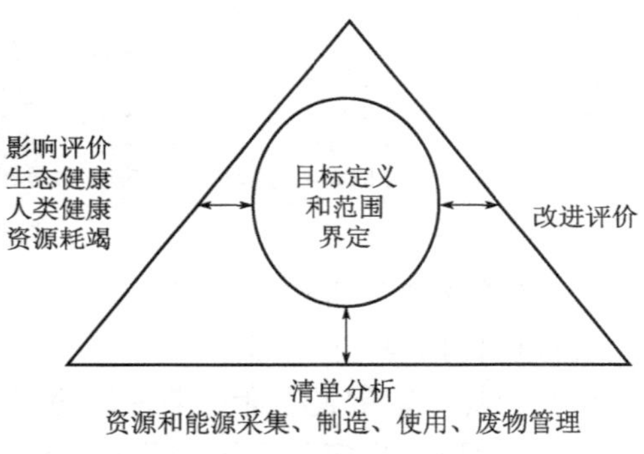

图 11-1 LCA 的技术框架

ISO 对生命周期评价的定义为“汇总和评估一个产品（或服务）体系在其整个生命周期间的所有投入及产出对环境造成的潜在影响的方法”。1997 年，ISO 14040 标准把 LCA 实施步骤分为目标与范围定义、清单分析、影响评价和结果解释 4 个部分，如图 11-2 所示。

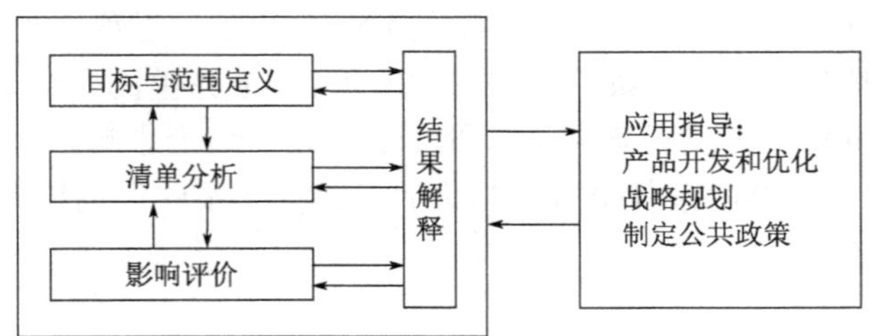

图 11-2 LCA 实施步骤

开始采用 LCA 方法评价工业产品的环境影响始于 20 世纪 70 年代的欧美，80 年代大多数使用环保平衡（eco balance）这个名称。从 1992 年巴西里约热内卢联合国地球峰会到 1993 年开始环境管理的国际标准化组织，LCA 这个名称逐渐在国际上固定下来。

LCA 发展历史如图 11-3 所示。

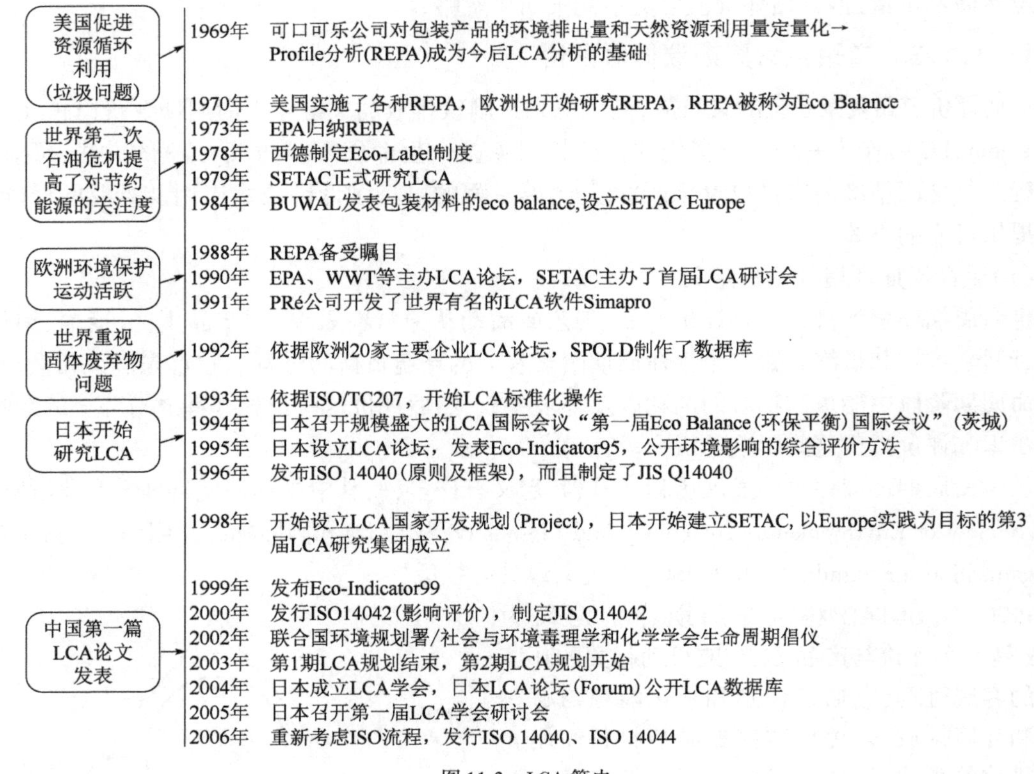

图 11-3 LCA 简史

(2)生命周期评价实施步骤

①评价目标与范围定义

定义目标与范围是生命周期评价的第一步,它是清单分析、影响评价和结果解释所依赖的出发点与立足点,决定了后续阶段的进行和 LCA 的评价结果,直接影响整个评价工作程序和最终的研究结论。目标定义要清楚地说明开展此项生命周期环境评价的原因和目的,以及研究结果的预期应用领域。范围界定需要考虑道路工程的功能单元、系统边界、数据要求、限制条件、原始数据质量要求等并作清楚的描述。

系统边界(system boundary)定义了要包含在系统中的单元过程。理想情况下,产品系统边界的输入和输出应是基本流。在条件允许的情况下,一个完整的生命周期环境评价应该包括生命周期中的全部阶段。仅仅当某些因素和阶段对最终结论影响很小的时候,这些因素和阶段才允许被忽略,而被忽略的条件也被称为边界条件。当某些影响较大的因素被忽略时,必须陈述其理由和可能造成的影响。

②清单分析

生命周期清单(Life Cycle Inventory,LCI)分析是对一种产品、工艺或活动的生命周期内的物质消耗及环境排放进行以数据资料为基础的客观量化的过程。清单分析通过数据收集和计算程序量化分析对象的相关输入和输出。该分析贯穿评价对象的整个生命周期,是生命周期评价的核心部分,也是碳排放核算的关键,是目前生命周期评价中发展最为完善的一部分。

由于道路系统的复杂性和长期性,清单分析过程一般会分成几个阶段进行,如前文提到的，一般可分为五大阶段：材料阶段、施工阶段、服役阶段、养护阶段和寿命终止阶段，如图11-4所示。

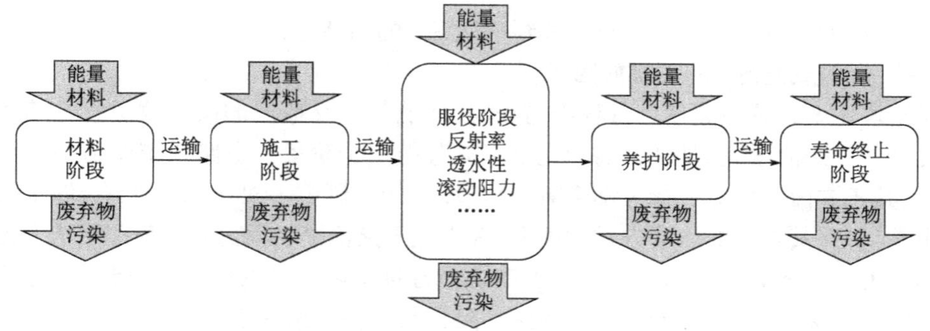

图11-4 常用道路工程生命周期阶段划分

材料阶段的清单分析主要计算道路修筑之前所有材料生产过程的碳排放。不仅包括沥青、水泥、集料、添加剂等材料生产过程的环境影响，还包括这些材料的运输、拌和加工过程的环境影响。这一阶段的计算方法类似于概预算法，根据材料和设备的用量与单位用量碳排放的乘积计算总体的碳排放；材料单位用量的碳排放，可以通过单位用量所耗能源与单位能源燃烧的碳排放的乘积来计算，具体如下。

$$\text{材料生产碳排放} = \sum_{i=1}^{n} M_i \cdot C_i \tag{11-1}$$

$$\text{加热拌和碳排放} = \sum_{f=1}^{n} \sum_{e=1}^{n} T_e \cdot E_{e,f} \cdot C_f \tag{11-2}$$

$$\text{材料运输碳排放} = \sum_{f=1}^{n} \sum_{p=1}^{n} T_p \cdot E_{p,f} \cdot C_f \tag{11-3}$$

式中：M_i——材料 i 的总消耗量；

C_i——材料 i 的碳排放因子；

C_f——燃料或能源 f 的碳排放因子；

T_e——加工设备工作总时间；

$E_{e,f}$——设备 e 单位工作时间燃料或能源 f 的消耗量；

T_p——运输车辆 p 的工作总时间；

$E_{p,f}$——运输车辆 p 单位工作时间燃料或能源 f 的消耗量。

某些材料生产过程相对复杂，单位用量的环境影响难以快速获取。例如，沥青作为一种石化产品，是石化行业多种产物中的一种，其环境影响需要进一步统计和分配到各个产物当中；且其生产工艺随地区和时间的变化而变化，难以得到一个准确的值。因此，这些数据的收集难以通过个人行为实现，更需要各级政府和各类组织的努力。

施工阶段清单分析（以路面为例）主要计算道路施工过程中整平、摊铺、碾压等过程的碳排放。此外，原材料从产地到拌和场的运输、混合料从拌和场到工地的运输都是与这一阶段相关的运输过程，也可以归入这一阶段。这一阶段的计算方法类似于材料阶段，根据材料和设备的用量和单位用量碳排放的乘积计算总体的碳排放。施工机械、设备的能源消耗可根据施工规范的台班定额和台班消耗计算，也可以根据类似项目的实际状况进行类比。施工阶段碳排放可用式（11-4）计算。

$$施工阶段碳排放=\sum_{f=1}^{n}\sum_{d=1}^{n}T_d\cdot E_{d,f}\cdot C_f \tag{11-4}$$

式中：T_d——机械设备 d 的工作总时间；

$E_{d,f}$——机械设备 d 单位工作时间燃料或能源 f 的消耗量；

C_f——燃料或能源 f 的碳排放因子。

服役阶段主要计算道路使用过程中与车辆、环境等交互造成的碳排放。它是路面生命周期中最复杂的一个阶段，也是到目前为止最不完善的一个阶段。道路系统作为整个交通系统的一部分，其各方面的性能和行为都会对车辆、环境产生影响。对于这些影响，许多研究从多个方面出发，研究其具体的影响方式和关系，其中关于路面滚动阻力和反射率的研究尤为多。

滚动阻力碳排放影响计算。要计算出滚动阻力对车辆油耗的影响，需要建立道路性能和路面滚动阻力的关系、道路性能的衰变和滚动阻力与油耗关系等模型。

反射率碳排放影响计算。路面的反射率即指路面对于太阳辐射的反射比例，路面的反射率会以多种方式对环境造成影响，尤其是碳排放。反射率变化对碳排放的影响可以用式(11-5)计算。

$$\Delta m_{CO_2}=100\cdot C\cdot A_p\cdot\Delta\alpha \tag{11-5}$$

式中：Δm_{CO_2}——CO_2 排放的改变量；

C——CO_2的排放常数，参考值为255kg/m^2；

A_p——路面面积；

$\Delta\alpha$——路面反射率的变化量。

养护阶段主要计算路面长期使用过程中的各种养护策略造成的碳排放。养护阶段在时间上和服役阶段重合，评价方法则与材料和施工两个阶段部分类似。这一阶段的主要碳排放分为直接排放和间接排放两类。直接排放由养护行为所需要的材料生产和养护施工产生。间接排放则是指养护行为造成交通延误，由此产生的额外碳排放。道路的养护必须在一段时间内部分或全部封锁交通，因此会导致车辆降速或绕行，从而会造成车辆油耗的增加。

寿命终止阶段主要计算当道路使用寿命结束时不同的处理方法造成的碳排放。主要的处置方法分为掩埋和循环再生利用两类。掩埋的处置方法即将路面材料破碎后进行掩埋。这一过程的碳排放分为破碎、运输和掩埋过程的三部分消耗。循环再生利用即将道路材料破碎后作为集料或其他建材，按一定比例掺到新的建材中。在实际工程中，沥青路面材料再生利用的方法多种多样，可依据再生温度分为热再生、冷再生，也可依据再生场所分为就地再生和厂拌再生等。

③影响评价

生命周期影响评价(Life Cycle Impact Assessment，LCIA)是LCA的重要组成部分，它涉及数据的归类和计算，其目的是对清单分析所识别的环境影响因子进行定性与定量的表征评价，以确定产品生命周期过程中的物质能量交换对其外部环境的影响程度。

分类。在选定了适当的影响类型、类型参数和特征化模型的基础上，对某一类型有一致或相似影响的排放物归类。根据ISO 14042设定的生命周期影响评价标准，影响类别包括资源消耗、生态影响和人体健康影响三大类，具体又可细分为气候变化、平流层臭氧消耗、酸雨化、光化学烟雾、富营养化、水消耗、噪声等。

特征化。特征化是将影响因子对环境影响的强度或程度定量化，归纳为相应指标，即将同一类别中的不同污染物归于同一个指标。例如，气候变化这一类中，不仅包含了 CO_2、CH_4，还包括氢氟碳化合物（HFCs）、全氟碳化合物（PFCs）、六氟化硫（SF_6）等。依据自然科学研究得到的结果，可将各种温室气体在一定时间（一般为 100 年）内的全球变暖能力与 CO_2 比较，以此将各排放物转化为一定量的等效二氧化碳并求和，最终以 CO_2e 评价全球变暖潜力值。转化的方式是将温室气体排放量乘一个表征全球变暖能力的参数，得到等效二氧化碳排放量，该参数被称为影响因子（Impact Factors，IF）。

归一化、分组和加权。可选要素中的归一化、分组和加权在 SETAC 所制定的技术框架中被统称为赋权评估，在许多实际操作中被作为一个执行步骤，其目的是将不同类型的环境影响归结为单一指标，用以比较不同产品、工艺或活动对环境影响的严重程度。

数据质量分析。由于生命周期涉及范围广泛，数据收集来源复杂，所以清单分析中所得数据必然存在误差。在生命周期影响评价中引入数据质量分析这一步骤可检验数据的可靠性，从而判断评价结果的可行性。具体方法包括重要度分析、不确定性分析和敏感性分析。

④结果解释

结果解释即把清单分析和影响评价的结果进行归纳以形成结论和建议。在 LCA 中，调查范围、清单分析中体系边界的定义和分配方法，以及影响评价阶段特征化系数选择不同，都有可能导致结论不同。因此，有必要进行结果解释。而且，清单分析中使用的数据大部分不是实际测定的，通常含有推测和引用的数据。在国际标准里，有必要评价使用数据的完整性、代表性等数据质量。

11.1.2 低碳生态道路建设

11.1.2.1 建设理念与背景

全球应对气候变化形势空前紧迫，积极应对气候变化已经成为全球共识。当前气候变化负面影响比原来预计的更迅速、更广泛、更剧烈，气候变化易造成极端干旱、缺水、重大火灾、海平面上升、洪水、极地冰层融化、灾难性风暴以及生物多样性骤降的严重后果。应对气候变化、绿色和谐发展是当今国际重要挑战和主题。在极端气候影响下，交通基础设施经常要承受洪水、暴风雪等各种灾害的考验。牛津大学、世界银行、欧盟委员会等开展的“全球公路、铁路基础设施资产多风险分析”表明，全球约 27% 的公路和铁路资产至少面临着一种自然灾害，约 7.5% 的资产经受着百年一遇的洪水风险，公路和铁路网络最易受地表洪水的影响。气候变化将加剧自然灾害对交通基础设施的影响，气温和降水的潜在增长将缩短公路的生命周期，使养护和修复费用增加数倍以上；交通中断所引发的经济和社会代价更是远远超出了基础设施破坏的范围和损失。2008 年汶川地震、2010 年 8 月甘肃特大泥石流、2012 年北京特大暴雨及 2021 年 7 月河南特大暴雨等重大灾害均对交通基础设施造成了严重破坏。为了应对气候变化，2016 年，《巴黎协定》确立了全球应对气候变化“到 21 世纪末将全球气温升幅控制在工业化前水平 2℃以内，并努力将气温升幅控制在工业化前水平 1.5℃以内”的长期目标。

随着社会发展进程的推进，我国也将生态文明作为国家重大战略，持续加强生态保护重点工作。2019 年，《交通强国建设纲要》中提出了“绿色发展节约集约、低碳环保”的发展要求，提出促进资源节约集约利用、强化节能减排和污染防治、强化交通生态环境保护修复三大具体任务。2021 年，《国家综合立体交通网规划纲要》中进一步明确了高质量安全、智慧、绿色发展的交通运输发展任务，明确了交通基础设施质量、智能化与绿色化水平居世界前列的发展目标。一系列政策都将绿色生态作为交通发展的重要方向。

交通运输领域是“双碳”目标实现的关键。2020年第七十五届联合国大会一般性辩论中，我国宣布决定“二氧化碳排放力争于2030年前达到峰值，努力争取2060年前实现碳中和”，承诺中国将采取更有力的政策和措施，提高《巴黎协定》国家自主贡献度，并敦促各国追求“后疫情时代世界经济的绿色复苏”。据国际能源署（International Energy Agency，IEA）测算，作为CO_2的三大主要来源之一，交通运输行业是全球第二大也是碳排放增长最快的行业，其排放量可占全球与能源活动相关的CO_2排放总量的27%。

道路交通显著影响生态环境，是交通运输碳排放的重点排放源。随着城镇化快速发展及交通设施规模不断扩大，包括城市道路、公路、机场及港口、广场、停车场等各类道路铺装在内的道路基础设施工程量大面广，城市总铺装率超过20%。传统的大规模密实沥青铺装在满足交通功能要求的同时，对环境带来诸多危害，尤其对路域生态环境影响显著，如造成道路积水、城市内涝、径流污染、路面高温、废气排放等现象，产生区域水体和空气污染、热岛效应、光污染、噪声等严重问题，安全和健康风险不容忽视。道路CO_2排放对交通排放总量的贡献率达71.7%，远超航空、铁路、水运等其他运输方式，图11-5为IEA的统计结果，且在经济发达、人口密度高的一、二线城市道路CO_2排放占比更高。

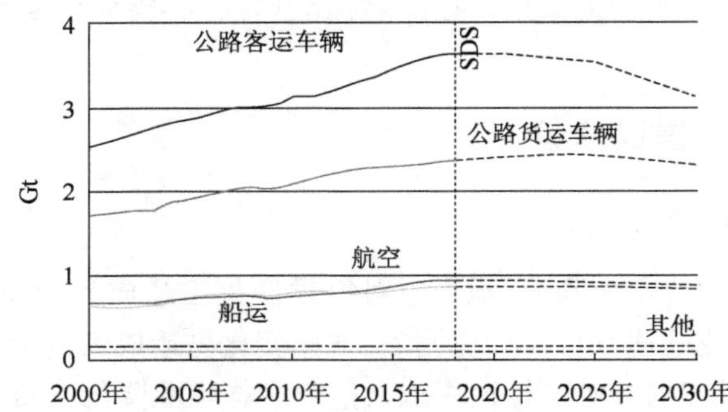

图11-5　2000—2030年世界交通运输CO_2排放模式分担情况

因此，要推动道路交通基础设施的绿色化和生态化，传统道路生态化转型升级势在必行。生态道路的建设有利于交通运输领域的绿色转型发展，满足美丽中国和生态文明建设需求，实现道路与自然、生物及生态和谐共生；助力我国2030“碳达峰”进程，推进2060“碳中和”愿景加快实现，对我国交通强国建设与生态文明建设意义重大。低碳生态道路建设也有助于为治理全球气候、保护地球家园、构建人类命运共同体提供中国创新方案。

11.1.2.2　功能型铺装技术应用场景

随着社会发展水平的提高，人们对环境保护的要求日益提升，路域水、土、气、声、光、热等多介质环境生态性正得到越来越多的关注，提升道路铺装综合生态效益及长效耐久性成为急需突破的瓶颈。该领域涉及材料、环境、物理、化学、交通、土木等多学科交叉，为了综合提升道路交通设施-环境-人体“多维健康”水平，需立足于道路工程，综合应用材料科学、生态环境工程等科学技术建设生态道路。

生态道路可定义为“充分考虑道路交通基础设施对生态环境的影响，在规划设计、施工、运营养护、服务期终止的全生命周期阶段，通过采取绿色新型施工工艺、核心技术、新型材料和结构建设的适应气候变化、减弱环境影响的道路”。

(1)水环境

在城镇化发展过程中，城市普遍存在开发强度高、硬质铺装多等情况，造成下垫面过度硬化，进而导致城市自然生态本底和水文特征变化、径流污染严重。近年来，在气候变化影响下极端降雨天气频现，使得城市地表径流流量增加，雨洪峰值增大，甚至产生城市内涝。针对以上问题，2015 年，国务院办公厅印发《关于推进海绵城市建设的指导意见》，该意见明确提出通过海绵城市建设，最大限度地减少城市开发建设对生态环境的影响，将 70% 的降雨就地消纳和利用。到 2020 年，城市建成区 20% 以上的面积达到目标要求；到 2030 年，城市建成区 80% 以上的面积达到目标要求。2021 年，财办建〔2021〕35 号文《关于开展系统化全域推进海绵城市建设示范工作的通知》中要求全域系统化建设海绵城市，力争通过 3 年集中建设，示范城市防洪排涝能力及地下空间建设水平明显提升，河湖空间严格管控，生态环境显著改善，海绵城市理念得到全面、有效落实，为建设宜居、绿色、韧性、智慧、人文城市创造条件，推动全国海绵城市建设迈上新台阶。要达到以上要求，就需要采取“渗、滞、蓄、净、用、排”六位一体的综合排水、生态排水工程设施。雨水裹挟着大气中的悬浮污染物到达地表，径流携带了积累的路面油污、路面磨损物、建筑垃圾以及生活垃圾等污染物，最终通过城市排水系统流入附近的受体水域，形成非点源污染，对动物和人类的健康造成严重威胁。我国长期面临点源污染压力，相关监测数据显示，径流污染已经成为我国城市水系以及江河湖泊水质恶化的主要原因之一，控制地表径流和防治径流面源污染越来越受到重视。透水性路面铺装技术是降低水环境影响的可行工程措施，可有效吸附、过滤部分径流污染物，在一定程度上达到水质净化的效果。

(2)光、热环境

城镇化速度过快导致热岛效应成为世界范围内各国面临的重大难题。其导致制冷能耗增多、空气质量下降(加快地表臭氧形成)、径流污染加重(地表水温升高)、人体热舒适度下降甚至影响人体健康。太阳辐射是城市热量的主要来源，粗略计算，太阳辐射到地球的热量可达到 1.7×10^{17} W。随着城镇化进程加快和工业化水平提高，城市硬化面积越来越大，城市建设和人类活动使得城市温度高于郊区温度，最终导致城市地表与自然地面之间的热力学性质不同，形成热岛效应。包括城市道路、公路、停车场等在内的道路基础设施面广量大，典型城市的路表面积占据着城市总面积的 30% ~50%，其热学特性对城市气候起着至关重要的作用。传统路面尤其是黑色沥青路面，由于其建设和养护的便利性、行车舒适性等，是城市道路、公路等的主要路面类型，通常占 90% 以上。由于沥青路面的高吸热性，夏季路表温度可达 70℃甚至更高，对城市环境、人体健康、路面寿命等造成不利影响；考虑气候变暖和极端天气增多，其潜在累积影响则可能更严重。黑色沥青路面在夜间亮度过低，需要高能耗的照明设施为驾驶人提供安全的光环境，不利于减少碳排放。采用降温效果好、亮度高的生态道路建设技术是构建安全、舒适、环保的道路光、热环境的可行工程措施。

(3)声环境

随着高(快)速路的修建和车辆的日益增多，交通噪声已愈发成为困扰道路沿线居民的重要问题。按照现行标准，当前城市快速路、主干线、次干线甚至支路的环境噪声都已超标。2010 年，环保部等 11 部门联合发布《关于加强环境噪声污染防治工作改善城乡声环境质量的指导意见》(环发〔2010〕144 号)，提出将道路交通噪声放在噪声污染防治的首位。道路交通噪声的来源主要有汽车鸣笛、动力噪声、车辆轮胎摩擦噪声等。治理需要从噪声源控制、传声途径噪声削减、敏感建筑物噪声防护等三个方面来考虑。公路交通噪声污染防治措施主要有声屏障、绿化林带、低噪声路面、设置限速禁鸣标志以及改变敏感点建筑物使用功能等。轮胎-路面摩擦噪声是交通噪声声源之一，主要由轮胎与路面间的相互作用产生，主要存在泵吸（轮胎与路面间的空气挤压）和轮框振动（轮胎在凹凸路面滚动时的振动激发）两种作用，与轮胎花纹构造、路面特性及车速有关。有研究表明，轮胎和路面的摩擦噪声每降低 3dB，相当于居民与噪声源的距离增加 1 倍。采用低噪声路面可降低摩擦噪声，是降低道路环境噪声的重要工程技术措施之一，与绿化林带、声屏障等综合利用可有效控制交通噪声。

（4）大气环境

①交通尾气。由机动车尾气排放而引起的污染已成为影响城市环境的一个重要因素。城市道路上所有的燃油机动车在运转中燃烧柴油、汽油等燃料，产生大量的交通尾气。交通尾气含有 CO、CO_2、NO_x、HC、SO_x、挥发性有机物和 O_3 等大量有害物质，颗粒物包括炭黑、焦油和重金属等。据统计，我国大城市中的气体污染物，60% 的 CO、50% 的 NO_x、30% 的 HC 等是由机动车排放尾气产生的。尾气污染不仅带来扬尘、雾霾等直接危害，还会造成酸雨以及地面辐射量减少等间接危害。人类长期吸入污染物可引发哮喘甚至肺癌等呼吸系统疾病。交通尾气排放控制和防治空气中过高污染物浓度造成的人体危害日益受到广泛关注。

②沥青烟气。沥青是石油生产过程中原油蒸馏后的残渣，成分复杂，含有大量不同分子量的复杂碳氢化合物，被广泛用作道路铺装材料。高温加热过程中，沥青材料释放烟气，其中小组分吸收热量而挥发，大组分会在高温条件下热解释放，影响工人和居民的健康，对周围环境造成污染。沥青路面在服役阶段暴露在高温和太阳辐射下，有机挥发物持续释放；尽管释放缓慢，但沥青路面分布广泛且总量巨大，服役阶段的挥发污染也不容忽视。采用可吸收汽车尾气、能抑制沥青烟气释放的新型材料与结构是保护大气环境的重要技术之一。

针对以上各类典型场景，通过采用使用新型绿色材料、结构与施工工艺的道路基础设施，可以有效减小环境影响，提升路域环境绿色性、生态性，如海绵城市透水铺装材料与结构、路面雨洪调控与面源污染净化技术、路面防眩反射降温与增亮技术、路面降噪技术、路面净气抑尘技术等。

透水铺装是应对城市水文特征变化、缓解城市径流污染的一项重要技术。其采用多孔结构形成骨架，在满足路用铺筑强度和耐久性要求条件下，具有满足雨水下渗的功能，如透水沥青混凝土铺装、透水水泥混凝土铺装及透水铺砖路面等，已被广泛应用于公园、停车场、人行道、广场、轻载道路等。透水铺装作为海绵城市的重要组成部分，同时具有基础设施和排水载体的功能，成为海绵城市的一种重要的源控制技术，对减少洪峰流量、防治城市内涝有一定作用。与传统路面铺装相比，海绵城市透水铺装的多孔结构赋予了其优良的生态功能性，包括透水、降温、降噪、水净化及水回收再利用等。面源污染净化方面，使用透水铺装结构可改变雨水渗流模式并通过优化透水铺装结构对污染物进行过滤净化，提高水质，降低水环境影响。有研究表明，透水铺装对 TP、TN、COD、SS（固体悬浮物）等均有不同程度的净化效果。

应用反射型路面材料铺筑的生态功能性路面可提高反射率，通过反射路面受到的太阳辐射，有效降低路面温度，减小高温季节和极端高温天气条件下重载沥青路面的车辙病害风险，延长路面寿命，降低建养成本，减少交通延误，有助于缓解城市热岛效应，提高人体热舒适度，降低路面环境影响。该路面是凉爽路面（Cool Pavement）中的一种，而美国国家环境保护局和美国能源部(United States Department of Energy,USDOE)已经将降温路面或凉爽路面列为缓解城市热岛效应的重要措施之一。路表反射率的提升有助于提升夜间环境亮度,提高夜间行车安全性。但过高的反射率,尤其是可见光和紫外线的反射率的过度提高,可能引起行人和车辆驾驶人的眩光,增加其在强光刺激下患眼类疾病和皮肤癌的风险。

利用 TiO_2 等材料的光催化功能可铺筑针对汽车尾气污染控制的路面;依据物理吸附、化学吸附、催化氧化、温度降低、阻燃隔氧、物理稀释等原理可制备抑制沥青烟气的沥青混合料,如净味环保改性沥青等新型材料。

沥青路面在施工过程中,摊铺阶段的碳排放量占比达45%,采取措施降低沥青路面的施工温度可降低机械油耗与温室气体、沥青烟污染。采用温拌沥青路面技术可使沥青混合料能在相对较低的温度下拌和、摊铺和碾压,具有节约能源、降低生产成本、改善环境、减少有害气体污染的特点。

各类建筑垃圾产量大、污染风险高,采用堆放、填埋、抛撒等方式处理建筑垃圾不仅占用大量土地资源,也会造成土壤、水体和空气等污染。道路建设消耗大量资源,可达 6×10^8t/年,具备固废消纳量大和材料化率高等产业化和技术优势。道路工程中,可将固废作为道路建筑材料,替代天然集料及填料,生产沥青混凝土和水泥混凝土、填筑路基等。

11.2 生态友好型铺装技术

11.2.1 海绵城市透水路面

11.2.1.1 概述

随着城镇化的快速发展,我国城镇化率从1979年的不足20%增加到2021年的64.72%,年均增幅超过1%。在传统建设理念的影响下,城市开发建设导致城市下垫面过度硬化,切断了水的自然循环过程,改变了原有的自然生态本底和水文特征。

天然下垫面本身就是一个巨大的海绵体,对降雨有吸纳、渗透和滞蓄的海绵效应,从而对雨水径流起到了一定的控制作用。当降雨通过下垫面的吸纳、渗透、滞蓄等作用达到饱和后,会通过地表径流自然排泄。

以中国北方城市为例,城市开发建设前,在自然地形地貌下,70%~80%的降雨可以通过自然下垫面滞渗到地下,涵养了本地水资源和生态,只有20%~30%的雨水形成径流外排。城市开发建设后,由于屋面、道路、广场等设施建设导致的下垫面硬化,70%~80%的降雨形成了地表快速径流,仅有20%~30%的雨水能够渗入地下,呈现了与自然相反的水文现象,不仅破坏了自然生态本底,也使自然的"海绵体"像被罩了一个罩子,丧失了"海绵效应",产生"逢雨必涝、雨后即旱"、水生态恶化、水资源紧缺、水环境污染、水涝灾害频发等一系列问题。

针对以上问题,2015年,国务院办公厅印发《关于推进海绵城市建设的指导意见》,明确提出通过海绵城市建设,采取"渗、滞、蓄、净、用、排"六位一体的综合排水、生态排水系统,透水铺装是其中的一项重要技术。现阶段建设海绵城市仍处于探索发展阶段。

透水铺装是指采用多孔结构形成骨架，满足雨水下渗功能的同时，能够满足路用铺筑强度和耐久性要求的地面铺装技术。按照透水铺装面层材料的不同，主要形式有透水水泥混凝土路面、透水沥青混凝土路面及透水铺砖路面等。按照透水铺装的水流路径的不同，可以分为排水型路面、半透水型路面和全透水型路面三种路面结构形式，如图 11-6 所示。

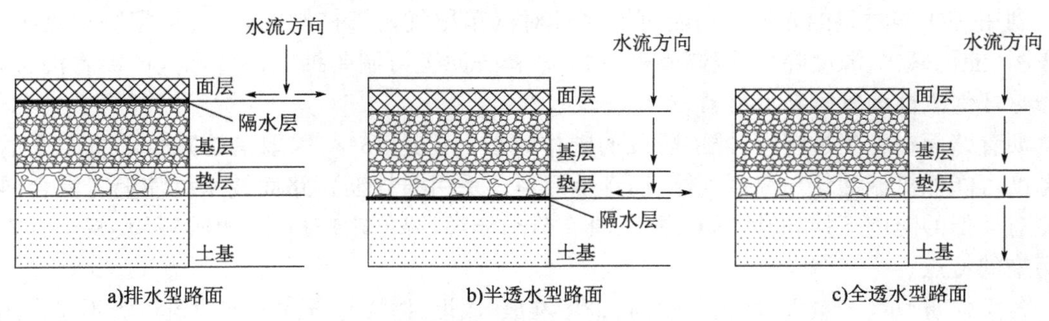

图 11-6 透水铺装按水流路径分类

国外透水铺装技术应用起步于 20 世纪 70 年代，经过数十年发展，其已较为成熟。北美地区普及率达 60% 以上，德国城市路面普及率达 90% 以上，日本则规定市政建设用地 100% 为透水路面。我国的透水铺装技术研究和应用起步较晚，直到《透水砖路面（地面）设计与施工技术规程》（DBJ 13-104—2008）和《透水水泥混凝土路面技术规程》（CJJ/T 135—2009）的颁布才标志着透水路面开始建设应用。

11.2.1.2 透水路面技术应用情况

（1）透水水泥混凝土路面

透水水泥混凝土又称多孔水泥混凝土，是由集料、水泥和水拌制而成的一种多孔混凝土，空隙率为 10% ~25%。美国从 20 世纪 70 年代开始研究和应用透水水泥混凝土，如美国佛罗里达州提出的无细集料“多孔水泥混凝土”，由单一粒径的粗集料、普通水泥和水制成，不添加其他添加剂。一般由粗集料表面包覆的薄层水泥浆相互黏结而形成孔穴均匀分布的蜂窝状结构，存在大量连通孔隙且多为直径超过 1mm 的大孔，故具有透气、透水、降噪和净化水等功能特性。有研究表明集料类型、粒径、级配、水泥、添加剂、拌和方法、成型方法等均会影响透水水泥混凝土铺装材料的路用性能和生态功能。

透水水泥混凝土内部存在较多的连通孔隙，受力时大多是通过集料间的胶结点传递力。因集料本身的强度较高和水泥凝胶层很薄，水泥凝胶体与粗集料界面之间的胶结面积又小，应力集中现象明显，故其破坏初始位置均在集料颗粒间的连接点处。因此，采用常规的透水水泥混凝土材料很难达到较高的强度，其抗冻融等耐久性能也相对较差，影响了透水水泥混凝土路面在城市重载交通区域的推广应用。在道路服役过程中，空气及路表面的悬浮颗粒、路表的小颗粒固废物等极易进入路面的孔隙之中，并受到透水水泥混凝土内部大量连通孔隙的吸附滞留作用，堆积于透水水泥混凝土路面内部，导致其透水、降温和降噪等功能逐步弱化，甚至丧失。

2005 年，北京市某道路工程使用无砂透水水泥混凝土，28d 强度达到 15.3MPa，透水系数为 1.9cm/s。2008 年，透水水泥混凝土在奥林匹克森林公园得到了较大面积的成功应用，经检测达到了 C25 混凝土设计强度。2010 年美国混凝土协会（American Concrete Institute，ACI）

发布的透水水泥混凝土研究报告表明,与传统密实混凝土抗压强度在17~40MPa之间相比,透水水泥混凝土的抗压强度明显较低,一般在2.8~28MPa之间。近年来,透水水泥混凝土路面技术在我国发展很快,尽管科研人员在实验室中研制出一些强度达到C30及以上的多孔混凝土,但至今仍旧局限于轻交通区域,仍未能实现大规模实际应用。因此,研究人员基于微观及宏观改性的理念,提出了各种技术来增强透水水泥混凝土的力学性能,包括材料优化、混合料设计优化及外加剂增强等。

由于优质石料成本日渐攀升和砂石料开采的环境影响问题,优化配合比设计及选择外加剂是保障透水水泥混凝土强度的有效技术途径。针对透水水泥混凝土的配合比设计,鉴于其施工方便且孔隙易满足要求,透水水泥混凝土最初经常采用不含细集料的单粒径集料。单一粒径的透水水泥混凝土通常具有较高的孔隙率,导致混凝土强度低,因此,单一粒径透水水泥混凝土通常适用于轻载交通区域铺装。级配透水水泥混凝土的抗压强度与单一粒径透水水泥混凝土相比在强度方面有明显优势,其级配、孔隙率和透水系数之间也有明显的相关关系。

(2)透水沥青混凝土路面

透水沥青混凝土路面(OGFC)是指路面结构层采用较大孔隙率(孔隙率>15%)的沥青混合料铺筑,路表雨水可渗入路面结构内部的一类沥青路面总称。使用孔隙率较大、透水性良好的沥青混凝土材料铺筑沥青路面,一般采用高黏沥青,在保证路用强度和耐久性的前提下,雨水能够渗入路面结构的内部,再通过透水基层和道路排水设施渗入地下或做净化处理等。沥青种类、集料类型、最大粒径、级配、油石比、添加剂、成型方式等均对其透水性能和路用性能有影响。

透水沥青混凝土路面在我国正处于发展阶段,并且为了满足工程需要进行了不断的创新与尝试,已经积累了较多经验。尽管我国在透水沥青混凝土路面研究方面已经做了许多工作,但各地差异比较明显。《公路沥青路面施工技术规范》(JTG F40—2004)中关于OGFC混合料的技术要求见表11-2,关于OGFC所用的集料级配范围见表11-3。

OGFC混合料的技术要求 表11-2

试验项目	单位	技术要求	试验方法
马歇尔试件尺寸	mm	ϕ101.6×63.5	T 0702
马歇尔试件击实次数	—	两面击实50次	T 0702
空隙率	%	18~25	T 0708
马歇尔稳定度	kN	≥3.5	T 0709
析漏损失	%	<0.3	T 0732
肯特堡飞散损失	%	<20	T 0733

OGFC所用的集料级配范围 表11-3

级配类型		通过下列筛孔(mm)的质量百分率(%)										
		19	16	13.2	9.5	4.75	2.36	1.18	0.60	0.30	0.15	0.075
中粒式	OGFC-16	100	90~100	70~90	45~70	12~30	10~22	6~18	4~15	3~12	3~8	2~6
	OGFC-13		100	90~100	60~80	12~30	10~22	6~18	4~15	3~12	3~8	2~6
细粒式	OGFC-10			100	90~100	50~70	10~22	6~18	4~15	3~12	3~8	2~6

欧洲、美国等国家或地区透水沥青路面的结合料也采用普通基质沥青、SBS 改性沥青(欧洲使用较多)或 AR 橡胶沥青(美国使用较多),并添加一定量的纤维和消石灰、抗剥落剂。日本要求用于透水路面的沥青材料具有弹性、抗水损坏、耐久性佳及抗车辙变形好的特性,工程实践基本上是应用高黏度改性沥青。如以 TPS(TAFPACK-SUPER)为改性剂制备得到的高黏度改性沥青,其 60℃时的动力黏度要求大于 20000Pa · s,目的是提高抗剥离性,以利于提升透水沥青路面的耐久性。近些年由于海绵城市概念的普及,国内一些科研单位和高校对透水沥青路面的研究也更深入,尤其对高黏度改性沥青的研制,也取得了丰硕成果,关于透水沥青路面用高黏度改性沥青的行业技术指南和标准也在制订和完善中。目前,行业规范《排水沥青路面设计与施工技术规范》(JTG/T 3350-03)已于 2020 年发布。

20 世纪 70 年代末以来,透水沥青路面在西欧许多国家的高等级公路上得到了较多应用。比利时境内的高速公路已铺筑透水路面 $32700m^2$;法国至今已铺设 $240000m^2$ 透水沥青路面,约占全国公路的 10%。因地理、气候和人口等因素,英、德等国更加关注人口和道路稠密地区透水沥青路面的安全性。降噪、防眩光和耐久性能,荷兰、丹麦等国家则致力于解决季节性降雨期孔隙阻塞问题。双层式透水沥青路面是目前西欧各国主要采用的面层结构形式,上层集料最大粒径为 3 ~ 8mm,下层最大粒径为 10 ~ 20mm,总铺筑厚度达 70mm,两层沥青混凝土材料压实后的空隙率均超过 20%。美国从 20 世纪 50 年代就开始逐渐向欧洲学习,开发了一种新型的开级配抗滑磨耗层(OGFC)沥青混合料,具有高质量、耐磨光、能提供良好摩擦性能的特点,铺装厚度大多为 19mm,空隙率为 12% ~ 15%。FHWA 于 1990 年 12 月制定了“开级配抗滑磨耗层(OGFC)混合料设计方法”。在日本,透水沥青路面被称为“超级路面”,1980 年前后日本组团赴德国考察后,开始研究引进欧洲技术。虽然起步较晚,但发展较快,解决了日本高温多湿的气候和重载交通条件导致的集料飞散和车辙变形问题。日本道路协会于 1996 年 11 月发布了《排水性铺装技术指南(案)》作为排水性沥青混合料的设计施工指南,透水沥青路面成为最标准的路面之一。至 2002 年,日本公路 40% 的铺面已转变为透水沥青路面。

(3)透水铺砖路面

透水铺砖路面(PICPs)主要分为两种:一种是采用透水性地砖铺筑,利用砖自身的透水性能;另一种是采用普通不透水地砖铺筑,利用砖与砖之间设置的嵌缝透水。透水性地砖是需要专门设计和制造的,传统的混凝土路面砖无法满足路面渗透技术要求,多孔材料强度相对较低。因此,透水性地砖铺筑强度较低、成本较高、透水能力强。采用普通不透水地砖铺筑强度高、成本较低,但透水能力相对较弱,该种路面透水路径和能力差异较大,取决于路面砖的形状、大小、厚度和铺装图案;地砖材料来源广泛且价格相对低廉,如石材、水泥混凝土地砖等。按地砖形状,透水铺砖路面可分为三类,如表 11-4 所示,铺装图案如表 11-5 所示。

透水铺砖路面地砖形状 表 11-4

路面类型	地砖形状
A 类路面:相互嵌入的齿状轮廓和设计的几何形状,使路面砖相互连锁,并能同时抵抗平行于地面纵轴和横轴的缝隙相对位移	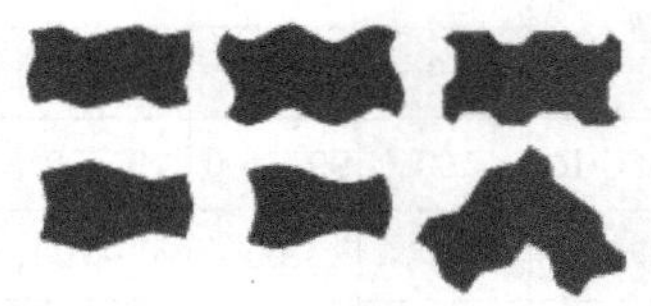

续上表

路面类型	地砖形状
B 类路面:相互嵌入的齿状轮廓和设计的几何形状,使路面砖相互连锁,并能抵抗平行于地面一个轴向的缝隙相对位移	
C 类路面:路面砖不能相互连锁	

透水铺砖路面铺装图案 表 11-5

铺装图案	说明
	人字形图案:轻、中和重载交通等级推荐使用
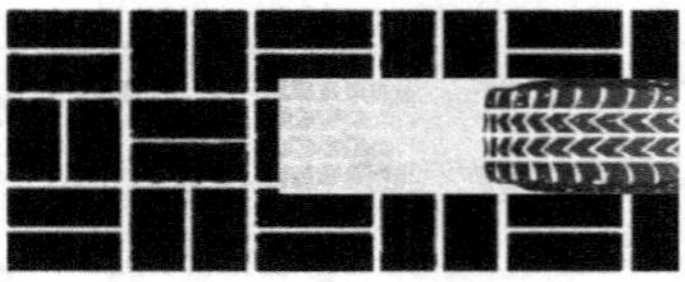	拼花图案:轻载交通等级推荐使用
	工字形图案:不推荐使用

透水铺砖路面有着广泛的应用领域,包括景观美化、庭院路面、行车道、公共广场、住宅区道路和街道,以及集装箱堆放区、重工业区路面等。透水铺砖路面既能承受交通负荷,又能起到排水设施的作用,可减少或消除地表雨水径流、"俘获污染物"、收集雨水供今后再利用。透水铺砖路面的典型横截面如图 11-7 所示。

(4)堵塞机理与堵塞防治

透水水泥混凝土本身具有大孔隙结构,孔隙率一般介于 15% ~30% 之间。然而,透水水泥混凝土内部孔隙大小各异,透水过程可以看作被动的过滤过程。道路建成以后,堵塞颗粒进入路面孔隙之中,逐步堆积于透水水泥混凝土路面内部,使其透水性能不断下降甚至丧失。

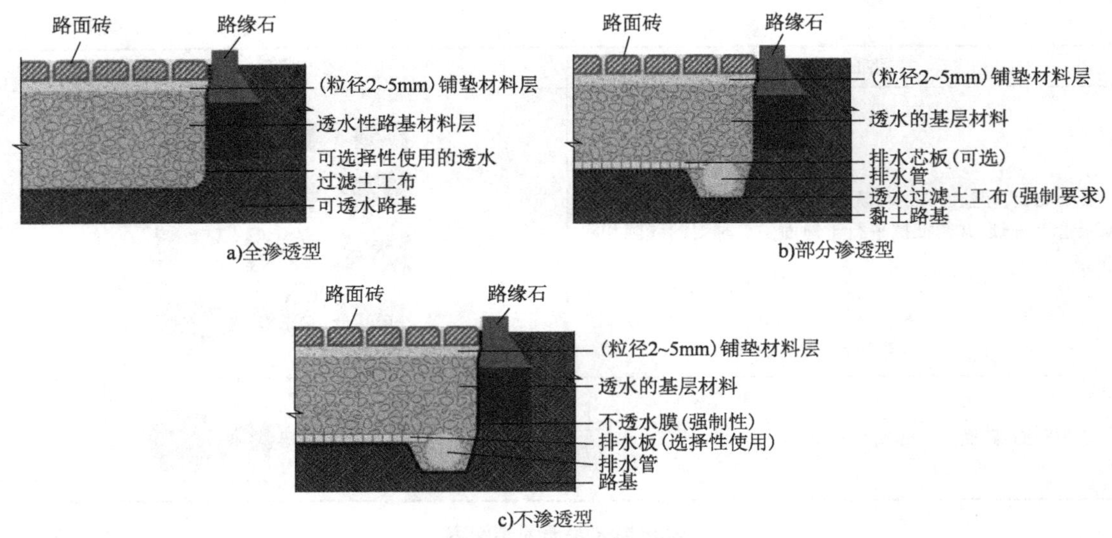

图 11-7　透水铺砖路面的典型横截面

以往的一些研究认为,透水路面孔隙中细颗粒的堆积导致了路面的堵塞,而堆积的沉积物质量是关键的因素。研究人员根据引起透水水泥混凝土堵塞的颗粒存在方式,对透水水泥混凝土的堵塞颗粒进行了分类。根据颗粒大小和进入孔隙的方式,堵塞颗粒被分为悬浮、淤积、蠕变三类。悬浮是指悬浮在空气中的微小堵塞颗粒。淤积是指在交通过程中,由于空气阻力和重力而沉积的颗粒。而蠕变是指车辆行驶过程中附着在轮胎上的颗粒,或磨损路面上的碎石。在此基础上,透水水泥混凝土的堵塞机理和颗粒的分类明确了透水水泥混凝土的堵塞主要与堵塞颗粒的粒径有关。

然而,在以往的透水水泥混凝土堵塞研究中,研究者通常只考虑堵塞类型和透水水泥混凝土的孔隙率是造成堵塞的主要因素,只研究了堵塞颗粒尺寸对透水水泥混凝土渗透系数的影响。这是由于透水水泥混凝土的孔径难以测量,通常不考虑粒径和孔径对堵塞的综合影响。而实际上,孔隙大小和颗粒大小共同决定了颗粒能否进入或通过透水水泥混凝土的孔隙。

11.2.1.3　设计理论与方法

透水铺装结构设计多以经验设计方法为主,比如美国国家沥青路面协会(National Asphalt Pavement Association, NAPA)、美国混凝土路面协会(American Concrete Paving Association, ACPA)和联锁混凝土路面协会(Interlocking Concrete Pavement Institute, ICPI)编制的设计指南。基于力学-经验方法的路面设计过程可以全面考虑材料、交通、气候、路基以及结构横断面等多种因素的共同影响,纯经验设计方法则很难全面考虑并定量确定各设计参数。

美国加州大学路面研究中心建立了基于水文和力学性能的透水铺装力学-经验设计方法。该力学-经验设计方法主要包括三个步骤:一是通过室内试验确定路面材料的基本性能;二是利用计算机软件模型评估路面性能;三是利用加速加载试验或现场试验对所提出的路面结构进行验证和标定。随着路面材料几何、物理性能等数据库的完善及计算机软件模拟技术的迅速发展,上述步骤二具有较高准确性和可靠性,因此成为评估路面性能的重要工具。研究结果表明,当剪应力/剪切强度比(SSR)小于 0.3 时,透水沥青混凝土路基永久变形不再发生变化;当 SSR 介于 0.3 ~0.7 之间时,车辙以稳定速率增长。因此步骤三中透水沥青路面结构的选择应主要依据疲劳寿命和 SSR 值。关于透水联锁混凝土路面,美国加州大学路面研究中心提出了一种基于力学-经验方法的透水联锁混凝土路面设计方法，利用重型车辆模拟器（HVS）进行了现场试验验证。

透水水泥混凝土路面或透水沥青路面仍然缺乏用于力学-经验设计的现场和长期监测数据，特别还需经过重载加速加载路面试验验证，如控制车轮荷载以及现场施工路面的荷载循环，以评估短期损伤累积下的力学响应和性能；室内也可使用小型缩尺加速加载试验设备，如 MMLS3，它是一种三分之一尺度的小型加速加载试验系统，可进行路面的加速加载试验。

透水铺装结构内部的渗流特征是影响透水路面渗水功能的关键因素，许多研究建立了透水铺装储水-渗透模型，可用于分析透水铺装对减小地表径流、降低城市雨洪风险的作用和效果。

在透水功能模拟方面，已有相关有限元软件（SEEP/W）预估沥青路面中的宏观水流模式、空隙竖向梯度对水流模式的影响。建模过程中通常假定沥青路面为均质和各向同性的介质，所有方向的渗透系数均为恒定值。此外，还可以分析中央分隔带宽度、降雨强度与降雨历时下中央分隔带的渗水规律及其对路基路面结构的影响。

在地表径流模拟方面，国内外针对地表径流模拟已建立多种模拟模型，如 SWMM（Storm Water Management Model）、STORM（Storage、Treatment、Overflow、Runoff Model），MUSIC（Model for Urban Stormwater Improvement Conceptualizations）、SLAMM（Source Loading & Management Model）和 P8（Program for Predicting Polluting Particle Passage through Pits, Puddles & Ponds）等。SWMM 是美国国家环保局开发的，可以对地面径流、排水管网以及污水处理单元等的水量、水质进行动态模拟。

目前有关透水铺装的力学设计已逐步趋于完善，相关工程实践也已逐步展开。透水铺装排水设计可参考现行的公路排水设计规范进行，现行规范仅对“路面内部排水”中路面边缘排水系统、排水基层、排水垫层做了技术规定。

11.2.2 防眩反射降温路面

道路面积占城市地表覆盖总面积的 30% ~40%，诸如反射率及微、宏观纹理构造等道路表面特性在较大程度上影响了城市热环境。传统路面尤其是黑色沥青路面，由于其建设和养护的便利性及行车舒适性等，是目前国内外城市道路、公路等道路设施的主要路面类型，通常占 90% 以上。由于其高吸热性，夏季路表温度可达 70℃ 甚至更高。一方面，沥青混合料作为高热通量和温度敏感性材料，会吸收、存储大部分入射到路面的太阳辐射，过高的温度会导致沥青面层产生车辙、推移、拥包等病害，产生不可逆的永久变形，显著影响了道路结构的耐久性和交通运行的安全舒适性。另一方面，过高的路表温度导致临近空气温度升高，加剧了城市热岛效应，给城市环境造成了沉重负担。在构建宜居城市和低碳可持续发展的大背景下，实现道路基础设施长寿命，构建绿色、安全、舒适的城市光、热环境成为新的目标，对道路功能化的要求日益增长。

凉爽路面作为缓解城市热岛效应的有效手段，是基于现有的路面技术，通过传统材料改性或者新材料的引入来降低路面对太阳辐射的吸收，或通过加快蒸发来将显热转化为蒸发潜热等，使其与传统路面相比更凉爽。路面的光、热环境受路面表面的热辐射（主要为太阳直射、散射，大气逆辐射）量和路面热辐射反射、吸收等响应的影响。为了有效提高凉爽路面的降温性能，可提高路面反射率以减少太阳辐射向路面内部传递，同时不会对夜间路面温度场产生负面影响。针对反射路面，目前国内外学者进行了相关材料的开发以及性能研究。相关研究表明，与传统路面相比，凉爽路面可提高路表反射率（总反射率提升 0.3 ~ 0.6），降低路面温度（10 ~ 15℃）；将路面反射率提高 0.25 可降低 0.15W/m^2来自太阳的辐射热，相当于抵消 44Gt 由于制冷产生的碳排放。

11.2.2.1 工作原理

沥青路面传热的方式包括热传导、热对流和热辐射。热传导指的是沥青面层内部与下部结构层和土层之间热量的相互交换，热量由高温处向低温处传递的现象；热对流指的是沥青路面与上方空气之间产生的热量转移的现象；热辐射指的是沥青路面不仅吸收了太阳辐射，同时又向大气环境发送长波辐射的现象（图 11-8）。反射率定义为反射的光辐射量占入射光辐射量的比率，吸收率与反射率之和为 1，反射率为 0 代表所有入射光均被吸收，反射率为 1 代表所有入射光均被反射。新建沥青路面的反射率仅为 0.05 ~ 0.1，对太阳辐射的吸收率高达 85% 以上，夏季路表温度约为 65℃，有时可达 70 ~ 80℃。路面温度的升高加快了其通过热传导、热对流以及热辐射向路面内部以及外部环境传递热量，导致环境温度升高。当沥青路面吸收的所有辐射热与向外发散的热量达到相同水平，则其处于热平衡状态。

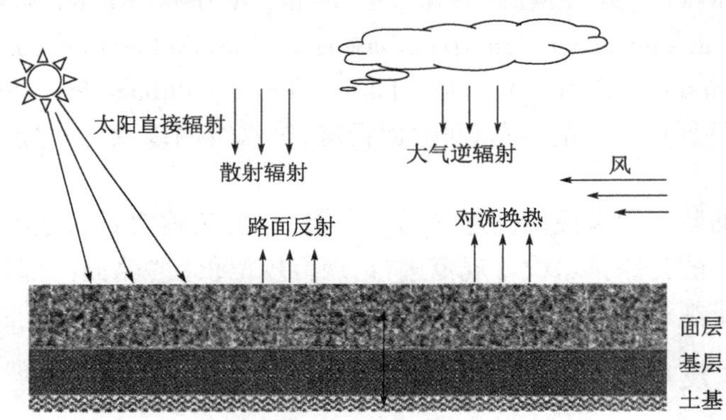

图 11-8　沥青路面的热交换

路面导热率、扩散率、反射率、发射率、体积热容等热物理参数中，反射率和发射率是影响路面温度的最显著因素。光辐射强度一致的情况下，沥青吸收率与平衡温度存在正相关关系，可通过降低路面吸收率，提高反射率来降低平衡温度。当夏季太阳辐射约为 1000W/m^2时，路面反射率每提高 0.1，路表日间最高温度可降低 6℃；当冬季太阳辐射约为 500W/m^2时，反射率每提高 0.1，路表日间最高温度仍可降低 3℃。2015 年有学者应用一维瞬时热传导模型分析推导出式(11-6)的路面最高温度 T_{max} 的理论模型，可知通过提高反射率 R 可降低 T_{max}。

$$T_{max} = \Gamma \frac{(1-R)I_0}{P\sqrt{\omega}} + T_0 \tag{11-6}$$

式中：Γ——与净辐射中热传导所占的百分比相关的拟合常数；

R——太阳辐射反射率；

I_0——日中太阳辐射量，W/m^2；

P——路面热惯性参数，其值等于 $\sqrt{kc\rho}$，k、c、ρ 分别为路面导热率、热容、密度；

ω——角频率常数，$\omega = 2\pi/(24 \times 3600)$ rad；

T_0——回归常数，℃。

对比不同降温措施可知，提高路面反射率、蒸发通量在昼夜条件下均可有效抑制显热，促进路面降温；提高路面的热惯性在减少白天显热的同时，会造成夜间显热增加的不利影响。提高路面反射率可降低面层向结构层的热传导量，沥青路面反射率从0.13提高至0.45，则其向路面内部传导的太阳辐射从10%降至6%，从而缓解高寒地区路堤下多年冻土的退化。热反射涂层可通过提高反射率有效降低冻土区道路温度及减小其下部多年冻土的融化深度和活动层厚度。

反射路面涂层的降温机理主要是通过涂层中颜料粒子将太阳辐射反射到周围环境中，减少路面吸收的热能，从而降低沥青路面表面和内部的温度。太阳辐射为波长集中在300～3000nm之间的短波辐射，按照波长，太阳光辐射可以分为波长200～400nm的紫外光、波长400～720nm的可见光、波长720～2500nm的近红外光三个部分，可见光和近红外光占总太阳光辐射的95%（图11-9）。大气对波长2.5～5μm和8～13.5μm两个区域的红外辐射吸收能力较弱，透过率一般在80%以上，为了实现物体持续降温就要把吸收的热量尽可能通过这两个窗口辐射到外层空间去。为了有效降低沥青路面的温度，太阳热反射涂层应对太阳光全波段，至少对可见光、近红外光有高反射率，但涂料的反射率不可能达到1，因此仍会有部分太阳光被吸收，向外界产生热辐射。根据大气对红外辐射的吸收特性，理想路用太阳热反射涂层还应对远红外光有高反射率（将吸收的能量以2.5～5μm和8～13.5μm的波长辐射出去），实现沥青路面持续降温，缓解城市热岛效应。

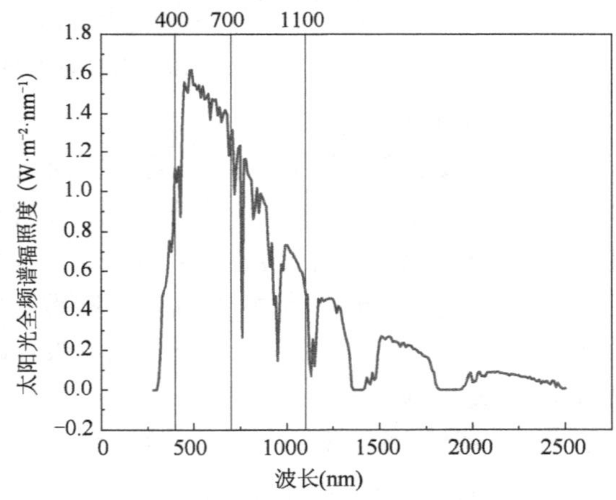

图11-9 太阳光全频谱范围内辐射分布

除了降温效应之外，随着反射率的提升，反射型路面涂层材料还可显著增加路面亮度，提高夜间暗环境的行车安全性。但要注意，提高可见光反射率易导致眩光效应，影响行车安全。为此应协调考虑涂层材料可见光反射率和近红外光部分反射率。在近红外反射区域，材料的颜色不是主要考虑因素，各种颜色的无机填料均可实现高近红外反射率。这有利于避免提升反射率导致的眩光问题，提高行车安全性。与总反射率高的浅色反射材料相比，近红外型反射路面材料颜色更暗，更能避免光学安全问题，且反射率仍能保持较高的水平。

11.2.2.2 涂层材料组成及其性能和结构

反射型路面涂层由多种原材料组成，按其性能和作用可概括为主要成膜物质、次要成膜物质和辅助成膜物质三大组成部分，如表11-6所示。主要成膜物质是涂层中的主体成分，起到黏结和固定的作用；次要成膜物质中的颜料是路用热反射涂层中具有降温性能的关键组分，也可缓解人们视觉上的不适，起到美化环境的作用；而为了施工方便及成膜需要，涂层中可加入一些辅助成膜物质。路用热反射涂层的基本组成及降温机理如图11-10所示。

沥青路面热反射涂层的组成　　表 11-6

主要成膜物质	树脂	天然树脂、人造树脂、合成树脂
次要成膜物质	颜料	着色颜料、防锈颜料、体质颜料
	功能型填料	空心玻璃微珠
辅助成膜物质	溶剂	水、助溶剂
	助剂	催干剂、固化剂、悬浮剂、润湿剂、消泡剂、流平剂、分散剂、成膜助剂

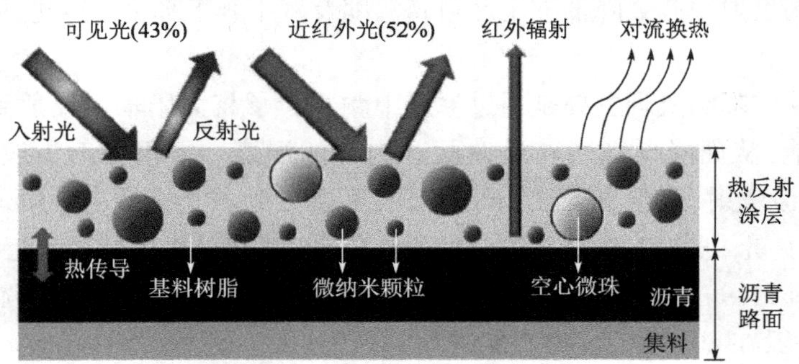

图 11-10　路用热反射涂层的基本组成及降温机理

(1)基料性能

主要成膜物质又称为基料,是组成涂层的基础,是决定涂层性质的主要因素,常用的树脂为有机高分子复杂化合物相互溶合形成的混合物。基料种类虽然对降温效果影响较小,却是影响涂层硬度、柔韧性、耐磨性、耐水性、耐候性及其他物理化学性能的重要因素。路用热反射涂层直接受到太阳光的暴晒,因此要求树脂耐久性强、抗紫外线分解、抗水性好、耐溶剂侵蚀且耐磨,而且要求其对可见光和近红外光的吸收越少越好,即透明度高,结构中避免使用含吸热性基团的成分(如 C—O—C—、O ═ C—、—OH 等)和耐紫外线差的苯环。近年来,为了提高路用热反射涂层的降温效果和延长其服役寿命,学者对涂层基料成分进行了大量研究。2006 年,日本广岛道路设施株式会社、日本油漆公司和日本 Nippon Liner 公司联合开发了几种基于丙烯酸树脂、聚氨酯树脂的沥青路面热反射材料,其中丙烯酸树脂适用于行车道,聚氨酯树脂则可同时用于行车道和人行道,然而其成本较高,推广应用具有局限性。用硅丙乳液制备涂料成本较低(约为 4 元/m^2),对高速路面的降温效果较好,但耐污损和抗滑性能较差,使用寿命较短(3 个月左右)。不饱和聚酯涂料可降低夏季路面温度约 10℃,然而涂层在使用一段时间后出现剥落、变色等现象,降温效果也有所下降。含氟丙烯酸酯乳液涂层的耐污性和降温效果较好,然而其黏附性和耐磨性较差。以环氧树脂为基料制备的沥青路面热反射涂料,在室外试验中表现良好,具有优良的耐磨性能。增加涂层厚度在一定范围内有利于提高热反射涂层的降温效果,但会降低抗滑性能,为此可撒布石灰岩防滑颗粒以增强其抗滑性能,且不影响涂层降温效果。

上述提及的沥青路面热反射涂层的基料树脂大部分为溶剂型,施工时挥发性有机化合物(VOCs)排放量高,严重污染周围环境并危害人体健康;树脂水性化、高固含量、无溶剂型涂料能够有效解决污染问题。水性丙烯酸热反射涂层是一种新型水溶性涂层,因具有降温效果显著、耐久性好、安全环保以及成本低等优点备受关注。但水性丙烯酸热反射涂层的黏附性能只能满足基本要求,且会降低沥青路面的抗滑性能。为解决上述问题,可采用聚氨酸酯、聚脲树脂等制备热反射涂层,其柔韧性和黏结强度良好,抗变形能力强,不易脱落。也有采用无污染、无溶剂的聚脲树脂作为路用反射涂层基料,其弹性体具有优异的弹性形变性能和理化性能,如强度高、耐磨、耐老化、抗腐蚀,具有良好的热稳定性和黏结性。总体而言,路用反射涂层基料应低成本、更环保(水性)、耐磨性与抗滑性等路用性能满足行车安全要求。

(2)颜、填料性能

作为涂层材料中次要成膜物质之一的颜、填料,应能与各种涂层材料组分溶解或分散在一起,使涂层材料着色,在被涂物表面能够形成具有遮盖力的有色涂层。用于热反射涂层的颜料,主要分为无机和有机两类。无机颜料通常是金属的氧化物或结构复杂的盐类,其对光的作用和大气的影响比较稳定,可以提高涂层的耐日晒性、耐久性和耐气候变化的性能;有机颜料通常是不溶解于水的合成染料,因其耐候性较差在道路涂层中能够采用的并不多。颜料是影响路用热反射涂层降温性能的关键组分,其对涂层反射率的影响主要取决于颜料的粒径和折光指数。

颜、填料粒径的选择与反射入射光波长有关,对应最大反射的颗粒直径,可用式(11-7)计算:

$$d = 0.9\lambda(m^2+2)/[n_p\pi(m^2-1)] \tag{11-7}$$

式中:d——颜、填料粒径;

λ——入射光波长;

m——颜料散射能力;

n_p——树脂的反射指数。

当填料粒径与入射光波长比 $d/\lambda = 0.1 \sim 10$ 时,表现为非涅耳型反射,对温控有利;当 $d/\lambda < 0.1$ 时,表现为瑞利散射,对温控无效。因此填料粒径不应小于 0.2μm,其值越大反射光辐射效果越好,但粒径过大会导致涂层表面粗糙、空隙多、易玷污,反而降低其反射性能。就涂层反射能力与反射填料粒径的关系而言,由于太阳辐射能量主要集中在可见光区和近红外光区,反射填料在 0.2~1.0μm 粒径范围内质量分数和反射能力呈正相关。锐钛型 TiO_2 和金红石型 TiO_2 最佳反射率对应的粒径分别为 0.29~0.59μm 和 0.35~1.13μm。通过对纳米级(400~500nm)和微米级(5~8μm)的铁红和 TiO_2 颜料反射率进行对比,提出纳米粒径的反射颜料是提高涂料近红外反射率的有效手段。Gonome 等对粒径分别为 0.05μm、0.89μm 和3.0μm的 CuO 颜料的反射性能进行了分析,发现粒径为 0.89μm 时反射率最高。这些成果可为利用辐射单元法初步确定反射率的功能型材料粒径范围提供借鉴。

颜、填料的折光指数越大,吸收率越小,涂层的降温效果越好。白色二氧化钛(TiO_2)具有较高的折光指数(2.8),反射率较高,成为热反射降温涂层的首选颜、填料。太阳辐射中近红外光是主要热量来源,如果对该部分有较高反射率,即使涂层颜色较深(吸收大部分可见光),沥青路面温度仍会大大降低。由于可见光波段反射率与亮度呈线性关系,使用含铬颜、填料可实现低亮度条件下近红外反射率的有效提升,但必须慎重考虑其生物毒性。使用氧化铁红可制备一种暗红色低亮度防眩反射涂层,氧化铁红与金红石型纳米 TiO_2、近红外反射型 TiO_2 配比为 5:25:8,可见光反射率控制在 0.2 左右,近红外反射率达 0.6,总反射率达 0.4,具有良好的光学反射性能和路用性能。

基于“同色异谱”原理,黑色涂层同样可以达到反射降温的效果。采用含铬深色颜料铁铬黑、铜铬黑、锰铁黑可制备灰黑色反射涂层,其中,铁铬黑用量为 2% 时涂层在近红外波段反射率高达 0.8,而可见光波段反射率仍控制在 0.2 左右,室外降温最高可达 10℃,夜间路面表面温度也能低于普通沥青路面3℃。在使用不同形貌、掺量制备的纳米 CuO 黑色近红外反射涂层中,质量分数为22.6%的片状纳米 CuO 涂层具有最优的热学性能,在典型夏季气候条件下降温可达12℃。对于某些特定的无机色料,可通过组分配比或离子掺杂比例的调整,使色料光学带隙发生变化,从而调控色料的呈色性能。如采用稀土元素掺杂技术可制备高近红外反射率稀土颜料及涂层,Pr(镨)和 Tb(铽)掺杂使 $La_2Ce_2O_7$ 颜料禁带能量降低,随着掺杂比的提高,颜色由淡黄色变为暖黄色再变为暗褐色,近红外反射率仍高于0.7,但材料成本相对较高;$Y_{6-x}M_xM_oO_{12+\delta}$($M=Si^{4+},Pr^{4+},x=0.1$)合成颜料呈现出从浅黄色至深黄色、棕红色至黑色的各种颜色,近红外反射率为0.75~0.85。这些颜料由于含有铽、镨等昂贵稀土元素,材料成本和制造成本较高。

对于部分深色有机颜料而言,其涂层组成结构和反射原理与无机颜料有所不同,不具备高近红外反射性能,而是对近红外波段辐射呈现出近乎透明的特性,如苝黑和二恶嗪紫,将其作为顶层而 TiO_2 等高近红外反射率颜料作为底层,涂层近红外反射率可达0.6~0.7,而亮度值仅为25左右(低明度),整体反射率可达0.3~0.4。此类有机颜料价格偏高,耐候性较差。为了减小反射涂层在冬季带来的负面影响,可采用有机可逆温致变色材料制备不同颜色的涂层,其太阳反射率在低温和高温下分别为0.40和0.70左右,实现动态调节,但存在成本较高以及光学耐久性较差的问题。

(3)涂层结构与路表构造

涂层的整体结构和所涂覆的路面结构条件对反射涂层的降温性能也有较大影响,包括涂层的厚度、涂层的分层结构以及路面面层级配类型。

涂层厚度在一定范围内反射率处于峰值,进一步增加后反射率不会改变。对其原因进行分析可知,涂层厚度较薄情况下其作用较小,太阳辐射可透过涂层照射到沥青面上;而涂层厚度超过一定水平后光线并不能照射到沥青上,此时涂层的反射性能只和表面的反射率相关,厚度进一步增加,反射率无明显变化。

现有常用的反射降温涂层大多为不同作用的填料混合而成的单层结构,有研究表明,多层结构有助于提升反射涂层的降温效果以及减小反射涂层高亮度带来的眩光等负面影响。可通过在原涂层的基础上直接增添新的功能层或将单层复合涂层里的功能性填料分在不同层面中来改变涂层结构形式。复合热反射涂层由着色颜料和反射填料共同组成,将着色颜料设计在面层中,反射填料设计在底层中。结果表明,多层涂层在反射过程中,面层将太阳辐射进行第一次反射,底层再将透射进来的辐射进行第二次反射,涂层的反射效率得到提高,多层结构涂层降温效果相比单层结构复合涂层可提高1℃。双层结构的设计可以保证涂层深色系的视觉效果,在表层防止白色系亮色涂层带来的眩光效应的同时,底层最大限度地反射短波近红外太阳辐射,保障主要的降温效果。

沥青路面面层所用集料级配不同,会导致路表粗糙程度和孔隙大小有较大差异,对反射和降温效果有不同程度的影响。相同条件下,沥青路面孔隙越大达到相同降温效果所需的涂层材料越多,孔隙内的多重反射效应越明显,这会降低表面宏观反射率和降温效果。通过在密级配沥青、间断级配沥青和开级配沥青试件上铺设热反射涂层,将沥青试件放在室外进行沥青路面降温性能测试发现,涂层用量相同条件下密级配沥青表面的降温效果最佳,其次是间断级配沥青,开级配沥青表面的降温效果最差。

11.2.2.3 效果与性能评价

(1)降温效果

为了验证路面反射涂层的降温效果,可以在室内建立模拟太阳辐射环境的试验系统,也可以选择在室外进行。室内降温试验即在实验室建立模拟太阳总辐射对沥青路面进行辐射的试验环境,需要选择辐射光谱、辐射强度和与太阳光比较接近的光源,采用固定的辐射强度对沥青路面进行辐射模拟试验。试验步骤包括:确定辐射时间、模拟光辐射强度及其均匀性控制、制备沥青混合料试件及太阳热反射涂层试件、在不同试件深度处布设温度传感器及其他温度采集设备、放置试件并在四周填充石棉保温,最后进行照射测试。所用的试验仪器包括辐射强度测试仪器(太阳辐射电流表)、热辐射交换仪器(模拟光源包括辐射光谱与太阳接近的碘钨灯或氙气灯等)、温度采集仪器(热电偶温度传感器、自动采集设备等)、稳压系统等。

(2)路用性能

为保证反射路面的使用寿命和安全性,国内外学者针对如何合理、准确地评价高反射率路面材料的路用性能进行了一系列探索。目前尚无统一的评价标准,国内规程,如《环氧树脂地面涂层材料》(JC/T 1015—2006)、《路面防滑涂料》(JT/T 712—2008)、《路面标线涂料》(JT/T 280—2004)以及《公路用防腐蚀粉末涂料及涂层》(JT/T 600—2004)等,对道路涂层主要从涂膜外观、干燥时间、黏结性能、硬度、抗冲击性、抗滑性等方面提出了量化指标要求;对涂料的耐水性、耐化学腐蚀性、耐温变性等性能指标从主观性方面提出了要求,反射路面涂层材料性能可参考,但是未考虑路面的光学特性与温度特性的耐久性,也未形成系统的评价体系。

针对反射路面路用性能评价,主要应当考虑涂层的抗滑性、抗磨耗性、抗污染性和抗老化性。抗滑性评价目前大多采用构造深度(铺砂法)、摆值(摆式摩擦仪)和横向力系数等指标,其中横向力系数法适用于实际路段的评价。根据《公路路基路面现场测试规程》(JTG 3450—2019)中的相关规定,高速和一级公路沥青路面摆值应大于45BPN。路面反射涂层受到车辆和行人的反复摩擦和碾压,耐磨性能直接影响其使用寿命。

针对涂层的抗磨耗性,可参考乳化沥青稀浆封层混合料的湿轮磨耗试验,用湿轮磨耗仪测试抗磨耗性。该方法并不能很好地模拟路面涂层在实际使用时表面的加载情况。已有研究人员自制合适的磨耗仪进行抗磨耗的试验。

针对高反射涂层材料的抗污染性,可在试件上撒布随机采集的尘土以及甘油和机油进行尘土污染和油污污染试验。研究表明,不透光污染物(以尘土为代表)对热反射沥青路面降温性能的影响随污染物密度增大而增大,随试件构造深度的增加而减小;透光污染物(甘油、机油等)对热反射沥青路面降温性能的影响随污染物透光率的降低而升高,随污染物厚度的增加而增大,清扫和水洗手段可使受尘土污染的热反射沥青路面降温性能得到恢复,但不会对油类污染物产生作用。在反射涂层中添加硅溶胶可提高耐尘土和油渍玷污性,降温幅度变化率最低为3%~6%。硅溶胶通过硅烷偶联剂与纯丙乳液连接成网,形成具备导电性抑制静电作用的Si—O离子键结构,不易吸附灰尘颗粒;此外,硅溶胶填充了纯丙乳液的空隙,形成的Si—O—Si离子键结构增大了涂层接触角,涂层表面张力降低,不易附着油滴。

针对热反射涂层材料(尤其是树脂类的氧化)的抗老化性,可在自然条件和室内加快老化条件下测试评价。太阳辐射对老化性能影响较大,实验室氙灯加快老化32d,大约相当于自然老化1年,反射率降低0.1左右,降温效果降低2℃左右。反射涂层褪色是引起反射率变化的主要原因,反射涂层在老化过程中发生了断链反应,羰基的降解导致反射涂层老化。而掺加光稳定剂是一种简单有效的光稳定化措施,能在一定程度上缓解涂层老化。

11.2.3 抑烟净气路面

11.2.3.1 建设背景

由于全球各个地区能源消耗、工业生产等产业持续发展,空气污染问题在环境保护中将长期存在。交通行业中,机动车辆消耗石油、柴油等会释放大量的尾气到路域环境中,影响空气环境。沥青道路材料在生产使用过程中挥发产生的有机挥发气体也会污染大气环境,在施工过程中,沥青材料释放明显的烟气;长期服役阶段,沥青材料长期受太阳辐射作用,即便释放烟气的速度很慢,但沥青道路面广量大,产生的烟气总量仍不容忽视。

11.2.3.2 光催化尾气降解路面材料

汽车尾气污染控制技术主要分为两大类。第一类是采用清洁燃烧技术进行前端机内净化,减少尾气污染物的量。机内净化主要在不改变燃料的情况下通过前端控制燃烧过程,使燃料接近理想燃烧状态。第二类是利用净化设备对尾气进行末端机外净化,减少尾气污染物的排放量。机外净化技术主要是在发动机排气系统上安装催化净化器实现尾气净化(催化净化技术)以及采用纳米技术等实现机外净化。汽车尾气污染控制技术将逐步采用低成本高效益新型催化剂、低温等离子体技术与纳米技术等融合技术。

铺面的自清洁技术是一项使铺面通过自然现象、无须涉及人为操作即可进行自我清洁的技术。铺面上的无机污迹较容易清理,可借助风力和雨水冲刷去除,但有机污迹较难去除,铺面自清洁技术主要针对有机污迹清除。铺面自清洁技术的核心内容为在原有路面材料中加入光催化材料使得有机污迹通过光催化降解。TiO_2由于具有催化活性高、稳定性好、价格低廉、对人体无毒害等优点,是目前应用较多的光催化剂。纳米TiO_2经光照射时生成的羟基自由基、超氧离子自由基以及H_2O自由基均具有很强的氧化、分解能力,能够将各种有机物直接氧化为CO_2和H_2O等无机小分子。光催化材料反应机理如图11-11所示。将其应用于铺面中不仅可以降解大气中的汽车尾气,还能够分解附着在路面表面的有机污迹,实现铺面结构自清洁的效果。

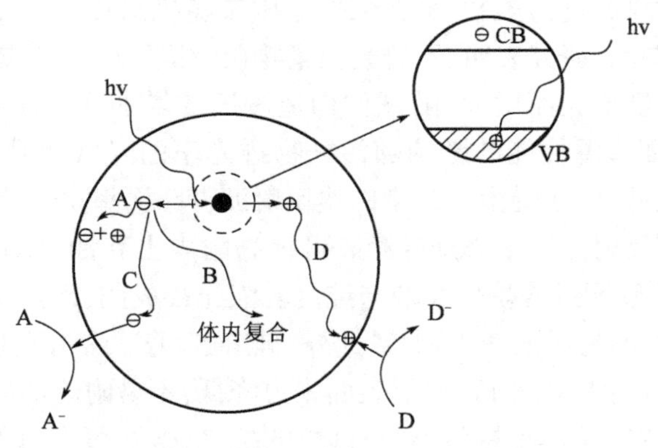

图11-11 光催化材料反应机理

对于铺面自清洁技术,国内较多采用 TiO_2 光催化分解法。如将 TiO_2 加入水泥基材料中分解附着在其表面的有机物,通过光催化将氮氧化物转化为 NO_3。温、湿度对 TiO_2 光催化效果有影响,研究结果表明,湿度增加,TiO_2 光催化效果急剧下降;在 0 ~ 25℃ 的温度范围内,光催化氧化效率随温度升高而提高。水泥砂浆掺入纳米 TiO_2 后,水泥早期的水化强度明显增加,后期强度和流动性能明显降低。研究发现,钛含量和集料级配对涂有 TiO_2 涂层的混凝土铺面分解氮氧化物的速率影响较小,NO 和氮氧化物流动速度增大时,对光催化分解过程有不利影响。关于掺入方式,TiO_2 溶液喷涂法比 TiO_2 直接作为外掺剂掺入法光催化效果更好。TiO_2 的加入不改变水泥基复合材料水化产物量和类型,但会影响高延性水泥基复合材料的抗弯拉强度和延性。

如某实地应用试验路段,将溶胶混合入沥青材料,降解尾气中的有害物质。长期对比监测试验结果显示,TiO_2 溶胶对降解汽车尾气有较好的效果。在相同的路况、天气、车流量条件下,喷洒溶胶的路面比未喷洒路面的汽车尾气浓度降低 15% 左右。通过晴天、雨天以及其他不同天气状况的跟踪监测,发现溶胶产品具有长期的降解尾气作用,喷洒一次的作用时间可达 6 ~ 8 个月。

11.2.3.3 沥青烟气抑制吸附技术

1)沥青烟的抑制机理

沥青烟气以小分子挥发物为主,小分子活化能低,吸收较少的能量就可以增加分子的动能从固相逃逸至气相,这类小分子污染物主要由沥青的饱和分、芳香分等轻质组分产生。高温条件下,大分子化合物的化学键逐渐断开,发生热解,释放挥发物。在沥青混合料拌和过程中,因沥青拌和站空间封闭,产生的废气不会任意排放,可以加装尾气处理装置,对污染气体进行净化。摊铺碾压施工过程中,沥青烟面源污染,无法通过净化过滤技术对大面积扩散的沥青烟气进行处理,因此需在沥青烟产生之前就对其生产物质进行吸附和控制,减少在高温条件下这类物质的挥发。

抑制沥青烟的主要机理包括物理吸附、化学吸附、催化氧化、温度降低、阻燃隔氧、物理稀释等,根据对有关参考文献的整理得其应用效果情况,见表 11-7。

沥青烟抑制技术概况汇总表 表 11-7

方法	添加剂	目标污染物	抑制率	机理	测试方法
温拌	0.6% 沸石	CO_2	23%	降低使用温度	GC-TCD
	3% 蜡	PM10	70%		MS
	$Ca(OH)_2$ 及沸石	VOCs	37.18%		Py-GC/MS
吸附	膨胀石墨	烟气	60%	多孔结构 通过范德华力 和化学键吸附	自研重量法
	10% ~ 20% 活性炭	烟气	—		TG-FTIR
	4% 活性炭及 4% SBS	VOCs	50%		TG-MS&UV-Vis
	5% 蒙脱土	VOCs	44.96% ~ 54.62%		Py-GC/MS
阻燃	10% $Al(OH)_3$ 和 3% 蒙脱土	VOCs	—	形成致密保护层 组织氧化	FID VOC&TG-FTIR
	20% 氢氧化镁	烟气	—		TG-FTIR
催化	17% ~ 20% 石墨烯及电气石	烟气	76.9% ~ 80.5%	热致电吸附氧化	UV-Vis

2)沥青烟的抑制技术

(1)温拌技术

常用热拌沥青黏度高,沥青加热到140℃以上才能与集料拌和;沥青中加入发泡剂、降黏剂、表面活性剂等可降低沥青的加热施工温度30~60℃。降低沥青的加热施工温度可减少能源消耗、产生的废气和粉尘等,其效果如图11-12所示。

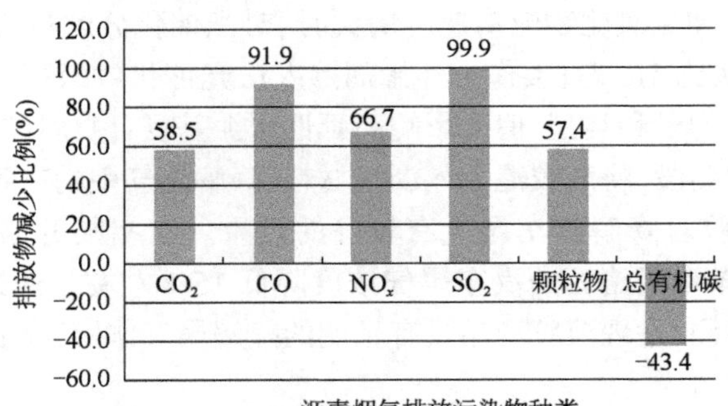

图11-12 温拌沥青的排放物减少率

沥青中加入乳化剂可将拌和温度降低到100℃左右,在拌和、摊铺、碾压施工过程中可显著减少无机气体污染物及微粒,但增加了总有机碳和PAHs的排放。加入蜡类物质降低沥青黏度,施工温度可降低到90~140℃,能够减少VOCs的排放。

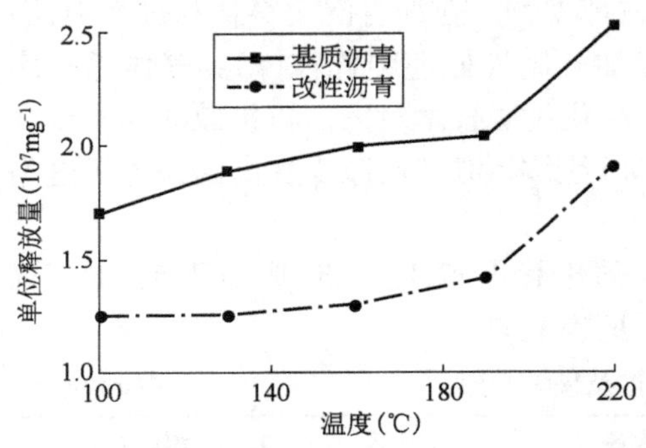

图11-13 基质沥青和沸石改性沥青的VOCs释放量

氢氧化钙沸石在加热过程中会释放水汽,从而降低沥青的拌和温度。有研究表明,不同温度(100℃、130℃、160℃、190℃、220℃)下,通过对基质沥青和添加氢氧化钙沸石改性沥青的烟气释放量进行测试,并用减少的单位烟气释放量除以基质沥青的单位烟气释放量,可以得出氢氧化钙沸石对沥青VOCs的抑制效率分别为26.6%、33.4%、35.0%、30.5%、24.9%,如图11-13所示。由于集料表面和沥青接触面残余一定水分,力学性能有一定削减,低温性能下降明显,抗水损害性能减弱。

(2)催化活性剂

具有光电效应的TiO_2常被用作光催化剂,用来净化空气、净化污水等。石墨相氮化碳($g\text{-}C_3N_4$)也具有类似的光电反应能力。电气石是一种具有压电性、热电性、永久性自发极化效应,释放负离子等功能的矿物,在外界试压或者加热的过程中能够产生静电场,可以吸附污染物。有研究表明,沥青中加入3%纳米TiO_2能降低30%的沥青烟释放量;加入0.5%石墨相氮化碳能够降低50%的沥青烟释放量;加入17%~20%石墨烯电气石混合粉末能够降低76.9%~80.5%的沥青烟释放量。

(3)吸附材料

多孔结构的大比表面积的物质,如活性炭,具有较大的表面能,能够吸附污染物。沥青材料中加入此类物质能够吸附沥青中的轻质组分,增加沥青的黏稠度,在沥青加热的过程中能够吸收轻质组分减少沥青烟释放,吸附挥发物。采用吸附净化原理研究沥青烟抑制技术,常采用的材料包括分子筛材料、活性炭、多孔橡胶粉末、膨胀石墨及碳化物骨架碳(CDC)等。

有研究表明,PJ90 沥青加入比表面积 3000㎡/g 的活性炭和 SBS 聚合物,相比于 PJ90 基质沥青,3%、4% 和 5% 的活性炭可分别降低 26.9%、30.7% 和 32.6% 的 VOCs 释放。膨胀石墨与沥青有亲和性,可以抑制沥青中轻质组分和多环芳烃的释放,对轻质组分和多环芳烃有强烈的物理吸附和非极性吸附作用,有研究表明,沥青中加入 0.25% 以上的膨胀石墨能够将沥青烟的释放量从 260mg/kg 降低到 100mg/kg 左右。CDC 可吸收 VOCs,CDC 表面具有发达的空隙结构和表面氧化剂官能团,均有助于 VOCs 的吸收。

橡胶改性沥青是较常用的改性沥青,沥青中加入胶粉,加热过程中会释放出胶粉的挥发物和沥青的挥发物,橡胶的加入会产生更多的污染物。采用微波活化技术可将废胶粉粉末进行活化处理,产生更多的表面空隙,增大比表面积,增强胶粉活性。沥青中加入微波处理后的活化橡胶粉,虽然微波处理后的橡胶粉粉末仍能产生一定量的污染物质,但其发达的孔隙结构和大的比表面积能够吸附更多的沥青烟气,总体上能发挥抑制烟气的作用。

河南王兰高速是河南开封市的主要高速公路之一。王兰高速积极打造智慧高速、优质服务高速建设方案,坚持降低项目工程对周边生态环境的冲击,以环保理念赋能公路建设。净味环保沥青成为此次工程全程采用的沥青产品。净味环保沥青使用活性添加剂,含有抑制沥青烟气作用的成分,能有效减轻沥青和混合料对空气质量的影响,改善施工安全环境和施工舒适度。添加剂与沥青中影响空气质量的 NO_x、SO_x、VOCs 等产生异味的特定气体、颗粒物分子产生化学反应,可减少上述物质的生成,最大限度限制它们向空气中逃逸,减轻沥青气味。

11.3 低碳道路铺筑技术

11.3.1 温拌沥青路面

11.3.1.1 发展背景

我国高等级公路中沥青路面占比 95% 以上,建设和养护阶段均会消耗大量的沥青基材料。施工时热拌沥青混合料温度一般为 160 ~ 180℃,橡胶沥青和部分改性沥青的拌和温度甚至高达 190℃以上,钢桥面铺装采用的浇筑式沥青混凝土施工温度甚至达到了 200℃。热拌沥青路面铺筑不仅耗费大量的燃油(每吨沥青混合料消耗 7 ~ 8kg 燃油),而且产生大量的温室气体(每生产 1t 沥青混合料将产生约 18kg CO_2)和沥青烟(苯可溶物、苯并芘)等有害、有毒物质。

在“双碳”国家战略背景下,沥青材料生产厂商及相关部门一直在寻找改善路面性能、提高施工效率、节约资源、保护环境的新技术。温拌沥青混合料(WMA)施工温度通常为 90 ~ 130℃,可减少能耗,降低温室气体和有毒物质排放,改善工人作业条件,特别是浇筑式沥青混凝土及隧道沥青路面的施工,符合环保、可持续发展和“绿色施工”的理念,在节能减排方面极具潜力。

温拌沥青混合料技术大致可分为沥青发泡法、化学添加剂法和有机添加剂法三类。温拌沥青混合料技术的应用也受到价格因素、温拌沥青混合料性能和某些未突破的技术瓶颈等限制。化学添加剂法和有机添加剂法原材料成本增加。温拌沥青混合料施工温度较低,对集料与沥青的黏结性、沥青混合料抗水损害性能和抗车辙性能等有一定影响,其长期路用性能仍需深入研究。尽管温拌沥青混合料已有一定规模的应用,其降温机理和压实机理仍须深入研究。

温拌沥青混合料技术起源于欧洲,法国是欧洲温拌沥青混合料技术应用最多的国家,美国从2002年开始研究推广该技术,美国国家沥青技术中心(National Center for Asphalt Technology,NCAT)等机构开展了大量试验研究、技术规范制定等工作,温拌技术在美国发展非常迅速,温拌沥青混合料占整个沥青混合料的比例逐年增高,各类温拌技术的应用情况如图11-14所示。

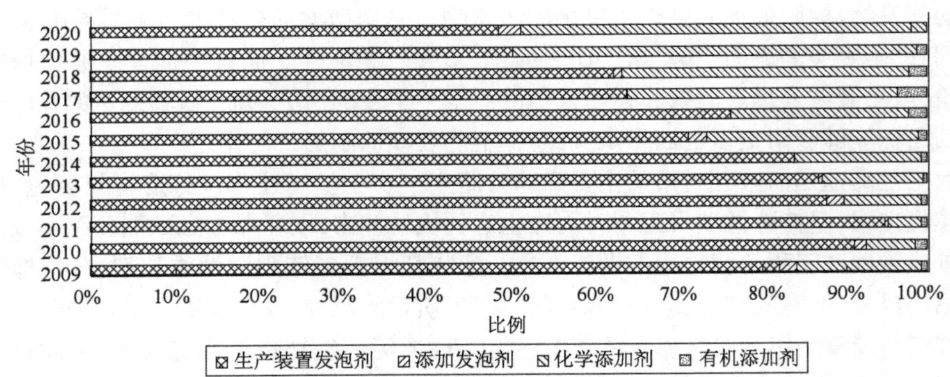

图11-14 温拌沥青混合料技术应用情况统计(2009—2020年)

有机添加剂类温拌沥青混合料技术在我国也有一定规模的应用。原交通部公路科学研究所(现为交通运输部科学研究院)和北京市政路桥建材集团有限公司等单位合作于2005年9月,在北京110国道辅线成功铺筑了温拌沥青混合料试验路。基于表面活性剂的温拌沥青混合料技术在北京、上海、河北、江苏、河南、辽宁、四川、浙江、青海、江西等地都有所实施,成功应用于高速公路和城市快速道路的路面铺装。

尽管温拌沥青混合料有诸多潜在益处,但其在性能等方面仍然存在有待研究解决的问题,如实验室和现场拌和与压实温度的确定,温拌技术条件下集料是否能被沥青结合料充分裹覆,沥青结合料与最佳用量要靠试验确定,温拌沥青混合料老化对其抗永久变形和水损害能力的影响等。

添加温拌助剂降低沥青混合料拌和温度的技术基本成熟,但温拌助剂的价格昂贵,这在一定程度上限制了温拌沥青混合料技术的应用与推广。我国工业固体废弃物的年产生量约为33亿t,历史累计堆存量超过600亿t,造成资源浪费和安全隐患,严重影响环境。利用工业固废开发新型沥青混合料温拌技术,可消纳大宗固体废弃物储量,降低温拌沥青混合料的生产成本。冷真利用污泥灰成功合成A型沸石,其技术指标与商用沸石温拌剂非常接近。地聚合物是一种以硅氧四面体和铝氧四面体为主要组成成分,结构上具有空间三维网状键接结构的新型无机材料,可以形成丰富的“水-孔”结构。地聚合物以粉煤灰、煤矸石等固体废弃物为原料,可在常温下制备。唐宁等在地聚合物材料研究的基础上,提出了以固体废弃物为原材料制备地聚合物基含水发泡降黏类温拌助剂并实现节能减排的思路,如图11-15所示。开发地聚合物温拌助剂可以实现沥青混合料在140℃的拌和,制备的温拌沥青混合料的路用性能与普通热拌沥青混合料相当,且可有效抑制有机挥发物等有害气体的排放。

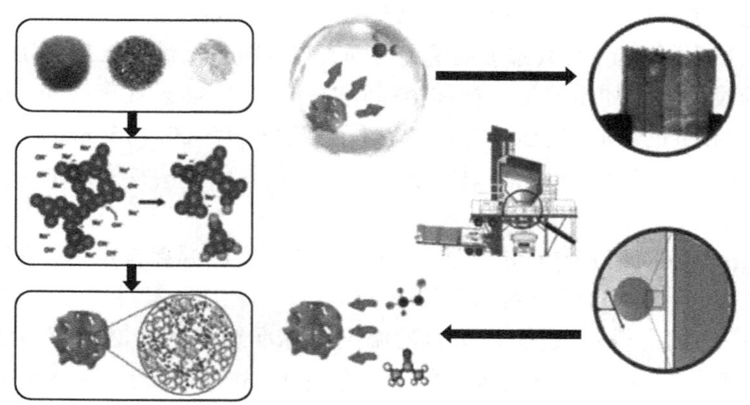

图 11-15 基于地聚合物的温拌技术

11.3.1.2 技术概况

温拌沥青混合料技术起源于欧洲,第一条温拌沥青路面于 1995 年在欧洲铺设。经过 20 多年的研究和应用实践,温拌沥青混合料技术主要有沥青发泡法、化学添加剂法和有机添加剂法三种。

(1)沥青发泡法

沥青发泡降黏类温拌技术可分为两类。一类是基于含水助剂,如沸石、潮湿的集料等,该技术利用含水助剂,可以在较高的拌和温度下使一定量的水在标准大气压下变成水蒸气,当水蒸气与热沥青接触时,沥青体积迅速膨胀,从而降低黏度和拌和温度;另一类是水基技术,通过发泡装置将冷水加入热沥青中,水温升高,形成的水蒸气被封闭在热沥青中,可使热沥青体积膨胀,降低其黏度和拌和温度。沥青发泡降黏类温拌技术的原理如图 11-16 所示。

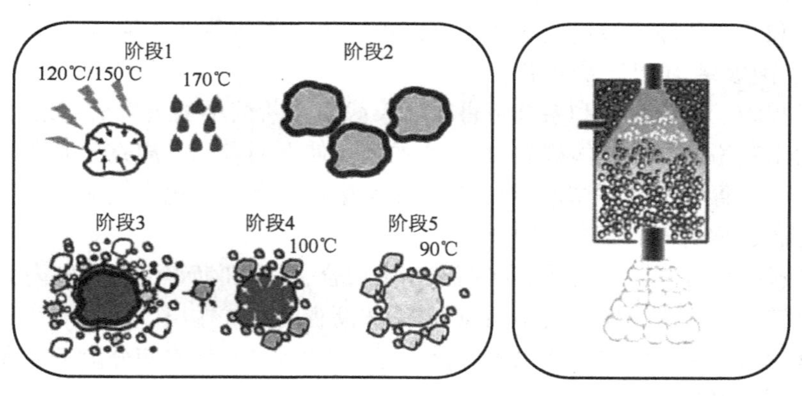

图 11-16 沥青发泡降黏类温拌技术的原理

Aspha-min 是德国 Eurovia Services GmbH 公司生产的一种人工合成沸石,呈白色粉末状,是含有 18% 左右结合水的硅酸铝矿物,在 85 ~ 182℃ 的温度范围内可分解。通常 Aspha-min 的掺量为沥青混合料的 0.3%(质量分数,下同);间歇式拌和楼,可采用人工投入或自动投放设备;连续式拌和楼,通过沥青混合料回收料(RAP)的加入口添加,或者采用可控制数量的特制叶片添加系统,将合成沸石吹入沥青中。Advera 是美国 PQ 公司生产的一种由铝矽酸盐和碱金属组成的合成沸石,含20%的晶体水。Advera与Aspha-min的功能相似,Advera的粒径更细(小于75μm),比表面积更大,其添加剂量约为沥青混合料总质量的0.25%(0.15%~0.30%)。Advera采用特殊设计的添加系统加入拌和楼;间歇式拌和楼,需设置直径为50mm的钢管或塑料管,尽量靠近拌和缸的中心;连续式拌和楼,可采用直径为100~150mm的添加纤维的端口添加,端口接近沥青结合料的添加点,以便被沥青结合料封闭。两种方式都需要通过压缩空气来输送合成沸石。

Low Emission Asphalt(LEA)技术是法国LEA公司开发的温拌技术。在LEA工艺中,使用的集料分为粗集料(干燥)和细集料(湿润)两部分。干燥的粗集料占总集料的60%~70%(其中可能含有一些细集料)。建议粗集料的温度比标准热拌沥青混合料(HMA)低约20℃。细集料在和干燥粗集料、沥青拌和之前应加入适量的水(3%~4%)。首先将粗集料与沥青加热拌和,再加入湿冷的细集料,利用其中的水分在沥青混合料中产生泡沫。间歇式拌和楼,需设置一个分离的冷料仓添加细集料,含水率监测系统用来监测湿润细集料的含水率;连续式拌和楼,需安装一个容积泵,将裹覆和黏附添加剂加入沥青中,沥青管线进入拌和筒或拌缸(间歇式拌和楼)处需要安装一个注入口,还需要设置一个冷料仓添加湿冷的细集料。

荷兰BAM公司的LEAB、LEAC技术,瑞典Nynas公司的LT Asphalt技术,美国Astec公司的Barrel Green技术等,都是将发泡沥青喷入混合料中进行拌和的温拌技术。我国也研发出了许多沸石类温拌助剂,如含水类温拌助剂LCAP可使沥青混合料的拌和与压实温度降低30℃左右,节约30%的能耗,并可减少一定量的污染物排放。

可采用机械装置直接将水注入沥青结合料,使沥青产生泡沫,大部分注水系统添加的水量为沥青结合料质量的1%~2%。常见的注水系统有Accu-Shear(Stansteel)、AquaBlack(Maxam)、AquaFoam、Double Barrel Green(Astec)、Eco-Foam Ⅱ(AESCO/MADSEN)、Meeker Warm Mix、Terex WMA System、Ultrafoam GX2(Gencor)、WAM(Shell)等。

注水系统的注水方式大概有以下几种。

①机械拌和。水从注水口进入和热沥青接触转化为气体并产生泡沫,叶轮搅拌使二者充分接触,改善发泡效果,泡沫不断细化。

②文丘里拌和。文丘里拌和系统是将水引入截面不断缩小的沥青管,截面面积不断减小使得管道压力不断增大。当液体释放时,产生的涡流使得沥青和气泡充分混合。

③膨胀室。沥青和水同时注入膨胀室中,冷水遭遇热沥青转化为气体,并使得沥青发泡膨胀。泡沫沥青通过喷嘴喷入混合料中。

④剪切/胶体磨。用剪切/胶体磨将沥青和水混合,冷水和沥青注入腔室内,水转化为气体后和沥青通过转子和定子之间的狭小间隙,以泡沫沥青的形式排出。

⑤空气雾化水。使用气流促使水流转化为更细小的水滴,将水滴分散于沥青流中,使沥青膨胀,泡沫沥青通过喷嘴排出。

⑥高压雾化水。水流在高压下通过狭小的孔注入沥青管中,使得此处的沥青迅速膨胀。

(2)化学添加剂法

化学添加剂法是将表面活性剂加入沥青结合料或沥青混合料中,可在较低温度下减小集料-沥青界面的表面张力,改善低温裹覆和施工和易性。常用化学添加剂有Evotherm(MeadWestvaco)、Ceca-base RT(Arkema Group)、Hypertherm/Qualitherm(QPR)、Rediset WMX(Akzo Nobel)。

Evotherm 温拌助剂可在较低温度下改善沥青混合料裹覆性、黏附性和施工和易性。具体包括 Evotherm 乳化沥青技术(ET)、Evotherm 分散沥青技术(DAT)和 Evotherm 3G。Evotherm 乳化沥青技术将乳化沥青和热集料在 85 ~115℃下混合,乳化沥青的固含量在 70% 以上,降温幅度可达 55℃。Evotherm-DAT 是含表面活性剂的水溶液,其亲水的极性基团向水和空气聚集,达到临界状态后,另一端的亲油基团发生富集,最终形成球状分子胶团;在沥青混合料拌和时,胶团的亲油基团与沥青融合,而亲水基团形成润滑膜,在降低混合料拌和温度的同时也可改善沥青与集料的黏附力。Evotherm 3G 是一种深黄褐色的黏稠状表面活性剂(不含水分),通过改变沥青分子间的极性、沥青和集料间的表面张力实现拌和温度的降低。

Ceca-base RT 是法国 Arkema 公司生产的一种以表面活性剂为主且不含水分的液态助剂,建议使用剂量为沥青质量的 0.2% ~0.3%,可降低沥青混合料生产温度 40℃。Qualitherm 为非水脂肪酸基的化学添加剂,建议用量为沥青质量的 0.2% ~0.3%,沥青混合料的拌和温度一般可低于 120℃,压实温度可低于 90℃。

Rediset WMX 是一种固体复合添加剂,含阳性表面活性剂和流变改性剂(有机添加剂),不含水,建议添加剂量为沥青质量的 1.5% ~2.5%。Rediset WMX 可改善沥青裹覆集料表面,对湿润集料(在较低烘干温度下可能出现的情况)与沥青之间的黏附力有利。Rediset WMX 的其他组分可降低拌和温度下结合料的黏度,起到润滑作用,在拌和温度降低 33℃的条件下仍能保证裹覆性和压实性。

(3)有机添加剂法

有机降黏类温拌技术主要是将低熔点的有机添加剂添加到沥青或沥青混合料中,改变沥青结合料黏温曲线。化学添加剂目前主要有合成蜡和低分子量酯类化合物两类。主要产品有 Sasobit(Sasol Wax)、Astech® PER(US)、SonneWarmix(Sonneborn)、Bitutech PER(Engineered Additives)、Leadcap(KICT-KUMHO)、Thiopave(Shell)、Asphaltan-B、Licomont BS-100 等。

Sasobit 是南非 Sasol Wax 公司研发的有机降黏类温拌助剂,是利用费托合成技术制备的一种长链脂肪族烃细结晶体,外观呈白色粉末状,其熔化温度介于 100 ~115℃之间。Sasobit 建议用量为沥青结合料质量的 3% ~4%。Sasobit 加入拌和楼的方式有多种,可以直接加入沥青罐,也可直接加入拌和楼。连续式拌和楼,可通过 RAP 的投放口投放,或采用与纤维投放类似的方法,也可将添加剂吹入拌和楼。Sasobit 也可在熔化的状态下通过管道加入沥青中。

Asphaltan-B 温拌助剂是德国 Romonta 公司研发的一种褐煤蜡与脂肪氨基酸的混合物,熔点为 82 ~95℃。Licomont BS-100 温拌助剂是一种脂肪酸氨基化合物,熔点约为 146℃。和 Sasobit 类似,这两类温拌助剂均可作为改变沥青黏度的添加剂。韩国建设技术研究院(KICT)的 Leadcap 温拌助剂为颗粒状的低分子量石蜡,熔点为 100 ~115℃,添加后,沥青混合料拌和温度为 100 ~110℃。

沥青混合料的路用性能包括体积特性、温度敏感性(高温稳定性和低温抗裂性)、水稳定性等,表 11-8 为温拌沥青混合料与热拌沥青混合料的路用性能对比结果。

温拌沥青混合料与热拌沥青混合料的路用性能对比结果 表 11-8

添加剂	体积特性	高温稳定性	低温抗裂性	水稳定性
Aspha-min	↗	↘	↘	↓
Advera	↔	↘	↘	↓

续上表

添加剂	体积特性	高温稳定性	低温抗裂性	水稳定性
LEA	↔	↗	↓	↓
WMA-Foam	↔	↓	↔	↓
Evotherm	↔	↘	↗	↔
Ceca-base RT	↔	↘	↗	↗
Rediset WMX	↔	↘	↗	↗
Sasobit	↔	↑	↘	↘
Asphaltan-B	↔	↘	↘	↓

注：↑代表增加；↓代表降低；↔代表没有显著影响；↗代表略有增加；↘代表略有降低。

体积特性是指沥青混合料的空隙率、矿料间隙率（VMA）、沥青饱和度（VFA）等体积相关指标。温拌助剂的加入可以降低 VMA 和 VFA，从而提高沥青混合料的表观密度和压实度。从表 11-8 中可以看出，温拌沥青混合料和热拌沥青混合料的体积特性之间没有显著差异。

高温稳定性反映沥青混合料在高温下的抗变形能力，抗疲劳开裂性反映沥青混合料抗疲劳开裂能力。由表 11-8 可以看出，相较于热拌沥青混合料，温拌沥青混合料的温度敏感性整体上略有下降。含水发泡降黏类的 Aspha-min、Advera 和表面活性类的 Evotherm、Rediset WMX 都使温拌沥青混合料的高温稳定性小幅下降；利用水基技术的 WMA-Foam 则显著降低了沥青混合料的高温稳定性；有机降黏类的 Sasobit 提高了沥青混合料的高温稳定性，低温抗裂性有所降低。

水稳定性是指沥青混合料抗水损害的能力，温拌助剂对沥青混合料水稳定性有影响。含水发泡降黏类的 Aspha-min 和 Advera、有机降黏类的 Asphaltan-B 和 Sasobit 降低了沥青混合料的水稳定性；表面活性类的 Ceca-base RT 和 Rediset WMX 小幅提升沥青混合料的水稳定性；Evotherm 对水稳定性的影响不显著。

11.3.2 路面再生利用技术

11.3.2.1 概述

沥青路面再生技术包括就地热再生、厂拌热再生、就地冷再生、厂拌冷再生等，再生工艺各有技术特点和适用条件，其技术原理、生产设备、材料组成、结构组合、施工质量控制等都有特殊性。

（1）就地热再生。许多企业开发了具有自主知识产权的就地热再生设备，在高速公路预防性养护、车辙病害处治工程中成功得到了应用。就地热再生技术应用中存在的较为突出的问题主要是再生深度小、施工变异性大、施工质量控制较困难，经济优势也有限。

（2）厂拌热再生。由于厂拌热再生作为路面再生方式投资较小，设备制造企业都开发了厂拌热再生装置。厂拌热再生技术应用中存在的较为突出的问题主要是如何保证大比例旧材料掺量条件下再生混合料的性能。

（3）就地冷再生。近十余年来国内外企业也在积极开发相关设备，就地冷再生目前主要用于普通国、省干线公路大中修或改造工程中，也有用于高速公路大修工程。就地冷再生技术应用中存在的较为突出的问题主要是施工变异性大,施工质量控制相对较困难,再生混合料需要养生,开放交通压力大,冷再生混合料设计方法与性能还有待改进。

(4)厂拌冷再生。近十余年来不少企业也开发了具有自主知识产权的厂拌冷再生设备,乳化沥青厂拌冷再生设备比较成熟,泡沫沥青厂拌冷再生设备有待进一步改善。厂拌冷再生目前主要用于高速公路大修工程,应用中存在的较为突出的问题主要是再生混合料需要养生,开放交通压力大、冷再生混合料设计方法与性能有待改进。

为了便于选择沥青路面再生方式,美国沥青再生协会(Asphalt Recycling and Reclaiming Association,ARRA)制定了再生方法选用指南,表11-9列举了具有不同破损形式的路面适宜的再生方式。

不同破损形式路面可选用的再生方式 表11-9

路面病害类型		厂拌热再生	就地热再生	厂拌冷再生	就地冷再生
表面类	松散、泛油、磨光	√	√		
变形类	波浪、浅车辙	√	√		
	深车辙	√		√	√
裂缝类(荷载)	龟裂	√		√	√
	纵向裂缝	√	√	√	√
	横向裂缝	√		√	√
	滑动裂缝	√	√		
	网裂	√		√	√
	反射裂缝	√		√	√
养护修补缺陷	喷洒沥青、表皮修补、空洞修补、深洞热拌修补	√			
平整度缺陷	一般性不平整、路面沉陷或隆起	√			

厂拌热再生技术适用于沥青路面的上、中、下三个面层,应用广泛,也得到了高度的关注。不同层位再生方式适用性总结如表11-10所示。

不同层位再生方式推荐 表11-10

层位		厂拌热再生	就地热再生	厂拌冷再生	就地冷再生
一、二级公路	上面层	√	√		
	中面层	√	√		
	下面层	√		√	√
三、四级公路	上面层	√	√	√	√
	中面层	√		√	√
	下面层	√		√	√

(5)水泥混凝土路面再生利用方式可采用就地利用或回收利用,主要包括直接利用、打裂利用、碎石化利用、深埋利用、集中回收再利用等,工程通常采用碎石化利用。

11.3.2.2 技术概况

1)厂拌热再生

厂拌热再生技术基本上适用于所有路面结构,旧料利用率不高,目前多为30% ~60%。拌和设备要求较高,相对复杂,价格昂贵,投资较大。表11-11列举了厂拌热再生技术的适用性。

厂拌热再生技术适用性 表11-11

路面强度系数	路面状况指数	形式质量指数	厂拌热再生类型
优	优	优	上/下面层热再生
		良	上/下面层热再生
良	良	中、次、差	不宜热再生
	中、次、差	—	不宜热再生
中	优	优	上/下面层热再生
	良	良	上/下面层热再生
次、差	中、次、差	中、次、差	不宜热再生

结合国内外研究成果,表11-12列举了对于不同的道路等级、下承层的状况、交通量以及使用层位,厂拌热再生技术对破损修复的适用性。

厂拌热再生技术对破损修复的适用性 表11-12

道路等级	下承层技术状况要求	适用的交通量	使用层位	适宜修复的破损类型
一级公路	PSSI、RQI、PCI 良以上	中、轻交通状态	上/下面层或柔性基层	面层修复类型: 裂缝类:横向裂缝、纵向裂缝、块状裂缝等; 变形类:车辙、龟裂等
二级公路	PSSI、RQI、PCI 良以上	中、轻交通状态	上/下面层或柔性基层	
三级及以下公路	PSSI、RQI、PCI 良以上	中、轻交通状态	面层或柔性基层	

注:PSSI-路面结构强度;RQI-路面行驶质量;PCI-路面损坏状况。

厂拌热再生主要施工工序大致如下。

(1)施工准备

施工前应配备满足施工要求的厂拌热再生设备,包括拌和设备、摊铺机、压路机、运料车等,并保证其处于良好的工作状态。保证有足够数量的、满足要求的粗细集料、沥青、沥青再生剂(必要时)、矿粉、预处理后的RAP等所需的各类材料。应检查下承层,下承层应密实平整,强度应符合设计要求,并应对病害进行处治。按照现行《公路沥青路面施工技术规范》(JTG F40)的有关规定铺筑试验段。

(2)RAP的回收、预处理和堆放

RAP回收,应严格控制RAP变异性。在对旧路面状况充分调查,收集旧路面原始资料以及修补、养护记录的基础上,对不同路况路段分段铣刨。施工过程中铣刨速度、铣刨深度等工艺参数应保持稳定,回收RAP时不得混入杂物,记录不同的RAP材料信息。RAP进厂检验合格后,才可进行破碎、筛分等预处理。

(3)拌和

再生混合料的拌和时间应根据具体情况经试拌确定,拌和的混合料应均匀、无花白料。干拌时间宜比普通热拌沥青混合料延长5~10s,总拌和时间宜比普通热拌沥青混合料延长10~30s。拌和时应适当提高新集料的加热温度,但最高不宜超过200℃;RAP加热温度不宜低于110℃,不宜超过130℃;再生混合料出料温度应比相应类型的热拌沥青混合料高5~10℃。

拌和过程中应避免RAP过热或加热不足的情况。RAP过热、碳化时,应予废弃。

(4)运输

应选用载质量15t以上的自卸车运输厂拌热再生沥青混合料,自卸车数量应满足连续摊铺施工需要。车厢宜做保温处理,可采用苫布、棉被等覆盖保温,卸料过程中宜保持覆盖。需注意在运料车车厢板上不得使用柴油、废机油等作为防止沥青黏结的隔离剂或防黏剂。

(5)摊铺

再生混合料的松铺系数应根据试验段确定,摊铺温度宜比相应的热拌沥青混合料摊铺温度提高5~10℃,且摊铺机熨平板预热温度应不低于110℃。

(6)压实

再生混合料的压实温度宜在《公路沥青路面施工技术规范》(JTG F40—2004)规定的对应热拌沥青混合料压实温度基础上提高5~10℃。当边缘有挡板、路缘石、未铣刨的路面等支挡时,压路机宜紧靠支挡碾压。当边缘无支挡时,压路机外侧轮宜伸出边缘100mm以上碾压;急弯路段宜采取直线式碾压;压路机碾压不到的缺角位置宜使用小型机具压实。

(7)施工质量控制

施工过程中对预处理后的RAP的质量检验应符合表11-13的规定。

厂拌热再生施工过程中预处理后的RAP检验频度与质量要求 表11-13

检验项目		检验频度	质量要求或允许偏差	
			高速公路、一级公路	其他等级公路
RAP含水率(%)		每个工作日1次	≤3	≤3
RAP中集料毛体积相对密度		1次/5000t RAP	实测	实测
RAP中矿料级配	0.075mm筛孔通过率(%)	1次/2000t RAP	±3	±4
	0.075mm以上筛孔通过率(%)	1次/2000t RAP	±8	±10
RAP中沥青	含量(%)	1次/2000t RAP	±0.5	±0.6
	25℃针入度(0.1mm)	1次/5000t RAP	±6	±8

注:表中的沥青含量、矿料级配、回收沥青技术指标等允许偏差均是与再生沥青混合料配合比设计时采用的RAP的技术指标相比较的允许偏差。

2)就地热再生

就地热再生的再生率可以达到100%,设备投资较大,一套就地热再生设备的价格通常会达到千万元。

就地热再生主要适宜于处理沥青路面表层病害,目前国内就地热再生工程多用于车辙维修,施工时要先除去路面补丁,再进行就地热再生。就地热再生易受环境影响,比如在低温情况下不宜使用就地热再生技术。层位也会影响就地热再生技术的适用性,就地热再生技术难以处理深度大于60mm的病害,无法处理存在较深裂缝的沥青路面。可通过加入很少或不加入集料,有效调整旧沥青混合料集料级配;表面层沥青混合料集料级配不满足技术要求的路面不宜使用就地热再生技术。就地热再生施工工序简单,施工时间短,适用于不能中断交通太久的、需要以较快速度维修路面的交通繁忙路段。

就地热再生设备重量较大,对道路结构物的承载力有一定要求,必要时需验算道路结构物(桥梁、涵洞等)的承载能力。

就地热再生施工工序大致如下。

(1)施工准备

施工前应配备满足施工要求的预热机、再生复拌机、压路机等生产施工设备,保证其处于良好的工作状态。调查现场周边环境,对可能受到影响的植物隔离带、树木、加油站等提前采取防护措施。

对就地热再生技术无法修复的路面病害应进行预处理,如深度超过就地热再生施工深度的破损松散类病害应予挖补,深度大于30mm的变形类病害再生前应进行铣刨处理,影响就地热再生工程质量的路面裂缝应预先处理。

原路面特殊部位也应进行预处理,如伸缩缝和井盖、标线、突起路标、灌缝胶等。采用铣刨机沿行车方向将伸缩缝和井盖后端铣刨2~5m,前端铣刨1~2m,铣刨深度30~50mm,再生施工时应采用新沥青混合料或再生沥青混合料铺筑;原路面上的标线、突起路标、灌缝胶等应清除;桥梁伸缩装置应采用隔热板进行保护。

正式施工前应铺筑试验段,长度不宜小于200m。通过铺筑试验段,检验再生设备的性能是否满足施工需要,确定再生设备加热时间、加热温度及施工速度等施工工艺和参数,验证混合料配合比设计,检验新材料的添加组成、添加量和最佳沥青用量,以及压实度、渗水系数等性能指标。

(2)加热、翻松与投料拌和

路面加热过程应确保原路面充分加热,避免加热温度不足造成翻松时集料破损,也不应因加热温度过高造成沥青过度老化。再生机组各设备应保持合理间距,加热机和具备翻松功能的机具最大间距不宜超过2m。原路面加热宽度比翻松宽度每侧应至少宽出200mm。纵缝搭接处,加热宽度应超过搭接边线150~200mm。

路面翻松深度应均匀,深度变化应缓慢渐变。翻松面应有较好的粗糙度。翻松前,普通沥青路面路表温度应不高于185℃,改性沥青路面路表温度应不高于200℃;翻松后,普通沥青路面裸露面的温度应高于85℃,改性沥青路面裸露面的温度应高于100℃。

添加沥青再生剂、新沥青、新沥青混合料等新材料时应根据再生沥青混合料配合比设计结果确定添加量,确保新材料均匀添加、精确控制。施工过程中,应根据再生路段状况适时调整新材料的用量。

(3)摊铺

摊铺速度应与加热设备行进速度保持协调一致,宜为1.5~4m/min。摊铺混合料应均匀,无裂纹、离析等现象。针对再生混合料类型与再生层厚度,调整摊铺时振捣的频率与振幅,提高混合料的初始密实度。普通沥青再生混合料摊铺温度不宜低于120℃,改性沥青再生混合料摊铺温度不宜低于130℃,熨平板预热温度不宜低于110℃。

(4)压实

采用试验段确定的碾压工艺压实。使用双钢轮压路机压实时宜减少喷水,使用轮胎压路机压实时不宜喷水。对大型机具无法压实的局部部位,应选用小型振动压路机或者振动夯板配合碾压。

(5)施工质量控制

施工过程中的工程质量控制应满足现行《公路沥青路面再生技术规范》(JTG/T 5521)的要求。

3)厂拌冷再生

厂拌冷再生是指在拌和厂采用再生剂对旧料在常温下进行再生,节省燃油消耗,减少二氧化碳排放,节能环保,设备价格较低。但旧料运输增加成本与交通负担,且再生料性能较难恢复到原来的水平,旧料中的沥青利用率偏低。对于高速公路,若优质旧沥青混合料仅仅用来作为基层的集料,利用效率是比较低的。通常情况下,基层极少大规模翻修,少量修补难于压实,因此该技术市场空间有限。

厂拌冷再生施工工序大致如下。

(1)施工准备

施工前应配备满足施工要求的厂拌冷再生拌和设备、摊铺机、压路机、运料车等生产施工设备,并保证其处于良好的工作状态。保证有足够数量的、满足要求的粗细集料、沥青、矿粉、水泥、预处理后的 RAP 等生产所需的各类材料。应检查下承层,下承层应密实平整,强度应符合设计要求,病害应得到处治。

正式施工前应铺筑试验段,长度不宜小于 200m。通过铺筑试验段,检验再生设备性能是否满足施工需要,确定再生设备加热时间、加热温度及施工速度等施工工艺和参数,验证混合料配合比设计,检验新材料的添加组成、添加量和最佳沥青用量,以及压实度、渗水系数等性能指标。建立设备仪表显示值与实际值的相关关系,检验质量控制方案的可行性。

(2)RAP 的回收、预处理和堆放

在 RAP 回收阶段,应严格控制 RAP 变异性。在对旧路面状况充分调查,收集旧路面原始资料以及修补、养护记录的基础上,对不同路况路段分段铣刨。在施工过程中铣刨速度、铣刨深度等工艺参数应保持稳定。记录不同的 RAP 材料的信息。

RAP 在使用前应按不同料源、品种、规格分开进行预处理。对于粒径超过 26.5mm 的 RAP、聚团的 RAP,应使用破碎机进行破碎。再根据再生混合料的最大公称粒径合理选择筛网尺寸,将破碎后的 RAP 筛分成不少于 2 档。

预处理后的 RAP 应根据不同料源、品种、规格分隔堆放,分别设立清晰的材料标识牌;在堆放时应将其沿水平方向摊开,逐层堆放,不宜长期存放,应避免出现离析、结团现象。

(3)拌和

生产泡沫沥青冷再生混合料时,沥青温度不应低于设计的沥青发泡温度。生产乳化沥青冷再生混合料时,乳化沥青应无结团、破乳现象,乳化沥青温度不应超过 60℃。拌和时应随时检查各料仓出料口、沥青喷嘴、沥青泵、管道等是否受堵,发现堵塞后应及时清理。拌和后的冷再生混合料应均匀,无结团成块、流淌等现象。

(4)运输

混合料应选用载质量 15t 以上的自卸车运输,自卸车数量应满足连续摊铺施工需要。拌和好的冷再生混合料应及时运至施工现场完成摊铺和压实。运料车装料时宜前后移动位置,平衡装料,避免混合料离析。混合料运输及等待摊铺过程中,宜采用厚苫布等覆盖车厢,避免混合料污染、淋雨、提前硬结。运料车每次使用前后应清扫干净,宜在车厢板上喷涂隔离剂。

(5)摊铺

厂拌冷再生混合料的松铺系数应根据试验段确定。混合料宜采用摊铺机摊铺,熨平板不需要加热。用于三级及四级公路时可采用平地机摊铺。摊铺前应检查摊铺机的刮板输送器、螺旋布料器、振动梁、熨平板、厚度调节器等工作装置和调节机构,确认其处于正常工作状态。熨平板振频、振幅以高频、低幅为宜,初始密实度宜调整至85%以上。摊铺应均匀、连续,速度宜控制在2~4m/min。应避免出现明显离析、波浪、裂缝、拖痕等现象。摊铺过程中应随时检查摊铺层厚度、路拱和横坡,发现问题及时调整。

(6)压实

混合料应采用试验段确定的碾压工艺进行压实,宜在最佳含水率情况下碾压,避免出现弹簧、松散、起皮等现象。压路机的碾压速度应均匀,初压速度宜为1.5~3km/h,复压和终压速度宜为2~4km/h。对大型机具无法压实的局部部位,应选用小型振动压路机或者振动夯板配合碾压。

(7)质量控制

乳化沥青或泡沫沥青厂拌冷再生施工过程中的材料质量控制应符合相关设计要求。

无机结合料厂拌冷再生施工过程的材料质量控制和检验项目、频度、质量标准应符合现行《公路路面基层施工技术细则》(JTG/T F20)的有关规定。

4)就地冷再生

就地冷再生的旧料利用率同样可以达到100%,旧料利用率高,节约资源。冷再生技术和热再生技术相比,能耗及排放较少,更环保,成本更低,工序简单,具有良好的经济效益,其适用于低等级公路和高等级公路的基层。就地冷再生技术适用于对路面高程无限制的公路,适用于长期受到灾害影响的地区。

就地冷再生作业应避开温度过低天气和雨天,施工温度过低则再生料强度增长缓慢,将直接影响强度形成和通车时间。雨天或雨后环境潮湿,影响乳化沥青破乳,泡沫沥青水分蒸发,水泥易凝结硬化,可能造成路面内有水分被再生层封住,造成路面的潜在破坏。

就地冷再生施工工序大致如下。

(1)施工准备

施工前应配备满足施工要求的就地冷再生机、压路机、运料车、沥青罐车、水罐车等生产施工设备,并保证其处于良好的工作状态。做好技术、材料、设备、人员、交通组织、后勤保障等各方面的准备工作。

正式施工前应铺筑试验段,长度不宜小于200m。通过铺筑试验段检验再生设备是否满足施工需要,确定就地冷再生机参数设置、铣刨深度、再生速度、摊铺工艺、压实工艺、合理施工作业段长度、养生时间等施工工艺和参数,验证混合料配合比设计以及压实度、渗水系数等性能指标。建立就地冷再生机仪表显示值与实际值的相关关系,检验质量控制方案的可行性和可操作性等。

(2)铣刨与拌和

就地冷再生的施工应按照试验段确定的再生工艺进行。再生机组应匀速、连续地进行再生作业,按照设定再生深度对路面进行铣刨、拌和,不得随意变更速度或者中途停顿,再生施工速度宜为3～6m/min。纵向接缝搭接宽度不宜小于100mm。当搭接宽度超过再生机沥青喷嘴和水喷嘴的有效喷洒宽度时，后一幅施工时应关闭相应位置的沥青喷嘴和水喷嘴。每一幅的再生宽度应根据设计再生宽度、再生机铣刨宽度、施工组织便捷性等合理确定，减少纵向接缝数量，且宜使纵向接缝避开车道轮迹带的位置。

横向搭接处的施工应保证当再生停机时间短于水泥初凝时间时，将再生机退至其铣刨转子之后至少1.5m的位置，重新开始再生作业；当再生停机时间超过水泥初凝时间时，在搭接处重新撒布水泥，但无须再次添加新料、乳化沥青或泡沫沥青，重新开始再生作业即可。

(3)摊铺

混合料宜采用摊铺机或者带有摊铺装置的再生机进行摊铺。原路面平整度较差或对冷再生层平整度要求较高时，混合料不宜采用再生机自带的摊铺装置进行摊铺。三级和四级公路也可使用平地机进行摊铺。

使用摊铺机摊铺时，应保证摊铺匀速、连续，速度宜控制在2～4m/min的范围内，且不得随意变换速度或者中途停顿。摊铺能力应与再生能力基本匹配。应在水泥初凝时间范围内完成材料摊铺压实。根据试验段的结果确定松铺系数。摊铺机的摊铺宽度应与再生铣刨宽度保持一致。根据工程需要选择高程控制、平衡梁、雪橇式等摊铺厚度控制方式。

使用带摊铺装置的再生机进行摊铺时，应保证摊铺匀速、连续，速度宜控制在2～4m/min的范围内，且不得随意变换速度或者中途停顿。摊铺厚度应合理，使单位时间内摊铺槽进出材料数量基本平衡，不得出现缺料或者溢料的情况。根据试验段的结果确定松铺系数。摊铺机的摊铺宽度应与再生铣刨宽度保持一致。

(4)压实

压实应采用流水作业法，使各工序紧密衔接，缩短从拌和到完成碾压之间的延迟时间。混合料宜在最佳含水率下碾压，避免出现弹簧、松散、起皮等现象。终压前可采用平地机再整平一次，使其纵向顺适，路拱和横坡符合设计要求。

(5)施工质量控制

施工过程中的工程质量控制应满足现行《公路沥青路面再生技术规范》(JTG/T 5521)的要求。

5)水泥混凝土碎石化利用

应用水泥混凝土路面碎石化技术可再利用旧水泥混凝土路面。水泥混凝土路面碎石化施工，首先清除沥青混合料修补层，处治路基软弱路段，修复或增设排水设施；其次设置施工测量控制点，按照试验路段确定的相关施工参数，破碎旧水泥混凝土路面，清除嵌缝料；再次采用钢轮振动压路机碾压2～3遍，洒布乳化沥青封层后再撒布集料，钢轮压路机静压2～3遍；最后进行质量检验，加铺新结构层。

水泥混凝土路面板破碎施工应按先破碎路面两侧车道，再破碎中间行车道的顺序进行，破碎时应有重复破碎搭接面，搭接宽度不应小于5cm。当距路面两侧边缘50～75cm时，应将锤头与路面边缘调成30°～50°的夹角进行边缘破碎。水泥板强度过高或过厚的路段，应适当提高振动频率或在破碎施工前采用打裂或其他手段对混凝土路面进行预裂处理。

碎石化施工后开挖试坑进行检验，检验位置与方法应符合《公路路基路面现场测试规程》(JTG 3450—2019)的规定。其中共振碎石化试坑开挖尺寸不宜小于50cm×50cm，开挖深度不宜小于旧混凝土面板厚度。共振碎石化施工质量检验参见表11-14。

共振碎石化施工质量检验　　表 11-14

检查内容	技术要求	合格率	检查方法和频率
顶面最大粒径	≤5mm	≥75%	直尺，每车道每千米不少于 2 处
上部最大粒径	≤10mm		
下部最大粒径	≤18mm		

多锤头碎石化试坑开挖尺寸不宜小于 80cm × 80cm，开挖深度不宜小于旧混凝土面板厚度的 2/3。多锤头碎石化施工质量检验参见表 11-15。

多锤头碎石化施工质量检验　　表 11-15

检查内容	技术要求	合格率	检查方法和频率
顶面最大粒径	≤7.5mm	≥75%	直尺，每车道每千米不少于 2 处
中部最大粒径	≤22.5mm		

碎石化施工后应检测顶面当量回弹模量值，测点数量每千米不宜少于 3 个，计算其代表值，其代表值应满足试验路段顶面当量回弹模量代表值要求。

11.3.3　固废材料在道路工程中的应用

11.3.3.1　建筑垃圾再生集料

随着我国城镇化进程的不断深入，每年新建、改造、拆迁等工程均产生了大量的建筑垃圾，通过堆放、填埋、抛撒等方式处理建筑垃圾占用了大量的土地资源，造成土壤、水体和空气等污染。废弃混凝土是最主要的建筑垃圾，废弃混凝土再生集料利用可实现资源化利用，节约砂石等天然资源，有利于建筑工程和道路工程等领域的节能减排和可持续发展。道路基础设施建设砂石资源需求量大，废弃混凝土经破碎加工处理后的再生集料可替代部分天然砂石。

欧美国家建筑垃圾的利用率在 95% 以上，相比之下，我国的建筑垃圾资源化利用程度偏低。2018 年，我国建筑垃圾资源化利用进程随着相关政策的出台和城市试点的开展逐步加快，至 2020 年底，35 个试点城市中约有 600 个建筑垃圾资源化处理项目，处理能力达 5.5 亿 t/年，但建筑垃圾利用率仅为 10% 左右。建筑垃圾转化为再生集料的转化率可达 85%，再生集料的价格为天然砂石材料的 60% 左右，具有很大的成本优势。相关研究表明，100 万 t 建筑垃圾的再生利用能减少排放 9000t 的二氧化硫、1000t 的氮氧化物和占用 150 亩土地。

再生集料可应用于路床加固，道路垫层，无机结合料稳定底基层、基层甚至面层。1945 年美国将混凝土再生集料用于铺筑公路基层，20 世纪 70 年代将其大规模应用于路面工程中，1965 年修订的《固体废弃物处理法》更加完善了固体废弃物再生利用的法律法规。德国于 1998 年正式颁布了混凝土再生集料的相关技术规范，明确规定了在公路的路面工程中用再生集料大规模替代天然集料。日本于 1977 年正式制定了再生混凝土的技术规范，将建筑垃圾归类为可再生资源，1994 年还提出了建筑废弃物利用率的目标，期望建筑废弃物排放量为零。

中国也制定了基于建筑垃圾的再生集料相关标准和规范，如 2010 年的国家标准《混凝土和砂浆用再生细骨料》（GB/T 25176）和《混凝土用再生粗骨料》（GB/T 25177），2011 年的行业标准《再生骨料应用技术规程》（JGJ/T 240），这些标准主要适用于建筑行业。道路行业相关标准和规范包括2014年颁布的《道路用建筑垃圾再生骨料无机混合料》(JC/T 2281),2016年发布的《再生骨料透水混凝土应用技术规程》(CJJ/T 253),以及2021年发布的《公路工程利用建筑垃圾技术规范》(JTG/T 2321)等。

(1)再生集料的组成、分类及再利用

再生集料(Recycled Aggregate,RA)指建(构)筑废物中的混凝土、砂浆、石、砖瓦等经分拣、剔筋、破碎、分级后形成的一定粒径的集料。按照来源,再生集料可分为废弃混凝土再生集料、废砖再生集料和其他再生集料(主要指轻质再生集料)三类。废弃混凝土再生集料(Recycled Concrete Aggregate,RCA)是废弃混凝土块经破碎、分级后形成的再生集料,是目前应用较多的再生集料,主要用于再生混凝土的制备。废砖再生集料是指过烧砖、坏砖和建筑物建造或拆除中产生的碎砖块,一般用于地基处理、地坪垫层等,也可制备粗集料拌制混凝土。其他再生集料是指竹、木材、塑料、橡胶等物质经处理后的再生集料,可在混凝土构件中部分代替细集料使用。由木材等轻质再生集料配制的混凝土称为轻质再生集料混凝土。

按照粒径大小,再生集料一般分为再生粗集料(≥4.75mm)和再生细集料(<4.75mm),也可分为再生粗集料(≥5mm)、再生细集料(>0.08mm且<5mm)和再生微粉(≤0.08mm)。

按照技术性能,再生粗集料和再生细集料可分为Ⅰ类、Ⅱ类和Ⅲ类,技术要求差异较大,适用于不同的工程;同一类型集料按性能可进一步分为A级、B级和C级。表11-16为公路工程中各类再生集料的应用范围。

再生集料应用范围 表11-16

应用范围		Ⅰ类		Ⅱ类			Ⅲ类
		A级	B级	A级	B级	C级	
水泥混凝土	公路非承重结构水泥混凝土构件和相应等级水泥混凝土	√	√				
路面基层	高速、一级公路基层			√			
	高速、一级公路底基层,二级及二级以下公路基层			√	√		
	二级及二级以下公路底基层			√	√	√	
路基	台背回填、桩类地基			√	√	√	
	各等级公路路基填筑、地基换填、垫层处理			√	√	√	√

为指导再生集料在再生混凝土、级配碎石、无机结合料稳定类材料等道路工程材料中的应用,各个国家或地区结合实际情况提出了再生集料的技术要求,见表11-17。由于再生集料表面是疏松多孔的水泥砂浆,技术标准中将干表观密度和吸水率作为再生集料的关键技术指标。

再生集料技术指标 表11-17

国家或地区	标准	再生集料等级	干表观密度(kg/m^3)	吸水率(%)
澳大利亚	AS 1141.6.2 AS 1996	1A(砖含量≤0.5%)	≥2100	≤6
		1B(砖含量≤30%)	≥1800	≤8

续上表

<table>
<tr><th>国家或地区</th><th>标准</th><th colspan="2">再生集料等级</th><th>干表观密度（kg/m^3）</th><th>吸水率（%）</th></tr>
<tr><td rowspan="4">德国</td><td rowspan="4">DIN 4226-100
DIN 2002</td><td colspan="2">Type 1（废混凝土块）</td><td>≥2200</td><td>≤10</td></tr>
<tr><td colspan="2">Type 2（建筑构件破碎材料）</td><td>≥2000</td><td>≤15</td></tr>
<tr><td colspan="2">Type 3（废砌筑材料）</td><td>≥1800</td><td>≤20</td></tr>
<tr><td colspan="2">Type 4（其他混合材料）</td><td>≥1500</td><td>—</td></tr>
<tr><td rowspan="6">日本</td><td rowspan="6">JIS A 5021，5022，5023
JIS 2011，2012a，b</td><td rowspan="3">粗集料</td><td>Class H</td><td>≥2500</td><td>≤3</td></tr>
<tr><td>Class M</td><td>≥2300</td><td>≤5</td></tr>
<tr><td>Class L</td><td>—</td><td>≤7</td></tr>
<tr><td rowspan="3">细集料</td><td>Class H</td><td>≥2500</td><td>≤3.5</td></tr>
<tr><td>Class M</td><td>≥2200</td><td>≤7</td></tr>
<tr><td>Class L</td><td>—</td><td>≤13</td></tr>
<tr><td rowspan="5">韩国</td><td rowspan="5">KS F 2573
KS 2002</td><td rowspan="3">粗集料</td><td>1 级</td><td>≥2200</td><td>≤3</td></tr>
<tr><td>2 级</td><td>≥2200</td><td>≤5</td></tr>
<tr><td>3 级</td><td>≥2200</td><td>≤7</td></tr>
<tr><td rowspan="2">细集料</td><td>1 级</td><td>≥2200</td><td>≤5</td></tr>
<tr><td>2 级</td><td>≥2200</td><td>≤10</td></tr>
<tr><td>西班牙</td><td>EHE 2000</td><td colspan="2">—</td><td>≥2200</td><td>≤5</td></tr>
<tr><td>美国</td><td>Report RC-1544</td><td colspan="2">—</td><td>2100～2400</td><td>3.7～8.7</td></tr>
<tr><td>中国香港</td><td>—</td><td colspan="2">—</td><td>≥2000</td><td>≤10</td></tr>
</table>

（2）再生集料沥青混合料

建筑垃圾再生集料主要用于路面基层、路肩和路基，少数情况下经试验论证也可用于沥青混合料。再生集料的低密度、大空隙、低强度和高吸水性等特性限制了其在沥青混合料中的使用。与建筑垃圾的运输、加工成本相比，建筑垃圾在路面基层和底基层中的应用附加价值较低。将再生集料应用到沥青混合料中须对其进行活化，减小其吸水率并提高其强度。随着建筑废弃物运输成本的增加，建筑废弃物尤其是其中的废弃混凝土、废弃砖瓦和废弃玻璃在沥青混凝土面层中的应用逐步得到重视。

对使用不同替代率的再生粗集料和天然细集料制备的沥青混合料进行测试分析表明，其毛体积密度、沥青饱和度、矿料间隙率、沥青膜厚度和弹性模量均低于仅使用天然集料的沥青混合料，空隙率高于天然集料沥青混合料，沥青混合料的性能如冻融劈裂抗拉强度比、弹性模量和动态模量随着再生集料掺量的增加而降低，抗水损害能力较弱，耐久性较差。当交通量较小时，再生集料的替代率可达75%。为了保证沥青混合料必要的路用性能，可对再生集料进行处理或改性。由于目前我国还没有再生集料在沥青混合料中应用的技术规范，对沥青混合料用再生集料可参考《公路路面基层应用废旧水泥混凝土再生集料技术规程》（T/CECS G：K23-02—2021）。再生集料的强化方法包括物理法、化学法和物理化学复合法，一般宜采用物理法进行强化，当技术、经济和环保要求不受限制时，可采用化学法或物理化学复合法进行强化。

(3)再生集料无机混合料

再生集料在无机混合料中的应用技术较为成熟,行业标准《道路用建筑垃圾再生骨料无机混合料》(JC/T 2281—2014)规定了道路用建筑垃圾再生集料无机混合料的技术要求和配合比设计方法等。根据无机结合料的种类,建筑垃圾再生集料无机混合料可分为水泥稳定再生集料无机混合料、石灰粉煤灰稳定再生集料无机混合料和水泥粉煤灰稳定再生集料无机混合料三类。再生粗集料按不同的性能指标要求可分为两类,见表11-18。Ⅰ类再生粗集料可用于城镇道路路面的底基层及主干路及以下道路的路面基层,Ⅱ类再生粗集料可用于城镇道路路面的底基层以及次干路、支路及以下道路的路面基层。

再生粗集料性能指标 表11-18

项目	Ⅰ类	Ⅱ类
再生混凝土颗粒含量(%)	≥90	—
压碎值(%)	≤30	≤45
杂物含量(%)	≤0.5	≤1.0
针片状颗粒含量(%)	≤20	

行业标准《公路工程利用建筑垃圾技术规范》(JTG/T 2321—2021)规定了建筑垃圾在公路工程应用的相关技术要求,再生集料无机结合料可应用于不同结构层,其中再生集料的掺配率可参考表11-19确定,并应经过试验验证。

公路工程路面基层再生集料无机结合料掺配率 表11-19

结构层	公路等级	水泥稳定类(%)	水泥粉煤灰稳定类(%)	石灰粉煤灰稳定类(%)
基层	高速公路、一级公路	≤50	≤50	≤50
	二级及以下公路	≤70	≤70	≤60
底基层	高速公路、一级公路	≤80	≤80	≤70
	二级及以下公路	≤90	≤90	≤80

对于再生集料无机结合料,压实度是影响其性能最重要的因素。细集料含量和水泥剂量会影响水泥稳定再生集料的干缩和温缩系数,且实际施工时要严格控制失水率,通常在2%以下。当采用骨架密实型结构级配中值时,再生水泥稳定碎石的抗裂性能达到最佳。采用水泥、粉煤灰、钢纤维、再生集料制备再生集料无机混合料基层材料,其疲劳强度和天然集料的五级稳定类材料相当。在公路路面半刚性基层中可以适当使用再生集料,且当抗压强度满足二级及以下公路的使用要求时,采用再生集料半刚性基层可带来巨大的经济效益。

11.3.3.2 大宗固体废弃物资源化再利用

我国煤矸石、粉煤灰、钢渣、尾矿和赤泥等铝硅酸盐固废的年排放量在30亿t以上,堆存量超百亿吨,占用巨量土地,严重污染环境。以水泥、玻璃为代表的硅酸盐建筑材料用量占基础建筑材料总用量75%以上,每年消耗黏土等天然硅铝质原材料数十亿吨,石英砂、高岭土、铝矾土等建材原材料资源日益枯竭。大宗铝硅酸盐固废物资再利用,既可消纳大宗固体废弃物,又对生态文明建设与资源安全有十分重要的意义。如《公路沥青路面施工技术规范》(JTG

F40—2004)规定沥青层用粗集料包括钢渣和矿渣,高速公路和一级公路不得使用矿渣;使用钢渣作集料的沥青混合料,应进行活性和膨胀性试验,钢渣中的游离氧化钙含量不大于3%,浸水膨胀率不大于2%,钢渣沥青混凝土的膨胀量不得超过1.5%。

1)固体废弃物作为填料在沥青混合料中的应用

填料是矿料中能通过0.075mm筛孔的部分,填料和沥青形成的沥青胶浆体系是沥青混合料中的重要组成部分,填料物理化学特征显著影响着沥青胶浆和沥青混合料的性能。许多具有不同物理和化学性质的粉末固体废弃物作为石灰岩矿粉的替代填料在道路工程领域得到利用。

填料按照其化学组成主要分为无机填料和有机填料两类,常见无机填料包括矿粉、粉煤灰、硅藻土、火山灰、硅灰、煤矸石粉、钢渣粉和赤泥等,常见有机填料主要包括生物炭、稻壳灰、果壳、甘蔗渣灰、棕榈油燃料灰等。以下简单介绍粉煤灰和赤泥两类无机填料在路面材料中的应用。

(1)粉煤灰

粉煤灰是从煤燃烧后的烟气中收集得到的一种固体废弃物粉末,其粒径通常在1~100μm。中国粉煤灰的累计储量超过30亿t,且以每年数亿吨的增量持续增加;印度每年粉煤灰排放量约为1.4亿t;美国和欧洲约为1.15亿t。随着对粉煤灰综合再利用的重视及粉煤灰再利用技术的不断发展,目前我国的粉煤灰综合利用率已达70%。粉煤灰在道路工程领域的主要再利用途径包括水泥及沥青道路材料、路基填充等。

低钙粉煤灰可用于改善沥青混合料的水敏感性能,粉煤灰用于沥青路面中时需要考虑不同源的粉煤灰性质差异。采用F类低钙粉煤灰替代传统石灰岩矿粉,可提高沥青混合料在高温和低温时的弹性模量和抗水损害性能,但对沥青混合料的抗疲劳性能不利。粉煤灰种类相同时,随着粉煤灰掺量的增加,沥青胶浆的延度、针入度和塑性降低,黏度和软化点上升,温度敏感性提高,因此粉煤灰可以替代部分传统石灰岩矿粉用作沥青路面的填料,粉煤灰作为填料替代石灰岩矿粉可显著提高混合料施工和易性。粉煤灰沥青混合料拌和和压实温度可以降低至110°C和85°C,对沥青混合料路用性能影响小,节省大量能源。不同种类粉煤灰的比表面积和孔隙结构组成存在较大的差异,孔隙结构主要为内部封闭孔的粉煤灰比表面积较小,开口孔较多的粉煤灰比表面积较大。有研究表明,随着粉煤灰掺量的增加,粉煤灰-SBS改性沥青胶浆的高温车辙因子呈指数趋势增加,沥青胶浆的温度敏感性也同时增加,多孔且大比表面积的粉煤灰会降低沥青胶浆的低温抗裂性能。

粉煤灰与沥青之间的交互作用机理分为减油(物理吸附)、增浆、调凝和密实四类。低钙粉煤灰具有一定的微孔结构,能够吸附沥青中的轻质组分,略微提高混合料的最佳油石比。粉煤灰对沥青胶浆/混合料的主要作用机理可以概括为粉煤灰玻璃珠的润滑效应会使粉煤灰沥青混合料获得更好的密实度和均匀性,高钙粉煤灰中的CaO和沥青中的酸酐之间形成化学键合,多孔结构的粉煤灰可以吸附产生更多的结构沥青,粉煤灰中的活性SiO_2和Al_2O_3可与沥青酸形成化学键合,利于界面黏附。不少研究表明,作为沥青混合料填料,粉煤灰的掺加可以提高混合料的高温水稳和黏附性能,降低低温抗裂性能。

《公路沥青路面施工技术规范》(JTG F40—2004)规定粉煤灰作为填料使用时,用量不得超过填料总量的50%,粉煤灰烧失量应小于12%,与矿粉混合后的塑性指数应小于4%,其余质量要求与矿粉相同。高速公路和一级公路的面层不宜采用粉煤灰做填料。

《公路水泥混凝土路面施工技术细则》(JTG/T F30—2014)规定混凝土路面用粉煤灰质量应符合表11-20规定的电收尘Ⅰ、Ⅱ级干排或磨细粉煤灰要求,不得使用Ⅲ级粉煤灰,贫混凝土、碾压混凝土基层或复合式路面下层应使用表11-20规定的Ⅲ级或Ⅲ级以上的粉煤灰,不得使用等外粉煤灰。

低钙粉煤灰分级和质量标准 表11-20

粉煤灰等级	细度(45μm气流筛,筛余量)(%)	需水量(%)	含水率(%)	烧失量(%)	游离氧化钙含量(%)	SO_3(%)	混合砂浆强度活性指数	
							7d	28d
Ⅰ	≤12.0	≤95.0	≤1.0	≤5.0	<1.0	≤3.0	≥75	≥85(75)
Ⅱ	≤25.0	≤105.0	≤1.0	≤8.0	<1.0	≤3.0	≥70	≥80(62)
Ⅲ	≤45.0	≤115.0	≤1.0	≤15.0	<1.0	≤3.0	—	—
试验方法	GB/T 1596			GB/T 176			GB/T 1596	

《公路路面基层施工技术细则》(JTG/T F20—2015)规定干排或湿排的硅铝粉煤灰和高钙粉煤灰等均可用作基层或底基层的结合料,其技术要求应符合表11-21的规定。

粉煤灰技术要求 表11-21

检测项目	技术要求	试验方法(JTG E51)
SiO_2、Al_2O_3和Fe_2O_3总含量(%)	>70	T 0816
烧失量(%)	≤20	T 0817
比表面积(cm^2/g)	>2500	T 0820
0.3mm筛孔通过率(%)	≥90	T 0818
0.075mm筛孔通过率(%)	≥70	T 0818
湿粉煤灰含水率(%)	≤35	T 0801

(2)赤泥

赤泥是氧化铝冶炼工业生产过程中排出的固体废弃物,因一般含有较多的Fe_2O_3,其外观颜色与赤色泥土相似而得名,也有部分赤泥因Fe_2O_3含量少而呈现灰白色或者棕色。赤泥中80%的颗粒可以通过0.075mm的筛孔,具有较大的比表面积和较强的碱性。赤泥按照其生产工艺分为拜耳法赤泥、烧结法赤泥和联合法赤泥。拜耳法是一种化学浓缩法,利用苛性钠溶液在高温下将氧化铝与铝土矿中的其他组成分离,全球90%的氧化铝是由该方法生产的。因此,目前全球赤泥的储量中绝大多数是拜耳法赤泥。

通常冶炼1t氧化铝将产生0.8~2.0t的赤泥,目前全世界每年赤泥的排放量超过1.3亿t;中国目前每年产生的赤泥量超过7000万t,累积赤泥堆存量已超过4亿t,总储量占全球储量的50%以上,但对赤泥的利用率却不到10%。在道路工程中,赤泥的应用主要包括生产水泥、生产建筑用砖材料以及用作混凝土外加剂等,近几年赤泥作为填料在沥青混合料中的应用逐渐受到关注。目前关于赤泥在沥青路面材料中应用的研究主要集中在赤泥储量较多的中国、印度和巴西等国家。如依托国家重点研发计划重点专项项目,李辉在对8种粉末填料作为密级配沥青混合料填料的适用性研究中发现,与玻璃粉末、石灰岩矿粉、稻草灰、砖粉、电石灰、铜尾矿和水泥7种填料相比,图11-17和图11-18为几种固体废弃物材料的SEM图像和比表面积及孔隙率。赤泥的孔隙率和比表面积分别是石灰岩矿粉的 5 倍和 3 倍，与石灰岩矿粉沥青胶浆相比，赤泥沥青胶浆的高温性能有较为显著的提高。

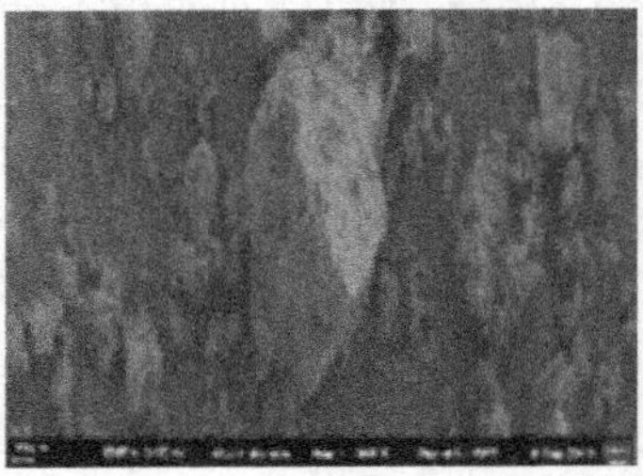

a)石灰岩矿粉 　　b)粉煤灰

c)硅藻土 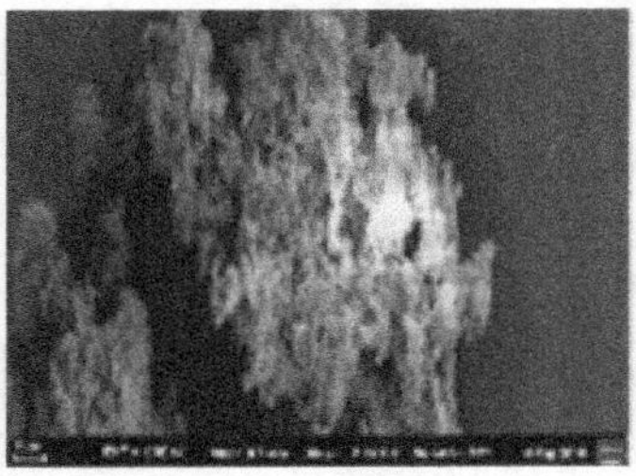　　d)1号赤泥

e)2号赤泥 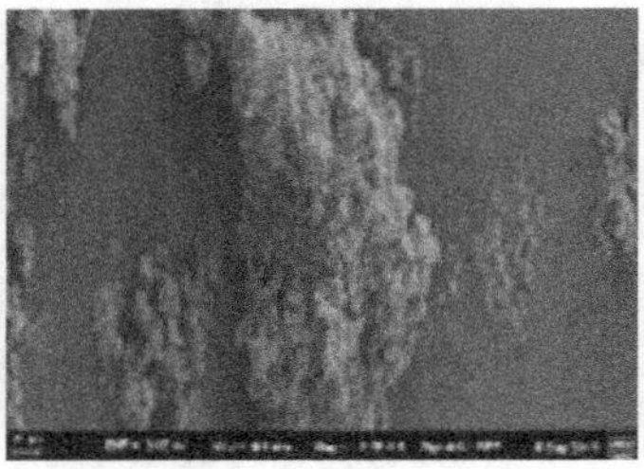　　f)3号赤泥 　　g)4号赤泥

图 11-17　几种固体废弃物材料的 SEM 图像

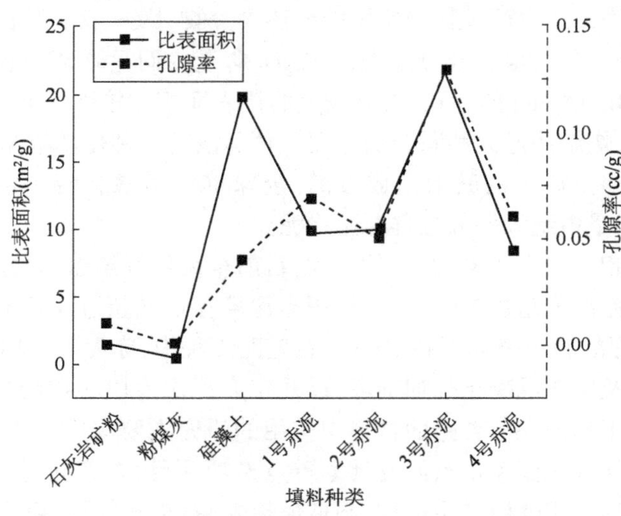

图 11-18　几种固体废弃物材料的比表面积和孔隙率

赤泥作为路基填筑材料也得到了应用研究。《公路工程赤泥(拜耳法)路基应用技术规程》(DB37/T 3559—2019)提出了图 11-19 所示的赤泥路基横断面结构,赤泥路基由赤泥路基中心、包边土(一般为黏性土或其他材料)、边坡防护和排水系统等部分组成;为隔离或减轻污染物扩散的影响,赤泥路基底部应高于地下水水位或地表长期积水水位 500mm 以上,否则应设置防渗隔离层。对作为路基填筑材料的赤泥,应预先调查其料源,确定其化学成分、矿物组成、浸出液有害物质、浸出液腐蚀性(pH 值)、烧失量等,浸出液有害物质、浸出液腐蚀性(pH 值)按现行《危险废物鉴别标准》(GB 5085)检测。

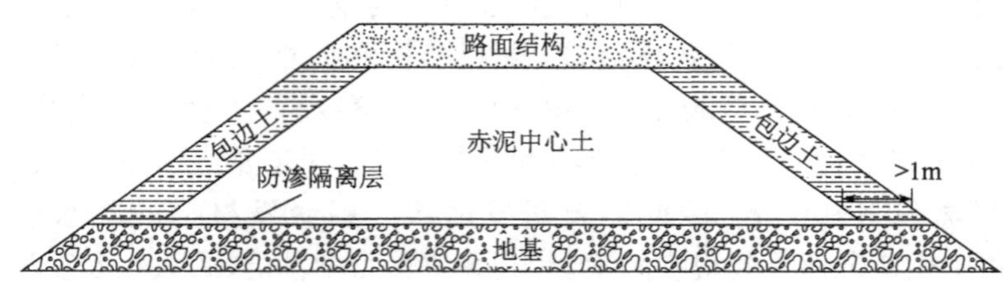

图 11-19　赤泥路基横断面结构设计示意图

2)固体废弃物作为无机胶凝材料的应用

在"碳达峰、碳中和"等国家低碳政策的鼓励下,近些年来碱激发胶凝材料得到重视。碱激发胶凝材料是一类由铝硅酸盐胶凝成分固结的化学键合的新型无机非金属材料,其矿物组成与沸石相近,物理形态上呈三维网络结构,因此其具有类似有机聚合物、陶瓷、水泥的优良性能。

碱激发胶凝材料可以追溯到 1957 年,V. D. 格卢霍夫斯基(V. D. Glukhovskiy)研制了碱激发矿渣粉煤灰胶结材料,得到强度高达 120MPa、稳定性好的胶凝材料。20 世纪 70 年代,达维斯多维茨(Davsdovits)通过用碱激发偏高岭土制得了一种新型的胶凝材料,将这类碱激发胶凝材料统一命名为聚铝硅酸盐或地聚合物(Geopolymer),由原料到地聚合物的过程称为地质聚合反应。偏高岭土是以高岭土($Al_2O_3 \cdot 2SiO_2 \cdot 2H_2O$)为原料,在适当温度(600 ~ 900℃)下经脱水形成的无水硅酸铝($Al_2O_3 \cdot 2SiO_2$),是一种具有超强火山灰效应的矿物掺合料。对偏高岭土、粉煤灰、矿渣粉等制成的碱激发胶凝材料的研究表明,原料中的铝硅酸盐玻璃体中含有高聚合度的 Al—O—Si、Si—O—Si、Al—O—Al 等共价键,受到碱性激发剂中氢氧根离子的作用后共价键发生断裂,产生了聚合度较小的离子团或单离子团,在一定的 pH 值条件下又将聚合成与原料的铝硅酸盐结构不同的新结构产物,后者具有胶凝性和固化性等性能。碱矿渣水泥的水化过程与硅酸盐水泥一样,可根据水泥水化放热曲线分为初始水化期、诱导期、加速期、衰减期和缓慢期五个阶段。

因为碱激发材料具有独特的类沸石笼状立体结构,聚合后的三维网状硅铝酸盐结构在部分极端条件下仍可以保持稳定,所以其一般具有良好的力学性能,在材料硬度、抗压、抗拉、抗温度变化等材料属性上表现出卓越的力学特性。在合适的工艺参数下,碱激发材料的部分力学性能指标要优于水泥与玻璃,在密度、弹性模量、抗拉/抗弯强度及断裂能等力学性能方面有一定优势。由于碱激发材料凝固速度快的特点,地质聚合反应常应用于交通或部分基础设施的快速修复。有研究表明,自然条件下碱激发材料浆体在 30min 内即可凝固,材料的抗压强度数小时内可达 15 ~25MPa。

碱激发材料一般在常温下形成,生产能耗极低;碱激发材料一般以天然矿物高岭土或黏土、工业废弃物粉煤灰、矿物废渣等为原料，碳排放较少。与生产同等质量的硅酸盐水泥相比，生产碱激发材料的碳排放量仅为生产硅酸盐水泥的20%，同时碱激发材料的应用可以提高受矿物废渣等固体废弃物影响的土地价值，保证资源的合理运用，维护生态平衡，保护环境等。碱激发材料基质主要为 SiO_2 和 Al_2O_3，地壳中硅和铝元素的储量分别为27%和8%，可为地质聚合反应提供大量的原料。含活性 SiO_2 和 Al_2O_3 的物料可作为碱激发材料的原料。

目前碱激发材料的研究还处于起步阶段，尚未得到大规模的推广应用。据报道，2014年WAGNERS公司在澳大利亚昆士兰州图文巴的机场铺筑了以地聚合物材料为胶凝材料的混凝土路面，见图11-20。由于化学组成、微观结构和活性成分波动很大，胶凝材料稳定性差，如何提高碱激发工业废渣胶凝材料的稳定性是实现其工程应用需要进一步解决的关键问题。碱激发胶凝材料混凝土拌合物和易性较差，对硅酸盐水泥有良好减水作用的减水剂往往对碱激发材料无效，因此需要研发适用于碱激发材料的减水剂。碱激发胶凝材料的耐久性和体积稳定性受到很多因素影响，导致其力学性能、耐久性及变形性能往往难以平衡。

图11-20　澳大利亚昆士兰州图文巴的机场的地聚合物混凝土路面

为了降低道路交通基础设施建造与运营造成的环境影响，应以低碳生态环境友好为道路建造理念，发展环境低影响道路交通基础设施建造技术，如海绵城市透水铺装、防眩反射降温铺装等铺装技术；充分调研道路交通基础设施建造碳排放源，通过温拌沥青路面铺装等技术降低碳排放；通过路面再生利用和固废材料利用建造道路交通基础设施可有效减少自然资源的利用，降低环境影响。

【复习思考题】

11-1 简述碳排放的概念及碳排放对环境的影响。

11-2 简述海绵城市的概念及其对环境有哪些有利的作用。

11-3 简述温拌沥青路面的基本技术。

11-4 举例介绍几种固废材料在道路工程中的应用。

11-5 简述路面再生利用的主要技术类别。

第12章 应急救援

《公路交通突发事件应急预案》定义公路交通突发事件为"由下列突发事件引发的造成或者可能造成公路以及重要客运枢纽出现中断、阻塞、重大人员伤亡、大量人员需要疏散、重大财产损失、生态环境破坏和严重社会危害，以及由于社会经济异常波动造成重要物资、旅客运输紧张需要交通运输部门提供应急运输保障的紧急事件"。

12.1 应急救援系统

12.1.1 灾害与灾变事件

灾害与灾变事件按类型可以分为以下几类。

(1)自然灾害。主要包括水旱灾害、气象灾害、地震灾害、地质灾害、海洋灾害、生物灾害和森林草原火灾等。

(2)公路交通运输生产事故。主要包括交通事故、公路工程建设事故、危险货物运输事故。

(3)公共卫生事件。主要包括传染病疫情、群体性不明原因疾病、食品安全和职业危害、动物疫情，以及其他严重影响公众健康和生命安全的事件。

(4)社会安全事件。主要包括恐怖袭击事件、经济安全事件和涉外突发事件。

各类公路交通突发事件按照其性质、严重程度、可控性和影响范围等因素，一般分为Ⅰ级(特别重大)、Ⅱ级(重大)、Ⅲ级(较大)和Ⅳ级(一般)四级。

【例 12-1】 重大自然灾害下道路交通功能损失分级。

"重大自然灾害下云南公路交通生命线应急保障关键技术与决策支持应用研究"项目研究报告将受灾后道路交通功能损失划分为 4 级，见表 12-1。重大自然灾害所致公路交通生命线的破坏形式多样，但不同的道路破坏形式可能会造成相同的道路交通功能损失。根据公路交通生命线破坏形式对道路交通功能损失的影响，建立了道路交通功能损失与公路交通生命线破坏的关系，见表 12-2。要进一步明确道路破坏与交通功能损失之间的关系，可分路基、桥梁、隧道等分别建立其破坏与道路交通功能损失之间的关系。

重大自然灾害下道路交通功能损失分级标准 表 12-1

交通功能损失分级	应急维修处理	残余可通行车道数* n	路面横向贯穿裂缝宽度(cm)	桥梁可承受荷载	道路安全车速(km/h)	行车道淹没深度(cm)
一级(基本完好)	不需要维修或经少量维修，即可满足正常使用需求	≥3	<27	四级-完全损毁或失效	>30	<20
二级(部分受损)	无须处置即可满足应急救援通行需求，但灾后需修复才能满足正常使用要求	2	27～34	三级-严重破坏	10～30	20～40
三级(严重受损)	经处置后可满足应急救援通行需求，震后须加固才能满足正常使用要求	1	34～45	二级-中等破坏	0～10	40～65
四级(完全丧失)	完全损毁或失效，道路交通功能完全丧失，需重建	0	>45	一级-轻微破坏或无破坏	—	>65

注：* 表示残余可通行车道数是根据实际可通行横断面几何参数划分的车道数。

道路交通功能损失与公路交通生命线破坏的关系 表 12-2

<table>
<tr><th colspan="3" rowspan="2">道路交通功能损失分类</th><th colspan="3">公路交通生命线破坏</th></tr>
<tr><th>路基路面、边坡</th><th>桥梁</th><th>隧道</th></tr>
<tr><td rowspan="5">通行能力</td><td colspan="2">可通行车道数减少</td><td>路基路面整体错位、滑移、被掩埋、摧毁、变形(沉陷、隆起、挤压等)、水毁、边坡滑塌等</td><td>桥梁倒塌、被掩埋、桥面板塌落</td><td>洞口被掩埋、砸坏；洞身衬砌掉块、坍塌；仰拱填充等</td></tr>
<tr><td rowspan="2">可通行车辆减少</td><td>车辆尺寸</td><td>边坡滑塌、纵向开裂等</td><td>桥梁护栏倒塌、上部结构塌落</td><td>洞口被掩埋、砸坏；洞身衬砌掉块、坍塌；仰拱填充等</td></tr>
<tr><td>车辆吨位</td><td>路基掏空、路堤水毁等</td><td>—</td><td>隧道路基掏空、沉陷等</td></tr>
<tr><td colspan="2">行车道被淹没</td><td colspan="2">堰塞湖导致公路、桥梁被淹没</td><td>—</td></tr>
<tr><td colspan="2">桥梁承载能力降低</td><td>—</td><td>部分墩柱开裂、压溃；桥台开裂；锥坡开裂、下沉</td><td>—</td></tr>
<tr><td>交通安全</td><td colspan="2">安全车速降低</td><td colspan="3">山石滚落、路面裂缝等轻微破坏造成车速降低</td></tr>
</table>

12.1.2 应急救援管理阶段与任务

重大自然灾害发生前后,政府及其他公共机构通过建立相应的应对机制,并采取一系列必要措施,来保障社会公众生命财产安全的有关活动,称为应急管理。《国家突发公共事件总体应急预案》中将突发事件应急管理划分为预防、准备、响应及恢复四个阶段,各阶段目的及工作任务如表 12-3 所示。

应急管理不同阶段目的及任务　　表 12-3

应急管理阶段	时间段	目的	工作任务
预防	突发事件发生前	预防、控制、消除突发事件对人类生命与财产的危害	风险辨识、评价与控制;安全规划、研究;安全法规、标准的制定;危险源监测监控
准备	突发事件发生前	提高突发事件发生时的应急行动能力	应急救援预案的编制;应急救援物资的筹备;应急救援信息库等
响应	突发事件发生前、发生时、发生后	减少人员伤亡、财产损失,控制和消除危险	启动相应的应急系统和组织;上报有关政府机构;实施现场指挥和救援;现场搜寻与营救等
恢复	突发事件发生后	突发事件后,使生活、生产恢复到正常状态或得到进一步的改善	损失评估;灾后重建;应急预案复查等

美国联邦应急管理署(Federal Emergency Management Agency,FEMA)的规定与中国的规定类似,应急管理过程包括缓解(Mitigation)、准备(Preparedness)、应急响应(Response)及恢复(Recovery)四个阶段;日本灾害应急管理过程则包括灾害预防、应急响应、灾后恢复三个阶段。

12.1.3 应急管理体系

通过对以下三个国家防灾应急管理体系的简述可知,尽管各国模式因国情不同而各具特色,但应急管理体系的构成核心都是一致的;应急管理体系应依据法律建立完善的组织机构,基于地方的综合防灾管理部门和应急反应系统,严谨而高效的政府信息系统和广泛的部门合作;应急管理应具有超前的灾害研究和应急预警机制,深入的灾害意识培养和应急演练培训,充足的应急准备和可靠的信息网络支撑等。

12.1.3.1 美国应急管理体系

(1)应急管理体系框架

美国建立了联邦、州、县、市、社区 5 个层次的管理与响应机构,形成了一个比较完善的应急管理组织体系,应急管理层次如图 12-1 所示。美国应急管理体系具有组织机构完备、职能明确、重视预警系统建设的特点。从行政管理体制上来看,应急管理体系涉及国土安全部、国家安全委员会、联邦应急管理署、联邦调查局、中央情报局及一些辅助性机构。各州有灾害预防应对办公室,各郡县有应急通信指挥中心。从某一地区的横向具体操作层面来看,有包括“911”紧急救助服务系统在内的应急通信指挥中心,独立的消防和紧急救助机构,以及包括医院在内的各类医疗救治中心等各类机构。

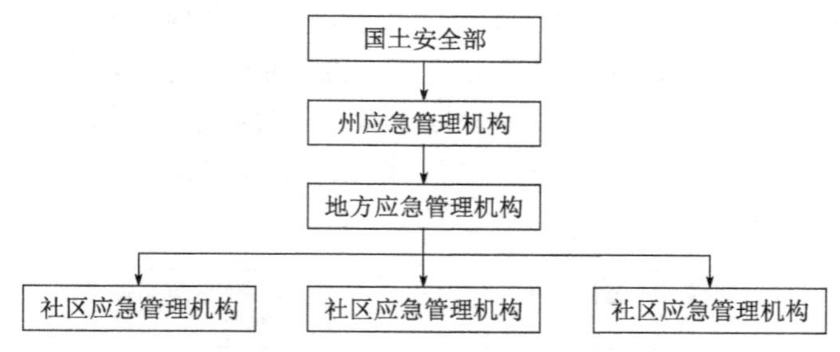

图 12-1 美国应急管理层次图

(2)应急管理法律体系

1803 年发生在新罕布什尔州的一场罕见大火,促使美国国会通过了火灾法案,这是美国历史上第一部与危机事件处理有关的法律。此后 150 年里,美国国会陆续通过了 125 项针对相关自然灾害做出紧急反应的减灾法律,不过这些都是单项法,还没有形成一个完整的法律体系。1950 年对于美国危机管理立法来说是具有里程碑意义的一年,这一年美国国会通过了第一部统一的联邦减灾法案《灾害救助和紧急援助法》,融合了过去的单项法,使危机管理工作得到初步统一。1968 年,制定了《全国洪水保险法》,创立了全国洪水保险计划,将保险引入救灾领域。1988 年,美国国会通过了《罗伯特·斯坦福灾难救济与紧急援助法》,规定了紧急事态响应程序,明确了公共部门救助责任,强调了减灾和准备职责的重要性,概述了各级政府间的救援程序。"9·11"事件发生后,美国国会通过了《国土安全法》《公共卫生安全与生物恐怖主义应急准备法》《综合环境应急、赔偿和责任法案》等。制定的行政命令包括 12148 号、12656 号、12580 号行政命令及国土安全第 5 号总统令和国土安全第 8 号总统令。这样通过议会立法和总统行政命令,以及地方性法规形成了比较健全的应急管理法律体系。

(3)应急管理流程

应急管理体系以整体治理能力为基础,通过法制化的手段,将完备的危机应对计划、高效的核心协调机构、全面的危机应对网络和成熟的社会应对能力包含在内。国家安全委员会负责总体的局势分析和部门协调,总统在议会授权后具有军事和经济上的决策权,联邦调查局牵头负责调查并解决危机,联邦应急管理署主要负责救援等危机事后处理,国防部等联邦政府部门负责提供相关的 技术支持和进行专门性的行动。

美国应急管理流程如图 12-2 所示。其应急救援一般采用统一管理、属地为主和分级响应、标准运行的原则。FEMA 负责全面协调灾害应急管理工作。

12.1.3.2 日本应急管理体系

(1)应急管理体系框架

日本应急管理体系以法律、制度、功能为依托,以首相为最高指挥官,内阁官房负责整体协调和联络;通过安全保障会议、中央防灾会议、金融危机对策会议等决策机构制定危机对策;由国土厅、气象厅、防卫厅和消防厅等部门根据具体情况进行配合实施。日本的应急管理体系大体分为国家、都道府县、市町村和居民四个层级,如图 12-3 所示。日本的应急组织体系分为中央、都道府县、市町村三级制,各级政府在平时召开灾害应对会议,在灾害发生时成立相应的灾害对策本部。为了进一步提升政府的防灾决策和协调能力,进入 21 世纪后,日本政府将原国土厅、运输厅、建设省与北海道开发厅合并为国土交通省,把原来设在国土厅内的"中央防灾会议”提升至直属总理大臣的内阁府内，并于内阁府内设置由内阁总理任命的具有特命担当(主管)大臣身份的“防灾担当大臣”。“防灾担当大臣”的职责是：编制计划；在制订使灾害风险减少的基本政策时进行中心协调；在出现大规模灾害时寻求应对策略；负责进行信息的收集、传播，紧急措施的执行。此外，该大臣还担任国家“非常灾害对策本部”本部长以及“紧急灾害对策本部”副本部长。

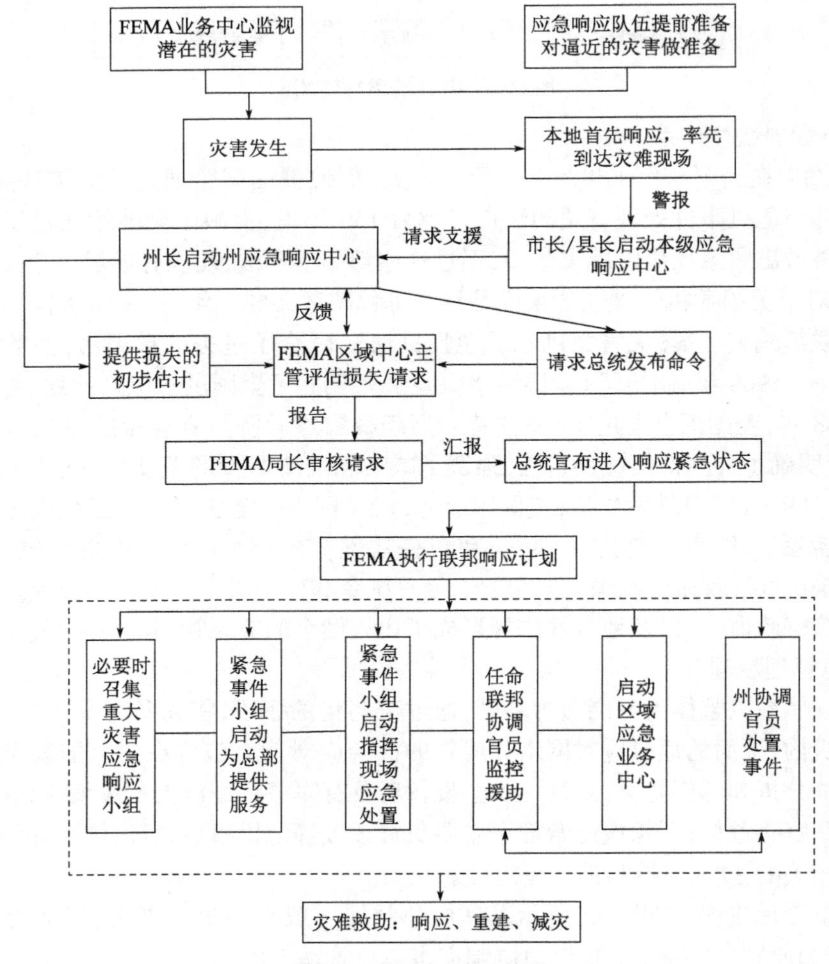

图12-2　美国应急管理流程

(2)应急管理法律体系

日本应急管理相关法律法规比较完善，1947年日本政府就出台了《灾害救助法》。基于1959年的伊势湾台风造成逾5000人伤亡的教训，日本政府于1961年又出台了被称为日本防灾应急体系根本大法的《灾害对策基本法》，该法对防灾体制、防灾规划、应急对策、震后恢复、财政金融措施、灾害紧急事项及处罚等作了详细规定，在提高政府应急管理能力方面发挥了重要作用。根据《灾害对策基本法》，日本政府还颁布了《河川法》《海岸法》《防沙法》等法律法规。之后，日本政府吸取1995年阪神大地震的教训，在《灾害对策基本法》中加入了地震灾害防御方面的内容。2003年3月，中央防灾会议通过了《关于完善防灾信息体系的基本方针》，为应急信息体系建设提供重要的指导。目前，日本共制定应急管理(防灾救灾以及紧急状态)

法律法规227部，各都、道、府、县（省级）都制定了《防灾对策基本条例》等地方性法规。以上一系列法律法规的颁布、实施，显著提高了日本依法应对各种灾害的能力。

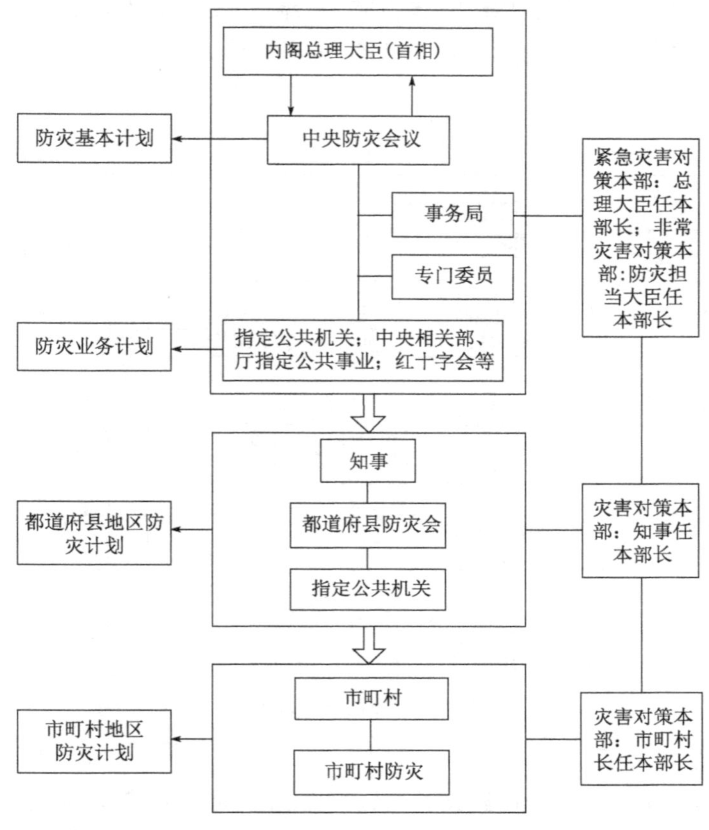

图12-3 日本应急管理体系框架

（3）应急通信系统

日本政府于1966年颁布了“交通安全设施发展计划”。这项计划在交通信息建设、交通组织管理方面发挥了巨大的作用，有利于减少交通事故的发生和提高道路交通的安全性与效率。1993年日本国家警察厅发起实施新型的交通管理系统计划——新交通管理系统（Universal Traffic Management System，UTMS）的研究、开发与实用化建设，该系统能够实现车辆与控制中心之间的交互式双向通信，实时获得交通信息，并对收集到的信息加以分析和处理。日本非常重视应急信息与通信系统的建设，2003年日本通过了《关于完善防灾信息体系的基本方针》。除已有的比较完善的气象防灾信息系统、流域信息系统、道路交通灾害系统、道路交通信息系统以及覆盖全国的“中央灾害管理无线广播通信系统”以外，日本还建立了政府与政府、政府与公民、政府与企业的应急电子政务系统，保障灾害发生时的信息传递的及时性和可靠性。目前，日本建成了“生命和公共安全紧急救助系统（HELP）”和“紧急救援车辆优先系统（FAST）”，在缩短灾害救援时间方面发挥了重要作用。

12.1.3.3 中国应急管理体系

通过总结以往灾害救援的经验教训，中国已经初步构建了符合自身国情的应急管理体系结构。

(1)应急管理体系框架

我国在国家统一领导下,坚持以综合协调、分类管理、分级负责、属地管理为主的原则应对突发公共事件。在我国应急管理体系中,国务院是最高行政领导机构,由非常指挥机构或临时指挥机构负责应急管理工作,应急管理体系如图12-4所示。

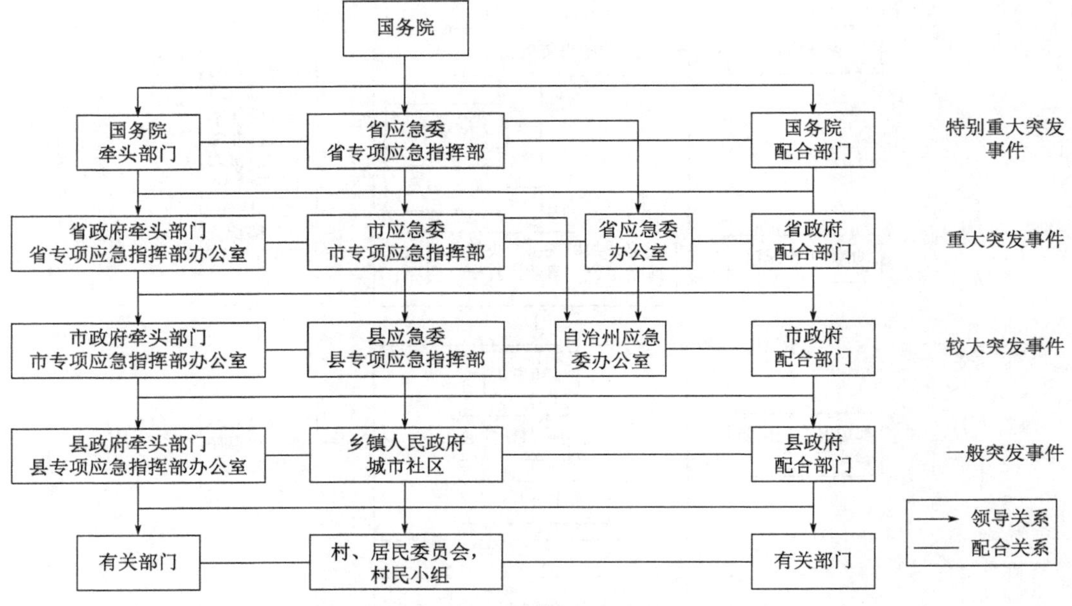

图12-4　中国应急管理体系

(2)应急管理法律体系

1997年我国为了防御与减轻地震灾害,保护人民生命和财产安全,制定了《中华人民共和国防震减灾法》。2004年,国务院办公厅发布《国务院有关部门和单位制定和修订突发公共事件应急预案框架指南》和《省(区、市)人民政府突发公共事件总体应急预案框架指南》,使重大事故应急预案的编写有章可循。2007年11月1日正式实施《中华人民共和国突发事件应对法》,使应对突发公共事件的处置工作规范化、制度化和法制化。

交通应急运输方面,交通运输部于2009年4月制定《公路交通突发事件应急预案》,各省市的交通主管部门也陆续下发交通及其运输保障应急预案或应急保障行动方案,指导突发事件下公路应急运输工作。到2023年底,我国已编制国务院部门应急预案57部,国家专项应急预案21部,全国各级应急预案130多万件,基本上涵盖了各类常见突发事件。

12.1.4　应急组织体系和职责

12.1.4.1　组织体系

公路交通应急组织体系由国家级(交通运输部)、省级(省级交通运输主管部门)、市级(市级交通运输主管部门)和县级(县级交通运输主管部门)四级应急管理机构组成。国家级公路交通应急管理机构包括应急领导小组、应急工作组、日常管理机构、现场工作组、专家咨询组等,如图12-5所示。

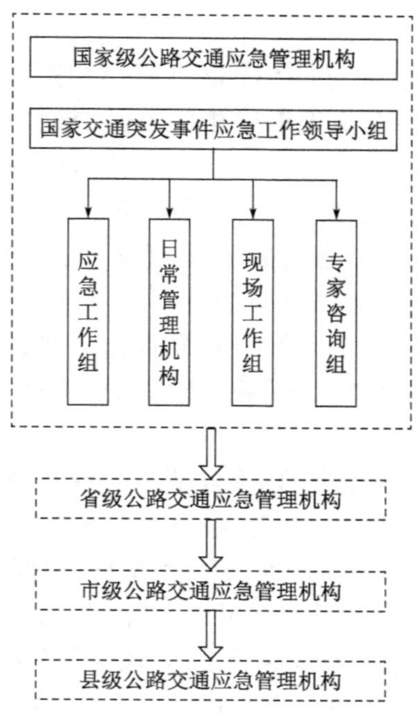

图 12-5　中国公路交通应急组织体系

《突发事件应急预案管理办法》规定,政府及其部门应急预案由各级人民政府及其部门制定,包括总体应急预案、专项应急预案、部门应急预案等。我国已初步形成了应急预案体系,结构如图 12-6 所示。

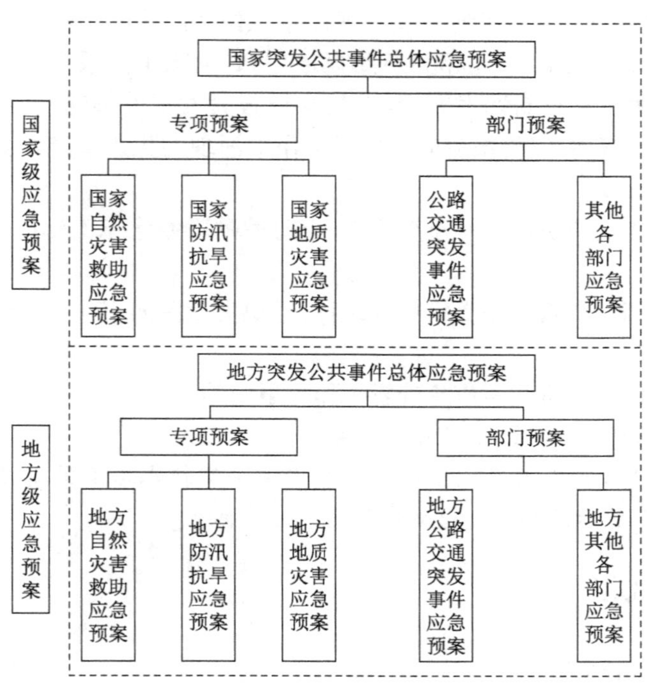

图 12-6　应急预案体系结构

12.1.4.2 工作职责

公路交通突发事件应急工作领导小组(以下简称“应急领导小组”)是Ⅰ级公路交通突发事件的指挥机构,日常状态下负责审定相关公路交通应急预案及其政策、规划、应急经费预算和其他相关重大事项。其在应急状态下的职责包括:①决定启动和终止Ⅰ级公路交通突发事件预警状态和应急响应行动;②负责统一领导Ⅰ级公路交通突发事件的应急处置工作,发布指挥调度命令,并督促检查执行情况;③根据国务院要求,或根据应急处置需要,指定成立现场工作组,并派往突发事件现场开展应急处置工作;④根据需要,会同国务院有关部门,制定应对突发事件的联合行动方案,并监督实施;⑤当突发事件由国务院统一指挥时,应急领导小组按照国务院的指令,执行相应的应急行动;⑥其他相关重大事项。

应急工作组在应急领导小组决定启动Ⅰ级公路交通突发事件预警状态和应急响应行动时自动成立,具体承担应急处置工作。应急工作组分为8个应急工作小组,具体如下。

(1)综合协调小组。负责起草重要报告、综合类文件;根据应急领导小组和其他应急工作组的要求,统一向党中央、国务院和相关部门报送应急工作文件。

(2)公路抢通小组。组织公路抢修及保通工作,根据需要组织、协调跨省应急队伍调度和应急机械及物资调配;拟定跨省公路绕行方案并组织实施;协调社会力量参与公路抢通工作;拟定抢险救灾资金补助方案。

(3)运输保障小组。组织、协调人员、物资的应急运输保障工作;协调与其他运输方式的联运工作;拟定应急运输征用补偿资金补助方案。

(4)通信保障小组。负责信息系统通信保障工作;负责电视电话会议通信保障工作;保障交通运输部向地方公路交通应急管理机构下发应急工作文件的传真和告知工作。

(5)新闻宣传小组。收集、处理相关新闻报道,及时消除不实报道带来的负面影响;按照应急领导小组要求,筹备召开新闻发布会,向社会通报突发事件影响及应急处置工作进展情况;负责组织有关新闻媒体,宣传报道应急处置工作中涌现的先进事迹与典型;指导地方应急管理机构新闻发布工作。

(6)后勤保障小组。负责应急状态期间24小时后勤服务保障工作;承办应急领导小组交办的其他工作。

(7)恢复重建小组。负责公路受灾情况统计,组织灾后调研工作;拟定公路灾后恢复重建方案并组织实施。

(8)总结评估小组。负责编写应急处置工作大事记等。

【例12-2】 公路交通生命线省级组织体系。

“重大自然灾害下云南公路交通生命线应急保障关键技术与决策支持应用研究”项目研究报告提出了图12-7所示的公路交通生命线省级组织体系。

12.1.5 应急预案

12.1.5.1 应急预案体系

应急预案一般按战略层、操作层和战术层三个层次编制,如图12-8所示。

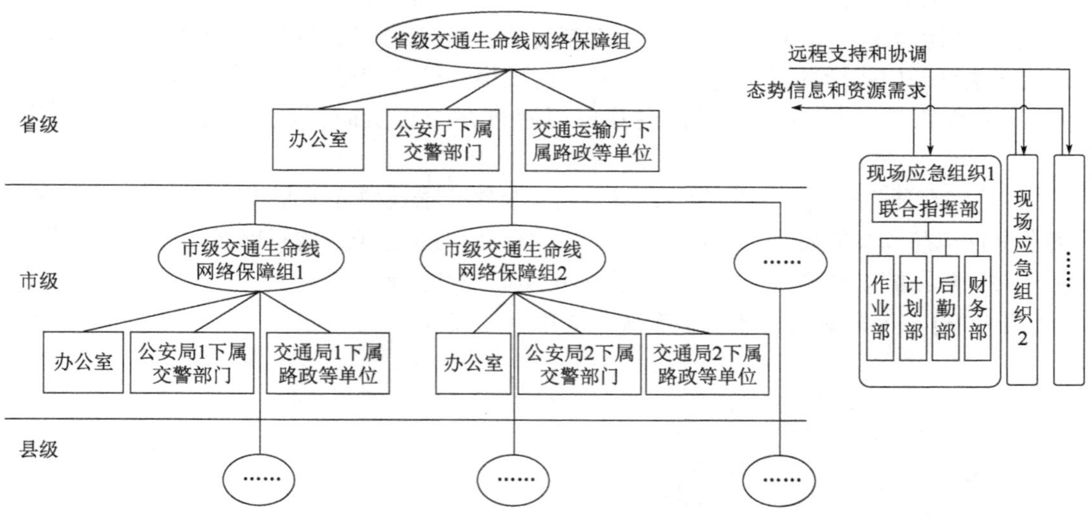

图 12-7 公路交通生命线省级组织体系

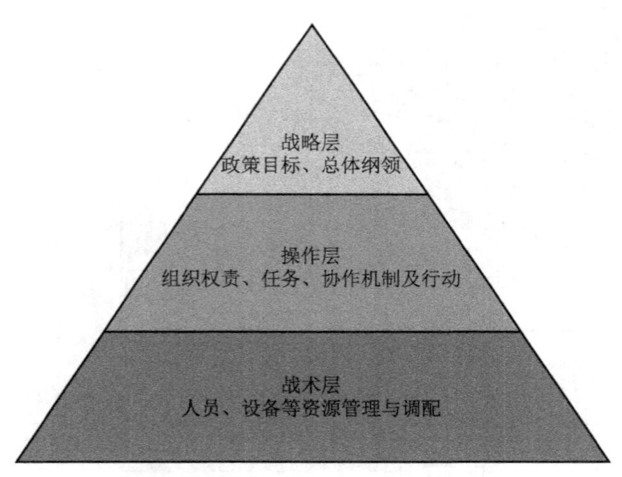

图 12-8 应急预案内容与层次

根据交通运输部发布的《公路交通突发事件应急预案》,公路交通突发事件应急预案体系包括:

(1)公路交通突发事件应急预案。公路交通突发事件应急预案是全国公路交通突发事件应急预案体系的总纲及总体预案,是交通运输部应对特别重大公路交通突发事件的规范性文件,由交通运输部制定并公布实施,报国务院备案。

(2)公路交通突发事件应急专项预案。交通突发事件应急专项预案是交通运输部为应对某一类型或某几种类型公路交通突发事件而制定的专项应急预案,由交通运输部制定并公布实施。主要涉及公路气象灾害、水灾与地质灾害、地震灾害、重点物资运输、危险货物运输、重点交通枢纽的人员疏散、施工安全、特大桥梁安全事故、特长隧道安全事故、公共卫生事件、社会安全事件等方面。

(3)地方公路交通突发事件应急预案。地方公路交通突发事件应急预案是由省级、地市级、县级交通运输主管部门按照交通运输部制定的公路交通突发事件应急预案的要求,在上级交通运输主管部门的指导下,为及时应对辖区内发生的公路交通突发事件而制订的应急预案(包括专项预案)。由地方交通运输主管部门制订并公布实施,报上级交通运输主管部门备案。

(4)公路交通运输企业突发事件预案。由各公路交通运输企业根据国家及地方的公路交通突发事件应急预案的要求,结合自身实际,为及时应对企业范围内可能发生的各类突发事件而制订的应急预案。由各公路交通运输企业组织制订并实施。

【例 12-3】 云南省交通行业应急预案体系如图 12-9 所示。

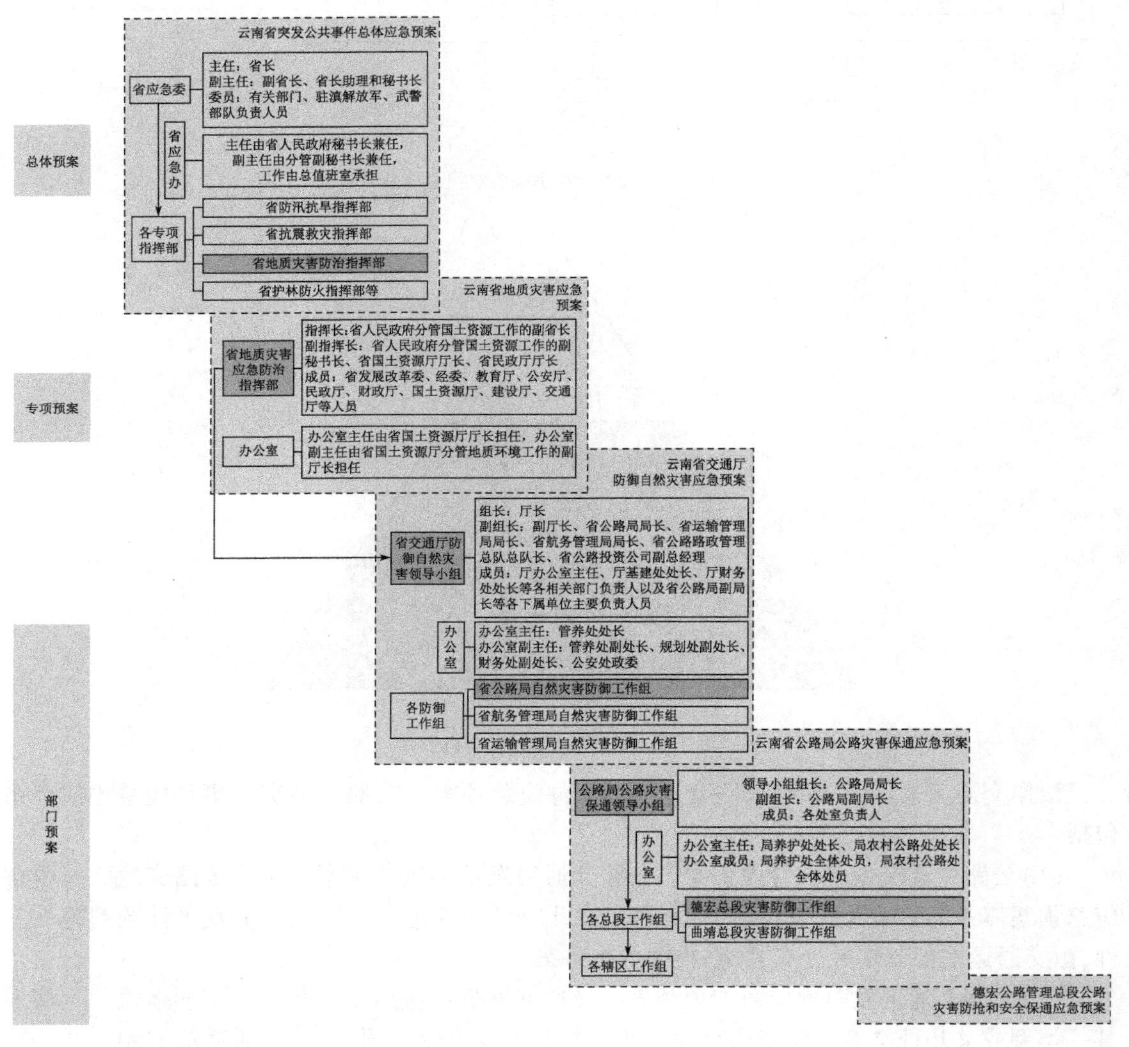

图 12-9 云南省交通行业应急预案体系

横向上,公路交通部门应急预案体现了政府抢险救灾职能的逐层实现;纵向上,是对整个路网应急抢险的逐级覆盖。因此,从形式上来说,整个预案体系间具有相当密切的联系,是各方得以协调应急的保障。

12.1.5.2 应急预案技术要求

《公路交通突发事件应急预案》指出应急救援预案应具备全面性、协调性和可行性。全面性体现在以下方面:①考虑到所有人群及其需求;②纳入区域内所有的利益相关者,例如各相关政府部门、军队等;③考虑到所有潜在的灾害和威胁,要具有足够的灵活性来应对传统突发事件和巨大灾难等。协调性即基于"纵向到底、横向到边"的预案体系以及"属地管理、分级负责"的应急机制,对于每一级应急预案,在纵向上,上下级部门相协调;在横向上,各个相关部门相协调。可行性为应急预案应保证相关组织和部门可以利用资源储备,从而在有限的时间内完成应急任务,达到应急目的。

美国公路合作研究组织(National Cooperative Highway Research Program,NCHRP)拟定了八项原则,也可以认为是技术要求,分别为综合性(Comprehensive)、协作(Cooperative)、信息化(Informative)、协调(Coordinated)、包容(Inclusive)、演练(Exercised)、弹性(Flexible)、持续性/周期性(Continuous/Iterative),如图12-10所示。在基本概念上,NCHRP的八项原则与我国交通运输部的三条原则是类似的。

图12-10 应急预案原则环

(1)综合性

针对灾害、紧急情况和重大事件,制定综合区域交通规划;考虑区域内多个管辖区、各方利益相关者和社区,确定准备、响应和减轻灾变事件的过程。综合区域交通规划在地理上和功能上应充分综合考虑规划覆盖区域内可能发生的所有类型的灾害、紧急情况和重大事件。综合区域交通规划应包括可以减轻事件后果的严重性和快速恢复的短期响应预案、长期项目和行动预案。可靠的综合区域交通规划应能为紧急救援制定出详细具体的特定参数。可评估跨辖区的交通状况,必要时应考虑多系统同时失效时系统的相互依赖性、优先级和应急计划和评估与该地区相关的相对罕见危害和风险等的应对策略以保证预案的综合性。

(2)协作

合作与协作是构建完整系统的交通规划程序,可作为结构、资源和运营的基础和实现共同目标的手段。

(3)信息化

有效的信息和信息共享对于在灾害、紧急情况和重大事件的区域交通规划中执行其他各项原则都是必不可少的。信息交流意味着通过多种渠道和媒体传播、接收和理解准确的、及时的信息。

有效的信息化计划可确保共同制定计划的人员了解彼此的需求、期望和可用资源。规划阶段有效的双向和多方利益相关者沟通会为流程带来新的想法、观点和信息。可提供额外的社区优势和资源,预测难以预见或被低估的风险、危害和脆弱性。可通过改善区域交通通信(Regional Transportation Communications)、态势感知(Situational Awareness)和与公众的外部沟通(External Communications to The Public)来保障信息的有效性和实现信息的共享。

改善区域交通通信的战略包括确定交通、应急管理和其他响应者用于传递关键和常规信息的信息资源,确定规划合作伙伴之间的通信系统和渠道的互操作性,尤其是应急响应部门以外的合作伙伴,确定信息交换的稳健性和冗余性,以及为大规模通信中断期间的备用信息共享资源制定应急措施。

态势感知是了解和理解正在发生的事情并预测其随时间变化的发展态势。可以通过评估运输系统、交通基础设施以及其他关键系统等,了解现有的安全和应急管理功能、交通、公用事业、通信和其他系统之间的相互依赖性,以及服务恢复的优先级等;可通过收集数据并与相关人员和机构沟通以了解人员和货物如何进入和通过受灾地区以及潜在的影响等对应急的需求。

实现与公众的外部沟通,应在消息和信息共享方面实现多辖区协调,预先确定在整个区域内应该保持一致的信息类型,确定如何进行多辖区信息协调。为了实现信息共享,应解决诸如“信息将如何来自公众、受到监督并采取行动?”以及“如果使用社交媒体,将如何监控来自许多个人和地点的信息流并采取行动?”等问题。与公众的外部沟通还应确定该地区可用的公共宣传方法或渠道,如电视、广播、网站、社交媒体、文本警报、电话警报、警报器、扩音器、上门警报、纸质传单和报纸,预备停电或网络中断时的通信备用方法,提前决定无手机信号、通信线路中断、停电时间过长时应如何应对,确定如何横向和纵向协调外部消息传递。与公众的外部沟通应考虑到所有的人群,可建立通信网络,为有通行和功能需求的人和无车人群传播有关交通便利的常规和关键信息。

(4)协调

区域交通宜规划建立一个协调系统,用于识别跨越管辖边界并涉及多个机构的问题和解决方案。针对灾害、紧急情况和重大事件的协调规划方法可促进机构之间和机构内部、各级以及跨等级的政治和管辖边界的更具凝聚力的互动。

(5)包容

针对灾害、紧急情况和重大事件的包容性,区域交通宜规划创建一个公平的交通系统,以满足所有人的需求。

(6)演练

在大多数地区,交通运营、执法和应急响应人员之间每天都在互动,以处理高速公路、交通和铁路系统、水路和机场的大小事件。为获得关于更大的跨辖区活动的经验,通常需要正式计划的演练、大型计划活动的协调或两者的结合。

在区域级灾难和紧急情况的规划过程中,一个重要的考虑因素是这些类型的事件很少发生或者可能永远不会发生。然而,尽管此类事件发生的概率很低,一旦发生,后果将很严重,因此必须仔细测试和评估区域层面的灾害和应急计划。测试的目的是通过有计划的练习发现问题,并使相关者熟悉交通系统和资源的实施和管理。对已执行计划的评估可以使计划者和响应者进行灵活决策。

(7)弹性

针对灾害、紧急情况和重大事件,区域交通应具有一定的韧性(这可以定义为"一个系统在不发生灾难性故障的情况下适应可变和预估场景的能力"),并快速恢复正常运行。弹性的计划包括对如果不事先考虑可能会造成重大伤害的情景做出应对计划。

实现应急预案的弹性应考虑到各种可能的条件和情景,包括高概率事件和低概率事件、多种特征事件、基础设施条件、市民响应等。可聘请多元化团队构建事件、影响和响应场景,并确定交通系统可能的灵活用途。

(8)持续性/周期性

区域交通必须是可持续的和周期性的。为了做好应急准备和具备恢复能力,灾难应对规划需要考虑寿命周期。图12-11说明了应急规划的周期性和持续性。

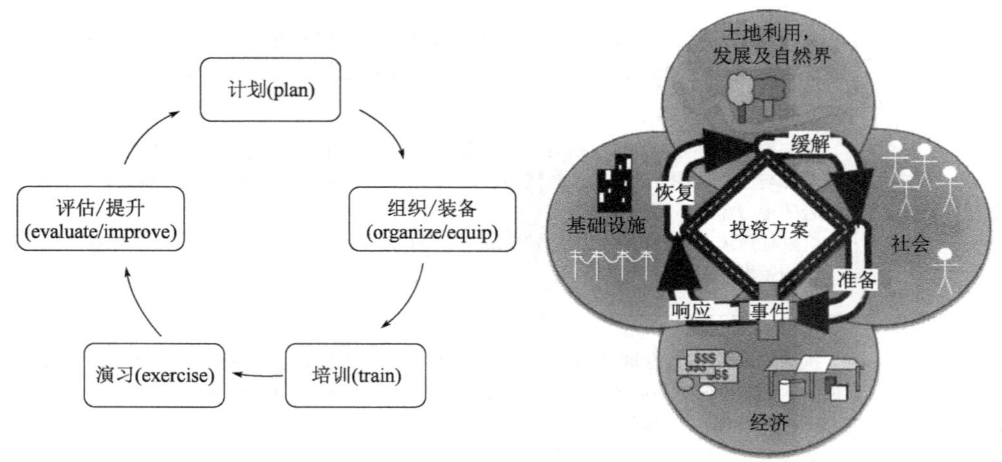

图12-11 应急规划的周期性和持续性

12.2 运行机制

突发公共事件总体预案及专项预案都对灾后应急过程中的交通应急做了规定,主要涉及工程抢险、交通管制以及运输保障三个方面。这三个方面的应急处置任务主要由交通部门、交警部门以及部队承担。在历次重特大灾害中,公路交通相关部门都启动了相应的应急预案。2009 年,交通运输部发布《公路交通突发事件应急预案》,各级交通运输部门都以此为基础,制定了相应的预案。目前,公路交通行业已经形成了纵向到底、横向到边的应急预案体系。

12.2.1 预测与预警机制

12.2.1.1 预警信息

依据交通运输部发布的《公路交通突发事件应急预案》,涉及公路交通突发事件的预警及相关信息有气象,强地震(烈度 5.0 以上),突发地质灾害,洪水、堤防决口与库区垮坝,海啸灾害,重大突发公共卫生事件,环境污染事件,重大恶性交通事故,紧急物资运输,公路损毁、中断、阻塞和重要客运枢纽旅客滞留等信息,共 11 类,见表 12-4。

涉及公路交通突发事件的预警及相关信息　表 12-4

信息类	监测、预测与预警信息
气象	每日 24 小时全国降水实况图及图示最严重区域降水、温度、湿度等监测天气要素平均值和最大值; 72 小时内短时天气预报(含图示),重大交通事件(包括黄金周、大型活动等常规及各类突发交通事件)天气中期趋势预报(含图示),气象灾害集中时期(汛期、冬季等)天气长期态势预报; 各类气象灾害周期预警信息专报(包括主要气象灾害周期的天气类型、预计发生时间、预计持续时间、影响范围、预计强度等)和气象主管部门已发布的台风、暴雨、雪灾、大雾、道路积冰、沙尘暴预警信息
强地震 (烈度 5.0 以上)	地震强度、震中位置、预计持续时间、已经和预计影响范围(含图示)、预计受灾人口与直接经济损失数量、预计紧急救援物资运输途经公路线路和需交通运输主管部门配合的运力需求
突发地质灾害	突发地质灾害监测信息包括突发地质灾害发生时间、发生地点、强度、预计持续时间、受影响道路名称与位置、受灾人口数量、疏散(转移)出发地、目的地、途经公路路线和需交通运输主管部门配合的运力需求。 突发地质灾害预测信息包括突发地质灾害预报的等级、发生时间、发生地点、预计持续时间、预计影响范围。
洪水、堤防决口 与库区垮坝	洪水的等级、发生流域、发生时间、洪峰高度和当前位置、泄洪区位置、已经和预计影响区域(含图示)、预计受灾人口与直接经济损失数量、需疏散(转移)的人口数量、出发地、目的地、途经路线、需交通运输主管部门配合的运力需求。 堤防决口与库区垮坝的发生时间、发生地点、已经和预计影响区域(含图示)、预计受灾人口与直接经济损失数量、需疏散(转移)的人口数量、出发地、目的地、途经路线、需交通运输主管部门配合的运力需求
海啸灾害	风暴潮、海啸灾害预计发生时间、预计影响区域(含图示)、预计受灾人口与直接经济损失、预计紧急救援物资、人口疏散运输的运力要求和途经公路线路
重大突发 公共卫生事件	突发疾病的名称、发现事件、发现地点、传播渠道、当前死亡和感染人数、预计受影响人数、需隔离、疏散(转移)的人口数量、该疾病对公路交通运输的特殊处理要求,紧急卫生和救援物资运输途经公路线路、需交通运输主管部门配合的公路干线、枢纽交通管理手段和运力需求

续上表

信息类	监测、预测与预警信息
环境污染事件	危险化学品(含剧毒品)运输泄漏事件的危险品类型、泄漏原因、扩散形式、发生时间、发生地点、所在路段名称和位置、影响范围、影响人口数量和经济损失、预计清理恢复时间,应急救援车辆途经公路路线;因环境事件需疏散(转移)群众事件的原因、疏散(转移)人口数量、疏散(转移)时间、出发地、目的地、途经路线、需交通运输主管部门配合的运力需求
重大恶性交通事故	重大恶性交通事故的原因、发生时间、发生地点、已造成道路中断、阻塞情况、已造成道路设施直接损失情况,预计处理恢复时间
紧急物资运输	因市场商品短缺及物价大幅波动引发的运输物资的种类、数量、来源地和目的地、途经路线、运载条件要求、运输时间要求等
公路损毁、中断、阻塞和重要客运枢纽旅客滞留	公路损毁、中断、阻塞的原因,发生时间,起止位置和桩号,预计恢复时间,已造成道路基础设施直接损失,已滞留和积压的车辆数量和排队长度,已采取的应急管理措施,绕行路线等。 重要客运枢纽车辆积压,旅客滞留的原因,发生时间,当前滞留人数和积压车辆数及其变化趋势,站内运力情况,应急运力储备与使用情况,已采取的应急管理措施等
其他	其他需要交通运输部门提供应急保障的紧急事件信息

12.2.1.2 预警机制

公路交通类应急预案中的预测与预警模式如图12-12所示。根据突发事件发生时对公路交通的影响和需要的运输能力分为四级预警,见表12-5。

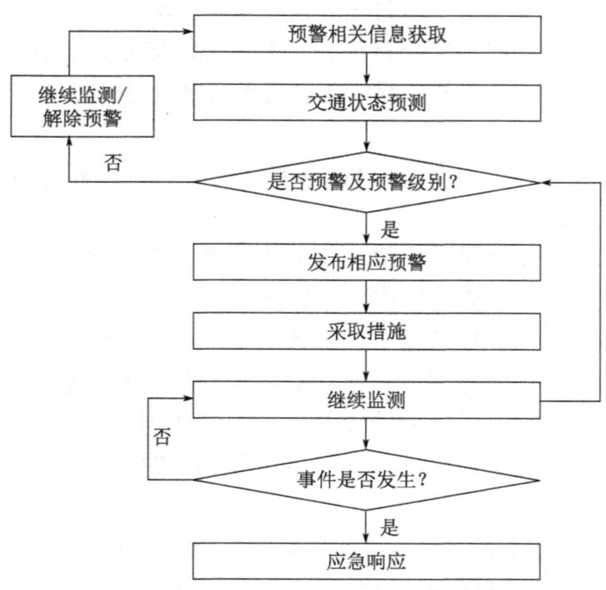

图12-12 公路交通类应急预案中的预测与预警模式

公路交通突发事件预警级别与对应的事件情形　　表 12-5

预警级别	级别描述	颜色标示	事件情形
Ⅰ级	特别严重	红色	• 因突发事件可能导致国家干线公路交通毁坏、中断、阻塞或者大量车辆积压、人员滞留，通行能力影响周边省份，抢修、处置时间预计在 24 小时以上时； • 因突发事件可能导致重要客运枢纽运行中断，造成大量旅客滞留，恢复运行及人员疏散预计在 48 小时以上时； • 发生因重要物资缺乏、物价大幅波动可能严重影响全国或者大片区经济整体运行和人民正常生活，超出省级交通运输主管部门运力组织能力时； • 其他可能需要由交通运输部提供应急保障时
Ⅱ级	严重	橙色	• 因突发事件可能导致国家干线公路交通毁坏、中断、阻塞或者大量车辆积压、人员滞留，抢修、处置时间预计在 12 小时以上时； • 因突发事件可能导致重要客运枢纽运行中断，造成大量旅客滞留，恢复运行及人员疏散预计在 24 小时以上时； • 发生因重要物资缺乏、物价大幅波动可能严重影响省域内经济整体运行和人民正常生活时； • 其他可能需要由省级交通运输主管部门提供应急保障时
Ⅲ级	较重	黄色	• Ⅲ级预警分级条件由省级交通运输主管部门负责参照Ⅰ级和Ⅱ级预警等级，结合地方特点确定
Ⅳ级	一般	蓝色	• Ⅳ级预警分级条件由省级交通运输主管部门负责参照Ⅰ级、Ⅱ级和Ⅲ级预警等级，结合地方特点确定

公路交通突发事件Ⅰ级预警时，交通运输部按如下程序启动预警：

(1)路网中心提出公路交通突发事件Ⅰ级预警状态启动建议；

(2)应急领导小组在 2 小时内决定是否启动Ⅰ级公路交通突发事件预警，如同意启动，则正式签发Ⅰ级预警启动文件，并向国务院应急管理部门报告，交通运输部各应急工作组进入待命状态；

(3)Ⅰ级预警启动文件签发后 1 小时内，由路网中心负责向相关省级公路交通应急管理机构下发，并电话确认接收；

(4)根据情况需要，由应急领导小组决定此次Ⅰ级预警是否需面向社会公布，如需要，在 12 小时内联系此次预警相关应急协作部门联合签发；

(5)已经联合签发的Ⅰ级预警启动文件由新闻宣传小组联系新闻媒体，面向社会公布；

(6)路网中心立即开展应急监测和预警信息专项报送工作，随时掌握并报告事态进展情况，形成突发事件动态日报制度，并根据应急领导小组要求增加预警报告频率；

(7)交通运输部各应急工作组开展应急筹备工作，公路抢通组和运输保障组开展应急物资的征用准备。

Ⅱ级、Ⅲ级、Ⅳ级预警启动程序由各级地方交通运输主管部门参考Ⅰ级预警启动程序，结合当地特点，自行编制；在预警过程中，如发现事态扩大，超过本级预警条件或本级交通运输主管部门处置能力，应及时上报上一级交通运输主管部门，建议提高预警等级。

Ⅰ级预警降级或撤销情况下，交通运输部采取如下预警终止程序：

(1)路网中心根据预警监测追踪信息,确认预警涉及的公路交通突发事件已不满足Ⅰ级预警启动标准,需降级转化或撤销时,向应急领导小组提出Ⅰ级预警状态终止建议;

(2)应急领导小组在同意终止后,正式签发Ⅰ级预警终止文件,明确提出预警后续处理意见,并在24小时内向国务院上报预警终止文件,交通运输部各应急工作组自行撤销;

(3)如预警降级为Ⅱ级,路网中心负责在1小时内通知Ⅱ级预警涉及的省级交通运输主管部门,省级交通运输主管部门在12小时内启动预警程序,并向路网中心报送已正式签发的Ⅱ级预警启动文件;

(4)如预警降级为Ⅲ级或Ⅳ级,路网中心负责通知预警涉及的省级交通运输主管部门,由省级交通运输主管部门组织涉及的市或县启动预警;

(5)如预警直接撤销,路网中心负责在24小时内向预警启动文件中所列部门和单位发送预警终止文件;

(6)Ⅱ级、Ⅲ级、Ⅳ级预警终止程序由各级地方交通运输主管部门参考Ⅰ级预警终止程序,结合当地特点,自行编制。

Ⅰ级预警在所对应的应急响应启动后,预警终止时间与应急响应终止时间一致,不再单独启动预警终止程序。

【例12-4】 云南省公路交通突发事件预测与预警机制如图12-13所示。

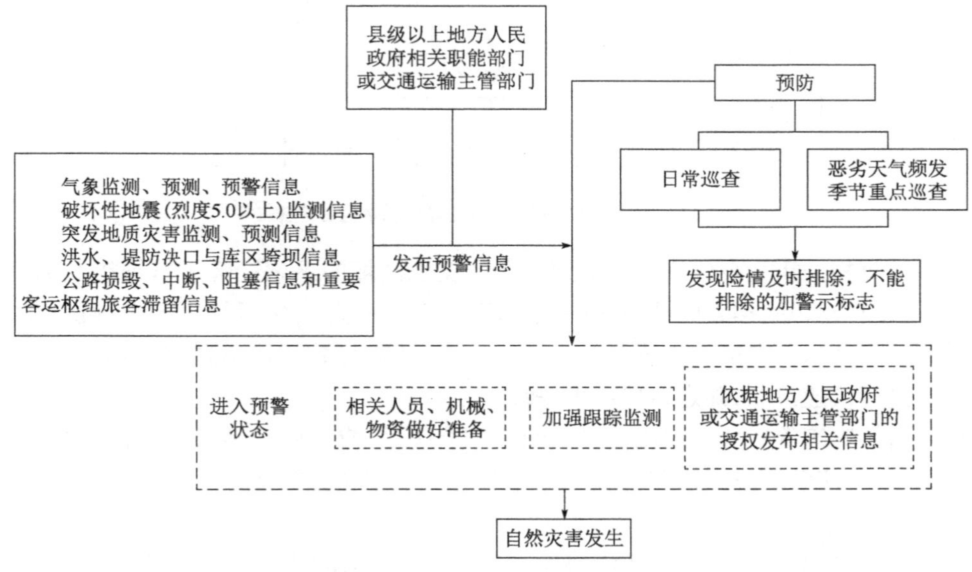

图12-13 云南省公路交通突发事件预测与预警机制

12.2.2 应急响应机制

12.2.2.1 应急响应流程构建

应急救援是指在紧急情况发生时,为及时营救人员、疏散撤离现场、减轻事故后果和控制灾情而采取的一系列抢救援助行动。其总目标是通过有效的应急救援行动,尽可能地减轻事故的后果,包括人员伤亡、财产损失和环境破坏等。

应急救援是应急响应的主要内容,由于应急救援的主要工作就是解决实际问题,所以应急救援流程构建应提炼重大自然灾害下交通生命线网络应急响应需要解决的若干问题。重大自然灾害下各类突发事件具有自身的生命周期,应急救援需要针对不同事件的发展规律进行,具有一定的逻辑步骤。因此,按照逻辑步骤对重大自然灾害下交通生命线网络系统可能产生的突发问题进行组织,从逻辑的角度构建突发事件应急管理流程。

【例12-5】 重大自然灾害下交通生命线网络应急响应框架如图12-14所示。

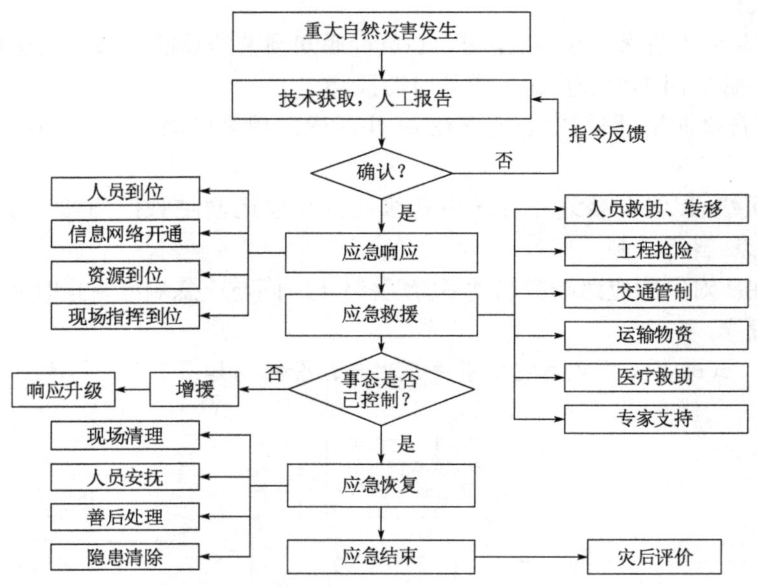

图12-14 重大自然灾害下交通生命线网络应急响应框架

技术获取可根据重大自然灾害对交通生命线设施破坏的遥感影像学特征等数据,应用图像识别等手段,自动识别搜索匹配道路的破坏情况和破坏范围,然后辅以人工确认,获得交通生命线网络状态信息及灾区人员等多方采集的信息,并进行数据快速融合、研究分析,对交通生命线状态进行快速诊断,确定自然灾害等级。

在确定自然灾害等级并启动相应级别的应急响应后,应急联动参与部门需要第一时间进行响应,成立后方应急响应组织和现场应急保障组,保证人员、资源到位,迅速投入交通生命线网络的应急处置中。

应急处置的过程中,应急领导小组根据交通生命线网络的状态、现场工作组反馈的信息以及现场处置预案和应急通行管理预案确定对工程抢险人员、物资的需求,给出抢险人员、物资运输方案,现场处置抢险工程方案以及交通管制方案。各作业小组等根据各方案开展工作以保障交通生命线网络畅通。

在保障交通生命线网络畅通的基础上对道路破坏现场进行进一步清理,对道路沿线山体、河流等进行勘察分析,减少次生灾害对交通生命线网络的影响。

应急响应终止的条件包括针对交通生命线网络的紧急处置工作完成,灾害引发的次生灾害的后果基本消除,经过灾情趋势判断,近期无发生较大灾害的可能,灾区基本恢复正常社会秩序等。满足终止条件后,由各级应急管理保障组宣布应急响应结束。

应急响应结束,所有应急处置工作完成后应对各项应急预案的实施效果进行评价,以更新预案。

12.2.2.2 应急响应程序

应急响应机制是各级应急预案得以发挥作用的核心,而应急响应机制的关键点则是协调、高效,我国应急响应机制的重要特点是实行分级响应。根据我国"属地管理、分级负责"的应急管理体制,各级交通部门和机构都对突发事件进行了分级,实行分级管理。

按《公路交通突发事件应急预案》,交通运输部负责Ⅰ级应急响应的启动和实施,省级交通运输主管部门负责Ⅱ级应急响应的启动和实施,市级交通运输主管部门负责Ⅲ级应急响应的启动和实施,县级交通运输主管部门负责Ⅳ级应急响应的启动和实施。

Ⅰ级响应时,交通运输部按下列程序和内容启动响应:

(1)路网中心提出公路交通突发事件Ⅰ级应急响应启动建议。

(2)应急领导小组在2小时内决定是否启动Ⅰ级应急响应。如同意启动,则正式签发Ⅰ级应急响应启动文件,报送国务院,并于24小时内召集面向国务院各相关部门、相关地方交通运输主管部门的电话或视频会议,由应急领导小组组长正式宣布启动Ⅰ级应急响应,并由新闻宣传小组负责向社会公布Ⅰ级应急响应文件。

(3)宣布启动Ⅰ级应急响应后,应急领导小组根据需要指定成立现场工作组,赶赴现场指挥公路交通应急处置工作。

(4)宣布启动Ⅰ级应急响应后,路网中心和各应急工作组立即启动24小时值班制,根据《公路交通突发事件应急预案》3.2款、3.3款规定开展应急工作。

各地应急管理机构可以参照Ⅰ级响应程序,结合本地区实际,自行确定Ⅱ级、Ⅲ级、Ⅳ级公路交通突发事件应急响应程序。需要有关应急力量支援时,应及时向上一级公路交通应急管理机构提出请求。

【例12-6】 重大自然灾害下应急响应流程组成。

"重大自然灾害下云南公路交通生命线应急保障关键技术与决策支持应用研究"项目研究报告提出了图12-15所示的重大自然灾害下交通生命线网络的应急响应流程结构,将重大自然灾害下应急响应流程分为总流程和子流程,总流程是对整个应急响应组织应急过程的描述,子流程是针对主要应急需求的细化。分别制定了政府导向应急响应流程和灾情导向应急响应流程(图12-16),以及应急处置、资源调配、灾员转移、信息发布等子流程。

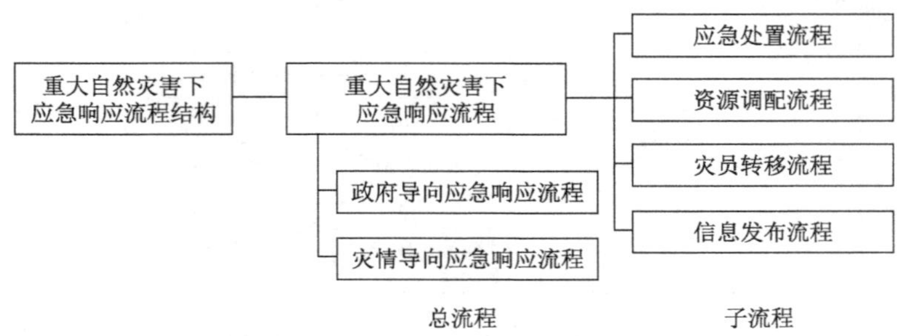

图12-15 重大自然灾害下交通生命线网络的应急响应流程结构

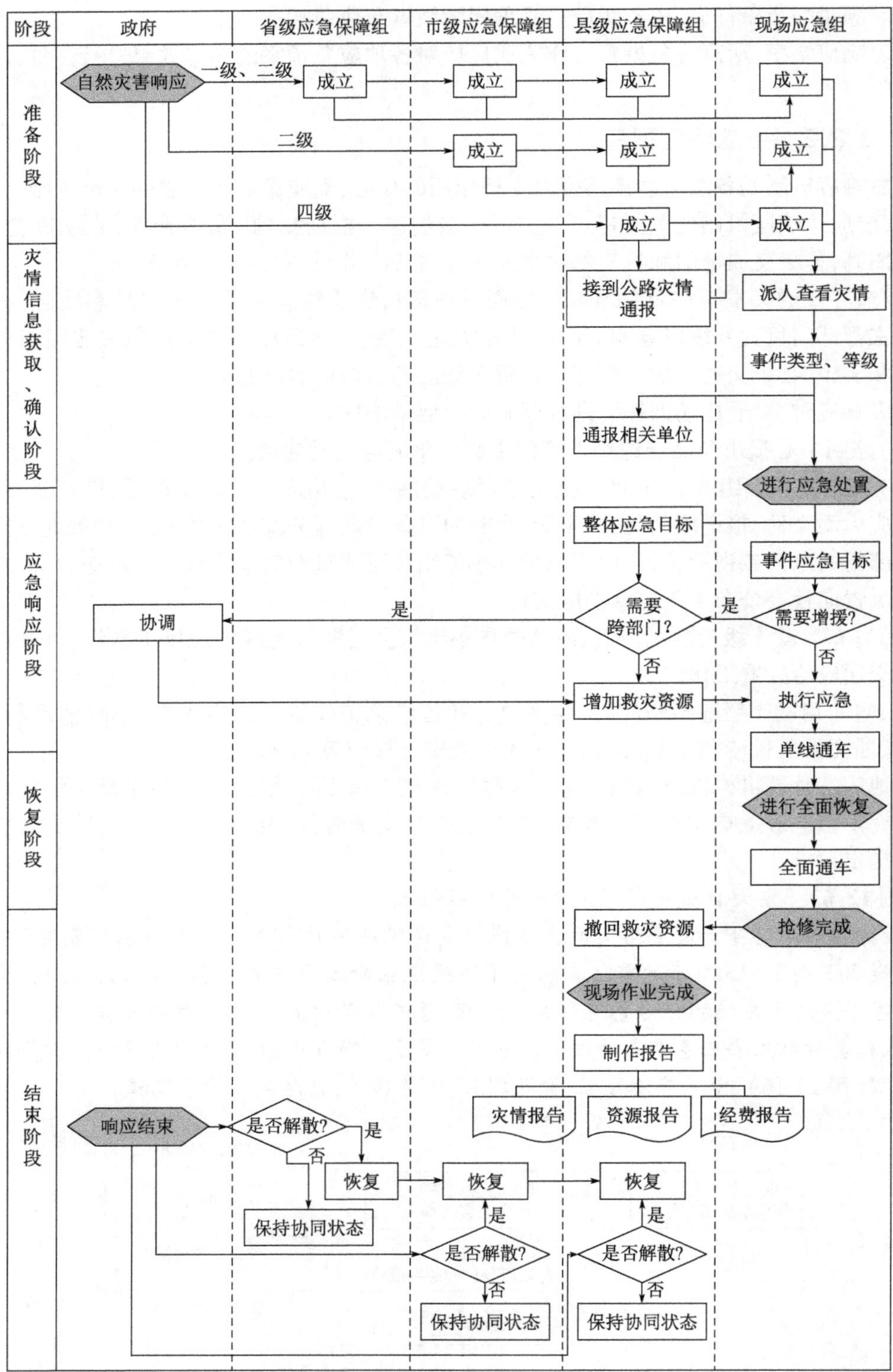

a)以政府应急响应为准的政府导向应急响应流程

图　12-16

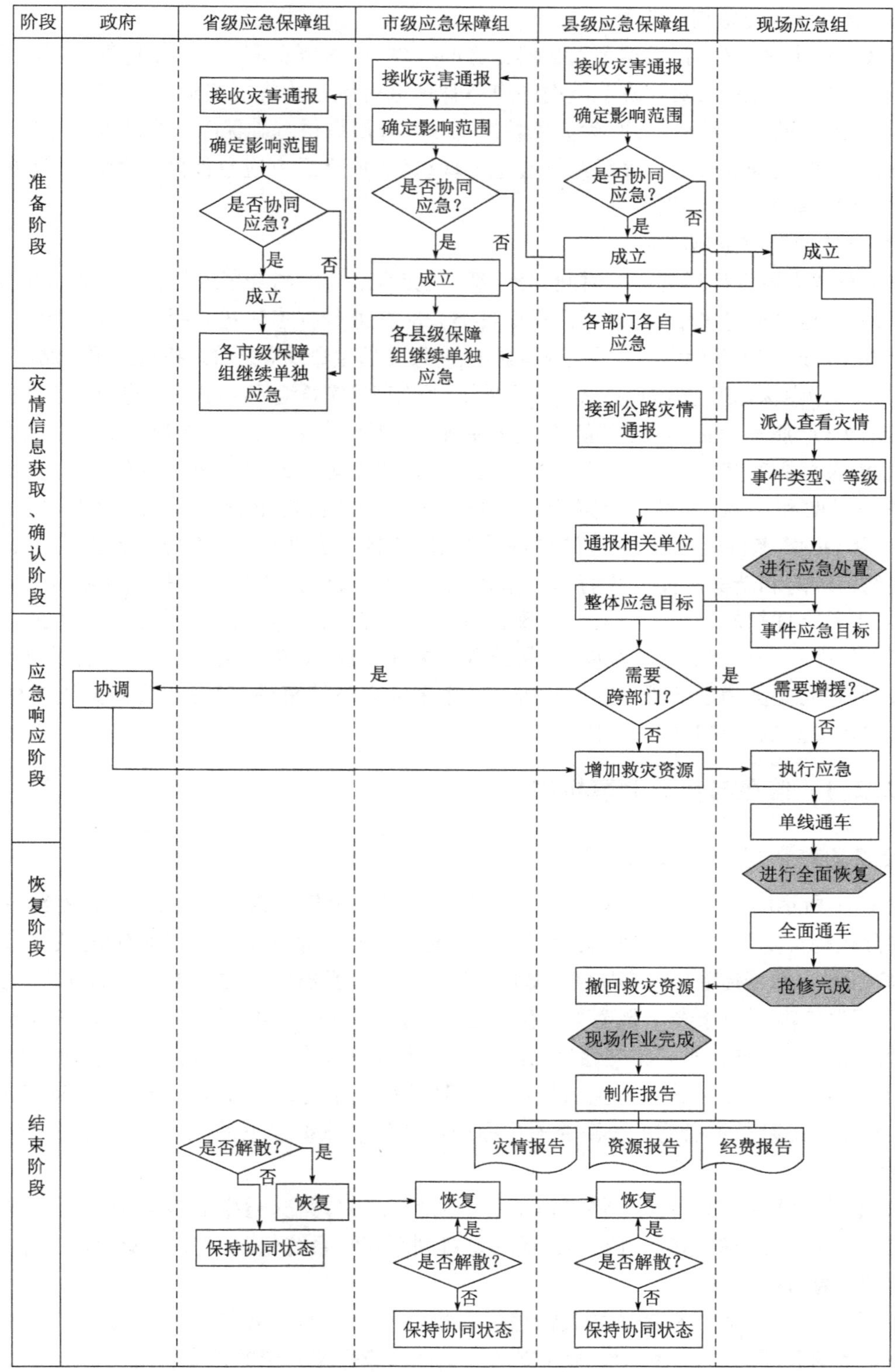

b)以灾情为准的灾情导向应急响应流程

图 12-16 应急响应流程

(1)政府导向应急响应流程

重大自然灾害发生时,根据重大自然灾害的类型、严重程度和影响范围,各级政府负责发布政府应急响应的级别,对权责范围内的应急管理进行统筹指挥。交通系统作为政府的职能部门,须保障交通生命线的畅通,为应急救援工作的开展提供基础保障。当政府发布应急响应时,应启动相应级别的交通生命线网络应急管理组织,成立后方应急保障组和现场应急组,准备随时应对可能发生的突发事件。

(2)灾情导向应急响应流程

重大自然灾害发生后的第一时间,公路部门、交警部门的巡查车进行巡查工作反馈路网实时信息,民众也会通过电话、广播等方式对各类公路交通受损事件进行报警。在政府未发布响应级别的情况下,如果路网大面积受到灾害影响,各级交通生命线应急管理机构应根据路网状态信息,成立后方应急保障组,并派相关人员深入现场,成立现场应急组,组织各部门进行应急处置工作。

美国实行"属地为主、分级响应"的基本原则。"属地为主"的基本原则是无论事件的规模有多大,涉及范围有多广,应急响应的指挥任务都由事发地的政府来承担,联邦与上一级政府的任务是援助和协调,一般不负责指挥。联邦应急管理机构很少介入地方的指挥系统,在"9·11"事件和"卡特里娜号"飓风这样性质严重、影响广泛的重大事件应急救援活动中,也主要由纽约市政府和新奥尔良市政府作为指挥核心。"分级响应"强调的是应急响应的规模和强度,而不是指挥权的转移。在同一级政府的应急响应中,可以采用不同的响应级别,确定响应级别的依据一是事件的严重程度,二是公众的关注程度,如奥运会、奥斯卡金像奖颁奖会的响应级别较高,是因为虽然难以确定是否会发生重大破坏性事件,但由于公众关注度高,仍然要始终保持最高的预警和响应级别。

12.2.3 信息与信息共享机制

12.2.3.1 信息获取与分类

表12-1所示的交通功能损失分级为《公路交通突发事件应急预案》的监测预测预警信息,表中的分级标准实际就是应急响应所需要的信息。数据获取可利用所有可能的数据来源,如图12-17所示。数据传输可采用任何有效的传输方式,如有线传输方式、无线传输方式、电话、传真方式、卫星传输、人工传输。随着科学技术迅速发展,数据的获取与传输方式会越来越多样化。

针对重大自然灾害对公路交通生命线的破坏模式以及灾后应急救援不同阶段救援任务,"重大自然灾害下云南公路交通生命线应急保障关键技术与决策支持应用研究"项目研究报告提出将灾后抢险救灾所需的公路交通生命线灾情信息依据以下的原则和方法,进行有逻辑的排列组合。

(1)科学性及系统性原则。将灾情信息中所研究的公路交通生命线最稳定的客观、本质属性或特征作为分类的基础和依据,按照一定排列顺序与系统化,组成合理有序的公路交通生命线灾情信息分类体系。

(2)可扩充性原则。根据现场灾情信息采集技术的不断发展与更新,以及灾后应急救援对现场灾情信息需求的日渐扩大,所建立的分类体系应保留一定的扩充空间。

(3)兼容性原则。公路交通生命线灾情信息分类体系的建立与国内相关的标准、规范保持一致性。

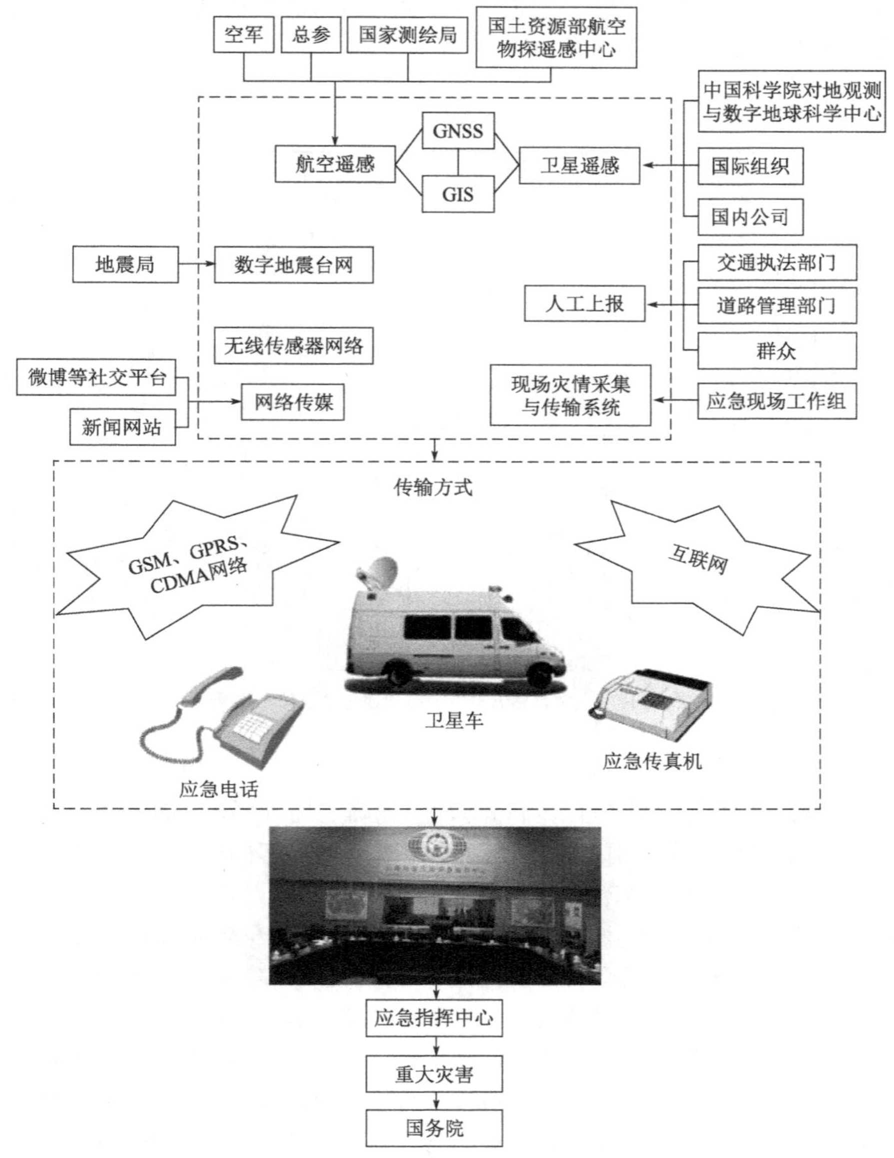

图 12-17 数据可能的来源与传输方式

(4)实用性原则。对重大自然灾害下公路交通生命线灾情信息进行分类,其目的是为灾后应急救援、灾情采集、灾害实时动态监测评估、灾情发布、应急决策提供科学支持。

信息分类最基本、最常用的方法有线分类法、面分类法和混合分类法,下面重点介绍面分类法。

面分类法的原理是依据对象本身固有的若干属性(或特征),将其划分成独立类目,每一组类目构成一个"面",不同面中的类目可组合成复合类目。

按照区域灾害系统的观点,自然灾害的灾情严重程度与孕灾环境、致灾因子以及受灾体有关。基于灾后交通生命线抢修保通的需求,要快速、准确地诊断灾后公路交通生命线的状态,需要获取其所属灾区自然、社会环境信息,导致公路交通生命线损坏的灾害信息以及重大自然灾害下公路交通生命线的属性信息。可将灾后公路交通生命线信息分为孕灾环境信息、致灾因子信息及受灾体信息,如图 12-18 所示。

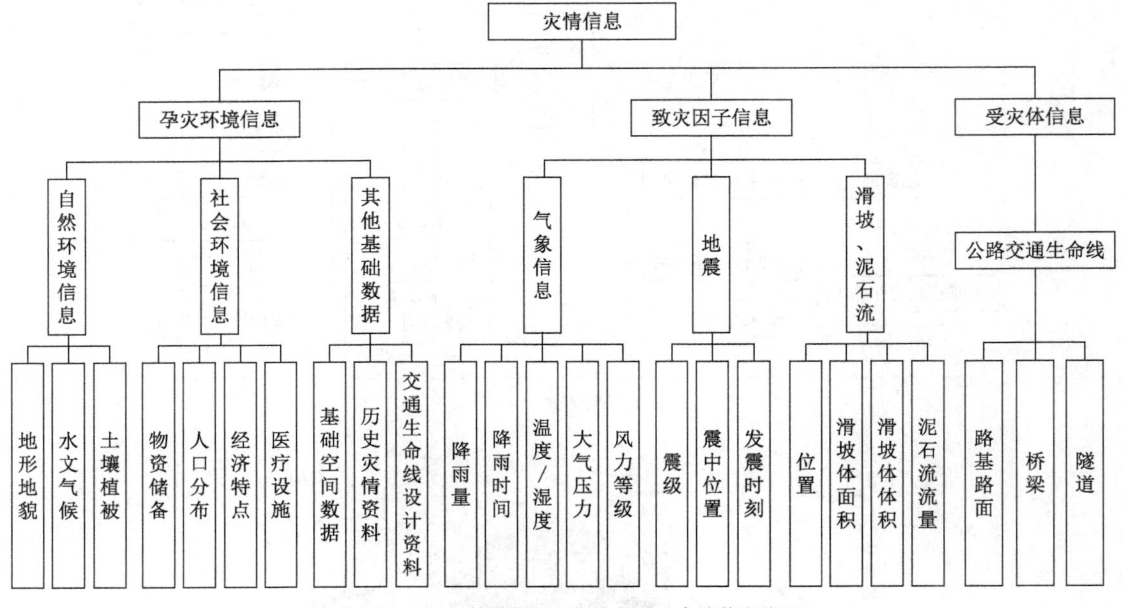

图 12-18　重大自然灾害下公路交通生命线信息类型

12.2.3.2　数据融合

灾变条件下获取的数据往往具有多源异构性、不确定性、(瞬时)动态性及复杂性等。多源信息可相互补充,可以优先级别高的数据判断结果,优先级不确定时应进行数据融合。

【例 12-7】　多源公路交通生命线信息融合。

信息融合是处理探测、互联、相关、估计以及组合多源信息和数据的多层次多方面的过程,以便获得准确的公路交通生命线受损信息,用于应急救援最优路径选择、恢复对策的确定等。

多源信息融合按照不同的处理层级可分为像素级信息融合、特征级信息融合、决策级信息融合,不同层级所采用的融合算法不同。基于贝叶斯(Bayes)推理的融合算法是目前发展最早、最完整、最成熟的信息融合方法。贝叶斯推理的基本原理是:在一个给定的似然估计前提下,若又增加一个测量,则可对前面的关于目标属性的似然估计加以更新。神经网络(人工神经网络)是模拟人脑神经系统的结构和功能的一种信息处理技术,该方法适用于任何层级的信息融合。模糊积分是一种基于模糊测度的非线性函数,利用模糊积分进行融合获得对目标最近似的认识。该融合方法的关键问题是确定模糊测度,模糊测度反映了每个信息源对于决策的重要性。D-S 证据理论是一种处理不确定性推理问题的数学方法,多用于不精确和不完整信息的融合计算。与其他方法相比,D-S 证据理论的优势在于它不需要先验概率,对基本概率分配函数没有精确的要求。

目前常用的数据关联方法有门限法、最近邻法和概率数据关联法。根据所提取的道路信息,可依照桩号并结合最近邻法来进行数据关联。

多源道路灾害信息进行数据关联后,以固定有序的形式,进入融合计算中心。数据融合框架见图 12-19。

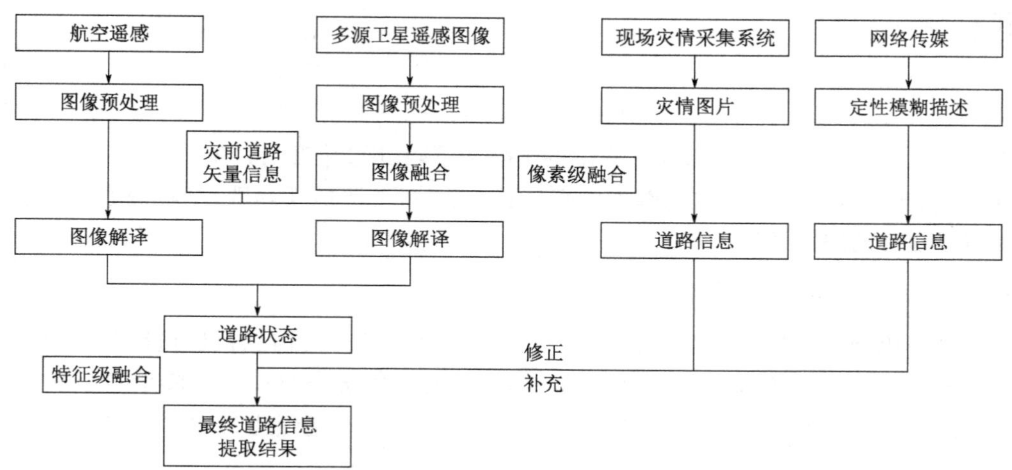

图 12-19 数据融合框架

在 D-S 证据理论中,识别框架是整个判断的框架,基本概率分配函数是融合的基础,融合规则是融合的方法及过程,而信任函数和似然函数用来表达融合结论对某个假设的支持力度区间上下限。

(1)识别框架。识别框架就是对某个对象进行判断的所有可能命题的集合,是一个互斥的非空有限集合,用 Θ 来表示,即 $\Theta=\{A_1,A_2,\cdots,A_n\}$。

(2)基本概率分配函数。基本概率分配函数表示每个证据对不同命题的支持度,称为 m 函数,它是从集合 2^Θ 到[0,1]的映射。

$$m:2^\Theta\to[0,1] \tag{12-1}$$

且满足:

$$\begin{cases}m(\varnothing)=0\\ \sum\limits_{A\subset\Theta}m(A)=1\end{cases} \tag{12-2}$$

即证据对空集的支持度为零,任一证据对所有命题的支持度之和等于 1。基本概率分配函数可以根据实时监测的数据计算获得,还可以根据专家经验给出。

(3)融合规则。融合规则是体现多证据联合作用的一个方法,其原理是将多个证据的基本概率分配函数进行正交和计算。

假定 $m_1,m_2,\cdots,m_n$ 是识别框架 Θ 上的 n 个基本概率分配函数,则融合规则如式(12-3)所示。

$$\begin{cases}m(A)=m_1\oplus m_2\oplus\cdots\oplus m_n(A)=\dfrac{\sum\limits_{A_1\cap A_2\cap\cdots\cap A_n=A}\prod\limits_{i=1}^{n}m_i(A_i)}{1-K}(A\neq\varnothing)\\ m(\varnothing)=m_1\oplus m_2\oplus\cdots\oplus m_n(\varnothing)=0\\ K=\sum\limits_{A_1\cap A_2\cap\cdots\cap A_n=\varnothing}\prod\limits_{i=1}^{n}m_i(A_i)(K\neq1)\end{cases} \tag{12-3}$$

K 是融合规则的归一化常数,反映了各个证据之间的冲突程度。

(4)信任函数(Bel)。信任函数和似然函数都是基本概率分配函数的延伸,Bel(A)表示对命题 A 的信任程度,表达式如式(12-4)所示。

$$\mathrm{Bel}(A)=\sum_{B\subseteq A}m(B) \tag{12-4}$$

(5)似然函数(Pl)。Pl(A)表示对命题 A 为非假的信任程度,更加全面地描述了对命题 A

的信任度,表达式如下:

$$\mathrm{Pl}(A) = \sum_{B \cap A \neq \emptyset} m(B) \tag{12-5}$$

$$\mathrm{Pl}(A) = 1 - \mathrm{Bel}(\bar{A}) \tag{12-6}$$

Bel(A)和 Pl(A)是对命题 A 信任程度的上限和下限,记为[Pl(A),Bel(A)]。

(6)决策方法。得到合并后的基本概率分配之后,可基于信任函数、基本概率分配或者最小风险得到最终的决策结果。

12.2.3.3 信息共享机制

信息共享机制与应急响应机制是一个相辅相成的统一整体,信息报送机制是应急响应机制得以运转的保障。交通运输部 2011 年发布了《交通运输部公路交通阻断信息报送制度》,其中对公路阻断信息的上报时间、上报方式进行了明确规定。基于此,各地交通部门普遍建立了适用于基层的信息上报制度。

信息共享是应急救援快速决策和准确预警预告灾情、事件及其威胁的重要条件,信息与信息共享机制是灾害评估、调查致灾机理、制定应急救援规划和编写灾害报告的基础条件,交通基础设施信息与信息共享是诊断风险、制定物资储备策略以及确定优先权的基础。

合理地规划、建立和使用通信方式可以保证命令和支持机构、合作机构及各类组织之间信息的传播。美国各类应急方案中,通信和信息管理均为非常重要的部分,并对通信和信息管理做出了明确说明。如美国事件管理体系(National Incident Management System,NIMS),从基本概念和原则、通信和信息管理以及组织和运行三个方面详细规定了信息管理的方式,规定所建立的通信和信息体系可以为整个应急管理机构或响应人员以及其隶属的机构提供一个共同的运作过程。

FHWA 2010 年制定了图 12-20 所示的运输管理中心(Transportation Management Centers,TMC)、应急行动中心(Emergency Operations Centers,EOC)和融合政策中心(Fusion Centers,FC)间数据共享的概念图。表 12-6 说明了各类信息对于 TMC、EOC 和 FC 的用途。

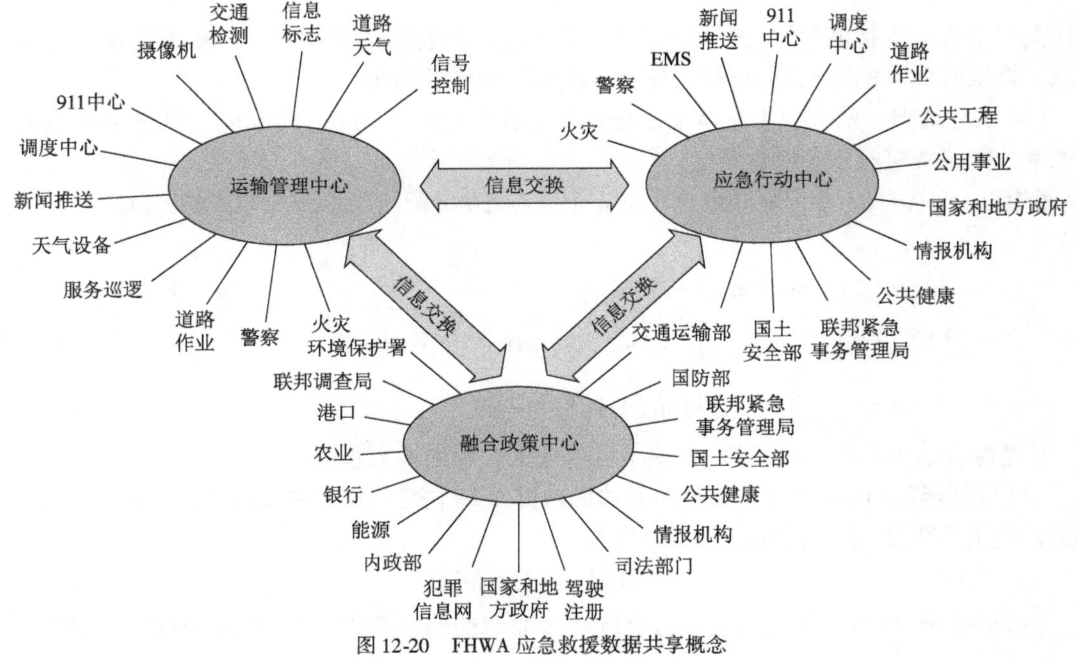

图 12-20 FHWA 应急救援数据共享概念

各中心间典型交互数据应用 表12-6

信息类型	交通信息实例	应用		
		运输管理中心	应急行动中心	融合政策中心
运营	交通流 视频源 地表天气	交通流 冰雪天气	紧急情况和风险评估	实时危险、风险评估
记录	事故日志 视频记录 交通记录	交通安全评估和规划	行动后评估	执法、调查
实体设施	地图、物理特征数据	工作区管理， 资源部署	决策和通信数据及框架	危险、风险评估框架

12.2.4 协调协作机制

由于我国条块管理的管理体制，自然灾害下的公路保障工作需要公路、交警等各个部门的参与，为了建立高效迅速的响应机制，各地已开始探索建立各相关部门间的联动机制。如高速公路的路警联动及医疗、安监等部门联动机制，多由几个部门联合出台相关联动制度予以规范。

重特大灾害发生后，其应急过程需要各个部门间的联动与协调配合。如美国通过建立多机构协调体系以满足协作需要，在国家层面上编制了《响应联邦机构间操作计划》(Response Federal Interagency Operational Plan)，明确了15个应急功能下各负责与支持机构的协作关系、角色及责任，如图12-21和图12-22所示。在州及地方层面，也有相应的应急计划支持各部门间的协作。

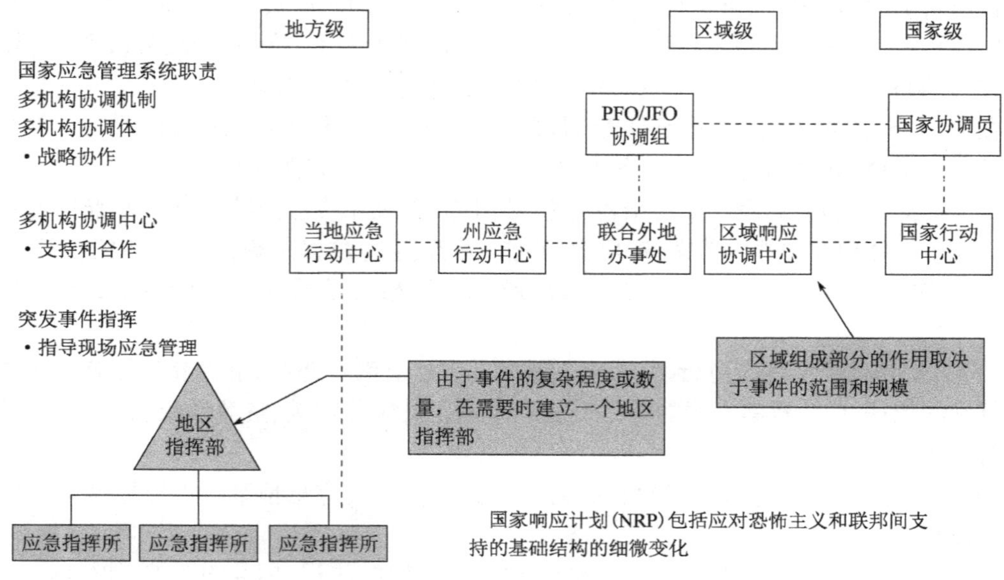

图12-21 国家响应机构/国家应急管理系统协作机制

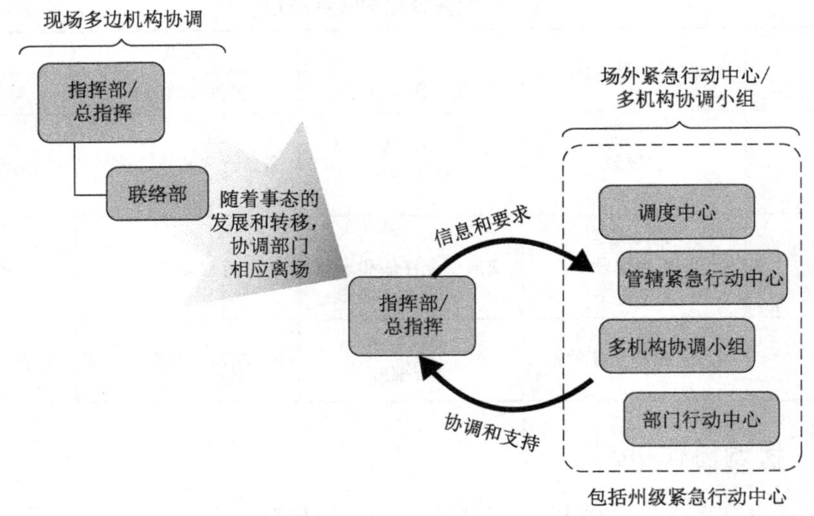

图 12-22　多机构协调系统

12.3　应急预案编制

有效的应急预案是应急救援行动快速做出科学决策和实现应急救援目标的先决条件。组织角色明确，可以使他们准确理解该怎样融入应急方案并执行，从而实现成功的应急救援。

12.3.1　编制原则、步骤

针对表 12-3 所列的公路交通突发事件的应急管理不同阶段目的及任务，《公路交通突发事件应急预案》提出以人为本、平急结合、科学应对、预防为主，统一领导、分级负责、属地管理、联动协调和职责明确、规范有序、部门协作、资源共享三条工作原则。

在 12.1.5 节介绍的美国关于预案特性的八项原则，也可作为编制预案的原则。重大自然灾害下交通生命线网络应急管理预案的制定应体现以下六个方面的原则。

(1)完备性。应急管理预案应结构完整、设计合理，便于在应急状态下迅速查找到需要的信息。完备性体现在文件体系完备、功能(职能)完备、应急过程完备、适用范围完备等方面。

(2)逻辑性。预案内容描述前后一致，避免出现相互矛盾或冲突的情况，逻辑性关系清晰。

(3)可操作性。实际应急行动中，应急预案是应急决策者、应急指挥者和各应急处置力量采取行动的依据；应急预案必须能够尽可能具体地提供应急响应、资源调配、联动机构行动等应急行动所需的信息。

(4)指导性。应急预案定义的“核心词”是指导性文件，应急预案的指导性是其所需要达到的终极目标。

(5)符合性。应急管理预案内容应符合国家相关法律、法规、标准的要求，如《中华人民共和国突发事件应对法》《国家突发公共事件总体应急预案》《公路交通突发事件应急预案》等。

(6)衔接性。重大自然灾害下交通生命线网络突发事件一旦超出交通领域内的应急能力,则需要社会及政府的应急援助。因此,重大自然灾害下的交通生命线网络应急管理预案必须与当地政府的预案有效衔接,确保应急救援工作的成效。

预案可按图 12-23 建议的步骤编制。

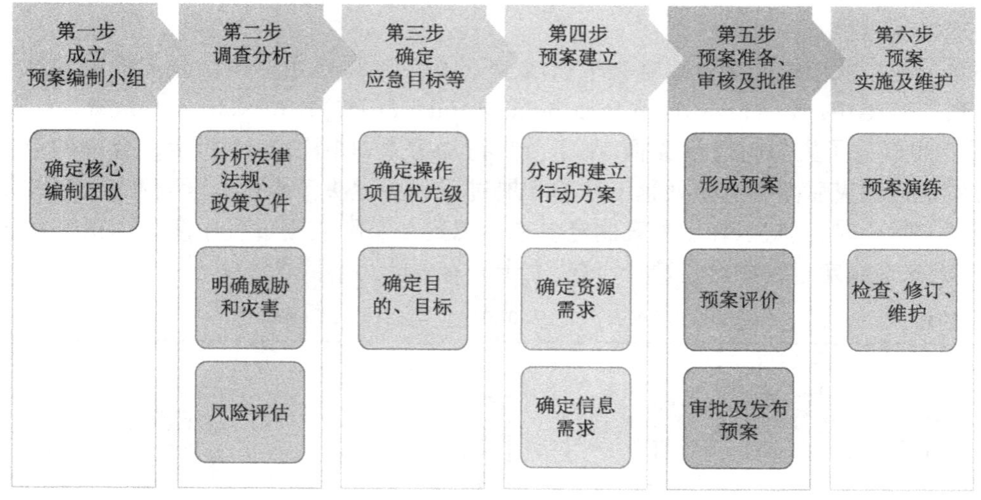

图 12-23　应急预案编制步骤

12.3.2　编制基本方法

灾后应急过程可以理解为紧急情况下,根据预设的角色和任务,对人和资源进行管理,以实现其应急目标。灾害应急处置方案与作战方案都是针对危害国家安全的要素而建立的,可借鉴作战方案的构建方法,这在美国应急反应计划的编制过程中已有大量的应用。在军事和应急领域,所应用的理论方法主要考虑威胁、情景、功能、能力或目标。因此应急预案编制的基本方法可分为以下五类。

12.3.2.1　基于特定威胁的方法

美国 1997 年的《四年防务评估报告》中,明确地提出:"美国的政策制定者有责任去理解威胁的本质和采取适当的战略与计划去消除和战胜它们。""我们在四年防务评估中的工作就是去追查威胁源于的路径,构建我们的战略并加以完成。"这正是一种基于特定威胁的方法,是在对存在的威胁进行分析和界定后,对其后果进行预测,然后根据详细的预测结果提出应急计划。

目前我国应急预案编制是针对特定灾害威胁,根据其严重程度,建立不同等级的应急组织体系及应急过程,这种基于特定威胁的方法,如各级地震灾害应急预案、地质灾害应急预案等,所建立的是一事一对的预案体系。

《生产经营单位安全生产事故应急预案编制导则》关于生产经营单位事故应急预案的基础也是基于特定威胁的,其中规定事故风险分析主要包括事故类型、事故发生的区域与地点或装置的名称、事故发生的可能时间、事故的危害严重程度及其影响范围、事故前可能出现的征兆以及事故可能引发的次生衍生事故。

当实际发生的灾害后果与预测的结果基本一致时,基于威胁所建立的应急预案可有效地指导应急行动;当两者不一致时,整个应急行动初期就可能会陷入无章可循的状态,从而耽误最佳救援时机。

12.3.2.2 基于情景的方法

基于情景的方法的基础是情景理论,在情景分析的基础上建立应急计划,灾害威胁是建立情景的基础。该方法长期被应用于企业战略规划,是一种战略规划方法,可以应用于应急方案战略层的编制过程。

情景分析广泛应用于企业战略决策领域,其分析的结果是由多个情景点形成的情景发展过程。美国 CPG101[Comprehensive Preparedness Guide(CPG)101-Evolving Guidelines for Legal Advice]中也建立了类似的情景逻辑,用于分析行动方案,如图 12-24 所示。合理的情景逻辑可以有效地描述灾后整个应急处置工作的开展过程和关键决策点。有学者指出,当将情景逻辑运用到实际中时,其缺点在于方案制定者未考虑到在实际应用过程中所面对的环境可能千差万别,因此在制定过程中会走捷径,仅建立十分有限的几个情景。

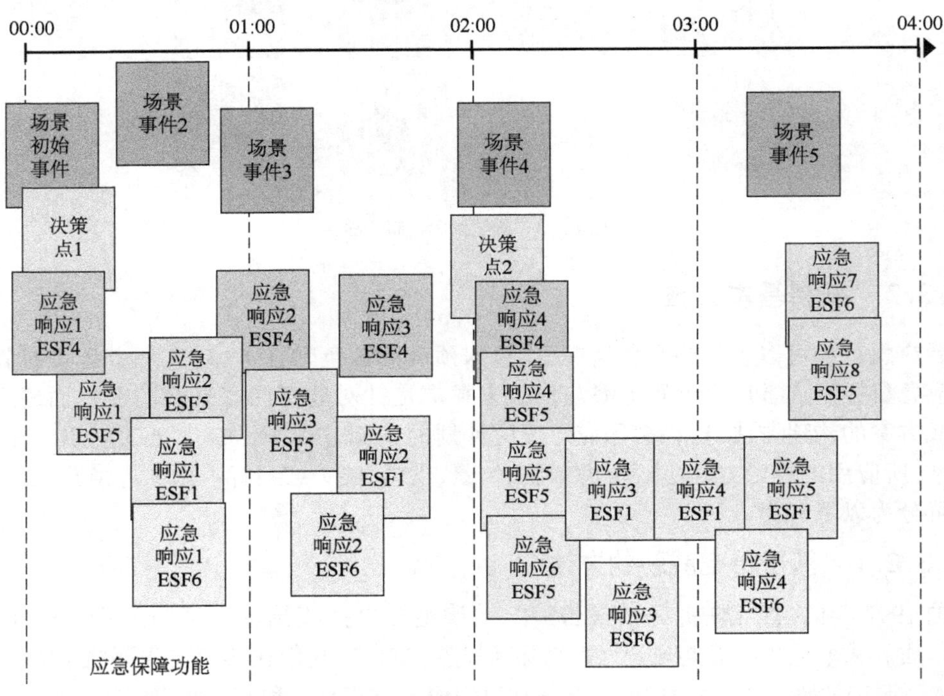

图 12-24 “电子便条工具”图表(CPG101)

与基于威胁的方法类似,基于情景的方法也是固定在特定的灾害、特定的后果和有关灾害的特别假设中,可能牺牲了应急预案的灵活性和适用性。

12.3.2.3 基于功能的方法

灾害的原因各有不同,但其造成的后果却在很大程度上是类似的。例如,由灾害造成的交通中断,无论原因如何,公路交通部门执行的行动可能类似,功能也大同小异。如灾情查看、清除障碍、修复道路、转移疏散等,这就意味着可以针对普遍的灾害后果,从应急部门的职能出发,建立实现各项功能的应急计划。

美国国家应急反应框架(National Response Framework,NRF)中将国家层面的应急功能划分为包括交通、通信、公共设施和公共工程在内的 15 项功能,针对每项功能规定了领导部门和支持部门,各部门制定应急计划实现其应急功能。

《公路应急预案》也应用了基于功能的方法编制其应急预案组织，各级应急组织体系中成立的应急工作组，如工程抢险组、交通恢复组等，便是依据功能进行划分的。

12.3.2.4 基于能力的方法

美国国防部将CBP（Capability Based Planning）框架作为编制兵力计划的强制框架，如图12-25所示。2001年其国防评估报告（Quadrennial Defense Review，QDR）中围绕这一概念建立了整个防卫战略。其出发点为未来的十年美国无法确定哪个州将出现严重威胁，因此着重分析“对手可能怎样战斗”而不是“谁、在哪儿可能出现对手”。

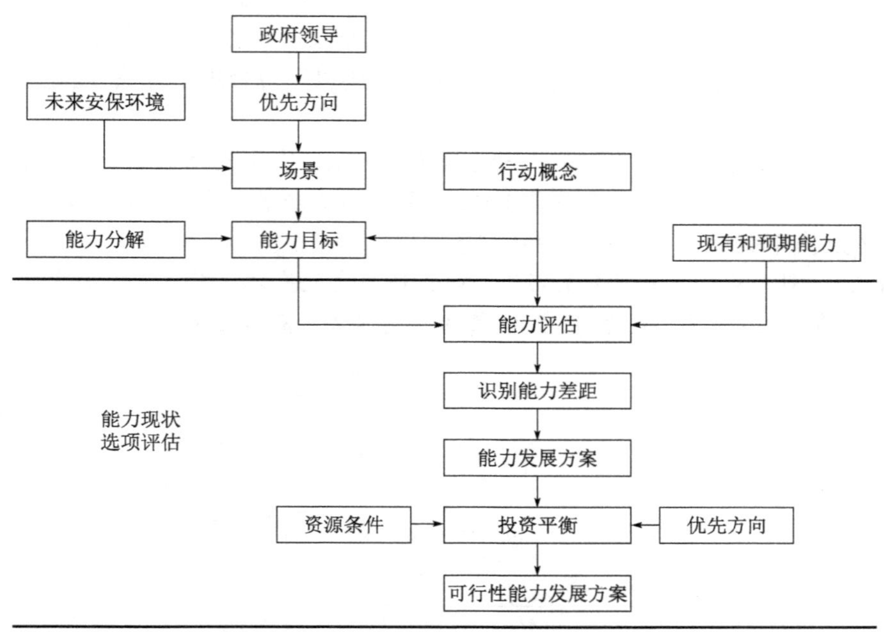

图12-25 CBP（Capability Based Planning）框架

基于能力的计划方法也广泛应用于美国应急管理领域，国土安全演练评价程序（Homeland Security Exercise and Evaluation Program，HSEEP）及其他联邦应急准备措施都是基于此方法建立的。未来灾害是不确定的，基于能力的计划方法通过对应对灾害的能力进行规划可以有效应对这种不确定性。美国第8号国土安全部总统指令（Homeland Security Presidential Directive 8，HSPD8）首先命令联邦、州、当地和部落实体的私人和非政府合作组织以及普通公众应当采用基于能力的方法来编制应急操作预案。

虽然灾难各有不同，但是其对社会造成的后果是有章可循的。例如，暴雨、洪水、飓风、地震都会造成公路交通基础设施受损，这些灾难的应对都需要具有交通恢复能力，只是需要根据灾情发展的速度、规模、持续时间、位置以及强度的不同而做出调整。

12.3.2.5 基于目标的方法

基于目标的方法是应急方案具有可操作性的保障，是以上各个理论方法中不可缺少的一部分。基于目标的方法能确保应急参与人员明确应达成的目标或达成目标的过程中他们所必须完成的工作或任务。美国国家突发事件管理系统（National Incidents Management System，NIMS）中对基于目标的计划方法进行了阐述，具体包括以下过程：

(1)建立事件目标；

(2)基于事件目标建立策略；

(3)建立和发布作业、计划、过程和协议；

(4) 针对事件应急过程中各类功能活动，建立特定的、可衡量的任务活动，并且在已设定的策略的帮助下指挥力量完成任务活动；

(5)记录应急结果，分析应急效果，修正应急行动。

12.3.3 基于情景-任务-能力的编制方法

情景和风险分析可以为应急方案的制定提供基础背景，通过定义目标、分析能力、实现功能可为应急方案的实现提供工具，预案编制可综合运用以上各种理论方法，建立基于情景-任务-能力的编制方法。

灾害的情景、任务、能力之间存在着一定的映射关系。灾害的情景决定了应急任务的设置，应急任务的目标决定了灾后应急所需的能力，能力则意味着资源的集聚。整个情景-任务-能力的组合构成了特定情景下的应急处置方案。

【例12-8】 针对云南东路水毁灾害下公路交通应急处置方案提出了基于情景-任务-能力的编制方法。图12-26为基于情景-任务-能力的编制方法的基本框架。

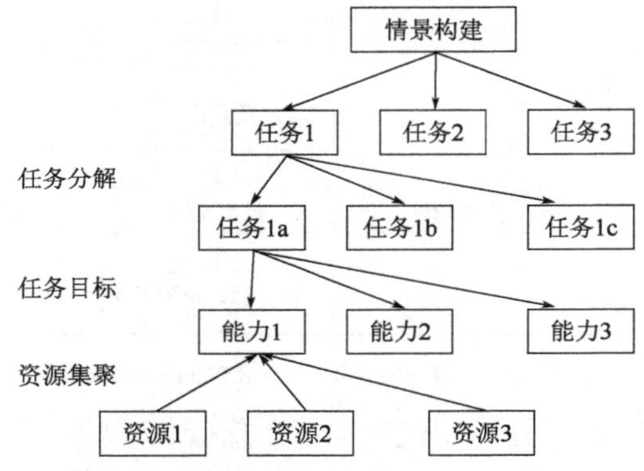

图12-26 基于情景-任务-能力的编制方法的基本框架

1)情景构建

步骤1:灾害背景分析。

应急处置方案是面向未来风险的，因此风险评估是整个应急处置方案编制的基础。目前，风险评估技术比较成熟，针对自然灾害风险，我国已发布了《中国自然灾害风险地图集》，着重展示了典型自然灾害风险的区域分布特征及规律，各省(自治区、直辖市)综合自然灾害风险的空间差异。同时，还得出了区域主要自然灾害风险等级、相对风险等级，以及综合自然灾害风险等级，研究精确到县一级。相关人员可以基于此风险地图集分析某一区域内灾害风险等级，有针对性地选取灾害背景。而具体到每一类自然灾害下公路交通基础设施的风险评估也有相关技术支持。

【例12-9】 单灾种下公路网系统单元运行风险评价模型。

选取结构特性、环境特性及自然灾害致灾因子三类因素，选取相应指标，建立了公路网系统结构风险指标、运行环境风险指标和自然灾害风险控制指标体系。根据灾害风险、运行环境风险和系统结构风险分析成果，建立了基于风险指数的单灾种下公路网系统单元运行风险评价模型，针对普通路段单元、桥梁路段单元以及隧道路段单元进行风险评价，风险等级的划分如表 12-7 所示。

评价单元运行风险等级划分 表 12-7

风险等级	潜在风险程度	风险度	风险描述
Ⅰ级	轻度	<0.1	各因素较稳定，潜在风险小，道路破坏可能性小
Ⅱ级	低度	≥0.1 且 <0.2	存在个别不稳定因素，有较小风险，道路可能出现破坏
Ⅲ级	中度	≥0.2 且 <0.4	部分因素稳定性差，存在一定风险，道路局部出现破坏
Ⅳ级	高度	≥0.4 且 <0.6	大部分因素稳定性差，有较大风险，道路破坏严重
Ⅴ级	重度	≥0.6	各因素极不稳定，潜在风险高，道路毁坏

步骤 2：情景分析。

情景分析包括以下几个部分：

（1）明确决策焦点。所谓决策焦点，是指为实现目标而必须做出的决策。

（2）分析驱动力。在情景分析的一般方法中，驱动力指的是推动情景情节、决定情景故事结果，以及影响事件结果、动机的要素。

（3）进行影响力与不确定性分析。在识别驱动力之后，由于驱动力数目较多，不可能对每个驱动力都进行分析，所以需要找到在事件的影响判断中具有高影响力、高不确定性的驱动力。这些驱动力在确定决策焦点将来可能的发展演变方面非常重要，但同时又是难以预测的。

在确定影响力和不确定性后建立"影响力与不确定性矩阵"，识别关键驱动力和重要驱动力，如表 12-8 所示。

影响力与不确定性矩阵 表 12-8

			影响力
次要驱动力（Ⅲ级）	重要驱动力（Ⅱ级）	关键驱动力（Ⅰ级）	高
Ⅲ级	Ⅲ级	重要驱动力（Ⅱ级）	中
Ⅴ级	Ⅳ级	次要驱动力（Ⅲ级）	低
低	中	高	
	不确定性		

（4）选择情景逻辑。"情景是按照逻辑性和故事化重塑重组的一系列要素"，发展情景逻辑主要是说明如何联系那些具有高影响力和高不确定性的要素。

（5）构建情景轴。将驱动力按影响力与不确定性的高中低程度加以归类。在属于高影响力（高重要性）、高不确定性的驱动力群组中，选出两个最重要的驱动力（假设为 A、B），以此为情景内容的主体框架，进而发展出情景逻辑，如图 12-27 所示。

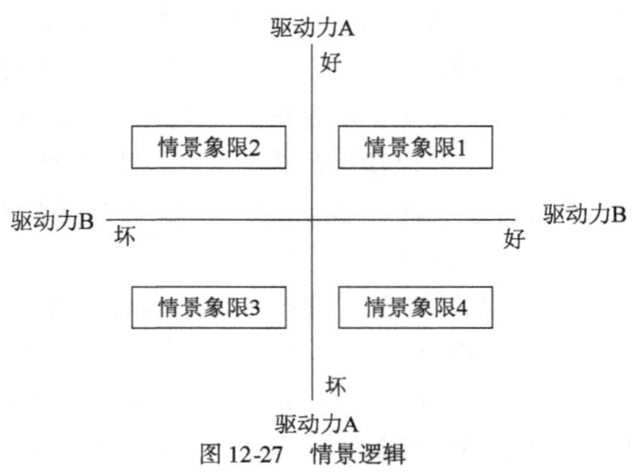

图 12-27 情景逻辑

每个驱动力都有可能是有利于应急（好）、不利于应急（坏）或无影响的局面，假定两个驱动力只导致有利于应急和不利于应急两个方向中的一个，就在四个象限上形成四种情景,每一种情景都是关于灾后状况的描述,如表 12-9 所示。

驱动力 A、B 的四个情景逻辑 表 12-9

情景	驱动力 A	驱动力 B
情景 1	好	好
情景 2	好	坏
情景 3	坏	坏
情景 4	坏	好

(6)建立情景逻辑。建立情景逻辑是在形成基本情景后,选定 2 ~ 4 个情景,然后对选定的情景进行各细节的描绘。史蒂文 · 施纳尔斯(Steven Schnars)等提出情景逻辑及数量有以下几种类型。

①两个情景。一般选取好和坏两种结果。

②三个情景。设置一个基准情景,然后延伸出一个乐观情景,一个悲观情景。

③沿着一个主线的三个情景。如将交通状况作为一个交通应急的关键驱动力。

④四个情景。四个情景一般包括基准情景、乐观情景、悲观情景、最坏的结果。

(7)完善情景故事。根据关键性的驱动力,构建情景内容。把选定的情景框架作为基本逻辑,并把步骤(2)中的重要驱动力(舍弃关联度不大且不重要的驱动力)在情景框架中赋予一定位置。最后,将各个驱动力综合起来,即完成情景故事。

【例 12-10】 危机型水毁灾害情景构建。

基于以上情景构建步骤,构建了特别重大泥石流灾害下公路交通应急情景,具体如下。

(1)驱动力分析

在《应急管理中的突发事件分类分级研究》中从主、客观两个方面考虑,将突发事件影响因素划分为 8 个维度。

客观要素包括影响范围(地域因素、危害覆盖面积等)、危害/损失程度(人员伤亡、经济损失等)、扩散要素(主要包括天气或气候状况、传输渠道等)、时间要素(发生时刻的特性、事件可能持续的时间)。

主观要素包括认知程度(依赖于现有的科学知识水平,对这种突发事件发生机理以及处置机理的研究情况)、社会影响程度(不同级别的突发事件对社会经济发展和人们生活造成的影响也会不同)、公众心理承受程度(如果公众对该类突发事件心理承受度低,那么这类突发事件容易造成社会恐慌)、资源保障度(指在现有人员、设备和其他社会救援协助力量的情况下,能够在一定事件范围内应对突发事件的保障度)。

在《基于交通保障的城市突发事件分级》中主要考虑了事件特性(灾害面积、受困人员数量、蔓延传播速度)、社会影响程度(对交通的影响、对公众的影响)、交通保障程度(路网可达性、交通管理条件、交通流状况)三个方面。

综合以上文献,考虑公路交通在灾后的应急职责,驱动力如下:

①灾害属性。即自然灾害本身的特征,包括灾害发生的时间、地点、强度等。

②严重程度。一方面考虑灾害以及次生灾害直接造成的损毁,如人员受困、伤亡,房屋损毁,交通基础设施损毁;另一方面考虑灾害对人文社会造成的影响,如社会影响程度、出行影响

程度。

③可控性。包括认知程度、公众心理承受程度、资源保障度等。

④影响范围。包括受灾面积、受影响面积等。

(2)影响力与不确定性分析

通过询问专家的方式进行对影响力与不确定性的分析,咨询内容见表12-10。通过专家问询,得到影响力与不确定性矩阵,如表12-11所示。

影响力与不确定性分析 表12-10

<table>
<tr><td colspan="3">影响力分析</td></tr>
<tr><td>问题</td><td>序号</td><td>影响力从高到低进行排序</td></tr>
<tr><td>以上影响因素中您认为哪些具有高影响力?(3个)</td><td></td><td></td></tr>
<tr><td>以上影响因素中您认为哪些具有中影响力?</td><td></td><td></td></tr>
<tr><td>以上影响因素中您认为哪些具有低影响力?</td><td></td><td></td></tr>
<tr><td colspan="3">不确定性分析</td></tr>
<tr><td>问题</td><td>序号</td><td>不确定性从高到低进行排序</td></tr>
<tr><td>以上影响因素中您认为哪些具有高不确定性?(3个)</td><td></td><td></td></tr>
<tr><td>以上影响因素中您认为哪些具有中不确定性?</td><td></td><td></td></tr>
<tr><td>以上影响因素中您认为哪些具有低不确定性?</td><td></td><td></td></tr>
</table>

影响力与不确定性矩阵 表12-11

<table>
<tr><td colspan="2">灾害发生的时间、地点、强度</td><td>人员伤亡情况
基础设施损毁情况
资源保障度
社会影响程度
出行影响程度</td><td>高
中
低</td><td>影
响
力</td></tr>
<tr><td>低</td><td>中</td><td>高</td><td></td><td></td></tr>
<tr><td colspan="3">不确定性</td><td></td><td></td></tr>
</table>

2)任务分解

任务分解是在情景构建的基础上对公路交通部门的使命进行逐层分解,建立应急处置过程中的任务需求。其主要目的是明确公路交通部门的需求问题,同时为下一步的资源聚集能力分析奠定基础。

(1)任务分解的概念

在作战领域,作战任务是作战力量在作战中需要达到的目标和承担的责任;在公路交通应急处置方案建立过程中,任务是由应急方案制定人员根据情景假设,针对应急处置方案涉及的部门机构,以应急任务目标形式给出的、须在灾害发生后规定时限内完成的工作。

参与应急处置的各部门机构承担着不同的子任务,而子任务可以通过任务分解形成。任务分解是将应急任务目标进行细化,分解成若干个具体的、功能明确的子任务,使得应急处置工作更加明确化、具体化。

(2)任务分解的方式与原则

同组织设计途径一样,应急任务分解的不同途径与方法存在不同的结果,这些途径和方法包括按功能分解、按活动类型分解以及混合分解等。

①按功能分解。根据交通部门的职责,水毁灾害下公路交通应急处置所承担的功能可以划分为两类:运输任务、交通基础设施保护任务。

②按区域分解。水毁灾害波及范围大,破坏交通基础设施多,可以对整个受灾区域按空间进行划分,将每个空间分解成一个子任务。

③按应急处置的流程分解。对于应急处置中的交通基础设施来说,其恢复的步骤是明确的,一般都遵循灾情查看→制定方案→资源调配→抢险工作的基本过程,因此可以将流程中的这四项行动划分为子任务。

《公路交通突发事件应急预案》中将应急领导小组下设 8 个应急工作组,分别为综合协调小组、公路抢通小组、运输保障小组、通信保障小组、新闻宣传小组、后勤保障小组、恢复重建小组、总结评估小组。这一划分方式是基于功能完成的。

3)应急能力分析

(1)应急能力基本概念

在应急管理领域,巴伯特(Barbera)等将能力描述为“为了实现组织目标,在一个岗位职责内,完成有效绩效的技能”。这一定义涵盖了基础知识、技能以及在一个相对被动的环境中完成某项标准作业的能力。

奈姆卡普库(Naim Kapucu)建立了应急管理能力分析的理论框架,包括深度、范围、性质、类型四个方面,如图 12-28 所示。

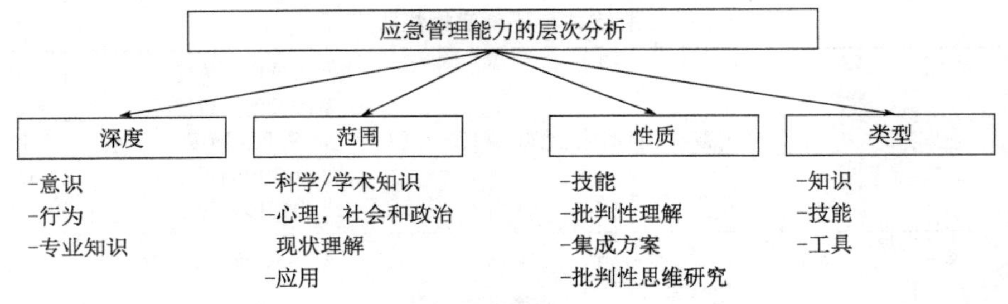

图 12-28　应急管理能力分析的理论框架

能力目标应当是明确并且可衡量的,为了建立明确和可以衡量的能力目标,应当首先考虑各个情景下灾害影响和任务目标。

灾害影响描述了灾害可能怎样影响一项核心能力。灾害的规模和复杂程度不同,灾害的影响可以表现在影响范围、人员伤亡、关键基础设施受损等各个方面。可从受影响区域面积、无家可归家庭数量、死亡人数、受伤人数、关键基础设施中断情况、情报需求、直接经济损失,以及供应链中断所造成的损失等方面评估灾害影响[《全灾害综合应急计划》(CPG201)]。国内外已有大量针对灾害影响的研究,可以通过预测模型来得到灾害可能的影响。

期望结果是用来描述成功发挥应急能力所需的时间或投入水平,只有当相关单位及时有效地发挥应急能力时才有效。例如,在灾后的应急过程中,常常需要在固定的时间内充分发挥能力(72h 内完成搜救行动);另外对有一些能力的期望结果则以百分比的形式呈现,如 100% 的确认授予、授权、取消进入特定地点管理的身份。基于时间的期望结果有以下几种类型

(CPG201),如表 12-12 所示。

期望结果示例 表 12-12

期望结果类型	描述
完成操作的时间	4h 内完成疏散
建立服务的时间	24h 内为无家可归人员提供住所
服务持续时间	受影响人群的行为筛选检查持续 1 个月
组合形式	24h 内为无家可归人员提供住所并且在两周内提供服务

(2)能力目标构建

能力目标定义了每项应急能力成功的标准并描述了期望实现的效果。能力目标的构建应综合影响和期望结果的定量细节。能力目标既可以是单独的,也可以是综合的,如图 12-29 和图 12-30 所示。

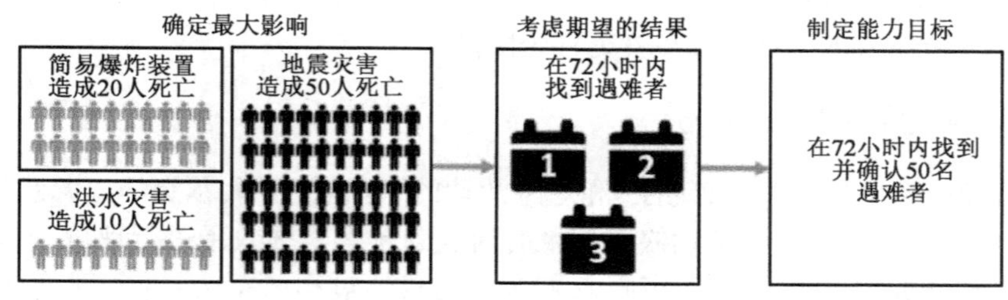

图 12-29 开发能力目标的简单示例

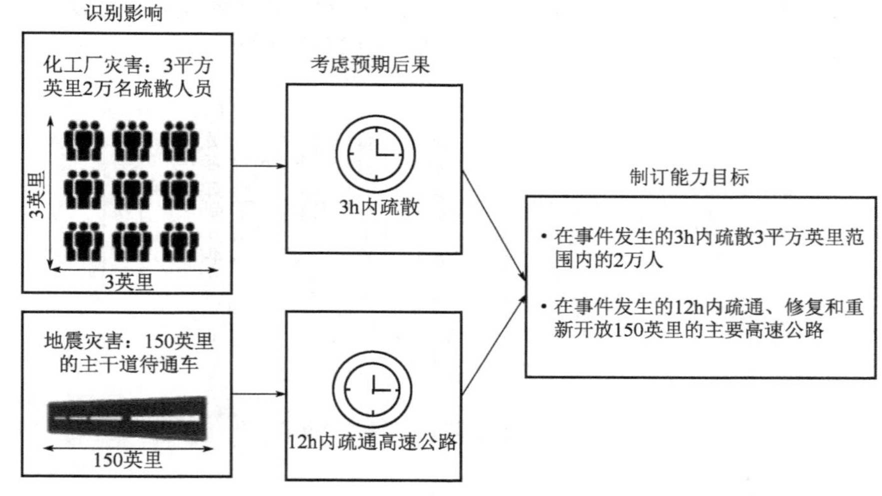

图 12-30 开发能力目标的复杂示例

(3)能力需求分析

结合以上内容可以对某一灾害场景下的能力需求进行分析,也就是分析在某一灾害场景下,为了实现能力目标,所需的资源量。通过对比资源需求量和现有资源量可以找到能力差距,通过签订互助协议等方式做好灾前能力准备。

对能力需求的分析主要考虑以下三个方面。

①为了达到能力目标需要哪些资源?

②这些资源具有哪些典型性能特征？

③根据当地条件的不同性能可能会产生哪些差异？

【例 12-11】 灾后公路交通基础设施的抢险抢修。

需要对某一灾害情景下应急队伍的数量进行预估，预估的过程如下。

(1)灾害影响。通过对某一灾害情景进行风险分析，确定水毁灾害可能对某条干线公路造成破坏，破坏具体数据为100m桥梁中断1处，高边坡路段坍塌15km。

(2)目标能力。设定该灾害情景下的目标能力为12h内抢通干线公路。

(3)抢险队伍操作能力。桥梁抢险队伍：5h/处；道路抢险队伍：10km/d。

(4)可用时间。预计可用时间12h。

(5)所需队伍数量。预测需要1个桥梁抢险队伍、3个道路抢险队伍。

(6)需求差距。目前仅有1个道路抢险队伍、1个桥梁抢险队伍可用于灾后该干线公路的抢险，能力缺口为2个道路抢险队伍。可以与相邻区域签订互助协议，灾害发生后，由相邻区域调派2个道路抢险队伍至此干线公路进行抢险。

12.3.4 应急预案效果评价

由于灾害和应急事件的“不确定性”和应急活动的“紧迫性”等，预定的应急预案可能与实际灾情不完全匹配。因此，应急活动终结后及时对应急预案实施效果进行评价，发现预案存在的问题并予以修正是非常重要的。实施效果评价的具体过程概括为：准备理论，确定评价对象，明确评价目的，选择或构建评价指标体系，确定评价方法，实施综合评价并分析评价结果，若评价结果达到预期评价目的，评价问题结束，否则继续修正指标体系或构建新的评价模型再评价，直到实现预期评价目的为止。具体评价流程如图12-31所示。

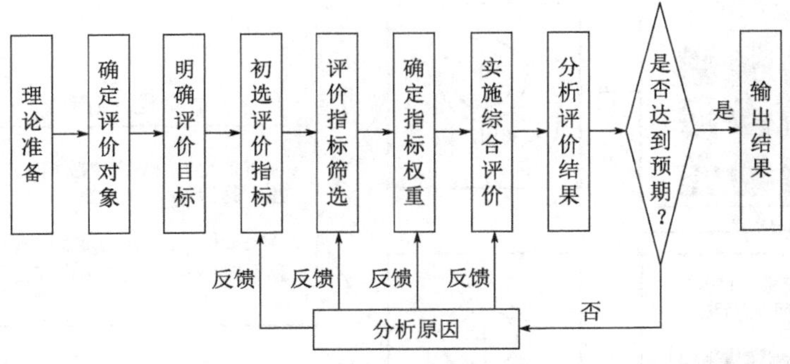

图12-31 应急预案实施效果评价流程

12.3.4.1 评价指标体系

评价指标体系由相互独立的评价指标构成，评价指标之间相互补充，从不同角度全面、客观反映应急预案实施效果。科学合理的评价指标体系是应急预案实施效果评价成功的关键。

1)评价指标体系的原则

交通生命线网络应急预案体系的设置不可主观性空想，必须按照一定的原则进行。在对所属领域知识充分了解的基础上，应秉着科学、系统、可操作性等原则，具体如下。

(1)全面性原则。全面性是根据评价目的，从多角度、全方位选取评价指标，使其能够全面反映评价问题本身，也可以反映指标体系的详细程度。

（2）可行性原则。选取的评价指标应不仅仅满足全面性要求，同时应满足可行性要求。可行性是指所选取的指标可以度量或者说可以评价，并且数据易得、真实可靠。

（3）代表性原则。评价应急预案的有效性时，由于评价问题本身的复杂性限制，不能选择所有的因素作为评价指标。所以选择的少数指标需要具有能够代表全局的特性。

（4）独立性原则。指标体系构建的目的就是全面准确地对应急预案进行评价，但过于冗余的指标体系会增加评价问题的难度，从而影响评价效果，因此，拟定的评价指标应在尽可能全面的基础上减少重复和交叉，保证指标的独立性。

（5）目的性原则。目的性就是指评价指标的选取要从评价目的出发，也就是说要明确选取的指标是针对预案编辑的完整性、科学性，还是针对预案实施的时效性、经济性。

2）评价指标体系的构建

评价指标体系的设计是一个“抽象—具体—系统”的辩证逻辑思维过程，评价指标也应随着对应急预案的认识的深入和对评价目标的深刻理解逐步完善，形成科学化、系统化的体系结构。评价指标体系可按图12-32所示的过程构建。

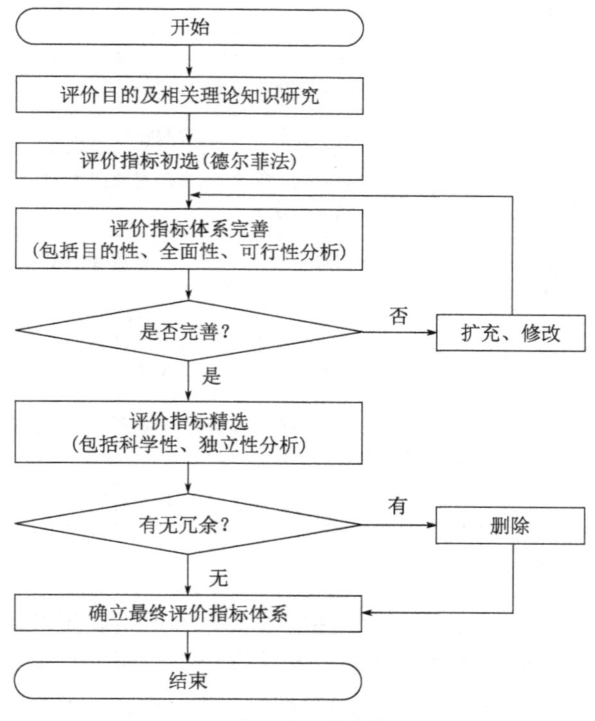

图12-32 评价指标体系构建过程

（1）理论准备

充分学习应急预案域内的知识，对应急预案的评价问题有一定深度和广度的认识，然后要大量收集材料，全面掌握所要评价的问题甚至是相关领域内现有评价指标体系的基本情况。同时，选定所评价问题领域内有一定知识沉淀且经验丰富的专家，为指标体系建立奠定基础。

（2）评价指标体系初选

在基础理论准备的基础上，依靠选定的领域内专家、学者，针对所评价应急预案的内容以及评价目的，结合经验知识并兼顾评价指标制定的各项原则，罗列提出评价指标，从而对评价指标体系进行初步确定。

(3)评价指标体系完善

评价指标体系要满足完备性、合理性指标确立原则,初步选取的评价指标是否能够全面地反映所评价的问题以及评价过程中指标的可行性都有待研究,所以需要依据评价问题的自身特点,从评价目的入手,进一步对初步选取的评价指标的全面性、可行性进行分析,补充、修改初选评价指标,使其能够全面客观地反映评价问题。

【例 12-12】 重大自然灾害下交通生命线应急管理预案评价指标体系。

重大自然灾害下交通生命线应急管理预案内因素间关系错综复杂,既相互联系又相互制约。评价是一个多目标、多属性的问题,可用层次分析法确定其指标权重。

要客观地评判应急管理预案用于处置重大自然灾害事件的效果,可从该预案的完整性、可操作性、有效性、处置的快速性、灵活性以及处置效果优先的费用合理性等几个方面考察,构建应急预案实施效果的评价指标体系,见表 12-13。

重大自然灾害下交通生命线应急预案实施效果的评价指标体系 表 12-13

评估	一级指标	二级指标	三级指标
静态评估	预防绩效	信息化水平	监控设备普及率、信息发布设备普及率、与气象等部门联系健全度、基于 GIS 的可视化操作平台普及率等
		预警能力	应急物资储备水平、应急演练制度健全度等
动态评估	过程绩效	信息反馈能力	第一时间报告能力、灾害信息收集能力、灾害信息反馈技术水平、灾害信息反馈工作效率
		灾情势态控制能力	灾害信息分析能力、灾害信息现场控制能力、交通疏导能力、人员疏散能力、灾情扩散控制能力等
		救援能力	救援设备装配水平、救援专业队伍与人员配备、物资储备与筹集能力、运输保障能力、信息沟通效率等
	恢复绩效	处置结果	交通生命线有效控制力、交通秩序维持力、道路设施损坏恢复力、伤亡人员合理安排等
		人员安抚	受灾人员心理疏导、救灾物资发放

12.3.4.2 评价模型

应急管理预案的评价,存在许多不确定性的因素。可把不确定性因素分为随机性因素和模糊性因素两类,分别采用概率统计学和模糊数学理论进行研究。应急管理预案本身是模糊性问题,采用模糊数学理论进行综合评价是比较可行的。可按以下步骤建立评价模型。

步骤 1:因素集。

影响评价对象取值(得分)的各因素组成的集合称为因素集。因素集是普通集合,通常用字母 u 来表示,即 $u=\{u_1,u_2,\cdots,u_m\}$。因素集中的因素(u_m)均具有模糊性。

步骤 2:权重集。

各因素影响评价对象取值的重要程度不尽相同,为此,对各因素 $u_i(i=1,2,\cdots,m)$ 赋予相应的权数 $w_i(i=1,2,\cdots,m)$。各权数组成的集合 $W=\{w_1,w_2,\cdots,w_m\}$ 称为因素权重集。

通常各权数应满足归一性和非负性条件,如式(12-7)所示。

$$\sum_{i=1}^{m} w_i = 1(i=1,2,\cdots,m) \tag{12-7}$$
$$w_i \geqslant 0(i=1,2,\cdots,m)$$

权重集是一个模糊集合，为了清楚地表示权数与各因素间的对应关系，权重集也可表示为：

$$W = \frac{w_1}{u_1} + \frac{w_2}{u_2} + \cdots + \frac{w_m}{u_m} \tag{12-8}$$

在模糊综合评价中，权重是体现评价因子重要性程度的数值，具有权衡比较不同评价因子间差异程度的作用。通过加权综合揭示不同评价因子间的内在联系，使评价结果更接近和符合实际情况。在对应急管理预案做综合评价时，以各评价因子对应急管理预案贡献率的方法计算权重，即评价因子与应急管理预案愈相关联，权数则愈大。

步骤3：权重的确定。

每个评价因素在综合评价中占有不同的权重，可以采用系统工程学的两两比较法来确定各因素的权重。

心理学家认为，一个人同时比较判断多个因素是困难的，而两两比较重要程度却是完全可以做到的。因此，在 m 个目标（因素）中，每次只对两个因素进行比较。可采用专家调查等方法，发放专家打分表（表12-14）。根据反馈的专家打分表的统计结果，计算评价因素权重。表中，当两个因素“同等重要”时，填“1”。当纵栏的因素比横栏的因素“稍微重要”时，填“3”；“明显重要”时，填“5”；“强烈重要”时，填“7”；“极端重要”时，填“9”。当重要程度介于两者之间时则填“2”“4”“6”“8”。若横栏的因素比纵栏的因素重要，请填入上述数字的倒数。例如，纵栏的因素比横栏的因素“稍微不重要”，则填“1/3”。

专家打分表　　表12-14

效果评价	u_1	u_2	u_3	…	u_m
u_1	1	1/3	7	…	1/3
u_2	3	1	5	…	9
u_3	6	1/7	1	…	2
⋮	⋮	⋮	⋮	⋮	⋮
u_m	4	1/2	8	…	1

将专家打分表用矩阵 $\boldsymbol{A}=[a_{ij}]_{m\times m}$ 表示，称 $\boldsymbol{A}$ 为比较矩阵。比较矩阵中 $a_{ij}>0$；$a_{ii}=1$；$a_{ij}=1/a_{ji}$。

权重系数的近似算法可用“和法”或“根法”。

（1）和法。对 $\boldsymbol{A}$ 按列规范化得式（12-9）；按列相加，得和数 $\overline{w}_i$，见式（12-10）；再规范化，按式（12-11）得权重系数 w_i。

$$\overline{a}_{ij} = \frac{a_{ij}}{\sum_{i=1}^{m} a_{ij}}(i,j=1,2,\cdots,m) \tag{12-9}$$

$$\overline{w}_i = \sum_{i=1}^{m} \overline{a}_{ij}(i,j=1,2,\cdots,m) \tag{12-10}$$

$$w_i = \frac{\overline{w}_i}{\sum_{i=1}^{m} \overline{w}_i}(i,j=1,2,\cdots,m) \tag{12-11}$$

(2)根法。对 $\boldsymbol{A}$ 按列元素求积,再求 $1/m$ 次幂,得$\overline{w}_i$;规范化,即得权重系数 w_i。见式(12-12)和式(12-11)。

$$\overline{w}_i = \sqrt[1/m]{\prod_{j=1}^{m} a_{ij}}\ (i=1,2,\cdots,m) \tag{12-12}$$

成对比较矩阵通常不是一致阵($\lambda > m$),需一致性检验。按式(12-13)和式(12-14)计算成对比较矩阵 $\boldsymbol{A}$ 的最大特征根 λ 和一致性指标 CI。CI =0 时(即 $\lambda = m$),$\boldsymbol{A}$ 为一致性矩阵;CI 越大,不一致性程度越高。CI 实质上是除 λ 外其余 $m=1$ 个特征根的平均值。按式(12-15)计算一致性比率 CR。

$$\lambda_{\max} = \frac{1}{m}\sum_{i=1}^{m}\frac{(\boldsymbol{AW})_i}{w_i} \tag{12-13}$$

$$\mathrm{CI} = \frac{\lambda_{\max} - m}{m-1} \tag{12-14}$$

$$\mathrm{CR} = \frac{\mathrm{CI}}{\mathrm{IR}} \tag{12-15}$$

IR 称为随机一致性指标,m 取不同整数时 IR 的对应值如表 12-15 所示。

IR 取值表　　表 12-15

m	3	4	5	6	7	8	9	10	11
IR	0.58	0.90	1.12	1.24	1.32	1.41	1.45	1.49	1.51

若 CR <0.1,则接受比较矩阵的判断及求得的权重系数;否则,对 $\boldsymbol{A}$ 加以调整,重新计算。

通过上述分析可以得到各因素的权重系数,准则层评价指标相对于目标层的权重系数为 $W=\{w_1,w_2,\cdots,w_m\}$,指标层各因素子集内部的权重系数为 $W=\{w_{i1},w_{i2},\cdots,w_{im_i}\}$,$i=1,2,3,\cdots,m_i$,为各子集元素数量。

步骤 4:建立评价集。

评价集是评价者对评价对象可能做出的各种评价结果组成的集合,通常用大写字母 V 来表示,即

$$V=\{v_1,v_2,\cdots,v_n\} \tag{12-16}$$

在对应急管理预案的评价中,可取评价集为 V ={优,良,中,差},对应评分为{4/4,3/4,2/4,1/4}。

(1)单因素模糊评价

单独从一个因素出发进行评价,以确定评价对象对评价集中元素的隶属度,称为单因素模糊评价。设评价对象按因素集中第 i 个因素 u_i 进行评价,对评价集中第 j 个元素 v_j 的隶属度为 γ_{ij},其结果可表示成模糊集合,见式(12-17)。

$$R_i = \frac{\gamma_{i1}}{v_1} + \frac{\gamma_{i2}}{v_2} + \cdots + \frac{\gamma_{im}}{v_m} \tag{12-17}$$

式中:R_i——单因素评价集。

以各因素评价集的隶属度为行组成的模糊矩阵 $\boldsymbol{R}$ 称为单因素评价矩阵,即

$$\boldsymbol{R}_i = \begin{bmatrix} \gamma_{11} & \gamma_{12} & \cdots & \gamma_{1n} \\ \gamma_{21} & \gamma_{22} & \cdots & \gamma_{2n} \\ \vdots & \vdots & \ddots & \vdots \\ \gamma_{m1} & \gamma_{m2} & \cdots & \gamma_{mn} \end{bmatrix} \tag{12-18}$$

(2)评价隶属度的确定

该模型中各评价指标隶属度的确定,也是通过采用专家评价打分方法来进行。首先制作专家意见统计表(表12-16),对评价对象的每项指标根据专家经验和看法进行认定,在专家意见统计表上对应等级处打"√",再通过专家意见统计表的反馈汇总,得到各个因素对应于各等级的频数,经过归一化处理,即可得到各个因素对应于各等级的隶属度,从而得到单因素评价矩阵 $\boldsymbol{R}$。

专家意见统计表 表12-16

评价因素	优	良	中	差
u_1				
u_2				
u_3				
⋮				
u_m				

(3)模糊综合评价

一般来说,同一事物均有多种属性,事物的不同侧面反映了它们的不同特征。在评价事物时,不能只考虑一种因素,而必须兼顾事物的各个方面,因此,为了综合考虑全部因素对评价对象取值的影响,需做模糊综合评价。

如果各因素的重要程度一样,也就是权重集中的诸权数 w_i 均相同,这时,只要将 $\boldsymbol{R}$ 矩阵中各列元素相加,便分别得到评价集中各元素的"得分",若各因素权重不等,则需作模糊矩阵运算:

$$V = W \times \boldsymbol{R} \tag{12-19}$$

使用加权平均型模糊算子,根据计算综合评判结果,可以看出在综合评价中"优、良、中、差"哪个所占比例最大,即说明目前重大自然灾害交通生命线应急管理预案总体上的效果怎样。

还可以通过进一步分析 $\boldsymbol{R}$ 矩阵,了解专家对每一评价因素的总体评价结论,若总体评价为"优",说明重大自然灾害交通生命线应急管理预案在该方面表现不错,需要继续保持;总体评价为"良",说明在该方面还有待完善;总体评价为"中",说明在该方面有待进一步提高;总体评价为"差",说明需要重新研究该方面各级指标的改善措施,以期全面提高应急能力。

12.4 应急救援路径与决策分析

灾后,为了快速开展救援,灾民转移、物资运送等运输任务繁重,灾后交通运输无一不涉及灾区及周边受影响区域的路径选择。受灾道路的破坏可导致路网部分路段的连通可靠性和通行能力降低,加之灾区受困车辆的快速疏散需求,容易产生道路通行受阻与部分路段交通流激增的矛盾。矛盾若得不到解决,可导致大量救援车辆拥堵通过瓶颈路段,救援效率急剧降低。宜在灾后应急交通的需求及特点分析的基础上,建立动态分析技术及最优应急救援通道选择技术。

12.4.1 灾后应急交通

重大自然灾害发生后,除了道路上受困车辆的疏散外,道路也承担了绝大部分灾民的转移及救援物资的运送,其功能与常态下的运输功能有所区别,影响救援路径选择。因此首先应对交通应急疏散和交通应急救援这两个灾后应急交通的主要任务、通行需求和特点进行分析。

12.4.1.1 交通应急疏散

交通疏散功能是公路交通生命线应急响应阶段的重要功能之一。合理有效的疏散需求预测和交通控制措施,是减少疏散时间、降低人民生命与财产损失的重要保障。交通应急疏散主要涉及的相关研究包括疏散建模、疏散需求预测、交通控制措施、疏散模型与仿真等。

1978 年乌尔鲍尼克(Urbanik)围绕飓风疏散问题进行研究,1979 年工程师关注了核电站周围区域疏散研究。之后相关学者围绕疏散建模框架展开研究,疏散建模框架也逐渐从静态交通分配问题过渡到动态交通分配问题,交通控制措施从单一走向集成。

受困或危险区域需要疏散的人数及分布状况、参与疏散的车辆数、疏散开始时间,这三个问题是疏散需求预测需要解决的问题,分别反映了疏散交通需求的三个阶段。疏散需求预测的方法主要包括标准的规划方法、基于回归的方法。

应急疏散行动中的交通控制措施主要包括疏散路径分配、逆行车道设计和关键疏散通道的信号控制等几个方面。关于疏散路径分配的研究主要有网络流模型、动态交通分配模型(Dynamic Traffic Assignment,DTA)及根据仿真建立的模型;逆行车道设计在实践中作用显著,较少有相关文献说明应急条件下转换哪条车道为逆行;关键疏散通道的信号控制大多借助仿真软件来模拟,评价策略的有效性。根据灾区情况,分阶段的疏散也是一种普遍采用的控制措施。

已有一些商业软件可以实现路径选择和交通仿真的结合,如 OREMS、NETVAC、MASS-VAC、EVACD、DYNEV 等。以往的疏散路径选择模型主要包括两类:第一类是基于个体车辆的移动或有限交通流进行仿真,形成相对简单的疏散路径选择逻辑的微观/中观仿真;第二类是关注路径选择过程的动态交通分配的宏观交通仿真。

回顾我国改革开放以来发生的重大自然灾害,如汶川大地震、玉树地震、舟曲泥石流等,灾后应急交通疏散主要具有以下特点:

(1)重大自然灾害多发生在山区,存在大量的受困灾民需要快速转移,有的被疏散灾民分布较为集中,但也有许多灾民分布较为分散,尤其是较为偏僻的县乡居民。各地应急救援储备车辆水平差异较大,有可能存在疏散车辆明显少于需求的情况。

(2)山区地形地貌特点决定了其路网密度相对平原区较低,路径选择的范围较小。尤其是对于严重自然灾害,由于破坏道路较多,疏散路径选择时难以避开这些受损道路,更难以避开前往灾区中心展开救援的应急车辆。因此在路径选择时需要尽量做到空间上避开损毁路段,时间上避开驶往灾区中心的车辆。

新型冠状病毒感染疫情的发生给疫情期间的交通运输问题提出了新的挑战,各国学者都对疫情期间的交通运输应对问题展开研究。这些问题包括受灾区感染人员的转运、封控地区的救灾物资运输等。

12.4.1.2 交通应急救援

交通应急救援的主要任务是应急物资运输调度、受困人员疏散、受伤人员运送就医等，涉及救援物资运输调度模型及方案。国外对应急救援运输保障的研究始于20世纪90年代末21世纪初，主要围绕不确定情况下的物资分配、车辆调度等方面开展研究。国内对应急物流的研究开始较晚，对物资运输调度的研究也非常少。目前国内外关于应急救援的研究中，对不确定性因素引起的较差影响缺乏清楚认识，尚未建立体现应急物资调度的实用模型等。

分析我国重大自然灾害后应急交通救援工作，可知其主要具有以下特点：

(1)救援物资需求量大，运输任务重

重大自然灾害发生后，灾民数量大，缺衣少食无住所，需要帐篷、食物、紧急医疗设备等大量救援物资，因此运输任务繁重。很多非政府机构、社会个人救援队伍的救援行动具有一定的不确定性，有时导致难以预测的救援运输需求产生。

(2)部分伤员需要紧急转移就医，对医疗救援车辆需求大

由于条件限制，部分伤员在灾区无法获得有效救治，需要转移至灾区周边具有相应医疗条件的医院救治，对承担医疗救援车辆的数量提出了一定的要求。

这些救援工作无一不依赖于通行相对顺畅和安全的道路，但灾后造成的破坏减少了可以承担这些救援运输任务的道路数量，且与部分应急疏散工作产生冲突，进而影响救援运输工作的实施。因此合理地设计救援路线，安排运输车辆及调度方案，是灾后应急交通需要考虑的。

12.4.1.3 最优路径的定义

一般意义上的最优路径，是指用最少的时间和成本到达目的地的路径。而对于重大自然灾害下的公路交通生命线的最优路径，则是指在可通行路径中，能保障通行安全的前提下到达目的地的最短路径。评价道路是否可作为公路交通生命线最优路径的原则主要是连通可靠性、通行时间和安全性。

(1)连通可靠性。灾后，通往灾区的公路交通生命线会出现不同程度的破坏，连通可靠性受到影响，能否通行、可通行车辆类型是表征连通可靠性的重要参数。

(2)通行时间。对于抢救生命而言，时间是最宝贵的，尤其是灾后72h黄金救援时间。

(3)安全性。安全性不仅要考虑道路受灾情况，还需研判道路是否会受到次生灾害的影响，给救援工作带来新的威胁。

不同于一般城市交通拥堵下的路径选择，对救灾而言，成本可不列入考虑范围。生命救援至上。

12.4.1.4 网络通路影响因素

根据灾后应急交通需求及特点分析可知，灾后公路交通生命线网络的不同路段的连通可靠性不是一成不变的，而是会随着灾情、救援的发展随时产生变化，因此需要对影响路网通路连通可靠性的因素进行分析与确定。

(1)次生灾害

次生灾害，也称二次灾害，区别于最早发生并起主导作用的原生灾害，是指由于条件变化伴生诱发出的一系列新的灾害和衍生灾害，有时次生灾害的危害和实际损失往往会超过原生灾害。尤其是地震灾害的次生灾害特别严重、发生频率较高，对于公路交通生命线而言，道路

沿线边坡易发地质灾害如崩塌、滑坡、泥石流,路基路面破坏如路面裂缝、塌陷、滑塌以及堰塞湖等。强烈且频繁的余震、坡面流水和沟谷洪流、暴雨、洪水、持续的高温等均是地震次生灾害的诱发与触发因素。

对于灾后以应急救援通行为目的的通路分析,余震、暴雨、洪水、高温等是需要重点考虑的因素,一旦这些因素发生变化并达到一定程度,则可能诱发次生灾害,导致道路连通可靠性缓慢或急剧降低。经过研究,可采用余震级数、降雨强度、温度等因素作为因子进行次生灾害的粗略估计,对受影响范围的路段进行连通可靠性修正,从而修正最优救援通道的目标函数。

此外,尽管新型冠状病毒感染等流行病灾害的防控不会造成道路交通基础设施的破坏,但防控对策疏漏可导致物资供应、医疗救治等所需要的交通生命线受阻。受阻的原因如防控对策本身限制了道路通行和驾乘人员的流动、防护不当致大量物资供应和医疗救治驾乘人员感染等,形成"有车有人无路、有路有车无人"的困境。交通生命线的失效可诱发难以估量的防控次生灾害。

(2)路段快速抢通措施

灾后的快速保通是公路管养部门的重要职责,因此公路管养部门都设置有一些灾后紧急修复的机械和设施,需要时也会调用社会力量进行公路的快速抢通。对于一些塌方量不大、损毁程度较小的道路,可以通过机械设备的快速抢通,在几小时内实现快速复通。路段快速抢通措施是影响路网连通可靠性性的因素之一。

(3)应急交通管制

针对地震等自然灾害发生后的快速疏散周边交通、灾民转移、物资运送等运输需求,可能需采取限行、封闭部分车道、限制通行车辆等交通管制措施。这些应急交通管制因素,会造成短时间内部分路段的交通减少或激增,对救援路径的选择也会产生影响,因此当应急交通管制措施对交通流的影响辐射到需要选择的救援路径时,应该对其进行考虑。

针对疫情防控的救灾需求,不仅要保障灾区的交通生命线畅通,还必须保证通往灾区的公路交通生命线有效服务于灾区的应急救援运输需求。疫情灾区的救援交通保障往往注重医疗救援队伍的通行需求,忽视物资供应运输的需求。

12.4.2 最优应急救援通道

为保证救援车辆快速顺利到达灾区或驶出灾区,应在与灾区连接的众多路线中选择出适合的路径,即最优应急救援通道。基于"云南省公路交通生命线"课题的研究目标和背景,定义最优应急救援通道为重大自然灾害发生后,在现有路网状况下通往灾区目的地耗时最短、安全性最高的路径。

视灾后公路破坏情况的不同,可能出现部分路段破坏但整个路网可正常运营的情况,也可能出现关键路段完全损毁导致路网破坏的情况。以下就最优应急救援通道评价指标建立原则、评价指标、目标函数、最优救援通道搜索算法和破坏状态的修复算法等几点讨论路径决策。

12.4.2.1 最优应急救援通道的评价指标

对救援通道进行分析与评价,需要建立最优应急救援通道的评价指标,可依据时效性原则与安全性原则建立评价指标,构建的最优应急救援通道评价指标包括通行时间、行车风险等指标。

(1)通行时间 T

救援通道最首要的评价指标就是时间,行驶时间与路段应急交通流量及通行能力有关,可用式(12-20)表示。

$$T_i = f(q_i, c_i) \tag{12-20}$$

式中:T_i——路段 i 行驶时间,h;

q_i——路段 i 的应急交通流量;

c_i——路段 i 的可能通行能力。

(2)行车风险 R

考虑到二次灾害发生及道路通行状况恶化的可能性,在救援路径选择时需要考虑通行安全性。根据公路破坏指标(震害指标和水毁指标),剔除灾情参数(地震烈度指标、降水强度指标)后,利用剩余指标构建公路抗灾能力指数,用以反映行车风险。

行车风险 R 用公路抵抗灾害能力表征,可按式(12-21)计算。

$$R_{ij} = \sum u_m \times w_m \tag{12-21}$$

式中:R_{ij}——路段 ij 行车风险;

u_m——路段 ij 第 m 个破坏指标的取值;

w_m——路段 ij 第 m 个破坏指标的权重。

对灾后道路运输网络,运用图论的遍历算法分别求出救援车辆从起点到救援地点之间的行程时间和路径的安全性指标,假设最短和最长行程时间分别为 $T_{\min}$ 和 $T_{\max}$,最小和最大安全性指标分别为 $S_{\min}$ 和 $S_{\max}$。

设第 r 条路径的安全性指标为 S_r,$f(S_r)$ 为第 r 条备选路径安全性的无量纲指标,则有式(12-22):

$$f(S_r) = \frac{S_{\max} - S_r}{S_{\max} - S_{\min}}, r \in \mathbf{Q} \tag{12-22}$$

同样,由于 $S_{\min} \leqslant S_r \leqslant S_{\max}$,所以 $f(S_r) \in [0,1]$。同时 S_r 越大,$f(S_r)$ 也越小,说明安全性指标越大的路径,其无量纲指标 $f(S_r)$ 越小。

假设救援机构决策者给出的行程时间、安全属性分量的权重向量为 $\boldsymbol{\lambda} = (\lambda_1, \lambda_2)^{\mathrm{T}}$,其中 λ_1 为行程时间决策权重,$0 \leqslant \lambda_1 \leqslant 1$,$\lambda_2$ 为安全属性决策权重,$0 \leqslant \lambda_2 \leqslant 1$,且有 $\lambda_1 + \lambda_2 = 1$。采用加权和法实现各目标分量的聚合,则救援物资车辆路径选择问题的决策效用函数数学模型为式(12-23):

$$F_r = \lambda_1 f(T_r) + \lambda_2 f(S_r) = \lambda_1 \frac{T_r - T_{\min}}{T_{\max} - T_{\min}} + \lambda_2 \frac{S_{\max} - S_r}{S_{\max} - S_{\min}}, r \in \mathbf{Q} \tag{12-23}$$

式中:F_r——路径 r 的行程时间和安全性的综合效用值,$F_r \in [0,1]$。

F_r 值越小,路径综合评价效果越好,从备选路径中选取 F_r 值最小的路径作为决策的最终结果。因此,可建立救援物资车辆选择路径的目标函数,其形式为式(12-24):

$$\min F = \min \left[\lambda_1 f(T_r) + \lambda_2 f(S_r)\right] \tag{12-24}$$

式中:F——救援物资车辆行程时间和安全性函数;

$f(T_r)$——救援物资车辆行程时间的效用函数;

$f(S_r)$——救援物资车辆行驶安全效用函数；

λ_1、λ_2——决策者对行程时间和安全性的感受程度权值。

(3)救援车辆选择路径的目标函数

考虑到灾后公路网的复杂性，救援车辆在公路网某OD间的某条救援路径可能由若干个技术等级、路面类型、路况破坏程度等因素不同的路段构成，在计算路径效应函数的时候要分段计算，以便参与最优路径分析。假设公路网中某OD间有 $Q=\{l,r,\cdots,t\}$ 条路径，其中第 r 条可行路径由 N 段路段构成，则OD间第 r 条路径的目标函数为 $F_r(\mathrm{OD})$，见式(12-25)。

$$F_r(\mathrm{OD})=\lambda_1\frac{\sum_{k=1}^{N}T_{rk}(\mathrm{OD})-T_{\min}(\mathrm{OD})}{T_{\max}(\mathrm{OD})-T_{\min}(\mathrm{OD})}+\lambda_2\frac{S_{\max}(\mathrm{OD})-\prod_{k=1}^{N}S_{rk}(\mathrm{OD})}{S_{\max}(\mathrm{OD})-S_{\min}(\mathrm{OD})} \tag{12-25}$$

$$\mathrm{St.}\begin{cases}0<T_{\min}\leqslant T_{rk}\leqslant T_{\max}\leqslant 1\\0\leqslant S_{\min}\leqslant S_{rk}\leqslant S_{\max}\leqslant 1\\\lambda_1+\lambda_2=1,0\leqslant\lambda_1\leqslant 1,0\leqslant\lambda_2\leqslant 1\end{cases}$$

式中：$T_{rk}(\mathrm{OD})$——OD间第 r 条路径中第 k 个路段的行驶时间；

$S_{rk}(\mathrm{OD})$——OD间第 r 条路径中第 k 个路段的安全可靠度；

λ_1、λ_2——决策者对行程时间和安全性的感受程度权值。

运用式(12-25)对所有路径进行运算，可以得出救援车辆从起点出发到达救援地点的有效路径的行程时间和安全性效用值。选取效用值最小的路径为出行前选择路径，其余路径作为出行中路径调整的备选路径，以供救援车辆绕行选择。

考虑次生灾害等的影响，路网内各路径及路径内的路段的行驶时间和安全可靠度是变化的，救援路径的状况应动态更新，路径选择应动态优化。信息更新和动态优化可否实现取决于灾情预测技术和信息化水平。

12.4.2.2 救援路径选择模型指标

重大自然灾害发生时，由于道路功能损失、余灾、信息滞后性等不确定因素的存在，道路网及其服务救援交通复杂而动态变化。精确确定道路路阻需要对路阻指标进行量化。

(1)路段区间速度

灾害导致路段的通行能力降低。根据FHWA的交通阻抗模型，路段区间速度可用式(12-26)表示。

$$v_r(k)=\frac{v_r'(k)}{1+\alpha[q_k/(C_k\cdot f_z\cdot f_w)]^{\beta}} \tag{12-26}$$

式中：$v_r(k)$——车辆在路径 r 路段 k 上实际行驶速度；

$v_r'(k)$——车辆在路径 r 路段 k 上自由流行驶速度；

q_k——路段 k 上的交通量；

C_k——路段 k 的灾前通行能力；

f_z——路段通行能力折算系数；

f_w——路段危险度折算系数；

α、β——模型系数，一般取 $\alpha=0.15$，$\beta=4.0$。

(2)路段平均行程时间

由交通工程学理论可知，路段平均行程时间可用式(12-27)计算。

$$T_r(k)=\varepsilon\frac{L_r(k)}{\bar{v}_r(k)} \tag{12-27}$$

式中：$T_r(k)$——路段平均行程时间，h；

ε——道路功能损失调整系数；

$L_r(k)$——路段长度，km；

$\bar{v}_r(k)$——路段平均行程速度，km/h。

不同等级和类型的灾害对道路的破坏情况不同，导致道路行车状况不同，可引入道路功能损失调整系数 ε(表12-17)。ε 的取值范围通过选取不同技术等级的标准路段为比较对象，选取不同路况下的路段作为被比较对象，通过行车试验，由标准路段车速与实验路段车速之比确定。

道路功能损失调整系数 表12-17

路面类型	路面状况	高速公路	一级公路	二级公路	三级公路	四级公路
沥青或水泥路面	好	1	1	1	1	1
	良好	1.20～1.40	1.25～1.45	1.43～1.87	1.43～1.87	1.56～2.00
	差	—	2.00～2.50	2.39～2.98	2.39～2.98	2.54～3.50
砂石路面	好	—	—	1.43	1.43	1.56
	良好	—	—	1.87～2.32	2.00～2.56	2.20～2.72
	差	—	—	2.80～3.50	3.00～3.70	3.50～4.00

(3)安全性指数确定

路段安全性指数是指应急救援车辆能否安全到达目的地的定量指标值。路段安全性指数 S 的数值与灾害后路网的破坏程度有关。S 为路段可靠度，定义为应急事件发生后，在一定的道路路况和管理条件下，道路交通系统在当时保持正常安全运行的能力。

道路通行可靠度取决于人、车、路三要素，在救援路径选择中，将“人-车-路”系统简化，假定救援车辆的可靠度为1，人这个要素主要考虑道路管理，路这个要素用其连通性表示。三要素构成道路交通系统，任一要素失效，系统失效。根据可靠性工程中串联系统的定义，单元交通系统实质是各要素以串联方式连接的串联系统，由此得到路径 r 内路段 k 的可靠度，见式(12-28)。

$$R_{rk}=1\times R_{\mathrm{p}}\times R_{\mathrm{m}} \tag{12-28}$$

式中：R_{p}——道路连通可靠度；

R_{m}——道路管理可靠度。

“人-车-路”系统是在一定的环境下运行的，其运行可靠度受环境因素影响。

可根据外界环境事件对道路可靠性的影响进行事件分级，确定各级事件下元件(路段)可靠度的折减系数，以此来判断外界环境事件对道路可靠度的影响。结合灾变事件分类分级的方法，可用式(12-29)确定道路可靠性参数。

$$R = \text{INC}_{ij} R_0 \tag{12-29}$$

式中：R_0——正常运营条件或无灾变事件时系统元件的基本可靠度；

R——具体灾变事件下系统元件的实际可靠度；

INC_{ij}——具体环境（或者环境事件）对系统元件可靠度的影响系数，i 代表环境事件类型，j 代表 i 环境事件类型下的级别，INC_{ij} 的值可采用专家评判法获取，当积累数据足够时应考虑结合统计资料进行修正。

道路可靠度与道路完整性、相邻路段运行速度差、次生灾害发生概率、道路等级有关，其值为四个因素可靠度之积。可采取专家评判法初定，示例见表 12-18。

道路可靠度 表 12-18

项目	标准	可靠度
道路完整性	连通性≥0.8 且 <1.0	0.99～0.999（线性取值）
	连通性≥0.6 且 <0.8	0.6～0.99（线性取值）
	连通性≥0.4 且 <0.6	0.2～0.6（线性取值）
	连通性 <0.4	0.0～0.2（线性取值）
相邻路段运行速度差	≥25km/h	0.7
	20～25km/h	0.85
	15～20km/h	0.95
	10～15km/h	0.99
	≤10km/h	0.999
次生灾害发生概率	≥85%	0.7
	60%～85%	0.8
	20%～60%	0.95
	≤20%	0.999
道路等级	高速	0.999
	一级	0.999
	二级	0.999
	三级	0.9
	四级	0.9

管理因素对道路交通系统可靠度的影响类似于环境事件；灾害条件下，对应急救援队伍的路径引导服务水平，主要体现在道路的管理可靠度上。管理可靠度作为道路交通系统的外部人为环境因素，主要分为信息提供和管理执法两方面。采取专家评判法，此处给出各种不同级别的管理条件的可靠度，详见表 12-19。

管理可靠度 表 12-19

项目	标准	可靠度
信息提供	先进	1.15
	良好	1
	较差	0.9
	差	0.8

续上表

项目	标准	可靠度
管理执法	严格	1.1
	良好	1
	较差	0.8
	差	0.7

12.4.2.3 应急救援运输车辆路径调整

灾害发生一段时间之后，灾区的消息不断增多，灾情信息由黑箱期慢慢进入白箱期，应急通行的途中需要根据灾区道路的最新信息不断调整救援车辆的通行路径，以保证救援车辆的快速通行。

救援车辆在行驶过程中，接收到实时信息，如出行前选择的路径某一路段断面通行能力减小和道路中断，造成道路交通拥堵影响救援车辆通行。假设救援车辆在行驶过程中能够获得拥堵或交通中断路段的具体位置等信息，则可制定按原路径行驶、绕行策略或者驳接策略，以行程时间和安全性效用值最小为目的。

根据行驶过程中实时获得的路况信息，对出行前选择路径的行程时间和安全性效用值进行修正，修正结果作为出行中的路径调整策略的依据。修正方法见式(12-30)。

$$F_x(\mathrm{OD})=\begin{cases}F_r(\mathrm{OD})+Q_r(\mathrm{OD})\\F_r(\mathrm{OD})+B_r(\mathrm{OD})\\F_r(\mathrm{OD})+R_r(\mathrm{OD})\end{cases}\tag{12-30}$$

式中：$F_x(\mathrm{OD})$——修正的出行前选择路径的行程时间和安全性效用值；

$Q_r(\mathrm{OD})$——途中损毁点抢修时间和安全性效用值；

$B_r(\mathrm{OD})$——途中损毁点通过驳接运输时间和安全性效用值；

$R_r(\mathrm{OD})$——途中损毁点绕行时间和安全性效用值。

道路受阻后，上式中给出了绕行路径方案、驳接运输和通过抢修措施按原路径行驶方案的效用值，以此作为车辆路径调整策略的依据。驳接运输涉及多部门的协调与合作，当满足驳接条件时，驳接运输的时间效应和安全性也是路径调整比较的因素。行驶时间和安全性因素是路径调整的主要决策依据，救援车辆在接收到前方拥堵信息时，按原路径行驶还是重新选择路径绕行，需动态调整决策。

设路径$\{a,b,c,d,\cdots\}$为救援车辆OD间所有路径集合，$F_a(m,n)$，$F_b(m,n)$，$F_c(m,n)$，$F_d(\mathrm{OD})$，…分别表示救援车辆在路径$\{a,b,c,d,\cdots\}$上的行程时间和安全指数综合效用值，根据救援车辆的目标函数，要选择一条OD间行程时间和安全指数综合效用值最小的路径。即式(12-31)：

$$\min\{F_a(\mathrm{OD}),F_b(\mathrm{OD}),F_c(\mathrm{OD}),F_d(\mathrm{OD}),\cdots\}\tag{12-31}$$

设路径a为出行前选择路径，救援车辆按照当前路径行驶时，某些原因导致a路径上某段出现交通拥堵，假设应急救援车辆在还未到达拥堵区域时，接收到前方最优路径上某路段交通拥堵信息,面临按原路径行驶或者绕行的问题。比较绕行路径与原路径综合效用值,设可绕行路径 x 的行程时间和安全性的综合效用值为$F_x(\mathrm{OD})$,则:

$$F_x(\mathrm{OD}) = \min\{F_b(\mathrm{OD}), F_c(\mathrm{OD}), F_d(\mathrm{OD})\} \tag{12-32}$$

可以用图 12-33 表示交通拥堵状态下救援车辆路径调整优化的步骤。

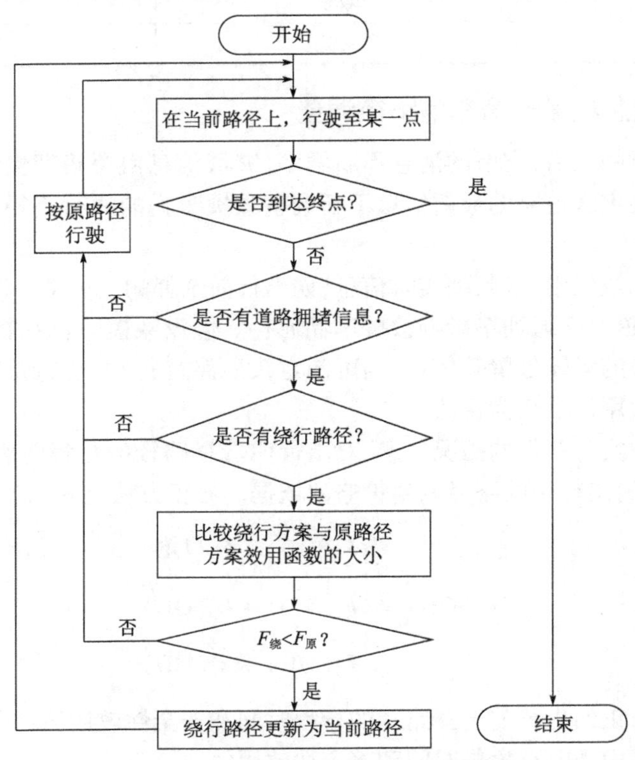

图 12-33 交通拥堵状态下救援车辆路径调整流程

若初选路径中断,道路无法短时间内恢复,救援车辆可采取当前位置处调整路径以期望到达目的地或采取驳接策略。

驳接运输是指当救援路线上的某路段严重损毁,短时间内无法进行抢通时,可采取其他运输方式"等效替代",以确保救援队伍能够在既定的时间内克服交通障碍。选择替代措施时,不仅要考虑接驳方式实现的可能性,还要考虑替代措施应具有原有交通设施破坏情况相等或相近的通行能力。灾害后道路交通生命线应急救援通行的驳接方式有四种方式,如图 12-34 所示。

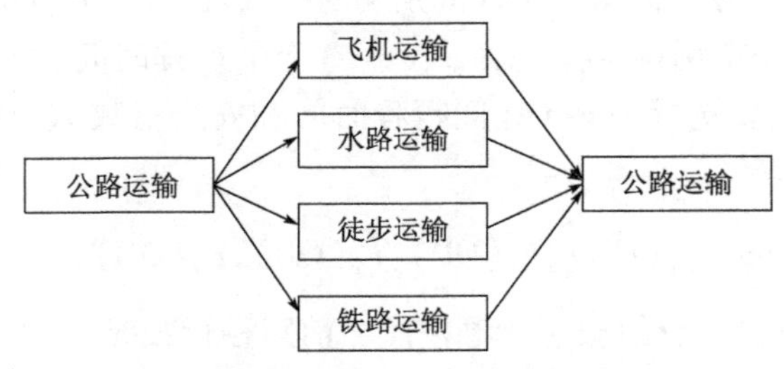

图 12-34 公路交通生命线驳接方式

可以用图12-35表示道路中断条件下救援车辆路径调整优化的步骤。优化可按前文的方法。

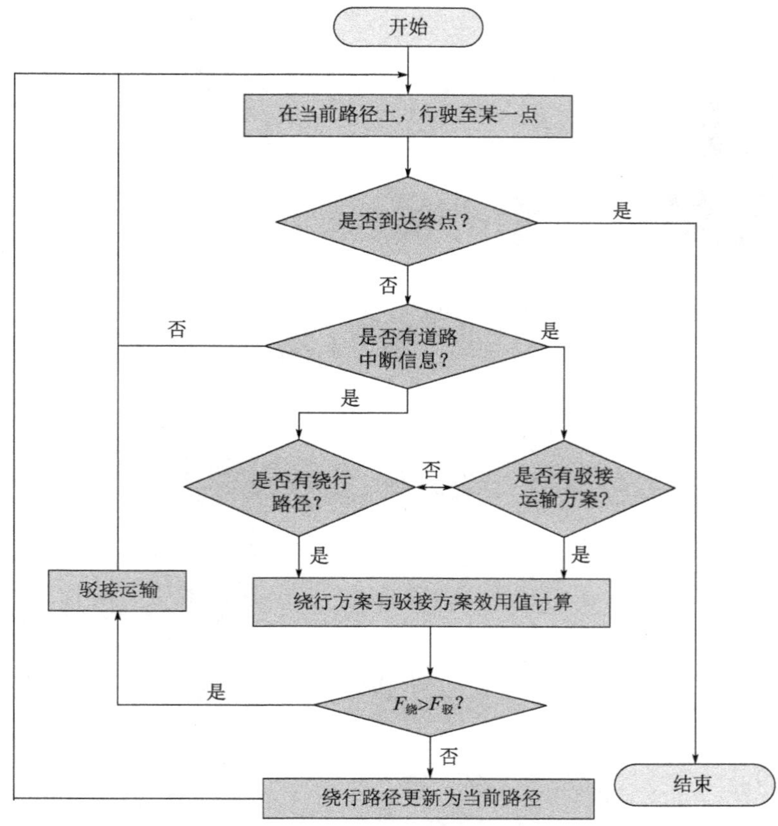

图12-35 道路中断条件下救援车辆路径调整优化流程

【复习思考题】

12-1 简述我国公路交通应急救援的管理与组织体系。

12-2 如何评估应急预案的有效性？

12-3 谈谈信息共享的重要性和信息共享机制。

12-4 简述预案编制的步骤、依据和方法。

12-5 简述灾情和灾后交通需求等数据获取技术，解释何为多源数据获取与融合。

12-6 灾害应急交通通行通道选取需考虑哪些因素？

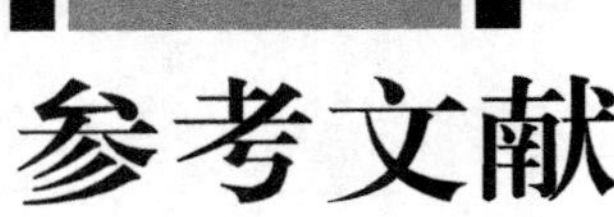

参考文献

[1] OGDEN K W. Safer road: a guide to road safety engineering [M]. Aldershot: Avebury Technical,1996.

[2] HADDON W. Energy damage and the 10 counter measures strategies [J]. The Journal of Trauma: Injury, Infection, and Critical Care, 1973, 13(4): 321-331.

[3] HADDON W. Options for the prevention of motor vehicle crash injury [J]. Israeli Medical Journal, 1980, 16(1): 45-65.

[4] TREAT J R, TUMBAS N S, MCDONALD S T, et al. Tri-level study of the causes of traffic accidents: final report. Volume Ⅰ: causal factor tabulations and assessments [R]. Indiana: Indiana University, 1979.

[5] SABEY B E, TAYLOR H. The known risks we run: the highway [M]. Boston: Springer, 1980.

[6] AASHTO. Highway safety manual [S]. Washington, D. C.: Transportation Research Board, 2010.

[7] 戴权. 基于人机工程学交通标志有效性评价研究[D]. 吉林:吉林大学,2008.

[8] 中华人民共和国交通运输部. 公路交通标志和标线设置规范:JTG D82—2009 [S]. 北京:人民交通出版社,2009.

[9] 任锐,李文权. 路侧交通标志设置数量及位置研究[J]. 公路交通科技,2006(11):111-115.

[10] 孙倩. 低能见度条件下局域路网运营安全智能管控基础问题研究[D]. 上海:同济大学,2019.

[11] ZHANG Y. Engineering design synthesis of sensor and control systems for intelligent vehicles [D]. Pasadena:California Institute of Technology,2006.

[12] FEDERAL HIGHWAY ADMINISTRATION. Highway capacity manual [S]. Washington,D.C.:Transportation Research Board,2002.

[13] KAREN K D,ROBERT D L. Access management application guidelines [M]. Washington,D.C.:Transportation Research Board,2016.

[14] 中华人民共和国公安部. 机动车运行安全技术条件:GB 7258—2017 [S]. 北京:中国标准出版社,2017.

[15] 中华人民共和国交通运输部. 公路路线设计规范:JTG D20—2017 [S]. 北京:人民交通出版社股份有限公司,2017.

[16] 中华人民共和国交通运输部. 公路隧道设计规范:JTG D70—2014 [S]. 北京:人民交通出版社股份有限公司,2014.

[17] 中华人民共和国交通运输部. 公路工程技术标准:JTG B01—2014 [S]. 北京:人民交通出版社股份有限公司,2014.

[18] AASHTO. A policy on geometric design of highways and streets [S]. Washington,D. C.:Transportation Research Board,2018.

[19] NCHRP SYNTHESIS 299. Recent geometric design research for improved safety and operations [M]. Washington,D. C.:Transportation Research Board,2001.

[20] 全国汽车标准化技术委员会. 汽车、挂车及汽车列车外廓尺寸、轴荷及质量限值:GB 1589—2016 [S]. 北京:中国标准出版社,2016.

[21] 中华人民共和国交通运输部. 公路项目安全性评价规范:JTG B05—2015 [S]. 北京:人民交通出版社股份有限公司,2016.

[22] 杨漾. 高速公路线形均衡性技术指标及其与运行速度关系模型[D]. 上海:同济大学,2010.

[23] 周小焕. 山区高速公路养护作业安全保障[D]. 上海:同济大学,2013.

[24] 宋子璇. 山区高速公路主观安全评价指标及应用研究[D]. 上海:同济大学,2012.

[25] 陆键,张国强,项乔君,等. 公路平面交叉口交通安全设计理论与方法[M]. 北京:科学出版社,2009.

[26] AASHTO. Access management manual [S]. Washington, D. C.:Transportation Research Board,2015.

[27] 中华人民共和国交通运输部. 公路立体交叉设计细则:JTG/T D21—2014 [S]. 北京:人民交通出版社股份有限公司,2014.

[28] 任福田,刘小明,荣建,等. 交通工程学[M]. 2 版. 北京:人民交通出版社,2008.

[29] 戴忱华. 隧道(群)路段驾驶行为特性及其风险评价研究[D]. 上海:同济大学,2011.

[30] 庄心良,曾因明,陈伯銮. 现代麻醉学[M]. 北京:人民卫生出版社,2003.

[31] 全国交通工程设施(公路)标准化技术委员会. 道路交通标志和标线:GB 5768.5—2017 [S]. 北京:中国标准出版社,2019.

[32] 中华人民共和国交通运输部. 公路交通标志和标线设置规范:JTG D82—2009 [S]. 北京:人民交通出版社,2009.

[33] 全国交通工程设施(公路)标准化技术委员会. 道路交通反光膜:GB/T 18833—2012 [S]. 北京:中国标准出版社,2013.

[34] SHANNON C E. A mathematical theory of communication[J]. The Bell Technical Journal, 1948,27:623-656.

[35] 韦正敏. 基于运营安全的高速公路标志标线养护评价研究[D]. 上海:同济大学,2015.

[36] 刘建军,苏文英,官阳,等. 道路交通安全与逆反射技术[M]. 北京:人民交通出版社,2009.

[37] 全国交通工程设施(公路)标准化技术委员会. 道路交通标线质量要求和检测方法:GB/T 16311—2009 [S]. 北京:中国标准出版社,2010.

[38] ADRIAN W. Visibility of targets:model for calculation[J]. Lighting Research and Technology, 1989,21(4):181-188.

[39] DIRECTORATE GENERAL TRANSPORT. COST 331: requirements for horizontal road markings:final report of action[R]. Office for Official Publications of the European Communities Bernan Associates,1999.

[40] FAN Y,CARLSON P J. Analyzing the nighttime visibility of in-service pavement markings [C]. Washington,D. C. :92nd Annual Meeting of Transportation Research Board,2012.

[41] ZEGEER C V,REINFURT D W,HUNTER W W,et al. Accident effects of side slope and other roadside features on two-lane roads[J]. Washington,D. C. :Transportation Research Record,1988:33-47.

[42] 高海龙,李长城. 路侧安全设计指南[M]. 北京:人民交通出版社,2008.

[43] 中华人民共和国交通运输部. 公路交通安全设施设计规范:JTG D81—2017 [S]. 北京:人民交通出版社股份有限公司,2017.

[44] 中华人民共和国交通运输部. 公路交通安全设施设计细则:JTG/T D81—2017 [S]. 北京:人民交通出版社股份有限公司,2017.

[45] 中华人民共和国住房和城乡建设部. 城市道路交通设施设计规范(2019 年版):GB 50688—2011 [S]. 北京:中国计划出版社,2019.

[46] 云南省交通科学研究所,同济大学. 基于主-客观安全性的云南高速公路运营风险评估技术与对策[R]. 交通运输部西部交通建设科技项目,2013.

[47] LAL S K L,CRAIG A. A critical review of the psychophysiology of driver fatigue[J]. Biological Psychology,2001,55(3):173-194.

[48] 李勇. 脑电信号现代分析方法的发展[J]. 国外医学(生物医学工程分册),1996(4):199-202.

[49] 沈民奋,孙丽莎,沈凤麟. 基于小波变换的动态脑电节律提取[J]. 数据采集与处理,1999(2):183-186.

[50] 张姝玮. 高海拔地区营运驾驶员驾驶疲劳与防控技术研究[D]. 上海:同济大学,2021.

[51] 王琰. 静态公路运营安全管理系统核心技术研究[D]. 上海:同济大学,2008.

[52] 交通部公路司. 新理念公路设计指南[M]. 北京:人民交通出版社,2005.

[53] OECD. Road safety principles and models: review of descriptive, predictive, risk and accident consequence models[R]. OECD Paris, 1997.

[54] VOGT A, BARED J G. Accident models for two-lane rural roads segments and intersections [J]. Washington, D. C.: Transportation Research Record, 1998, 1635(1): 18-29.

[55] ANDREASSEN D. Model guidelines for road accidents data and accident type: version 2.1 [M]. Porf Melbourne: Australian Road Research Board, 1994.

[56] FHWA. Highway safety improvement program[R]. FHWA, 1981.

[57] HUGHES W E, ECCLES K, HARWOOD D, et al. Development of a highway safety manual [R]. Washington, D. C.: Transportation Research Board, 2004.

[58] 交通运输部公路科学研究院. 公路网风险评估技术与应用示范[R]. 交通运输部公路科学研究院, 2020.

[59] 李贤钰. 行车实时驾驶行为风险辨识及动态纠偏[D]. 上海: 同济大学, 2020.

[60] GIPPS P G. A behavioral car following model for computer simulation[J]. Transportation Research Part B: Methodological, 1981, 15(2): 105-111.

[61] 王炜. 公路车辆安全行驶速度研究[D]. 南京: 东南大学, 2020.

[62] LEE J, YANG K. Development of a finite element model of the human abdomen[J]. Stapp Car Crash J, 2001, 45: 79-100.

[63] YANG J. Review of injury biomechanics in car-pedestrian collisions[J]. International Journal of Vehicle Safety, 2002, 1: 100-117.

[64] RODNEY W R. Injury tolerance of the human ankle in impact-induced dorsiflexion[D]. Charlattesville: University of Virginia, 2005.

[65] EDWARD B. Simplified models of vehicle impact for injury mitigation[D]. Brisbane: Queensland University of Technology, 2005.

[66] KATHLEEN D K. Estimating infant head injury tolerance and impact response[D]. Michigan: University of Michigan, 2006.

[67] YAO Y. Credible speed limit setting[D]. Leeds: The University of Leeds, 2018.

[68] 蒋锐. 事件状态下高速公路交通流特征及运营风险研究[D]. 上海: 同济大学, 2011.

[69] MARTIN J L. Relationship between crash rate and hourly traffic flow on interurban motorways [J]. Accident Analysis and Prevention, 2002, 34: 619-629.

[70] GARBER N J, SUBRAMANYAN S. Incorporating crash risk in selecting congestion-mitigation strategies[C]. Washington, D. C.: Transportation Research Record, 2001, 1746(1): 1-5.

[71] INSTITUTION OF HIGHWAYS & TRANSPORTATION. Guideline for the safety audit of highways[M]. Washington, D. C.: Transportation Research Record, 1996.

[72] OGDEN K W. Road safety audit: a new tool for accident prevention[J]. ITE Journal, 1995, 65 (2): 1-15.

[73] JORDAN P W. Road safety audit: the Australian approach[J]. PIARC, 1995, 288: 77-85.

[74] HUVARINEN Y, SVATKOVA E, OLESHCHENK E, et al. Road safety audit[J]. Transportation Research Procedia, 1997, 20: 236-241.

[75] MORGAN R, EPSTEIN J, DRUMMOND A. Road safety audit (second edition 2002) [S].

AUSTROADS,2002.
[76] 唐琤琤. 双车道公路事故预测与防治关键技术研究[D]. 上海:同济大学,2009.
[77] 钟连德. 高速公路路段事故预测模型研究[D]. 北京:北京工业大学,2008.
[78] 周子楚. 山区高速公路隧道进出口行车风险模型及应用[D]. 上海:同济大学,2021.
[79] PUBLIC WORKS DEPARTMENT(MALAYSIA). Road safety audit:guideline for the safety audit of roads in malaysia[S]. Public Works Department(Malaysia),1997.
[80] AASHTO. Highway safety design and operations guide[S]. AASHTO,1997.
[81] 郭忠印,方守恩,等. 新疆国省道干线公路安全评价程序和道路事故黑点鉴别方法[R]. 上海:同济大学,2000.
[82] 郭忠印,方守恩,等. 新疆国省道干线公路安全评价程序和道路事故黑点鉴别方法的研究工作与调查报告[R]. 上海:同济大学,2000.
[83] 郭忠印,方守恩,等. "公路项目安全性评价规范"研究——道路安全状况调研分析报告[R]. 上海:同济大学,2000.
[84] TRANSIT NEW ZEALAND. Review of a selection of rural safety audit[R]. Transit New Zealand,1996.
[85] TRENTACOSTE M,BOEKAMP P,DEPUE L,et al. FHWA study tour for road safety audit[M]. FHWA,1996.
[86] TANEERANON R. Safety auditing of roads in Thailand[C]. Proceedings Roads 96 Conference,1997:423-438.
[87] 云俊. 计量经济学[M]. 北京:人民交通出版社,2000.
[88] 樊军. 灾变条件下公路重大交通基础设施运营安全对策研究[D]. 上海:同济大学,2006.
[89] 杨志清. 服务于安全运营管理的高速公路网信息系统[D]. 上海:同济大学,2008.
[90] 齐莹菲. 基于 GIS 的高速公路网运营安全管理系统研究[D]. 上海:同济大学,2007.
[91] WAUGH W L. Living with hazards, dealing with disasters an introduction to emergency management[M]. New York:M. E. Sharp,2000.
[92] 于悦. 重大灾害条件下城市应急交通诱导系统关键技术研究[D]. 吉林:吉林大学,2010.
[93] JAMES K M. Hazards and disasters in the United States:a brief review of public policies, programs,coordination and emerging issues[R]. New Brunswick:Rutgers University,2004.
[94] 周学农. 突发性灾害之公路交通应急管理研究[D]. 长沙:湖南大学,2009.
[95] LORD P,STEVENS R,BRASS A,et al. Semantic similarity measures as tools for exploring the gene ontology [C]. Proceedings of the 8th Pacific Symposium on Biocomputing, 2003:601-612.
[96] PIDD M,SILVA F N,EGLESE R W. A simulation model for emergency evacuation [J]. European Journal of Operational Research,1996,90(3):413-419.
[97] 孙璐,葛敏莉,金姣萍,等. 交通应急管理系统发展综述[J]. 交通运输工程与信息学报,2013,11(1):1-7.
[98] 朱伟权. 山东省公路网信息管理系统设计和最短路径问题研究[D]. 吉林:吉林大学,2007.
[99] 郭永基. 可靠性工程原理[M]. 北京:清华大学出版社,2002.

[100] 陈富坚. 灾变事件下高速公路网交通组织管理技术研究[D]. 上海:同济大学,2011.

[101] MATHERLY D,LANGDON N,KURIGER A,et al. A guide to regional transportation planning for disasters,emergencies,and significant events[R]. NCHRP,2014.

[102] FEMA. Developing and maintaining emergency operations plans,comprehensive preparedness guide (CPG) 101 version 2.0[R]. FEMA,2010.

[103] ICS. Information-sharing guidebook for transportation management centers,emergency operations centers,and fusion centers[R]. FHWA,2010.

[104] KRECHMER D,ALBERT S. Role of transportation management centers in emergency operations guidebook[R]. FHWA,2012.

[105] LOCKWOOD S,O' LAUGHLIN J. Guide for emergency transportation operations[R]. NCHRP, 2005.

[106] 安实,谢秉磊,王健. 道路交通应急管理理论与方法[M]. 北京:科学出版社,2012.

[107] 中华人民共和国交通部. 公路建设项目环境影响评价规范:JTG B03—2006 [S]. 北京:人民交通出版社,2006.

[108] 中华人民共和国住房和城乡建设部. 城市道路照明设计标准:CJJ 45—2015 [S]. 北京:中国建筑工业出版社,2016.

[109] GAITANI N, SPANOU A, VASOLAKOPOULOU K, et al. Using cool paving materials to improve microclimate of urban areas-design realization and results of the flisvos project [J]. Building and Environment,2012,53:128-136.

[110] KYRIAKODIS G E,SANTAMOURIS M. Using reflective pavements to mitigate urban heat island in warm climates-results from a large scale urban mitigation project [J]. Urban Climate,2017,24:326-339.

[111] BARTESAGHI-KOC C,HADDAD S,PIGNATTA G,et al. Can urban heat be mitigated in a single urban street? Monitoring, strategies, and performance results from a real scale redevelopment project [J]. Solar Energy,2021,216(3):564-588.

[112] 中华人民共和国交通运输部. 公路环境保护设计规范:JTG B04—2010 [S]. 北京:人民交通出版社,2010.

[113] Federal Highway Administration. Flexibility in highway design[S]. U. S: Department of Transportation Federal Highway Administration,1998.

[114] 山东省交通厅公路局,同济大学. 青岛至莱芜高速公路安全与环境示范性工程规划与研究[R]. 山东省交通厅,2008.

[115] 余明. 川九公路设计理念与特色[R]. 四川省交通厅公路规划勘察设计院,2005.

[116] 王振. 夏热冬冷地区基于城市微气候的街区层峡气候适应性设计策略研究[D]. 武汉:华中科技大学,2008.

[117] TSUNOKAWA K,HOBAN C. Roads and the environment a handbook[M]. Washington,D.C.: World Bank Group,1997.

[118] 张玉芬. 道路交通环境工程[M]. 北京:人民交通出版社,2001.

[119] ZHOU X, YAN Y, WANG H, et al. Assessment of eco-environment vulnerability in the northeastern margin of the Qinghai-Tibetan plateau, China [J]. Environmental Earth

Sciences,2011,63(4):667-674.

[120] XU X, ZHANG K, KONG Y, et al. Effectiveness of erosion control measures along the Qinghai-Tibet highway, Tibetan plateau, China [J]. Transportation Research Part D: Transport and Environment,2006,11(4):302-309.

[121] CHURCHWARD C, PALMER J F, NASSAUER J I, et al. Evaluation of methodologies for visual impact assessments[R]. NCHRP,2013.

[122] FHWA. Guidelines for the visual impact assessment of highway projects[S]. U. S.: Department of Transportation Federal Highway Administration,2015.

[123] 刘圆圆. 基于 ALCA 的公路生命周期二氧化碳计量理论与方法研究[D]. 西安:长安大学,2019.

[124] CROSS S A, CHESNER W H, JUSTUS H G, et al. Life-cycle environmental analysis for evaluation of pavement rehabilitation options [J]. Transportation Research Record, 2011, 2227(1):43-52.

[125] LIU N, WANG Y, BAI Q, et al. Road life-cycle carbon dioxide emissions and emission reduction technologies: a review [J]. Journal of Traffic and Transportation Engineering (English Edition),2022,9(4):532-555.

[126] MUENCH S T. Roadway construction sustainability impacts: review of life-cycle assessments [J]. Transportation Research Record,2010,2151(1):36-45.

[127] PARK K, HWANG Y, SEO S, et al. Quantitative assessment of environmental impacts on life cycle of highways [J]. Journal of Construction Engineering and Management,2003,129(1): 25-31.

[128] 沙爱民. 环保型路面材料与结构[M]. 北京:科学出版社,2012.

[129] QIN Y. A review on the development of cool pavements to mitigate urban heat island effect [J]. Renewable Sustainable Energy Reviews,2015,52:445-459.

[130] 陈国栋,涂伟萍. 太阳热反射涂料的研究[J]. 涂料工业,2002,32(1):3-5.

[131] 张超,丁纪忠,郭金胜. 废弃水泥混凝土再生集料在半刚性基层中的应用[J]. 长安大学学报(自然科学版),2002,22(5):1-4.

[132] 张铁志,张彤. 建筑垃圾与尾矿在道路基层中的应用[J]. 公路,2009(7):337-340.

[133] 王宇. 路面生命周期经济成本与环境影响综合评价研究[D]. 上海:同济大学,2018.

[134] 徐金枝,郝培文,郭晓刚,等. 厂拌热再生沥青混合料组成设计方法综述[J]. 中国公路学报,2021,34(10):72-88.

[135] LONG Y, WU S, XIAO Y, et al. VOCs reduction and inhibition mechanisms of using active carbon filler in bituminous materials [J]. Journal of Cleaner Production, 2018, 181: 784-793.

[136] XU T, WANG H, HUANG X, et al. Inhibitory action of flame retardant on the dynamic evolution of asphalt pyrolysis volatiles [J]. Fuel,2013,105:757-763.

[137] XIAO Y, WAN M, JENKINS K J, et al. Using activated carbon to reduce the volatile organic compounds from bituminous materials [J]. Journal of Materials in Civil Engineering,2017, 29(10).

[138] SHEN D H,DU J C. Evaluation of building materials recycling on HMA permanent deformation [J]. Construction Building Material,2004,18(6):391-397.

[139] 中华人民共和国交通部. 公路水泥混凝土路面施工技术规范:JTG F30—2003 [S]. 北京:人民交通出版社,2003.

[140] 中华人民共和国交通部. 公路沥青路面施工技术规范:JTG F40—2004 [S]. 北京:人民交通出版社,2005.

[141] 全国轻质与装饰装修建筑材料标准化技术委员会. 环氧树脂地面涂层材料:JC/T 1015—2006 [S]. 北京:中国标准出版社,2006.

[142] 全国交通工程设施(公路)标准化技术委员会. 路面防滑涂料:JT/T 712—2008 [S]. 北京:人民交通出版社,2008.

[143] 全国交通工程设施(公路)标准化技术委员会. 路面标线涂料:JT/T 280—2022[S]. 北京:人民交通出版社股份有限公司,2022.

[144] 全国交通工程设施(公路)标准化技术委员会. 公路用防腐蚀粉末涂料及涂层:JT/T 600—2004 [S]. 北京:人民交通出版社,2005.

[145] 中国工程建设标准化协会. 公路路面基层应用废旧水泥混凝土再生集料技术规程:T/CECS G:K23-02—2021 [S]. 北京:人民交通出版社股份有限公司,2022.

[146] 全国墙体屋面及道路用建筑材料标准化技术委员会. 道路用建筑垃圾再生骨料无机混合料:JC/T 2281—2014 [S]. 北京:中国建材工业出版社,2015.

[147] 中华人民共和国交通运输部. 公路工程利用建筑垃圾技术规范:JTG/T 2321—2021 [S]. 北京:人民交通出版社股份有限公司,2021.

[148] 中华人民共和国交通运输部. 公路路面基层施工技术细则:JTG/T F20—2015 [S]. 北京:人民交通出版社股份有限公司,2015.

[149] 山东省交通运输标准化技术委员会. 公路工程赤泥(拜耳法)路基应用技术规程:DB 37/T 3559—2019 [S]. 北京:人民交通出版社股份有限公司,2019.